E. Bloesch

Geschichte der schweizerisch-reformierten Kirchen

Band II.

E. Bloesch

Geschichte der schweizerisch-reformierten Kirchen
Band II.

ISBN/EAN: 9783743430129

Hergestellt in Europa, USA, Kanada, Australien, Japan

Cover: Foto ©Lupo / pixelio.de

Weitere Bücher finden Sie auf **www.hansebooks.com**

GESCHICHTE

DER

SCHWEIZERISCH-REFORMIERTEN KIRCHEN

VON

Dr. E. BLOESCH

PROFESSOR DER KIRCHENGESCHICHTE AN DER UNIVERSITÄT BERN
OBERBIBLIOTHEKAR AN DER BERNER STADTBIBLIOTHEK

—

BAND II

BERN
VERLAG VON SCHMID & FRANCKE
1899

Inhalt von Band II.

                                                                      Seite

III. Das Staatskirchentum des XVI. Jahrhunderts (1600 bis 1698). Fortsetzung.

    9. Die Glaubensgenossen   1 — 23
    10. Die Wiedertäufer   23 — 30

IV. Die Auflösung des Staatskirchentums (1698—1800):

    1. Der Pietismus   31 — 55
    2. Das Neuenburger Erbe und der Toggenburgerkrieg   55 — 77
    3. Die Widersprüche gegen die Konsensusformel   77 — 98
    4. Neue religiöse Regungen   98 — 114
    5. Die Aufklärung   114 — 149
    6. Die Stillen im Lande   149 — 157
    7. Die Revolution   158 — 185

V. Kirchliche Neugestaltungen (1800—1870):

    1. Die Restauration der Landeskirchen   186 — 207
    2. Der Réveil in der französischen Schweiz   207 — 224
    3. Die Erweckung in der deutschen Schweiz   224 — 245
    4. Die Wendung der dreissiger Jahre   245 — 264
    5. Kirche und Schule   264 — 285
    6. Jesuiten und Freischaren   286 — 303
    7. Staat und Kirche   303 — 337
    8. Glauben und Wissen   337 — 369
    9. Die Reform   369 — 399

Register   I — XXVII

Register.

Aadorf (Thurgau), I. 415. — II. 63.
Aarau, I. 92, 97, 186, 202, 205, 247, 263, 281, 305, 314, 322, 323, 354, 363, 381, 400, 405, 446, 447, 480. — II. 3, 10, 20, 23, 35, 71, 72, 104, 152, 173, 183, 197, 231, 296, 302, 352.
Aarberg, I. 429, 474, 496. — II. 25, 65, 201, 247, 257, 297.
Aarburg, I. 88, 467. — II. 25, 197.
Aargau (Landschaft, Kanton), I. 87, 202, 302, 432, 450. — II. 139, 169, 195, 197, 204, 205, 228, 229, 236, 265, 279, 286, 293, 298, 355, 394, 398.
Aarwangen (Bern), I. 277. — II. 25, 334.
Abendmahlsfeier, I. 79, 99, 101, 103, 275, 280, 281, 388, 389, 427, 431, 433, 434, 481. — II. 79, 100, 109, 110, 126, 129, 141, 144, 248, 251, 262, 321, 349, vgl. Basel, Bern etc.
Abendmahlsstreit, I. 183—207, 257, 312.
Abläntschen (Bern), II. 99.
Adelboden (Bern), I. 19. — II. 47.
Affoltern i. E., I. 94, 483. — II. 137.
— b. Aarberg, I. 283.
— a. Albis, II. 188.
Albericus (Albery, Aubery), Claud., I. 258, 398.
Albi, Barthol. (Wyss), I. 394.
Albligen (Bern), I. 93, 277.
Aelen (Aigle), I. 41, 42, 483. — II. 15, 16, 308, 395.
Alençon (Synode), I. 487.
Alex. Jost. in Freiburg, I. 365.
Algier, evang. Kirche, II. 395.
Allet, Samuel, I. 455.
Allgäu, II. 21.
„**Alliance libérale**", II. 375.
Allianz, Evangelische, II. 336, 371.
Allschwyl (Jura), I. 413.

Almens (Bünden), I. 421.
Alpnach (Unterw.), ev. Kirche, II. 354, 395.
Altikon (Zürich), I. 438.
Altmann, Joh. Georg, Prof., II. 105, 135, 136.
Altstätten im Rh., I. 305, 415, 426, 464, 489. — II. 75.
Amerbach, Bonifac., I. 109, 116, 262.
Amerika, II. 40, 110, 111.
Ammann, Joh., II. 385, 387.
Ammann, Kandidat, II. 104.
Am Ort, Jakob, I. 83.
Ampelander (Rebmann), Valent., I. 266, 268.
Amport (ad Portum), Christ., Prof. in Bern, I. 266, 306.
Amsoldingen (Bern), I. 355. — II. 48, 106, 236, 238.
Amyraut (Amiraldus), I. 486—488.
Amyraldismus, I. 486, 490, 492. — II. 8, 115.
Andelfingen (Zürich), I. 426.
Andreae, Jakob, I. 257, 441.
Anhalt, Fürstent., I. 423.
Anhorn, Barthol., I. 437.
d'Annone, Hieronymus, II. 107, 151.
Antitrinitarier, I. 227, 228, 229—239, 242, 350.
Antoine, Nicol., I. 435.
St. Antoni (Freiburg), ref. Kirche, II. 354, 394.
Antonianersekte, II. 236—238, 255.
Aepli, Otto, Landammann, II. 384.
Appenzell (Kanton), I. 31, 36, 83, 84, 85, 86, 104, 135, 301, 366, 374, 375, 439, 458, 485, 492. — II. 9, 11, 53, 95, 97, 132, 148, 195, 198, 228, 263, 293, 298, 319, 349, 355, 396.
— (Ortschaft), I. 363. — II. 76.
„**Appenzeller Sonntagsblatt**", II. 379.
Appenzeller, J. C., II. 157, 196, 247.
Arbon, I. 377. — II. 75.

Ardez (Engadin), I. 348.
Aretius, Bened., I. 227, 235, 264, 269.
Arisdorf (Baselld.), II. 322.
Arlesheim, I. 344, 359.
Arminius, Jakob, I. 398, 399, 402.
Arminianer, I. 399, 401, 402, 486. II. 35, 81, 89, 115.
Arnaud, Henri, II. 14, 16, 17.
Arth, I. 457, 460, 461.
Artopoeus (Pfister), Nicol., I. 264.
von Arx, Heini, I. 141.
Aeschi (Bern), I. 19, 355. — II. 49.
Associations-Eid, II. 10, 41, 45, 89 bis 91, 94—96.
Aetigen (Soloth.), I. 302.
Auberlen, Karl Aug., II. 351.
d'Aubigné, Agrippa, I. 412, 423. Samuel, Pfr., II. 22.
Aubonne, I. 170, 172, 346. — II. 91, 100, 220, 221.
Augsburg, I. 185, 265, 310.
Augsburger, Michel, I. 220.
Aussersihl (Zürich), I. 482. — II. 356.
Avenches (Wiflisburg), I. 42, 163, 165, 166, 168—170, 172. — II. 298.

Baar (Zug), evang. Kirche, II. 354, 394.
Bachmann, Samuel, Dekan, II. 43.
Bachofen, Cantor, II. 103.
— Joh. Kaspar, II. 129.
Bächtelen-Anstalt, II. 266.
Baden, Markgrafen, I. 47, 246, 393, 405, 412. — II. 21.
— Markgrafschaft (Grossherzogtum), II. 51, 147, 148, 232.
— Stadt und Amt, I. 39, 90, 130, 131, 325, 327, 329, 395, 406, 416, 417, 436, 438, 455, 458, 463, 465, 467, 482. — II. 22, 61, 62, 70 bis 73, 205.
Badener Friede (1718), II. 74.
Baggesen, K. Alb., II. 227, 248, 284, 285, 295, 325, 363, 364, 368.
Bähler, Albr., II. 265, 298.
— Wilh., II. 387, 395.
Baireuth, II. 21.
Baldiron, Oberst, I. 410.
Balm (im Bucheggb.), I. 94, 277.
Banat, Ev. K., II. 395.
Bandelier, Alphons, II. 323.
Bannwyl (Bern), I. 277.
Bär, Oswald, I. 109.
Barbeyrac, Jean, II. 91—93.
Barde, Eduard, II. 375.
Bärenthal (Württemberg), II. 54.
Bäretsweil (Zürich), II. 356.
Bargen (Bern), II. 201, 257.

Barnaba, Franz, I. 362.
Bartholomäus-Nacht, I. 353, 354.
Basel (Bischof), I. 27, 49, 51, 139, 344, 359, 360, 373, 374, 384 bis 386, 413, 419, 422, 433, 456, 465, 466. — II. 62, 65, 77, 138.
— (Bistum), I. 50—52, 302, 343, 344, 358—360, 373, 374, 384—386, 413, 419, 433, 466. — II. 65, 77, 112, 162, 202, 206, 207, 373.
— (Stadt), I. 27, 81, 85, 97, 103, 186, 188—192, 195, 206, 217, 221, 229, 231, 235—239, 245—248, 261, 275, 301, 315, 324, 325, 338, 344, 345, 355, 356, 358—360, 373, 374, 392, 393, 396—398, 400, 405—407, 409, 412—415, 419, 422, 423, 433, 438, 440, 444, 445, 447, 451, 460, 464 bis 466, 470—472, 474, 488, 491 bis 493, 496. — II. 9—11, 18—20, 24, 48, 50, 83, 87, 95, 96, 101, 107 bis 109, 120, 121, 124, 133, 134, 148, 150—152, 160, 162, 167, 204, 205, 226, 229, 231, 232, 263, 265, 281, 296, 306, 320, 321, 335, 349—352, 361, 362, 378.
— Abendmahl, I. 103, 275, 434. — II. 109, 321, 349.
— Alumneum, theol., II. 297.
— Antistes, I. 206, 261, 484, 489. — II. 50, 52, 107, 353, 386, 394.
— Bibelgesellschaft, II. 152, 229.
— Christentumsgesellschaft, II. 150 bis 152.
— Geistlichkeit, II. 350.
— Gemeinnützige Gesellsch., II. 133.
— Gottesdienst, I. 103, 275, 433, 484. — II. 101.
— Gymnasium, I. 109, 235.
— Hülfsverein, protestant.-kirchl., II. 298, 354, 394, 395.
— Irvingianer, II. 335.
— Katechismus, I. 106, 248, 253.
— Kirchliche Einrichtungen, I. 97, 103, 246, 275, 276, 433. — II. 50, 101, 108, 170, 320, 321, 353, 350, 398.
— Kirchengesang, I. 103, 275. — II. 134, 293, 321, 353.
— Kirchenzucht, I. 116, 275, 276, 484. — II. 50, 51.
— Landschaft, I. 97, 275, 301, 450, 451, 484. — II. 50, 52, 107.
— Konfession, 1. Baseler: I. 82, 240.
— — 2. Baseler: I. 186, 187, 195, 241, 246. II. 52, 226.
— Missions-Anstalt, II. 152, 296, 297, 321, 344.

Basel, Mormonen, II. 335.
— Pietisten, II. 107—109, 133, 151, 152, 229, 251, 321.
— Reform-Verein, II. 378.
— Réfugiés, II. 9, 11, 18, 20, 148.
— Synoden, II. 134.
— Wiedertäufer, I. 86, 301. — II. 24, 50, 113, 134, 335.
— Wohlthätigk.-Anstalten, I. 122. — II. 297, 321.
— Universität, I. 27, 108, 261, 270, 346, 396, 433, 477. — II. 120, 160, 226, 269, 300, 321, 351.
Baselland (Kanton), II. 263, 298, 321, 352, 394.
Baselgia, Kaspar, I. 395.
Basset, Jean, I. 343.
Bätterkinden (Bern), I. 264.
Bauernkrieg (1653), I. 448—454, 480.
Baumm (Zürich), I. 426, 482. — II. 150, 281.
Bäumler, Markus, I. 254, 437.
Baup, Charles, II. 313, 316.
Bay, Eduard, II. 247.
Beaudichon, Jean, I. 158.
Beccaria, Joh., I. 333, 334, 336, 348.
Bechburg (Solothurn), I. 144.
Beck, Jakob (in Bärenthal), II. 54.
— Jak. Christoph, II. 108, 120.
— Sebast., I. 400.
Becker, Bernhard, II. 386.
Bedan, Apotheker in Locarno, I. 334.
Bekenntnis s. Confessio.
le Bel, Alexandre, I. 343.
Bellelay, Kloster, I. 52, 94.
Belmont (b. Nidau), I. 95.
Benker, Joh. Kaspar, II. 53.
Bennwyl (Basellд.), I. 434. II. 340.
Berg, Herzogtum, I. 255.
Bergell, I. 58, 348, 349.
Bergerac, II. 8.
Bergier, Gabriel, II. 91—93.
Berlin, II. 21, 341.
Bern (Kanton, Staat, Regierung, Kirche¹), I. 17, 50—52, 69, 84, 85, 87, 92—97, 135—139, 141—144, 147, 153—155, 158, 162—175, 186, 188, 189, 197, 201—207, 208—217, 219—227, 229, 234, 235, 245, 250, 252, 255, 256, 262, 263, 276, 294, 307, 313, 319, 320, 322—324, 335 bis 341, 345, 355—359, 364, 365, 369—371, 373, 374, 379, 384—387, 401, 405—407, 409, 415, 418, 419, 422—425, 428—433, 438, 442,
451—453, 458, 459, 465—467, 470, 472, 474—477, 480, 489—492, 494—496, 499.
(Kanton), II. 11, 22—27, 33—37, 47, 99, 112, 114, 136, 148, 202, 206, 236, 237, 249, 255, 297, 299, 387, 398.
(Staat, Regierung), II. 3, 6 bis 8, 13, 15, 16, 18, 20, 23—27, 38—46, 49, 56, 62, 63, 65, 66, 69—74, 76, 78, 88, 89, 92—97, 110—113, 141, 144, 148, 162, 195, 246, 249, 251 bis 253, 282—285, 287, 311, 371 bis 373.
(Kirche), II. 33—49, 78—81, 86, 88, 89, 92—94, 95—97, 98—101, 104, 105, 131, 135—142, 144, 160, 173, 174, 185, 201, 207, 229, 245 bis 250, 256—262, 265, 281—285, 293, 294, 323—331, 342—349, 351, 352, 363—373, 387—390, 398.
Bern, Abendmahlsfeier, I. 79, 101, 280, 281, 388, 431, 433. — II. 100, 110, 141, 144, 248, 251, 262, 349.
— Akademie, I. 489, 499, 500. — II. 100, 131, 169, 174, 202, 239, 248, 249. (Vgl. Barfüsser-Kloster und Hochschule.)
— Barfüsser-Kloster (Theol. Schule), I. 119, 121, 266, 267, 388, 500. — II. 42. (Vgl. Akademie u. Hochschule.)
— Bettag, I. 279. — II. 173, 295, 349.
— Bibelgesellschaft, II. 228, 397.
— Bibliothek, I. 267, 429.
— Chorgerichte, I. 90, 113, 114, 289, 290, 302, 429—432, 484. — II. 79, 101, 113, 139, 168, 184, 205, 256, 262, 327, 328, 373.
— Dekane (oberste), I. 96, 252, 287, 388, 428. II. 80, 88, 105, 131, 135, 174, 190, 206, 257, 391.
— Disputation (1528), I. 18, 41, 46.
— Disputationsthesen, I. 200, 205, 223, 277.
— Dissenter, II. 260, 261, 281, 334, 345—348, 362, 373.
— Evangelische Gesellschaft, II. 260, 262, 281, 296, 334, 343, 362, 396, 397.
— Evangelisch-theologischer Verein, II. 378.
— Festtage, kirchliche, I. 101, 279. — II. 294, 333, 351.
— Französische Gemeinde (Kirche), II. 100, 138, 176, 349.
— Französische Kolonie, II. 18, 19, 258.

¹) Kann im ersten Bande nicht unterschieden werden.

Bern, Geistliche (Pfarrer), I. 202, 227, 282–286, 370, 451, 452. — II. 78, bis 80, 93, 105, 131, 137, 140, 163, 167, 176, 190, 203, 241, 248, 256, 293, 295, 299, 323, 324, 327, 331, 369, 372, 373.
— Gemeinde, freie, II. 252, 362. (Vgl. Dissenter.)
— Glaubensbekenntnis, I. 78, 277. Vgl. Helvet. Konf.)
— Gottesdienst (Liturgie), I. 101, 102, 224, 278, 279, 431. — II. 100, 138, 256, 372.
— Hochschule, II. 269, 270, 283, 328, 336, 341–347, 362, 363.
— Hülfsverein, prot.-kirchl., II. 298, 354, 394, 395.
— Kapitelsbezirke, I. 92.
— Dekane, I. 92, 370, 490. II. 89, 96, 295, 328.
— Synoden, I. 97, 388. — II. 43, 256, 328.
— Katechismus, I. 80, 105, 106, 201, 249, 250–252, 255, 256, 430, 495. — II. 256, 294, 363, 372.
— Katholiken-Ausschluss, II. 144.
— Katholiken-Kultus, II. 196, 336.
— Kinderbibel, II. 259.
— Kirchenälteste, II. 327, 328, 333, 373.
— Kirchenbücher, I. 102. — II. 260, 261, 373.
— Kirchengesang, I. 280, 388, 484. II. 100, 137, 139, 256, 293, 330, 353.
— Kirchenkollaturen, I. 93, 94, 277, 388, 432, 483. — II. 140, 258.
— Kirchenkonvent (Kirchenrat), I. 95, 96, 202, 205, 287, 388, 453, 458, 475, 476, 490, 491. — II. 27, 98, 111, 115, 138, 140, 201, 257.
— Kirchenrat (z. Z. d. Helv.), II. 183, 185.
— Kirchenstühle, II. 201.
— Kirchenverfassung, II. 256, 259, 294, 323–333, 372, 389, 390, 398.
— Kirchenzucht s. Chorgericht.
— Kirchgemeinden, I. 93–95, 277, 483. — II. 99, 201.
— Lehrer-Seminar, II. 259, 282, 283, 343, 363–368, 396.
— Liturgie s. Gottesdienst.
— Missionsstunden, II. 234, 297, 397.
— Mushafenstiftung, I. 121, 266.
— Pfarrer s. Geistliche.
— Pfarrbesoldungen, I. 282. — II. 140, 141, 167, 176, 202, 203, 331, 372.

Bern, Pfarrerwahlen, I. 95, 388. — II. 101, 140, 176, 372.
— Pietisten, II. 34–49, 78, 104, 105, 234, 251, 252, 260, 333, 335, 345–347, 369.
— Piscator-Bibel, I. 496. — II. 139, 229, 266.
— Predigt, I. 79, 100, 279, 431, 432, — II. 78–80, 135, 189, 295.
— Prediger-Ordnung, I. 78, 79, 279, 290, 431, 484. — II. 101, 140, 141, 169–171, 201, 256, 372.
— Reformationsfeier (1728), II. 100, 125. — (1828), II. 245–250.
— Reformverein, II. 370, 371, 388, 389.
— Religionskommission (1699), II. 37, 38, 43, 45, 49, 78, 113, 140.
— Religionsunterricht I. 80, 387, 478, 479. — II. 139, 141, 168, 184, 256, 259, 283, 294, 363, 373.
— Schulen, I. 263–266, 270, 346, 387, 430, 500. — II. 141, 184, 258, 282, 294, 373.
— Privatschulen, evang., II. 334, 380, 396 (vergl. Akademie, Hochschule, Barfüsserkloster).
— Seelsorge, I. 80, 431, 432.
— Sonntagsfeier, I. 431, 494. — II. 262, 332, 351.
— Spitäler, I. 119, 120. — II. 249, 258 (vergleiche Wohlthätigkeits-Anstalten).
— Stadt, I. 96, 145, 188, 191, 204, 219, 223, 230, 263–268, 305, 314, 316, 318, 320, 321, 346, 347, 354, 356, 363, 368, 394, 419, 422, 424, 470–472, 499. — II. 1–3, 8–10, 13, 18, 19, 22, 24, 26, 33–46, 54, 57, 69, 83, 101, 105, 106, 115, 119, 125, 131, 136, 138, 140, 141, 145, 152, 159, 173, 174, 189, 190, 226, 228, 231, 235, 234, 238–241, 245 bis 251, 269, 281, 294–298, 302, 334–336, 339, 342, 343, 349, 361, 362, 396, 397.
— Stadtkirchen: Münster, I. 278, 305, 388, 396, 429, 470, 472. — II. 43, 100, 173, 174, 189, 227, 237, 248, 259, 284, 295, 327.
— Heil.-Geist, I. 388, 428. — II. 99, 190, 270, 385.
— Nydeggkirche, I. 279, 388. — II. 99, 233, 362, 388.
— Predigerkirche, I. 482. — II. 18.
— Studenten, II. 35, 36, 42, 78, 142, 225, 342, 362.

Bern, Synoden, Allg., II. 256, 283. 382, 385, 389.
    1532 (Synodus), I. 70, 74—81, 101, 105, 240. — II. 100.
    1536, I. 189.
    1537, I. 200, 211.
    1544, I. 205.
    1549, I. 207.
    1562, I. 289.
    1581, I. 255, 283—287, 289.
    1597, I. 307.
    1615, I. 388.
    1699, II. 42, 43.
    1833, II. 257, 259.
    1835, II. 260–262.
    1836, II. 257.
    1846, II. 284, 295, 296, 324.
    1847, II. 325.
    1850, II. 327.
    1852, II. 328–330, 342.
    1853, II. 331.
    1855, II. 345.
    1856, II. 349, 351.
    1860, II. 363.
    1865, II. 372.
    1866, II. 364–367, 371, 372.
    1869, II. 388.
    1870, II. 390.
— Taufe, I. 79, 102, 281, 432, 433. — II. 168.
— Taufbüchli, I. 100, 101.
— Täufer, I. 87, 88, 301–305, 428, 483. — II. 24–28, 110, 111, 113, 201, 202.
— Täufergespräche, I. 87, 301, 302.
— Täufer-Mandate, I. 88, 302, 304, 307. II. 26, 28, 110, 111.
— Theologisch-kirchl. Gesellsch., II. 362, 363, 370.
— Visitationen, I. 96, 207, 284. II. 101, 140, 328, 331.
— Wohlthätigkeitsanstalten, I. 119, 432. — II. 141, 258, 259, 334, 335, 397 (vergl. Spitäler).
Bernard, Aug., II. 364.
— Jacques, I. 156.
Bernegg (Rheinthal), I. 415. — II. 73, 75.
St. Bernhard-Hospiz, II. 293.
Bernoulli, Niklaus, II. 321.
v. Beroldinger, Hektor, I. 391.
Beromünster, I. 379.
Bertrand, Elie, II. 138.
Bertschi, Abrah., II. 114.
Betschwanden (Glarus), I. 135.
Bettag, Eidg., I. 439, 466, 471, 480, 481. — II. 3, 10, 73, 147, 148, 162, 178, 194, 265, 326.

Beuggen, Anstalt, II. 152, 297.
Bévilard (Jura), II. 22.
Beza, Theodor, I. 196, 224, 226, 243, 244, 245, 257, 258, 268, 269, 300, 317, 336, 383, 398, 441, 471.
Biberist (Solothurn), I. 142, 144.
Bibelgesellschaften, II. 228, 229, 266.
Bibelübersetzung, gemeinsame, II. 353.
Bibelverbreitung, II. 227, 262.
Biberstein (Aargau), I. 136.
Bibliander, Theodor, I. 259, 470.
Biedermann, Alois Emanuel, II. 317, 339, 340, 341, 349, 356, 359, 362, 384, 392.
Biel, I. 48, 139, 144, 158, 186, 192, 195, 204, 221, 245, 278, 291, 317, 320, 343, 356, 360, 373, 384, 385, 386, 419, 433, 447, 483, 492. — II. 12, 15, 16, 20, 77, 125, 142, 148, 166, 181, 196, 201, 207, 255, 293, 297, 323, 331, 333, 370, 392, 395.
Biglen (Bern), I. 94. — II. 47, 258.
Binder, Georg, I. 259.
Binningen, Schloss (Basel), I. 231. — II. 52.
Birmann, Martin, II. 386.
Bischofszell, I. 260, 437, II. 64, 75.
Bitzius, Alb. (Jer. Gotthelf), II. 258, 290, 303, 331, 370.
— (d. Sohn), II. 370, 378.
Biveroni, Jakob, I. 349.
St. Blaise (Neuenburg), I. 341.
Blandrata, Georg, I. 230, 234.
Blaarer (Blaurer), Ambros., I. 31, 149, 185, 196, 291, 470.
Blaarer, Christoph, Bischof, I. 358.
— Diethelm, Abt, I. 84.
Blaser, Joh., II. 363.
St. Blasien, Kloster, I. 90, 426. — II. 200.
Blasius, Joh., I. 56, 178, 180, 182.
Blauner, Adrian, I. 227.
Blaurer s. Blaarer.
Blaurock, I. 57.
Blœsch, Eduard, Reg.-Rat, II. 329.
Blumenstein (Bern), I. 94, 277, 355, 438.
Blumhardt, Christ. Gottl., II. 152, 234, 296, 344.
Bluntschli, Joh. Kasp., II. 275, 279, 287.
Bodmer, Joh. Jak., II. 128.
Bognianus, Petr., Prof., I. 288.
Böhmen, I. 245, 270. — II. 395.
Böhner, Aug. Nathanael, II. 386.
Bohni, Andreas, II. 50.

Boll, Friedr., II. 283.
Boll v. Stein. II. 23.
Bollinger, Joh., II. 54.
Bolsec, Hieronymus, I. 224, 229, 241.
Bolt, Ulrich, I. 56.
Boltigen (Bern), II. 40.
Bonmont, Abtei, I. 220.
Bonnet, Charles, II. 124.
— Jeanne, II. 50.
Bonnivard, Franz, I. 45, 166.
Bormio (Worms), I. 408, 411, 420.
Bornhauser, Benedikt, I. 128.
— Thomas, II. 263.
Borromaeus, Carl, I. 361, 362.
Borromäischer Bund, I. 367, 456.
Borromaeum, Collegium, I. 362.
Bosshardt, Heinrich, II. 156.
Bost, Ami, II. 209, 217–219, 251.
Boudry, II. 59.
Bourgeois, Hauptmann, II. 17.
Bouvier, Barth., II. 301.
Bräcker, Jakob, I. 464.
Brandenburg, I. 447. — II. 3, 11, 15, 18, 20, 21, 101, 111.
— der Kurfürst Friedr. Wilh., I. 495. — II. 15, 21.
— der Kurfürst Friedr. (I.), II. 57.
— Colonien, II. 101.
Vgl. Preussen.
Brandis (Bern), I. 94, 389. — II. 25.
Brandmüller, Pfr. in Basel, I. 246.
Brasilien, Ev. K., II. 395.
Braun, Jeremias, I. 464.
Brämlin, Joh., I. 347.
Braunschweig, II. 21.
Bregenz, ev. K., II. 395.
Breitenlandenberg, I. 90.
Breitinger, Joh. Jak., Antistes, I. 306, 389, 400, 401, 426, 427, 443, 498.
— Joh. Jak., Chorherr, II. 128, 130, 131.
Bremen, I. 255.
Bremgarten (Aargau), I. 25, 39, 60, 130, 329. — II. 71, 394.
Bremgarten (Bern), I. 379, 428.
Brenz, Joh., I. 196.
Bridel, Phil., II. 220.
Brieg (Wallis), I. 346.
Brienz (Bern), I. 20. — II. 140.
Brittnau (Aargau), I. 197.
Brousson, Claude, II. 10.
Brugg, I. 92, 97, 186, 249, 263, 290, 451, 458. — II. 26, 135, 137, 173, 197, 255.
Bruggisser, Leodegar, Abt., II. 66, 74.
Brügglen (Bern), II. 114.
— Sekte, II. 114.
Brunfels, Otto, I. 249.

Brunner, Fridol., I. 32, 135, 328.
— Hans Jak., Antistes, II. 391.
Brütten (Zürich), II. 255.
Bubendorf (Baselld.), II. 52.
Bubikon, Kloster, I. 90, 261, 426.
Bucanus, Wilh., I. 288.
Bucer, Martin, I. 68, 73, 84, 108, 113, 184—193, 198, 200—203, 249, 255.
Bucheggberg (Solothurn), I. 290, 302, 374, 419, 465. — II. 76, 112, 201.
Buchholterberg (Bern), II. 257.
Budapest, Ev. K., II. 395.
Buisson, Ferd., II. 375, 377, 378.
Bülach (Zürich), I. 379.
Bulle (Freiburg), I. 170.
Bullinger, Heinrich, I. 60, 63, 68, 92, 98, 107, 130, 180, 181, 184, 185, 187, 188, 193—195, 197, 223, 233, 236—238, 241, 244, 246, 249, 253, 259, 273, 301, 319, 323, 325, 346, 350, 362, 470. — II. 300.
— Johannes, I. 92.
Bümpliz (Bern), I. 347, 423.
Bundesverfassung 1803, II. 195.
— 1815, II. 195, 205.
— 1848, II. 302, 332.
Bungener, Felix, II. 363.
Burkhardt, Hieronym., Ant., II. 119.
— Paul Heinrich, II. 385.
Büren (Bern), I. 92, 93 A., 144, 200, 373, 474. — II. 201, 265, 326, 342.
— Kapitel, II. 325.
v. Büren, Otto, II. 366, 368.
Burerius, Albert, I. 108.
Burg (Thurgau), I. 416.
Burgauer, Benedikt, I. 31, 36, 83.
Burgdorf, I. 88, 92, 144, 263, 304, 429, 481. — II. 136, 137, 139, 196, 247, 249, 255, 258, 297, 302, 326, 341, 373, 385, 390, 394, 395.
— Kapitel, II. 28, 365.
Bürglen (Bern), I. 379.
Burgrecht, christl., I. 23.
Bussnang (Thurgau), II. 73.
Büttschwyl (Toggenburg), II. 75.
Buxtorf, Joh. (I), I. 396, 497.
— (II), I. 488—490, 497.
— (III), I. 497.

Cabassus, Simon, I. 379.
Calame, Pfr. in Iferten, II. 115.
Calas, Jean (Prozess), II. 118.
Calvin, Joh., I. 160, 161, 171, 189, 192, 194, 195, 200, 202—204, 208 bis 235, 241, 243—245, 250, 251, 269, 279, 292—295, 298, 299, 310, 315, 317, 324, 336, 355, 379, 401, 403, 425, 441. — II. 86.

Calvins Werke, I. 299.
— Tod, I. 299.
    Todesfeier (1864), II. 375.
Camero, Joh., I. 486.
Camillus (Prädik. in Cleven), I. 237, 350.
Camogask (Bünden), I. 56, 180.
v. Campagne, Hr., II. 234.
Campanus, Joh., I. 229.
Campell, Kaspar, I. 181.
    Ulrich, I. 181, 182, 348.
Canisius, Petrus, I. 359, 361.
Capellus, Ludov. Chapelle, I. 487, 488, 493, 497.
Capito, Wolfgang, I. 29, 73, 74, 81, 82, 108, 113, 186, 188, 189, 192, 200, 203.
Caroli, Petrus, I. 109, 156, 171, 172, 209 211.
Carracciola, Gallacius, I. 238.
Carraccioli, Nuntius, II. 71.
Carteret, Antoine, II. 375.
Cartesius, Cartesianische Philos., I. 489, 490, 498, 499.
Casimir, Pfalzgraf, I. 247, 321, 441.
Castellio, Sebastian, I. 235, 262.
Cellarius, Francisc., I. 351.
Cellérier, Jacques Elisée, II. 374.
Ceporinus, I. 98.
Cevennenkrieg, II. 76.
Champagny (bei Grandson), I. 136.
Chantre, Pfr. in Genf, II. 375.
Clarenton (Synode), I. 487.
v. Chauvigny, franz. Resid., II. 63.
Chaux-de-Fonds, II. 59, 109, 315, 354, 377.
Chavannes, Alex., II. 220, 222.
— Pfr. in Môtiers, II. 378.
Chenevière, J. J., II. 216, 374.
Chesaux (Waadt), II. 313.
Cheyssière, Prediger, II. 219.
Chiavenna (Cleven), I. 237, 349, 350, 408, 411, 420, 423.
Chillon (Waadt), I. 166. — II. 63.
Chion, Jacques, II. 20.
Chorgericht, s. Bern.
Chrischona-Anstalt, II. 297.
Christentums-Gesellschaft, II. 151, 152, 228.
Christians-Erlangen (in Bayern), II. 147.
Christoffel, Raget, II. 393.
Chur (Bischof), I. 57, 180, 395, 410, 411.
    (Stadt), I. 56, 57, 177—179, 335, 348, 351, 437. — II. 106, 152, 340.
— Synode von 1537, I. 180.
    Lehranstalt, I. 437.

Churwalden, I. 396.
de la Classe, Jean, I. 320.
Claudius von Savoyen (Sabaudus, Allobrox, Gallus, Claude d'Aliod), I. 229.
Cleve, Landschaft, I. 255.
Clus (Solothurn), I. 419.
Colesianus, Ludov., I. 347.
Coligny, Admiral, I. 320, 321, 354.
Colladon, Pfr. in Morges, I. 372.
Collin, Rud., I. 41.
Colmar, I. 422.
Colombier, II. 17.
Comander, Joh. (Dorfmann), I. 56, 57, 177, 179, 180, 348.
le Comte, Jean, I. 162, 167, 174, 211, 220, 251, 268, 289.
Concordie, Wittenberger, I. 187 bis 193, 241, 247, 448.
Condé, Louis de Bourbon, I. 318, 320, 356.
Confessio Helvetica, prior: I. 187, 197, 240, 241.
— posterior: I. 243, 245, 247, 256, 277, 397, 402, 493. — II. 40, 43, 44, 49, 89, 95, 98, 134, 216, 280, 305, 318, 346, 347, 361.
Consensusformel, I. 485—496, 498. — II. 32, 59, 77—97, 115, 120.
Consensus Tigurinus 1549, I. 195, 241, 251.
de Conti, prince, II. 56, 57.
Coppet (Waadt), I. 172.
Cordier, Mathurin, I. 215, 222.
Corgémont (Bern), II. 138, 207.
Cossonay, I. 172.
Corrodi, Heinrich, II. 127.
Cougnard, John, II. 375.
Court (Münsterthal) I. 385. II. 258, 335.
Couvet (Neuenburg), II. 109.
Cressier (Neuenburg), I. 48, 175, 340. — II. 56.
Cromwell, Oliver, I. 445—447. — II. 1, 3.
de Crousaz, Jean Pierre, II. 91, 93, 96.
Cuderfin, I. 165. — II. 298.
Cully (Waadt), I. 166.
Curio, Caelius Secundus, I. 236, 268.
de Cursol du Mont, Etienne, II. 8.
Curtat, Louis Aug., Doyen, II. 220.
Cymo, Hans, I. 45.
Cyro, Peter, I. 45, 171.

Dachs, Jakob, II. 35, 37, 80, 88, 144.
Dachsfelden (Jura), I. 136. — II. 336.
Dägerlen (Zürich), I. 423, 426.
Dalmatien, I. 438.

Dändliker, Joh. Friedr., II. 335.
Dänemark, I. 444.
Däniker, Jakob, II. 129.
Dänzler, Peter, II. 23.
Darbysten (Plymouth-Brüder). II. 264, 335, 376.
Dättlikon (Zürich), II. 234.
Davel, Abrah., II. 97, 98.
David, Christian, II. 104.
Davos, I. 57, 421.
Daxelhofer, Familie, I. 307.
Defensionswerk, eidg., I. 407.
Degerfelden, I. 131, 482.
Deisten, II. 109, 114, 116.
Delsberg, I. 136, 444.
De Sanctis, Prof., II. 336.
Desor, Eduard, II. 377.
Deutschland, I. 312, 315, 317, 401, 443, 492, 495, 498. — II. 17, 21, 41, 48, 103, 127, 128, 193, 224, 226, 228, 231.
Deutschritterorden, I. 94, 345.
Dielsdorf (Zürich), II. 394.
Diemtigen (Bern), I. 93, 283.
Diessbach bei Thun, I. 94, 423. — II. 48, 99, 105, 135, 257, 258.
— bei Büren, I. 94, 277, 423.
v. Diesbach, Jost, I. 162, 171.
— Sebast., I. 25.
Diessenhofen, I. 126, 360, 455. — II. 53, 75.
Dietgen (Baselland), II. 52.
Dietikon (Baden), I. 417, 436.
Dietlikon (Zürich), I. 482. — II. 386.
Diodati, Joh., I. 400.
Dissentis, Kloster, I. 56, 177.
Disteli-Kalender, II. 289, 290.
Dombresson (Neuenburg), I. 48.
Domleschg (Bünden), I. 178, 378, 437.
Dorf (Zürich), I. 482.
Dorfmann, Joh., s. Comander.
Dorssdorf (Pietist aus Leipzig), II. 37.
Dortrecht (Synode), I. 396—402, 444, 486.
Dotzigen (Totzigen, Bern), I. 93, Anmerkung.
Drummond, Henry, II. 213.
Ducat, Timoth, I. 128.
Dupasquier, James, II. 315, 376.
Duraeus, Joh., I. 142—148.
Durand, Etienne Henri Phil., II. 382.
Dürr, Karl, II. 385.
— s. Macrinus.
Dürreisen, Theobald, I. 426.
Dürrenroth, I. 88, 94, 483.
Dürsteler, Ehrhard, II. 128.
Du Voisin, Martin, I. 392, 393.

Ebrard, Aug., II. 339, 358.
Echallens, I. 42, 46, 47, 135, 162, 175, 341, 384, 418. — II. 76, 313, 354, 395.
Egerkingen (Solothurn), I. 143.
Eggiwyl (Bern), I. 302, 427. — II. 29.
Egli, Raphael, I. 273, 426.
Eglisau, I. 90, 482, 494.
Egnach (Thurgau), I. 377.
Einigen (Bern), II. 140.
Einsiedeln, Kloster, I. 90, 135, 328. — II. 200, 255.
Elgg (Zürich), I. 90.
Elsass, II. 28, 395.
„l'Emancipation", II. 377.
Embrach (Zürich), II. 188, 235.
Emmenthal, I. 88, 302, 303, 450, 453. — II. 25, 112, 196, 202, 234, 336.
Empeytaz, Louis, II. 209, 211, 223, 314.
Engadin, I. 58, 179—182, 237, 348, 349, 421, 497. — II. 106.
Engelberg (Kloster), I. 135.
Engelhardt, Heinrich, I. 62, 92.
England, I. 236, 321—323, 401, 443 bis 446, 448. — II. 1, 3, 18, 20, 21, 38, 45, 57, 82, 85, 95, 97, 296.
Königin Maria, I. 322, 323.
— Königin Elisabeth, I. 323.
— König Karl (I.), I. 406.
Engländer, ausgewanderte, I. 322, 323. — II. 219, 220, 223.
Englische (Grossbrit.) Bibelgesellschaft, II. 229.
Entlebuch, I. 453.
Episcopius, Simon, I. 398.
Erasmus, Desid., I. 28.
Erastus, Thomas, I. 262.
Erb, Johann, I. 472.
v. Erbach, Grafen, I. 423.
Erguel, s. St. Immer.
Eriswyl (Bern), I. 345.
Erlach, Stadt, I. 42, 429. — II. 113.
Erlach, Kloster (St. Johannsen), I. 20, 278. — II. 15.
v. Erlach, Franz Ludwig, II. 24.
— Ludwig (1587), I. 369.
— Sigmund, I. 459.
Erlenbach (Bern), I. 355.
Erlenbach (Zürich), II. 98, 362.
Ermatingen (Thurgau), II. 130.
Ernst, Joh., in Aarau, II. 104.
Erzberger, in Basel, I. 246, 247.
Eschenz (Thurgau), I. 416.
van Ess, Leander, II. 229.
Etienne (Stephanus) Robert, siehe Stephanus.
Ettingen (Jura), I. 344.

Euler, Leonhard, II. 124.
Eynard, Jean Gabriel, II. 374.
Eytel, Staatsrat, II. 354.

Fabri, Christoph (Libertet), I. 171.
Fabricius, Stephan, I. 388, 423, 427.
— Johannes, I. 348.
— Wilh. (Hildanus), I. 476.
Fädminger, Joh., I. 255, 267, 268, 277, 281, 286.
Fahr, Kloster, I. 135.
Falk, Ursula, I. 346.
Farel, Wilh., I. 22, 29, 41, 46, 48, 49, 51, 104, 149, 150, 160, 163, 167, 168, 170, 171, 192, 196, 200, 209, 210, 214, 215, 217, 221, 223, 243, 292, 299, 315, 317, 320, 340, 341, 345.
Farnsburg (Basel), I. 97.
Fäsch, Hieronymus, II. 108.
Fäsi, Joh. Conr., II. 128.
Fässler, Anton, II. 76.
Faure, Etienne, II. 8.
Favre, François, I. 222.
Fazy, James, II. 287.
Fellenberg, Burkard, II. 42.
— Em. Phil., II. 191, 192, 258, 282.
— Ludwig, II. 284, 325, 364, 368.
Ferdinand, König, I. 134.
Ferenbalm (Bern), I. 379.
Fetscherin, Rud., II. 390.
Fettan (Engadin), I. 348, 497.
Feuerthalen (Zürich), I. 482.
Fidelis, Pater, Kapuziner, I. 410.
Fidler, Joh., I. 437.
Filonardi, Ennius, I. 64, 146, 326.
Finninger, Mathias u. Jakob, I. 368, 369.
Finsler, Georg, Antistes, II. 333, 336, 356, 382, 387.
Fischer, Postmeister, II. 105.
— Barb. Lutz, geb. Fischer, II. 105.
— Jakob, Romanshorn, II. 115.
— Samuel, II. 247.
v. Fischer, Fr. Emanuel, Schultheiss, II. 249–251.
Fischingen, Kloster, I. 391.
Fläsch (Bünden), I. 56.
Fléchon, Pierre, II. 8.
v. Fleckenstein, Jost, I. 463.
Fleming, Oliver, I. 406.
Flüchtlinge, religiöse (Réfugiés), I. 230–239, 294, 320, 322, 323, 335, 336, 355, 435. II. 88, 101, 106, 147.
Flumenthal (Solothurn), I. 110.
Fluntern (Zürich), II. 130.
Folk, François, I. 418.

Forer, Joh. Rud. Phil., I. 429, II. 25.
Formula consensus, siehe Consensusformel.
de Fourques, Isabaud, II. 8.
Francke, Aug. Herm., II. 39.
Frankenthal (a. Rh.), I. 422.
Frankfurt a. M., I. 444. — II. 48.
Frankreich, I. 212, 227, 312, 314, 315, 317, 338, 339, 357, 358, 371, 383, 394, 395, 401, 407, 410–412, 414, 418, 440–442, 460, 487–489, 491–493. — II. 5, 7, 9, 10, 16, 17, 19, 20, 22, 45, 57, 58, 76, 85, 87, 88, 90, 147, 162, 215, 395.
— König Franz I., I. 158, 314, 315.
— — Heinrich II., I. 316, 317.
— — Karl IX., I. 318, 354.
— — Heinrich III., I. 356, 371.
— — Heinrich IV., I. 357, 373, 382, 384. II. 7.
— Ludwig XIV., II. 7, 9, 13, 20, 56, 70, 73.
Fraubrunnen (Bern), II. 4.
Frauenfeld, I. 32, 38, 91, 126, 127, 330, 363, 376, 377, 391, 415, 416, 455, 464. — II. 61, 75.
Frei, Joh., Kandid., II. 160, 167.
— Dekan in Trogen, II. 284, 319.
Freiamt (Zürich), I. 90, 305, 329.
Freiämter (Aargau), I. 39, 130, 131.
— II. 65, 71.
Freiburg (Stadt, Kanton), I. 22, 42, 45, 134, 139, 142, 154, 155, 162, 163, 166, 169, 170, 174, 175, 337, 340, 341, 342, 346, 357, 358, 363, 365, 366, 374, 384, 386, 387, 407, 418, 431, 455, 460. — II. 56, 63, 73, 76, 140, 195, 199, 205, 240, 265, 298, 332, 357.
— Ref. Kirche, II. 265, 332, 354, 378, 394, 395.
Freischaren, II. 286, 287.
Frenkendorf (Baselland), II. 50.
Frey, Joh. Ludw., II. 120.
Frick, Peter, I. 301.
Frickart, Joh. Jak., II. 225, 247.
Fricker (Freigeist) in Basel, II. 108.
Frickthal, I. 373.
Friedrich III. v. Pfalz, s. Pfalz.
Friedrichsthal in Baden, II. 147.
Frienisberg (Bern), I. 20, 121.
Fries, David, II. 339.
Fries, Joh. (geb. 1505), I. 259.
Friess, Joh., II. 143.
Frisching-Stipendium, I. 500.
Fröhlich, Abrah. Emanuel, II. 293, 296, 300.
— Samuel, II. 255.

Froment, Ant., I. 150, 152, 168.
Frutigen, I. 19. II. 257, 295.
Fuentes, Festung, I. 395.
Fultigen (Bern), I. 95.
Funkelin, Jakob, I. 291.
Furbity, Guido, I. 152, 153.
Fürth b. Nürnberg, II. 21.
Füssli, Joh. Conrad, II. 128.
— J. J., Ant., II. 274, 281, 316, 317.

Gaberel, Jean, II. 336.
Gäbistorf (Aargau), II. 173.
Gabriel, Steph., I. 437.
Gachnang (Thurgau), I. 360, 391, 392.
Gadius, Paul, I. 350.
Gadmen (Bern), II. 99, 201.
Gais (Appenzell), I. 375, 437.
Galiffe, Jean Bapt., II. 375.
Galizien, Ev. K., II. 395.
Galland, Louis, II. 233, 355.
St. Gallen, Abt, I. 35, 83, 84, 90, 127, 132, 330, 331, 361, 375, 415, 416, 436, 455, 458, 464. II. 59–61, 66, 67, 70, 73–75.
  Abtei-Gebiet, I. 354, 361, 377, 416, 464. II. 71, 73, 205.
  Kloster, II. 70, 74, 200, 255.
  Stadt, I. 32, 35, 83–86, 104, 132, 139, 186, 195, 245, 255, 274, 313, 356, 375, 436, 485, 492. II. 9, 11, 20, 48, 52, 53, 61, 68, 70, 95, 106, 132, 148, 152, 198, 205, 228, 229, 265, 281, 287, 298, 301, 319, 351, 353, 355, 361, 362, 384, 385, 392, 396.
  Synode, II. 68, 198, 265.
Gallicius, Philipp, I. 56, 178–180, 182, 335, 349, 350.
Ganterswyl (Toggenburg), II. 75.
Ganting, Joh., II. 136.
Ganz, Jakob, II. 235, 242.
Gaster, I. 37, 124, 129, 328, 418. II. 72.
Gaussen, Louis, II. 212, 374.
Geering, Beat, I. 206, 223.
Gellert-Lieder, II. 161.
— -Feier, II. 384.
Gelpke, Ernst Friedr., II. 345, 348.
Gelterkinden (Baselland), II. 263.
Gelthuser, Jakob, I. 305.
Gemeinn. Gesellschaft, II. 200, 266.
Gemusaeus, Hieron., I. 109.
Genf, Bischof, I. 44, 152, 154, 216.
Genf, Stadt, I. 44, 136, 149–165, 192, 205, 208–238, 245, 250, 269, 293, 294, 300, 315, 317, 322, 336, 340, 354–358, 366, 371, 382–384, 398, 400, 419, 425, 443, 447, 466, 467, 482, 487, 490, 493. II. 2, 3, 5, 7, 8, 14, 18, 20, 47, 49, 50, 62, 63, 76, 80, 82, 83, 85, 86, 95, 114, 116–118, 124, 125, 134, 135, 148, 162, 166, 195, 199, 206 bis 220, 233, 252, 257, 287, 298, 301, 304, 314, 335, 336, 351, 353, 374, 375, 381, 391, 395.
Genf, Bibelübersetzung, I. 298.
  Collegium (Akademie), I. 213, 269, 490. — II. 209, 211–213, 340.
  Compagnie des pasteurs, I. 218, 293, 493. II. 117, 134, 135, 199, 209, 212, 219, 295.
  Confession, I. 213. — II. 134.
  Consensus Genevensis, I. 241, 242.
  Consistoire, I. 218, 293. II. 117, 135, 295, 314, 374.
  — Escalade, I. 383.
  Flüchtlinge, rel., I. 294, 298, 322, — II. 101.
  — Gemeinde, Deutsch-ref., II. 374, 375.
  Gemeinde, Freie, II. 213–219.
  Gemeinde, Lutherische, II. 101.
  Katechismus, I. 250. II. 208, 314.
  — Kirchl. Einrichtungen, I. 295 bis 297, 435. — II. 102, 199, 208. — Vergl. Kultus, Ordonn. ecclés.
  Kultus, I. 297, 435, 482. — II. 117, 208, 353.
  Ordonnances ecclésiastiques, I. 217, 218, 295, 298. — II. 208.
  — Pietisten, II. 109, 209, 211–220, 223, 251, 252.
Gentile, Joh. Valentin, I. 234, 235.
Gerber, Friedr., II. 334.
— Gabriel, I. 379.
— Wälti (Täufer), I. 304.
German, Joseph, II. 66.
Gernler, Lucas, I. 489, 491, 492.
Gesner, Conrad, I. 259, 268, 470.
Gessner, Georg, II. 157, 228, 230, 234, 254.
Gex, I. 165, 230, 234, 338, 339. — II. 5.
Giez (Grandson), I. 136, 175.
Giezendanner, Joh. Ulrich, II. 52, 53.
Giller, Heinrich, II. 106.
Girard, Pfr. in Neuenburg, II. 58.
v. Glana, Claudius, I. 165.
Glarus, I. 32, 85, 90, 104, 135, 262, 327, 328, 358, 365, 366, 376, 417, 435, 455, 458, 465, 481, 492. — II. 9, 12, 60, 61, 66, 67, 132, 145, 147, 148, 195, 200, 228, 230, 231, 264, 265, 320, 353.

Glattfelden (Zürich), I. 273. — II. 199.
Gmelin, Joh., II. 51.
Gobat, Samuel, II. 297.
Godet, Fréd., II. 376, 377, 392.
Goldschmid, Heinrich, I. 272.
Goldswyl[1]) (Bern), I. 438.
Gomarus, Franz, I. 399, 402.
Gossau (St. Gallen), I. 132.
Gossweiler, Heinrich, II. 54.
Goethe, W., II. 154.
Gottstatt (Bern), I. 20. — II. 196, 283.
Goudimel, Claude, I. 297.
Goulard, Simon, I. 383.
v. Graffenried, Ant., Schultheiss, I. 424, 472.
— Christoph, II. 110.
Grand, Girard, I. 171.
Grandson, I. 42, 46, 47, 135, 162, 168, 174, 175, 251, 341, 386. — II. 140.
Grandval (Jura), II. 258.
Grasser, Joh. Jakob, I. 434.
Graubünden, I. 55, 176–183, 195, 237, 348–351, 378, 395, 396, 403, 408–412, 420, 437, 456. — II. 9, 16, 52, 64, 95, 97, 102, 106, 107, 119, 132, 133, 198, 228, 242, 298, 322, 352, 356.
— Bibel, Romanische, II. 102.
— Confessio Rhaet. 350.
— Geistliche, II. 107, 132, 322.
— Katechismus, I. 180.
— Kirchengesangbuch, II. 353.
— Schule, Theol., I. 180, 437. — II. 199.
— Synode, I. 349, 351, 437. — II. 106, 107, 132, 133, 198, 322.
Graviseth, Jakob, I. 429.
Greaves, Miss., II. 220.
Greifensee, I. 437, 438.
Greyerz, Grafschaft, I. 170, 342, 343.
v. Greyerz, Abraham, Dekan, II. 106, 131.
Gribaldo, Matheo, I. 230, 234.
Grindelwald, I. 96, 472. — II. 16.
Grob, Hans Kaspar, Dekan, II. 384.
— Jost, I. 498.
Gross-Dietwyl (Luzern), I. 93.
Grotz, Phil., I. 32, 33, 138.
Gruber, Joh. Adam, II. 53, 54.
Gruner, Joh. Rud., Dekan, II. 105, 136.
Grunholzer, Heinrich, II. 283, 343.
Grüningen (Zürich), I. 389. — II. 23.
Grynaeus, Joh., II. 120.

Grynaeus, Joh. Jakob, I. 262, 275, 380, 393, 397, 434.
— Simon [I], I. 109, 186, 188, 203, 211, 213, 264, 398.
— Simon [II] (1776), II. 134.
— Thomas, I. 203, 205, 262, 264, 275.
Gsteig b. Interl., II. 238, 391.
Gsteig b. Saanen, I. 342.
Gubel, Schlacht, I. 15, 30.
„Guckkasten" (Bern), II. 290.
Güder, Eduard, II. 323, 362, 363, 364, 366, 368, 385.
Guerin, Jean, I. 151.
Guggisberg (Bern), I. 46, 433. — II. 201.
Gujer, Jak. (Kleinjogg), II. 127.
v. Guise (der Kardinal), Karl, I. 440.
Guldin, Samuel, II. 35, 37, 39, 45.
Gumpenberg, Ambros., I. 344.
Gunter, Hiltbrand, I. 455.
Guttannen (Bern), II. 99, 188, 201.
Gwalther, Rud., I. 245, 273, 313, 324.

Haab, Joh., I. 316.
Haag (im Rheinthal), I. 332, 378.
Haberreuter, Samuel, I. 430.
Habkern (Bern), II. 349.
Habstetten (Bern), I. 93 A.
Häfeltinger, Anna, II. 52.
Häfeli, Friedr., Dekan, II. 384.
— Prediger, II. 131.
Hagenau i. Els., I. 310.
Hagenbach, Karl Rud., II. 232, 269, 281, 296, 298, 300, 333, 340, 344, 382, 383, 384, 387, 393, 395.
Haldane, Robert, II. 212, 213.
Haldenstein (Bünden), I. 396. — II. 133.
Haldimand, Barthél., II. 115.
Haldimann, Thüring (Täufer), I. 302.
Halle a. d. S., II. 52, 224.
Haller, Albert, Pfr., II. 331.
— Albrecht, II. 122–124, 141, 239.
— Bercht., I. 33, 35, 73, 87, 88, 95, 96, 100, 105, 106, 113, 197, 198.
— Joh., Dekan, II. 206, 207, 223, 225, 227, 233, 245, 251, 265, 268, 276, 277, 288, 319, 320, 323, 341, 342, 346, 470.
— Karl Ludwig, II. 239–241.
— Samuel, II. 23.
v. Hallwyl, Hartmann, I. 313.
Hanauerland, I. 422, 423. — II. 21.
Hannover, II. 21.
v. Hartmann, Ed., II. 381.
Hartmann, Jak. Christ., II. 128.
Hasle b. Burgdorf, I. 379.
Hasle im Grund (Bern), II. 257.

---
[1]) Goldiwyl im Text ist Druckfehler.

Hauser, Martin, I. 126.
Hauteret, Abtei, I. 220.
Hebich, Missionar, II. 360, 380.
Hedio, Kasp., I. 29.
Heer, Kosmus, II. 228.
— Justus, in Erlenbach, II. 362.
Hegelsche (Junghegelsche, Tübinger) Schule, II. 338, 340, 342, 358, 360, 364.
Hegetschwyler, Reg.-Rat., II. 278.
Heidegger, Heinrich, I. 491, 192, 496, 498.
— Joh. Jak., II. 34, 87.
Heidelberg, I. 237, 243, 244, 252, 261, 266, 268, 269, 275, 380, 400, 426, 498, 499. — II. 21, 88, 224, 301.
Heidelberger Katechismus, I. 248, 252 bis 256, 402, 430, 432, 435-437, 500. II. 94, 136, 142, 197, 198, 294, 318, 363.
— Maurus, Convertit, II. 63.
Heiden (App.), II. 53.
Heidenmission, II. 106, 123, 152, 227, 229, 234, 262, 266, 296, 297, 364.
Heimberger Brüder, II. 49.
Heimenschwand (Bern), II. 257.
Heimiswyl (Bern), II. 99.
Held, L. E. W. Lic. Dr., II. 360.
Helfenschwyl (Toggbg.), II. 75.
Helvetische Confession, s. Confessio.
Helvetische Republik. Geistliche, II. 163, 167, 169, 170, 171, 177, 178, 182, 183, 184.
  Besoldung, II. 167.
  Einrichtungen, II. 168.
  Relig. Zustand, II. 165-175, 176 bis 182, 183-185, 193, 194.
  Tagsatzung, II. 193, 194.
Henau (Toggbg.), II. 69, 75.
Henzi, Cornelius, I. 429.
  Nicol., I. 396.
  Samuel, I. 500.
Herborn, Acad., II. 45, 82.
Herisau, I. 31, 375, 376, 470. II. 316.
Herliberg (Zürich), I. 89.
Herlin, Huld., I. 266.
Hermann, A., I. 438.
Herrliberger, David, II. 130, 137.
Herrnhut (Herrnhuter), II. 41, 102, 103, 105, 106, 123, 151, 280.
Herzog, Werner, Prof., II. 133, 151.
— Joh. Jak., Prof., II. 297.
Herzogenbuchsee (Bern), I. 94, 277, 345, 451. — II. 297, 349, 385.
Hess, Balthasar, II. 104.
— Hans Heinrich, II. 234.

Hess, Joh. Jak., Antistes, II. 157, 171, 172, 180, 187, 196, 199, 224, 227, 228, 234, 254.
— Salomon, II. 225.
Hessen, I. 246. II. 3, 21, 136.
— Landgraf Phil., I. 23, 447.
Heusser-Schweizer, Meta, II. 296.
Hexenwesen, I. 256, 473-479. — II. 145.
Hilterfingen (Bern), I. 94, 432, 483.
Hindelbank (Bern), II. 283.
Hirsbrunner, Gottl., II. 363.
„Hirtenstimmen", II. 362, 378.
Hirzel (Zürich), I. 389, 427. — II. 296.
  Bernhard, II. 277, 278.
  Heinrich, II. 299, 357, 358, 359, 364, 369, 382, 391.
— Johann, in Bauma, II. 281.
— Joh. Kaspar, II. 200.
— Ludwig, II. 69.
— Melchior, II. 269, 273, 275.
— Salomon, II. 3, 4.
Hittnau (Zürich), II. 98.
Hitzig, Ferd., II. 270, 274.
Hitzkirch (Luzern), I. 131, 329.
Hochholzer, Joh., I. 494.
Höchstetten (Bern), Gross-, I. 94, 302, 499. — II. 99, 112, 201.
— Klein-, I. 95, 277.
Hoffmann, Wilh., II. 297, 302, 344.
— -Merian, Theod., II. 378.
Hofmeister, Seb., I. 31, 88.
Hofwyl (Anstalt), II. 192.
Hohensax, Graf Joh. Phil., I. 417.
Holderbank (Aargau), II. 37.
Holland (Niederlande), I. 245, 256, 400, 401, 403, 444, 445, 448, 487, 492. — II. 3, 18, 25, 26, 28, 38, 83, 85, 87, 110, 111, 121.
Hollard, Joh., I. 45, 47, 163.
— Moïse, II. 18, 19.
— Nicolaus, I. 45, 47.
Homburg (Basel), I. 301.
Höngg (Zürich), II. 255, 394.
Hoper, John, I. 322.
Höpfner, Albrecht, II. 181, 182.
Horgen (Zürich), I. 389. — II. 128, 356.
Hörler, Franz, II. 350, 378.
Horn (Thurgau), I. 377. — II. 75.
Hornbach (Pfalz), II. 21.
Hory, Blaise, I. 288.
Hospinian, Rud., I. 261.
Hospital, Joh. Rud., I. 458.
— Familie, I. 460, 461.
Hotman, Franz, I. 355.
Hottinger, Joh. Heinrich, I. 448, 496, 498.

Hottinger, Joh. Jakob, I. 486, 498. — II. 54, 87, 95.
— Joh. Jakob, II. 300.
Howald, Karl, II. 234.
Huber, Peter, I. 205.
Hubler, Hans, I. 141.
Huber, Samuel, I. 256—258, 398.
Hugi, Hans, I. 138, 141.
Hülfsvereine, protestantisch-kirchl., II. 297, 298, 385, 394, 395.
Hummel, Heinrich, I. 117, 451, 477, 489, 491, 492, 496. II. 25.
Hundeshagen, Karl Bernh., II. 271.
Hundwyl (Appenzell), I. 31, 375.
Hünerwadel, S. G., Prof., II. 228, 244, 249, 302.
Hüningen (b. Basel), I. 112. — II. 20.
Hürlimann-Landis, II. 277.
— Mystiker, II. 103.
Hurter, Joh. Georg, II. 53.
— Friedrich, II. 291, 292, 293, 300.
— Melchior, Dekan, I. 254.
Hutmacher (Heinrich Seiler), I. 87.
— Hans, I. 283.
Hutter, Theob., I. 31.
Huttwyl, I. 94, 277.

Jäger, Wolfgg., I. 391.
Jenner, Mlle, II. 49.
— Sybilla, II. 105.
Jenzer, Joh., I. 345.
Jesuiten, I. 261, 363, 378, 394, 413, 422, 455. — II. 64, 65, 286—290, 293, 296, 357, 396.
Herten, I. 45, 166, 168, 170, 173, 220, 438. — II. 17, 48, 100, 115, 138, 298, 395.
— Classe, II. 115.
Hanz, I. 57, 350, 437. — II. 106, 242, 356.
Illnau (Zürich), II. 242.
Imfanger, Hans Meinrad, I. 379.
St. Immer (Erguel), I. 50, 136, 343, 360, 386, 433, 483. — II. 138, 142, 201, 258, 323.
Immer, Alb., II. 326, 331, 341, 342, 345, 346, 347, 362, 363, 366, 368, 372, 390, 392.
Im Turm, Eberhard, II. 63.
Ins (Bern), I. 174.
Inspirierte, II. 103.
Interlaken, I. 20, 121, 303. — II. 41.
St. Johann (Toggbg.), I. 133.
Johanniterorden, I. 345.
Joly, Odet, II. 50.
Jonschwyl (Toggbg.), II. 75.
Joris, David, I. 230, 231.
Joss, Hans, II. 114.

Joux, lac de, II. 222.
Irminger, Joh. Jak., I. 488.
Irvingianer, II. 335.
Iselin, Jak. Christoph, II. 119.
— Isaak, II. 133.
Isenburg, I. 422, 423.
— -Büdingen, II. 21, 148.
Iseppi, Canonic., II. 322.
Isny (Württembg.), I. 185, 423.
Italien, I. 212, 332, 335, 438.
Ith, Joh. Samuel, II. 174, 183, 185, 188, 202.
Ittingen (Thurgau), I. 38, 126.
Judae, Leo, I. 62, 63, 68, 92, 99, 105, 184, 186, 194, 248, 254, 274, 276.
Juden-Uebertritte, II. 115.
Judikofer, Theodos., I. 423.
Jülich, I. 255.
Julius v. Mailand, I. 350.
Jung-Stilling, II. 154, 157.
Juvet, Henri, II. 222, 223.

Kaiser, der, Karl V., I. 153, 155, 158, 170, 310—314, 325, 344, 345.
— Ferdinand I., I. 360.
— — II., 405, 406, 413, 414.
— Joseph I., II. 57, 63, 64, 67, 70, 71, 76.
— Jakob, Pfr., I. 37.
Kaiserstuhl, I. 39, 130.
Kalenderreform, I. 364, 365.
Kallnach (Bern), I. 93.
Kandergrund (Bern), II. 257, 295.
Kappeler-Brief (v. Bern), I. 70.
— -Frieden (I. 1529), I. 16, 21, 22, 37.
— — (II. 1531), I. 25, 177. — II. 62.
— -Schlacht, I. 15, 25, 58, 138, 177.
— -Schule, I. 107, 118, 259.
Kappeler Familie (Thurgau), I. 463.
Kapuziner, I. 363, 380, 394, 395, 410, 413, 421, 438, 456. — II. 65.
Karfreitag, II. 294, 351.
Karlsruhe, II. 147.
Karlstadt, Andr., I. 109, 183, 184, 188.
Kärnthen, Ev. K., II. 395.
Kassel, II. 21.
v. Kastelberg, Balth., Dekan, II. 242.
Katechismen, I. 104, 180, 248—256. — II. 363.
Kaufmann, Peter, Pfr., I. 346.
Keim, Theodor, II. 392.
Keller, Anna, v. Weinfelden, I. 330. (Zürich), I. 494.
— Ludwig, Dr. jur., II. 269, 273, 275.
— Rud., II. 100, 139.
Kelleramt (Zürich), I. 130.
Kempten, I. 185.
Kerzers (Bern), I. 93.

Kesselbach, Heinrich, I. 438.
Kesselring, Kilian, I. 406.
Kessler, Joh., I. 36, 84.
Kilchberg (Baselland), II. 263.
Kinderlehren, I. 106.
Kirch (Pietist), II. 37.
Kirchberg (b. Burgdorf), I. 93 A. – II. 382.
Kirchdorf (Bern), I. 278, 355. II. 385.
„Kirche der Gegenwart", II. 317, 339, 340, 358.
Kirchen, ref. (Beschreibung), II. 79.
„Kirchenblatt, Schweiz.", II. 296, 315, 326, 333, 340, 382, 387.
Kirchenkonferenz, Evangel., II. 352, 353.
Kirchhofer, Melch., II. 225, 319, 320.
Kirchlindach (Bern), I. 278.
Kirchmeyer, Jodoc., I. 40, 133, 205, 207.
Klauser, Salomon, II. 130.
Kleberger, in Genf, I. 297.
Kleinjogg, s. Gujer.
Klingler, Anton, I. 499.
Klingnau, I. 39, 130, 329, 377.
Kloten (Zürich), II. 255, 277.
Knecht, Deogratius, I. 437.
— Jakob, II. 42.
Knechtenhofer, Hans, I. 227.
Knonau, Amt, I. 305, 450.
Knox, John, I. 324.
Koch, Konrad, I. 400.
Kocher, David, Prof., II. 106.
— Rud., II. 364.
Kohler, Bruder (Brügglen), II. 114.
— Ludwig, II. 247.
Kolb, Franz, I. 26, 46, 72, 96, 198.
Konzil, allg., Trient, I. 253, 310, 311, 352, 353, 359, 361, 366, 440.
— Vatikan, II. 390, 391.
Konferenzen, evangel., I. 248, 316. – II. 60, 63, 97, 148.
Konfessionen, I. 240–247.
König, Karl Friedr., II. 363, 364.
— Sam. (Vater), II. 38, 39, 42, 80, 104.
— Sohn, II. 81, 104.
Königsfelden, Kloster, I. 137, 456.
Könitz (Bern), I. 94, 137, 345, 428.
Konkordat, theolog., II. 352.
Konkordate, kirchl., II. 195.
Konkordienformel (1577), I. 247, 275.
Konkordie, Wittenberger, s. Concordie.
Konstantinopel, II. 147.
Konstanz, Bischof, I. 39, 90, 134, 329, 360, 377, 415, 462. — II. 200.
— Stadt, I. 53, 127, 149, 185, 188, 229, 265, 291, 313, 368, 379, 406.

Koppigen (Bern), II. 390.
Krauchthal (Bern), I. 379.
Kreuzlingen, Kloster, I. 438.
Kriegstetten (Solothurn), I. 33, 143, 144, 419, 465.
v. Krüdener, Frau, II. 209, 210, 211, 231–234.
Krüger, G., Kand., II. 362.
Kuhn, Bernh. Friedr., II. 182, 183, 189, 196.
— Gottl. Jakob, II. 196, 247, 302.
— Gottlieb, II. 390.
Kuhnen, Friedr., II. 349.
Kummer, Joh. Jak., Reg.-Rat, II. 366, 381, 384.
Kunz, Peter, I. 97, 170, 173, 198, 199, 201, 202, 214, 219.
Kurzenberg (Bern), II. 257.
Küsnacht (Zürich), I. 426. — II. 127, 267, 385.
Kyburg, Grafschaft (Zürich), I. 62, 90, 392.
— Dorf, I. 379, 426.
Kyburz, Abraham, II. 137.

Lachen (Schwyz), I. 326.
La Ferrière (St. Immer), I. 483.
Laharpe, Fr. César, II. 165, 179.
Lamon, Benedikt, II. 293.
La Motte (Frankreich), II. 9.
v. Landenberg, Hans Jakob, I. 438.
Landeron (Neuenb.), I. 48, 175, 340, 341. – II. 56, 395.
Landfriede (Aarau), (IV.), II. 72, 73.
Landis, Hans, II. 23.
Landshut (Bern), I. 144.
Lang, Heinr., II. 358, 359, 360, 380.
Lange, Joh. Peter, II. 339, 340, 358.
Langenthal, I. 92, 93 A, 94, 200, 277, 483. – II. 4, 105, 197, 200, 297.
— Kapitel, II. 365.
Langhans, Eduard, II. 363–372.
— Friedr. (Vater), II. 259, 282, 365, 370.
— Friedr. (Sohn), II. 364, 365, 370, 378, 381, 388.
— Georg (1774), II. 106.
— Georg (1860), II. 363.
Langnau (Bern), I. 429. — II. 25, 28, 99, 112, 201.
— (Zürich), II. 98.
Langwies (Bünden), I. 56.
de La Tour, II. 49, 50.
Lauber, Matthias, II. 5.
Lauenen (Bern), I. 342.
Läufeltingen (Baselland), I. 30.
Laufen a. d. Birs, I. 359, 373.
— a. Rheinfall, I. 301.

Laupen (Bern), I. 93.
Lauperswyl (Bern), I. 96, 379.
Lausanne, Bischof, I. 42, 163, 166, 169.
— Stadt, I. 42, 43, 163, 166, 167, 169, 172, 173, 210, 219, 222, 223, 224, 227, 229, 250, 289, 355, 356, 370, 447, 483. — II. 11, 16, 18, 54, 89, 141, 145, 219, 222, 297, 308, 311, 382.
Akademie, I. 174, 219, 223, 224, 227, 236, 258, 266, 268, 269, 280, 287, 288, 316, 347, 355, 423, 430, 495, 499. — II. 47, 48, 83, 88 bis 94, 96, 140, 141, 145, 197, 226, 306, 307, 313.
— Disputation, I. 170—172.
Vertrag (1564), I. 358, 371.
— Waisenhaus, II. 141.
Lauterburg, Gottl. Samuel, II. 136.
Lavater, Johannes, I. 499.
— Joh. Jak., II. 122.
— Joh. Kasp., II. 125, 150, 152—156, 157, 172, 224.
Ludw., I. 272, 273.
Leemann, Burkart, I. 254, 274.
Léger, Antoine, II. 2.
— Jean, II. 4.
Le Grand, Wilh., II. 298.
Legrand, Helv. Direktor,, II. 179.
Leipzig, II. 21.
Lemnius, Simon, I. 181.
Lengnau (Bern), I. 94.
Lenk (Bern), I. 94.
Lenzburg, I. 263, 302. II. 25, 235.
Leonhardus, Joh., I. 303.
v. Lerber, Beat., II. 262.
— Theodor, II. 334, 348, 396.
Lescalier, Anton, I. 355.
„Les deux patries", II. 382.
Leu, Hans, I. 34, 96.
Leuk (Wallis), I. 347, 394, 455.
Leutmerken (Thurgau), I. 391.
Lever, Thomas, I. 323.
Libertiner (Genf), I. 212, 213, 215, 217, 222, 223, 233, 293, 294, 298.
Lichtensteig, I. 331, 464. II. 52, 67, 74.
Liestal, I. 97, 262, 301. — II. 134, 386.
Ligerz (Bern), I. 288, 483.
Lignaridus (Dürrholz), Herm., I. 396.
Lignières (Neuenburg), I. 340.
Limpach (Bern), I. 94, 277.
Lindau, I. 185, 410.
Linder, Kaspar, I. 379.
Lintthal (Glarus), I. 135, 376. — II. 386.
Linz, Joh., I. 326.
Liomin, G. L., II. 138.
Lobwasser, Ambr. (Psalmen), I. 280, 388, 427. — II. 139.

Locarno, I. 236, 332, 333, 334, 335, 348, 362, 380. II. 13.
Locher, Hans Kaspar, II. 358.
Locle (Neuenburg), II. 59, 354.
Longueville, von, Franz, I. 344.
Johanna, I. 48, 292.
Lötschenpass, II. 63.
Lotzwyl (Bern), II. 200, 385.
Loys, Ferdinand, I. 172.
Loyson, Hyacinthe, II. 375, 392.
du Luc, Graf, II. 70.
Lucaris, Cyrillus, I. 434.
Lucens (Waadt), I. 42.
Lucius, Samuel (Lutz), II. 47, 48, 49, 105.
Ludlow, John, II. 1.
Lufingen (Zürich), I. 426.
Lugano, I. 332, 333.
Lupulus (Wölflin), Heinrich, I. 113.
Lussi, Melchior, I. 352.
Lüssligen (Solothurn), I. 94, 143, 144, 302, 465.
Lustorf (Thurgau), I. 454.
Lüthardt, Christoph (I.), I. 287.
— (II.), I. 287, 396, 428.
— (III.), I. 288, 428, 447, 451, 499. — II. 2.
Luther, Mart., I. 183, 185, 187—194, 197, 198, 201—203, 237.
— -Bibel, I. 397. — II. 132, 134, 139, 263, 265, 353.
Lütisburg (Toggenburg), II. 70, 75.
Lutry (Waadt), I. 42, 45, 166, 172.
Lutz, Adolf, II. 271.
— Barbara, geb. Fischer, II. 105.
— Christoph, II. 35, 37, 39.
— Samuel, s. Lucius.
— Samuel, Prof., II. 260, 261, 270, 271, 283, 342.
Lützelflüh (Bern), I. 93.A. 94, 388. II. 29, 33, 37, 45.
Luzern, I. 21, 41, 134, 147, 277, 313, 326, 341, 346, 356, 358, 361, 362, 363, 366, 367, 371, 379, 405, 438, 450, 451, 453, 454, 459, 463, 466.
— II. 23, 56, 62, 65, 71, 72, 195, 237, 287.
— ref. Kirche, II. 196, 259, 264, 332, 354, 395.
Luziensteig (Graubünden), I. 411.
Lyon, I. 316, 319, 320. — II. 106.
Lyss (Bern), II. 389.

Macon, I. 320.
Macrinus (Dürr), I. 32.
Madiswyl (Bern), I. 94, 278, 429. — II. 236.
Magdeburg, I. 314. II. 21, 41.

Magny, François, II. 45, 49, 50.
Magron, Michael, I. 394.
Mahler, Josua, jgr., I. 273.
Mähren, Ev. K., II. 395.
Mährische Brüder, II. 147.
Maikirch (Bern), II. 23, 100, 139.
Mailand, I. 395, 410, 411, 438.
Mainardus, Augustin, I. 237, 350.
Mainfait (in Genf), II. 109.
Malacrida, Elisaeus, Prof., II. 43.
Malan, César, II. 212, 213, 215, 216, 217, 218, 252, 371.
Malans (Bünden), I. 56, 178, 179.
Malingre, Thomas, I. 167.
Mammern (Thurgau), I. 415, 423.
Männedorf (Zürich), II. 255, 380.
Mannhardt, Mart., I. 37.
v. Mansfeld, Graf, I. 405.
Manuel, Hieronymus, Ratsh., I. 225.
   Joh. Jakob, Convertit, I. 438.
   Nikl., I. 21, 39, 113.
Marbach (Luzern), I. 93.
— (Rheinthal), I. 60.
   Joh., I. 196.
Marburg, I. 261, 264, 403, 426, II. 45, 82, 120, 136, 319.
Maresius, Samuel, I. 489.
Markirch (Elsass), II. 21.
Marot, Clément, I. 297.
Marriott (in Basel), II. 351.
Marquardus, Blasius, I. 266.
Marthalen (Zürich), II. 54.
Marti, vide Aretius.
Martig, Emanuel, II. 363.
Martinengo, Maximil., I. 294.
— Ulysses, I. 350.
Martres, Bernard, II. 8.
Masori, Peter, I. 151.
Matt (Glarus), I. 135.
Maurer, Jakob, I. 255.
   Rud., II. 188.
St. Maurice (Wallis), I. 363. II. 15.
Mayenfeld, I. 56, 410, 437. II. 38.
Mayer, Karl Eduard, II. 362.
Meersburg, Ev. K., II. 395.
Megander (Grossmann), Kasp., I. 26, 72, 88, 99, 100, 106, 113, 173, 186, 188, 198, 199, 201, 202, 203, 249, 251, 255, 264.
Mejanel, II. 215.
Meilen (Zürich), II. 359.
Meister, Joh. Heinrich, II. 126.
   Joh. Heinrich, II. 127.
   Leonhard, II. 172.
Melchnau (Bern), I. 93. — II. 37.
Mellingen (Aarg.), I 25, 39, 130, 329.
Mels (St. Gallen), I. 129.
Memmingen, I. 185.

Mennoniten, II. 25.
Mérindol (Frankreich), I. 315.
Merlach b. Murten, I. 22.
Merlat, Pfr. in Vivis, II. 49.
Merle d'Aubigné, II. 212, 300.
Messen (Bern), I. 94, 277, 345. II. 385.
de Mestral, Arm., II. 364.
Methodismus, II. 150, 207, 208, 211, 212, 223, 249, 260, 264, 280, 305, 306, 335, 376.
Mett (Bern), II. 137, 390.
Mewille, Ulrich, II. 108.
Meyer, Adelberg, I. 30.
Meyer, Hans, I. 303.
   Joh., I. 438.
— Joh. Wilh., Ant. in Schaffhausen, II. 132.
— Sebastian, I. 198, 199, 201, 204.
   Wolfg., I. 400.
Mezger, J. C., II. 244, 385.
Milan, Hieronym., I. 139.
Milden (Waadt), I. 45, 165, 168, 172. — II. 100.
Miles, Hermann, I. 85.
Misox, I. 58, 334, 348, 378, 395, 411.
Mogelsberg (Thurgau), II. 75.
v. Mohr, Theodor, II. 322, 323.
Möhrfen, Pfr., II. 298.
Moins (Gex), II. 7.
Moleschott, Jakob, II. 350.
Molitor, Dr., I. 423.
Mollis (Glarus), II. 320.
Monastier, Antoine, II. 313.
Mönchaltorf (Zürich), II. 98.
Monchenstein (Baselld.), II. 317, 339.
Monnard, Charles, II. 222, 393.
Monod, Fréd., II. 212.
Montauban, II. 8.
Montbéliard, s. Mümpelgard.
v. Montfaucon, Seb., Bischof, I. 166.
Montmirail, Schloss, II. 41, 105.
Montpellier, II. 8, 106.
Montreux (Waadt), II. 220.
Moosbach (Bayern), II. 21.
Morbegno (Veltlin), I. 351.
Morel, Karl Ferd., II. 207, 301.
Morelli, Jean, I. 298.
Möriker, Mag., I. 250.
Morikofer, Joh. Kaspar, II. 393.
Morlot, Marc, II. 22.
— Theodor, II. 22.
Mormonen, II. 335.
Morsee (Waadt), I. 45, 165, 172, 227, 372. — 91, 100, 298, 395.
Moschard, Franz Ludw., I. 481. — II. 28.
Moser, A., Lehrer, II. 183.

Mösskirch, ev. K., II. 395.
Môtiers (Freiburg), II. 378.
Mülhausen, I. 53, 82, 139, 186, 196, 238, 245, 317, 355, 356, 368, 369, 393, 405, 407, 412, 419, 470, 492. — II. 9, 12, 20, 125.
Mülheim (Thurgau), I. 394.
v. Mülinen, Alb., Comthur, I. 131.
  Beat Ludw., Schultheiss, I. 267, 284, 286, 340, 370.
  — Niklaus, I. 409.
Müller, Eduard, Prof., II. 366, 385.
  — Georg, Abt, I. 39, 131.
  — Johann, II. 35, 39, 45.
  — Joh. Georg, II. 190.
  — Kaspar, I. 436.
Mullet, Michel, I. 341.
Mümpelgard (Montbéliard), I. 149, 221, 257, 258, 314, 441. — II. 252.
Münchenbuchsee (Bern), I. 345. — II. 181, 259, 282, 283, 343, 363, 370.
Münchenwyler (Bern), I. 175.
Munier, David François, II. 375.
Münsingen (Bern), I. 95. — II. 137.
Münster (Jura), I. 343, 344. II. 201, 207, 217, 251, 258.
  — in Westphalen, I. 439.
  — Sebast., I. 109, 262.
Münsterthal (Jura), I. 23, 51, 136, 302, 343, 344, 359, 374, 384, 385, 386, 466, 483. — II. 65, 66, 112, 125, 233, 336.
  (Bünden), I. 56, 180.
Muralto, Familie, I. 336.
v. Muralt, Beat Ludw., II. 46.
  — Bernhard, II. 13, 59.
  — Kaspar, II. 13.
Muret, Jean Louis, II. 138.
Muri, Kloster, II. 71.
Murten, I. 22, 42, 46, 93, 103, 116, 175, 288, 290, 305, 386. — II. 140, 173, 199, 204, 205, 207, 265, 332, 357, 378, 395.
Musculus, Abraham, I. 257, 258, 277, 281, 286, 288, 306, 325, 470.
  — Joh. Heinrich, I. 455.
  — Wolfgg., I. 185, 187, 225, 227, 251, 265, 266, 271, 310, 323.
Müslin, David, I. 266. — II. 159, 173, 183, 188, 189.
  Isaak, II. 45.
  Vgl. Musculus.
v. Mutach, Abrah. Friedr., II. 202.
Muttenz (Basel), I. 301. II. 107.
Myconius, Oswald, I. 41, 82, 103, 184 bis 186, 188, 196, 253, 261.

Näfels (Glarus), I. 135.
Nägeli, II. Franz, I. 158, 164, 166, 220, 226, 303.
  — Sebastian, I. 172.
Nantes, Edict, II. 7, 10.
Napoleon (I.), II. 187, 192.
Neapel, II. 5.
Neff, Felix, II. 217, 218.
Nemours, Herzogin, II. 55, 56.
Nérac (Frankreich), II. 8.
Nesslau (St. Gallen), I. 133.
Neu-Bärenthal (Württembg.), II. 147.
Neuenburg (Stadt, Grafschaft, Kanton), I. 47, 104, 158, 175, 176, 195, 209, 215, 221, 222, 245, 262, 291, 320, 340, 341, 356, 447, 482, 493. II. 20, 56—58, 83, 86, 87, 102, 109, 112, 125, 195, 298, 314, 315, 354, 376—378, 395, 398.
  Bibelübersetzung, II. 102.
  Consistoire, II. 59.
  Geistliche, II. 80, 102, 109, 264, 315, 376, 377.
  Katechismus, II. 102.
  — Kirchenordnung, I. 291. — II. 56, 58, 264, 314, 315, 398.
  — Kirchengesang (Musik), I. 482. — II. 353.
  Kirchenzucht, I. 292. — II. 56, 264.
  — Pietisten, II. 109, 223, 315.
  Successionsstreit, II. 55—58.
  Synoden, I. 292. — II. 315, 376, 378.
Neuenkirch bei Bischofszell, II. 64, 67, 76.
Neuenstadt (a. Bielersee), I. 51, 356, 419, 433, 447. — II. 16, 77, 99, 297.
Neuhaus, Karl, II. 255.
Neunkirch (Schaffh.), I. 435.
Neureuth (Baden), II. 147.
Neustadt a. d. H., II 21.
Neutäufersekte, II. 255, 335, 355, 357.
Nicodemiten in Arth, I. 457, 458.
Nidau, I. 51, 92, 95, 283, 423, 475. — II. 188.
  — Kapitel, I. 288, 343, 386, 466. — II. 66, 325, 365.
Niederbipp (Bern), I. 94, 95, 278. II. 283.
Niederglatt (Thurgau), II. 75.
Niederlande, s. Holland.
Nil, Edwin, II. 363, 364, 385, 387.
Nitzsch, Immanuel (-Feier), II. 384.
Nivinus (Schneuwli), Sam., Dekan, I. 288, 364.
Nods (Jura), I. 95. — II. 99.
Novalles (Grandson), I. 136.

Nunnez d'Avila, Pet., I. 269.
Nuntius, päpstl., I. 347, 359. 362—364, 367, 374. 380, 385, 456, 467. — II. 62, 66, 71, 287, 289.
Nöscheler, Jak. Christ., II. 129.
— Joh. Conrad, II. 131.
— Joh. Ludwig, II. 95.
Nyon (Neuss), I. 45, 165, 172, 371. II. 100, 222, 298.

Oberbipp (Bern), II. 389.
Oberbüren (Bern), I. 95.
Oberburg (Bern), II. 137.
Oberhofen (Bern), I. 94, 432.
Oberhasle, I. 20, 355. — II. 99.
Oberland, Berner (Aufstand), I. 20, 355, 370.
Oberrieden (Zürich), I. 482.
Oberwyl b. Büren, I. 94. II. 258.
Obfelden (Zürich), II. 294.
Occhino, Bernardino, I. 236, 237, 336.
Ochs, Peter, II. 165, 179.
Oecolampad, Joh., I. 29—31, 60, 81, 86, 103, 116, 240, 246, 248.
Olevianus, Kaspar, I. 244, 252, 255.
Olivetan, Pierre, I. 152.
Olivier, François, II. 222.
Olten, I. 137. — II. 354, 392, 395.
Oensingen (Solothurn), I. 33, 141.
Opligen (Bern), I. 95.
Oporinus, I. 109.
Oran, ev. Kirche, II. 395.
Orange, Fürstentum, II. 20.
Orbe (Waadt), I. 42, 43, 46, 47, 135, 162, 163, 168, 174, 175, 220, 251, 341. — II. 76, 221.
Orelli, Familie, I. 336.
— Joh. Kaspar, II. 269, 273.
Orléans, Herzog, I. 47, 341.
— -Longueville, II. 55.
Oron, I. 175, 342, 343, 474.
l'Orsa, Jeremias, II. 233.
Orte, die V (VII) kathol., I. 164, 165, 321, 324—327, 329, 333—335, 337, 345, 346, 359, 362, 366, 368, 369, 371, 378, 380, 385, 386, 389, 390, 391, 393, 406, 439, 454, 456, 458, 462, 463, 465. — II. 9, 16, 57, 62, 70, 71.
Orthodoxie (Orthodoxismus), II. 338, 340, 342, 345—348, 380, 394.
Oschwald, Heinrich, II. 103.
Osiander, Lucas, I. 441.
Ostermeyer, Wilh., I. 438.
Oesterreich, I. 55, 395, 410—412, 421, 422, 438, 462. — II. 64, 70.
Ostertag, Albert, II. 344.

Osterwald, Friedr., II. 59, 83, 86, 87, 102, 142, 197, 208.
Ostfriesland, I. 255.
Oetenbach (Zürich), I. 482. II. 132, 156.
Other, Jakob, I. 105.
Ott, Joh. Heinrich (Ottius), in Bern, I. 123, 495, 499.
— Joh. Heinr., in Zürich, I. 498.
— Hans Rudolf, in Zürich, I. 498.
Oetweil (Zürich), II. 130.

Paccolet, Imbert., I. 269.
Pajon, Claude, I. 490.
Palézieux (Waadt), I. 342.
Papst, I. 326, 327, 357, 365, 395, 462. II. 57, 62, 73, 289.
Paris, I. 355. — II. 395.
— Bluthochzeit, I. 353, 354.
Pauli, Matthias, II. 52.
Pécaut, Felix, II. 377.
Pell, John, I. 446, 448.
Pellicanus, I. 98, 259.
Peney b. Genf, I. 155, 157.
Penthéréaz (Waadt), I. 384, 418.
Perini, Pfr. in Scanfs, II. 106.
Pernice, Jakob, II. 146.
Perret, Emile, II. 376.
Perrin, Ami, I. 215, 222, 223.
Pest, die, I. 469—473, 480.
Pestalozzi, Familie, I. 336.
— Heinr., II. 190, 191, 289.
— -Feier (1846), II. 279.
— Karl, II. 393.
Peter, Familie, in Wildenspuch, II. 242, 243.
St. Peter im Schwarzwald, I. 94, 277, 345.
Peterlingen (Payerne), I. 46, 47, 163, 165, 168, 170, 438. — II. 298, 395.
Petershausen, Kloster, I. 90.
Peterzell (Toggenburg), I. 133.
Petit, Charles, II. 20.
Petitpierre, Ferd. Olivier, II. 109.
Petyon, Jean, I. 215.
Pfaff, Matthäus, II. 95.
Pfäffers, Kloster, I. 56, 177.
Pfäffikon (Zürich), II. 103, 234, 277.
Pfalz, I. 243, 246, 252, 255, 322, 381, 393, 422, 423, 441, 447. — II. 15, 21, 28, 34, 50, 147.
Pfälzer Katech., s. Heidelberger Kat.
Pfälzer, Vertriebene, I. 435. — II. 147.
Pfalzgraf, Casimir, s. Casimir.
— Friedrich III., Kurfürst, I. 243, 244, 252, 253.
— Friedr., König v. Böhmen, I. 405.
Pfeflingen (Basel), I. 359.

Pfenninger, Joh. Konr., II. 156.
Pfister-Meyer, Hans, I. 87.
Pfleger, Joh. Jak., II. 183.
Pfyffer, Ludw., I. 361 363, 367.
Pfyn (Thurgau), I. 392.
Philippe, Oudriez, I. 311.
Phrygio, Paul, I. 109.
Pierretleur, Pierre, I. 43.
Pieterlen (Bern), I. 91, 373. II. 142, 201.
Pietismus, I. 32 55, 59, 74, 77, 78, 84, 89, 90, 93, 102, 105, 107, 108, 115, 207, 231—236, 242—245, 251, 252, 260, 264, 266, 280, 299, 338, 340, 344—348, 364, 391, 396.
Pignerol, Friede, II. 3.
Pitiscus, Friedr., I. 123.
Placaeus, Josua, I. 487.
Plagne (Plentsch, Bern), II. 258.
v. Planta, Frau, in Binningen, II. 52.
— Martin, II. 133.
Platter, Thomas, I. 53, 109.
Plurs (Veltlin), I. 408 A.
Poissy, Relig.-Gespräch, I. 317.
Polanus v. Polenstorf, I. 397.
Polen, I. 245, 256, 270. — II. 21, 138, 147.
Polier, Georges, II. 91, 93, 96.
Poliez-le-Grand (Waadt), I. 384, 418.
— le-Petit, II. 76.
Pontisella, Joh., I. 181.
Pontresina (Bünden), I. 348.
Ponts (Val de Travers), II. 109.
Porral, Ami, I. 213.
Port b. Nidau, I. 95.
de la Porte, Jean, II. 10.
Portus, Aemil, I. 258.
Pragelas (Piemont), II. 148.
Praroman, Ursula, geb. Falk, I. 346.
Prattelen (Baselland), II. 52, 107.
Prättigau, I. 56, 178, 348, 395, 408, 410, 421.
Predigergesellschaft, Schweizer., II. 299, 346, 333, 340, 351, 352, 357, 360, 391.
Preiswerk, Samuel, Antistes, II. 353.
Preussen, Königreich, II. 54, 57, 58, 82, 95, 97, 101, 111, 148, 248. Vgl. Brandenburg.
— König Friedr. (II.), II. 109.
Préveral, Anna, II. 8.
Protestantisch-kirchl. Hülfsvereine, s. Hülfsvereine.
Provence (Grandson), I. 136.
Pruntrut, I. 136, 345, 359, 373, 414, 438, 456. — II. 201.
Pully (Waadt), I. 308.

Pupikofer, Joh. Adam, II. 393.
Puschlav, I. 58, 348, 349. II. 322.

de Quiros, Don., II. 145.

Radcliffe, Prediger, II. 376.
Radelfingen (Bern), II. 297.
Ragaz, I. 37, 129. II. 354, 394.
Rahn, Doktor, II. 277.
Ramsen (Schaffhausen), I. 345, 462.
— II. 64, 76.
Rapperswyl (Stadt), I. 39, 90, 133, 363, 160, 162. II. 72, 255.
Rapperswyl b. Aarberg (Bern), II. 237, 394.
Rationalismus, II. 159, 254, 281, 338, 317, 350, 374.
Reformpartei, II. 370, 371, 375—380, 388, 389, 391, 392.
„Reformblätter", Bern, II. 370, 371, 378, 382, 388.
Regensburg, I. 90, 217, 465. — II. 71, 73.
Corpus evangelicum, II. 95, 96.
Reiben b. Büren (Bern), I. 373.
Reichenbach b. Frutigen (Bern), I. 93, 355.
Remüs (Bünden), I. 421.
Renan (St. Immer), I. 483. II. 22.
Renan, Ernest, II. 373.
Renaud, Antoine, I. 442.
Rengger, Abraham, II. 173.
Rettig, H. Chr. Mich., II. 269, 273.
Rey, César, II. 7.
Rhäzuns, I. 456.
Rheinau (Kloster), I. 89, 272, 392.
Rheineck (St. Gallen), I. 32, 436. — II. 74.
Rheinfelden, I. 363, 414. — II. 394.
Rheinthal (St. Gallen), I. 32, 36, 83, 84, 91, 128, 245, 274, 305, 330, 331, 361, 377, 415, 416, 436, 455, 464, 482. II. 60, 132, 198, 200, 205.
Rhellikan (Müller), I. 100, 204, 259, 264.
Rhyner, Jakob, I. 85.
Rickenbach (Zürich), I. 494.
Rickli, Karl, II. 259, 264, 283.
Riehen (Basel), II. 51, 52, 297, 321.
— Diakonissenhaus, II. 321.
Ries, Friedr., II. 284, 285.
Riggenbach, Johann Christ., II. 340, 362, 374.
Riggenbacher, Daniel, II. 107.
Riggisberg (Bern), I. 93 A.
Ringgenberg (Bern), I. 483.
Ringier, Hieronymus, II. 365, 385.

Ripaille (Kloster), I. 165, 338.
Risold, Joh. Rud., II. 136.
— Samuel, II. 88.
Ritter, Erasmus, I. 31, 83, 97, 117, 198, 199, 201, 205.
— Michael, I. 438.
Rivery, Jean, I. 251.
Robustella, Jacob, I. 409.
Rochat, Aug. und Charles, II. 222.
Roder, Daniel, II. 137.
Rodolph, Rudolf, I. 500. II. 42, 78, 88, 136.
v. Rodt, Emanuel Bernhard, II. 207, 251.
— Karl, II. 251, 252, 334.
— Niklaus, II. 41.
Roggenbach, Bruder, I. 141, 144.
Roggwyl (Bern), I. 93, 94, 278.
— (Thurgau), I. 377.
v. Rohan, Herzog, I. 120.
Rolle (Waadt), I. 165. — II. 222, 298.
Romainmôtier (Waadt), I. 166, 170.
— Classe, II. 115.
Romang, Joh. Pet., II. 284, 285, 326, 339, 363, 385, 387.
Romanshorn, II. 115.
v. Römerstall (Meyer in Biel), I. 49.
Romont (Freiburg), I. 165, 166. — II. 395.
Rorbas (Zürich), II. 128.
Rorschach, I. 132, 331. — II. 61, 70, 75.
Rosalin, in Locarno, I. 362.
Rötheleu, Herrschaft, II. 108.
Röthenbach im Emmenthal, I. 95, 277.
Rotwyl (Württemberg), I. 53, 147.
Roubli, Wilh., I. 29.
Rougemont (Greyerz), I. 342.
de Rougemont, Fréd., II. 377.
Rousseau, Jean, II. 8.
Rousseau, J. J., II. 50, 118, 119, 122.
Röust, Diethelm, I. 69.
Rouvray, Jean Louis, I. 138.
Roveredo, I. 348.
Ruchat, Abrah., II. 91.
v. Rudolphi, Joseph, Abt, II. 74.
Rue (Freiburg), I. 165, 166.
Rued (Aargau), I. 302.
Rüegg, Hans Jakob, I. 22.
— Hans, Separatist, II. 150.
— Pfr., I. 464.
Rüegger, Jakob, I. 470.
Rueggisberg, I. 94, 278. — II. 114.
Rüegsau (Bern), I. 389, 499.
Rüetschi, Rud., II. 271, 382, 388.
Rumpf, Kandid., II. 350.
Russikon (Zürich), II. 200.

Russinger, Jakob, Abt, I. 56, 177.
Rust, Thüring, I. 96.
v. Rütti, Hans, I. 145.
Rütimeyer, Adolf, II. 364, 366, 385.
— Mark., I. 400, 429, 439, 178. II. 25.
Ruyter, Admiral, II. 5.
Ryniker, II. 381.

Saanen, I. 342, 355. II. 16, 23, 40, 137, 234.
Säckingen, ev. K., II. 395.
Sadolet, Jakob, I. 216.
Sagens (Bünden), I. 421. II. 64.
Sager, Rud., I. 306.
St. Julien (Vertrag v. 1530), I. 42.
— (Friede v. 1602), I. 383, 467.
Sakramentsstreit, s. Abendmahlsstreit.
Salandronius, s. Salzmann.
Salchli, Daniel, II. 29.
v. Sales, Franz, I. 372.
Salez (Rheinthal), I. 332, 417.
v. Salis-Marschlins, Ulysses, II. 133.
Saluz, Georg, I. 396.
Salzmann, Jakob (Salandronius), I. 56.
Samaden, I. 349. — II. 106.
St. Saphorin (Waadt), I. 172.
de St.-Saphorin, Franç. Louis, II. 110.
Sargans, I. 37, 124, 129, 177, 332, 456. II. 60, 205.
Saumur, I. 486—488, 490, 491, 494. — II. 86.
— Salmurianismus, I. 489.
Saunier, Ant., I. 150, 153, 157, 215.
Savoyen, I. 21, 44, 147, 154, 157, 158, 164, 166, 212, 230, 234, 337—340, 342, 357, 358, 369—373, 383, 384, 406, 418, 456, 460, 466, 467. — II. 1—5, 12—15, 17, 395.
Sax, Grafsch., I. 129, 332, 378, 417, 482.
Scanfs im Engadin, II. 106.
Scartazzini, Andreas, II. 364, 368, 369.
Schädelin, Joh. Jak., II. 349.
Schaffhausen, I. 31, 83, 85, 90, 104, 117, 122, 186, 195, 245, 253, 262, 276, 301, 324, 356, 358, 360, 400, 406, 414, 415, 423, 434, 435, 443, 460, 462, 470, 480, 485, 489. — II. 3, 9—11, 16, 18, 20, 24, 53, 62 bis 64, 76, 103, 104, 132, 134, 148, 152, 190, 195, 200, 204, 228, 232, 234, 242, 265, 291, 292, 294, 298, 317—320, 352, 353, 357, 385.
Schafter, Auguste, II. 233.
Schanfigg (Bünden), I. 178.
Schangnau (Bern), I. 93, 428. — II. 28.

Schännis, Kloster. I. 90. II. 72.
Schärer, Nikl., II. 52.
— Rudolf, II. 202.
Schärtlin v. Burtenbach, I. 311.
Scheitlin, Peter, II. 301.
Schenkel, Daniel, II. 344.
  Johann, II. 318.
Scherer, Edmond, in Genf. II. 340.
Scherr, Thomas, II. 267, 273, 275, 276, 283.
Scherrer, Jos., in St. Gallen, II. 281, 319, 361, 385.
Scherzligen (Bern), I. 277.
Scheurer, Samuel, II. 137.
Schiers (Graub.), I. 348.
Schinner, Matth., Bischof, I. 54.
Schinz, Heinrich, II. 180.
— Wilh. Heinrich, II. 281.
Schinznach (Aargau), I. 250.
Schlegel, Abt, I. 58.
Schleit, Hans, I. 51, 171.
Schleiermacher, Friedr., II. 224, 342, 344, 384.
Schleins (Bünden), I. 421.
Schmalkaldischer Krieg 1546/47, I. 312—314.
Schmid, Conrad (Fabricius), I. 206, 223.
Schmidlin, Jakob (Sulzjoggi), II. 145, 146, 175.
  Joh., II. 103.
— Dr. (Jakob Andreae), s. Andreae.
Schmidt in Basel, II. 152.
Schmutziger, Daniel, Kand., II. 104.
Schneckenburger, Math., II. 271, 302.
Schnell, Hans, II. 258.
— Karl, II. 255.
Schnepf, Ehrhard, I. 441.
Schneuwli, Sam., s. Nivinus.
Schmorf, Anton, II. 62.
Schodoler, Werner, I. 130.
Schönbein, Chr. Friedr., Prof., II. 320.
Schönenberg (Zürich), II. 98.
Schorer, Konrad, Pfr., I. 130.
Schori, Bendicht, II. 238.
Schottland (Schott. Kirche), I. 245, 444. — II. 21.
Schrämli, Joh., I. 481.
Schueler, Jakob, I. 455.
Schugger, Thomas (Appenzell), I. 86.
Schukan, Gabr., I. 437.
Schulen, I. 107, 478. — II. 141, 258, 267.
Schuler, Gervasius, I. 130.
  Melchior, II. 225.
Schuls (Bünden), I. 497.
Schulthess, Joh., Chorherr, II. 159, 188, 225, 270.

Schulthess, Pfr. aus Zürich, II. 49.
Schultz, Hermann, II. 351.
Schumacher, Samuel, II. 35, 37.
Schüpfen (Bern), I. 94, 432. II. 287.
Schürstein, Nicl. I. 33, 96.
Schütz, Hans, I. 339.
Schwanden (Glarus), I. 135, 327, 328, 376.
Schwarzenbach (Zürich), II. 255.
— (Toggenburg). II. 70.
Schwarzenburg (Bern), I. 46, 103, 136, 386.
Schwarzenegg (Bern), II. 137.
Schweden, I. 405, 406, 414, 440.
  König Gustav Adolf, I. 405, 414, 418, 443.
  Königin Christina, I. 445.
Schweizer, Alexander, II. 270, 272, 274, 275, 281, 311, 316, 340, 353, 381, 384, 392.
  Hans Heinrich, I. 499.
— Joh. Jak., II. 188.
— Joh. Kaspar, I. 492, 496.
— Landv. (im Wallis), I. 394.
Schwilgi, Andreas, I. 438.
Schwyz, I. 40, 90, 129, 363, 365, 379, 407, 418, 457—459. — II. 60, 61, 66, 67, 69, 71, 195, 200, 394.
Seeberg (Bern), I. 94, 277.
Seelmatter, Samuel, II. 137.
Seen (Zürich), I. 426.
Seewis (Bünden), I. 396.
Seiler, Gabriel, II. 104.
— Heinrich, I. 126.
Sekler (Täufer), I. 87.
Sennwald (Rheinthal), I. 332, 417, 482.
Servet, Michael, I. 226, 230—233.
Siblingen (Schaffhausen), I. 435.
Siculus, Cornelius, I. 333.
Siebenbürgen, I. 245, 256, 270.
Sigmaringen, II. 54.
Signau (Bern), I. 302, 428. II. 25, 112.
Sigriswyl (Bern), I. 471.
Silvaplana (Bünden), I. 349.
Simler, Josias, I. 260.
Simmler, Joh. Jak., II. 128.
Singen (Schwaben), II. 395.
Sinner, Joh. Rud., II. 58.
Sinss, Reussbrücke, II. 71.
Siselen (Bern), II. 202.
Sitten, Bischof, I. 53, 54, 146, 347, 394.
— Stadt, I. 347, 393, 455. — II. 395.
Sittenzucht, I. 71, 110—117. — II. 205.
Sitterdorf (Thurgau), I. 455.
Smyrna, Ev. K., II. 395.
Socini, Laelius, I. 238, 239.

Socini, Faustus, I. 239.
Socinianer, I. 494. — II. 32, 81, 89, 115.
Solothurn, I. 25, 32, 87, 94, 96, 116, 137, 145, 148, 155, 176, 277, 290, 302, 340, 341, 343–345, 357, 363, 366, 374, 385, 419, 438, 450, 451, 453, 458, 460, 465. — II. 9, 23, 56, 76, 195, 201, 241, 265, 286, 351.
Sonderbund, II. 287, 288.
—Krieg, II. 302, 314.
Sondrio, I. 378.
Sonntagsfeier, II. 205.
Sonvillier (Bern), II. 258.
Sorer, Joh. Baptist, II. 5.
Spanheim, Friedr., I. 487.
Spanien, I. 367, 384, 395, 405, 406, 411, 418, 420, 455, 462.
Spener, Phil. Jak., II. 33.
Speyer, II. 21.
 Joh. Friedr., II. 34.
Spiez (Bern), I. 94, 399, 432. — II. 140, 258, 385.
Spifame, Jak. Paul, I. 238.
Spittler, Chr. Friedr., II. 152, 391.
Spleiss, David, II. 234, 242, 319.
Spöndli, II. 277.
Spreiter, Jakob, I. 56.
Stadel (Zürich), II. 22.
Stadler, Joseph Anton, II. 69.
Stäfa (Zürich), II. 255, 384.
Stäffis (Freiburg), II. 395.
Stähelin, Ernst, II. 350, 393.
Stalla (Bünden), I. 421.
Stallikon (Zürich), I. 498. — II. 200.
Stammheim (Thurgau), I. 38, 90. — II. 200, 391.
Stampfer, Uhr., s. Wäber
Stanian, Engl. Ges., II. 79, 80.
Stapfer, Albrecht, II. 137.
— Daniel, II. 173.
 Joh., Prof., II. 106, 135, 139.
 Joh. Friedr., II. 135, 144.
 Phil. Alb., Minister, II. 167, 168 bis 171, 174, 177–180, 182, 187, 189.
Stark, Urs, I. 139, 141.
Staub, Rud., II. 391.
Staufberg b. Lenzburg, II. 235.
Steck, Gabriel, II. 247.
— Samuel, II. 385.
Steckborn, I. 91, 126, 376.
Steffisburg (Bern), I. 453.
Steiger, Christoph, Schultheiss 1723, II. 98.
— Edmund, II. 363.
— Johannes, I. 225, 343, 344.
Stein a. Rh., I. 90, 272, 345, 462. — II. 103, 200, 319.

Steinegger, Rudolf, Pfr., II. 232.
Steiner, Werner, I. 134.
Steinkopf, in Basel, II. 152, 228.
Steinmann, Kaspar, II. 229.
Stephani, Franz Ludwig, II. 173.
Stephanus, Rob. (Etienne), I. 295.
Sternenberg (Zürich), II. 98, 299, 358.
Sterner, Ludwig, I. 49.
Stettlen (Bern), I. 94. — II. 37, 258.
Stierlin, Emanuel, II. 247, 257, 260, 391.
Stockar, Joh. Jakob, I. 445, 446.
Stockmeyer, Emanuel, II. 361, 386, 392.
Stolz, J. J., II. 131.
Strassburg, I. 23, 68, 73, 82, 184–196, 204, 215–217, 235, 237, 260, 265, 310, 313, 315, 346, 368, 370, 374, 403, 405. — II. 21, 147.
Strauss, David, II. 272–279, 337, 348, 381.
— Joh. Rud., Dekan, II. 36.
Streit, Kaspar, I. 482.
Stucki, Joh. Rud., I. 426.
— Wilh., Prof., I. 247.
Studer, Bernhard, II. 349.
— Gottlieb, II. 345, 349, 393.
— Samuel, II. 190.
Stumpf, Joh., I. 261.
— Rud., Antistes, I. 273, 274.
Sturm, Jakob, I. 200.
Sturm, Timoth., I. 248.
Sulgen (Thurg.), I. 76.
Sulz, v., Grafen, I. 90.
Sulzberger, H. Gustav, II. 393.
— Ulrich, I. 482.
Sulzer, Simon, I. 107, 109, 170, 196, 203–207, 223, 246, 247, 261, 262, 264, 275, 279, 440.
Sümi, Jakob, I. 379.
Sumiswald (Bern), I. 88, 94, 137, 303, 345. — II. 201, 257.
Suren (Aargau), I. 93 A.
Sursee, I. 363, 392.
Süss (Bünden), I. 181, 182, 348, 350, 421.
Suze, comte de la, I. 428.
Swedenborgianer, II. 335.

Tarasp (Bünden), I. 348.
Tegonius, Adam, I. 423.
Tennhard, Joh., II. 49, 53.
Ternier (Savoyen), I. 165, 338.
Tessenberg (Bern), I. 51, 95, 474. — II. 99, 293.
Tessin, Kt., II. 195.
Teufen (Appenzell), I. 31, 375.
Thal (St. Gall.), I. 128, 436. — II. 74.

Thalweil (Zürich), II. 255.
Therwyl (Jura), I. 344.
Thierachern (Bern), I. 94, 283, II. 140.
Thomann-Stiftung, I. 389. [1]
Tholuck, Aug., II. 357, 382.
Thonon, I. 155, 165, 168, 171, 226, 230, 269, 338. II. 76.
Thorberg, Kloster (Bern), I. 121, 267.
Thormann, Georg, II. 29, 33, 46.
— Hieronymus, II. 73.
Thorn in Polen, II. 21.
Thurneisen, Rud., II. 128.
Thun, I. 19, 92, 93, 95, 96, 100, 255, 263, 268, 355, 364, 379, 430, 450, 451, 470, 474, 484. II. 25, 49, 137, 234, 390.
  Kapitel, II. 325, 365.
Thunstetten (Bern), I. 93 A, 97, 200, 277.
Thurgau, I. 32, 36, 38, 83, 91, 104, 124, 126, 245, 274, 329, 330, 360, 361, 376, 390—392, 415, 416, 436, 455, 460, 463, 464. II. 53, 60, 61, 65, 71—75, 132, 147, 148, 195, 197, 200, 229, 265, 293, 298, 319, 353, 355, 356.
Tillier, Anton, Stipend., I. 268.
  Joh. Rud., Seckelmeister, II. 9.
  Johann Franz, II. 144.
Tillmann, Bernhard D), I. 97.
— (II.), I. 264, 356.
Tirano (Veltlin), I. 379, 409.
Titianus, Prädik. im Veltlin, I. 350.
Tobler, Joh. Jak., II. 279.
  Titus, II. 351.
Toggenburg, I. 32, 36, 83, 84, 124, 133, 245, 330, 331, 361, 377, 416, 436, 455, 462, 464, 470, 498. II. 52, 62, 66—75, 132, 198, 228.
Tourne, La (Neuenburg), II. 315.
Trachselwald (Bern), I. 94, 483. II. 25, 136.
v. Trautmannsdorf, öst. Gesandter, II. 71.
Träyer (d. Täufer), I. 87.
v. Travers, Johann, I. 349.
Trechsel, Friedr., II. 300.
Tregarins, Conr., I. 35, 46.
Tremp, Lienhard, I. 119.
de Treytorrens, Samuel, II. 112.
Tridentinum, siehe Konzil.
Trient, siehe Konzil.
Trimmis (Bünden), I. 396, 421.
Trivulzio, Graf, I. 411.
Trogen, I. 375, 376. — II. 281, 283.

Troillet in Genf, I. 224.
Trub (Bern), I. 93. II. 112, 188, 382.
Trubschachen (Bern), II. 99, 334.
Trudel, Dorothea, II. 380.
Tschudi, Aegid., I. 32, 328, 335.
  Valentin, I. 32.
Tschudikrieg (in Glarus), I. 328.
Turbenthal (Zürich), II. 255.
Turner, Dem., II. 223.
Turrettini, Alphons, II. 83, 85—87, 95.
  Benedict., I. 396.
  Franz, I. 490, 491. II. 85.
Twann (Bern), II. 114, 368, 389.

Ueberlingen, ev. K., II. 395.
Ueberstorf (Freiburg), I. 93.
Uetikon (Zürich), II. 128.
Uitikon (Zürich), I. 426.
Ulm, I. 184, 185.
Ulmer, Konrad, I. 253, 254, 276.
Ulrich, David, Staatsanwalt, II. 273.
— Hans Jakob, I. 426.
  in Zürich, Hans Jakob, I. 445.
  Hans Jakob, II. 87.
  Johannes, I. 498.
  Joh. Jakob, I. 496.
— Joh. Kaspar, II. 54, 131.
— Joh. Rud., Antistes, II. 127.
Ungarn, I. 245, 256, 270, 401. — II. 5, 147, 395.
Unionsversuche, I. 439—448.
Unternährer, Antoni, II. 236—238.
Unterseen (Bern), I. 21, 94, 128. — II. 173, 189, 200.
Untervatz (Bünden), I. 396, 421.
Unterwalden, I. 21, 40, 148, 326, 379. — II. 65, 71.
St. Urban (Kloster), I. 94. II. 200.
Uri, I. 40.
Ursperger, Joh., II. 150—152, 229.
Urnäsch (Appenzell), I. 375.
Ursinus, Zacharias, I. 214, 252, 255, 269.
Uster (Zürich), I. 426. — II. 361.
Usteri, Jakob Aug. Emil, II. 357.
— Leonhard T., Prof., II. 132.
— (II), II. 226, 227.
Uttigen (Bern), I. 95, 277.
Utweil (Thurgau), I. 154.
Utzistorf (Bern), I. 114.
Uznach, I. 37, 124, 129, 418.

Vadian (v. Watt), Joach., I. 35, 187, 188.
Val-de-Ruz (Neuenb.), I. 48. II. 59.
Val-de-Travers (Neuenb.), II. 59, 109.
Valengin (Neuenb.), I. 18. II. 59.

[1] Thormann im Text ist Druckfehler.

de Valenti, Ernst Joseph Gustav, II. 343, 344.
Vandenet, André Robert, II. 114.
Vauffelin (Bern), II. 258.
Vechigen (Bern), I. 94. II. 258. 300.
Vellet, Niklaus, II. 52.
Veltheim (Aargau), II. 128.
Veltlin, I. 237, 238, 349, 351, 379, 395, 408—412, 420, 429. II. 64, 102.
Vereine, Relig., II. 152, 281, 393—397.
Vergerius, Pet. Paul, I. 237, 348—350.
Vermigli, Peter Martyr, I. 238, 260, 317, 362.
Vermittlungstheologen, II. 370, 382 bis 387.
Versailles, II. 395.
Vilmergen (Aargau), I. 459. II. 72, 286.
Vinelz (Bern), I. 500.
Vinet, Alex., II. 301, 306—308, 312.
Viret, Peter (P.), I. 47, 151, 155, 167, 170—172, 200, 209, 210, 217, 219 bis 227, 250, 252, 268, 269, 292, 342.
— (II.), (1612), I. 385.
Virginien (Amerika), II. 147.
Visp (Wallis), I. 346.
Vivis (Vevey), I. 45, 166, 172, 269, 418. — II. 1, 45, 49, 100, 138, 161, 219, 222.
Vögelin, Salom. (sen.), II. 300.
— (jun.), II. 361, 378.
Volketsweil (Zürich), I. 426.
Volkmar, Gustav, II. 392.
„Volksblatt", kirchl. (Bern), II. 389.
— relig. (St. Gallen), II. 392.
Völmi, Urs. I. 100.
Voltaire, II. 116—119, 122, 135.
Voltz, Georg, II. 5.
Vuilleumier, Prof., II. 355.
Vulliemin, Louis, II. 393.
a Vulpera, Jakob Dorta, I. 497.
Vulpius, Jakob Anton, I. 497.

Waadtland (Gebiet, Kanton), I. 42, 158, 162—175, 207, 209, 211, 213, 219—229, 249, 250, 281, 287—289, 337, 340, 346, 358, 369—371, 384, 388, 418, 428, 442, 467, 475, 478, 483, 496. II. 5, 16, 17, 20, 40, 49, 62, 63, 88—97, 100, 140, 141, 148, 162, 195, 197, 204, 219—221, 264, 280, 298, 304—316, 376.
Akademie, s. Lausanne.
Classes, I. 251, 478. II. 197, 305, 310.

Waadtland, Dekanate, I. 173.
— Geistlichkeit, II. 91—96, 140, 141, 177, 197, 204, 214, 219, 220, 222, 296, 299, 305, 308—313, 325, 355.
— Kirche, freie, II. 312, 333, 376.
Kirchengesangbuch, II. 353.
Kirchenverfassung, II. 280, 305 bis 311, 354, 355.
Mômiers, II. 220—223, 264, 280, 305, 308, 376.
Pfarrstellen, Deutsche, II. 90, 140, 298.
Waisenhaus, s. Lausanne.
Wäber, Ulrich (Stampfer), I. 143.
Wädischwyl (Zürich), I. 305, 345, 450, 499. — II. 23, 275, 384.
Wagner, Seb., s. Hofmeister.
— Ulrich, II. 320, 374, 375.
Wahlern (Bern), I. 46, 93.
Wald (Zürich), II. 128, 356.
Waldenburg (Baselland), I. 97. II. 107, 263.
Waldenser, I. 15, 245, 317, 324. II. 1—4, 12—21, 147, 148, 395.
Walder, Heinr., Bürgermeister, I. 69.
Waldkirch (St. Gallen), I. 132.
Waldshut, ev. K., II. 395.
Wallenstadt, I. 37.
Wallis, I. 21, 53, 139, 142, 146, 166, 169, 281, 325, 346, 347, 378, 393, 394, 455. II. 63, 298, 395.
Walkringen (Bern), II. 385.
Walther, Joh., Dekan, II. 385.
Wangen a. A., I. 93. — II. 136, 265, 385.
Wangen (Zürich), I. 426.
Wannenmacher, Hans, I. 283.
de Warens, Mad., II. 50.
Wartau (Rheinthal), I. 129, 135. II. 60, 358.
Wasen (Bern), II. 201.
Waser, Heinrich, II. 128, 129.
Joh. Heinrich, II. 127.
Kaspar, I. 498.
Waser'scher Spruch, I. 421.
v. Wattenwyl, Albr., Herr zu Diessbach, II. 105.
Bernhard, II. 334, 345—348, 362.
Eduard (v. Diessbach), II. 366.
— Eduard, Vikar, II. 325.
— Friedrich (Herrnhuter), Vater und Sohn, II. 41, 104—106.
Jak. (Schultheiss), I. 47, 171, 221.
Joh. (Schultheiss), I. 371.
Joh. Jak. (Schultheiss), I. 305, 371.
Niklaus (Propst), I. 171.
Nikl. (Herrnhuter), II. 105, 106.
Rud. Nikl. (Herrnhuter), II. 106.

Wattwyl (Toggenburg), I. 498.
II. 67.
Weber, Heinrich, II. 394.
- Joh., Textor, I. 204.
Weiach (Zürich), I. 127.
Weinfelden (Thurgau), I. 38, 273,
330, 376.
Weiningen (Zürich), II. 255, 279.
Weiss, Felix, I. 498.
Gabriel, I. 438. II. 2–4.
Weissenburger, Wolfgang, I. 109.
v. Weissenhorn, Marquard, I. 86.
Weissgerber, Christoph, I. 248.
Wengi (Thurgau), II. 61.
b. Büren (Bern), I. 94, 278.
v. Wengi, Nikl., I. 140.
Weniger, Marti (Zinggi), I. 88.
Werdenberg (Rheinthal), I. 417, 435,
II. 198.
Werdmüller, Joh. Ludw., II. 69.
- Otto, Zürich, I. 259.
Werenfels, Peter, Antist, II. 84.
- Sam., II. 51 A., 83, 84, 120.
Wernly, Peter, I. 151.
Wesen, I. 37, 129. - II. 72.
Westphal, Joach., I. 195.
de Wette, W. M. L., II. 226, 248, 269,
298, 300, 302, 344.
Wetter, Wolfg., Pfr., I. 36.
Wettingen, Kloster (Aargau), I. 39,
90, 131, 437, 456. - II. 255.
Wettstein, Joh. Jak., II. 119–121.
Joh. Rud., sen., I. 489, 492.
- Joh. Rud., jun., II. 84, 119.
Wetzikon, I. 90, 437. II. 103.
Wetzlar, II. 21.
Weyermann, Albrecht, II. 284.
Wichtrach (Bern), I. 94, 95. – II. 262.
Wiedlisbach (Bern), I. 141. – II. 152.
Wiedmer, Simon, I. 379.
Wiedertäufer, I. 29, 30, 57, 59, 62,
86–88, 228, 231, 237, 242, 282,
300–307, 350, 428. II. 23–29,
32, 33, 109, 112, 176, 335, 336.
Wien, Ev. K., II. 395.
Witlisburg, s. Avenches.
Wigoltingen (Thurgau), I. 463.
Wilcox, Rich., II. 214.
Wild, Abrah., I. 376.
Wildberg (Zürich), II. 128, 255.
Wildenspuch (Zürich), II. 242, 243.
Wildermett, Joh. Konr. Gottfr., II. 142.
Wilhelmsdorf, Hessen, II. 21.
Willading, Fried., II. 69.
Magdal., I. 122.
Wille, Daniel, Pfr. in Chur, II. 106.
Windegg-Gaster, Vogtei, I. 365.
Winingen (Thurg.), I. 38.

Winkeli, Heini, I. 144, 145.
Winkler, Martin, Abt, I. 56, 177.
Winterthur, I. 62, 90, 255, 272, 294,
426, 470. - II. 53, 103, 127, 152,
156, 157, 339.
Wipkingen (Zürich), I. 389.
Wirz, Joh. 1638', I. 426.
Joh. Conrad, Antistes (1737–69),
II. 103, 125, 127, 129, 130.
- Joh. Jak. (1793), II. 128, 130.
Ludwig (1800), II. 225.
Wittenberger Concordie, s. Concordie.
Wohlen (Bern), II. 136, 238.
Wolf, Hans Kaspar, I. 499.
Jakob, II. 73.
Joh., Prof., I. 260.
Wolfgang v. Zweibrücken, I. 321.
Wolfsheim b. Strassburg, II. 21.
Wolleb, Johann, I. 434.
Wollishofen (Zürich), II. 98, 317.
Wolters, Theodor, II. 34.
Worb (Bern), I. 94. II. 258.
Worms a. Rh., 310, 349, 350. II. 21.
„Wort, das freie", II. 350.
Würenlos (Zürich), I. 417.
Wurstemberger, Ludwig, II. 355.
Simon, I. 234, 235, 355.
Sophie (-Dändliker), II. 335.
Württemberg, I. 149. II. 15, 16,
18, 21, 54, 147, 150.
Christoph, I. 140, 141.
Georg v. W., I. 314.
Wyl (Bern), I. 94.
(St. Gallen), I. 83, 90, 133. II. 71.
Wyla (Zürich), II. 255.
Wynau (Bern), I. 93, 94, 266, 379.
II. 270.
Wynigen (Bern), I. 94, 96, 277.
- Vertrag (1665), I. 465. II. 76.
Wysard, Pannerherr, II. 65.
Wyss, Barthol., s. Albi.
David, I. 489.
Gabriel, s. Weiss.
Joh. Rud. d. ält., II. 180, 262.
Karl, Prof., II. 260, 295, 329, 345,
390.
Rud., Dr. jur., II. 325.
Wyssler, Peter, II. 51.
Wyttenbach, Albrecht, II. 136.
- Daniel, II. 136.
Jakob Samuel, II. 190.
Thomas, Dr., I. 28, 49.

Xylotectus, I. 41.

Yberg (Toggbg.), II. 70.
Yvorne (Waadt), I. 171.

Zanchi, Hieron., I. 196, 237.
Zanini . . in Locarno, I. 362.
Zapf, Dr. aus Venedig, II. 5.
Zaremba, Missionär, II. 297.
Zäziwyl (Bern), II. 201.
Zebedée, André, Pfr., I. 220, 223.
Zedo, Niklaus, I. 305.
Zeender, Emanuel, Jakob, II. 202.
Zeglingen (Baselld.), II. 107.
Zehender, Joh. Jakob, I. 472, 473. II. 114, 135, 138.
— Samuel, II. 196.
Zehnten, I. 71, 77. — II. 203, 204.
„Zeitstimmen", II. 350, 359, 361, 370, 378, 380, 387.
Zeller, Christian, II. 152.
— Ed., II. 283—285, 295, 325, 339.
— Peter, II. 95.
Zellweger, Joh. Kaspar, II. 266.
Ziegler, Hans Georg, II. 34.
— Jakob, Dekan, II. 385.
— Joh. Rud., II. 129.
— Ludwig, II. 391.
— Samuel, II. 262.
Zimmermann, Heinrich, II. 281.
— Joh. Jak., II. 121, 122.
Zimmerwald (Bern), II. 114.
Zingg, Michael, I. 189.
Zinggi, s. Weniger.
Zink, Georg, I. 423.
v. Zinzendorf, Graf Ludw., II. 41, 84, 102, 103, 105—107.
Zizers (Bünden), I. 396, 421, 456.
Zofingen, I. 87, 92, 263, 266, 281, 290, 325, 432. — II. 25, 37, 38, 152, 225, 232, 247.
Zofinger-Verein, II. 225.
Zollikofer, Michael, II. 5.
Zschokke, Heinrich, II. 192, 224, 302.
Zuchwyl (Solothurn), I. 138, 143.
Zug, I. 134, 326, 363, 438. — II. 65, 71, 72.
„Zukunft der Kirche", II. 339.
Zumkehr, Christina, I. 320.
Zürich (Stadt, Kanton, Kirche, Die Zürcher), I. 9—17, 36, 59—69, 85, 89—92, 131, 132, 134, 155, 186 bis 196, 199, 202, 204, 205, 214, 217, 221, 223, 230, 233, 236, 238, 239, 242, 245, 247, 248, 254, 265 bis 274, 305, 306, 312, 313, 317, 319, 322—325, 329—331, 335, 336, 338, 345, 356, 358, 368—370, 374, 376, 377, 381, 383, 389—393, 400, 405—407, 409, 415—417, 419, 422, 423, 425—427, 433, 434, 437, 438, 441, 443, 445—448, 450—454, 458 bis 464, 466, 467, 481, 482, 488, 494, 497, 498. II. 3—17, 19—23, 26, 34, 38, 45, 51, 53, 54, 60—63, 65, 69—74, 80, 83, 86, 87, 95, 97—99, 101, 103, 109, 115, 119—122, 124, 126—132, 143—145, 148, 150, 152 bis 157, 159—173, 176—182, 187, 188, 195, 199, 204—206, 224, 231, 234, 235, 238, 251, 255, 265—267, 269, 273—279, 281, 287, 294, 296, 350, 316, 317, 333, 340, 341, 349, 299, 352, 353, 356—361, 369, 370, 381, 382, 384, 391, 394.
Zürich, Abendmahlsfeier, I. 99, 389, 427. II. 126, 129, 349.
— Antistes, I. 90, 143, 488, 499. II. 95, 126, 127, 157, 171, 172, 187, 228, 254, 274, 316, 382, 391.
— Armenpflege, II. 255; vgl. Wohlthätigk.-Anst.
— Asketische Gesellschaft, II. 132, 361.
— Bibel, Bibelübersetzung, I. 53, 99, 274, 427, 496. II. 131, 132, 187, 229, 263, 266, 353.
— Bibelgesellschaft, II. 228, 281.
— Dekane, I. 90. II. 199, 255.
— Ehegericht, I. 110, 273, 483.
— Evangelische Gesellschaft, II. 296.
— Examinatoren, I. 91, 427. — II. 34, 199.
— Feiertage, I. 99, 272.
— Geistlichkeit, II. 265—317, 361.
— Gottesdienst, I. 98, 272, 273, 389, 426, 427. — II. 99, 126, 130, 161, 168.
— Hochschule, II. 269, 270, 273 bis 277, 317, 339, 340, 350, 360, 361.
— Hülfsgesellschaft, II. 200, 397.
— Hülfsverein, protestant.-kirchl., II. 394.
— Kandidaten, II. 125.
— Kapitel, I. 90.
— Katechismus, I. 105, 248, 254. — II. 198, 263.
— Kirchenbücher, I. 427.
— Kirchengesang, II. 103, 129, 244, 263, 320, 317, 353.
— Kirchengüter, II. 255.
— Kirchenrat, I. 87. — II. 99, 199, 244, 254, 255, 274, 294, 341, 381, 384; vgl. Examinatoren.
— Kirchenzucht, II. 65, 98, 99, 131, 255; vgl. Ehegericht.
— Kirchenverfassung, I. 67, 91. II. 199, 254, 255, 275, 316, 317, 356.
— Kirchgemeinden, I. 89, 426, 482. II. 98, 199, 255, 294.
— Lehrerseminar, II. 267, 276.

Zürich, Missionsgesellschaft, II. 230, 281, 317.
— Neugläubige, II. 150.
    Vergl. Pietisten.
— Neutäufer, II. 255.
— Pietisten, II. 34, 156, 234, 242, 244, 255, 369, 370.
— Prediger-Witwen-Kasse, I. 482.
— Prophezei, I. 98.
— Reformationsfeier (1719), II. 99; (1819), II. 224, 225.
— Religions-Unterricht, I. 389. — II. 132.
— Schulen, I. 106, 259, 261, 270, 389, 427, 497. II. 131, 132, 200, 267.
    Karolinum (Gymnas.), II. 103, 121, 122, 157, 358.
    Vgl. Hochschule.
— Separatisten, siehe Neugläubige, Pietisten.
— Stadtkirchen. Grossmünster, I. 260, 272, 273, 389, 426, 498. — II. 130.
— Fraumünster, I. 91, 426. — II. 54, 171, 187, 230.
— St. Peter, I. 91, 261, 389, 426. — II. 154, 156, 173, 225, 357 bis 359.
— Neumünster, II. 128, 281, 356.
— Vorstadtgemeinden, II. 356.

Zürich, Synoden (1532), I. 65; (1533), I. 68.
I. 90, 91, 189, 330, 377, 426, 435, 436. — II. 87, 99, 122, 199, 254, 275, 340, 341, 349, 358.
— Tauflitugie, II. 349; vgl. Gottesdienst.
— Waisenhaus, II. 132.
— Wiedertäufer, I. 301, 305, 306. — II. 23, 24, 109; vgl. Neutäufer.
— Wohlthätigk.-Anstalten, I. 118, II. 132, 200.
„Züriputsch" (1839), II. 278, 279, 339.
Zurkinden, Nicol., I. 233.
Zurzach, I. 39, 131, 361, 377, 389, 390, 417, 482. — II. 65.
Zuz (Engadin), I. 349.
Zweibrücken, I. 422, 423. - II. 21, 52.
Zweisimmen (Bern), I. 19, 481.
Zwinger, Theodor, I. 434, 445, 484.
Zwingli, I. 9, 24, 32, 35, 59, 98, 99, 110, 183, 197, 199, 208, 240, 261, 273, 403. — II. 317.
— jun., I. 260.
— Denkmal, II. 384.
Zyro, Friedr., II. 250, 281, 381.

III. Das Staatskirchentum des XVII. Jahrhunderts.

9. Die Glaubensgenossen.

Wir haben bereits darauf hingewiesen, dass die streng konfessionelle Religiosität des XVII. Jahrhunderts, wenn sie in widerwärtig abstossender Weise den Begriff des Christentums und die Christenpflicht auf die Angehörigen des eigenen Bekenntnisses beschränkt hat und für Andersgläubige nur Hass und Abscheu lehrte, dabei doch wenigstens das Gefühl der Zusammengehörigkeit mit den Glaubensgenossen ausserordentlich ernst nahm und hierbei von grosser Kraft und Treue war.

Die reformierte Schweiz hatte im XVII. Jahrhundert noch mehr Gelegenheit, dies zu bethätigen, als im XVI. Die Aeusserungen der Teilnahme zeigten sich freilich anders als früher. Das Mitgefühl mit den Verfolgten zog sich völlig zurück auf den rein kirchlichen, religiösen Boden; es fand seinen Ausdruck nur in Fürbitte, Beisteuer und Gastfreundschaft. Den politischen Plänen eines Bundes der protestantischen Staaten machte der Tod Cromwells und die bald darauf folgende Restauration der Monarchie in England für immer ein Ende. Ihre Sympathie mit der untergegangenen Puritaner-Republik konnte die Schweiz jetzt nur noch dadurch bezeugen, dass sie den von da an verfolgten sogenannten Königsmördern auf ihrem Boden ein Asyl bot. Der bedeutendste unter ihnen, John Ludlow, lebte längere Zeit als verbannter Flüchtling teils in Bern, teils in Vivis; mit ihm noch einige Gleichgesinnte.[1]

Die Hauptaufmerksamkeit zogen die Waldenser auf sich. Im Jahr 1644 kam die Nachricht von immer offenern und rohern Verfolgungen in den piemontesischen Thälern, und schon damals wurde ein freilich sehr schüchterner Versuch gewagt, den Herzog von Savoyen um Schonung zu bitten. Im Jahr 1648 aber sandte

---

[1] Stern, Briefe englischer Flüchtlinge in der Schweiz. Göttingen 1874. Thiersch, H., Edmund Ludlow und seine Unglücksgefährten als Flüchtlinge in der Schweiz. Basel 1881.

der Waldenser Prediger Antoine Léger eine Denkschrift an den Berner Professor Christoph Lüthardt, um ihm das Elend und die Bedrückung zu schildern, denen die Nichtkatholiken in ihren alten Sitzen preisgegeben seien.[1]) Eine Geldsendung ging dahin ab; ein gleichzeitiges Schreiben aber an den Herzog hatte geringen Erfolg. Es hiess, wie immer: Die Leute werden nicht um ihres Glaubens willen, sondern wegen ihres Widerstandes gegen die Staatsgesetze gestraft. Milde und Schonung wurde zwar versprochen, allein trotz allem blieb es thatsächlich bei der grausamen Alternative: entweder Messe oder Auswanderung! Um wenigstens etwas zu thun, bewilligte die Evangelische Konferenz — von 1652 an — für den Unterhalt von Studierenden aus den Waldenser Gemeinden einen jährlichen Beitrag von 200 Gulden.[2])

Viel entsetzlicher aber waren die Nachrichten, die nun im Anfang des Jahres 1655 ankamen. Flüchtlinge, die nach Genf gelangt waren, erzählten, dass die Waldenser Thäler Angrogna und Luserna mitten im Frieden von bewaffneten Truppen unter Anführung eines Priesters oder Mönches überfallen, die Dörfer eingenommen, die Häuser verbrannt und die friedlichen Leute aufs schändlichste misshandelt worden seien; bei fast ganz fehlendem Widerstande der Wehrlosen ein abscheuliches Gemetzel, dem viele nur durch die schleunigste Flucht in die höchsten Gebirge entkommen konnten.[3])

In Genf ergriff die Bevölkerung eine ungeheure Bewegung. Sofort wurde auch ein Bote nach Bern geschickt. Der Rat versammelte sich, und am 8. Mai wurde der Stadtmajor Gabriel Weiss, ein erfahrener Kriegsmann und ebenso gewandter Diplomat, der selbst von einer reformierten Walliser Familie abstammte, nach Turin abgesandt mit dem Auftrag, eine Audienz beim Herzog zu suchen und ihn zu bitten, dass er seine Unterthanen schützen möge, die nichts Unrechtes gethan haben.[4])

---

[1]) Hottinger, III, 1072.
[2]) E. A., VI, 1a, 99.
[3]) Evang. Konf. in Aarau vom 13. Mai 1655. Vergl. Mss. H. II., I, 108 (Nr. 48), III, 38 (Nr. 53), VII, 9 (Nr. 1) der Stadtbibl. Bern. Die auffallende Menge solcher Materialien zeugt für sich allein schon für die grosse Teilnahme, die man den Waldensern entgegenbrachte. S. auch Neujahrsblätter der Züricher Hülfsgesellschaft für 1829—1852.
[4]) E. A., VI, 1a, 240—245. Die Selbstbiographie von Gabriel Weiss, mit einem Anhang von Aktenstücken über seine Sendung, im Berner Taschenb. von 1875/76, S. 1—82. Vergl. auch Stockars Bericht über die Gesandtschaft der evang. Kantone nach Turin in Sachen der Waldenser 1655, in Balthasars Helvetia, Bd. III, 442 u. ff.

Damit begnügte man sich nicht: gleichzeitig wurde auf den Wunsch der Berner in der ganzen reformierten Eidgenossenschaft auf den 10. Mai ein allgemeiner Bettag angeordnet, „dadurch", wie es im Rundschreiben heisst, „Gott dem Herrn einen demütigen Fussfall zu thun und ihn für diese hochbetrübten Notleidenden, auch andere dergleichen Glieder seiner Kirchen anderswo, von Grund unsers Herzens ganz eifrig und demütigst zu bitten."

Als Weiss nach Piemont kam, fand er die Waldenser Thäler in offenem Aufruhr und Kriegszustand; 4000 Menschen, die aus ihren Dörfern flüchtig sich wieder gesammelt hatten, mit 800 bis 900 waffenfähigen Männern, widersetzten sich der gewaltsamen Besetzung. Alle Vorstellungen bei dem Herzog fruchteten deshalb nichts; er rechtfertigte in einer besondern Schrift, die nach Bern gesandt wurde, die von ihm getroffenen harten Massregeln, indem er die Schuld des Aufstandes vollständig auf seine rebellischen Unterthanen schob. Jedes Eintreten in Verhandlungen über das künftige Schicksal der Verfolgten verweigerte er, so lange dieselben nicht die Waffen niederlegen würden. Es war eine schwierige Aufgabe für den bernischen Gesandten, die begreiflicherweise gegen die Zusagen des irregeleiteten Herzogs sehr misstrauischen Waldenser zur Entwaffnung zu bewegen. Es sollte ihm schliesslich gelingen; allein ein dauernder Friede wurde nicht hergestellt, da doch der Waldenser Gottesdienst nicht mehr gestattet war.

Am 26. Juni (1655) versammelte sich deshalb die Konferenz der evangelischen Stände von neuem in Aarau. Und von hier aus wurde nun Gabriel Weiss, der zurückgekehrt war, zugleich mit dem Züricher Salomon Hirzel, im Namen von Zürich, Bern, Basel und Schaffhausen, zum zweitenmale nach Turin geschickt.[1]) Sie trafen dort einen Gesandten aus England, einen andern aus Holland, und solche aus Hessen und aus Brandenburg, die alle im gleichen Sinne wirken, den Waldensern in ihren angestammten Thälern freie Uebung ihres Glaubens und ungestörten Gottesdienst nach ihrer Weise ausbitten sollten. Am 18. August 1655 kam der Friede von Pignerol zu stande, durch welchen den Waldensern Schonung und Duldung ihrer kirchlichen Sitte zugesagt wurde.

Allein diese abgedrungenen Versprechungen wurden nicht gehalten. Seit Cromwells Tod war die kräftigste Stütze des Protestantismus gefallen; die Verfolgungen begannen von neuem. Schon 1660 wurden Klagen laut über Bruch des Vertrags. Wieder schickten die evangelischen Städte ein Schreiben nach Turin, um auf die Beobachtung der Uebereinkunft zu dringen und Protest

---

[1]) E. A., VI, 1a, 252, wo auch die Berichte von Weiss.

zu erheben gegen jede Beeinträchtigung des Waldenser-Glaubens, unter wiederholter Versicherung, dass die Unterthanen des Herzogs nicht Rebellen seien, wie ihm stets behauptet werde, vielmehr nichts verlangen, als dass man ihnen ihre Kirchen lasse und ihren Kultus gestatte.

Im Winter 1661 kam dann das geistige Haupt der Waldenser, der treffliche und hochangesehene Pfarrer Jean Léger[1]), selbst, um persönlich seine Klagen vorzubringen auf einer Konferenz zwischen Zürich und Bern, die am 22. Dezember in Fraubrunnen stattfand.[2]) Im Jahr 1663 waren die Beunruhigungen der guten Leute wieder so arg, der Uebermut, mit dem man sie behandelte, so gewaltthätig, dass sie in beständiger Furcht leben mussten, es möchten die Greuelscenen von 1655 sich wiederholen. Eine Konferenz zu Langenthal, im September, beschäftigte sich mit der Beratung der zu treffenden Massregeln. Man entschloss sich wieder zum einzigen, was überhaupt gethan werden konnte: Weiss und Hirzel wurden abermals abgesandt, um den Herzog in aller Bescheidenheit an sein gegebenes Wort zu erinnern. Durch ihre Bemühungen kam am 14. Februar 1664 ein neuer Friede zu stande[3]), kraft dessen die Waldenser volle Unterwerfung unter die Staatsgesetze des Herzogs und Gehorsam gegen seine Befehle zusagten, ihrerseits aber das Versprechen erhielten, dass sie im ungestörten Besitz ihrer Kirchen bleiben und Gott nach ihrer Weise dienen sollten.

Wie wenig aber der Herzog auch diesmal sich an sein Wort für gebunden erachtete, wie wenig er, in der Periode des wachsenden monarchischen Absolutismus, den Gedanken fassen konnte, dass er durch die Verträge irgendwie in seinem Willen beschränkt sein könnte, zeigt die Aeusserung seines letzten bezüglichen Schreibens nach Bern, wo es heisst: „Au reste nous n'avons jamais cru d'en avoir besoin d'aucune de vos ambassades pour ce qui concerne nos vallées de Lucerne." Das sagt deutlich, dass er sich volle und unbedingte Gewalt über seine Unterthanen vorbehalte und also die darüber abgeschlossenen Traktate beiseite legen werde, sobald er dazu Veranlassung finde, ohne im mindesten auf die Nachbarn Rücksicht zu nehmen.

Diese Zeit sollte kommen; vorher aber wurden Mitleid und Aufopferung von einer andern Seite in Anspruch genommen.

---

[1]) S. J. Léger, Die evang. Schweiz und die verfolgten Waldenser, hrg. von Hagenbach. Basel 1845. Das Neujahrs-Blatt der Züricher Hülfsges. für 1849 gibt sein Bildnis.

[2]) E. A., VI, 1a, 547.

[3]) E. A., VI, 1a, 616.

Nachdem im Juni 1672 ein Bittgesuch aus Ungarn an die Evangelische Konferenz gelangt und mancher Bericht von der Not und den Leiden der dortigen Protestanten bekannt geworden war, kam im Mai 1676 ein Schreiben von Dr. Zapf aus Venedig, welches eine Zeitlang die Gemüter der evangelischen Schweizer viel beschäftigt hat. Derselbe meldete nämlich, dass es den vereinigten Bemühungen einiger schweizerischer Kaufleute im Ausland und des holländischen Admirals Ruyter gelungen sei, 26 ungarische Kirchendiener, teils augsburgischen, teils helvetischen Bekenntnisses, „aus den höllischen Banden der spanischen Kriegssklaverei in Neapel am 11. Februar in das Paradies der holländischen Kriegsflotte zu versetzen." Er ersuchte um wenigstens teilweise Entschädigung für jene Männer, welche die Loskaufssumme zusammengelegt hatten, der Herren Johann Baptist Sorer, Mathias Lauber und Michael Zollikofer in Wien und Georg Voltz in Neapel, namentlich aber um eine Beisteuer an die Reisekosten und gütige Aufnahme der schwergeprüften Glaubenszeugen.[1]

Eine Steuersammlung wurde beschlossen, und am 19. Mai sind die 25 Ungarn in Zürich angelangt.[2] Es darf hervorgehoben werden, dass diesmal kein Unterschied gemacht worden ist zwischen den Angehörigen der einen oder andern protestantischen Konfession.[3]

Seit längerer Zeit hatte nun aber auch in Frankreich die frühere Duldung gegenüber den hugenottischen Gemeinden einer zunehmenden und immer übermütigern Rücksichtslosigkeit Platz zu machen begonnen.

Die eigentliche Verfolgung fing an im Pays-de-Gex, dessen Schicksal die evangelische Schweiz um so näher berührte, weil es nicht bloss nachbarschaftlich an Genf und das Waadtland grenzte, sondern namentlich, weil es zu den einst von Bern reformierten, dann an Savoyen abgetretenen Gebieten gehörte.

---

[1] E. A., VI, 1ᵃ, 1005 u. ff.

[2] Es steuerten: Zürich 4733 Gulden, Bern 3600, Glarus 200, Basel 1000, Schaffhausen 700, Appenzell A.-Rh. 367, St. Gallen 1108, Mülhausen 250, Biel 90, Neuenstadt 180, Genf 1800, Neuenburg-Grafschaft 1032, Neuenburg-Stadt 600, die Prädikanten 180, Frauenfeld 100, das Rheinthal 118, das Toggenburg 85. Im ganzen belief sich die Summe auf 16,146 Gulden. — E. A., VI, 1ᵃ, 1068.

[3] Eine „Historische Erzählung der Verfolgungen seit 5. März 1674 über die Ungarn", mit einer bedeutenden Anzahl von Aktenstücken, enthält Mss. II. H., VI, 51, der St.-B. Bern. Das nach Bern gelangte Danksreiben, sowie dasjenige von Zapf, vom 23. Febr. und 2. Mai, auch bei Zehender, K.-G., III, 264—267. Das erstere ist unterzeichnet: „Die Geretteten, ex 30 adhuc 16."

Das Land war zur Zeit Heinrichs IV. von Savoyen an Frankreich überlassen worden. Allein die Nachfolger dieses toleranten Königs lenkten wieder in die Bahn des gewaltsamsten Religionszwanges ein. Was Ludwig XIII. begonnen, setzte der XIV. fort. Das Edikt von Nantes galt zudem in diesem später erst erworbenen Landstriche nicht. Im Winter 1662 wurden hier 23 evangelische Kirchen niedergerissen, und zwar durch Soldaten und Sträflinge, welche während der Zeit dieser Arbeit in den Häusern der reformierten Bewohner einquartiert waren. Es geschah das gegen den entschiedensten, diesmal kräftig ausgesprochenen Protest der Berner, welche sich auf die Bestimmungen des Cessionsvertrages beriefen.[1]

Die unglücklichen Bewohner wurden gezwungen, wenn sie bei ihrem Glauben bleiben wollten, den Gottesdienst in Genf oder im anstossenden Waadtlande zu besuchen. Geldgeschenke — Bern schickte 1663 über 500 Thaler nach Gex — waren das einzige Mittel, durch welches man den Bedrückten beistehen konnte, denn der Versuch, bei dem Abschluss eines neuen Bündnisses, das Ludwig XIV. einzugehen begehrte, einige Milderungen für die Glaubensgenossen zu erzwingen, schlug gänzlich fehl.[2] Hans Jakob von Wattenwyl, der 1664 von den Bernern nach Paris geschickt wurde, um in diesem Sinne zu wirken, erhielt zwar eine Audienz beim Könige, erfuhr aber dort eine gründliche und sogar unanständige Abweisung, so dass man nur das Gefühl der Demütigung davon trug, weil man doch nicht mit den Waffen Genugthuung verlangen konnte.[3] Nur so weit brachten es diese diplomatischen Anstrengungen, dass Frankreich die Wiedereröffnung von zwei Kirchen — es waren die kleinen Schlosskapellen von Sergy und von Fernex — für die im Lande lebenden Protestanten — 15,000 Seelen — gestattete. Eifrig wurde jetzt gesammelt, um die nötigen Geldmittel zu bessern Gebäuden zu schaffen[4]; 1675 war es endlich gelungen, aber zehn Jahre später, im April 1685, wurden auch diese beiden neuen Kirchen auf

---

[1] E. A., VI, 1ᵃ, 570, 577. Vergl. zum Folgenden: Rott, Inventaire sommaire, IIIᵉ partie, 1648—1684, u. Schweizer. P., Korrespondenz des französ. Gesandten in der Schweiz von 1664—71. (Quellen zur Schw.-Gesch., Bd. IV.)

[2] E. A., VI, 1ᵃ, 594, 604. Vergl. Instructions des droits et privilèges qu'ont eu les réformés du baillage de Gex dès l'an 1536, in Mss. H. H., VI, 51, Nr. 28 der St.-B. Bern.

[3] E. A., VI, 1ᵃ, 621.

[4] E. A., VI, 1ᵃ, 645, 676 (1200 Thaler), 1057 (1000 fr.).

königlichen Befehl wieder geschlossen.¹) Den Pfarrer Cæsar Rey aus Gex, der ins Gefängnis geworfen worden war, erquickte die evangelische Schweiz mit einem besondern Geldgeschenk.²)

Die Stadt Genf wurde von diesen Willkürmassregeln direkt betroffen; sie besass vertragsmässige Rechte an die mitabgebrochene Kirche zu Moins. Zürich und Bern traten dafür ein; eine Gesandtschaft, 1685, blieb indessen wieder ohne Erfolg; erst 1688 erlangte Genf teilweise Anerkennung der Ansprüche.³)

Damit sind wir nun aber auch bei demjenigen Ereignisse angelangt, welches alles Aehnliche in Bezug auf Widerrechtlichkeit des Verfahrens und auf die Menge der darunter Leidenden weit übertroffen hat. Die Aufhebung des von Heinrich IV. auf ewige Zeiten erlassenen Duldungs-Ediktes kam nicht unvorbereitet. Die Absicht der königlichen Regierung war längst kein Geheimnis mehr; denn bereits gingen ihre Anordnungen in der Begünstigung der heuchlerischen Bekehrungen und in Zurücksetzung der ausharrenden Glaubenstreue sehr weit.

Seit der sogenannten Bekehrung Ludwigs XIV., seit der Père La Chaise als Beichtvater ihn leitete, war die Ausrottung der reformierten Kirche beschlossen und wurde alles aufgewendet, um dieses Ziel zu erreichen. Weder brutale Misshandlung noch fein berechneter moralischer Zwang wurden gespart. Haarsträubende Dinge berichtet eine Denkschrift der Hugenotten an die evangelischen Stände der Eidgenossenschaft schon von 1665.⁴) Der Hof setzte Geldsummen aus, um Apostaten zu gewinnen. Ein gewisser Pelisson, der selbst zu den abgefallenen Hugenotten gehörte, verwaltete diese Gelder ganz in der Weise eines Bankgeschäftes, indem er die Zeugnisse des Uebertrittes, gleich wie Wechsel, mit 100 Franken und mehr honorierte.

Rückfällige, d. h. Apostaten, welche ihren Schritt zu spät bereuten und zu ihrem Glauben zurückkehrten, wurden laut einem Edikt vom März 1679 nicht mehr bloss mit ewiger Verbannung, sondern auch mit Konfiskation des Vermögens bestraft. Jeder Uebertritt zur reformierten Kirche, jedes Eingehen einer gemischten Ehe war seit 1680 bei schweren Strafen verboten, und am 17. Juni

---

¹) E. A., VI, 2ᵃ, 127. Näheres bei Mörikofer, Gesch. d. religiös. Flüchtlinge, S. 131 u. ff.

²) E. A., VI, 1ᵃ, 691.

³) E. A., VI, 2ᵃ, 217. Den ausführlichen Bericht des Gesandtschaftssekretärs Gossweiler mit sämtlichen Aktenbeilagen enthält Mss. H. H., VII, 152, der St.-B. Bern.

⁴) Im Auszuge bei Buxtorf-Falkeisen, a. a. O., II, 2, 140 u. ff.

1681 erschien vollends eine Verordnung, wonach reformierte Kinder schon im Alter von sieben Jahren ihre Religion abschwören durften, ohne dass Eltern oder Vormünder irgend ein Hindernis einlegen konnten.

Die Auswanderung aus Frankreich hatte begonnen, und jetzt zeigte es sich auch, dass das Gefühl der Glaubens- und Kirchengemeinschaft mächtiger sei, als das Misstrauen gegen die Ketzerei des Amiraldismus, das Mitleid stärker selbst, als die Furcht vor moralischer Ansteckung.

Ein Verzeichnis von Flüchtlingen, das von Genf aus im Dezember 1683 vorgelegt wurde, nennt bereits 36 Geistliche, 6 Studierende der Theologie und 24 Laien.[1]) In Bern wurde schon am 21. November 1683 eine eigene Behörde eingesetzt, die sogenannte „Exulanten-Kammer", welche den Auftrag erhielt, die Lage der zahlreich und hülflos anlangenden französischen Glaubensgenossen zu untersuchen, für ihre geordnete Unterbringung und Unterstützung zu sorgen, die eingehenden Liebessteuern zu verwalten und zu verwenden, und unter Umständen auch die Weiterbeförderung der Auswanderer zu überwachen.[2]) In Zürich zählte man im März 1684 sogar schon 4592 solcher Ankömmlinge, von denen allerdings der grösste Teil weiter gezogen war.[3])

Einige derselben erregten durch Herkunft und Schicksale, durch das, was sie verlassen oder was sie auf sich genommen, ganz besonderes persönliches Interesse, so die Witwe Anna Préveral, Pierre Fléchon, Bernard Martres, Etienne Faure, Etienne de Cursol du Mont, der reiche Banquier Jean Rousseau, und ganz vorzüglich die vornehme Isabaud de Fourques, die 1685 nach Bern kam.[4])

Eben jetzt langte an die protestantischen Kantone eine Bittschrift ein. Sie ist vom 27. November datiert und trägt im Namen der französischen Protestanten die Unterschrift der vier pasteurs Boyer, Luboe, Thainet und Rosemond, und schildert in ergreifenden Worten die geradezu unerträgliche Lage, in welche die Glieder ihrer Kirche sich versetzt sehen. Durch ein königliches Edikt seien die Kirchen von Bergerac, Montpellier, Montauban, Nérac

---

[1]) E. A., VI, 2a, 101.
[2]) Die Rechnung von Samuel Herport über seine Ausgaben in der Zeit vom Dez. 1683 bis Juni 1684 ist abgedruckt bei Mörikofer, a. a. O., 423.
[3]) Mörikofer, a. a. O., 421.
[4]) Ueber alle diese Personen und ihre Lage findet sich Näheres bei Mörikofer, a. a. O., 167--176. — Eine ganze Reihe kleiner Beiträge bietet das Bulletin de la Société pour l'histoire du protestantisme français in seinen zahlreichen Bänden.

und La Motte geschlossen und der Uebertritt zur katholischen Kirche noch mehr erleichtert worden. Wenn Katholiken ihre hugenottischen Tempel betreten, so werden die betreffenden Gemeinden dafür verantwortlich gemacht und bestraft, während ihnen doch jede Möglichkeit, solchem zu wehren, genommen bleibe. Auf den Sonntag nach dem Bettag 1683 wurde in Bern eine allgemeine Kollekte ausgeschrieben für die Verfolgten in Frankreich. Sie ergab nur in der Stadt allein, wo die Wohnungen schon mit aufgenommenen Gästen angefüllt waren, den Betrag von 4290 Pfund. In den andern reformierten Städten war das Nämliche der Fall, und es kam die erstaunliche Summe von 30,000 Gulden zusammen, von denen nun 5000 Gulden sofort dem Berner Seckelmeister Tillier übergeben wurden zur Verwendung für die höchste Not.[1]) Jetzt musste aber auch das Betreffnis der amtlichen Beisteuern der einzelnen Stände für die Zukunft festgestellt werden, um übermässige Belastung und Unbilligkeit zu vermeiden: Zürich zahlte an die bisher aufgelaufenen Kosten 1200 Kronen, Bern, das den Vorschuss geleistet hat, 1869, Glarus 69, Basel 400, Schaffhausen 266, Appenzell A.-Rh. 200, die Stadt St. Gallen 134, Mülhausen 100 und Bünden 578.[2])

Bei der Steuersammlung in den Kirchen war übrigens grosse Vorsicht geboten. Den Predigern, die dazu einladen sollten, musste gleichzeitig anbefohlen werden, ja nicht etwa in allzustarken Ausdrücken die Verfolgungen zu schildern oder gar von der Grausamkeit des französischen Königs zu reden, weil sonst gleich sein Ambassador Beschwerde erhebe und der Regierung Verlegenheiten bereite. So sehr stand jetzt die Rücksicht auf das Staatsinteresse und auf die Erhaltung des Friedens mit dem zur Zeit ganz Europa tyrannisierenden König im Widerspruch mit den lebhaftesten Gefühlen des Volkes. Musste man doch in den gleichen Tagen, da man gegen die Verletzung der Verträge protestierte, am 9. und 10. April 1685 dem neuen Gesandten Tambonneau in Solothurn mit einem „fröhlichen Bankett und köstlichen Traktament" einen festlichen Empfang bereiten.[3])

Und dennoch entging man den Einsprachen nicht. Mit dem Vertreter Ludwigs XIV., gegen den man sich zu rechtfertigen hatte für die Handlungen der Menschenfreundlichkeit, verband sich auch der päpstliche Nuntius, der die katholischen Stände

---

[1]) E. A., VI, 2ª, 105.
[2]) E. A., VI, 2ª, 137.
[3]) E. A., VI, 2ª, 127, 129.

aufmerksam machte auf die Gefahr, welche der Eidgenossenschaft aus diesen Flüchtlingen entstehe.¹)

Die höflichen Vorstellungen, die man bei Gelegenheit obenerwähnter Festlichkeit bei dem Gesandten anzubringen versuchte, blieben völlig unbeachtet: Die Härte der Verfolgung wuchs, die Nachrichten aus Frankreich lauteten immer trauriger.

Mit Rücksicht auf den „betrübten Zustand der evangelischen Kirche Frankreichs" wurde auf den 15. Oktober 1685 eine Konferenz nach Aarau berufen, und hier traten einige Abgeordnete der französischen Gemeinden persönlich auf. Es waren dies Jean de la Porte, gewesener Pfarrer in den Cevennen, und der nachher durch seinen Märtyrertod berühmt gewordene Claude Brousson, Advokat in Toulouse.²)

Sie brachten eine bewegliche Fürsprache vor für ihre Glaubensgenossen, und obwohl man sich wieder auf Reklamationen von Seiten des französischen Botschafters gefasst machen musste, wurden doch sofort die notwendig scheinenden Massregeln beschlossen, um für die Aufnahme der bereits eingetroffenen und der noch zu erwartenden Flüchtlinge zu sorgen.

Bereits war bestimmt worden, dass von je 100 Exulanten Zürich 30, Bern 50, Basel 12 und Schaffhausen 8 aufnehmen sollten. Zugleich wurde auch das Verhältnis der Geldbeiträge neu festgestellt.

Jetzt galt es aber, auch die freiwillige Wohlthätigkeit neuerdings mit aller Kraft in Bewegung zu setzen. Auf den 3. Dezember wurde wieder ein gemeinsamer Bettag angeordnet und in Verbindung damit eine allgemeine Steuersammlung in allen evangelischen Kirchen.³)

Unterdessen war am 18. Oktober 1685 der Hauptschlag erfolgt, der förmliche Widerruf des Edikts von Nantes.

Die Abhaltung von Gottesdiensten nach protestantischem Ritus wurde jetzt untersagt, die evangelischen Kirchen zu zerstören befohlen; die Geistlichen müssen wählen zwischen Abschwörung des Glaubens oder Auswanderung; im Falle des Ungehorsams wartet ihrer die Galeerenstrafe. Die protestantischen Schulen wurden

---

¹) E. A., VI, 2ª, 148, 150.

²) Bericht über die Hinrichtung des Cl. Br. in Montpellier am 25. November 1698, in Mss. H. H., VI, 54, Nr. 34 der St.-B. Bern.

³) Vielleicht darf hier die Bemerkung beigefügt werden, dass man damals in solchen Fällen nicht Feste veranstaltet, sondern im Gegenteil alle Lustbarkeiten verboten hat, damit um so mehr für die Unglücklichen erübrigt werden könne.

geschlossen, die Neugeborenen katholisch getauft und dadurch, bei Strafe für den Abfall, verpflichtet, katholisch zu bleiben. Das Verlassen des Landes wird verboten und mit Verlust des Vermögens bedroht.[1]

Dieser letztern Bestimmung zum Trotz ergoss sich nun, wie bekannt, vom ersten Tage an ein mächtiger Strom von Flüchtlingen nach der benachbarten Schweiz auf allen möglichen und unmöglichen Strassen, wo man nur durchschlüpfen konnte.[2] Schon im November hatte Zürich 500 Haushaltungen zu versorgen, Bern — nur auf dem Lande, ohne die Stadt — 1486, und Basel 50.[3] Am stärksten war natürlich die romanische Westschweiz überschwemmt. In Lausanne wurden am ersten Tage 2000 Ankömmlinge gezählt; im ganzen waren es über 60,000 Personen, die nur in der französischen Schweiz für kürzere oder längere Zeit ihre Zuflucht suchten.[4] Von diesen zogen 12,000 nach einigen Wochen weiter, namentlich nach Brandenburg.[5] Unter den Uebrigbleibenden aber fanden sich nach amtlicher Zählung 27,000, welche aus eigenen Mitteln leben konnten, und fast 22,000 von allen Hülfsmitteln Entblösste, Frauen und Kinder, und zwar meistens bisher an Wohlstand gewöhnte Leute, die nun untergebracht, genährt und gekleidet sein wollten. Zürich musste eine Anzahl zeitweise in seinem Waisenhaus in Oetenbach versorgen.

Die öffentlichen Kosten wurden von den reformierten Ständen gemeinsam getragen und nach einem bestimmt festgesetzten Verhältnis verrechnet. Anfangs trug Zürich je 30, Bern 50, Basel 12 und Schaffhausen 8 Prozent. Später wurden auch die kleinen Gebiete in Mitleidenschaft gezogen, und nun zahlte Zürich 23, Bern 32, Basel 14½, Schaffhausen 13, St. Gallen 7, Appenzell

---

[1] Edits et déclarations concernant la religion prétendue réformée, réimpression par Pilatte. Paris 1885, pag. 239. Ebendas. auch die übrigen bez. Verfügungen in Frankreich, welche in ihrer sich steigernden Strenge die Belege bieten für das oben gesagte von 1662 an.

[2] Mörikofer, Die relig. Flüchtlinge in der Schweiz, S. 148 u. ff.

[3] E. A., VI, 2ᵃ, 1—6.

[4] Comte, les réfugiés de la révocation en Suisse. Lausanne 1885. — Le refuge helvétique 1685, im Bull. historique du prot. français (2e sér.), VIII, 559. — Le refuge à Zurich, in ders. Zeitschr., 2e sér., XIII, 36. — Le refuge des prot. français dans le pays de Vaud, in der gl. Zeitschr., IX, 103. — Vouga, Les réfugiés pour cause de religion à Boudry, im Musée Neuchâtel. XXVII (1890), 241—244. — Burckhardt, A., Französische Religionsflüchtlinge in Basel, in Basl. Beitr. VII, 301—333.

[5] Der Bote von Schaffhausen erklärte im Febr. 1688, dass 15,591 durch seine Stadt durchgereist seien. E. A., VI, 2ᵃ, 215.

A.-Rh. 3½, Glarus 3, Mülhausen und Biel je 2 vom Hundert.[1]) Die grösste Last aber lag auf den Privatfamilien, welche die Fremden beherbergten und dabei fortwährend zu Steuern aufgefordert wurden.[2])

Aber mitten in diese Periode äusserster Anstrengungen hinein traf ein neues Ereignis. Eben war alles nur mit den Franzosen beschäftigt, bemüht, ihnen Zuflucht zu bieten, ihnen Existenzmittel zu eröffnen, bleibende Niederlassung zu ermöglichen oder Wohnsitze in andern Ländern zu vermitteln, als man sich plötzlich wieder gezwungen sah, sich der Waldenser anzunehmen.[3])

Am 18. Februar 1686 kam die völlig unerwartete Nachricht in die Schweiz, dass wieder offene Verfolgung gegen die Waldenser ausgebrochen sei.[4]) Am 31. Januar hatte der Herzog ein Edikt erlassen, worin er seinen festen Willen erklärte: „d'arracher ses sujets faisant profession de la religion prétendue réformée des ténèbres de l'hérésie". Diesem Eingang entsprach der weitere Inhalt der Proklamation: Die Toleranz-Edikte wurden einfach aufgehoben, der Waldenser-Kultus als ketzerisch verboten und Befehl gegeben, dass die Kirchen zerstört, die Geistlichen und Lehrer verbannt werden sollen. Den Konvertiten war hohe Belohnung und Begünstigung in Aussicht gestellt und endlich geboten, dass die Kinder mit Gewalt zur katholischen Taufe gebracht werden müssen. Wenn jemand sich erlaubt, seinem Kinde die Ketzertaufe mitzuteilen, so wird die Mutter mit der Peitsche gezüchtigt, der Vater auf die Galeeren geschickt. So das Edikt. Sofort wurden die Thäler militärisch besetzt, jeder geordnete Widerstand unmöglich gemacht und für Exekution der grausamen Gebote genügend gesorgt.

In der evangelischen Schweiz stand sogleich fest, dass man das nicht unthätig könne geschehen lassen. War schon die einseitige Aufhebung eines mit andern Staaten eingegangenen Vertrages eine etwas sonderbare Massregel, die man sich nicht gerne gefallen liess, so war überdies das Verfahren gegen friedliche

---

[1]) Wiederholt fanden nachher noch kleine Aenderungen statt, wie sich aus den E. A. ergibt.

[2]) Ein Verzeichnis der Kirchenkollekten von 1683—93 enthält Mss. H. H., VII, 9 (Nr. 6) der Stadt-Bibl. Bern; eine Liste der 1693 in Zürich Niedergelassenen der nämliche Bd. in Nr. 7.

[3]) Zum Folgenden des Verfassers Darstellung in den „Alpenrosen" des Berner Intelligenzblattes, Jahrg. 1886, auch in Sep.-Abdr. und in sehr vollständigem Auszuge im Bull. de la Société d'histoire vaudoise, Torre Pellice, 1887, Nr. 3.

[4]) E. A., IV, 2ᵃ, 164.

und ruhige Landleute ein so unbestritten hartes, dass man glaubte alles anwenden zu müssen, um wenigstens Milderung oder Aufschub zu erwirken. Die Evangelische Konferenz war eben versammelt, als die Botschaft eintraf; schon am folgenden Tage, 19. Februar, wurde die Gesandtschaft nach Turin gewählt und ihre Instruktion festgestellt, und am 20. reisten die Bezeichneten ab. Es waren Kaspar von Muralt aus Zürich und Bernhard von Muralt aus Bern, beide Abkömmlinge jener einst um ihres Glaubens aus Locarno Vertriebenen.[1]

Ihr Empfang am savoyischen Hofe war aber wenig ermutigend. Der Herzog verbat sich zum voraus jede Einmischung in eine Angelegenheit, die nur ihn allein und sonst niemand angehe. Die Gesandten erlangten zwar am 3. März endlich eine feierliche Audienz; allein da ihnen ein Priester als Dolmetsch mitgegeben wurde, durch dessen Vermittlung einzig sie mit dem Fürsten verkehren durften, so konnte der Eindruck ihrer Rede kaum zu Herzen gehen. Sie stellten sich zwar, was bemerkt zu werden verdient, auf einen über das Bekenntnis hinausgehenden, höhern und allgemein christlichen Standpunkt, indem sie in Ablehnung einer scheinbaren Konzession zu bedenken gaben, das Verbot des Gottesdienstes und die Schliessung der Kirchen wäre von Seiten des Fürsten eine noch ärgere Versündigung an den Seelen seiner Unterthanen, als selbst ihre gewaltsame Bekehrung; denn damit würden sie zum Abfall von der Religion überhaupt, zum Atheismus getrieben.

Allein alles wollte nichts helfen, und bald überzeugten sich die Gesandten, dass der Herzog nicht zurückgehen könnte, auch wenn er den Wunsch hätte, es zu thun. Es ist seither die Korrespondenz des französischen Gesandten mit dem savoyischen Herzog bekannt geworden aus eben jenen Tagen, und aus dieser geht hervor, dass König Ludwig XIV., der ja eben in seinem Reich das Duldungsedikt aufgehoben hatte, an Savoyen die Erklärung abgeben liess: wenn der Herzog in seinem Lande noch länger jene Ketzer dulde, so werde er, der König, selbst Ordnung schaffen, Savoyen mit Krieg überziehen, die Waldenserthäler mit Truppen besetzen, aber dann selbstverständlich sie für sich behalten.[2] Wie sehr es ihm ernst war mit dieser Drohung, bewies

[1] Bericht der Gesandtschaft nach Turin wegen der piemontesischen Thalleuten, vom 10. Februar (alten St.) bis 24. April 1686 in Mss. H. H., VII, 154, der St.-B. Bern.

[2] La révocation de l'édit de Nantes et les Vaudois, im Bulletin de la Société d'histoire vaudoise, 1885, Nr. II, wo die Noten Ludwigs XIV. an den Marquis d'Arcy, seinen Gesandten in Turin, abgedruckt sind.

das Heranrücken einer französischen Armee. Wieder bangte man deshalb auch um die Sicherheit von Genf.

Ueberzeugt, dass beim Herzog nichts auszurichten sei, begaben sich die beiden Schweizer nun zu den Waldensern selbst, um diese wenigstens zu teilweiser Nachgiebigkeit aufzufordern und ihnen durch Vermittlungsversuche einen erträglichen Zustand für die Zukunft zu sichern. Da die Bedrängten aber fest erklärten, eher das Land ihrer Väter, als den Glauben ihrer Väter zu verlassen, gaben ihnen die Vermittler selbst den Rat zur Auswanderung, zur Niederlassung in andern Gegenden, wo man sie gewähren lasse. Doch auch dazu konnten sie sich nicht entschliessen. Der Herzog verlangte, dass sie die Waffen niederlegen, und die Gesandten waren bereit, alsdann die Bürgschaft dafür zu übernehmen, dass man nicht mit Gewalt gegen sie vorgehen werde. Allein es scheinen manche unter diesen unglücklichen Waldensern sich Hoffnung gemacht zu haben, dass die reformierten Schweizer ihnen doch noch Waffenhülfe leisten werden. Sie waren uneins unter sich; die einen wollten weichen, die andern auswandern, und die dritten im Verzweiflungskampf das Thal verteidigen, Gewalt mit Gewalt abtreiben.

Die letztere Meinung siegte; aber uneins wie sie jetzt dastanden, war auch die Verteidigung schwach. Unter entsetzlichen Greuelthaten, wie sie eben nur damals möglich waren, rückten savoyische und französische Soldaten ins Land. Ende April 1686 war der Aufstand unterdrückt, und jetzt erst entschlossen sich die meisten, aber in der allerungünstigsten Lage, doch zur Auswanderung. Der Verkauf ihrer Güter, die Mitnahme ihrer beweglichen Habe wurde ihnen jetzt verweigert, sogar ihre Kinder mitzunehmen wollte der Herzog nicht gestatten; diese sollten katholisch erzogen werden und die entvölkerten Thäler wieder bewohnen helfen.[1]) Die Thätigkeit der Gesandten musste sich jetzt darauf beschränken, den Auszug zu regeln, damit er wenigstens unter annehmbaren Bedingungen und in einer das Elend erleichternden Ordnung vor sich gehen könne. Am 11. und 12. Oktober endlich kam ein Vertrag zu stande, vermöge dessen die Auswanderer die Kinder mit sich nehmen durften.

Unter Anführung ihres tapfern Pfarrers Henri Arnaud, der auch die Verhandlungen meistens geführt hatte, kamen nun im

---

[1]) Bericht der beiden Gesandten an die Evang. Konf. vom Juli 1686. E. A., VI, 2ᵃ, 176, und Evang. Konf. vom Sept.-Okt., ibid., 178.

Laufe des Jahres 1687 bei 3000 Waldenser in die Schweiz[1]); sie wurden zunächst auf die reformierten Kantone verteilt, und wahrhaft grossartig in seiner Art ist, was die Wohlthätigkeit an diesen völlig mittellosen Flüchtlingen um des Glaubens willen gethan hat. Die Waldenser haben das noch heute nicht vergessen. Zur bessern Ordnung wurden die Opfer gleichmässig repartiert und eine „Reservekasse" für die Piemontesen begründet.[2]) Der grössere Teil der Fremden wurde nachher durch die Bemühungen der Städte Bern und Zürich und einiger deutschen Fürsten veranlasst, sich in der Pfalz und in Württemberg zur Neubesiedelung der durch den Krieg entvölkerten Gegenden niederzulassen.

Doch das war noch nicht das Ende. Zuerst wurde eine bedeutende Anzahl durch einen Einfall der Franzosen in die Pfalz zur Rückkehr in die Schweiz gezwungen. Andere weigerten sich überhaupt, die Schweiz zu verlassen, besonders widerstrebten sie der Ansiedelung in Brandenburg, die der Grosse Kurfürst anerboten hatte, so dass die Verlegenheiten für die Regierungen immer grösser wurden.[3])

Viele wollten einfach nicht fort, lebten in den Wäldern von Wurzeln und Kräutern, bis man sich gezwungen sah, so gut es ging für ihren Unterhalt zu sorgen.[4])

Noch andere aber nährten immer unverholener die Absicht, um jeden Preis in ihre Gebirge zurückzukehren, wohin Heimweh und Glaubenseifer sie riefen. In einzelnen Scharen suchten sie dies zu erzwingen. Ein Zug von 409 Personen machte von der bernischen Vogtei Aelen aus im Juli 1688 einen gewaltsamen Angriff auf die Brücke von St. Maurice, um von hier aus in Savoyen einzudringen. Sie wurden daran verhindert, nach der St. Petersinsel und nach St. Johannsen am Bielersee geführt, erklärten aber, dass sie sich lieber totschlagen lassen, als aus der Schweiz abziehen.[5]) Einer andern Schar von 1800 Seelen scheint dagegen im Oktober ihr Vorhaben wirklich geglückt zu sein.[6])

---

[1]) Nach Hottinger (III, 1096) waren es 1113 Männer, 959 Frauen und 864 Kinder unter 15 Jahren. Vergl. Huit pièces relatives aux Vaudois exilés en Suisse, 1687/88 im Bull. de la Société d'histoire Vaudoise, la Tour 1888 Nr. 4, pag. 13. Mss. H. H., IV, 9 (Nr. 2) der Stadt-Biblioth. Bern. enthält aus dieser Zeit ein Verzeichnis von 1433 Namen.

[2]) E. A., VI, 2ᵃ, 189.

[3]) E. A., VI, 2ᵃ, 214.

[4]) E. A., VI, 2ᵃ, 241 (Oktober u. November 1688). Im Schaffhauser Gebiet hielten sich damals 1578 Personen in dieser Weise auf. Ibid., S. 242.

[5]) E. A., VI, 2ᵃ, 221, 224, 225.

[6]) So klagte der Gesandte von Savoyen vor der Katholischen Konf. E. A., VI, 2ᵃ, 239.

Die bedeutendsten Versuche dieser Art fanden indessen erst im Sommer 1689 statt. Eine Gruppe von 120 Personen wurde in Schwyz beim Durchzug gefangen genommen und nach Turin ausgeliefert, eine zweite in Lausanne zurückgehalten, eine dritte und weit stärkere aber, die wieder von Pfarrer Arnaud geleitet war, setzte unter den grössten Schwierigkeiten ihr Vorhaben durch. Katholische Gebiete mussten sie vermeiden, weil sie Widerstand gefunden hätten, reformierte nicht minder, weil die evangelischen Regierungen nicht kompromittiert werden sollten. Sie kamen von Schaffhausen her und vom angrenzenden Württemberg, wohin man sie glaubte abgeschoben zu haben, und gingen von da nach Graubünden. Stets über die höchsten Pässe, ohne in die Thäler herunterzusteigen, gelangten sie auf die Grimsel, nach Grindelwald, nach dem Obersimmenthal und nach Saanen, von da erst an den Genfersee hinunter. Hier angelangt rüsteten sie sich zum Uebergang. Aus Biel, aus Neuenstadt und aus der Waadt stiessen Freiwillige zu ihnen, die sich in edlem Zorn über die unmenschliche Bedrückung für die Glaubens- und Freiheitshelden begeisterten. Andere versahen sie mit Proviant, der von allen Seiten herbeigebracht wurde.

In der Nacht vom 16. August 1689 schifften sie sich zu Prangins ein, in 43 Fahrzeugen, in drei Bataillone geteilt und unter drei verschiedenen Anführern. Glücklich landeteten sie jenseits des Sees und schritten nun mit unwiderstehlichem Todesmut über alle Schranken der Gebirgspässe und allen Widerstand, der ihnen entgegentrat, hinweg, bis sie wieder, freilich stark dezimiert, doch immer noch zahlreich genug, in ihrer Heimat anlangten. Es ist dies die sogenannte „glorieuse rentrée" der Waldenser, eine der dramatischsten patriotisch-religiösen Thaten, welche die Weltgeschichte verzeichnet.[1])

Die Regierungen der reformierten Kantone hatten nicht das Herz, dem Zuge ernsthaft Einhalt zu thun, so wenig sie es wagen durften, ihnen offen beizustehen im Angesicht des fortwährend reklamierenden französischen Gesandten und der sich ebenso beschwerenden katholischen Stände. Bern entschuldigte sich mit „amtlicher" Unwissenheit, obwohl der Landvogt von Aelen selbst geholfen haben soll, die Flüchtlinge mit Lebensmitteln auszurüsten.[2]) Der Rat musste sich schliesslich sogar dazu herbei-

---

[1]) Arnaud, Histoire de la glorieuse rentrée des Vaudois dans leurs vallées, 1710. Neudruck von 1845.

[2]) Verhandlungen der Tagsatzung vom Sept. 1689 u. der kath. Konf. vom 30. Sept.—1. Okt. E. A., VI, 2a, 296—305.

lassen, einen der Freiwilligen dem Zorn der Franzosen zu opfern. Der Hauptmann Bourgeois aus dem Waadtlande wurde wegen seiner Teilnahme an einem letzten, verunglückten Waldenserzuge hingerichtet. Der allgemeinen Sympathie der gesamten evangelischen Schweiz, die den wackern Glaubensbrüdern von ganzem Herzen den Sieg wünschte, konnte freilich niemand Schweigen gebieten.[1])

Die Wiederbesetzung des Landes war allerdings nur in sehr beschränktem Masse gelungen, die Lage der Zurückgekehrten blieb eine äusserst bedrängte, und auch der Versuch, durch ein Bündnis der evangelischen Städte mit dem Herzog von Savoyen den Waldensern überhaupt den ruhigen Besitz ihrer Heimat und einige Friedensbürgschaften zu sichern, vermochte daran nichts zu ändern.[2]) Pfarrer Arnaud, der im September 1690 in die Schweiz kam, berichtete, dass ca. 1000 Mann an der Religion ihrer Väter festhalten, dass sie eine kleine Republik für sich bilden und etwa zehn Kirchen hoffen behaupten zu können. Es wurde sofort eine Steuersammlung beschlossen, ebenso wieder, auf ein erneutes Bittgesuch, im Dezember 1691.[3])

Schon 1698 war die Not wieder grösser als je. Unter Berufung auf die ihm durch den Frieden von Ryswick auferlegte Verbindlichkeit hatte der Herzog von Savoyen am 1. Juli des eben genannten Jahres ein Edikt erlassen, durch welches den Waldensern in den Thälern von Luserne, St. Martin, Perrouse, St. Bartolomé, Praroussin und Rocheplatte jeder Religionsverkehr mit den aus Frankreich dorthin geflüchteten Evangelischen bei schwerer Leibes- und Lebensstrafe verboten und die französischen Flüchtlinge selbst sofort aus Piemont ausgewiesen wurden. Die letztern wollten, 300 Haushaltungen zählend, durch die Schweiz ihren Weg nach Deutschland suchen, und die Gesandten der reformierten Städte mussten wieder einmal, am 5. September 1698, darüber beraten, auf welche Weise dieser Durchzug geordnet werden

---

[1]) Mörikofer, Gesch. d. relig. Flüchtlinge, 266—276. — Gaullieur, Etrennes nationales. Lausanne 1845, p. 120—146, wo namentlich über Bourgeois einige Nachrichten sich befinden.
[2]) E. A., VI, 2a, 351 (20. Juli 1690). Doch berichtet Zehender (III, 283), dass jetzt 700 Personen aus Brandenburg und ungefähr 260 aus Württemberg in Schaffhausen angelangt und zur friedlichen Heimkehr nach Piemont nach Como geleitet und dass gleichzeitig die noch gefangenen Prediger freigelassen worden seien.
[3]) E. A., VI, 2a, 366 (27. Sept. 1690) u. 378 (Dez. 1691).

Bloesch, Gesch. der schweiz.-ref. Kirchen. Bd. II.

könnte, um den Flüchtlingen möglichst viel Trost und den eigenen Bevölkerungen möglichst wenig Lasten zu bringen.¹)

Dachte man zuerst nur daran, die Weiterreise zu beschleunigen, so ging nachher „der Bericht Berns über den erbärmlichen Zustand dieser Auswanderer so sehr zu Herzen", dass eine zweite Konferenz zusammentrat, und hier wurde die Befürchtung laut, „diese Unglücklichen dürften durch möglichst schnelle Abschiebung bei dieser Jahreszeit den Beschwerden erliegen und das bisherige Liebeswerk für diese Glaubensgenossen dadurch befleckt werden". Der Entschluss ging jetzt dahin, dieselben wenigstens während des Winters in der evangelischen Eidgenossenschaft ausruhen zu lassen. Gleichzeitige Fürbitte an die niederländischen Generalstaaten, den Kurfürsten von Brandenburg und an den Bischof von London zu Handen des Königs von Grossbritannien sollten Vorsorge für das nächste Frühjahr schaffen.²) Es handelte sich schliesslich um 2833 Personen, von denen im Januar 1699 nicht weniger als 1602 sich in Bern aufhielten.³) Teils über Basel, teils über Schaffhausen begaben sie sich, Alte und Kranke ausgenommen, welche bleiben durften, nach den Niederlanden und nach Württemberg.

Ueberhaupt war es mit den ersten Opfern keineswegs gethan; es bedurfte dauernder Vorkehren für die Bleibenden und zum Teil regelmässiger Unterstützung auch für die auswärts Angesiedelten. In Genf und Lausanne wurden zu diesem Zwecke die Bourses françaises⁴), in Bern die französische Kolonie begründet.⁵)

Am 18. Februar 1689 erteilte der Kleine Rat den Religionsflüchtlingen die Erlaubnis, sich zu einer Korporation zusammenzuschliessen und ihre Vorsteher zu wählen. In der alten Dominikanerkirche versammelten sich daraufhin die Hausväter unter der Leitung des französischen Pfarrers Moïse Hollard aus Lausanne

---

¹) E. A., VI, 2ª, 736 u. ff.
²) E. A., VI, 2ª, 738 (26. Sept. Aarau).
³) E. A., VI, 2ª, 753. Im Dez. 1694 hatte Bern immer noch 7000 Flüchtlinge: ibid. 532. Seine Ausgaben berechnete es im Okt. 1693 auf 40,375 Kronen (zu 3½ Fr.) innerhalb der letzten sechs Monate. Ibid. 498.
⁴) Chavannes, Les réfugiés dans le pays de Vaud, 1874. — Mörikofer, a. a. O., 411 u. 412. — Für Basel siehe ebenso: Burckhardt, L. A., Die französischen Flüchtlinge in Basel, in Basler Beitr., Bd. VII. — Les Galériens protestants de Marseille et l'église française de Bâle 1700—1701, im Bull. du protest. franç., IV (1856), p. 376 u. ff.
⁵) Die französische Kolonie in Bern (von Gonzy). Bern 1845, ein sehr verdienstliches Büchlein, das viele und zuverlässige Nachrichten enthält.

und ernannten den letztern zu ihrem Haupte, nebst einer Anzahl von Vertretern der verschiedenen Gegenden Frankreichs.[1]) Die eigentliche Stiftung fand, nachdem der Rat diese Wahlen gutgeheissen, am 25. Februar statt, und die erste feierliche Sitzung, unter Anrufung göttlichen Segens, am 4. März. Die Kolonie genoss unter der Oberaufsicht der „Exulanten-Kammer" weitgehender Autonomie nach Art der bernischen Bürgergemeinden. Pfarrer Hollard ist 1725 gestorben und soll sich grosse Verdienste erworben haben um Ordnung, Zucht und Einigkeit unter den durch gemeinsamen Glauben und gemeinsames Unglück Zusammengeführten.[2]) Seit 1709 wurde der Pfarrer noch durch einen Helfer unterstützt. In Zürich, wie in Basel, wurden seit 1685 französische Pfarrstellen errichtet.[3]) Ueblen Eindruck machte es freilich auf die opferbereiten Bewohner von Basel, als 1682 die beiden französischen Prediger unter sich in Streit gerieten und wegen Aergernis bei der Abendmahlfeier entsetzt werden mussten.[4])

Für einen Teil war damit gesorgt, aber noch blieben viele andere heimat- und mittellos; für diese waren immer noch bedeutende Zuschüsse nötig; 1688 verrechnete Zürich 6066, Bern 8647 Gulden für die Réfugiés[5]), und nach den Verhandlungen der evangelischen Konferenz vom Dezember 1696 musste der sonst jedes Jahr zusammengelegte Gesamt-Betrag von 40,000 Franken in Anbetracht der wachsenden Bedürfnisse auf 48,000 Franken erhöht werden.[6]) Die Steuerforderungen nahmen kein Ende. Es kann nicht wundern, dass nunmehr der Wunsch nicht mehr zu unterdrücken war, die Franzosen los zu werden.[7])

---

[1]) Nämlich: je zwei aus Languedoc und Dauphiné, je einer aus Burgund, aus der Bresse, aus der Stadt Paris und aus dem Vivarais.

[2]) Ein Verzeichnis der französischen Pfarrer und Helfer in Bern von 1687 bis 1824, nebst einer Sammlung von Beschlüssen betreffend den französischen Gottesdienst, enthält Mss. H. H., XI, 44 (Nr. 10) der St.-B. Bern.

[3]) Junod, Histoire de l'Eglise française de Bâle, 1868. — Wirz, K. u. Sch. in Zürich, I, 66.

[4]) Ochs, VII, 313.

[5]) E. A., VI, 2a, 216.

[6]) E. A., VI, 2a, 639. Damit stimmt wohl auch eine zweite Angabe, welche 1698 von 24,000 Gulden spricht. Ueber eine Kollekte von 1697 siehe Mörikofer, a. a. O., 430.

[7]) Dass dieser natürliche Wunsch doch nicht von allen geteilt worden ist, beweisen die wahrhaft rührenden Gebetsworte, mit welchen Karl Manuel, Mitglied der 200 von Bern und Schultheiss zu Thun, den Abschied von seinen Gästen in sein Tagebuch eingetragen hat. (Kalender von 1699, im Privatbesitz der Familie, jetzt in der St.-B. Bern.)

Allein daran war nicht zu denken. Die Hoffnung, dass durch den europäischen Friedensschluss Frankreich für die Ausgetriebenen wieder geöffnet werden möchte, war gründlich getäuscht worden, und im Jahre 1703 begann im Gegenteil ein weiterer Zufluss infolge neuer Verfolgung, diesmal in dem Fürstentum Orange. Am 28. März 1703 wurde das bisher privilegierte, weil dem Geschlechte der Oranier gehörende Gebiet von den königlich französischen Truppen besetzt, den Reformierten die fernere Ausübung ihres Gottesdienstes untersagt und den Widerstrebenden der Befehl erteilt, innerhalb dreier Monate das Land zu verlassen.[1]

Ihren Predigern, Charles Petit und Jacques Chion, welche am 16. August in Aarau die evangelische Konferenz um Hülfe anriefen, folgten bald 2000 Auswanderer nach. Davon blieb die Hälfte in der Schweiz, nämlich 250 in Zürich, 355 in Bern (Waadt), 130 in Basel, 80 in Schaffhausen, 60 in St. Gallen, je 20 in Biel und Mülhausen und 30 in Neuenburg.[2] In Genf und in Bern wurden deshalb 1707 noch eigene Proselyten-Kammern für nötig erachtet. Die meisten zogen nach etwas mehr als einem Jahre ebenfalls nach Brandenburg, nachdem man für Reise und Ausrüstung noch 3700 Reichsthaler zusammengelegt hatte.[3] Noch 1708 wurde eine Gabe von 800 Gulden für Piemontesen und Franzosen beschlossen.[4]

Dies alles unter dem beständigen Gefühl drohender Ungnade von Seiten des französischen Königs, der durch diese Handlungsweise den Erfolg seiner Befehle bedenklich gekreuzt und das Bewusstsein seiner Omnipotenz empfindlich gestört sehen musste. Der Bau der Festung Hüningen, unmittelbar vor den Thoren von Basel, hatte 1690 seinem Unwillen unverkennbaren Ausdruck gegeben.[5] Gegen diese Gesinnung des Nachbarn, von welchem nicht nur der Ehrgeiz der Staatsmänner, sondern ebenso die Zukunft der Offiziere und der Wohlstand der Kaufleute abhängig war, konnte die Freundschaft mit England und mit Brandenburg weder Schutz noch Ersatz darbieten. Die Unterhandlungen über

[1] E. A., VI, 2ª, 1093. — L'émigration des protestants de la principauté d'Orange, im Bulletin du prot. franç., tomes XIX u. XX der 2. Serie. — Zehenders K.-G., IV, 41.

[2] E. A., VI, 2ª, 1093, 1094.

[3] E. A., VI, 2ª, 1154—1158. Schlussrechnung betreff. die oranischen Flüchtlinge, ebendas., S. 1200. Ein Verzeichnis der Kirchenkollekten in Zürich für die Verfolgten von 1620—1755 enthält Mss. H. H., X. 83 (Nr. 1) der St.-B. Bern.

[4] E. A., VI, 2ª, 1405.

[5] E. A., VI, 2ª, 373.

engere Verbindung, 1665 und 1690 mit England, und 1686 mit dem Kurfürsten, kamen nie zum Abschluss. Nur die Aufnahme einer besondern Fürbitte für „die britische, schottische und irische Kirche" in das liturgische Kirchengebet gab Zeugnis dafür, wie nahe man sich innerlich fühle.[1])

Die Grösse der materiellen Opfer für die Glaubensgenossen kann nur richtig gewürdigt werden, wenn wir uns erinnern, dass die evangelischen Kantone zur gleichen Zeit auch noch von den deutschen Staaten her mannigfach um Beistand angerufen worden sind. Es ist nicht gestattet, hier eine vollständige Zusammenstellung dieser Unterstützungsgesuche zu geben, welche in dieser Zeit an die evangelischen Konferenzen gelangt und hier behandelt worden sind. Nur weniges mag angedeutet werden. Abgesehen von dem Pfalzgrafen von Heidelberg, der 1665 und 1666 noch ausdrücklich Kriegshülfe gegen seine Bedränger, „um der Religion willen", in der Eidgenossenschaft suchte[2]), werden nur Geldbeiträge verlangt für den Bau von Kirchen und Schulen, für den Unterhalt von Predigern und Lehrern. Es erscheinen die Namen folgender Ortschaften oder Länder: Baden, Baireuth, Berlin, Brandenburg, Braunschweig, Fürth bei Nürnberg, Hanau, Hannover, Heidelberg, Hessen-Darmstadt, Hornbach, Isenburg-Büdingen, Kassel, Leipzig, Magdeburg, Markirch im Elsass, Moosbach, Speyer, Thorn in Polen, Neustadt an der Hardt, Wetzlar, Wilhelmsdorf im Nassauischen, Wolfsheim bei Strassburg, Worms und Zweibrücken. Bald handelt es sich um protestantische Gemeinden im katholischen Lande, bald um reformierte in lutherischer Umgebung, bald wieder um französische Kolonien in deutschsprechender Gegend. An einige Kirchen im Allgäu (Grönenbach und Herbishofen) und an die Waldenser-Ansiedelungen in Württemberg wurden bestimmte Subsidien jedes Jahr ausgerichtet.[3])

Die einzelnen Beträge sind zum Teil recht bedeutend; sie gehen von 100 Gulden bis auf 3000 Reichsthaler. Eine Berechnung liegt nicht in unserer Absicht, sie wäre auch ohne Willkür nicht möglich. Eine Schlussrechnung über die amtlichen Ausgaben bis 1699 nennt die mit Rücksicht auf den damaligen Geldwert ganz enorme Summe von 250,000 Gulden, und diese gilt nur für die französischen Flüchtlinge allein.[4])

---

[1]) E. A., VI, 2a, 360 (28. Aug. 1690).
[2]) E. A., VI, 2a, 834.
[3]) E. A., VI, 1, u. VI, 2 (1649—1712).
[4]) E. A., VI, 1a, 833.

Es war für die reformierte Schweiz eine schwere, aber eine grosse und — man darf es sagen — in ihrer Art ruhmvolle Zeit. Erst nach langen Jahren zeigte es sich, dass die Opfer, die man aus Teilnahme für die Glaubensverwandten gebracht, auch Segen tragen für das Land.[1]) Hatte Frankreich sich durch diese Verfolgung einer grossen Zahl seiner besten und zugleich wohlhabendsten Bewohner beraubt, so hat die Schweiz damit einen mächtigen Zuwachs gewonnen. Auch diejenigen, welche ihr Vermögen hatten zurücklassen müssen, brachten ihre Intelligenz, ihre Bildung, ihren Fleiss und ihre Betriebsamkeit mit und trugen bald das Ihre bei zum Reichtum des Landes. Nach Zürich wurde die Seidenindustrie aus Lyon herverpflanzt, und auch Bern hat fühlbaren Aufschwung an Gewerben, an Fabriken und Handelsverbindungen erfahren. Freilich fehlte es eben deshalb auch nicht ganz an kleinlichen Beschwerden über Benachteiligung der Landeskinder und erschwerte Konkurrenz.

Als Geistlicher hat namentlich der Franzose Samuel d'Aubigné der Schweizer Kirche Dienste geleistet. Er wurde 1699 Pfarrer in Renan im St. Immerthal, 1695 zu Bévilard. In Renan ist er gestorben, und eine Grabschrift zeugt von der ungewöhnlichen Achtung, welche der hochgebildete Mann sich durch hingebendes Wirken in rauher und dürftiger Gegend erworben hat.[2])

Theodor Morlot, der Sohn des aus Frankreich eingewanderten und in Bern Stadtarzt gewordenen Marc Morlot[3]), hat „aus Dankbarkeit für die Rettung aus dem greulichen Papsttum und dessen Finsternis" in seinem Testamente vom 11. Juni 1656 den Geistlichen des Münsters und der französischen Kirche in Bern ein Vermächtnis bestimmt „zur Erhaltung und Fortpflanzung des Predigtamtes".

Neben diesen erhebenden Beispielen von Ueberzeugungstreue und religiösem Solidaritätsgefühl stehen andere weniger erfreuliche Erscheinungen. Der Glaubenshass wurde durch die geschilderten Vorkommnisse eher gereizt als gemildert. Es gab Bekehrte, aber auch Apostaten.

Hans Jakob Ruegg, Pfarrer zu Stadel, der 1663 schenkungsweise das Bürgerrecht der Stadt Zürich erhalten hatte, begab sich 1676 nächtlich mit seiner Familie nach Baden und dann nach

---

[1]) Der Einfluss der fremden religiösen Flüchtlinge auf die Zürcher Kirche. Neujahrsblatt der Hülfsgesellschaft für 1845.
[2]) Lohner, a. a. O., II, 693.
[3]) Rettig, G., M. M., Lebensbild eines protestantischen Flüchtlings. Bern 1880 (Berner Alpenrosen).

Luzern, wo er seinen Uebertritt erklärte. Peter Dännler, Helfer im bernischen Saanen, wurde 1676 aus nicht bekannten Ursachen entsetzt; er begehrte jetzt seine Aufnahme in die katholische Kirche und soll in Mailand gestorben sein. Den nämlichen Schritt that auch Samuel Haller, Pfarrer zu Maikirch, nachdem er 1699 wegen Ehebruches sein Amt verloren hatte; er kehrte aber nachher wieder um.[1]) Inzwischen war 1680 in Zürich wieder einmal eine Judentaufe gefeiert worden.[2])

10. Die Wiedertäufer.

Bei der allgemeinen Versteifung und Versteinerung der kirchlichen Lehr- und Lebensformen, in denen nationale Rücksichten die individuellen nicht nur überwogen, sondern geradezu verdrängten, konnte das streng festgehaltene Ideal des persönlichen Christentums nur in einer von der Kirche getrennten Religionsgemeinschaft, einer verfolgten Sekte, fortleben, in den Wiedertäufern. Von ihnen ist auch im XVII. Jahrhundert immer wieder die Rede. Zunächst war es diesmal Zürich, das sich mit diesen Leuten beschäftigen musste. Sie hatten ihren Sitz hauptsächlich in der Gegend von Wädischwyl und von Grüningen. Einige Täufer wurden 1613 zur Deportation auf die Galeeren verurteilt. Die meisten konnten auf der Reise in Solothurn entfliehen, aber Hans Landis wurde am 19. September 1614 hingerichtet.[3]) Als Grund wird angegeben, derselbe sei ein gemeiner Laie und Bauersmann, habe sich aber unberufen und gegen die Mandate und gegen die Satzungen der christlichen Kirche das Predigen, Taufen, Eheeinsegnen u. s. w. angemasst und solche Dinge gelehrt, durch die das Band des Eides zwischen der Obrigkeit und den Unterthanen zerrissen und das Volk von der Verteidigung des Vaterlandes mit bewehrter Hand wider feindliche Gewalt abwendig gemacht werde.[4])

Als der Züricher Gesandte darüber in der Evangelischen Konferenz vom 2. März 1616 in Aarau Bericht abgestattet und die Verbündeten um Meinungsäusserungen bat, fügte er bei, ein gewisser Boll von Stein, der sich seit einigen Jahren im Berner-

---

[1]) Er erhielt deshalb eine sehr sonderbare Grabschrift, welche in Steinmüllers „Jahrbücher für Religion und Sitten" (1826), I, 229, abgedruckt ist.
[2]) Mss. H. H., VI, 54 (Nr. 15) der St.-B. Bern.
[3]) Müller, Täufer, S. 165; darüber: Mss. H. H., X, 67 Nr. 5).
[4]) E. A., V, 1ª, 1233—1234.

gebiet aufhalte und jetzt wegen seiner Täuferei in Bern in Gefangenschaft sei, habe in Basel ein Büchlein drucken lassen, in welchem jede Bestrafung um des Glaubens willen als etwas Unchristliches bezeichnet werde.

Bern erwiderte: Auch auf seinem Gebiete hätten sich Täufer gezeigt, sie haben sich indessen vermindert, indem einige von ihrem Irrtum abgestanden, andere verwiesen worden seien. Was die Galeren-, oder Leibes- und Lebensstrafen überhaupt betreffe, so finde Bern es nicht angemessen, diese Leute auf die Galeeren unter so viel gottloses Gesindel zu schicken. Zürich könnte bessere Mittel anwenden, z. B. die Täufer in besondere Häuser einschliessen, ihnen gute Bücher geben und sie durch Gelehrte von ihrem Irrtum überzeugen. Wenn dagegen einer sich durch Gotteslästerung vergehe, dann trage man auch in Bern kein Bedenken, ihn an Leib und Leben zu strafen.

Eine Hauptursache für das Auftreten der Sekte glaubte der Bote von Bern — es war der Schultheiss Franz Ludwig v. Erlach von Spiez — darin erblicken zu müssen, dass seit einiger Zeit junge untaugliche Leute aus Gunst zum Kirchendienste zugelassen werden. Die Zunahme der Täufer werde am sichersten verhütet durch Einführung einer „gemeinen Reformation", sowohl in weltlichen als ganz besonders in geistlichen Dingen.

Basel erklärte, dass es ebenfalls, doch weniger, mit den Täufern zu kämpfen habe, und Schaffhausen war der Ansicht, dass die bezügliche Uebereinkunft von 1585 genügen sollte in Verbindung mit einer gründlichen Beseitigung der Missbräuche in Staat und Kirche, die dem Volk Aergernis geben.[1]) Es scheinen auch schriftliche Gutachten eingeholt worden zu sein[2]), ein wirkliches Ergebnis hatte die Verhandlung nicht.

Vielleicht um dieser Meinungsverschiedenheit willen sah sich Zürich veranlasst, im Jahre 1639 seinen Standpunkt öffentlich zu rechtfertigen in einer Druckschrift.[3]) Inzwischen war man aber

---

[1]) E. A., a. a. O. (2. März 1616).

[2]) „Gutachten des ehrw. Ministerii zu Basel und Schaffhausen auff die Frage, die ehrw. Ministerium zu Zürich an sie gethan, ob man mit gutem Recht die Halsstarrigen und Widerspenstigen Wiedertäufer am Leben strafen und enthaupten oder auf die Galeere verschicken möge." Von 1616, lateinisch. Mss. H. H. VIII, 52 (7), der Stadt-Bibliothek Bern.

[3]) „Wahrhaffter Bericht unser des Bürgermeisters u. s. w. der Statt Zürich, worinnen grundtlich dargethan wird jüngster unserer Handlungen gegen den Wiedertäuffern eigentlicher anlass u. s. w." Zürich 1639, 4° (Haller, Bibl. der Schw.-Gesch., III, Nr. 509). Damals waren 20 Täufer in Zürich im Gefängnis (Oetenbach).

auch in Bern von den humanen Grundsätzen abgekommen. Zwar versuchte es der schon früher genannte originelle Rudolf Philipp Forer, als Pfarrer von Langnau, 1621, mit den Mitteln verständiger Belehrung und freundlichen Umgangs zu wirken[1]), allein er fand schwerlich viele Nachahmung. Das ungefähr zur selben Zeit im Emmenthal entstandene „Dürsrütilied" preist einen „Märtyrer", Namens Baumgartner, und 1629 wurde ein Täufer auf die Folter gespannt, weil er sich weigerte, seine „Lehrer" zu nennen.[2]) Am 17. Januar 1640 gingen denn auch neue Mandate ab in die bernischen Aemter Aarwangen, Aarburg, Brandis, Trachselwald, Thun, Signau, Lenzburg und Zofingen, welche strenge Bestrafung anbefahlen, und es begann eine neue Verfolgungsperiode, welche so hart und auffallend war, dass die Kunde auch ins Ausland drang, die Amsterdamer Mennoniten zur Fürbitte bewog und zu einem Austausch polemischer Schriften führte. Die 1644 und 1647 im Auftrag der Berner Obrigkeit durch die Theologen Marx Rütimeyer und Heinrich Hummel mit den Täufern gepflogenen Unterredungen und Abhörungen bieten mehr Beiträge zur richtigen Würdigung der Sekte, als zur Rechtfertigung des gegen sie eingeschlagenen Verfahrens.[3])

Man wird nicht ungerecht sein dürfen. Die Weigerung, die bürgerlichen Pflichten und allfälligen republikanischen Aemter zu übernehmen, Kriegsdienste zu leisten, vor Gericht die verlangten Eide zu schwören, die Ehen kirchlich einsegnen und dadurch gesetzlich anerkennen, die Kinder von den geistlichen Beamten taufen und damit in die Bücher einschreiben zu lassen, solche Weigerung war freilich etwas, was aller Staatsordnung zuwider lief und der Obrigkeit sowohl, wie der übergrossen Mehrheit des Volks stets als unerträgliche Widerspenstigkeit vorkommen, zu immer grausamern Anstrengungen zwingen musste. Der Verdacht, dass wiedertäuferische Ideen beim Bauernaufstand von 1653 mitbeteiligt seien[4]), weckte neue Ungeduld, und da zugleich verlautete, dass die unbequemen Leute wieder stark im Zunehmen begriffen seien[5]),

---

[1]) Ein Beitrag zur Geschichte der Wiedertäufer, im Archiv des hist. V. Bern, Bd. XII. Vergl. Müller, Täufer, S. 119.

[2]) Müller, Täufer, S. 105.

[3]) Ibid., S. 105 und 106. Man vergl. auch E. A., V, 2ᵃ, 1157 (17. Januar 1640), 1179 (7. August 1640); 1284 (5. Juli bis 1. August 1643).

[4]) Es wird behauptet, dass auch der Anführer der Berner Bauern, Niklaus Leuenberger, einer Täuferfamilie angehört habe; ein Nachweis fehlt.

[5]) In Eggiwyl seien 50 Täufer, die nie zur Predigt gegangen, in Lenzburg 60. Ein Gutachten des Konvents vom 24. April 1659 ist bei Müller erwähnt. (Täufer, S. 168).

so entschloss man sich zu Gewaltmassregeln wider dieses „odium generis humani". Am 4. Januar 1659 begann die Thätigkeit einer besondern Behörde, der „Komittierten zum Täufergeschäft", später „Täuferkammer" genannt, und am 9. August 1659 wurde ein „Täufer-Mandat" erlassen, welches die frühern Strafbestimmungen teils erneute, teils noch verschärfte. Zwölf Täuferlehrer wurden ins Zuchthaus gesteckt[1]), andere mit Verweisung und Vermögensentziehung bestraft, und jetzt kam auch die früher als unmenschlich verworfene Galeerenstrafe, die Deportation als Rudersklaven nach Neapel und nach Sardinien, als Verzweiflungsmittel in Anwendung.

Die Art, sich dieser lästigen Menschen zu entledigen, war eine höchst eigentümliche. Der „Schwellemeister" erhielt den Auftrag, für ein grosses Schiff zu sorgen; dann wurden alle die, die nicht gehorchen wollten, mit einander auf das Fahrzeug gebracht, so auf der Aare bis nach Brugg geführt und dort über die Grenze geschickt mit der sogenannten Urfehde, d. h. unter dem feierlichen Versprechen, das Land nicht wieder betreten zu wollen und unter Androhung sofortiger Hinrichtung für den Fall, dass dem zuwider gehandelt würde.

Das Verfahren musste Mitleid erregen, so besonders wieder in den Niederlanden, wo längst der Grundsatz der Glaubensfreiheit und Duldung freier kirchlicher Gemeinschaften anerkannt war und die holländischen „Taufgesinnten" einen gewissen Einfluss auf die öffentliche Meinung ausübten. Sie begnügten sich diesmal nicht mit Schreiben. Im Juni 1660 langten einige Abgeordnete in Bern an aus Amsterdam und Rotterdam, um namens der dortigen Mennonitengemeinden und mit offizieller Empfehlung der „Staaten" Fürbitte einzulegen für ihre Glaubensverwandten, die den Staatsgesetzen in allem gehorchen, was nicht gegen ihr Gewissen streite, darum auch als Bürger geschätzt und geschützt werden sollten. Man geleitete die Abgesandten ins Zuchthaus, damit sie selbst mit den Gefangenen reden und sie zum Gehorsam gegen die Obrigkeit mahnen. Der Erfolg befriedigte nach beiden Seiten wenig, und unverrichteter Dinge kehrten die Holländer, nachdem sie in gleicher Weise auch Zürich besucht hatten, wieder zurück.[2])

Später wiederholte sich diese Intervention noch einmal. Die mit der reformierten Schweiz eng verbündete Regierung der holländischen Generalstaaten selbst kam mit einer schriftlichen

---

[1]) Die Namen derselben bei Müller, Täufer, S. 70.
[2] Näheres darüber bei Müller, Täufer, S. 167.

Vorstellung (vom 26. Februar 1661), welche sich auf die Harmlosigkeit der nichts weniger als rebellisch gesinnten Leute berief. Die Antwort verwies umgekehrt auf den Eigensinn, die Hartnäckigkeit und Unbelehrbarkeit der Wiedertäufer, bei welchen erfahrungsgemäss weder Geduld noch Strenge zum Ziele führe und nur völlige Ausrottung dem Lande Ruhe schaffen könne.[1]) Jede Fürsprache um Duldung oder nur um Milderung der Strafen wurde abgelehnt, und zwar — lehrreich genug — beinahe mit der nämlichen Begründung und zum Teil sogar in ganz ähnlichen Ausdrücken, wie Ludwig XIV. oder der Herzog von Savoyen die Schweizer Gesandten heimschickte, wenn sie sich über die Grausamkeiten gegen Hugenotten und Waldenser beschwerten.[2])

So haben wir denn die äusserst beschämende Thatsache zu berichten aus dieser ungemütlichen Zeit, dass die reformierten Stände, während sie glaubenseifrig und opferfähig für ihre kirchlichen Freunde im Ausland eintraten, gleichzeitig einen Teil ihrer eigenen Unterthanen verfolgten oder aus dem Lande trieben und sich so offenkundig des gleichen Fehlers schuldig machten, über den sie sich bei andern bitter beklagten.

Die Schuld fällt nur in sehr bedingtem Sinne der Kirche und ihren Dienern zu. Nicht bloss einzelne Geistliche mahnten ab von allen Grausamkeiten; ein Gutachten des bernischen Konvents vom 26. Juni 1667[3]) beweist, dass die höchste kirchliche Behörde weit davon entfernt war, die von Staats wegen eingeschlagenen Wege für die richtigen zu halten; spricht doch der erste Artikel dieses Aktenstückes mit achtungswertem Freimut den Wunsch aus: „dass die Herren Amtleute gegen die Wiedertäufer mehr Freundlichkeit und Bescheidenheit erzeigen, besonders bei Handhaftung derselben, und nicht so sehr auf ihr Gut oder Geld sehen, ob welchen Extorsionen und neuen Erfindungen von Strafen sie, die Täufer, sich heftig beklagen, wodurch sie keine grosse Lust bekommen, sich zu uns zu bequemen." Noch merkwürdiger durch die Berufung auf das Menschenrecht der Gewissensfreiheit ist eine andere

---

[1]) Bei Zehender, Kirch.-Gesch., III, 223—229 und 248—250, sind auch diese Schreiben, mit den Antworten vom 15. Juni 1660 und 21. Dezember 1668, ganz mitgeteilt.

[2]) Müller, a. a. O., S. 173—194. Diese Analogie ist auch den Zeitgenossen keineswegs entgangen, sie wurde in einem Gutachten der Geistlichkeit ausdrücklich abgelehnt: „Die Reformierten in Frankreich sind des Königs getreueste Unterthanen, die daher dem Königreich sehr nützlich, die Wiedertäufer aber unserem Vaterlande sehr schädlich." Mss. H. H., VIII. 52 (1), Stadtbibl. Bern.

[3]) Mitgeteilt im Auszuge bei Müller, a. a. O., 137 u. ff.

kirchenamtliche Schrift, welche den Pfarrer Abraham de Losea, einen auch sonst durch Bildung und Gesinnung hervorragenden Mann, zum Verfasser hat[1]): „Conscientia", heisst es hier, „proprium Dei territorium. Das Gewissen gehört eigentümlich Gott zu. Religio ist des Friedens Freund und mag nicht leiden, dass man zu ihrer Propagation das Schwert zeuche, Blut zu vergiessen." — „Als der Herr Christus seine Jünger ausgesandt, da hat er zu ihnen gesprochen: Gehet aus in alle Welt! Es stehet nicht, dass wenn sie sich nicht wollen unterweisen lassen von uns oder sich weigern, die Taufe anzunehmen, dass wir sie sollen bei der Obrigkeit verklagen, sie anstiften, sie aus dem Lande zu jagen, mit Ruten schmeizen, Zeichen aufbrennen und was dergleichen. Das wird uns, die wir Diener des Geistes sein sollen, nirgends anbefohlen, aber wohl ernstlich verboten."

Allein solche Stimmen fanden wenig Beachtung bei den erzürnten Magistraten, die ihre Autorität nicht missachtet sehen wollten. Es wurden zwar die Beamten von ärgerlichen Gelderpressungen abgemahnt, das am 8. September 1670 proklamierte Täufer-Mandat dagegen zeigt in seinen Bestimmungen eher noch grössere Härte, indem jetzt auch diejenigen als strafbar bezeichnet wurden, welche Täufer bei sich aufnehmen oder zu Täuferversammlungen Raum geben würden in ihren Häusern und Scheunen. Zwölf Sektirer wurden zu den Galeeren verurteilt, sechs derselben wirklich nach Venedig geliefert, nachdem zwei sich zum Gehorsam bekehrt und vier freiwillig das Land verlassen hatten.[2])

Noch im gleichen Jahre fand eine starke Auswanderung statt, teils nach Holland, teils, mit Unterstützung durch holländisches Geld, nach dem Elsass und der Pfalz. In letzteres Land sollen sich bei 700 Personen gewendet haben.

Im Jahre 1692 begann der Sturm indessen von neuem. Nachdem schon früher das Burgdorfer Kapitel die Erklärung abgegeben hatte, dass in der kleinen Gemeinde Schangnau innert Jahresfrist neun Personen aus der Kirche ausgetreten seien, ja dass in andern Ortschaften „die ganzen und die halben Täufer vielleicht die Mehrheit bilden", musste jetzt der sehr mild gesinnte Pfarrer Moschard zu Langnau das Geständnis ablegen:

---

[1]) Ebenfalls bei Müller, a. a. O. u. 140 ff. De Losea, gestorben 1690 als Pfarrer zu Thun, war ein Kenner der Geschichte; wir besitzen von ihm einige kirchenhistorische Akten-Sammlungen, die zu den wertvollsten dieser Art aus der Zeit gehören. Ueber ihn Steinmüllers Jahrb., 1827, S. 158.

[2]) E. A., VI, 1ᵃ, 818.

Jedermann sei den Täufern so wohl gewogen, dass man es ungern hören würde, wenn er, der Pfarrer, wider sie predigen wollte.[1]) Dem Einfluss einer stark verbreiteten anabaptistischen Litteratur[2]) und der Täuferlieder, über deren „unanständiges Singen" geklagt wurde, vermochte weder die lateinische Abhandlung des Pfarrers Daniel Salchli in Eggiwyl, noch der wohlgemeinte „Probierstein des Täufertums[3]) von Georg Thormann, Pfarrer zu Lützelflüh, mit Erfolg entgegenzuwirken.[4]) Der Rat verlangte wieder ein neues Gutachten von der kirchlichen Behörde[5]) und verfasste wieder ein neues Mandat, am 20. bis 27. Februar 1695[6]), dessen Geist durch den Titel deutlich genug gekennzeichnet ist: „Ordnung, wie wider die Wiedertäufer, als ungehorsame, verführerische und widerspenstige Leute, verfahren und dieselben abgeschafft und gestraft werden sollend." Es befahl eine ausserordentliche Huldigung vor eigenen Ratsboten, Verbannung der sich Weigernden, ewiges Gefängnis für Greise und Frauen, die man nicht fortschicken kann, und endlich Stellung von Geiseln durch die Gemeinden, um diese zu strenger Exekution der Vorkehren zu zwingen.

Die Thatsachen sprechen: Wie das katholische Frankreich in seinen Hugenottenfamilien den besten Typus der Franzosen mit der Wurzel auszureissen versucht hat, so wurde auch das konsequente Staatskirchentum der reformierten Schweiz, im einseitigen Drängen auf Uniformität und gesetzlichen Gehorsam, dahin getrieben, gerade diejenigen Bürger und Christen unbarmherzig von sich auszustossen, die durch ihre Tugenden der Redlichkeit und Ehrbarkeit, der Einfachheit und des stillen Arbeits-

---

[1]) Müller, a. a. O., 127.
[2]) Es ist die Rede von einem Evangelium Nicodemi vom Leiden Christi, von 1681; ebenso werden genannt: der sogenannte „Aussbund", als Haupterbauungs- und Bekenntnisbuch der holländischen Täufer, und eine Ausgabe des Neuen Testaments mit „gefährlicher und gefälschter Uebersetzung", gedruckt 1687 in Basel. Nach Mezger (S. 292) haben die W., welche die Piskatorbibel ihrerseits als gefälscht verwarfen, im Jahre 1684 die alte Zürcher Uebersetzung (Froschauerbibel) in Basel neu drucken lassen. Sollte das gar die Nämliche sein?
[3]) Bern 1693, in 16°.
[4]) Die schon erwähnte Handschrift der St.-B. Bern, Mss. H. H., VIII, 52 (Nr. 63 u. 64) enthält auch einige lateinische Briefe der beiden eben Genannten über die Täufersache, von 1693.
[5]) Trechsels Beitr. (Bern 1841), Heft I, 133.
[6]) Zehender erwähnt auch ein solches von 1693, welches Einziehung des Vermögens der Täufer zu Handen der Kirchengüter anordnete.

fleisses dem Ideal, das man erstrebte, noch am ehesten entsprochen hätten.

So endet dieses Kapitel, hinweisend bereits auf die Notwendigkeit, von einem System abzugehen, das seine Aufgabe erfüllt hatte, jetzt aber der Zeit und dem erreichten Kulturzustande nicht mehr angemessen war.

IV. Die Auflösung des Staatskirchentums.

1. Der Pietismus.

Die Hoffnung der Kirchenpolitiker, die christliche Wahrheit in einer unantastbaren Lehrformel für ein und allemal festhalten zu können, erfüllte sich trotz ihres scheinbaren Sieges nicht. Das Gegenteil war der Fall. Bald nachdem der Versuch einiger Theologen, die in Bekenntnis und Gesetz versteinerte Kirche wieder mit dem wirklichen Leben zu verbinden, erfolgreiche Abwehr geweckt und noch grössere Versteifung in der „Formula consensus" zur Folge gehabt, zeigten sich auch die ersten Spuren eines wesentlich anders gearteten religiösen Lebens, das nun, anfangs auch nur Verfolgung provozierend, sich allmählich zu immer entschiedenerem Einfluss emporrang und dann, nach mancherlei der Zeit angepassten Wandlungen, schliesslich zur Auflösung des alten Staatskirchentums und der Bekenntnisfrömmigkeit geführt hat.

Die neue Richtung ging nicht, wie der Amyraldismus, von der Lehre aus, sondern vom Leben selbst, deshalb auch nicht von den Theologen, sondern weit mehr aus den Laienkreisen und aus der Mitte des christlichen Volkes. Es handelte sich in keiner Weise um eine Aenderung des Bekenntnisses, um Neubildung dogmatischer Begriffe, weder um die Lehre vom Abendmahl, noch um das Dogma von der Prädestination; weder christologische noch philosophische Schuldoktrinen waren hier in Frage, sondern einzig und allein die unmittelbare Anwendung der Lehre und des Glaubens auf die Gesinnung und den Lebenswandel, also das eigentliche Centrum der sittlichen Religion, erst späterhin teilweise auch das Verhältnis der Kirche zu Staat und Gesellschaft. Gerade im Gegensatz zu den theologischen Spitzfindigkeiten der Bekenntnisse, denen man geringen Wert beilegte, sollte nun wieder Ernst gemacht werden mit dem, was man glaubte. Der Glaube ist eine Ueberzeugung, die nicht im Verstande bleibt, sondern auf das Gemüt wirkt, und deshalb zugleich eine Gesinnung, welche von innen heraus das Handeln bestimmt, ohne äusseres Gesetz, d. h. ohne auf Befehl und Strafdrohungen der Obrigkeit zu warten. Glaubenslehre und christliche Sitte sollen wieder ihren innern Zusammenhang finden in der Herzensfrömmigkeit, — das ist der Gedanke, der hier zu seinem Rechte kommen wollte, der sich aber, vielleicht nur, weil im Gegensatz zum öffentlichen Kirchenwesen stehend, teilweise in auffallenden Formen und excentrischen Bahnen bewegte.[1])

Dadurch zeigt sich der Pietismus, trotz des angedeuteten Unterschiedes, doch zweifellos als eine Fortsetzung jener Dogmenerweichung, welche von der Consensusformel als Arianismus verdammt worden war.

Alex. Schweizer[2]) hat diese Verwandtschaft in Abrede gestellt und das Auftreten des Pietismus vielmehr als eine Störung der natürlichen geistigen Entwicklung bezeichnet; denn der Einfluss feinerer Geistesbildung und der philosophischen Denkweise würde „ohne alles Vordringen pietistischer Sendlinge zu einer veränderten Lehrweise geführt haben", während nun „die Notwendigkeit, schwärmerischem Pietismus zu wehren, ein desto längeres und eifrigeres Festhalten des Symbolzwanges veranlasste."

Allein abgesehen davon, dass die schwärmerisch ungesunden Erscheinungen bei den Pietisten weniger Ursache als vielmehr Folge des Gewissensdrucks gewesen sind, es werden doch unverkennbar — und am deutlichsten in Bern, auf welches Schweizer hinweist — vom Standpunkt der Kirchenmänner aus die „übel so genannten Pietisten" stets mit den Socinianern und Indifferentisten in gleicher Linie genannt, als Neuerer und Zerstörer der bestehenden Kirchenordnung. Sie kämpfen mit etwas verschiedenen Waffen, aber sie stehen in der nämlichen Schlachtordnung. Die Abwehr ist gegen beide in gleicher Weise und ohne Unterscheidung gerichtet.

In gewisser Hinsicht ist der Pietismus auch als Fortsetzung des alten Täufertums zu betrachten, das in eben diesen Jahren

---

[1]) Ueber das Wesen des Pietismus im allgemeinen: Hagenbach, Kirch.-Geschichte des XVIII. und XIX. Jahrhunderts, 3. Aufl. Leipzig 1856. I. Teil, S. 151 u. ff. Die Charakteristik trifft freilich teilweise eher die spätern Erscheinungen in der Mitte des Jahrhunderts mit den Ausartungen der Inspirierten, als die frühern, wie sie uns in der reformierten Schweiz zunächst entgegentreten.

[2]) Schweizer, Centr.-Dogm., Bd. II, S. 756.

endlich zu verschwinden beginnt. Zwar ist er nicht, wie das letztere, aus dem Bauernstande hervorgegangen, sondern aus den städtischen Bevölkerungen, hier aber aus den vielfach verwandten untern, damals vornehm unbeachteten Schichten des Handwerkerstandes und der kleinen Bürger; allein im Drängen einerseits auf persönliche Aneignung, anderseits auf praktische Ausübung des Christentums, in ihrem lauten Protest gegen die handwerksmässige Uebung des kirchlichen Amtes[1]) stehen die religiösen Neuerer doch als diejenigen da, welche die Tendenzen des unterdrückten Anabaptismus in etwas anderer Weise wieder aufnahmen, wie sie denn bei ihrer ersten amtlichen Erwähnung in Bern[2]) geradezu als „Wiedertäufer" genannt werden.

Man hat bekanntlich darüber gestritten, ob der Pietismus aus Deutschland auf die Schweiz übergetragen worden sei, oder ob das Umgekehrte angenommen werden müsse. Viel bedeutsamer als die Erörterung dieser Frage scheint uns der Hinweis auf die ihr zu Grunde liegende Thatsache der wesentlichen Gleichzeitigkeit zu sein. Die Bewegung hat sich überall verbreitet, wo ähnliche Zustände eine ähnliche Gegenwirkung hervorrufen mussten. Ohne eigentlich nachweisbaren Zusammenhang regte der Geist, der sich in Deutschland in Jakob Philipp Spener personifiziert hat, sich auf einmal auch in den reformierten Kirchen der Schweiz. Nur so viel lässt sich allerdings konstatieren, dass man in der Schweiz selbst von Anfang an das Auftreten der Pietisten zweifellos auf Anregungen aus der Fremde zurückgeführt hat.

Immerhin hat ein bernischer Pfarrer, der sehr angesehene Georg Thormann in Lützelflüh[3]), der uns als Gegner der Täufermisshandlung begegnet ist und als Verteidiger eines besonnenen Pietismus noch vorkommen wird, schon 1688 eine Sammlung von Predigten im Druck herausgegeben, deren vielsagender Titel: „Jesus in uns und wir in ihm" es deutlich verrät, wie sehr die Wiederanknüpfung an die mystische Seite der Religion im Zuge der Zeit lag.

---

[1]) Unbillig war es gewiss, wenn sie die besoldeten Pfarrer „Mietlinge" nannten, aber eine unanständige Wichtigkeit legte man doch im allgemeinen der Frage der Einkünfte bei. Als die Berner Regierung 1692 die Stellung der Pfarrer verbesserte, fügte der Dekan Zehender — und er war nicht der ärgste — die pathetischen Worte seinem Berichte bei: „Gott erhalte uns diese gnädige Gesinnung der hohen Obrigkeit, bis dass Levi vollkommen wird getröstet sein!" (Bd. IV, p. 3.)

[2]) E. A., VI, 2a, 546 (1695).

[3]) Ueber ihn Steinmüllers Jahrbücher, 1827, S. 173.

Zuerst tritt uns die Erscheinung in Zürich entgegen, wo sich am 13. September 1689 das als Kirchenrat amtende Examinatoren-Kollegium mit dem geistlichen Treiben eines fremden Barbiergesellen, Johann Friedrich Speyer aus der Pfalz, zu beschäftigen hatte, da derselbe von der „Sündlosigkeit der Wiedergeborenen", von seinem „innern Zeugnisse" und den ihm gewordenen „Offenbarungen" rede und durch solche Lehren die Bürgerschaft in Unruhe bringe.[1]) Auch über die Lehre von der Wiederbringung aller Dinge durch „künftige Befreiung der bösen Geister aus der Hölle" wird geklagt, über chiliastische Vorstellungen und Verbreitung eines Büchleins der Schwärmerin Jane Leade. Besondere Massregeln scheinen nicht ergriffen worden zu sein, doch veröffentlichte J. J. Heidegger seinen „Schriftgemässen Bericht von der Unvollkommenheit der Wiedergeburt", 1692, und ein Kandidat der Theologie, Hans Georg Ziegler, erlitt die Ausstossung aus dem geistlichen Stande. Im Jahr 1701 erschien eine „Apologie der Pietisten", die in Zürich viel verbreitet wurde[2]), dann scheint eine Pause eingetreten zu sein bis zum Jahre 1710.

Oeffentliche Aufmerksamkeit im grossen erregte die Richtung in Bern, und zwar zuerst in dem sonst wenig beachteten Quartier in der untern Stadt, „an der Matte". Einige Handwerksleute geringsten Standes, einige Mägde u. s. w. vereinigten sich dann und wann abends zum Bibellesen und zu andächtigem gemeinsamem Gebet, namentlich aber zu gegenseitiger Ermahnung zu einem gottesfürchtigen Lebenswandel und zum Fernhalten von den Verlockungen der Welt. Es hiess später, als die Untersuchung darüber angehoben wurde, es seien zwei junge Männer gewesen, welche, aus der Fremde gekommen, die Sache in Gang gebracht hätten: ein deutscher Kandidat, Theodor Wolters aus Limburg, der als Hauslehrer sich in Bern aufgehalten habe, und der soeben erwähnte, in Zürich entsetzte Hans Georg Ziegler. Beide fühlten Trieb und Pflicht, das in ihnen selbst lebende religiöse Gefühl gerade zu den Aermsten und Geringsten zu bringen und sich mit ihnen zu beschäftigen. Hatte die offizielle Kirche aus Gelehrtenhochmut solchen Leuten eben nur von Oben her befohlen, was sie glauben müssten, vielfach auch in weltlich-aristokratischer Art

---

[1]) Studer, Die Pietisten in Zürich, im Z. Taschenb., 1877. — „Versuchungsstund über die evangelische Kirche durch selbstlaufende Propheten, oder kurze Erzählung, was seit 1689 bis 1717 in Zürich wegen der übel genannten Pietisten verhandelt worden" (J. J. Hottinger zugeschrieben). Zürich 1717. Siehe auch A. Schweizer, Centr.-Dogm., II, 751.

[2]) Schweizer, A., Centr.-Dogm., II, 752, gibt deren Hauptgedanken.

sich nur an die vornehmen Stände gewendet, so gingen diese Pietisten umgekehrt von dem Satze aus, dass auch der an Geist wie an Vermögen ärmste Christ eine eigene Seele habe und es sich deshalb auch der Mühe lohne, ihm das Evangelium nahe zu bringen und ihn selig zu machen.[1]) Das war nicht der dogmatische Universalismus der Arminianer, aber ein praktischer Universalismus des christlichen Eifers.

Es war im Jahre 1689, dass man zuerst von diesen sonderbaren geistlichen Zusammenkünften etwas bemerkte, wo, völlig unerhört, Damen aus der höhern Bürgerschaft, sogar aus den Patrizierfamilien, sich neben ärmlich gekleidete Mägde hinsetzten, um mit ihnen zu beten, nicht in der Kirche, sondern in einem gewöhnlichen Zimmer, nicht in der halbdeutschen Kanzelsprache, sondern im ganz gemeinen Volksdialekt. Besonderes Aufsehen machte es, als die Teilnehmer an solchen Erbauungsstunden sich von der üblichen Geselligkeit zurückzogen, in Tracht und Haltung, in Worten und Gebärden sich von den andern mehr oder weniger deutlich zu unterscheiden begannen.

Im Juni 1695 kam die Erscheinung zur Sprache in der Evangelischen Konferenz in Aarau. Der Bote von Bern berichtete von der Bedenken erregenden Thatsache, dass der „Fanatismus" durch Schriften von Tauler und Kempis, vom Kardinal Johann a Bona und dem „lutherischen Pastor" Hoburg, ferner von der Demoiselle Bourignon und „Boiret" (P. Poiret) veranlasst und verbreitet werde. Er beantragte im Namen seines Standes, dass allen Buchdruckern und Buchführern der Druck und die Verbreitung solcher Werke bei Strafe verboten werde, und zwar in allen evangelischen Städten, da der Zweck nur so erreicht werden könne.[2])

Vorzüglich aber wurde nun die Aufmerksamkeit der geistlichen Behörde auf diese Erscheinung gezogen, als einige Studierende der Theologie von der Bewegung ergriffen wurden und sich regelmässig in der Wohnung des einen oder andern zusammenfanden. Es waren vier Kandidaten, Samuel Guldin, Jakob Dachs, Samuel Schumacher und Christoph Lutz, und zu ihnen zählte sich auch der bereits als Vikar zu Belp im Amte stehende Johannes Müller. Sie zeigten grossen Eifer für den Unterricht der Jugend und versuchten sich aus innerm Drang in freiwilligen Kinderlehren; sie begannen, ohne Auftrag, die Kranken in den

---

[1]) Trechsel, Fr., Samuel König und die Anfänge des Pietismus in Bern, Berner Taschenbuch 1852.
[2]) E. A., VI, 2ᵃ, 546.

Häusern zu besuchen, mit ihnen über ihren Seelenzustand zu reden, sie zur Bekehrung zu mahnen und auf die Gnade Gottes im Erlösungstod des Sünderheilands hinzuweisen. Nicht kunstvoll, nach allen Regeln der Homiletik zu predigen sei die Aufgabe eines christlichen Seelsorgers — der Dekan Strauss hielt eben damals zwanzig Predigten nach einander über einen Bibelvers — sondern im Gegenteil „recht einfältig" und ungelehrt, aber von Herzen und in ganz alltäglichen Worten, gerade so, wie man eben denke und fühle. Zur Seligkeit bedürfe es keiner hohen Worte und keiner Gelehrsamkeit.

Als bedenklich erschien bei Studenten das Lesen der heil. Schrift zur Erbauung, statt zum Studium, als unstatthaft das Herumlaufen in den Häusern und bei den Kranken, als eine ungehörige Entweihung des Heiligen das Predigen und gar das Beten in gewöhnlicher Sprache, als anstössig der Verkehr mit armen und geringen Personen, das Zusammensitzen mit Knechten und Mägden, und als eine bei Studierenden der Theologie gänzlich unerlaubte Geringschätzung der Wissenschaft sah man es an, dass dieselben zu behaupten wagten, die Liebe sei besser als das Wissen, und gar als eine Missachtung des geistlichen Standes, wenn Nichttheologen als Redner auftraten, und wenn auf die frommen Zusammenkünfte und erbaulichen Laiengespräche mehr Wert gelegt wurde, als auf die öffentliche Sonntagspredigt in der Kirche.

Es ist nun wohl möglich, dass der neue Geist sich mancher Uebertreibungen schuldig gemacht hat.[1] Es wurden Klagen laut über förmliche Konventikel, über den geistlichen Hochmut derjenigen, die sich für besser halten als andere Leute, über Gleichgültigkeit gegen das Studium, über das Lesen schwärmerischer Schriften, über excentrische Erwartungen vom tausendjährigen Reiche, über Zwist in den Familien infolge der Bekehrungssucht dieser Leute. Die Geistlichkeit machte Lärm und wollte den theologischen Kandidaten dieses unpassende und für sie unschickliche Treiben untersagen. Der Schulrat dagegen, die eigentliche direkte Oberbehörde der Studierenden, schützte sie, und auch die Regierung wollte nichts gegen die Beschuldigten

---

[1] Ob die „Vision der Katharina Roth von Vechigen", von 1697 (Mss. H. H., VIII, 52, Nr. 59) damit im Zusammenhang stand, muss dahingestellt bleiben. In allen Verhören wird nichts Ernsthaftes vorgebracht. Einzig ist die Rede von dem Vorkommen des „quäkerischen Zitterns". Zehenders, wie er versichert, „sehr unparteiische" Erzählung Bd. IV, 5—33 ist eingehend und genau.

vornehmen. Sie berief sich darauf, dass dieselben in keiner Beziehung die öffentliche Lehre antasten und sich nicht gegen die christliche Sitte verfehlen. Wenn sie sagen, man solle nicht an die Konfession, sondern an Christus glauben, so sei das doch nichts Unerlaubtes.

Einige der verdächtigen Kandidaten wurden einstweilen in den Kirchendienst aufgenommen, Guldin wurde Pfarrer in Stettlen, Samuel Schumacher Prediger in Melchnau, Dachs in dem aargauischen Holderbank; aber der Streit über die Pietisten dauerte fort, bis im Jahr 1698 eine eigentliche Anklage erfolgte.[1])

Jetzt ernannte der Rat, am 13. Juli, eine eigene Religionskommission, bestehend aus geistlichen und weltlichen Mitgliedern[2]), die nun den Auftrag erhielten, die ganze Sache gründlich zu untersuchen und an die obere Behörde Bericht zu erstatten. Die Angeklagten wurden verhört über ihr Thun und Treiben, über ihr Lesen und Reden; über das was bei ihren Zusammenkünften geschah und wer sich dazu einfinde, aufs peinlichste ausgefragt und dann, ohne dass man ihnen einen bestimmten fassbaren Vorwurf machen konnte, die noch im Studium Begriffenen mit Zurücksetzung im Range, die bereits im Amte Stehenden mit Entsetzung bedroht, sofern sie von ihrem Wesen nicht abstehen würden.

Allein eben jetzt, im Jahr 1699, erschienen in Bern wieder zwei Studierende aus Leipzig, die, wie die spätere Anklageschrift mit besonderem Nachdruck hervorhebt, dem „lautherischen" Bekenntnisse angehörten; sie hiessen Kirch und Dorssdorff und waren begleitet von einer „Weibsperson". Sie kamen angeblich, um Herrn Lutz in Stettlen zu besuchen und dann nach Jerusalem zu pilgern. Sie erhielten zahlreiche Besuche; es gab „ein arges Geläuf"[3]), und hierbei kam es zum höchsten Entsetzen der Herren Geistlichen sogar vor, dass „einige Manns- und Weibspersonen des heimlichen Lehrens und Unterweisens sich underfiengind". Die Fremden begaben sich von Bern nach Lützelflüh, Melchnau, Zofingen, St. Urban und schliesslich nach Ragaz, wo sie den Winter

---

[1]) „Acta Pietistica". Sammlung von Aktenstücken von dem nachherigen Dekan Joh. Rud. Gruner in Burgdorf. Wir benützen hier eine von Franz von Wattenwyl, gewes. Pfarrer in Vivis, angefertigte Kopie. Mss. II. II., III, 272 der St.-B. Bern.

[2]) Es waren vier Mitglieder des Kleinen, vier des Grossen Rates und vier Geistliche, nämlich die drei ersten Pfarrer am Münster und der erste Professor der Theologie.

[3]) Es ist von 200 Personen die Rede.

zubrachten, aber — nach den von dort eingeholten Berichten nie nach Meyenfeld zur Predigt gingen, wohl aber einmal „zur Messe." [1])

Jetzt sah die Sache doch etwas gefährlich aus. Als unbefugte Prediger wurden namentlich genannt: Hans Aebersold, Knopf, Mesmier (ein Réfugié), Hr. Dr. Rubi, der Maler Dick, der Weber Johann Bernhard, eine Jungfrau Hallerin und Barbara Mai, und die „Töchteren Lerber", sowie ein Heinrich Locher aus Zürich, „ein Wechsler", und der Stadtschreiber Sutter in Zofingen.

In diesem Augenblicke trat aber ein Mann für die so Verfolgten ein, dessen öffentliche Parteinahme für sie, um des Ansehens willen, das er genoss, besondere Aufmerksamkeit erregte, nämlich Samuel König, geboren 1670, dessen Leben und Persönlichkeit Pfarrer Trechsel in dem oben citierten Aufsatz im B. T.-B. beschrieben hat. Samuel König war, noch jung, als „ein Wunder der Gelehrsamkeit" in seiner Vaterstadt angestaunt worden. Namentlich zeichnete er sich durch seine Kenntnis des Hebräischen und anderer orientalischer Sprachen aus und hatte von einem Aufenthalte in Zürich, dann noch von grössern Reisen in Holland und England eine tüchtige Bildung, aber allerdings auch einen starken Zug zur Mystik mitgebracht. Er erhielt zuerst das Amt eines Spitalpredigers in Bern, als Anwartschaft auf eine Professur, auf welche sein ehrgeiziger Sinn hinstrebte.

Anfangs scheint er ohne Verbindung mit den Pietisten geblieben zu sein, deren demütiges Wesen seinem etwas eiteln, selbstgefälligen Charakter wenig zusagte. Allein die Art, wie diesen unschuldigen Leuten ihr Frömmigkeitseifer und ihr Bekehrungsernst zum Vorwurf gemacht wurde, empörte sein Gerechtigkeitsgefühl, und er stellte sich nun entschieden und öffentlich, auch in der Predigt, an ihre Seite; er wurde am 22. März 1699 deshalb in seinem Amte eingestellt.

Das Gutachten der Religionskommission (9. Juni 1699), welches die Angelegenheit zum Entscheid bringen sollte, vertritt den alten Kirchenbegriff in geradezu typischer Weise; es beginnt mit dem Dank gegen Gott „für den gottseligen Eifer der Obrigkeit für unsere wahre alleinseligmachende Religion und Einigkeit der Kirchen, so Ihr von Eueren löblichen Regimentsfordern ererbt und so ruhmlich in allen Begebenheiten erscheinen lassen". Es gibt hierauf über das Auftreten der Sekte einen geschichtlichen

---

[1]) Letzteres wurde von ihren Verteidigern in Abrede gestellt.

Bericht, dem wir die obigen Angaben meistens entnommen haben, und geht sodann über zu den einzelnen Anklagepunkten. Als solche werden erwähnt: 1. Der Gebrauch „schwärmerischer und fanatischer Bücher", „deren Ursprung von Mönchen herkömmt, darinnen die Gottseligkeit zwar getrieben, aber die Lehre vom Glauben, von der Gerechtsprechung des armen Sünders, so das Fundament der wahren Gottseligkeit ist, theils verdunklet, theils verfälschet wird." 2. „Gefundene Irrthümer": Der Glaube an die Sündlosigkeit, die Behauptung, dass der Prediger ein Wiedergeborner sein und innern Beruf haben müsse; dass das Evangelium, und nicht das Gesetz, eine Kraft Gottes sei zur Seligkeit; der Grundsatz vom allgemeinen Priestertum der Christen und die Hoffnung auf das tausendjährige Reich. 3. Wird Klage erhoben über das „unmethodische, bäurische Predigen in der unpolirten Landsprache"; über das „ärgerliche und unanständige Gelüff neben der Kirche vorbei zu den pietistischen Predigern oder gar in Konventikel"; das „ärgerliche, weder in Gottes Wort, noch in der gesunden Kirchenhistorie begründete quäkerartige Zittern"; der Brudername, den die Gleichgesinnten sich beilegen, und endlich: „das nachtheilige Reden vom weltlichen und geistlichen Stande".

Mit diesem Gutachten kam das Geschäft vor den Grossen Rat der Zweihundert. Die Verhandlungen dauerten vom 8. bis zum 14. Juni. Zuerst wurde, schon am 9. Juni, der Spitalprediger König „als gemeingefährlicher Mensch seines Charakters (seiner geistlichen Würde) degradirt und aus Mr. Gn. Herren Mediat- und Immediat-Landen verwiesen". Aber auch über die andern erging ein strenges Gericht, namentlich über die Theologen unter ihnen: Samuel Guldin, Christoph Lutz und Vikar Müller wurden ebenfalls von ihren Pfarrstellen entfernt. Die übrigen erhielten einen scharfen Verweis und wurden mit Bedrohungen entlassen.

Lutz starb bald darauf aus Gram über die ihm widerfahrene Behandlung, und auch Müller wurde durch einen frühen Tod aus einer Welt abgerufen, die für solche Leute kein Verständnis hatte. König wandte sich zunächst nach Herborn, wo er eine Anstellung zu finden hoffte; allein von Bern aus als Erzverführer und Hauptketzer empfohlen, wurde auch dort wieder vertrieben, begab sich nach Berleburg, nach Halle, wo er mit Aug. Herm. Franke verkehrte, dann nach Magdeburg u. s. w., um erst nach zwölfjährigem Umherirren als Hofprediger in Büdingen ein bleibendes Amt anzutreten.[1]) Guldin wurde später begnadigt und 1701 wieder als

---

[1]) Neben der oben citierten eingehenden Biographie von Trechsel verweisen wir noch auf Allg. D. Biogr., XVI, 520.

Pfarrer nach Boltigen im Simmenthal erwählt, aber, weil er bei seinen Ansichten blieb, noch vor seinem Aufzuge daselbst wieder entsetzt. Er wanderte dann 1710 nach Amerika aus und liess sich in Pennsylvanien nieder, wo er auf die Gestaltung der kirchlichen Verhältnisse nicht unwesentlich eingewirkt, auch eine Verteidigungsschrift für sich und seine Freunde über den Berner Pietistenhandel verfasst hat.[1]) Er war jedenfalls kein unbedeutender Mensch, seine spätere Lebensthätigkeit in Pennsylvanien hat bei den nordamerikanischen Kirchenhistorikern Beachtung gefunden[2]).

Nicht alles war mit diesem Urteil zufrieden; ganz ungeteilt scheint die öffentliche Meinung keineswegs gewesen zu sein, und manche, die nichts vom Pietismus wissen wollten, fühlten sich empört über solche Bestrafung von jungen Leuten, die jedenfalls in bester Absicht handelten und in ihrem Liebeseifer Zierden der vaterländischen Kirche hätten werden können. Dem Helfer von Saanen entfuhr im Unmut über solche Dinge der Ausspruch: *„Es nehme ihn wunder, dass der Teufel die gnädigen Herren nicht vom Rathaus trage."* Er musste die Flucht ergreifen und ebenfalls das Land meiden wegen solcher respektwidriger Rede.

Der Schluss dieser langen Sitzung des Rates, am 14. Juni, bestand in der Aufstellung des sogenannten „Associations-Eides", welchen alle Mitglieder des souveränen Rates, also alle wirklich regierungs- und stimmfähigen Bürger schwören mussten. Durch denselben verpflichten sie sich: *„Die in der Stadt Bern eingeführte Religion, die helvetische Konfession und die Uniformität des Glaubens, der Lehre und des Gottesdienstes wider männiglich zu erhalten, zu schützen und zu schirmen, und hingegen alle dawider laufenden Meinungen und Neuerungen, sonderlich die gegenwärtig im Schwange gehen, abzuwehren, zu hintertreiben, alles vermögens zu tilgen und keineswegs einige damit verhaftete personen zu patroziniren. Dazu der Allerhöchste seinen Segen verleihen wolle!"* Im Waadtlande scheint eine etwas andere Form gebraucht worden zu sein. Es bezeichnet dieser berüchtigte Associations-Eid geradezu — und noch weit mehr als die Formula consensus — den Gipfelpunkt der unverständigsten politisch-religiösen Engherzigkeit, die insofern noch hinter alle katholische Rechtgläubigkeit zurückging, als an die Stelle der heil. Schrift nicht eine doch wenigstens lebendige Tradition, eine geschichtliche Lehrentwicklung, sondern ausdrücklich

---

[1]) Kurze Apologie oder Schutzschrift der unschuldig verdächtig gemachten und verworfenen Pietisten zu Bern in der Schweiz. Philadelphia 1718, 4°. G. ist am 31. Dez. 1745 in Philadelphia gestorben.

[2]) Vergl. die Forschungen der HH. Rev. Good u. Dubbs.

eine selbst aufgestellte, von einigen Theologen abgefasste Formel gesetzt war.

Die Beschwörung des Eides wurde, grösserer Sicherheit wegen, nicht nur von allen Magistratspersonen, sondern auch von allen Geistlichen verlangt, und sie mussten sich fügen, wenn sie nicht abgesetzt werden wollten.

Einer der Ratsherren weigerte sich, auf solche Weise sein Gewissen für alle Zeiten zu binden, der gewesene Stadtschreiber und Landvogt von Rodt. Er musste auf seinen Sitz im Rate verzichten, und da er nach Interlaken sich begab, wo er früher ein sehr beliebter Amtmann gewesen und jetzt wieder einen freundlichen Empfang fand, erschien dies so sehr als verdächtig, dass man den verdienten Mann — und zwar in den auffallendsten Formen — verhaftete und gefangen nach Bern zurückführte, in der „Insel" einsperrte und dann aus dem Lande verwies. Er wanderte nach Deutschland aus und verlebte den Rest seines Lebens in stiller Frömmigkeit in der Nähe von Magdeburg.[1])

Einer seiner Standesgenossen, Friedrich von Wattenwyl, folgte freiwillig seinem Beispiele; er zog nach Montmirail bei Neuenburg; sein gleichnamiger Sohn wurde der vertrauteste Freund des Grafen Ludwig von Zinzendorf und sein Mitarbeiter in der Stiftung von Herrenhut.[2]) Die Zahl der Eidverweigerer scheint überhaupt eine nicht ganz geringe gewesen zu sein.

In Ausführung der Ratsverhandlungen erliess der Kleine Rat am 15. Juni eine Anzahl einzelner Dekrete: ein Verbot, vom tausendjährigen Reiche zu reden, ein anderes gegen „unmethodisches Predigen in grober und unanständiger Redensart", d. h. der Volks- (und Umgangs-)sprache, ein drittes gegen alles „Conventikulieren und privatexerzierende Religionsaktus mit Bestimmung der Zeit und des Ortes unter Personen ungleichen Alters, Geschlechts und Qualität, welches an Orten, da alles einer Religion und da der Gottesdienst ohne Verfolgung im Frieden kann verrichtet werden, unter keiner wohl polizierten Oberkeit zu dulden, solches auch ohne præjudiz des öffentlichen Predigtamtes nicht geschehen kann noch soll." Weitere Verfügungen untersagten „alle Korrespondenz mit äussern verdächtigen Personen

---

[1]) Dass seine Tochter noch in Bern in einem Anfalle religiöser Schwermut sich aus dem Fenster stürzte, vermehrte nicht ohne Grund das Vorurteil gegen die Pietisten. Vergl. über v. Rodt und seine Tochter die Samml. Bern.-Biogr., III, 5—12.

[2]) Geboren in Bern am 7. Februar 1700, gestorben in Herrenhut am 24. April 1777. Siehe Spangenberg, Das Leben des Grafen L. v. Zinzendorf, und Allg. D. Biogr., XLI, 248.

über Religions- und Kirchensachen" und das Lesen mystischer Bücher, welche alle — es ist ein richtiger „Index librorum prohibitorum" — auf der Kanzlei abgegeben werden sollen.[1]) In den Zimmern der Studierenden wurde am 7. August 1699 eine unerwartete Visitation der Büchergestelle vorgenommen.[2])

Die Aufregung über eine solche Behandlung der religiösen Fragen war nur zu erklärlich. Der studiosus theologiae Jakob Knecht, der am 24. Juni im „Kloster" eine Uebungspredigt zu halten hatte, brach in Gegenwart des Professors Rodolf in die Worte aus: „Ach, wenn der Herr Jesus sollte auf den heutigen Tag zu unserm Jerusalem nahen — ganze Ströme Thränen würden aus seinem liebewallenden Herzen hervorschiessen, wenn er an den Jammer gedenken würde, der wahrhaftig über unser Jerusalem kommen wird. Ach ja! Bern! Bern! Wenn du erkenntest, zum wenigsten an diesem deinem Tag, was zu deinem Frieden dient! O Bern, es wird Tyrus und Sidon erträglicher ergehen am Tage des Gerichts, denn dir!" —. Professor Rodolf[3]) galt als ein Hauptkämpfer wider die Pietisten; der kühne Jüngling wurde sofort des Landes verwiesen. Das gleiche Schicksal bedrohte den Studenten Burkhard Fellenberg, weil er dem verbannten S. König bei seinem Wegzuge das Geleit gegeben hatte. Als er zu seiner Entschuldigung sagte: er betrachte den gewesenen Spitalprediger als einen „Gesalbten des Herrn", da fuhr man ihn mit der Bemerkung an: Man habe demselben ja „die Salbung genommen". Die Verirrung in hierarchische und klerikale Anmassung war zum mindesten ebenso gross, wie die zur Schwärmerei.

Auf den 5. Juli wurde schliesslich — „wider die Irr- und Trennungen der sogenannten Pietisten" — eine grosse Synode

---

[1]) Alle diese Erlasse sind in den „Acta Piet." vollständig kopiert. Das letztere Verzeichnis, welches noch mehr Bücher nennt, als das oben schon mitgeteilte, gibt auch Zehender, K.-Gesch., IV, p. 12. Das entsprechende Kreisschreiben an die Dekane und Kapitel, vom 22. Juni, hat in der Hauptstelle folgenden Wortlaut: „Damit unsere allein Seligmachende Religion mit gleichem Glanze wie bisher, also auch fürhin rein und lauter unter Uns erhalten werde" — wurde befohlen, sich zu enthalten — „des unmethodischen Predigens und grober, der Würdigkeit des Wortes Gottes ungemässer Redensarten und Gleichnussen", bei Strafe der Entsetzung. Original des Kapitels-Archivs Büren, in Mss. H. H., XIX, 7 (20) der Stadt-Bibl. Bern.

[2]) Zehender, IV, 17.

[3]) Trechsel: Joh. Rud. Rudolf, Professor und Dekan, ein Theologenbild der alten Schule, im Bern. Taschb. 1882. Für ihn war 1696 eine neue Professur, „ein elenchtisches Katheder", mit ansehnlichem Gehalte errichtet worden. Zehender, IV, 5.

berufen; zwar nicht, wie früher üblich gewesen, aus sämtlichen Pfarrern bestehend, sondern nur aus Abgeordneten der Kapitel. Sie fand statt „in der Bibliothek", unter dem Vorsitze des Dekans Samuel Bachmann und im Beisein der Religionskommission[1]). Es wurden der Versammlung 20 Thesen vorgelegt, durch deren Annahme die Bewegungsfreiheit in religiösen Dingen noch enger eingeschränkt, die durch Consensusformel und Associationseid noch immer nicht genügend gesicherte Unverbesserlichkeit des bestehenden Kirchenwesens festgestellt werden sollte.

Die Verhandlung begann mit der Vorfrage, ob nicht alle des Pietismus Verdächtigen den Austritt zu nehmen hätten. Es betraf dieser Zweifel den Professor Elisaeus Malacrida, der sich aber, sofort aufstehend, in längerer Rede so geschickt selbst verteidigte, dass er durch Abstimmung wieder hereingerufen wurde. Auch von der Notwendigkeit der Thesen waren nicht alle überzeugt; der Beweis dafür wurde durch den Alarmruf erbracht: „Es sei bereits ein Schisma eingetreten, indem die Leute bei der Kirche (dem Münster) vorbei bis zu unterst laufen".[2]) So gelang es, die vereinzelt widersprechenden Stimmen zum Schweigen und alle 20 Sätze zur Annahme zu bringen. „So sind hiermit in dieser Synode die Twing-Kanzel gegen alle wohlgegründete einwürf beschirmt und aufrecht erhalten worden; mit der erbauung vieler Tausende unter den — dem Synodo nicht verborgenen — offenbar ärgerlichen Predikanten — deren mehr als einer hier am Synodo selber sass — stehenden armen Seelen mags dann gehen, wie es will, und kommen, wie es kann. So nützen dergleichen versammlungen der kilchen!" — Mit diesen Worten machte der Schreiber der „Acta Pietistica" seinem Unmute Luft.

Inhalt und Tendenz der Thesen ergibt sich aus dem Gesagten; interessanter ist die schliessliche Erörterung über die Bezeichnung, mit welcher sie eingeführt werden sollten. Es wurden verschiedene Vorschläge gemacht: 1. „Ein obrigkeitlich Instrument und Kirchenordnung über Erklärung etlicher Artiklen der helvetischen Konfession[3]), betreffend die sogenannten Pietisten." 2. „Spezialerläu-

---

[1]) Zehender, IV, 18.

[2]) „Hinc illae lachrymae", schrieb der Kopist der Acta Pietistica hierbei an den Rand.

[3]) Es ist auffallend, dass hier der „Synodus Bernensis" nicht erwähnt wird; noch auffallender aber, dass in der Debatte die Berufung auf diese alte Special-Konfession der Berner Kirche geradezu abgelehnt wurde. Der Synodus sagt eben im Schlusssatz: „Wo man uns einen bessern Weg zu Christus zeigen wird..."

terung etlicher Artiklen der Helv. Konf. nach obrigkeitlicher Verordnung auf gegenwärtigen Zustand gerichtet." 3. „Monita et consilia." 4. „Orthodoxia ecclesiae Bernensis continuata", oder endlich 5. „Zwanzig Sätze aus Anlass etlicher heutiges Tages einschleichender Irrthümern." Welcher dieser Titel am besten gefiel, können wir nicht sagen; denn der Versuch, den Thesen Gesetzeskraft zu verleihen, ist trotz allem misslungen; sie wurden nie publiziert. „Dieses Synodi und seiner Ja-Vätern ohngeachtet, diese Theses — Gott Lob! vor das Heil der kirchen und alles wahren Christenthums — sind hintertrieben und unter die Bank gebracht worden. Sie konnten nicht zu einem symbolischen Buch erstarken."

Die Pietisten schrieben Gegenthesen, die nicht ohne Geschick die schwachen Seiten der staatskirchlichen Argumente aufdeckten. Wir geben hier nur das, was gegen die 20. These gesagt wird, weil sich hier aufs deutlichste der grundsätzlich neue Geist kundgibt, der mit der hochobrigkeitlichen Zwangsreligion zu brechen bereit ist.

Die Stelle lautet: „Nachdem allemahl alles Hadern und Zanken umb Meinungen sonst bei Niemand als bey den Lehrern und predigern entstehet, und auch sonst keine einige seel aussert ihnen in der kirchen in verwirrung bringt, so setzen ein Einziger oder auf das vielste Zwey Herren, die in der Hauptstadt Professoren oder predikanten sind und am meisten Credit haben, diese symbolische Bücher, Formlen, Thesen und dergleichen auf, und zwar ohne einige Begrüssung noch communication der brüderen ab dem land; hiernach durch ihren credit, unter allerhand vorgeben und insinuationen des gefährlichen Zustands der kirchen, besorgender Uneinigkeit u. s. w., erbättlen und erzwingen sie das brachium seculare zu ihrer aufgesetzten Schrift. Die Oberkeit, so ihrem vorgeben glaubt, und gemeinlich vor den krausen fragen und schulfuchsereien, darüber dezidiert ist, nichts verstehet und im Land gern Frieden hätte, nimmt, was dieser oder jener Herr Professor in seiner Studierstuben aufgesetzt, guter meinung unter ihre protektion, und dazumal ist das symbolische Buch fertig, wenn schon keiner es noch nicht gesehen hat; denn von da an wird es allen andern unter Hoch-Obrigkeitlicher authoritet zum unterschreiben oder zu beschwören vorgelegt; will einer nicht, so muss er von der pfrund. Dies lehrt ihn schon glauben, wie man ihm von der Hauptstadt aus vorschreibt".[1]

---

[1] Acta Pietistica, pag. 35.

Diese Gegenthesen scheinen vielfach in Abschriften verbreitet worden zu sein und fanden in vielen Kreisen eine Stimmung, die den Kirchenhäuptern nichts weniger als günstig war. Guldin und Müller legten ihre Rechtfertigung nieder in einem schriftlichen „Bedenken gegen den Associationseid"[1]), und auch aus Vivis langte eine Schrift an den Rat, in welcher es hiess: „Je dis donc et je déclare, comme je l'ai déjà déclaré, que je crois, que ce qu'on nomme Piétisme aujord'hui, pour le général, est un renouvellement de la vertu du saint-esprit sur l'église, qui a commencé d'ouvrir les yeux à plusieurs élus.[2])

Vielleicht fühlte die Religionskommission selbst, dass ihr Verfahren nicht nur Billigung finde.

Die amtliche Mitteilung der Synodal-Thesen an die andern evangelischen Städte, wie sie beabsichtigt war, unterblieb, wie deren Proklamation; doch wurden namentlich mit den Züricher Kirchenbehörden einige Schreiben gewechselt und, im Oktober 1699, auch die theologischen Fakultäten zu Herborn und Marburg über ihre Meinung angefragt.

Im übrigen begannen jetzt erst recht die Verhöre mit den einzelnen Beklagten und ihren Begünstigern. Sie sind zum Teil noch vollständig erhalten, belasten aber in den Augen jedes Unbefangenen die fragenden Inquisitoren weit mehr, als diejenigen, die zur Rechenschaft gezogen wurden. Bemerkenswert sind namentlich die Antworten des Weissgerbers Isaak Müslin, der nicht nur mit der frommen Einfalt der Andern, sondern mit einer Art von geistiger Ueberlegenheit seine Erklärungen abgab.[3])

---

[1]) Guldin hatte den Associationseid zuerst angenommen, dann aber wieder verworfen; er gab auch über die ihn dabei leitenden Motive eine öffentliche Erklärung ab.

[2]) Exposition des véritables sentiments touchant le piétisme, présentée aux seigneurs de la chambre de religion, par M. le secrétaire Magny de Vevey, 1700. Kopie in Acta Piet. Ueber Magny hiernach.

[3]) Er sprach im pietistischen Sinn von der „Welt". Der Theologe schrie ihn an: „Was d'Welt! Sind die Herren hier — die Religionskommission — d'Welt? Ist d'Obrigkeit d'Welt? — Ihr schlimmen Gesellen!" — und musste dann von dem Handwerksmann die Erwiderung entgegennehmen: „Herr Dekan! Ihr und ich und die Herren, und kein Mensch ausgenommen, wir haben alle Welt genug in unsern Herzen!" (Verhör vom 20. Dez. 1699).
Einige Wochen später fragt man ihn: „Wo ganget (geht) Ihr z'predig?" — Antw.: „Ich bin jederwilen in Spital — zu Spitalprediger König — gangen." — „In den Spital!? und in die grosse Kirchen? wann seid Ihr da z'predig gsin?" — Antw.: „Es ist etwa 4 Monat." — „So, da sehet Ihrs! und wann seid Ihr zum Tisch des Herrn gangen? — Antw.: „Auch so lang (nicht)."

Unter den Verfolgten oder doch Zurückgesetzten waren Männer von Bedeutung; wir heben zwei derselben neben Guldin und König noch besonders hervor, die jedenfalls nicht allein an Frömmigkeit im engern Sinn, sondern auch an geistigem und moralischem Werte alle ihre damaligen Richter weit überragt haben, und deren kirchenhistorischer Stellung hier gedacht werden muss.

Der eine war Beat Ludwig von Muralt. Schon 1668 geboren (am 9. Januar), trat derselbe anfangs in französischen Dienst als Offizier, benützte aber seinen Aufenthalt in diesem Lande, wie eine Reise nach England, zur Erweiterung seiner Welt- und Menschenkenntnis und schrieb dann über das Ergebnis seiner Beobachtungen, namentlich über England, in so eminent geistreicher und über alles Gewöhnliche hinausgehender Weise, dass die ohne seinen Namen und ohne seinen Willen veröffentlichten „Lettres sur les Anglais et sur les Français" als ein litterarisches Ereignis begrüsst worden sind. Muralt war der erste, der in bewusster Weise, ehe es überhaupt Mode geworden, seine Vorliebe für Englands Volk und seine bürgerlichen wie kirchlichen Zustände kundgab und in deutlichem Gegensatz gegen die Einrichtungen aller andern Länder, auch der eigenen Heimat, begründete. Für seine Denkweise ist es bezeichnend, wenn er darin aussprach: Die Freigeisterei, die in England so vielfach vorkomme, sei für das Land kein Unglück und keine Schande, „denn alle diejenigen, welche in England Ungläubige seien, die seien in andern Ländern Heuchler, und welche von diesen beiden schlechter seien, wisse jedermann."

Gerade im Jahr 1698 kehrte dieser Mann nach Bern zurück, fühlte sich aber, dem eben angeführten Grundsatz entsprechend, vom offiziellen Konvenienz- und Staatschristentum so sehr abgestossen, dass er sich weigerte, in die Kirche zu gehen. Er erklärte im Verhöre, dass er durch das Benehmen der Geistlichen aufs tiefste geärgert worden sei, weil dieselben nur nach Einkünften und Einfluss streben, nach Gunst von oben und Herrschaft nach unten, während die Seelen der Gläubigen ihnen gleichgültig seien. Eingehender noch begründete er seine Weigerung in zwei höchst merkwürdigen Briefen an den ihm freundlich gesinnten Pfarrer Thormann von Lützelflüh, der ihm wohlmeinend

— „So, da sehet Ihrs, ob sie Zertrennungen anrichten!" — Antw.: „Wir stellen keine Zertrennungen an, sondern die Herren selbst haben uns ausgestossen aus ihren Kirchen und uns als Irrgeister verschrieen." (Verhör vom 12. Februar 1700. Man vergleiche auch die denunzierenden Auszüge aus den Briefen von S. König, Kopie in den „Acta Pietistica."

zugeredet hatte.¹) Nach wiederholten Vermahnungen wurde er am 15. Februar 1701 mit Verbannung bestraft, und begab sich nun erst nach Genf, dann auf eine Besitzung bei Colombier am Neuenburgersee, wo der höchst merkwürdige Mann als frommer, weltabgeschiedener Sonderling und Mystiker die volle zweite Hälfte seines Lebens verbrachte. Er starb in hohem Alter am 20. November 1749, nachdem er noch einige Schriften verfasst. Er gehört der Litteraturgeschichte mehr an als der Kirchengeschichte.²) Für uns ist er wichtig als der erste, der seine persönliche Religion mit voller Schärfe in Gegensatz stellte gegen das traditionelle Kirchenwesen, als derjenige, der die rationalistische und die mystische Opposition gleichzeitig repräsentiert, und der in dem oben erwähnten Urteile über den sittlichen Vorzug des Freigeistes vor dem Heuchler geradezu den Schlüssel gibt zum richtigen Verständnis des XVIII. Jahrhunderts.

Eine völlig andere Natur und Erscheinung war der andere, den wir hier zu nennen haben: Samuel Lutz oder Lucius.³) Derselbe war 1674 geboren, Sohn des Pfarrers zu Biglen; dann in Bern erzogen, zeigte er frühe schon nicht bloss ein ungewöhnliches Gedächtnis und grosse geistige Begabung, sondern vorzüglich auch starke Neigung zu tiefer gemütsvoller Gottesfurcht, unterlag aber, weil es ihm an einsichtiger Leitung fehlte, leicht der Gefahr eitler Selbstbeschaulichkeit und geistlicher Gefühlsseligkeit. Er schloss sich an die Pietisten an und erfuhr deshalb mit ihnen allerlei Hintansetzung von Seiten der Behörden. Erst nach einigem Aufschub, im Jahr 1700, erhielt er die Zulassung zum Predigtamte, doch mit dem ausdrücklichen Vorbehalte, dass er keine Konventikel und verdächtigen Orte mehr besuchen und nur da predigen solle, wo „der Herr Präpositus" es ihm auftragen würde. Allein sogar die Pfarre Adelboden wurde ihm versagt, wie viel mehr die Professur der hebräischen Sprache in Lausanne, zu welcher ihn seine hervorragende wissenschaftliche Bildung befähiget hätte.

Als eine Art von Verbannung erhielt er dann die deutsche Pfarrstelle zu Iferten, seit 1703. Indessen blieb er auch dort nicht ohne Anfechtungen. Eine eigene Untersuchungs-Kommission.⁴)

---

¹) Beide von 1700, in Kopie in den Acta Pietistica, p. 676 und 684.
²) O. v. Greyerz, B. L. v. M., Frauenfeld 1888. Der Nämliche hat auch die Lettres neu herausgegeben, Bern 1897.
³) Siehe die gründliche Schilderung des hervorragenden Mannes von Trechsel im Berner Taschenb. 1858 u. 1859.
⁴) Venner von Büren und Prof. Rodolf.

langte 1707 in Herten an, um sich von seiner Rechtgläubigkeit zu überzeugen.¹) Sein Ruf als vorzüglicher Prediger verbreitete sich inzwischen; allein der Verkehr mit andern Gleichgesinnten, seine Verbindung mit Frommen anderer Länder, auch mit solchen lutherischen Bekenntnisses, machte ihn in Bern erst recht verdächtig, so dass die Behörden sich beständig mit seiner Person beschäftigten und all sein Thun mit einer Angst verfolgten, die gegenüber einem so kindlich und demütig frommen Manne geradezu lächerlich wirkt. Er predigte in Basel unter grossartigem Zulauf, dann in St. Gallen, wohin man ihn zu einer Predigt geladen, auch in Frankfurt a./M.

Endlich, im Jahre 1726, wurde er zum Pfarrer nach Amsoldingen erwählt, nachdem er kurz zuvor eine ihm diesmal angetragene Professur in Lausanne abgelehnt hatte; 1738 siedelte er dann nach Diessbach bei Thun über, wo er am 28. Mai 1750 gestorben ist. Auch noch in Amsoldingen und in Diessbach war er wiederholt zur Rechenschaft gezogen und zur Selbstverteidigung gezwungen worden, weil sein vertrauter seelsorgerlicher Umgang mit Leuten ausserhalb seiner Gemeinde, seine Gleichgültigkeit gegen äussere Gewohnheiten und Weltsitten, und dagegen sein ungeheurer Ernst im Drängen auf Bekehrung, ihn bald in den Ruf eines Sektirers, bald eines Schwärmers, bald eines Zeloten brachte.

Er hat eine grosse Sammlung von gedruckten Predigten hinterlassen, die durch Wärme, Geist, Freimut und ausserordentlichen Bilderreichtum sich auszeichnen, dagegen sind sie häufig geschmacklos und sentimental, dazu bei aller Originalität im einzelnen doch äusserst einförmig; für die damalige Zeit war seine Predigtweise ein Ereignis, und das Andenken an seine tiefgründige Wirksamkeit ist da, wo er gelebt hat, noch heute nicht erloschen. Berufungen nach Deutschland, die mehrfach an ihn gelangten, hat er ausgeschlagen, trotz aller Widerwärtigkeiten, welche Kollegen und Obern und überhaupt die Enge und Starrheit der kirchlichen Zustände ihm bereiteten; er blieb dem Vaterlande getreu und hatte die Genugthuung, dass man ihm, mit allem Willen dazu, doch niemals etwas anhaben konnte, ihn schliesslich sogar anerkennen und schätzen musste; er war eine bei aller Gefühlsseligkeit doch ebenso grossartig angelegte, als innerlich einfache und moralisch gesunde Natur.

¹) Er soll geäussert haben, „die Leute seien gewöhnt, zum Sakrament, wie das Vieh zur Allmend, getrieben zu werden." Eine Behauptung, gegen deren thatsächliche Wahrheit sich allerdings nicht viel sagen liess.

Auf der nachhaltigen Thätigkeit dieses Mannes soll das Auftreten einer kleinen religiösen Gemeinschaft beruhen, welche unter der Bezeichnung der „Heimberger Brüder" hauptsächlich in der Umgegend von Thun noch in der Stille fortbesteht und als Haupterbauungsmittel die Schriften Luthers und das Köthener Liederbuch gebraucht.[1]) Zu Aeschi am Thunersee hat sich gleichzeitig, 1723, nach dem etwas unbestimmten Berichte eines Zeitgenossen eine schwärmerische Sekte bemerkbar gemacht, als deren Stifter ein aus Zürich „bannisierter" Pfarrer Schulthess genannt wird.[2])

Die Berner Religions-Kommission hatte aber auch mit dem Waadtlande zu thun. Pietistische Regungen neben und ausser der Kirche zeigten sich schon von 1699 an am Genfersee. Namentlich scheint Vivis ein Hauptherd gewesen zu sein, und war es vorzüglich der oben schon genannte François Magny, der Ratsschreiber der Stadt, um dessen achtungswerte Gestalt der Kreis der Frommen sich scharte. Magny selbst wird als ein trefflicher Mann geschildert, dem sein Gegner, Pfarrer Merlat, anfangs das Zeugnis gab, er habe: „un mépris presque excessif des œuvres et une application infatigable à en faire." Das hinderte nicht, dass seine ungewohnte Frömmigkeit und sein geistlicher Verkehr mit Gleichgesinnten Anstoss erregte. Trotz seiner Berufung auf die helvetische Konfession, von deren Glauben er in keinem Punkte abgewichen sei, wurde er 1701 verhaftet und nach Bern geführt zum Verhör. Bald wieder freigelassen, erlitt er wegen Uebersetzung einer Schrift des deutschen Mystikers Teunhard neue Anfechtungen, so dass er 1713 Vivis verliess und nach Genf zog. Allein auch hier gab seine stille Thätigkeit Anlass zu manchen Ratsverhandlungen in den Jahren 1719 bis 1721, so dass er sich in zwei sehr bemerkenswerten Denkschriften rechtfertigen musste. Er ist schliesslich nach Vivis zurückgekehrt und dort 1730 gestorben.[3])

Als Anhänger dieses durch liebenswürdige Herzenswärme ausgezeichneten Laienpredigers[4]) wird besonders eine Familie de la Tour genannt und eine „Mlle Yenner". Die letztere war sicher eine Bernerin vom Geschlechte Jenner und stellte in ihrer Person den

---

[1]) Finsler, K. Stat., 124. — Joss, Das Sektenwesen im Kt. Bern.
[2]) Zehender, K.-Gesch., IV, 140.
[3]) Ritter, Eug., Magny et le piétisme romand 1699—1730, in den Mém. et doc. de la Suisse romande, 2e sér., tome III, p. 257 u. ff.
[4]) Ritter, in der eben angeführten Schrift, nennt ihn: „cet homme vénérable, dont la parole persuasive charmait les âmes, ce prêcheur qui avait le secret d'attacher les cœurs à lui" (pag. 321).

Zusammenhang dar zwischen den Gläubigen der deutschen und der französischen Schweiz. Zu der Familie de la Tour anderseits gehörte neben einer nahen Verwandten von Jean Jacques Rousseau auch die Madame de Warens, die bekannte Freundin des Genfer Philosophen, die ihn im Sinne dieser neuen bekenntnislosen Gefühlsfrömmigkeit beeinflusst haben soll. Aus den nunmehr veröffentlichten Briefen und andern Dokumenten geht hervor, dass Magny auch Beziehungen unterhalten hat mit niederländischen Mystikern und deutschen Inspirierten, wie mit flüchtigen Franzosen aus den Cevennen. In Genf galten Jeanne Bonnet und Odet Joly als Säulen des Pietismus.[1])

Die Stadt Basel, welche hernach in der Geschichte des Pietismus so eigentümlich hervortreten sollte, scheint dieser Richtung anfangs noch wenig Empfänglichkeit entgegengebracht zu haben; vielleicht ist nur deshalb nicht davon die Rede, weil sie hier in ihrer ersten harmlosen Gestalt innerhalb der Kirche selbst Raum fand. Was davon erwähnt wird, ist noch mehr täuferischer als specifisch pietistischer Art und zeigt sich eben darum auch in der Landschaft, nicht in der Stadt. Der Seidenweber Andreas Bohni aus Frenkendorf, der nach der Pfalz ausgewandert, dann 1705 wieder zurückgekehrt war, verweigerte den Huldigungseid, den die Obrigkeit verlangte, liess sich nicht zur Kirche zwingen und erklärte Gottesdienst und Abendmahl als Menschenerfindungen. Er wurde schliesslich 1706 verhaftet, erst mit dem Pranger und am 28. April 1707 mit ewiger Verbannung bestraft. Dann hört man nichts mehr von ähnlichen Leuten bis 1716.[2])

Den Klagen über kirchliche Missstände meinte der Rat durch vermehrte Strenge in der Handhabung der äussern Formen begegnen zu können. Eine Sammlung von Mandaten wurde 1715 zusammengestellt, welche gegen Verachtung der Predigt, gegen Gotteslästerung, Meineid, Fluchen, Schwören und Zauberei sich richteten. „Die Weibsbilder sollen dem Gottesdienst in ehrbarer, ganz schwarzer Kleidung fleissig beiwohnen, denselben mit wahrer Andacht anhören, dem gemeinen Gebet und Lobgesang bis zum völligen Schluss, mit Mund und Herzen, beistimmen und vor dem abgesprochenen Segen nicht aus der Kirche gehn, gestalten man

---

[1]) Vergl. dazu: Ritter, E., Jeanne Bonnet, Episode de l'histoire du piétisme à Genève, in den Etrennes chrétiennes, Genève 1886, und Vuilleumier, Théodore Crinsoz de Bionnens, in der Revue de théol. et de philosophie, Lausanne, XX (1887).

[2]) Thurneysen, Die Basler Separatisten im 1. Viertel des XVIII. Jahrh., im Basler Jahrbuch, 1895, S. 30—78, u. 1896, S. 51—106.

insonderheit durch gewisse hiezu bestellte Personen hierauf vigilieren, die Uebertreter verzeigen und diese andern zum Exempel strafen werde." — „Während der Morgen- und Abendpredigt soll Niemand auf den Gassen herumspazieren, oder unnöthig vor den Häusern sitzen und schwätzen." Verboten wurde: An Sonn- und Festtagen zu den Thoren hinaus zu gehen oder zu fahren ohne Erlaubnisschein von den Reformationsherren, und diese sollen ohne wichtige und erhebliche Ursachen keine Zettel geben. Die Wirte sollen des Nachmittags bei guter Zeit die Uerte machen, die Gäste zur Kirche antreiben und die Weinhäuser alsbald um drei Uhr schliessen. Als Gotteslästerer wurden hier auch die bezeichnet und behandelt, welche sich erlaubten, „gegen die Glaubensartikel etwas auszugiessen." [1]

Für das innere religiöse Leben, das die Pietisten von der Kirche forderten, war damit wenig gewonnen. Die Versuchung zu entgegengesetzter Einseitigkeit lag nur um so näher.

Im Dorfe Riehen war diesmal der Sitz der Bewegung. Hier wurde 1716 der Schulmeister Peter Wyssler entsetzt, weil er sich beharrlich weigerte, am Abendmahl teilzunehmen. Er stand aber nicht allein. Im Jahr 1717 kam ein Inspirierter aus der Markgrafschaft Baden-Durlach in Basel an, seines Handwerks ein Bäckerknecht, Namens Johannes Gmelin, hielt sich daselbst zwei Nächte und einen Tag auf, verfügte sich dann nach Riehen zu einigen Freunden und soll prophezeit haben, dass Zürich und Basel, wenn sie sich nicht bekehren, in kurzem untergehen werden. „Sobald der Pfarrer von Riehen diesen Feind vernommen, hat er sich nicht nur über diesen Eingriff in sein Amt beklagt, sondern dem Rat von Basel eine Supplikation eingegeben, dass er diesem Uebel steuern wolle." [2]

Darauf wurde allerdings am 29. Januar 1718 auch in Basel eine Religionskommission eingesetzt, wie Ochs sagt: „damit keine Irrthümer einschleichen möchten, und zu diesem Zweck den Leuten alle irrige und gefährliche Bücher aus den Händen gebracht werden." Die Behörde bestand aus den vier Hauptpfarrern der Stadt und vier sogenannten Deputaten; sie wird charakterisiert durch den bekannten Spottvers:

„Zu säubern unser Land vom Pietistenwesen,
Hat man mit grösstem Fleiss die Männer auserlesen,
Die rein in diesem Stück und von Verdacht ganz frei,
Und fern von allem Schein von Pietisterei." [3]

---

[1] Ochs, Gesch. von Basel, VII, 445.
[2] Acta Pietistica (Bern).
[3] Von dem hiernach zu nennenden Antistes Samuel Warrenfels.

Besondere Verlegenheiten bereitete der Obrigkeit eine Frau von Planta aus Graubünden, welche das Schloss Binningen besass, eine Wohlthäterin der Armen, die aber nicht allein in pietistischem Sinne auf ihre Umgebung einwirkte, sondern namentlich auch fremde Prediger bei sich beherbergte. Es wird ein gewesener lutherischer Pfarrer Mathias Pauli genannt, später ein Niklaus Vellet aus Zweibrücken, der in Basel agitierte. Auch bernische Pietisten sollen 1720 in Basel aufgetaucht sein. Es zeigte sich Neigung zur Separation. „Die einen sagten, sie fühlten sich nicht rein genug, um zum Tische des Herrn zu gehen; andere besuchten die Kirche nicht, weil so viele Gottlose sich darin finden, oder weil die Prediger unbekehrt seien."

Auch jetzt verleugnete sich das rationalistische Element des Pietismus nicht ganz, so wenn sie sagten: „Katholische, Juden, Türken und Heiden seien, wenn sie neue Kreaturen werden, durch gute Werke näher bei Gott, als diejenigen, so des Herrn Willen wissen und solchen nicht thun".[1])

Von Riehen aus verbreitete sich die Erscheinung in die übrige Landschaft; eine Anna Häfelfinger will nicht mehr zum Abendmahl gehen, „wo sie die liederlichen Kameraden ihres Mannes begegne." In Prattelen, in Dietgen, Bubendorf und andern Ortschaften werden einzelne Personen genannt, die diesem „Wesen" anhangen und unter sich in Verbindung stehen. Verurteilungen zu Zuchthausstrafe und Verbannung werden ausgesprochen; fremden Kandidaten wird das Predigen untersagt, endlich aber, am 2. September 1722, ein förmliches Verbot erlassen gegen heimliche gottesdienstliche Versammlungen in den Häusern und gegen kirchliche Irrlehren. Dasselbe bedrohte alle, die sich nicht an die Basler Konfession halten würden, mit sofortiger Ausweisung aus dem Lande, und damit scheint die Bewegung für einmal wieder unterdrückt worden zu sein.

Auch die Ostschweiz wurde wieder beunruhigt. Der Diakonus Niklaus Schärer zu Lichtensteig verbreitete seit 1710 pietistische Lehren im Toggenburg und zeigte bedenklich erscheinende Abweichungen von der Orthodoxie in der Art, wie er sich das Verhältnis von Rechtfertigung und Heiligung dachte. Mehr noch war es ein aus Halle in die Heimat zurückgekehrter Goldschmied, Johann Ulrich Giezendanner, der hier 1710 die Geister in Bewegung brachte und vielen als Prophet galt. Es wurde deshalb in St. Gallen am 17. April 1711 eine eigene Synode abgehalten,

---

[1]) Thurneysen, a. a. O., 1895, S. 45.

die sich mit so gefährlichen Erscheinungen befassen und die notwendigen Vorkehren gegen das Ueberhandnehmen solcher „ungesunden Gedanken" treffen sollte.[1]) Giezendanner musste als Unruhestifter auf ewige Zeit in Verbannung. Ein in apokalyptischem Tone geschriebener, von dem Schwärmer Johannes Tennhard aus Nürnberg an die schweizerischen Obrigkeiten gerichteter Brief wurde, als von Gott diktiert, mit Andacht und Begierde gelesen.[2]) Diessenhofen vertrieb 1729 den Schuhmacher Johann Kaspar Benker, weil er „seit seinem Aufenthalt im Wittgensteinischen in den Separatismus verliebt war", liess ihn aber in Ruhe, als er Gehorsam versprach.[3])

Aus Appenzell und St. Gallen wird Aehnliches berichtet. Ein in Heiden wegen Pietismus abgesetzter Pfarrer Schenss (Schiess?) trat dann 1714 wieder im Thurgau auf als Konventikelprediger und Verächter des öffentlichen Gottesdienstes. In Schaffhausen, wo 1704 der Prediger Hurter durch Aufnahme armer Kinder (im Jahr 1709 schon 70 an der Zahl), dann durch die Stiftung eines eigentlichen Waisenhauses sich als thatkräftiger Nachahmer A. H. Franke's gezeigt hatte[4]), mussten 1717 (16. März) nicht weniger als sechs Geistliche aus ihren Aemtern entfernt werden, weil sie sich von „Inspirationen" einnehmen liessen und „ihre von dem Ministerio verworfene und obrigkeitlich verbotene Privatversammlungen nicht unterlassen wollten."[5])

Von Schaffhausen aus wurde Winterthur angesteckt, wo 1714 zwei junge Geistliche ihre Anhänger zu Andachtsübungen sammelten und durch ihre mystisch-apokalyptischen Lehren mit der Gewissheit höherer Erleuchtung erfüllten, wo aber auch bald ein Joh. Adam Gruber die Entzückung bis zu Konvulsionen steigerte.[6]) Die Züricher Obrigkeit erliess am 9. April 1717 nach dem Vorgang anderer Städte ebenfalls ein Verbot gegen alle Konventikel und gegen alle, welche „unter dem Schein besonderer Frömmigkeit durch vorgebliche unmittelbare Eingeistungen gefährliche

---

[1]) Hottinger, IV, 237.
[2]) Schweizer, A., Centr.-Dogm., II, 753.
[3]) E. A., VII, 1, 798.
[4]) Hagenbach, K.-Gesch. des XVIII. und XIX. Jahrh., I, 179.
[5]) Die Namen der sechs Abgesetzten nebst dem Titel ihrer Verteidigungsschrift nennt Hallers Bibl., III, Nr. 573.
[6]) Schweizer, Centr.-Dogm., II, 755. — Hallers Bibl. nennt von demselben zwei Schriften, deren eine: „Buss-, Weck- und Warnungsstimme" (von 1718), auch historische Nachrichten über die Erfolge der Schwärmer in verschiedenen Ortschaften enthalten soll, aber verboten und deshalb sehr selten geworden ist.

Lehrsätze verkündigten.¹) Gruber soll dann, nachdem er Lausanne und Bern besucht, auch in Zürich erschienen, aber nebst andern agitierenden Deutschen mit Ruten aus der Stadt gepeitscht worden sein.

Doch trat auch hier, wie früher in Bern, die neue Glaubensweise mehr in milder, kirchlich unanstössiger Gestalt auf. Heinrich Gossweiler, der anfangs gefangen gesetzt und im Kirchendienst zurückgestellt worden, war nachher, seit 1726, Pfarrer zu Marthalen, und Johann Kaspar Ulrich, erst Diakon zu Predigern in Zürich, dann Pfarrer am Fraumünster, ein vorzüglicher Kenner des Hebräischen und Förderer des Kirchengesangs, wird als „der bedeutendste Vertreter des Pietismus" genannt (gest. 1768).²)

Von Zürich aus, wo 1702 (8. August) ein Perser die christliche Taufe empfing, 1712 ein geborner Katholik, Joh. Bollinger, zum evangelischen Bekenntnis übertrat und am 1. Januar 1719 mit grosser Feierlichkeit und vielen Reden und Schriften die zweite Jubelfeier der Reformation begangen wurde³), machte die religiöse Wärme in eigentümlicher Weise sich auch in Süddeutschland fühlbar. Ein Studiosus Jakob Beck aus dem Bärenthal im katholischsigmaringischen Gebiete, der schon 1712 um seiner evangelischen Ueberzeugung willen Verfolgung gelitten, dann aber eine zunehmende Anzahl von Personen — nach Hottinger waren es 70 — aus der Bibel zu erbauen unternahm, kam 1716 nach Zürich, setzte sich hier mit den Kirchenmännern in Verbindung, fand Ermutigung und Hülfe, und schon hoffte man, unter dem Schutz des Herzogs von Württemberg, des Königs von Preussen und der Herren von Zürich eine reformierte Gemeinde erstehen zu sehen. Allein die rücksichtslose Grausamkeit, mit welcher 1719 eingeschritten wurde, zwang die einen, der erkannten Wahrheit wieder zu entsagen, andere aber in Zürich Zuflucht zu suchen und sich dort ganz zur protestantischen Kirche zu wenden, während eine weitere Anzahl im protestantischen Teil von Württemberg sich zur Kolonie „Neu-Bärenthal" zusammenfand.⁴)

Der nämliche verdiente Züricher Theologe, der davon mit Entrüstung berichtet, stimmte dagegen von Herzen allem bei, was

---

¹) Hottinger, IV, 239, gibt den ganzen Wortlaut. Eine amtliche Zuschrift des Antistes Zeller in Zürich an die Berner Kirche vom 16. April 1717 und die Antwort von Bern vom 17. Juni findet sich in Zehenders Berner Kirch.-Gesch., IV, 114—119.

²) Wirz, Zürich. Minist., 110 und 57.

³) Hottinger, K.-Gesch., IV, 256 u. 257, wo die Predigten und die Gelegenheitsschriften weitläufig angegeben sind.

⁴) Hottinger, K.-Gesch., IV, 261—268.

angeordnet worden ist zur Unterdrückung der „schädlichen Schwärmerei der Pietisten", von denen nichts anders zu erwarten wäre, als „eine gänzliche Trenn-, Verwirr- und Zerrüttung unserer Kirchen und gemeinen Wesens, eine schändliche Verachtung der hohen Obrigkeiten und des heil. Predigt-Amts und alles das, was zu unserm zeitlichen und ewigen Verderben gereichen thäte". Durch die von allen Seiten fast gleichzeitig ergriffenen und wesentlich übereinstimmenden Vorkehren ist es gelungen, für einmal wieder durch anbefohlene kirchliche Sitte das Feuer lebhafterer persönlicher Frömmigkeit zu dämpfen. Und doch musste bald offenbar werden, dass die damalige Bewegung zu viel Recht und Wahrheit für sich hatte, als dass die kleinlichen Verfolgungsmittel auf die Dauer etwas hätten ausrichten können.

2. Das Neuenburger Erbe und der Toggenburgerkrieg.

Ehe die durch den Pietismus eingeleitete Wendung der kirchlichen Verhältnisse noch im Aeussern bemerkbar werden konnte und die konfessionellen Schranken in einer allgemeineren und breiteren Auffassung des Christentums ihre Bedeutung zu verlieren begannen, zeigten sich eben diese Schranken noch in ihrer ganzen Stärke und ungeschwächten Kraft in zwei Ereignissen, welche an sich selbst eigentlich dem politischen Leben angehörten, aber damals vorwiegend vom kirchlichen Standpunkt aus behandelt worden sind und deshalb auch auf den kirchlichen Zustand ihre Rückwirkung ausgeübt haben: Gemeint ist der Neuenburger Successionsstreit von 1707 und der zweite Religionskrieg von 1712.

Das Fürstentum Neuenburg ist nicht erst im XIX. Jahrhundert das politische Schmerzenskind der Eidgenossenschaft geworden; es war dies schon von dem Augenblicke an, wo es überhaupt zum Bunde zu rechnen anfing, und zwar deshalb, weil es neben der Abtei St. Gallen das einzige Glied des Bundes war, welches sich nicht zur Republik, sondern zur Monarchie entwickelt hat. Nach den Grundsätzen des Erbrechts ging die Herrschaft von den alten Grafen von Neuenburg aus einer Hand in die andere und war so im XVI. Jahrhundert an das französische Adelsgeschlecht der Herzoge von Orléans-Longueville gekommen. Die letzte Erbin aus diesem Hause, die verwitwete Herzogin von Nemours, ist am 16. Juni 1707 im 83. Lebensjahre gestorben.

Mit allgemeiner Spannung hatte man seit Jahren diesem Ereignisse entgegengesehen. Schon beim Tode ihrer Mutter, 1679, dann wieder 1694 beim Hinscheid ihres regierungsunfähigen Stiefbruders, hatte nur die rasch eingreifende Entschlossenheit der Berner es verhindert, das Ludwig XIV. von Frankreich seinen Günstling, den Prinzen von Conti, in das Erbe einsetzte und damit thatsächlich Neuenburg in Besitz nahm. Konfessionellen Berechnungen folgend hatten Freiburg, Solothurn und Luzern des Prinzen Bewerbung kräftig unterstützt. Noch 1698 dauerten die offenen und geheimen Verhandlungen fort, und erst am 12. Mai 1699 war auf einer Konferenz in Langenthal ein Spruch zu gunsten der „Madame de Nemours" gefasst worden, der nun ihre Anerkennung in Neuenburg sicher stellte.[1]

Jetzt stand man aber wieder vor der grossen Frage, die nicht nur für Stadt und Land Neuenburg, sondern für die gesamte Eidgenossenschaft von entscheidender Wichtigkeit war und selbst die europäische Lage ernstlich berührte.

Nicht weniger als 15 Prätendenten hatten sich gemeldet und bereit gemacht, ihre Rechte nachzuweisen und deren Anerkennung zu beanspruchen. Ein grossartiges Intriguenspiel hatte im geheimen längst die Regierungen beschäftigt, weil jeder dieser Ansprecher versuchte, sich Freunde zu werben, den andern zuvorzukommen und gerüstet zu sein auf den grossen Tag der Entscheidung. Diese diplomatischen Ränke hatten um so weitern Raum, weil bei keinem von allen ein klares und unbestrittenes Recht vorlag, und weil man nicht einmal zum voraus wusste, wer eigentlich die Wahl zu treffen habe. Verfallene Reichslehen wurden vom Kaiser vergeben, aber Neuenburg gehörte eben nicht mehr zum Reiche. Wer wird da entscheiden? das war die erste Schwierigkeit, die gelöst werden musste.

Nach der mittelalterlichen Ständeverfassung der Grafschaft wurde eine Behörde eingesetzt, bestehend aus vier Staatsräten des Landes, vier Landvögten und vier Herren aus der Stadt Neuenburg. Diese begannen damit, ihre Bedingungen festzustellen: Erstlich solle die evangelische Religion im vollsten Umfang als herrschendes Bekenntnis anerkannt und garantiert werden, mit Ausnahme der beiden von jeher katholischen Gemeinden Landeron und Cressier. Die Kirche solle ihre bisherige innere Verfassung und ihre Kirchenzucht in voller Freiheit behalten, auch dann, wenn der Fürst dem katholischen Bekenntnis angehören würde. Die Kirche selbst soll die Wahl der Prediger haben und nicht der Fürst. Die Kirchengüter, die der Fürst verwaltet, sollen ausschliesslich zu kirchlichen Zwecken verwendet werden, u. s. w.

---

[1] E. A., VI, 2ª, 768—790.

Man sieht daraus, dass ganz im Sinne der Zeit im Lande selbst in erster Linie das Bestreben dahin ging, das Bekenntnis und die kirchliche Freiheit sicher zu stellen. Besser indessen als durch papierene Verträge konnte dies geschehen durch die Wahl eines Fürsten, der selbst der protestantischen Konfession angehörte. Frankreich wünschte Neuenburg dem Prinzen von Conti zuzuwenden.[1]) Der König von England hatte die Rechte, die er selbst zu haben behauptete, schon 1694 dem Kurfürsten von Brandenburg, späteren König von Preussen, abgetreten, der für sich selbst ebenfalls zu den entfernten Erben zählte. Für den letztern verwendete sich aber auch der Kaiser, damit Neuenburg nicht unter Frankreichs Einfluss komme. Joseph I. schrieb in diesem Sinne nach Bern, wo man sich selbstverständlich am allermeisten mit der Sache beschäftigte. Der Papst dagegen beschwerte sich darüber, indem er zu bedenken gab, dass bei der Wahl eines Fürsten von der „falschen Religion" alle Aussicht schwinden würde, jemals das katholische Bekenntnis wieder einzupflanzen. Gerade die Befürchtung aber, dass das geschehen könnte, schien den Ausschlag geben zu sollen. Noch war in Frankreich die Zeit der Hugenottenverfolgung, noch gingen König und Klerus, nicht mehr in fanatischem Glaubenseifer, aber in um so abscheulicherer Heuchelei und mit unverminderter Konsequenz darauf aus, den protestantischen Glauben zu erdrücken; diese Rücksicht überwog alle andern. In Neuenburg selbst wurde die ganze Frage so sehr als eine vorzugsweise religiöse angesehen, von welcher der Fortbestand des wahren Glaubens abhänge, dass eigene Bettage angeordnet wurden, um die Hülfe der Vorsehung um einen günstigen Entscheid anzurufen.

Von allen Seiten wurden die Neuenburger bestürmt und bearbeitet. Die innere Schweiz wollte, dem Papste gehorsam, einen katholischen Fürsten, der vor der Tagsatzung auf ihrer Seite stehe, und hätte um diesen Preis sogar einen Franzosen gerne gesehen. Andere hatten teils politische, teils religiöse Bedenken. Namentlich Bern sah die Franzosen schon nahe genug und konnte nicht wünschen, dass die Grenze ihres Landes thatsächlich bis an die Zihlbrücke vorgeschoben werde.[2])

---

[1]) Bachelin, le prince de Conti, prétendant à la souveraineté de Neuchâtel, im Mus. Neuch., IV, 29 u. ff..

[2]) Wir verweisen hier auf die reichhaltige Special-Litteratur. Die Berner Stadtbibl. besitzt zwei noch unbenutzte Aktensammlungen über diese Episode, eine militärische, vom Feldkriegsratsschreiber Joh. Friedr. Otth (Mss. H. H., X, 123), u. eine diplomatische von Christoph Steiger, der neben J. R. Sinner als bern. Deputierter in Neuenburg zu handeln hatte (Mss. H. H., XIII, 125 u. 126).

Wie gefährlich diese Zeit der Ungewissheit werden konnte, zeigt ein kleiner Kirchenstreit, der damals Neuenburg bewegte und erst durch eidgenössische Vermittlung beigelegt werden konnte, über dessen innere Natur indessen die bez. Notiz uns vollkommen im Dunkeln lässt. Wegen „Aufreizung gegen die Obrigkeit" war der Pfarrer Girard 1699 abgesetzt worden. Er wusste aber eine Partei für sich zu gewinnen, und als die Geistlichkeit sich auf ihr freies Disciplinarrecht berief, wandte sich der Gemassregelte an den französischen Gesandten. Von dieser Seite ermutigt, erklärte er nun triumphierend: „Je serai rétabli, ou l'Etat périra." Das war keine leere Drohung, wenn er wirklich Frankreich im Rücken hatte.[1]

Am 3. November 1707 kam es zur Wahl.[2] Die Vorlegung der Stammbäume und Rechtstitel war mehr Schein als Wahrheit. Der Entscheid, der besonders der Klugheit des Berner Schultheissen Johann Rudolf Sinner zu verdanken ist, fiel bekanntlich für den König von Preussen, einen Fürsten reformierter Konfession, eine Hauptstütze des Protestantismus und der antipäpstlichen Politik, von dem man annahm, dass er seine Versprechungen halten werde und der zugleich fern genug sei, um den Neuenburgern niemals unbequem zu werden.[3]

So konnte nun allerdings die Kirche von Neuenburg in ihrer eigentümlichen Freiheit und Selbständigkeit verharren, wie sie durch Farel war begründet worden. Das calvinische Kirchenideal war hier fast noch mehr zur Wirklichkeit geworden, als in Genf, da hier wenig innerer Widerstand zu überwinden war, aber auch unter den katholischen Fürsten eine Staatskirche sich nicht hatte entwickeln können. Das Kirchenregiment lag fast ausschliesslich bei den kirchlichen Behörden, die ihrerseits auf den freien Kirchgemeinden beruhten. Die Geistlichkeit bildete eine Körperschaft, welche über innere Angelegenheiten der Lehre und des Kultus entschied. Synoden, bei welchen Abgeordnete der Gemeinden mitwirkten, verwalteten die äussern Angelegenheiten. Kirche und Staat waren getrennt, aber die Kirche umfasste die gesamte Bevölkerung; es war keine Staatskirche, aber eine Landeskirche, deren Form sich von allen andern protestantischen Kirchen vorteilhaft unterschied. Die Gemeinden hatten das Recht, die gewählten Pfarrer zu verwerfen. Jede Gemeinde hat ein Konsistorium mit

---

[1] E. A., VI, 2ª, 828.
[2] Le procès de 1707, im Musée Neuchâtelois, tome XVIII (1881), 125 u. ff.
[3] Katholischerseits wurde dieses Resultat ernstlich beklagt. S. kath. Konferenz in Luzern am 28.—29. Nov. E. A., VI, 2ª, 1403.

Selbstergänzungsrecht; dazu gibt es vier Oberkonsistorien (sechs Klassen): Neuenburg, Boudry, Val-de-Travers, Val-de-Ruz, Locle, Chaux-de-Fonds, aus geistlichen und weltlichen Gliedern, und zwei Hauptehegerichte.[1]) Mit der Klasse von Neuenburg war seit 1592 auch die Grafschaft Valangin wieder verbunden.

Die Unabhängigkeit der Geistlichkeit, deren Stellung frei war von aller Vermengung ihrer Sache mit rein politischen Motiven, gestattete ihr, durch das Mittel der calvinischen Kirchenzucht einen mächtigen und tiefgreifenden Einfluss auszuüben auf die Denkweise und auf die Sitten des Volkes, hielt sie aber auch in stetem geistigem Zusammenhang mit den Gemeinden und zwang sie in sehr weitgehendem Grade, auf deren Bedürfnisse und Zustände Rücksicht zu nehmen. Die Orthodoxie konnte hier nie in solche Uebertreibungen verfallen wie anderswo und bewahrte eine gewisse Mässigung und Nüchternheit. Die Formula consensus hat Neuenburg nie anerkannt, und die warme persönliche Religiosität derjenigen, die man an andern Orten Pietisten nannte und aus der Kirche vertrieb, blieb hier unangefochten, stets innerhalb der Kirche berechtigt. Das Verdienst, diese geistige Haltung in kluger Weise für die fernere Entwicklung zu benützen, gebührt in erster Linie einem Geistlichen, der nach Einsicht, Bildung und Charakter zu den Besten seiner Zeit gehörte und von welchem bald noch näher die Rede sein muss, nämlich dem Pfarrer Friedrich Osterwald.

Ein ganz anderes Bild begegnet uns im Toggenburgerland. Zwar bietet dasselbe zu Neuenburg insofern eine Analogie, als auch hier eine grösstenteils reformierte Bevölkerung von einem katholischen Herrn regiert wurde, unter der Oberaufsicht der gemeinschweizerischen Tagsatzung. Aber hier im Toggenburg war es zugleich ein Kirchenfürst, der als Regent das Herrscheramt führte, der jeweilige Abt von St. Gallen, der es eben deshalb als seine vornehmste Pflicht ansehen musste, seine Unterthanen wieder zur wahren Kirche zurückzuführen. Es standen ihm Mittel genug zu Gebote, um unter dem Vorwande weltlich bürgerlicher Ordnung die Evangelischen in ihrem Glauben zu stören und zu drücken. War dies schon vorher vielfach mit Erfolg versucht worden, so geschah es seit dem unglücklichen Religionskrieg von 1656 in noch viel höherem Grade.

Wir greifen hier etwas zurück. Da hören wir die Klage, dass der Abt die Teilnahme weltlicher Mitglieder an den evan-

---

[1]) Finsler, K. Stat., 486.

gelischen Synoden nicht dulden will und die Abhaltung von Kinderlehren untersagt. Die letztern werden nachher erlaubt, aber wenigstens nach Möglichkeit erschwert durch die Bestimmung, dass sie für je zwei Monate nur einmal stattfinden dürfen und dann an Stelle der Predigt treten (1674—1675).¹) Durch strenge Censur gegen evangelische Erbauungsbücher, durch das Verbot, die unkatholischen Prädikanten „Pfarrer" zu nennen, und andere polizeiliche Einmischungen fühlten sich die Toggenburger in ihren altererbten Freiheiten beeinträchtigt und bewogen, gegen den tyrannischen Herrscher Schutz zu suchen in ihren Landrechtsverträgen mit den Leuten von Schwyz und von Glarus.²)

Empfindlicher noch hatte sich diese fürstliche Selbstherrlichkeitstendenz gegen die rechtlich viel weniger begünstigten Gemeinden im Thurgau und Rheinthal gewendet. Der Abt trat protestierend in den Weg, als die 600 evangelischen Bewohner des Dorfes Marbach eine Schule einzurichten suchten für ihre Jugend (1675); er verlangte im Rheinthal, dass seine reformierten Unterthanen die Frauen- und Hebammen-Taufe einführen sollten (1675).³) Eine Uebereinkunft zwischen den im Rheinthal regierenden Orten und dem Abt am 20. Dezember 1676 brachte dann wenigstens einige Ordnung, aber ein besonders heftiger Streit erhob sich in Wartau, als der katholische Landvogt von Sargans in dieser einzigen evangelischen Gemeinde des Bezirks die Messe herzustellen trachtete (1694). Die katholischen Orte behaupteten das Recht zu haben, in den gemeinen Herrschaften Priester einzusetzen; die Evangelische Konferenz, Zürich voran, wollte dies nicht anerkennen; es kam so weit, dass sich der geheime katholische Kriegsrat in Weggis versammelte und dass man in Uznach sich zu prügeln begann, weil man in der allgemeinen Aufregung in einer Schafherde die zu einem Ueberfall anrückenden Züricher zu erkennen meinte.⁴)

¹) E. A., VI, 1ᵃ, 935, 963, 976. Nicht ohne weitergehendes Interesse, als Symptom für das Aufkommen eines bürgerlich-moralischen Gesichtspunktes neben dem kirchlich-konfessionellen, ist die bei Wegelin (Gesch. der Landsch. Togg., II, 279) citierte Meinung einiger fürstlichen Räte, die dem Abt entgegenhielten, dass die Kinderlehren wenigstens mit Rücksicht auf die Sittlichkeit erlaubt sein sollten: Doggias utpote homines rudes et ad omnes voluptates quascunque propensos, per catechesin saltem quandoque aliquid honestatis haurire et addiscere posse, et sic præcaveri, non omnino ut bestiæ et bruta vivant.

²) E. A., VI, 2ᵃ, 813, 146, 186. Näheres in dem oben erwähnten Werke von Wegelin, Bd. II, 268, 284.

³) E. A., VI, 1ᵇ, 1259. VI, 1ᵃ, 963.

⁴) E. A., VI, 2ᵃ, 539.

Der Landvogt im Thurgau forderte den sogenannten „Abzug" beim Tode reformierter Züricher Prädikanten (1675), und als einige Geistliche in religiösem Eifer sich erlaubten, auch am Donnerstag zu predigen, wurde ihnen die Berechtigung dazu von der Tagsatzung bestritten; dagegen beschloss die Mehrheit der eidgenössischen Boten, dass bei der Feier des Fronleichnamsfestes im Schloss zu Frauenfeld geschossen werden soll, auch dann, wenn ein evangelischer Landvogt daselbst residiert (1688).[1]) In der von beiden Konfessionen benutzten Kirche zu Wengi entstand ein arger Zank über einen Taufstein und ein Chorgitter; er endete 1694 mit der Bestrafung einiger evangelischen Männer.

Aber selbst die Bürger der Stadt St. Gallen wurden 1697 von neuem beunruhigt durch die Zumutung, dass Prozessionen aus dem Kloster durch die Strassen ziehen und das Kreuz offen vorantragen dürfen. Die Stadt griff zu den Waffen, die Thore wurden gesperrt und Geschütz aufgepflanzt. Einer Konferenz der Schirmorte zu Rorschach gelang die Herstellung des Friedens durch einen sehr genau artikulierten Vertrag, der jede fernere Herausforderung fernhalten sollte.[2])

Ganz besonders bedenklich hatte sich das Verhältnis der Religionsparteien wieder in Glarus gestaltet. Im Jahr 1680 war deshalb neuerdings von Landesteilung gesprochen worden, und da man diesen Gedanken als unausführbar verwerfen musste, wenigstens von einer Teilung der Kirche und des Gerichts; aber auch die von der Tagsatzung veranstalteten Vermittlungskonferenzen im September 1682 und im Juni 1683 fanden keinen gemeinsamen Vorschlag.[3]) Erst im September 1683 kam in Baden eine Uebereinkunft zu stande; allein auch jetzt noch verweigerte Schwyz und, von hier aus gestützt, die katholische Minderheit in Glarus selbst, die Zustimmung dazu. Der Streit dauerte fort. Bei jeder Vereinigung der eidgenössischen Boten wurde der Zustand von Glarus erörtert; es fehlte weder an geheimen Beratungen noch an verborgenen Kriegsrüstungen; erst als die ruhigeren Katholiken selbst es müde wurden, dem Starrsinn ihrer Glarner Freunde an die Seite zu stehen, konnte endlich — am 11. Dezember 1687 — jener Badener Schiedsspruch in Kraft erklärt werden.[4])

---

[1]) E. A., VI, 2[b], 1798.
[2]) E. A., VI, 2[a], 658, 659.
[3]) E. A., VI, 1[a], 61—67.
[4]) E. A., VI, 2[a], 135. — Der Vertrag vom 11. Dezember 1687 als Beil. I in VI, 2[b], 2276.

Allein schon wenige Monate später wurden Klagen laut über schlechte Beobachtung der Vertragsbestimmungen; die Leidenschaften wollten nicht schweigen, bis sie dann teils neue Reizung, teils Ablenkung erfuhren durch die Lage der Landschaft Toggenburg.

Jeder solche Handel wurde in der ganzen Eidgenossenschaft mitempfunden. Wieder tauchten Schmähschriften auf, welche die Verbitterung, aus der sie hervorgingen, nährten und das Misstrauen, von dem sie zeugten, immer tiefer Wurzeln fassen liessen. Eine Bettagsproklamation von Schaffhausen reizte 1686 den Nuntius zu amtlichen Reklamationen, weil darin die katholische Religion „spöttisch und unchristlich geschändet" werde; 1689 wird in Luzern eine Schrift gegen die Evangelischen verbreitet, und 1690 in Zürich ein solche gegen „das Haupt der Christenheit".[1] Der gelehrte Untervogt der Grafschaft Baden, Beat Anton Schnorf, musste Zürich und Bern Genugthuung leisten, weil er in einer juridischen Abhandlung die rechtliche Gültigkeit des „Landfriedens" in Zweifel gezogen hatte (1698).[2] Dem Misstrauen folgten Gerüchte und den Gerüchten Vorbereitungen zur Verteidigung oder zum Angriff. Nachdem die gemeinsame Wehrverfassung des eidgenössischen „Defensionals" misslungen, suchten beide Parteien ihre Sicherung im engern Anschluss unter einander, in den konfessionellen Sonderbünden. Mit entsprechenden Feierlichkeiten wurde 1695 das Bündnis der katholischen Orte mit dem Bischof von Basel erneuert[3], und es fehlte nicht an einem förmlichen Feldzugsplan gegen Bern; er wurde im Oktober 1695 in geheimen Konferenzen festgestellt für den sicher erwarteten Fall eines Angriffs.[4]

Dass Luzern sich 1691 endlich zum Schutz von Genf und zur Aufnahme der Waadt in die eidgenössische Bundespflicht herbeigelassen hatte[5], gab nur zweifelhafte Beruhigung, da man wohl wusste, wie der Vertreter des heil. Vaters davon abgeraten hatte, somit auch jeden Augenblick die Zurücknahme veranlassen konnte. Der allseitig für nötig erachtete Einschluss der Schweiz in den Nymweger Frieden hatte unterbleiben müssen, weil man die Form

---

[1] E. A., IV, 2ª, 181, 280, 319.
[2] E. A., VI, 2ª, 717.
[3] 10.—12. Oktober 1695. E. A., VI, 2ª, 578.
[4] „Wenn Bern Solothurn angreifen wird, so sollen Luzern gegen Lenzburg ziehen, Freiburg dagegen in das Herz des Bernbiets eindringen." E. A., VI, 2ª, 635.
[5] E. A., VI, 2ª, 377.

nicht fand, auch Genf dabei zu nennen, und der geplante Bau einer Strasse über den Lötschenpass scheiterte, weil die Walliser besorgten, die Berner möchten dieselbe benützen.

Es gab wirklich keinen bessern Rat, als was am Ende des Jahrhunderts vor der Evangelischen Konferenz vom 9. September 1699 in einer „wahreidgenössischen und patriotischen Schlussrede zur Erhaltung der evangelischen Eidgenossenschaft" empfohlen wurde: Gottesfurcht, Demut, gute Haushaltung, rechtzeitige Bereithaltung von Munition und Proviant, unparteiische Verwaltung und Justiz, Liebe zu den Unterthanen und näheres Vertrauen der Stände unter sich.[1])

Zur allgemeinen Aufregung trugen nicht am wenigsten die häufigen Konversionen bei, die auch in dieser Epoche viel von sich reden machten. Die Sammlung der Eidgenössischen Abschiede hat sie, so weit sie die gemeinen Vogteien betrafen und deshalb vor den Tagsatzungen erörtert worden sind, in einer eigenen Abteilung zusammengestellt für die Zeit von 1685—1704.[2]) Mittel moralischen und physischen Zwanges wurden dabei oft angewandt, wenn nicht gegen die Bekehrten, so doch gegen ihre Angehörigen. Es war darunter ein Maurus Heidelberger, gewesener Konventuale zu St. Urban, der 1682 in Zürich evangelisch wurde, und hinwieder ein gewesener reformierter Pfarrer zu Aadorf, der 1704 zur katholischen Kirche übertrat. Am meisten Lärm aber verursachte die Angelegenheit des Hrn. Eberhard Im Thurm von Schaffhausen, den der Rat seiner Vaterstadt 1698 wegen argen Lästerungen über „die evangelische Religion und ihre Diener" in Gefangenschaft warf und trotz den Aufforderungen des für ihn eintretenden Kaisers nicht freilassen wollte.[2])

Dass auch die reformierte Kirche die Unduldsamkeit zu ihren vornehmsten Pflichten rechnete, darf keineswegs verschwiegen werden. Die Genfer wollten es nicht ertragen, als der französische Resident, von Chauvigny, den ihm verstatteten Hausgottesdienst mit Messopfer auch Andern zugänglich machte (1679)[3]), und Freiburg beschwerte sich mit Recht in Bern darüber (1697), als der Landvogt von Chillon einen Kaplan bestrafte, der auf waadtländischem Gebiete eine alte katholische Frau auf dem Totenbette mit den Sterbesakramenten versehen hatte.[4])

---

[1]) E. A., VI, 2ª, 814.
[2]) E. A., VI, 2ª, 703.
[3]) E. A., VI, 1ª, 1104.
[4]) E. A., VI, 2ᵇ, 675.

So war denn alles vorbereitet auf einen neuen Ausbruch des konfessionellen Haders; das XVIII. Jahrhundert begann — wenigstens von aussen angesehen — mit den alten, schroff getrennten, unversöhnten religiösen Gegensätzen.

Die ersten bedenklichen Nachrichten erhalten wir aus Bünden, besonders aus dem Veltlin, wo 1701 Zwangsbekehrungen und Kinderraub Zeugnis geben von den traurigen Zuständen des Landes, und wo die Leidenschaften im folgenden Jahre noch erhöht wurden durch eine Jesuitenmission und das Auftreten einer durch fanatische Predigten bis zu unnatürlicher Askese und öffentlichen Geisselungen sich steigernden religiösen Bewegung unter den Katholiken.[1]) Aber auch in Sagens bei Ilanz kamen wegen des Verlangens der Reformierten nach einer eigenen Kirche arge Auftritte vor, Misshandlung der Bundesdeputierten und gegenseitige Bewaffnung.

Schwierig gestaltete sich neuerdings die Auseinandersetzung über die Herrschaftsrechte zu Ramsen, wo sich die katholische Mehrheit bei den österreichischen Behörden, die evangelische Minderheit hingegen bei dem Rate von Schaffhausen über Störung des religiösen Friedens beklagte, bis endlich 1702 der Kaiser seine Absicht, das Dorf von Schaffhausen zu lösen, endgültig aufgeben musste. Der Anstand hatte um so gefährlicher ausgesehen, weil er zusammentraf mit den Grenzbeunruhigungen durch den spanischen Erbfolgekrieg.[2])

Die Geduld der Tagsatzung wurde aber ganz besonders durch einen Zank über das Benützungsrecht des Gotteshauses zu Neuenkirch bei Bischofszell in Anspruch genommen, der sich durch zwei Jahre hindurchzog. Seit 1566, so behaupteten die Katholiken daselbst, hätten sie den Reformierten gestattet, zu Zeiten ihre Predigt in der Kirche zu halten; jetzt aber werde diese Erlaubnis über Gebühr ausgedehnt: „Die Mauern werden zu sehr beschädigt und mehr Seile zum Läuten gebraucht, als sonst nötig wären", klagte das Stift Bischofszell als Kollator, und der Landvogt untersagte den Evangelischen die fernere Mitbenützung. Es handelte sich dabei um eine Bevölkerung von 517 Seelen.[3]) Mit Recht fanden die eidgenössischen Boten es „schimpflich, dass daraus solcher Streit erwachsen könne". Das hinderte nicht, dass alle

---

[1]) Hottinger, VI, 7, 17, 18.
[2]) E. A., VI, 2ᵃ, 937, 1110.
[3]) So nach Hottinger, VI, 35. — E. A., VI, 2ᵃ, 1149, 1187. Am besten orientiert über den Streit der Bericht des Pfarrers Rollenbutz in Neuenkirch. E. A., VI, 2ᵃ, 1276.

IV. 2. Das Neuenburger Erbe und der Toggenburgerkrieg.

Vermittlungsvorschläge abgelehnt wurden und erst im Dezember 1705 eine provisorische Einigung zu stande kam.

In den Freiämtern fanden die Züricher Widerspruch, als sie die Angehörigen der evangelischen Gemeinden, um Unordnungen zu steuern, in ihre Kirchenzucht hereinziehen wollten; dagegen wurde von den Landvögten wieder Hutabziehen vor der Betglocke und Mitfeier des Fronleichnamsfestes vorgeschrieben. Kapuziner erschienen in Zurzach mit aufreizenden Predigten, und der Jesuitenpater Fontana erbot sich vor den katholischen Boten: „den Konvertiten im Thurgau und in andern gemeinen Herrschaften gemischter Religion zur Aufnahme des katholischen Glaubens unter die Arme zu greifen"[1]), und wirklich schien es auf Bekehrung in grossem Massstabe zu thun: Missionspredigten in den Gebieten von Zug, Nidwalden und Luzern, bei welchen 60—100,000 Menschen sich versammelten und Wunder und Zeichen aufgeführt wurden (1705), entzündeten vorübergehend den katholischen Fanatismus und weckten, wenn nicht religiösen Eifer, so doch ungemessene Hoffnungen auf der einen, Besorgnis und Misstrauen auf der andern Seite.[2])

Ein bei dieser Gelegenheit stets wiederholtes Gebet: „dass du auch beistehen wollest unserm allerheiligsten Vater, dem Papst, dass er möge bekehren alle Ketzer und Ungläubigen", wurde natürlich ganz besonders bemerkt.

Im Jahre 1706 begannen auch im Münsterthale neue Schwierigkeiten. Der Bischof bestrafte den Pannerherrn Wysard mit Busse und Absetzung, weil er bei der Huldigung die Berner als des Thales Schirmherrn vorbehalten hatte. Umsonst liessen die letztern, welche eine Zeitlang sogar das Land militärisch besetzt hielten, durch eine Gesandtschaft dem Fürsten Vorstellungen machen; dieser wusste sich ebenso die Unterstützung der katholischen Stände zu sichern, wie die Berner die Evangelische Konferenz von ihrem Rechte überzeugten.[3]) Eine Uebereinkunft wurde endlich am 25. Juni und 9. Juli 1711 in Aarberg zwischen den Parteien abgeschlossen. Sie führte auch hier zu einer Art von Landesteilung, indem die Katholiken künftig nur noch „unter dem Felsen", die Evangelischen nur „ob dem Felsen" wohnen sollten, und die Prediger im reformierten Teile jetzt endlich in aller Form

---

[1]) E. A., VI, 2^b, 1719.
[2]) Hottinger, IV, 56. Siehe dazu die Schilderung bei Vulliemin und bei Monnard (Joh. v. Müller, X, 505, und XI, Seite 57 u. ff.
[3]) E. A., VI, 2^a, 1298, 1303.

dem bernischen Kapitel Nidau einverleibt wurden.¹) Damit war Wichtiges gewonnen, aber auch nachher noch mussten sich die Berner beschweren über ein „gottloses, feuerblasendes, auf die Zerrüttung der Eidgenossenschaft abzielendes Memorial des Nuntius".²)

Wir kehren zu den Toggenburger Landleuten zurück.

Vom Beginn des XVIII. Jahrhunderts an mehrten sich ihre Beschwerden über Eingriffe des Abtes von St. Gallen in die kirchlichen und politischen Freiheiten des Thales.³) Leodegarius Bruggisser aus Luzern stand seit 1696 an der Spitze des Klosters. Gerade die aufgeklärtesten Fürsten der Zeit, die nach dem Vorbild Ludwigs XIV. von Frankreich von dem Bewusstsein des unbeschränkten Fürstenrechts erfüllt waren, hatten am wenigsten Achtung vor den alten Freiheitsbriefen und Privilegien und meinten, alle hergebrachten Uebungen beseitigen zu dürfen, die sich ihrer höhern Einsicht in den Weg stellten. Die Bitte der Toggenburger, ihnen nicht Lasten aufzulegen, welche dem alten Brauch widersprechen, beantwortete der ungnädige Prälat mit Bedrohung ihres Ungehorsams, und den Versuch, sich auf die vertragsgemässen Schützer ihrer Freiheiten, die Schwyzer und Glarner, zu berufen, erwiderte er mit der Erklärung, das gehe jene nichts an, er sei allein Herr im Lande, und wer ihn nicht als absoluten Herrn anerkenne, den werde er als Rebellen bestrafen. Das war im Jahre 1702. Dabei wurde das Verbot wiederholt, die Kinderlehren in gewohnter Weise abzuhalten, mit der Begründung, dass der Katechismus der Reformierten abscheuliche Lehren enthalte, deren Verbreitung er nicht dulden dürfe.⁴)

Trotzdem standen sich jetzt noch rein politische, staatsrechtliche Grundsätze gegenüber. Der Landesweibel Joseph German, obwohl ein eifriger „Papist", war ein Führer der Freiheitsbewegung und wurde deshalb 1702 zum Tode verurteilt. Schwyz trat noch für die Bedrückten ein und unterstützte, an der Seite von Glarus, ihre Beschwerden beim Abt. Aber bald wurde das anders.

---

¹) E. A., VI, 2ª, 1617.
²) E. A., VI, 2ª, 1630.
³) E. A., VI, 2ª, 847. Eine eigene Sammlung von Aktenstücken zum Toggenburger Handel, 964 Stück, in Regesten verzeichnet, in E. A., 2ᵇ, 2347 bis 2618.
⁴) Evang. Konferenz vom 23.—27. Januar 1703 in E. A., VI, 2ª, 953. Es bezog sich das, wie oben schon erinnert, auf die Lehre, dass es dem Menschen nicht möglich sei, die Gebote Gottes zu erfüllen.

Vermittlungsvorschläge[1]) fruchteten nichts. „Es war", sagt Hottinger, der davon als Zeitgenosse berichtet, „es war mit Händen zu greifen, dass der Prälat vornehmlich die Ausrottung der evangelischen Religion im Toggenburg und bei dieser Gelegenheit das ganze Land in gänzliche Sklaverei zu stürzen gesucht, welches dann die Landleute im Toggenburg beider Religionen vermögen, ihre Kräfte zusammenzusetzen. Löblichen evangelischen Ständen ginge dieses Alles sehr zu Herzen, überliessen aber dem Kanton Glarus, neue Instanzen bei dem Abte zu machen, mit Versicherung nachdrucksamer Hilf".[2])

Als eine Erneuerung der alten, vom Jahre 1440 stammenden Landrechtsbünde mit Schwyz und Glarus von der Toggenburgischen Landsgemeinde angeordnet wurde[3]), verbot der Abt die Beteiligung an der Handlung bei Strafe des Meineids, was zwar eine kleine Anzahl schreckte, die übergrosse Menge aber nur um so mehr reizte, durch eine grossartige Manifestation am 6. Juni 1703 gegen die Verletzung beschworner Verträge zu protestieren und dann am 24. und 25. April 1704 zu Lichtensteig und zu Wattwyl das Landrecht mit den beiden Bürgen seiner Freiheit feierlich zu beschwören.[4])

Der Abt schloss nun aber seinerseits zur Abwehr gegen dieses „Bauernlandrecht", wie er es nannte, einen Bund mit dem Kaiser, an den er sich in seiner Eigenschaft als Reichsfürst wendete, um Schutz seiner fürstlichen Rechte und andere ihm durch die Reformation entzogene Befugnisse (3. Dezember 1703). Dieses Vorgehen wurde ihm hinwieder in der Schweiz aufs Schwerste verdacht[5]) und verstärkte auch unter seinen Konfessionsgenossen die Ansicht, nicht die Religion, sondern nationale Interessen seien gefährdet. Dass das Toggenburg dem Kaiser gehöre und der Abt dasselbe als ein kaiserliches Lehen besitze, war eine Lehre, die auch den katholischen Schwyzern keineswegs gefallen konnte.[6])

Allein der gleichzeitige Streit über die Gottesdienste zu Neukirch und die Art, wie der Abt sich dabei beteiligte,

---

[1]) Einsiedeln, 28. und 29. August 1702. In E. A., VI, 2ª, 1013, u. Rapperswyl, 9.—14. Januar 1703. E. A., VI, 2ª, 1044—45.

[2]) Hottinger, IV, 14.

[3]) Kopie der Landrechtsbriefen, so beide hochlobl. Orte Schweiz und Glarus mit der Grafschaft Toggenburg haben. Gedruckt in Zürich 1703.

[4]) E. A., VI, 2ª, 1075, wo noch nähere Berichte darüber; es sollen 4000 Mann dabei versammelt gewesen sein.

[5]) Vergl. die weitläufige Rechtfertigung des Abts vor der Tagsatzung vom 9. Dezember. E. A., VI, 2ª, 1112.

[6]) E. A., VI, 2ª, 1356.

machte wieder den Eindruck religiöser Bedrückung im Geiste der Zeit. Die reformierten Pfarrer im Thale erhielten vom Abt die Weisung, nach gehaltener Predigt den Englischen Gruss an die Gottesmutter zu sprechen; die evangelische Bevölkerung wurde gezwungen, Prozessionen und Monstranzen durch Hauptentblössung zu begrüssen und sich der für Katholiken abgefassten Eidesformeln zu bedienen. Katholische Ehegesetze und Dispensgebote wurden im Lande als giltig erklärt u. s. w.; — alles Kleinigkeiten, die aber in ihrer Häufung und Konsequenz dazu beitrugen, allmählich eine tiefgehende Verstimmung und religiöse Erbitterung zu sammeln und offenbar zu machen, es sei in Wirklichkeit des Abtes fester Vorsatz, seine weltliche Macht im Sinne konfessioneller Einwirkung zu missbrauchen. Am bedenklichsten mochte erscheinen, dass derselbe sich jetzt auch das Recht anmasste, die Kirchenvisitationen nicht mehr durch die reformierte Synode und in ihrem Namen durch den Dekan von St. Gallen, sondern selbst durch seine Beamten vornehmen zu lassen. Polemische Schriften gegen die reformierte Lehre wurden im Lande verbreitet, wogegen Verteidigungsschriften, als dem Respekt gegen den Herrscher zuwiderlaufend, mit Verbot belegt waren. Der Abfall gleichgültiger und ehrgeiziger Leute, welche sich durch Eitelkeit oder Furcht zum Uebertritt verleiten liessen, erhöhte die Spannung, die sich der Gemüter bemächtigte und liess auch an sich selbst unschuldige oder von richtiger Einsicht veranlasste Massregeln im schlimmsten Lichte erscheinen; und je mehr die konfessionelle Färbung im Streite hervortrat, um so schwerer war es nun, im Toggenburg selbst die frühere Einmütigkeit zu erhalten, um so bestimmter schied sich jetzt auch die übrige Schweiz in Freunde und Feinde der Toggenburger, je nach dem Glauben. Zweideutigkeit auf beiden Seiten: längere Zeit kehrte man je nach dem Zweck und der Stellung die politischen oder die kirchlichen Motive hervor.

Neue Vermittlungsversuche waren umsonst², und jetzt wandten sich endlich die reformierten Toggenburger mit ihren Klagen

---

Man vergleiche in der den angeführten Aktensammlung E. A. VI. 2. z. B. die Nummern 74, 9, 146 u. s. w. Noch 1707 machte Bern den reformierten Toggenburgern Vorstellungen, sie sollen es ihren Kirchgemeinden nicht wegen Psalmensingen und Kirchbisationen zu einem ersten Zerfall ihrer unnern Einigkeit kommen lassen. Ibid. Nrn. 178 u. 1.9.

Es fanden solche statt in Lachen am 7. und 8. Oktober 1706, am 14. November in Baden und wieder am 21. Februar 1707 in Lachen. E. A. VI. 2a. 1541, 1588, 1762.

direkt an Zürich und an Bern. Zürich erkannte wohl, „wie viel der evangelischen Eidgenossenschaft an der Konservation der Toggenburger wegen ihrer Lage und wegen der grossen Bevölkerung gelegen sei"[1]), und die beiden Städte beschlossen auf einer im Februar 1707 in Bern abgehaltenen Zusammenkunft, mit Rücksicht auf die nun seit sechs Jahren dauernde Streitigkeit für das den Glaubensgenossen trotz aller Proteste vorenthaltene Recht einzutreten. Eine Gesandtschaft beider Städte wurde an den Abt geschickt; die Herren Johann Ludwig Werdmüller und Johann Ludwig Hirzel aus Zürich, der Seckelmeister Bernhard von Muralt und der Venner (später Schultheiss) Friedrich Willading von Bern traten am 4. März vor den Fürsten, um ihre auf Anerkennung der alten Toggenburger Freiheitsrechte zielende Instruktion zu vertreten. Sie mussten unverrichteter Dinge nach Hause zurückkehren.[2])

Bis dahin stand Schwyz den Toggenburgern bei, die Vorwürfe, die man ihm machte, erwiderte der Stand mit der Erklärung: er werde seinen katholischen Eifer bewahren und wünsche nur, „dass der Abt und seine Amtleute gleiche Proben davon gegeben und die Religion ihren argen Privatabsichten vorgezogen hätten."[3])

Allein seit 1708 schlug sich Schwyz auf einmal vollständig auf die Seite des Abtes. Die Ursache lag in einem innern Stimmungs- und Regierungswechsel, bei welchem einige Männer der frühern Mehrheit mit Strafen belegt, der alt-Landvogt Joseph Anton Stadler aber, der bis dahin hauptsächlich die Verhandlungen betreffend Toggenburg geführt hatte, sogar hingerichtet worden ist.[4]) Von da an spitzte sich der Konflikt unheilbar zu, und zwar jetzt ganz als ein Streit der beiden Konfessionen. Der Abt begann seine Schlösser im Toggenburg mit Geschütz und Munition zu versehen. Die Landleute fingen ihrerseits sich zu waffnen an, und kleine Tumulte, wie am Ostersonntag 1709 zu Henau, bei Anlass einer Kinderlehre, liessen das unabwendbar Kommende ahnen.[5])

---

[1]) E. A., VI, 2ᵃ, 1199.
[2]) E. A., VI, 2ᵃ, 1364.
[3]) E. A., VI, 2ᵃ, 1379.
[4]) Am 17. September 1708.
[5]) Hottinger, IV, 96 u. ff. Vergl. für die im Druck verbreiteten Schriften Hallers Bibl. der Schweiz.-Gesch., Bd. V, Nrn. 1781—1793. — E. A., VI, 2ᵃ, 1501. — Ueber die weitern Mediationsverhandlungen namentlich E. A., VI, 2ᵃ, 1563 (28. Oktober 1709 in Baden).

Im Mai 1710 überfielen die Toggenburger die bischöflichen Schlösser Yberg, Lütisburg und Schwarzenbach und nahmen die Geschütze weg, die der Abt, seinem der Tagsatzung gegebenen Versprechen zuwider, nicht fortgeschafft hatte; in weitläufigem Schriftenwechsel schoben die Parteien sich gegenseitig die Schuld am Friedensbruch zu[1]); am 12. April 1712, nachdem eine Tagsatzung in Baden am 3. auseinandergegangen, erliessen Zürich und Bern ein Ultimatum an den Abt, und am folgenden Tage rückten ihre Truppen über die Grenze gegen Toggenburg, nach Aussage ihres Manifests nur in der Absicht, die Unruhe im Lande zu unterdrücken. Allein dabei konnte es jetzt nicht mehr bleiben.[2])

Auch der Abt rief seine Helfer herbei. Die V Orte erklärten sich für ihn; allein am 13. Mai fühlte er sich nicht mehr sicher, ging zuerst mit dem ganzen Konvent nach Rorschach und dann über den Bodensee ins Schwabenland; die Stadt St. Gallen besetzte das Kloster. Jetzt mischte sich der Kaiser in die Sache durch Abmahnungen an die beiden Städte und Protest gegen die Vergewaltigung eines Fürsten und Gliedes des römischen Reichs. Er machte nicht grossen Eindruck, um so weniger, da die beiden reformierten Städte durch den Gesandten Frankreichs, den Grafen du Luc, versichert worden waren, dass sein König eine bewaffnete Intervention von Seiten Oesterreichs nicht dulden, sondern eine solche im Notfalle selbst mit Gewalt zurückweisen werde.

Gestaltete sich somit der Streit wieder einmal zu einem Ringen zwischen den beiden grossen eifersüchtigen Mächten um ihren Einfluss in der Schweiz, so war doch im Innern der Eidgenossenschaft selbst der Charakter des Kriegs als eines Religionskriegs nicht zweifelhaft, da beide Seiten auch in ihren Proklamationen und öffentlichen Erklärungen ihre kräftigsten Motive zu Angriff und Abwehr in der Berufung auf die kirchliche Gesinnung fanden.[3]) Von Seiten der Reformierten galt es unverkennbar, die der thatsächlichen Mehrheit zukommende Machtstellung wieder zu gewinnen und die Niederlage von 1656 gut zu machen. Daher kam es, dass jetzt sogar innerhalb des Toggenburger Landes selbst der Abt die Katholiken durch Gewährung der vorher versagten Rechte zu seiner Partei herbeizuziehen und gegen ihre evangelischen Landsleute zu hetzen vermochte.

---

[1]) Vergl. in obiger Samml. die Nrn. 379, 393, 433, 436, 511.
[2]) Vulliemin (Müller, Schw.-Gesch., Bd. X), S. 519 u. ff.
[3]) Manifest beider lobl. Ständen Zürich und Bern, wegen des Togg. Geschäfts, 13. April 1712, 4°. Gegen-Manifest der lobl. kathol. Orten Luzern, Ury, etc., 24. April 1712, 4°. Für den weitern Schriftenwechsel Hallers Bibl., V, Nrn. 1873—1891.

Die V Orte erklärten am 28. April ihrerseits den Krieg an Zürich und Bern. Letztere besetzten den Thurgau, nahmen Wyl (22. Mai) und die ganze st. gallische Landschaft. Am 25. Mai siegten die Berner bei Bremgarten, eroberten zwei Tage später diese Stadt, bemächtigten sich des luzernischen Klosters Muri und begannen die Belagerung der von den katholischen Orten besetzten Stadt Baden. Nach diesem Erfolge erklärten sie sich zum Frieden bereit. Basel versuchte eine Tagsatzung zur Friedensabrede zu stande zu bringen. Allein die V Orte, vom kaiserlichen Gesandten von Trautmannsdorf gestachelt und zur Fortsetzung des Krieges ermutigt, wollten sich in keinen Vertrag einlassen, der den Rechten des Abtes zu nahe trete. Der Reichstag zu Regensburg arbeitete in der nämlichen Richtung. Als jedoch auch Baden am 1. Juni sich hatte ergeben müssen, wurden in Aarau während sechs Wochen Verhandlungen gepflogen, die schienen gelingen zu wollen.[1]) Bereits wurden, der Ernte wegen, Truppen entlassen. Am 19. Juli wurde der Vertrag angenommen, zum Teil sogar unterzeichnet.

Allein plötzlich verlautete, dass Schwyz, Unterwalden und Zug, wo der katholische Fanatismus sich besonders heftig regte, von der Uebereinkunft nichts wissen wollen, sondern stürmisch Fortsetzung des Kampfes verlangen. Die Aufregung war hier so hoch gestiegen, dass das Volk den friedlicher gesinnten Obrigkeiten den Gehorsam aufzusagen drohte und es zu innern Unruhen kam zwischen denjenigen, welche in konfessioneller Verbissenheit das Aeusserste wagen wollten, und andern, die aus politischer Klugheit einzulenken vorzogen.

In Luzern war es ähnlich. Der Nuntius Carraccioli wird beschuldigt, durch heftige Reden den Glaubenseifer gereizt und zur Fortsetzung des Kampfes getrieben zu haben: „Es gibt keine Art von Verheissungen, die er nicht gemacht hat, um das Volk zu verführen".[2])

So begannen denn ganz unerwartet die Feindseligkeiten von neuem. Am nämlichen Tage, da der Friede unterzeichnet werden sollte und man sich bereits dessen freute, dass der Bürgerkrieg beendet sei, am 20. Juli, wurde ein bernischer Posten im Freien Amte bei der Reussbrücke zu Sins überfallen, — wie gesagt wird von 4—6000 Mann, — so dass er sich mit schwerem Verluste zurück-

---

[1]) E. A., VI, 2ª, 1672 bis 1693.
[2]) Hottinger, IV, 157. Nachher sollen die Luzerner selbst dem Papst erklärt haben, sein Vertreter habe ihnen „mit vollem Mund und leeren Händen" Hülfe zugesagt. Ibid., S. 182.

ziehen musste. Als dieser sich verstärkte und bei Vilmergen ein Lager bezogen hatte, kam es am 25. Juli bei der zuletzt genannten Ortschaft zu einem nicht unbedeutenden Gefechte zwischen 8000 Bernern und 9280 Luzernern, in welchem die erstern nach sechsstündigem Kampfe einen entscheidenden Sieg erfochten.[1]

Nun ergab sich Zug am 28. Juli; Luzern, dessen Gebiet besetzt wurde, begehrte Frieden und erklärte sich bereit, den Vertrag von Aarau anzunehmen. Am 9. und 11. August wurde derselbe beschlossen[2], nachdem noch Weesen, Gaster, Schännis (31. Juli), schliesslich Rapperswyl gefallen waren[3], und am 12. September folgte in Baden der allgemeine Friedensschluss. Hier wurde bestimmt:

1. Der Religion wegen sollen in den gemeinen Herrschaften Evangelische und Katholische ganz die nämlichen Rechte geniessen. 2. Alle Angelegenheiten, welche als kirchlicher Natur betrachtet werden, sollen vor die Tagsatzung kommen und nicht von den jeweiligen Landvögten endgültig entschieden werden. 3. Die evangelischen Kirchen im Toggenburg werden der Zürcher Kirche eingefügt und unter Schutz und Aufsicht der dortigen Behörden gestellt. 4. Keine Partei ist gehalten, sich nach den religiösen Ceremonien der andern zu richten oder an solchen teilzunehmen. 5. Keine darf die andere stören oder beschimpfen. 6. Ueber den gemeinsamen Gebrauch der kirchlichen Gebäude werden schützende Bestimmungen getroffen.[4]

Im ganzen waren es 32 Artikel, alle darauf berechnet, jedem denkbaren Konfliktsfall zuvorzukommen. Ausdrücklich wurde der Landfriede von 1531 als aufgehoben erklärt und der neue Vertrag als „vierter Landfriede" bezeichnet. Derselbe unterscheidet sich vom alten vorzüglich auch dadurch, dass nun noch Bern in Mitbesitz aller gemeinen Herrschaften eingesetzt wurde, auch wo es bisher keinen Anteil hatte, was besonders für den Thurgau wichtig

---

[1] Umständliche Relation der nahmhafften Schlacht und blutigen Treffens, so auf Jacobstag, 25. Juli 1712, bey Vilmergen vorgangen, Anno. 1712, 4°, mit einer unübersehbaren Anzahl anderer, siehe Hallers Bibl., V, Nr. 1948—61. Als die vollständigste und genaueste der gleichzeitigen Darstellungen des ganzen Krieges gilt die Handschr. von Nabholtz, Kopie in Mss. H. II., VI, 22, der St.-B. Bern).

[2] E. A., VI, 2b, Beil. VIII, S. 2330. Vergl. Burkhardt, J. Rud., Der Vermittler des Aarauerfriedens, im Archiv f. Schw.-Gesch., VI, 65—82.

[3] Hottinger, IV, 168, Die Huldigung von Rapperswyl vom 13. Aug., als Beil. X in E. A., VI, 2b, S. 2342, auch gedruckt in Fol.

[4] E. A., VII, als Beil. I auf S. 1345. Sehr brauchbar ist die kurze Uebersicht in Finsler, Kirch. Stat., S. 7—11.

war und für die st. gallischen Landschaften, welche hinfort auch den Ständen Zürich und Bern huldigen mussten. Diese Huldigung, die ein Protektorat bedeutete gegenüber der Herrschaft des Abts, fand zum ersten Male vom 7.—15. Februar 1713 statt.[1]) Der Gedanke dagegen, das eroberte Land unter die Sieger, d. h. Zürich und Bern, zu verteilen, musste aufgegeben werden.

Die Friedensvermittler von Paris und von Regensburg kamen glücklicherweise zu spät.

In der evangelischen Schweiz wurde auf den 25. August ein grosser Bettag angeordnet, um Gott zu loben für Sieg und Friedensschluss, der nun das Uebergewicht in der Eidgenossenschaft wieder entschieden und unbestritten den reformierten Ständen zugewendet hatte. Das machte sich nicht nur vor der Tagsatzung allein, sondern in der Verwaltung der gemeinen Vogteien und selbst im Innern der Kantonsgebiete bemerkbar. In der Stadt Baden, dem gewöhnlichen Sitz der Tagsatzungen, wurde jetzt, 1712–14, von Zürich und Bern eine eigene Kirche für den reformierten Gottesdienst erbaut und ausgerüstet. Der Berner Landvogt Hieronymus Thormann legte den Grundstein dazu, der Zürcher Jakob Wolf hielt die erste Predigt in derselben am 1. Juli 1714.[2])

Die Hoffnung freilich, dass durch Verträge auch die Verträglichkeit gesichert werde, ging nicht in Erfüllung. Der Abt hatte den Frieden nicht anerkannt, der Papst denselben verdammt und so die Gewissen der Gläubigen von der Beobachtung zum voraus dispensiert. Freiburg sagte deshalb offen, dass der Vertrag nur ein Scheinfriede sei, der wieder abgeändert werden müsse, und hier ging sogar die Erbitterung so weit, dass der Gesandte erklärte: die Katholiken werden sich eher selbst in den Abgrund stürzen, damit die Evangelischen auch darein fallen. Die damit verbundene Unsicherheit wirkte allermeist in den Gegenden, um welche der Krieg geführt worden war. In Bussnang und Bernegg kamen Gewaltthaten vor, und und mehr als einmal sahen sich die eidgenössischen Boten in der Notwendigkeit, die Ruhe herstellen zu müssen. Es erfolgte schon wieder ein erbitterter Schriftenwechsel, und am 24. März 1714 wurde als Ergänzung des frühern Vertrags der Friede von Rorschach geschlossen. Allein auch gegen diesen protestierte der Abt, und im folgenden Jahre verlauten schon wieder Klagen über die üble Lage der Evangelischen im Toggenburg.

[1]) E. A., VII, 1, 1327.
[2]) Hottinger, IV, 208. — E. A., VII, 1, S. 1017, 1025. — Mss. H. H., XII, 104, Nr. 8 der St.-B. Bern.

Am 28. November 1717 starb in der Selbstverbannung zu Neu-Ravensburg der Abt Leodegar, dessen ebenso leidenschaftliches als hartnäckiges Wesen die Toggenburger zur Verzweiflung gebracht hatte; bei der Einsetzung seines Nachfolgers, des bisherigen Subpriors Joseph von Rudolphi aus Kärnthen, der jetzt wieder in sein Kloster zurückkehrte, fand sich Gelegenheit und Wille, durch eine neue Uebereinkunft das Verhältnis des Abtes zu seinen reformierten Unterthanen klarer als bisher zu regeln. Die Freiheiten der Toggenburger wurden im Badener-Frieden vom 15. Juni 1718[1]) nochmals sicher gestellt, die Befugnisse des Fürsten durch die Bündnisse mit den Kantonen beschränkt, ganz besonders aber die religiöse Unabhängigkeit in weitgehendem Masse anerkannt, so dass nun auch das Kirchenwesen besser als bisher geordnet werden konnte.

Es scheint das sehr notwendig gewesen zu sein. Der Zustand der evangelischen Gemeinden entsprach nicht dem, was man in Bern und Zürich in dieser Hinsicht gewöhnt war. Die Konferenz der beiden Stände im Mai und Juni 1715 musste bedenkliche Klagen über Toggenburg anhören: Die Kapitularen zeigen nicht den schicklichen Respekt vor ihrem Dekan; das Recht der Pfarrwahl durch die Gerichtsherrn als Privatkollatoren habe schwere Uebelstände zur Folge; des allgemeinen Misstrauens wegen sei die Einführung der „Stillstände" an vielen Orten unmöglich; der Pietismus, namentlich in Lichtensteig, vermehre noch die Verwirrung; ja von einer Gemeinde wird behauptet, die Leute seien „in stockdicker Unwissenheit von Gott und dessen Wort" und sollten einen eigenen Pfarrer erhalten.[2])

Im Thurgau wurde namentlich eine starke Zahl unehelicher Geburten bemerkt und zum Teil deshalb 1725 ein strenges Mandat gegen Sonntagsausgelassenheiten erlassen[3]), das wiederholt eingeschärft und 1743 durch eine weitere Verordnung gegen „Unfug, Saufen, Springen und Tanzen" erweitert worden ist.[4]) Die Gemeinde Thal verlangte 1718 kirchliche Trennung von Rheinegg, sah aber ihren Wunsch erst 1726 erfüllt.[5])

Durch Uebertragung der Predigerwahl auf die Gemeinden, Aufstellung der sogenannten „Gehorsame" in den einzelnen Kirchen,

---

[1]) E. A., VII, 1, Beil. VII, 1381 u. ff. Wichtig ist namentlich Art. 64 (S. 1389).
[2]) E. A., VII, 1, S. 84.
[3]) Ibid., 758.
[4]) Ibid., 696.
[5]) Ibid., 887.

machte man diese zu wirklichen organisierten Kirchgemeinden; die Einrichtung regelmässiger Visitationen für die Geistlichen, die Vereinigung derselben zu einer Synode und die Ernennung eines eigenen Ehegerichts gab ihnen zugleich Zusammenhang unter sich und damit Gleichgewicht und Widerstandskraft, um so mehr, da nun auch der Landvogt Weisung erhielt, der Synode in all ihrem Bestreben seine Unterstützung zu bieten.[1]) Seit 1725 wurde auch aus Dekan, Kammerer, Aktuar, Senioren und fünf weltlichen Assessoren eine stehende Synodalkommission zur Leitung der Geschäfte gebildet, und 1726 sogar die Eidesformel gemildert, durch welche die Prediger dem Abt Gehorsam schwören mussten.[2]) So war nun wenigstens auf diesem Gebiet für einige Jahre Ruhe eingekehrt. Der Wiederausbruch des Streits mit dem Abt im Jahre 1754, der übrigens bald beigelegt wurde, hatte wenig kirchlichen Charakter und diente nur zur Bestätigung dessen, was noch einmal in Frage gestellt worden war.

Unterdessen hatten sich aber allerdings auch neue konfessionelle Anstände erhoben. Mit Beschwerden über kirchliche Benachteiligung kamen 1719 die Evangelischen von Helfenschwyl, Büttschwyl, Lütisburg, Ganterswyl, Henau, Jonschwyl, Niederglatt und Mogelsberg.[3]) In den Städten Frauenfeld und Diessenhofen machten unaufhörliche Zänkereien unter den paritätischen Bewohnern die Einmischung der regierenden Stände notwendig.[4]) In Bernang (Berneck) und in Altstätten war es ebenso.[5]) Eine Regelung der Schwierigkeiten bei gemischten Ehen wurde 1724 versucht.[6])

Besondere Erörterungen gab es über die Ortschaften Arbon, Horn und Bischofszell. Gehören dieselben zur Landgrafschaft Thurgau oder einzig unter die Herrschaft des Bischofs von Konstanz? Haben ihre evangelischen Bewohner teil an dem Schutz der Religionsfreiheit, die jener zugestanden worden ist, oder sind sie davon ausgeschlossen? Das war die Frage, die 1713 gestellt, aber erst am 16. Mai 1728, nach langem Streite durch den Vertrag von Diessenhofen, beantwortet wurde.[7])

---

[1]) E. A., VII, 1, 266 (Juli 1724).
[2]) Finsler, K. Stat., S. 252—253.
[3]) E. A., VII, 1, S. 174 (21. Aug.—15. Sept. 1719).
[4]) E. A., VII, 1, S. 801 (11. Aug.) u. 809 (14. Aug. 1713). In Diessenhofen sollen 180 Evangelische und 21 Katholiken, d. h. wohl Familien, gewesen sein.
[5]) E. A., VII, 1, S. 50.
[6]) E. A., VII, 1, 266.
[7]) E. A., VII, 1. 812—820. Der Text des Vertrags steht S. 814. S. — Samml. aller wegen Arbon und Horn u. s. w. errichteten Traktaten. Bern 1783, 4°.

Die Gemeinde Sulgen im Thurgau konnte sich nicht einigen über die nötig gewordene Teilung des Kirchengutes [1]), und über das Recht der Appellation von den gerichtsherrlichen Urteilen in der Landgrafschaft mussten wiederholt genauere Bestimmungen aufgestellt werden.[2]) In Neukirch sollen die Evangelischen die Altäre zerstört haben im gemeinsamen Gotteshause.[3]) Die evangelischen Städte wussten jetzt ihre neu gewonnene Macht im Sinne freier Religionsübung mehr als früher zur Geltung zu bringen.

Die kirchlichen Verhältnisse im Bucheggberg gaben wieder zu Zweifeln zwischen Bern und Solothurn Anlass und führten am 25. Juni 1742 zu einer Abänderung des Wyniger-Vertrags von 1665.[4]) In Orbe und Echallens, wo man sich über Fuhrungspflichten zum Pfarrhausunterhalt, über den Gebrauch der Glocken (zu Poliez-Pitet) und über Störung des Katechismusunterrichts zankte, beanspruchte Bern, da wo „das Mehr" noch nicht entschieden hatte, das Recht der Vorherrschaft über Freiburg.[5]) Eine Konferenz zu Stockach zwischen den Schaffhauser Abgeordneten und den Vertretern des Kaisers als Landgrafen zu Nellenburg, schlichtete 1727 die Zwistigkeiten, die in Ramsen wieder ausgebrochen waren und regelte für die Zukunft die Kompetenzen, welche der Kaiser zu Gunsten der wenigen katholischen Bewohner ausübte.[6])

Die religiösen Gegensätze dauerten scheinbar ungeschwächt und in ihrer vollen, alles durchdringenden Wichtigkeit fort. Die Nachrichten aus Frankreich über den Cevennenkrieg, die Flüchtlinge, welche von Zeit zu Zeit von dort in die Schweiz getrieben wurden und nicht selten von hier aus, gestützt auf die Sympathien von Privaten und Beamten, ihren geheimen Kampf gegen die Uebermacht des Königs fortsetzten [7]), — katholische Zwangstaufen in Thonon und die Versuche, römisches Wesen auch in Genf wieder einzuschmuggeln (1715)[8]), — dazu, im Innern selbst, die Verfolgungsmassregeln gegen den Pfarrer Anton Fässler in Appenzell, der 1714 seine Pfarrkinder zum Bibellesen aufgefordert

---

[1]) Kreis, Geschichte d. ursprünglichen Kirchhöre Sulgen. Bischofszell 1896.
[2]) E. A., VII, 1, 770 (1717).
[3]) E. A., VII, 1, 820 (1713).
[4]) E. A., VII, 1, 646.
[5]) E. A., VII, 1, 1206 (1741).
[6]) E. A., VII, 1, 1324.
[7]) Vergl. die köstliche Episode: Haller, Bercht., Berner Marine auf dem Genfersee, im „Berner Tagblatt", 1894.
[8]) Hottinger, IV, 233.

hatte¹) — solche Dinge stachelten immer wieder das Gefühl einer tiefgehenden religiösen Trennung und liessen Hass und Misstrauen nicht schwinden. Selbst das Ringen um politische Rechte, welche die evangelischen Städte Biel und Neuenstadt mit ihrem Oberherrn, dem Fürsten von Pruntrut, wie man den Bischof von Basel jetzt nannte, in den Jahren 1711—1720, dann wieder 1739 und 1746 durchzuführen hatten, entbehrte nicht eines kirchlichen Hintergrundes.²)

3. Der Widerspruch gegen die Consensusformel.

Die Pietistenverfolgung von 1699 in Bern bezeichnet wohl den Höhepunkt des autoritären Staatskirchentums, welches sich anmasste, auch das Innerste des religiösen Glaubenslebens nach dem eng und ängstlich verstandenen Bedürfnisse der bürgerlichen Ordnung zu regeln. Was man in Bern damals als Pietismus bezeichnete, war in Wirklichkeit eine nicht nur begreifliche, sondern berechtigte, einseitige, aber durchaus innerhalb der Grenzen des evangelischen Christentums sich bewegende Gegenwirkung gegen den ausgebildeten gesetzlichen Formalismus gewesen. Sie hatte sich gegen die kirchliche Praxis gewendet, die als orthodox festgestellte Lehre dagegen nur insofern angetastet, als sie sich gegen die herrschende Ueberschätzung ihres Wertes aussprach. Und es zeigte sich hierbei die auffallende und doch im Grunde natürliche Thatsache, dass während es vorzüglich Laien gewesen waren, die zur Beschränkung der Lehrfreiheit getrieben hatten, den Pietisten gegenüber nun gerade die Theologen als Hetzer erschienen.

Dass man aber den harmlos frommen Kandidaten unrecht gethan habe, begann man in Bern bald einzusehen und die mit ihnen unterdrückte Sinnesart fing an, als ein unentbehrlicher Sauerteig zur Erneuerung und Reinigung auf die Kirche selbst einzuwirken. Wenn vorher schon die Staatsmänner mit der Mehrzahl der Laienwelt den Uebertreibungen einer verfolgungssüchtigen Orthodoxie abgeneigt gewesen waren und sich nur vom Eifer der Geistlichen hatten hinreissen lassen, so erkannten jetzt auch die letzteren selbst, dass sie zu weit gegangen seien. Der

---

¹) Hottinger, IV, 229.
²) Blösch, Gesch. d. Stadt Biel, III, 11—21; für Neuenstadt vergl. Mss. H. H., VI, 65, Nrn. 35—38, der St.-B. Bern.

Professor Rudolf Rodolf, einer der strengsten Verfechter der regelrechten Kirchlichkeit gegen die pietistischen Studenten, sprach schon kurze Zeit nachher von einem „verständigen Pietismus", den man als berechtigt anerkennen müsse und der der Kirche segensreiche Reformen gebracht habe.

Statt der unglücklichen „Religions-Kommission" wurde 1713 eine andere „Extraordinari-Kommission" vom Berner Rat eingesetzt „zu Verbesserung der Mängel des Kirchenwesens", und dieser Behörde hat Prof. Rodolf als einflussreiches Mitglied derselben ein höchst bemerkenswertes Gutachten eingereicht: „Wohlmeinende Erinnerung von Verbesserung der Mänglen, so sich in Schulen und Kirchen der Stadt und Landschaft Bern eräugen".[1] Hier sind die wichtigsten Forderungen, welche die Pietisten aufgestellt hatten, geradezu wieder aufgenommen. Die Schrift ist weit entfernt, dies zu verhehlen: „Mit der Verfolgung der Pietisten ist es nicht gethan", heisst es hier, „man muss durch Säuberung des Gotteshauses und Abschaffung aller Aerger- und Hindernussen alle Vorwände zu benehmen suchen denen, so sich vorlängst (der Kirche) entzogen haben oder noch entziehen möchten." Darum ist auch eine „einmalige Reformation" nicht genug, es bedarf einer steten Wiederholung derselben; denn: „Jedermann, der die Augen aufthut und nur ein wenig um sich sehen will, muss überzeuget werden, dass die Corruption oder Verderbnuss des Lebens aller Ohrten überhand genommen und der meiste Theil der Menschen in Handel und Wandel so beschaffen, dass sie sich warlich von Juden und Heiden nicht anders unterscheiden, als weil sie anderst gekleidet." Nicht am wenigsten Uebelstände sind im Stande der Prediger zu beklagen und zwar schon bei der Entscheidung zum geistlichen Beruf.[2] Dem entsprechen die in Vorschlag gebrachten Mittel zur Abhülfe: „Die Dutzendpredigten über einen Text sind ein Missbrauch"; denn die Predigt soll„ nicht nur ein negotium linguae, memoriae et judicii sein, sondern vornehmlich ein negotium devotionis", und soll „unter allen Umständen so auf Christum ziehen, dass man warhaftig sagen kann,

---

[1] In zwei Abschriften der Stadt-Bibl. Bern. Mss. H. H., XI, 84 und XV, 97 (5).

[2] „Wie geht es dabei zu? — Und da meinen sie etwa, sehr wohl zu thun, wenn sie einen Blödling aus ihren Söhnen zum Predigtamt oder, wie sie sagen, Gott aufopfern und also ihrem Hausgötzen, ich will sagen, der Welt- und Geltliebe, einen Leviten bestellen. — Der verständige Vater will auch einen Herrn Sohn haben, der am Bärendalpen, wo nicht am rechten, doch am linken, sauget." Die „rechte" Bären-Tatze, das sind natürlich die Staatsämter, die dem gewöhnlichen Bürger verschlossen waren.

es sei ein Dienst des Evangelii und nicht des Gesetzes". „Die Kraft des Glaubens soll in der Wiedergeburt und Heiligung sich zeigen." Auch die Chorgerichte „haben zu viel Papistisches an sich". Statt nur mit den Uebertretungen des ersten, vierten und siebenten Gebotes sich zu beschäftigen, Strafen und Bussen aufzulegen, läge ihre Aufgabe vielmehr „in der Förderung des kirchlichen Lebens und der Religion". Man sollte überhaupt „besser unterscheiden zwischen dem, was eigentlich Sache der Obrigkeit ist". So dieses Aktenstück, das von jener Kommission niemals behandelt, aber von manchen Geistlichen, wie es scheint, begierig kopiert und doch wohl auch beherzigt worden ist.

Hier mag die richtige Stelle sein, um eine Schilderung der reformierten Schweizerkirchen einzufügen, welche als Urteil eines fremden Beobachters um der treffenden Bemerkungen willen es verdient, der Vergessenheit entrissen zu werden. Wir finden in einer 1714 von dem Engländer Stanian abgefassten Beschreibung der Schweiz[1]) unter dem Kapitel „la religion" folgende Sätze:

„Je puis dire que selon toutes les apparences extérieures elle en produit de très bons (effets) sur la vie et sur les mœurs du peuple. L'on remarque parmi eux une grande assiduité au culte divin dans leurs églises et une grande exactitude à recevoir le Saint-Sacrement aux temps de l'année qui y sont destinées, tellement que ni maître ni valet, qui ne veut passer pour quelque chose de pire que pour un homme de mauvaise vie, ne manque alors de se trouver à la communion ... ceux qui veulent être plus scélérats que les autres sont obligez de dérober leurs vices à la connaissance du public, et d'être du moins hypocrites, s'ils ne veulent pas être gens de bien. — Ils sont très charitables dans les occasions et publiques et particulières ... de sorte que pour leur rendre justice il faut avouer, que tant à l'égard des pauvres de leur pays qu'à celui des étrangers qui se trouvent dans quelque calamité ils donnent des exemples d'une charité chrétienne qui surpassent de beaucoup ceux de plusieurs autres états plus riches et plus puissants qu'eux".

„Leurs ecclésiastiques, à parler généralement, vivent d'une manière fort exemplaire et ceux qui ne le font pas sont dégradez sans faute. Ils sont très laborieux, si bien qu'il y en a fort peu qui ne fassent pour le moins deux ou trois sermons par semaine. Ils les prononcent par cœur et avec une action convenable,

---

[1]) L'Etat de la Suisse, écrit en 1714, trad. de l'anglais, 2e édit. Amsterdam 1714. Stanian war englischer Gesandter in der Schweiz von 1707—1714.

gardant un milieu entre les gestes presque comédiens des prédicateurs français et italiens et la froide indolence des nôtres. Ils ont beaucoup de pouvoir et de crédit en quelques villes, particulièrement à Zurich, à Genève et à Neuchâtel, où ils se donnent une trop grande liberté de traiter des matières de politique dans leurs sermons et tâchent d'exciter dans leurs auditeurs telles passions qui peuvent servir à leurs vues et à leurs opinions particulières. Cette manière de prêcher peut quelquefois être de quelque usage à un état, mais on la croit dangereuse en général. C'est pourquoi il n'est jamais permis aux Ministres du canton de Berne de toucher à des points de politique." (Pag. 156—158.)

Da war doch nicht alles, wie es sein sollte und bei längerer Dauer mussten notwendig die Vorteile schwinden, die Nachteile wachsen.

Als eine Frucht nachträglicher Einsicht haben wir es sicher zu betrachten, dass unverkennbar jetzt dem Kirchenwesen, und zwar nicht bloss seinem äussern Bestande, wieder ernstere Sorge zugewendet wurde, wie dies hernach im Zusammenhang gezeigt werden muss.

Der Stimmungswechsel kam teilweise wenigstens auch der Person der Pietisten zu gute. Der eine der zurückgesetzten Kandidaten, der jene Schreckenszeit überlebt hatte, Samuel Daehs von Thun, Pfarrer zu Holderbank im Aargau, wurde später, 1714, ohne seine pietistische Gesinnung zu ändern oder zu verleugnen, ein hochangesehener und beliebter Pfarrer am Münster (1732) und sogar oberster Dekan.

Auch Samuel König durfte 1730 endlich wieder in seine Heimat zurückkehren und wurde unter voller Anerkennung seiner vorzüglichen Begabung jetzt Professor der orientalischen Sprachen und der Mathematik; er hat eine Anzahl von Schriften verfasst und sie im Druck herausgegeben, welche ihn im Kreise der Fachgelehrten bekannt gemacht haben. Wir finden seinen Namen unter den berühmtesten Berner Gelehrten des XVIII. Jahrhunderts in den biographischen Sammlungen verzeichnet.[1]) Merkwürdig ist neben den Werken über die orientalische Philologie für seine Denkungsart vor allem seine „Theologia mystica oder geheime Gottesgelehrtheit", Basel 1736, welche beweist, dass seine etwas überspannte schwärmerische Richtung sich aufs beste mit seinen gelehrten Studien vertrug. Er machte wiederholte Reisen zur Pflege seines geistlichen Verkehrs mit pietistischen Freunden. Im

---

[1]) Neben oben erwähnter Biographie von Trechsel im Berner T.-B. siehe auch Allg. Deutsche Biogr., XVI, 520.

Alter hatte er den schweren Kummer, dass zwei seiner Söhne im Jahre 1744 aus Anlass der damaligen politischen Bewegungen, wie einst er selbst, in die Verbannung wandern mussten, darunter einer, nach dem Vater Samuel genannt, der als genialer Mathematiker und Naturforscher den Ruhm seines Vaters noch weit übertroffen hat, aber leider fern von der Heimat, die seine Dienste verschmähte.[1]

Der Ansturm gegen die Zwangsreligion, welchen die Gefühls- und Phantasie-Frömmigkeit erhoben hatte, erhielt auf einmal Unterstützung von scheinbar entgegengesetzter und doch vielfach verwandter Seite her. Die in der Consensusformel aufgestellten Grundsätze der absoluten, jede Verbesserung ausschliessenden dogmatischen Stabilität standen doch zu sehr in offenbarem Widerspruch mit allen Principien der Reformation, nicht am wenigsten gerade mit dem Glauben an die heilige Schrift selbst, als dass sie auf die Dauer hätten in Geltung bleiben können. Während der Toggenburger Krieg die Aufmerksamkeit fast ganz in Anspruch zu nehmen schien für die äussere Abgrenzung und das Machtverhältnis der Konfessionen, trat die geistige Bewegung in eine andere Phase.

Die Pietisten hatten, ohne direkt die Lehre zu berühren, vielmehr von den Voraussetzungen der Orthodoxie aus, doch den Bekenntnisglauben als etwas gegenüber dem Christusglauben Untergeordnetes und Gleichgültiges betrachtet und betrachten gelehrt; sie hatten ein Feuer angezündet, vor welchem die starren Formeln von selber schmolzen; jetzt aber zeigte sich auch eine dogmatische und theologische Opposition, ein Verstandeswiderspruch gegen die Annahme der Lehren, welche in der Consensusformel als Gesetz dastanden. Was der Pietismus begonnen hatte, sollte die Aufklärung weiter führen, die Aufklärung freilich vorerst in der milden Form des früher verdammten Arminianismus, der jetzt gleichsam über Nacht zur allgemein herrschenden Denkungsart geworden war.

Vom Standpunkte des traditionellen Staatskirchentums war es vollkommen begründet, dass schon in den amtlichen Erlassen von 1698 jeweilen Pietismus, Arminianismus und Socinianismus neben einander genannt worden sind.

„Wie gegen den Frühling hin von allen Seiten das Eis bricht, hier auf einmal, dort allmählich, so fing auch die Eisrinde der

---

[1] Graf, Mathematik und Naturwissenschaft in Bern. Landen (Bern 1888 bis 1890), III, 23 u. ff.

Orthodoxie zu Ende des XVII. und zu Anfang des XVIII. Jahrhunderts an, sich zu erweichen, ohne dass immer mit Bestimmtheit gesagt werden könnte, wie weit die einzelnen Spalten und Risse gingen, nachdem der Bruch einmal unmerklich begonnen hatte." [1])

Das Band zwischen der pietistischen Gefühlsreligion und der aufgeklärten Vernunftreligion bildete der Widerspruch gegen den falschen Glaubensbegriff.

Wir sind schon bei den Aeusserungen der verhörten Pietisten Ansichten begegnet, welche in unzweideutigster Weise darauf abzielten, den Nachdruck des religiösen Lebens auf die moralische Seite, auf die Erfüllung des göttlichen Willens zu legen. Bestimmter und bewusster drang nun dieser neue Geist von England her in die evangelische Schweiz ein. Wir treffen plötzlich auf Beweise neu angeknüpfter Verbindung mit der englischen Kirche. Wir sehen, wie sich einzelne evangelische Theologen lebhaft interessieren für die „Societas anglicana circa propagationem religionis christianae et reformationem morum pie occupata". [2]) Wir treffen auf einen „Bericht der Gesellschaften, welche die allgemeine Verbesserung des Lebens und der Sitten anzustellen, in Engelland und Irland aufgerichtet worden, samt beigefügter Vermahnung an allerley Standes-Personen, einen wahren Eifer und Fleiss an die Handhabung der Gesetze wider die Gottlosigkeit und unordentliches Leben anzuwenden und dadurch den bedeutenden heiligen Zweck zu befördern". Auch mit den deutschen Kirchenmännern, in Herborn und Marburg, wurde neuer Verkehr eingeleitet und mit ihnen gemeinsam der Gedanke an die wesentliche Einheit der christlichen Bekenntnisse und die Herstellung eines allgemeinen kirchlichen Friedens erwogen; 1705 erschien ein Büchlein, welches von „Neugebahntem Weg zu einem evangelischen Kirchenfrieden" (4°) sprach, und 1726 in Genf die Schrift: „De pace protestantium ecclesiastica", betreffend den schriftlichen Verkehr zwischen der Genfer Kirche und dem König von Preussen über die Vereinigung der beiden protestantischen Bekenntnisse.

Hatten die Basler Pietisten erklärt, dass Katholische, Juden, Türken und Heiden, „wenn sie nur neue Kreaturen werden", durch gute Werke besser seien als die Christen, welche Gottes Willen kennen, aber nicht erfüllen [3]), so waren anderswo bereits

---

[1] Hagenbach, Die theol. Schule Basels. S. 36.
[2] Korrespondenz zwischen den evangelischen Ständen der Schweiz und der Societas, etc. Herausg. von Pregizer. Tübingen 1717, 4°. Vergl. auch Zehender. IV, 40.
[3] Siehe oben S. 52.

die Stimmen laut geworden, welche, vom Kirchenchristentum absehend, den allgemeinen Gottesglauben des natürlichen Gewissens oder auch der Vernunft als die wahre Religion proklamierten.

Dass in der reformierten Schweiz der Uebergang vom Dogmenzwang zur Aufklärung sich verhältnismässig leicht vollziehen konnte, verdankt sie namentlich drei Männern, deren Einfluss im Anfang des XVIII. Jahrhunderts als der Träger neuer Denkungsart mächtig hervortritt. Pietistisch angehauchte Gefühlswärme und nüchtern verständiges, gemässigt aufgeklärtes Wesen erscheint bei ihnen verbunden und zugleich mit Bewusstsein in den Dienst der vaterländischen Kirchen gestellt. Sie erkannten die Gefahr der einseitigen Orthodoxie für das religiöse Volksleben, welches mit den Dogmen nichts anzufangen wusste, aber auch deren Nachteile für das Glaubensleben der Einzelnen, die dadurch nur zu innerer Unwahrheit und Heuchelei getrieben wurden; sie hatten den nötigen Freimut, sich in diesem Sinne offen auszusprechen, aber auch die erforderliche geistige Autorität, um allmählich trotz allen Schwierigkeiten Eindruck zu machen und ihrer Sache zum Siege zu verhelfen. „Sie waren nicht etwa unzufriedene Zerstörer des Bestehenden, sondern echt konservative Retter der Kirchenlehre aus einer Wüste, in welche verirrt sie verkommen musste".[1])

Diese drei sind: Samuel Werenfels von Basel, Alphons Turrettini von Genf und der schon erwähnte Friedrich Osterwald von Neuenburg. Man nannte sie, um ihrer gemeinsamen Haltung und zugleich herrschenden Stellung willen, „das theologische Triumvirat" der reformierten Schweiz.

Samuel Werenfels[2]), der am 1. März 1675 geborene Sohn des angesehenen Basler Antistes Peter Werenfels[3]), hatte nach trefflichen Studien in Basel selbst, dann auch in Zürich, Bern, Lausanne und Genf, und auf grösseren Reisen, namentlich in Holland, seinen Gesichtskreis erweitert und Anschauungen gewonnen, welche sich in die dogmatische Enge der heimischen Kirchenbehörden nicht hineinfinden konnten. Zuerst Professor der Rhetorik, und als solcher bemüht, eine innerlich wahre Predigtweise an die Stelle des allgemein üblichen falschen Pathos zu setzen, wurde

---

[1]) Schweizer, Centr.-Dogm., II, 757.
[2]) Hanhart, Sam. Werenfels, in der Wissenschaftl. Zeitschr. von Lehrern der Hochschule Basel, 1824.
[3]) Geboren 20. Mai 1627, Professor der Theologie und seit 1675 Antistes, ausgezeichnet als Prediger, gestorben 23. Mai 1703. Siehe v. Salis: P. W., in Basler Beitr. N. F., V, 1—120, und Hagenbach, Die theol. Schule Basels.

er 1696 Professor der Theologie. Erfüllt von der Wahrheit, dass eine aufgedrungene Uniformität des Glaubens dem eigensten Wesen der Religion widerstreite und für ein richtiges Gewissen unerträglicher sei, als selbst das Joch des Papsttums, gehörte er einer vermittelnden, irenischen Richtung an, für welche der Gegensatz zwischen den Konfessionen nicht mehr die nämliche übermässige Bedeutung hatte, wie für die frühere theologische Generation.

Als kirchenhistorisch bedeutsam nennen wir seine Schrift „Ueber die Vereinigung der Protestanten" und die Abhandlung „de logomachiis eruditorum". Er tadelte die unfruchtbaren Spekulationen einer spitzfindigen Schulorthodoxie, welche die Bekenntnisse trennen und Hader anrichten, und ermunterte dagegen „lieber die Herrschaft der ganzen Kirche Christi durch unsern Dienst auf der ganzen Erde zu verbreiten, alles auf den Kern und die Wahrheit des Christentums selbst zu bauen, in welchem alle Christen und alle Zeitalter zusammenstimmen".[1] — „Ehe wir andern den Himmel zuschliessen wollen, sollen wir erst selbst suchen, unseres Heils gewiss zu werden".[2]

Seine innige Frömmigkeit empfand kein Vorurteil gegen das, was die Pietisten wollten, war zur Abendmahlsgemeinschaft mit den Lutheranern bereit, förderte lebhaft alle Unionsbestrebungen und kam den Katholiken mit Verständnis entgegen; nur sehr widerstrebend bot er Hand zu den Massregeln gegen den Kritiker Wettstein, von welchen später die Rede sein muss.

Nachdem er mit Eifer und Hingabe seine vielseitigen Amtspflichten versehen, eine Zeitlang selbst der französischen Gemeinde als Prediger gedient hatte und zahlreicher Ehrenbezeugungen auch vom Auslande her gewürdigt worden war, wünschte er sich in die Einsamkeit zurückziehen zu dürfen. Der Brief, in welchem er seinem Freunde Osterwald gegenüber diesen Entschluss begründet hat[3], ist ausserordentlich charakteristisch, wie für den Geist, in welchem Werenfels wirkte, so für die Zeit, die ihn als einen ihrer Führer ansah. Im Jahre 1739 gab er noch seine „Opuscula theologica, philosophica, philologica" heraus, und am 1. Juni des folgenden Jahres ist er gestorben. Bekannt ist der Nachruf, welchen Zinzendorf ihm gewidmet hat.[4]

---

[1] Schweizer, Centr.-Dogm., II, 777.
[2] Hagenbach, Theol. Schule, S. 41.
[3] Als Beilage vollständig bei Hagenbach, Theol. Schule, S. 69.
[4] Ebenfalls abgedruckt bei Hagenbach, a. a. O., S. 68.

Wie Samuel Werenfels den — man darf wohl sagen normalen — Fortschritt des Sohnes über den Vater hinaus vorbildlich darstellt, so, merkwürdigerweise, auch Alphons Turrettini in Genf, der Sohn jenes Franz Turrettini, der als Hauptförderer und Mitverfasser der Consensusformel uns begegnet ist. Alphons Turrettini, geboren 1671, machte seine theologischen Studien vorzüglich in Holland, bei dem auch in Genf wohlbekannten Friedrich Spanheim zu Leyden, daneben auch in England, Oxford und Cambridge, wo er nicht nur mit dem Naturforscher Isaak Newton bekannt wurde, sondern auch in die höchsten Kreise, sogar an den Hof kam und dabei einen etwas grössern Massstab gewann, als die meisten Theologen seiner Zeit. Noch mehr diente dazu sein reger geistiger Verkehr mit katholischen Gelehrten, den er in Frankreich pflegte, mit Bossuet, Mallebranche, Fontenelle und andern, so dass er eine ungewöhnliche Weltbildung, aber auch eine seltene Unbefangenheit in der Beurteilung der Menschen und der Dinge sich erwarb. Im Jahr 1697 wurde er in Genf Professor der Kirchengeschichte und 1705 Professor der Theologie, d. h. der Dogmatik, und als solcher arbeitete er nun mit seinen Gesinnungsgenossen entschieden und offen auf die Abschaffung der die Gewissen drückenden Glaubensformel hin.[1])

In einem gewaltigen Werke, „Nubes testium"[2]), sammelte er ein ungeheures Material, aus der Bibel, den Kirchenvätern und den Aussprüchen der ersten Synoden, zum Beweise, dass die Religion, und ganz besonders die christliche Religion, ihrem Wesen nach jeden Glaubenszwang ausschliesse und nur in voller Freiheit des Gewissens der Glaube sich normal, des Christentums würdig, zu entwickeln vermöge, während jeder andere, erzwungene, gemachte sogenannte Glaube nur Unlauterkeit und Heuchelei hervorbringen könne. „Das, worüber man streitet, das ist von geringem Belang für die praktische Frömmigkeit, übersteigt die gemeine Fassungskraft, weil von den meisten Frommen gar nicht beachtet." Das gilt besonders von der bis dahin so hoch gehaltenen Lehre von der Gnadenwahl, wo man ohne Schaden für das Seelenheil so oder anders denken kann: denn „beide Ansichten sind fromm gemeint; auf beiden Seiten begegnen uns fast unübersteigliche Schwierigkeiten; für beide Ansichten sprechen hochangesehene Männer".

---

[1]) de Budé, Alph. Turrettini, Genève 1880.
[2]) Nubes testium pro moderato et pacifico in rebus theologicis judicio in instituenda inter Protestantes concordia, Genf 1719.

„Diese Genügsamkeit des Sichbehelfens mit dem unmittelbar praktisch Nötigen charakterisiert die beginnende Richtung", sagt dazu Schweizer nicht ohne Grund; das war nun eben das Bedürfnis der Zeit, die natürliche Reaktion gegen die Periode, die vorhergegangen war.

Mit der Prädestination hat Turrettini sich in den „Cogitationes et dissertationes theologicae" auseinandergesetzt, welche 1737 in zwei Bänden in Genf herausgekommen sind.[1]) Er ist im nämlichen Jahre, am 1. Mai 1737, gestorben.

Ein würdiger Genosse dieser zwei war der Neuenburger Friedrich Osterwald[2]); 1663 aus vornehmer Familie geboren und ein Schüler der Akademie von Saumur, hat er 63 Jahre lang in Neuenburg das Pfarramt versehen und als Prediger und Professor der Theologie, wie als Schriftsteller und geistiges Haupt seiner Kirche unter den schweizerisch-reformierten Kirchenmännern eine äusserst angesehene Stellung eingenommen. „Man hält die Dogmen wohl für wahr, aber man glaubt sie nicht. Daran sind die Lehrer schuld, welche statt der einfachen Fundamentalpunkte viel eifriger besondere Dogmen einschärfen; gerade über die Principien der christlichen Religion ist man am wenigsten unterrichtet." Mit solchen Sätzen eröffnete Osterwald den Kampf gegen die Bekenntnistheologie in seiner Schrift: „Traité des Sources de la Corruption", welche 1700 anonym in Amsterdam herauskam.

Im Jahre 1702 folgte dann sein berühmter Katechismus, der sich durch Klarheit und Einfachheit auszeichnet und nicht wenig dazu beigetragen hat, von der falschen Rechtgläubigkeit wieder auf den rechten Glauben hinzuleiten. Da er von den gewohnten Vorbildern abwich und sofort viel verbreitet wurde, hatten auch die andern Schweizerkirchen sich darüber auszusprechen. In Zürich und in Basel nahm man keinen Anstoss daran, in Genf verdrängte er denjenigen von Calvin; in Bern dagegen hatte man viel auszusetzen. „Die Erklärungen", sagte eine amtliche Begutachtung, seien teilweise so allgemein, dass alle möglichen Heterodoxien füglich darunter Platz finden".[3])

Auch Osterwald, der am 24. April 1747 gestorben ist, hat im Jahr 1739 sein theologisches Hauptwerk erscheinen lassen, das „Compendium theologiae christianae", in welchem aber das theo-

---

[1]) Eingehend analysiert bei Schweizer, Centr.-Dogm., II, 784 u. ff.
[2]) Jeanneret, Biographies neuchâteloises, I, 326 et s. Mus. Neuch., I, 105.
[3]) Schweizer, Centr.-Dog., II, 769 u. ff. Derselbe hält Prof. Rodolf für den Verfasser dieses Gutachtens.

retische Interesse stark zurücktritt und, nach A. Schweizers Ausdruck, „überall das praktisch Förderliche der Massstab ist, Frömmigkeit und Sittlichkeit direkt als Zweck der Theologie betrachtet werden".

Alle drei waren ausgesprochene „Vermittlungstheologen", welche eben in der Zeit, da die Philosophie sich als selbständige Wissenschaft der Theologie gegenüberstellte, dem rein menschlichen Erkenntnisvermögen einerseits viel mehr, anderseits aber auch viel weniger Einfluss einräumten, als dies die ältere Rechtgläubigkeit gethan hatte.

Alle drei betrachteten es als eine Hauptaufgabe ihres Lebens, auf die Beseitigung der Consensusformel hinzuwirken, in welcher sie nicht nur eine unberechtigte Schranke der Lehrfreiheit, sondern vor allem ein Hindernis der wahren Religiosität und eines gedeihlichen kirchlichen Lebens erblickten. Osterwald war hier in günstiger Lage, da die Neuenburger Kirche sich von Anfang an der Anerkennung der Formel entzogen hatte. Auch der Genfer Theologe hatte leichten Stand. Schon 1706 war es ihm gelungen, einen Ratsbeschluss zu erwirken (vom 26. Juni), wonach die Unterzeichnung von den Geistlichen nicht mehr gefordert wurde, und allmählich kam sie völlig ausser Gebrauch, da man sich mit der Erklärung des Glaubens an die heil. Schrift und den Katechismus begnügte. Basel liess die Formel schon bald (1686) stillschweigend in Vergessenheit geraten, sobald sich Widerspruch erhob und es sich herausstellte, dass sie der Verständigung mit den deutschen Protestanten hinderlich sei.

Zürich dagegen hielt fest an der durch Heidegger und Hottinger überaus würdig vertretenen Orthodoxie. Zwar war auch hier, gleichzeitig mit Bern, nämlich 1713 und 1714, sehr ernsthaft von Reformen im Kirchenwesen die Rede. Es fehlte nicht an der Einsicht, dass das Leben erstarrt sei und einer Weckung bedürfe; aber die Mittel, welche vorgeschlagen wurden, waren meistens äusserlicher Art: Einsetzung eines beständigen Kirchen- und Schulrates, Verbesserung der Unterrichtsanstalten, Wiedereinführung und Verbesserung der Synoden.[1]) Von Neuerungen in der Lehre durfte nicht die Rede sein, und insbesondere die neueste Formel galt als unantastbar.

Professor Hans Jakob Ulrich, der (geboren 1683) seine theologische Bildung in Bremen, Holland und Frankreich gefunden,

---

[1]) Aktenstücke betr. Reformen im Kirchenwesen in Zürich, insbesondere eine Denkschrift vom 13. Sept. 1713 und eine zweite vom 4. Febr. 1714, in Mss. H. H., VI, 56, der St.-B. Bern.

schon in Heidelberg, dann auch in Gröningen ihm angebotene Lehrstühle ausgeschlagen hatte, war in der Vaterstadt um seiner coccejanisch-pietistischen Gesinnung willen verdächtig. Er erhielt zwar 1700 die Professur der Ethik und 1724 diejenige des Naturrechts, genoss das Ansehen eines gelehrten und frommen Mannes, blieb aber in kirchlichen Dingen ohne sichtbaren Einfluss, ist auch schon 1731 gestorben.[1]

Um so heftiger wurde nun der Kampf um die vielbesprochene Formel in Bern; hier fehlte es an einem hervorragenden Mann, der neben jenes Dreigestirn gestellt werden könnte. Den Professor Joh. Rud. Rodolf, der von 1716—18 die Würde eines obersten Dekans bekleidete, haben wir als ehrenwerten und verständigen, aber etwas kleingeistigen Verfechter der alten Kirchenpolitik bereits kennen gelernt; Johann Jakob Dachs von Thun, der 1732 in die erste Stelle rückte, war einer der 1699 bestraften Pietisten, entbehrte aber persönlicher Bedeutung zu sehr, um den Staatsmännern gegenüber ein gewichtiges Wort mitreden zu können. Dass man indessen auch mit diesen principiellen Fragen sich ernstlicher als bisher zu beschäftigen begann, zeigt des Theologen Risold Werk: „De fide salvifica", das 1711 in Bern erschienen ist.

Der Kampf kam in Bern nicht von innen, sondern von aussen, aus dem Verhältnis zum Waadtland. Die Geistlichkeit des französischen Gebiets, ohnehin in raschern Schritten als im deutschen Teil gehend, empfand, wie Genf und Neuenburg, von Frankreich her weit früher als die übrige reformierte Schweiz das Wehen und die Macht einer neuen religiösen Zeitströmung. Nur äusserst ungern hatte man sich in Lausanne dem kirchlichen Druck aus Bern gefügt. Durch besondern Befehl wurde hier am 8. Oktober 1675 die schriftliche Zustimmung zum Consensus allen Predigern und Professoren zur Pflicht gemacht. Die Weisung wurde am 16. Juni 1685 wiederholt und jetzt sogar auf die flüchtig eingewanderten Hugenotten und auf nicht geistliche Beamte ausgedehnt.

Aber bald nahm man es damit nicht mehr so genau. Einige Kandidaten fingen schon seit 1682 an, bei ihrer Aufnahme unter die Kirchendiener ihre Unterschrift nur mit dem Vorbehalt der Schriftgemässheit abzugeben: „quatenus eum scriptura consentit." Die Vorsteher der Akademie liessen solche Zustimmung gelten und erblickten in einer solchen, gewiss vom Standpunkt des

---

[1] Wirz, Z. Minist., 123. — Dessen Biogr. von J. J. Zimmermann.

Protestantismus unanfechtbaren Bedingung kein Hindernis der Annahme, wenn sie auch thatsächlich eine Abschwächung der Verpflichtung in sich schloss, und die meisten Professoren waren damit einverstanden.

In Bern sah man die Sache anders an. Die Waadtländer wurden verdächtigt. Der Associationseid, mit welchem man den Zaun der Rechtgläubigkeit noch über die Consensusformel hinaus durch ein weiteres Bollwerk schützen wollte, war nicht nur gegen die Pietisten, sondern mehr noch gegen das Eindringen der französischen Bildung im Waadtland gerichtet. Am 15. September wurden einige Studierende der Akademie relegiert und am 28. Dezember 1698 der Eidesformel für diesen Teil des Berner Unterthanenlandes noch eine absichtlich verschärfte Fassung gegeben.

Der Landvogt von Lausanne musste die ganze Akademie, die Geistlichkeit und Lehrerschaft versammeln und feierlich den Eid vorlesen: „Es schwören alle zum Ministerium Zugelassenen, wie auch alle Professoren und Lehrer der Schulen in den Städten des Waadtlandes, aufrecht zu halten und zu verteidigen die heilige evangelisch-reformierte Religion und den Gottesdienst, wie dieselben eingeführt worden sind von unsern souveränen Herren der Stadt und des Kantons Bern und enthalten in der Helvetischen Konfession, und sich nach allem ihrem Vermögen zu widersetzen allen Lehren, die der genannten Religion zuwider sind, als dem Pietismus, Socinianismus und Arminianismus, ohne irgend zu dulden oder zu begünstigen die Personen, welche davon angesteckt sind oder sein werden, so wahr uns Gott helfen möge." [1]

Bis zum Jahre 1700 sollen aber trotzdem von 160 aufgenommenen Kandidaten etwa 50 die Forderung der Unterschrift umgangen haben, und daraufhin scheint sogar im deutschen Teil der Geistlichkeit die Meinung sich festgesetzt zu haben, dass der Eid auch bedingungsweise geleistet werden könne. Schultheiss und Rat erliessen deshalb am 23. April 1701 an alle Dekane ihres Gebietes ein Kreisschreiben, in welchem gesagt war: „Es werden auf dem Lande Explicationen über den bekannten Associations Eid vorgezeigt und ausgespreitet, mit dem Vorgeben, als wenn dieselben von Autorität und Gültigkeit wären, auf welche Explicationen hin einige Capitelsbrüder geschworen haben söllend. Habend wir solche Explicationen ungenugsam, verkehrt, zweifelhaftig und unserer wahren intention ungemäss befunden und also dieselben gänzlich verworfen, nul und nichtig erkandt." Wer nur

---

[1] Schweizer, Centr.-Dogm., II. 718.

in dieser Form den Eid geleistet hat, soll nochmals schwören, und zwar ohne Vorbehalte und Erklärungen.[1])

Die deutschen Berner fügten sich, nur einige Pietisten verweigerten die Unterschrift, weil sie grundsätzlich das Recht des Staates bestritten, über die Gewissen zu herrschen. Einige der Renitenten haben wir oben genannt.

Mehr dogmatisch begründet war die Opposition in der Waadt.[2]) Wer je etwas wusste von des Cartesius Philosophie, wer die Schriften englischer Deisten oder Bayles vielverbreitetes Dictionnaire auch nur oberflächlich kennen gelernt, dem war es unmöglich, seinen Glauben aufrichtig an die Vorstellungen der frühern Generation zu binden. Der allgemein geistigen und litterarischen Kultur Frankreichs, deren edelste und feinste Repräsentanten sich jetzt zum Teil als Flüchtlinge am Genfersee gesammelt hatten, musste Geist und Form der deutsch-schweizerischen Staatsgläubigkeit als unerträglich, roh und barbarisch vorkommen.[3])

Allerdings scheint daneben in der Waadt, wenigstens auf dem Lande, auch eine arge moralische Verwilderung eingerissen zu sein. Der zeitgenössische Berner Geschichtschreiber spricht mit Grauen von einer „Seuche der Strassenräuberei", gegen welche ganz ausserordentliche Massregeln ergriffen werden mussten: „Aller Orten, wo Hochgerichte an der Landstrasse aufgerichtet standen, waren ganze Reihen dieser Missethäter auf das Rad geflochten, aufgesteckt." Besser als solche Schauspiele wirkte doch wohl ein anderes Mittel, welches die Berner Regierung sich angelegen sein liess, nämlich die Vermehrung der Pfarrstellen, insbesondere auch die Errichtung solcher für die zahlreich eingewanderten Deutschen. Vielleicht hielt man auch in Bern gerade deshalb grösste Strenge in der Festhaltung am „Glauben" um so mehr gerechtfertigt.

Die höhere Bildung war vornehmlich Sache städtischer Bevölkerungen und hier wieder stand naturgemäss die Akademie von Lausanne voran: „Es ist keine Frage, sagt A. Schweizer, die

---

[1]) Originalschreiben an das Dekanat Büren, in Mss. II. II., XIX, 7 (Nr. 20) der St.-B. Bern.

[2]) Dazu vor allem: Mémoires pour servir à l'Histoire du Consensus. Amsterdam 1726. Das Werk wird bald Barbeyrac, bald de Crousaz, bald auch dem Pfarrer Barnaud in la Tour bei Vivis zugeschrieben; wahrscheinlich haben alle drei Anteil daran. Siehe Hallers Bibl., III, Nr. 587. Die gesamte bez. Litteratur ebendaselbst, Nrn. 577—592.

[3]) Vulliemin (v. Müllers Schw.-Gesch., X), 328 u. ff. — De Charrière, Lausanne centre protestant au XVIIIe siècle, in der Revue suisse, XIII.

Lausanner Theologen waren an edler und allseitiger Bildung, an freier theologischer Einsicht den Bernern weit überlegen.[1])

Der bedeutendste unter den Professoren der Akademie war Jean Barbeyrac, selbst der Sohn eines Religionsflüchtlings. Geboren 1674, war er zuerst Theologe, dann Rechtsgelehrter in Berlin und wurde von dort 1710 als Lehrer der Geschichte nach Lausanne berufen. Gleichgesinnt mit ihm war Abraham Ruchat[2]), geboren 1678, zuerst Pfarrer in Aubonne, dann Professor der Litteratur, seit 1733 auch der Theologie, in Lausanne; er ist 1750 (29. September) gestorben, vorzüglich verdient um die Kirchengeschichte. Ein treffliches Werk ist seine Geschichte der Reformation, die 1727 und 1728 in Genf erschien und dann 1835—38 noch einmal in sieben Bänden gedruckt worden ist.[3])

Ein geistig nicht weniger hochstehender Gelehrter war Professor de Crousaz, der mit jenen darin einig war, dass auch er, wenn nicht die Lehren der Consensusformel, so doch den damit geübten Zwang entschieden verwarf und den Vorbehalt der Kandidaten für zulässig ansah. Ebenso entschieden waren die Professoren Gabriel Bergier[4]) und Georges Polier.[5])

Allein es fehlte im Waadtland nicht an Geistlichen, die ihre Ueberzeugung weder aus der Bibel, noch aus der Dogmatik, sondern in Bern holten. Die Klasse Morsee erhob Klage beim bernischen Landvogt gegen die Aufnahme jener selbständigen Kandidaten, und es wurde (23. Januar 1716) eine Untersuchung angeordnet. Barbeyrac übernahm die Rechtfertigung und verfocht mit warm überzeugenden Gründen die moralische und theologische Berechtigung jenes „quatenus"-Zusatzes, der nach protestantischen Grundsätzen unmöglich zurückgewiesen werden könne und der durchaus auf den Schluss des Berner Synodus sich berufen dürfe mit seiner so schönen Erklärung: „So jemand uns einen Weg zeigt, der besser dem Worte Gottes entspricht und uns näher zu Christo führt, so sind wir bereit, denselben anzunehmen".

Allein in Bern dachte man eben nicht mehr wie 1532; die Schrift Barbeyracs wurde sehr ungnädig empfangen, und nur noch ängstlicher war jetzt das Vorgehen gegen die Kandidaten, da

---

[1]) Schweizer, Centr.-Dog., II, 758.
[2]) Vuillemin, im Conservateur Suisse, XII. — De Montet, Dict. biogr., II, 428.
[3]) Seine übrigen, wertvollen und äusserst fleissigen Arbeiten sind ungedruckt als Geschenk des Verfassers in der Berner Stadtbibliothek.
[4]) Gestorben 1736.
[5]) Polier-de Bottens, 1675—1759. S. de Montet, Dict. biogr., II, 313.

man aus der Parteinahme der Professoren erkannte, es sei auf einen ernstlichen und gefährlichen Kampf abgesehen. Barbeyrac selbst sah seine Stellung erschüttert und nahm eine Professur in Gröningen an, wo er 1744 (3. März) gestorben ist, einer der vielen trefflichen und hochsinnigen Männer, welche die damalige Schweiz durch ihre kirchliche Unduldsamkeit aus dem Lande getrieben hat.

Der Zorn der Berner Herren wandte sich jetzt gegen die ganze Akademie, die aufs schärfste gemassregelt wurde um ihrer unbotmässigen Haltung willen. Jetzt trat auch der Dekan Bergier im Sinne der Achtung für die Gewissen und grösserer dogmatischer Weitherzigkeit auf. Er beantwortete[1] den von Bern erhaltenen Verweis im Namen der Akademie mit der direkten Aufforderung, dass die Consensusformel aufgehoben werden möchte, und begründete diesen Wunsch mit einem scharfen Angriff auf die Formel selbst und die wissenschaftliche Richtigkeit ihrer Sätze. Es begann ein heftiger Streit hin und her, eine Reihe von polemischen Schriften wurden gewechselt, manche äusserst satyrisch gehalten und ohne den Namen der Verfasser zu nennen, die einen vernünftig und sachlich, andere voll Hohn und Leidenschaft und Rechthaberei.

Wir erwähnen aus dieser weitläufigen Litteratur über den Consensusstreit als Beispiele nur zwei: Das eine ist „der Brief der seligen Reformatoren", die, vom Himmel herab sich für den Fortgang der von ihnen begründeten Kirchen interessierend, mit höchster Verwunderung sich darüber entsetzen, dass man jetzt wieder einen Papst, und zwar einen papiernen Papst, eingesetzt habe, der mehr gelte als die Bibel selbst und mehr als die verständige Einsicht; dass eine neue Scholastik den Christen den Glauben vorzuschreiben sich anmasse, und zwar nicht eine Scholastik der Gelehrten, sondern von nicht-theologischen Ratsherren und Beamten, welche solche Dinge nicht einmal geistlich, sondern weltlich beurteilen.[2]

Das andere dieser Erzeugnisse einer kirchlich aufgeregten Zeit ist ein angeblicher Brief des päpstlichen Nuntius an seinen Auftraggeber und Herrn nach Rom, worin derselbe im Tone triumphierender Schadenfreude berichtet, wie die Kirche der Reformatoren jetzt vollständig von der Irrlehre Luthers und Zwinglis zurückgekommen sei; wie sie sich jetzt überzeugt habe, dass die

---

[1] Memorial vom 14. Dez. 1717. — Schweizers Inhaltangabe, II, 721—726.
[2] Jean Calvin et les bienheureux réformateurs à leurs frères dans le canton de Berne. 21 mars 1718. Kopie in Mss. H. H., VII, 156 (Nr. 13), der St.-B. Bern.

Bibel zum Heile nicht genüge, dass es sogar besser wäre, wenn die Laien die Bibel nicht läsen, weil man jetzt die Formel gefunden habe, in welcher der ganze Glaube beschlossen sei. Es werde sicher jetzt ein Leichtes sein, die Reformierten noch weiter zur Einsicht zu bringen, dass die feste Sicherheit dessen, was man zu glauben und zu thun habe, beim Papste noch weit zuverlässiger und unfehlbarer gefunden werden könne. Wenn man sich einmal von Menschen den Glauben vorschreiben lasse, so sei es doch viel einfacher, sich dem Papste und der 1000jährigen heiligen Tradition der Römischen Kirche, als einem lebendigen Prädikanten zu unterwerfen u. s. w.[1]

Die Berner Geistlichkeit wollte zum Frieden raten und wandte sich, vom Rate dazu aufgefordert, mit einer ausführlichen Denkschrift an die Brüder im Waadtland; sie gab ihnen zu bedenken, dass trotz allem, was man von der Glaubens- und Gewissensfreiheit rede, eine Beschränkung der Lehrfreiheit unumgänglich nötig sei zum Gedeihen der Kirche und zur Verhütung innern Zerfalles. „Konfessionen und Formeln sind Zügel für Mund und Feder, und nie nötiger gewesen als jetzt, wo Libertinismus, Arminianismus und Indifferentismus und alle Sekten ihr Haupt erheben, wie niemals zuvor.[2]

Die Thatsache war richtig, dass der kirchliche Indifferentismus sichtbar überhand nahm und in aller Stille zur herrschenden Gesinnung der Gebildeten und bald auch der Ungebildeten wurde; der Grund lag aber nicht in einem Mangel an dogmatischen Schranken, sondern im Uebermass des unfruchtbaren und irreligiösen Gezänks. Die Waadtländer unterliessen denn auch nicht, darauf zu verweisen. Polier und de Crousaz rechtfertigten sich; Bergier replizierte, und Barbeyrac beteiligte sich am Kampfe noch von Gröningen aus. „Mit Glaubensformeln", erwiderten sie, „lässt sich der Geist der Zeit nicht ersticken; ihn unterdrücken heisst eine Revolution provozieren oder Heuchler pflanzen. Darum mehren sich bei Euch die Pietisten und Sektirer. Wir beschwören Euch,

---

[1] Lettre du Nonce, vom 20. Dez. 1717. Ibid., Mss. H. H., VII, 156 (Nr. 12). Der Band enthält noch eine ganze Reihe ungedruckter Schriften zu diesem Handel, ebenso Mss. H. H., VII, 166, X, 65, XII, 105—107, XIII, 21. Siehe Katalog der Hdschr. zur Schw.-Gesch. Bern 1895. Auch der oben benützte Band der „Acta Pietistica" von J. R. Gruner (III, 245) enthält eine: „Summarische Erzählung der anno 1722 geendigten lausannischen Unruhen", mit verschiedenen Schreiben an die Landvögte von Vivis und Chillon.

[2] Gegenmemorial eines Ministerii in Bern, 17. Febr. 1718. Als Verfasser wird Professor Ringier genannt (Hallers Bibl., III, A. 591). Abschrift in Mss. H. H., XII, 104 (Nr. 12), der St.-B. Bern.

zum Heile Eures Landes, die Toleranz und christliche Freiheit zu schützen!"

Der Berner Rat blieb von solchen Beschwörungen unbewegt. Am 13. Juni 1718 wurde zwar die Frage verhandelt, ob man von der Unterzeichnung der Formel abstehen wolle. Das Ergebnis aber war, dass allen denen, welche sich in diesem Sinne ausgesprochen hatten, das Missfallen der Obrigkeit kundgethan, dass die Verbreitung von Streitschriften über die Frage verboten und von den Geistlichen die unbedingte und vorbehaltlose Unterzeichnung des Consensus gefordert wurde, ohne „quatenus". Aber wenn die bereits im Amte stehenden Pfarrer und Professoren sich diesem Entscheide beugten, um ihre Stellen nicht einzubüssen, die jungen Kandidaten des Predigtamtes hatten Mut und Ueberzeugungstreue genug, jetzt die Unterschrift zu verweigern; sie erklärten, dass ihnen das Gewissen verbiete, ohne „quatenus" ihre Namen unter ein Bekenntnis zu setzen, das sie nicht für biblisch halten: „Man muss Gott mehr gehorchen als den Menschen."

Durch eine kluge, nachgebende Erklärung des Landvogtes von Lausanne wurden für den Augenblick die Gemüter beruhigt; er legte den Kandidaten das Bekenntnis und die Verpflichtung auf dasselbe so aus, dass die meisten ihren Widerspruch aufgaben und nur wenige dabei beharrten. Damit war man nun aber in Bern wieder nicht zufrieden. Im Mai 1719 fand eine ausserordentliche Schulvisitation in Lausanne statt. Zwei Ratsherren und zwei Geistliche kamen von Bern her und sollten die Eidverweigerer zum Gehorsam bewegen; sie sollten nebenbei überhaupt die Lage und die Einrichtungen der verdächtig gewordenen Akademie untersuchen, sich überzeugen, inwiefern den bezüglichen Vorschriften nachgelebt werde. Sie fanden, wie vorauszusehen, nicht alles in Ordnung; sie mussten sehen, dass in der Waadtländer Kirche der Associationseid nicht verlangt und nicht geschworen werde, dass man aber auch, gegen den Befehl der Obrigkeit, sich eines andern Katechismus als des Heidelbergers bediene, dass überhaupt die Kirche des Waadtlandes sich mancherlei eigenmächtige Abweichungen erlaubt habe und in Handhabung der Ordnung lax und nachlässig sei.

Es wurde sofortige Abhülfe geboten, doch in Anbetracht der Schwierigkeiten ziemlich lange Geduld geübt und die Ausführung nicht übereilt. Erst am 17. Januar 1722 gelangte die Angelegenheit von neuem vor den Rat der Zweihundert. Aber wiederum wurde zäh und hartnäckig Festhaltung beschlossen an Consensusformel und Associationseid. Von allen Seiten kamen indessen die eindringlichsten Vorstellungen dagegen.

Der Handel hatte in der ganzen protestantischen Welt peinliches Aufsehen erregt. Turrettinis schon erwähnte „Zeugenwolke", die 1720 erschien, war geeignet, mächtigen Eindruck zu machen und in weitem Kreise für religiöse Duldung zu wirken. Die Philosophen forderten sie im Namen der Vernunft, die Frommen im Namen des Gewissens und die Politiker nicht weniger dringend vom Standpunkt der Zweckmässigkeit für Kirche und Staat. Der Erzbischof von Canterbury, die Könige von Preussen und Grossbritannien und das Corpus evangelicum von Regensburg richteten Zuschriften an Zürich und Bern[1]), alle mit der übereinstimmenden Bitte, dass man doch, im Interesse der kirchlichen Union und des gemeinsamen Glaubens, die dogmatische Schroffheit nicht zu weit treiben möchte. Der berühmte Rechtsgelehrte Mathäus Pfaff in Tübingen schrieb ein eigenes gewaltiges Buch gegen die Consensusformel; ihnen schlossen Genf und Basel sich an, wo die Formel längst nicht mehr in Kraft war. Ausser St. Gallen, Appenzell und Bünden, welche aber keine gelehrten Theologen hatten, stand nur noch die Züricher Kirche fest neben Bern. Der Antistes Johann Ludwig Nüscheler, der seit 1718 zwanzig Jahre lang die Züricher Kirche leitete, dachte nicht weniger streng als sein Vorgänger im Amte, Peter Zeller (1713—18); er stellte den Consensus dem „Helvetischen Bekenntnisse" gleich und gab zu bedenken: „Löst man das Band gegen dieses eine symbolische Buch, so wird die Reihe bald an die andern kommen".[2]) Entscheidend aber war hier die Meinung des mit Grund hochgeachteten Kirchenhistorikers Joh. Jak. Hottinger, der als Hauptprofessor der Theologie seine ganze persönliche und wissenschaftliche Autorität einsetzte, um die bedrohte Vormauer der Orthodoxie zu beschützen.[3])

Durch solche gelehrte Unterstützung ermutigt, glaubte man in Bern, allen Zureden widerstehen zu sollen. Am 15. April beschloss der Grosse Rat neuerdings, mit 98 gegen 28 Stimmen, unbedingtes Festhalten an der einmal erkannten und unveränderlichen Wahrheit. Eine Deputation wurde nach Lausanne gesandt, um den Beschluss dort zu verkündigen und zugleich über dessen Durchführung zu wachen. Unbeschreibliche Erregung bemächtigte sich jetzt der waadtländischen Geistlichkeit und durch sie auch des Volkes,

---

[1]) Vom 8. April 1719. — 24. Febr. 1722. — 10. April 1722. — 21. Febr. 1722.
[2]) Schweizer, A., Centr.-Dogm., II, 744.
[3]) Von ihm ist die Schrift: Verteidigte Consensusformel. Zürich 1723, 4°, zum Teil abgedruckt in seiner Helv. Kirchengesch., IV, 268—271.

das sich durch rohe Rechthaberei und Gewalt in seinen innersten Gefühlen verletzt und durch unerträgliche Gewissenstyrannei schwer bedrückt sah.

Indessen — die meisten leisteten Gehorsam. Von den Professoren widerstand nur einer: Professor Polier unterzeichnete nicht[1]) und blieb dabei mit solchem Freimut und so viel Standhaftigkeit, dass man es vorzog, ihm entgegenzukommen, statt zur Absetzung zu schreiten. Grössere Entschiedenheit als bei den Professoren fand sich auch diesmal bei den Kandidaten. Am 19. Mai 1722 erklärten 15 derselben, dass sie ihre Namen nicht unter das Bekenntnis setzen werden. Für die Waadtländer waren sie die Helden des Tages, für die Berner eine grenzenlose Verlegenheit. Man versuchte alles Mögliche, um sie durch teilweise Nachgiebigkeit, durch Zusagen aller Art von ihrem Entschluss abzubringen.[2]) Zuerst wurden alle mit einander bedroht mit der ewigen Ungnade der Obrigkeit; dann noch die einzelnen bearbeitet im nämlichen Sinne; mit ungewöhnlicher Geduld wollte man ihnen jetzt den Rückzug erleichtern. Acht derselben gaben hierauf wirklich nach; sieben dagegen, an ihrer Spitze der Sohn des Professors de Crousaz, blieben unerschütterlich bei ihrer Weigerung und wurden sofort aus dem Verzeichnisse der Kandidaten gestrichen. Das war am 20. Mai 1722, und noch am 16. Juni erhielten die bernischen Dekane den Befehl, ihre Klassen einzuberufen und zur Unterzeichnung aufzufordern.

Allein damit war jetzt das Gewitter entladen, und es folgte eine arge Ernüchterung, als man die Folgen übersah und sich Rechenschaft geben musste von der vollständigen Isolierung, in welche man sich versetzt sah.

Denn unterdessen war vom Corpus evangelicum eine neue Zuschrift (vom 12. Mai) eingelangt, und jetzt trat Basel durch förmlichen Beschluss von der Unglücksformel zurück. Es geschah nach Anhörung eines Gutachtens der Theologen und Professoren in der Versammlung des Grossen Rates vom 1. Juni, mit der Begründung, seit Einführung der Formel sei mehr Streit entstanden als jemals vorher, und seit langen Jahren sei sie ohnehin nicht

---

[1]) Supplication des ministres orthodoxes du pays de Vaud à Leurs Excellences, vom Mai 1722 (von Polier verfasst). Kopie in Mss. H. H., VII, 156 (Nr. 4), der St.-B. Bern.

[2]) Man erklärte ihnen: „Die Unterzeichnung des Consensus habe nicht den Sinn, dass wir alles glauben, was er enthält, sondern nur: die Formel nicht anzugreifen, um den Frieden zu erhalten."

mehr unterzeichnet worden.¹) Wiederholtes Andringen der beiden glaubenverwandten Fürsten²) bewog endlich auch Zürich zur Nachgiebigkeit, da ja die Unterzeichnung schon ausser Uebung gekommen sei. Auch Appenzell sprach sich jetzt für Abschaffung aus, und nur in Bünden war die Mehrheit der Synode (1. Juli 1723) für Beibehaltung.

Jetzt war auch Bern genötigt, durch mildernde Erläuterungen die Formel so auszulegen, dass das verpönte „quatenus" anerkannt wurde und alle Gewissensbedenken gegen die Unterschrift wegfallen konnten; durch eine Erklärung der evangelischen Konferenz vom 17. Juni 1724 wurde sie endlich thatsächlich beseitigt, und 1737 hatte ihre Gültigkeit auch in Zürich ein Ende.³) So ist dieses kirchenpolitische Machwerk endlich gefallen, das mehr kirchlichen Zank verursacht als vermieden, mehr Unglauben gesäet als verhütet hat.

Die Aufhebung kam zu spät; das Unglück war geschehen. Die waadtländische Kirche fühlte sich in entschiedenem Gegensatz gegen diejenige von Bern, und wenn früher die gemeinsamen kirchlichen Einrichtungen wesentlich mitgewirkt hatten, die nationale und sprachliche Schranke zu beseitigen und ein Zusammenwachsen des französischen und des deutschen Bernergebietes zu fördern, so war jetzt das Umgekehrte der Fall: die noch vorhandene Kluft wurde vergrössert durch die religiöse Differenz.⁴) Es kam zum Aufstandsversuch des Major Davel im Jahre 1723. Der 57 Jahre alte Davel war kein politischer Revolutionär, sondern ein überspannter religiöser Mystiker, der den göttlichen Auftrag meinte empfangen zu haben, sein Vaterland zu befreien.

Der fromme Rebell endete am 24. April auf dem Schafott; aber eine Denkschrift, in welcher er die Motive seiner That ausgesprochen hatte, wurde später in Bern dem Rate vorgelegt und gab Anlass zur Einholung verschiedener Ansichten darüber. Es zeigte sich dabei, dass auch manche einsichtige Staatsmänner, so

---

¹) Ochs, Gesch. v. Basel, VII, 486—493. Ein Gutachten der Basler Kirche von 1722 s. bei Zehender, IV, 131.
²) Von König Georg am 30. Januar, von Friedrich Wilhelm von Preussen am 6. April 1723. Hottinger, IV, 273, 274. Beide abgedruckt bei Ochs, a. a. Orte, 495—500.
³) Finsler, Zürich im XVIII. Jahrhdt., im Kapitel: Die Kirche, S. 96.
⁴) Vielleicht ist auch die umgekehrte Bemerkung von A. Schweizer (Centr.-Dogm., II, 710) richtig: dass im Waadtlande die freiere dogmatische Richtung sich um so rascher entwickelte, weil die Eifersucht wider bernische Herrschaft sich darin versteckte.

der Schultheiss Christoph Steiger, es aufs tiefste bedauerten, dass die Berner Kirche in verstandloser Engherzigkeit den Geist des Christentums und das eigenste Wesen jeder wahren Frömmigkeit verleugnet habe. Zu Davels Manifest machte er sich schriftliche Anmerkungen, dabei den Vorschlag: „Der ungeschickten Herrengassen (dem geistlichen Konvent) minder zu glauben; in Religionssachen minder diktieren als suadieren; aus den Glaubenssachen nit ein Liberey (Livrée) und Läufferröcklein (das schwarz und rote Staatskleid der untern Beamten) machen, der diesem oder jenem nachgehe, sondern sich an der Helvetischen Konfession benügen; schwäre und unnötige Fragen mehr evitieren als dezidieren und vorschreiben! Hoc est religiosum, hoc christianum, hoc sanum!" —

Das war der Anfang der Umkehr.

4. Neue religiöse Regungen.

Die Bewegung, welche mit dem Auftreten der Pietisten verbunden war und sich im Consensushandel fortgesetzt hatte, war überhaupt nicht ohne günstige Wirkung für die kirchlichen Zustände gewesen. Die vielfachen, von verschiedenen Seiten und in verschiedenem Sinne laut gewordenen Klagen blieben doch nicht ganz ungehört. Konnten auch die Obrigkeiten sich noch nicht von der Vorstellung losmachen, dass es ihre Pflicht sei, Glauben und Leben ihrer „Unterthanen" bis ins einzelste hinein durch ihre Mandate zu regeln, so suchten sie doch diese Pflicht weniger hölzern und oberflächlich zu erfüllen, als es zuvor geschehen war. Vermehrte Sorge für das Kirchenwesen ist unverkennbar.

Zürich ging wieder voran. Neu mit Kirchen und Seelsorgern versehen wurden: 1702 die Gemeinde Schönenberg bei Wädischwyl, 1703 Erlenbach bei Küssnach, 1706 Sternenberg, 1707 Hittnau, 1707—10 Langnau, 1709 Mönchaltorf, und auch das nahe Wollishofen erhielt vermehrte kirchliche Pflege.[1] Wohl war die nämliche Absicht, berechtigten Klagen zu begegnen, massgebend, als 1710 die ausser Uebung gekommenen Censuren über Person und Ausführung der einzelnen Geistlichen wieder eingeführt wurden.[2] Im Gegensatz dazu erfuhren die jährlich zweimal sich

---

[1] Nach Wirz, Das Zürcher Ministerium.
[2] Finsler, Kirchl. Stat., 583.

versammelnden Synoden noch weitere Beschränkung ihrer Kompetenzen; ihre Verhandlungen gewannen an äusserm Ansehen[1]), verloren aber an innerer Kraft und Bedeutung. Das Staatskirchentum drohte dabei im gleichen Masse zu entarten, wie die städtische Aristokratie sich ausbildete und der Konvent der Stadtgeistlichkeit mit ihr Hand in Hand ging.[2]) Noch wurde der polizeiliche Zwang zum Gottesdienst aufrecht erhalten und das Sonntagsgesetz streng gehandhabt — mit Nachsicht nur dem Waffenspiel gegenüber. Der Krieg von 1712 und das Jubelfest der Reformation, am 1. Januar 1719, hatten gleicherweise dazu beigetragen, die nationale Seite der Kirche stark hervorzuheben und eine fromme Begeisterung zu wecken, die das kirchliche Leben anregte, aber mit Lokal-Patriotismus näher verwandt war, als mit specifisch christlicher Religiosität.

Dass die Notwendigkeit kirchlicher Verbesserungen auch in Bern nicht mehr verkannt werden konnte und die Regierung Abhülfe versuchte, ist bereits erwähnt worden. Allerdings blieb man, da das System als unabänderlich galt, grösstenteils bei Massregeln, die zu den Aeusserlichkeiten gehören. Der Pfarrer der weit ausgedehnten Kirchgemeinde zu Diesbach bei Thun erhielt 1702, derjenige zu Grosshöchstetten 1719 und zu Langnau 1726/27 in Trubschachen, je noch einen Helfer; der bisher von Burgdorf aus durch den Schulmeister besorgten Gemeinde Heimiswyl wurde 1705 ein eigener Pfarrer gegeben. Die zwei Filialen Gadmen und Guttannen im Oberhaslithale vereinigte man 1713 zu einer gemeinsamen Pfarrkirche, und selbst das kleine aber sehr entlegene Abläntschen erhielt 1704 einen besondern Seelsorger. Auch das grosse Dorf Nods auf dem Tessenberg trat 1708 in die Reihe der selbständigen Pfarreien. Einer wohlgemeinten aber recht unglücklichen Neuerungslust fiel 1720 die ehrwürdige Mutterkirche der Gegend am obern Bielersee, die alte „Alba ecclesia" bei Neuenstadt zum Opfer, um dem „Temple français" Platz zu machen. Die Hauptstadt wurde nicht am wenigsten bedacht. In der Nydeckkirche begann man 1713 mit sonntäglichen Abend- und Katechismus-Predigten, und 1721 gab man ihr endlich einen eigenen Pfarrer und Helfer; dazu wurde aber 1726—29 noch für die stark anwachsende Bevölkerung die neue Kirche „zum heil. Geist" erbaut, die noch heute als Muster eines für den protestantischen Kultus bestimmten Gebäudes

---

[1]) Beweis sind die sog. Synodalpropositionen und die Reden des Antistes Wirz. Finsler, Zürich im XVIII. Jahrhdt., S. 98.

[2]) Finsler, Zürich im XVIII. Jahrhdt., S. 101.

genannt wird. Gleichzeitig ward am Münster, das 1731 eine neue Orgel erhielt, die Zahl der Prediger vermehrt, nachdem dem Pfarrer der französischen Gemeinde 1714 noch ein Gehülfe an die Seite gestellt worden war. Das unzufriedene Waadtland hoffte man 1702 durch Verbesserung der Pfarreinkünfte zu beruhigen. Ueberall, wo die Verhältnisse dies notwendig machten, wurden deutsche Pfarrstellen errichtet: wie in Aelen schon 1695, so 1703 in Iferten, 1708 in Milden, 1710 in Nyon, Morsee und Aubonne, 1719 in Vivis.

Der Zusammenhang der theologischen Schule mit der kirchlichen Praxis wurde durch die Bestimmung gepflegt, dass die geistlichen Professoren der Reihe nach einigemale im Jahre im Münster predigen sollen (1705)[1], eine Weisung, die dann als stehende Uebung bis in die Mitte des folgenden Jahrhunderts beobachtet worden ist.

Die zweite Reformationsfeier, welche auf obrigkeitliche Anordnung am Mittwoch den 7. Januar 1728 durch Predigt und Abendmahlsgottesdienst begangen wurde[2], war auch in Bern dazu bestimmt, den kirchlichen Eifer von neuem zu wecken, und im Gegensatz zu separatistischen Neigungen der Frommen, das Bewusstsein des Zusammenhangs von Kirche und Staat zu verstärken. Die Abendmahlsfeier des Tages wurde deshalb geradezu als „Reformations-Eid" bezeichnet, durch welchen Volk und Obrigkeit sich fester als je auf den bewährten Grund des alten Bekenntnisses verbanden.[3] Ein neuer Druck des Berner Synodus, der dann 1735 auch in französischer Uebersetzung erschien, sollte davon Zeugnis geben; eine neue Bearbeitung des „Kanzel- und Agendbüchlein", das jetzt auch Gebete für die Kinderlehren in sich schloss, war 1724 in deutscher[4] und 1726 als „Prières ecclésiastiques" in französischer Sprache erschienen.

Der Prädikant Keller in Maikirch erhielt (1729) den amtlichen Auftrag, neue Festgesänge zum Gebrauch beim Gottesdienste „aufzusetzen"[5], und für die Abhaltung der jährlichen Passionspredigten wurde 1734 eine neue Vorschrift erlassen.

---

[1] Zehender, B. K.-G., IV, 41.

[2] Gedruckt wurden die Predigten von Malacrida und Lupichius (der Ausgang aus Babel), eine Sammlung von „Predigten zur Reformationsfeier" und eine Schrift: Die rechte Reformation, 1728.

[3] Des mitlebenden Dekans J. R. Gruners Handschriften enthalten Näheres darüber: .z B. Mss. H. H., VIII, 50, Nr. 17. — Vergl. Bericht von dem Jubeljahr 1728.

[4] Wyss, a. a. O. (Trechsels Beitr., I), S. 112.

[5] Zehender, B. K.-G., IV, 148.

Es folgten 1732 eine Anweisung für die Visitationen, die sogenannte Juraten-Ordnung, und ein „Reglement wegen Besetzung der Pfründen", das 1737 (27. März) bestätigt werden musste, und wieder 1743 und 1748 (Datum vom 29. April) neue Ausgaben der umfassenden „Prädikanten-Ordnung". Für Handhabung von Ehrbarkeit und guten Sitten sorgte 1712 ein „Erneuwertes Straffgesetz, die Hury und den Ehebruch betreffend", und 1716 ein Neudruck des „Grossen Mandats wider alle im Schwange gehenden Laster", in welchem auch das „unnötige Spazieren, Reiten und Fahren" mit Verbot und Busse belegt war. Zusammengefasst und eingeschärft wurden diese Vorschriften in der „Chorgerichts-Satzung" von 1743 (französisch „Lois consistoriales" 1746).

An fremden Glaubensgenossen, zu deren Gunsten 1707 die „Proselyten-Kammer" eingesetzt worden, christliche Barmherzigkeit zu erweisen, dazu bot ein neuer Flüchtlingszug Gelegenheit, als 1730 die Bekenner des Evangeliums, aus dem savoyischen Dorfe Pragelaz vertrieben, in ziemlich grosser Zahl über Genf in Bern anlangten[1]), und gewiss zeugt es für die Aufrichtigkeit religiöser Gesinnung, dass mit dem König von Preussen Specialverträge abgeschlossen wurden, um die kirchliche Freiheit, wie die kirchliche Pflege den nach Brandenburg ausgewanderten Berner Landleuten zu sichern. Bern und Zürich besassen von daher sechs Kollaturpfründen in Brandenburg und Ostpreussen, die sie seit 1711 abwechselnd besetzten, bis das Recht 1739 von selbst erlosch und nicht mehr anerkannt wurde; es betraf die Kirchen Neustadt-Eberswalde, Neu-Ruppin, Lindau, Lüdersdorf, Lehnin und Lünau, teilweise auch Potsdam.[2])

Basel hat, nachdem der innere politische Sturm, des „1691ger Wesens" überwunden war, 1701 seine Kirchenordnung erneuert und 1725 ganz in althergebrachter Weise den Befehl zum Besuch des Gottesdienstes bei Strafe wiederholt.[3])

In Genf entstand 1707 eine deutsche lutherische Gemeinde, gegründet von fremden Kaufleuten, welche auf ihre Kosten einen Prediger beriefen und für die Ausstattung des Gottesdienstes sorgten; 1720 nahm dann der Herzog von Gotha, dessen Söhne sich einige Zeit in Genf aufgehalten hatten, diese Kirche unter seinen Schutz, so dass sie später, 1759, einen zweiten Geistlichen

---

[1]) Tillier, Gesch. v. Bern, V, 133, 134.
[2]) Fetscherin, Die Kolonien in Brandenburg im Berner-Taschenb. 1868. Vertrag vom 11. Dezember 1711. Auch: Zuschrift an den Dekan Zehender betr. die ref. Gemeinden in Brandenburg, in Siml. Samml., I, 259.
[3]) Ochs, Gesch. v. Basel, VII, 505.

zu unterhalten und 1766 eine Kirche zu erbauen vermochte.¹) Im gleichen Jahre 1707 hat Genf auch eine Proselyten-Kammer eingerichtet.

Die Neuenburgerkirche war ganz vom dominierenden Einfluss Osterwalds geleitet. Wie sein Katechismus, so kam auch seine Bibelübersetzung, die sich durch bedeutende Vorzüge empfahl²), in allgemeinen Gebrauch, und 1713 wurde auch die Liturgie neu gedruckt. Die Selbständigkeit gegenüber dem Fürsten erhielt darin ihren Ausdruck, dass das Recht kirchlicher Behörden, die Exkommunikation auszusprechen, noch 1712 gesetzlich anerkannt wurde; dieselbe wurde aber auch dadurch gekräftigt, dass der König zur Bestreitung der Pfarrbesoldungen die bisher gewährte Beisteuer durch eine feste Dotation für Kirchen- und Schulzwecke ersetzte.³)

Noch ist aus Bünden zu erwähnen, dass die evangelischen Gemeinden 1718 eine neue romanische Bibelübersetzung erhielten, aber im Veltlin die eine Zeitlang wieder geduldeten reformierten Bewohner im Februar 1728 endgültig zur Auswanderung gezwungen worden sind.

Die angeführten Vorkehren zum besten der Kirche konnten, so gut sie gemeint sein mochten, doch diejenigen keineswegs befriedigen, welche Glauben, nicht Bekenntniszwang, Liebe, nicht Sittengesetze verlangten und, von einem andern Kirchenbegriff ausgehend, mit ihren tiefern religiösen Gemütsbedürfnissen sich von der offiziellen Unterrichts- und Polizeianstalt abgestossen fühlten. Pietistische Bewegungen tauchten daher immer wieder auf und nahmen jetzt sogar teilweise einen kirchenfeindlichen Charakter an. Es zeigten sich zwei Strömungen, welche aber, beide in der Sehnsucht nach innerer Seelengemeinschaft mit Gleichgesinnten — im Gegensatz zur bloss natürlichen Volksgemeinschaft — einig, oft schwer unterscheidbar in einander übergingen.

Die einen waren berührt von der neuen lebhaften Triebkraft, welche der Pietismus durch das Auftreten des Grafen L. v. Zinzendorf und die Stiftung von Herrnhut erhalten hatte. Wurden auch in der Schweiz keine herrnhutische Gemeinden begründet, so entstanden doch an vielen Orten kleinere unter sich und mit dem Mutterhause verbundene Kreise, sogenannte „Societäten". Die An-

---

¹) Finsler, Kirchl. Stat., 510.
²) Mezger, Bibelübersetzung, S. 217.
³) Finsler, Kirchl. Stat., S. 489 u. ff. Vergl. dazu auch: Bonhôte, Les gouverneurs de Neuchâtel pendant le XVIII⁰ siècle. Mus. Neuch., XXVII, 125 u. ff.

hänger dieser Richtung blieben in ihrer ererbten Kirche, hauchten ihr aber einen neuen Geist ein, der sich einerseits in grösserer Innerlichkeit und religiöser Wärme, anderseits in einem gewissen Thätigkeitsdrang nach Aussen kundgab.

Andere dagegen verirrten sich, vielleicht nur unter dem Druck des Widerstandes, den sie nicht zu besiegen vermochten, in eigentlichen Separatismus und näherten sich, in ungeduldigem Dringen auf den höhern und übernatürlichen Ursprung der Religion, den mehr oder weniger bedenklichen Kreisen der damals in Deutschland sich zeigenden „Inspirierten".[1]

Zürich war davon im ganzen nur wenig berührt; immerhin sah sich die Obrigkeit 1742 veranlasst, das Verbot der „Konventikel" wieder in Erinnerung zu rufen. Die persönliche Erscheinung Zinzendorfs brachte hier eine gewisse Erregung; 1747 wurde deshalb ein fremder Prediger ausgewiesen. Seit 1757 hielt der Pfarrer Hürlimann zu Pfäffikon Privatversammlungen, in welchen eine mystische Frömmigkeit gepflegt wurde. Noch später entstand in Zürich eine eigene Abteilung der Brüdergemeinde, welche (1761) 40 Mitglieder zählte.[2] In der damals noch zu Zürich gehörenden Stadt Stein am Rhein hatte sich eine solche schon 1739 gebildet.

Unter dem Einfluss des Herrnhutergeistes stand der Pfarrer Johann Schmidlin zu Wetzikon (1722—72), der als trefflicher Liederdichter und Komponist sich bekannt und beliebt gemacht hat.[3] Sein „Singendes und spielendes Vergnügen reiner Andacht" lässt keinen Zweifel über die eingetretene Veränderung des Geschmacks und der religiösen Bedürfnisse, so wenig als das 1755 erschienene „Musikalische Halleluja" des Kantors Bachofen am Karolinum in Zürich. Auch ihr Zeitgenosse, der Pfarrer Johann Heinrich Oschwald (geboren 1721) zu Andelfingen, später Diakon und seit 1767 Antistes in seiner Vaterstadt Schaffhausen, wird geradezu als „Herrnhuter" bezeichnet, und sogar das damalige Haupt der Zürcher Kirche, der Antistes Johann Konrad Wirz (1737—69), ein bis in sein hohes Alter gern gehörter Prediger, stand im Ruf, ein Herrnhuter und „Konventikler" zu sein, wohl nur deshalb, weil er kein Freund der hierarchischen Bekenntnisstrenge war. Wahrscheinlich stammt aus eben dieser Zeit die polemische Satyre, „Der pietistische Guggu zu Winterthur", welche 1896 nach einer nicht datierten Handschrift herausgegeben worden

---

[1] Hagenbach, K.-Gesch. des XVIII. und XIX. Jahrhunderts, Bd. I, 163.
[2] Finsler, Zürich im XVIII. Jahrhdt., S. 105 u. ff.
[3] Wirz, Züricher Minist., 202.

ist¹), und es dürfte vielleicht hier die richtige Stelle sein, auf die feine Bemerkung A. Schweizers hinzuweisen, dass der Pietismus hauptsächlich in den Munizipalstädten der grössern Kantone einen günstigen Boden gefunden hat, somit wohl ein Element von politischer Unzufriedenheit darin verborgen war.

Diese Erscheinung tritt uns nämlich auch in der Berner Kirche entgegen, und zwar mit weiterer Ausdehnung auf die vom „Regiment" ausgeschlossenen bürgerlichen Familien der Hauptstadt. Dass der Sohn des wegen Schwärmerei exilierten Samuel König als Unterzeichner einer politischen Kundgebung im Jahr 1744 ebenfalls in die Verbannung wandern musste, ist bereits erwähnt worden; aber auch unter den Verschworenen von 1749 kehren Familiennamen wieder, welche im Pietistenprozess von 1699 erschienen sind, wie die Müslin, Fueter, Küpfer u. s. w. So finden wir denn auch zuerst eine derartige Bewegung in Aarau.

Der zweite Stadtpfarrer Johann Ernst begann 1740, nachdem er schon dreissig Jahre lang im Kirchendienst thätig gewesen, intensiver als die gewohnte Amtspflicht forderte, sich namentlich an die Jugend zu wenden und dann, unterstützt durch den Eifer eines Kandidaten Ammann aus Schaffhausen, eine „Extraordinari-Aktion" mit Bibellesen und freiem Gebet in Abendstunden zu eröffnen. Obwohl die Visitatoren bezeugten, dass er dabei alle „prudentiam ecclesiasticam" beobachtet habe, nahm doch sein anfänglich scheinbar einverstandener Amtsbruder, Gabriel Seiler, bald Anstoss an diesen geistlichen Uebungen, und als nun noch ein Herrnhuter, der „exstudiosus" Daniel Schmuziger, als überspannter Agitator erschien, auch Laienprediger auftraten — der Drechsler Balthasar Hess — und die Frommen auf der Strasse mit Spott und Beschimpfungen begleitet wurden, da teilten sich die Bewohner der Stadt in „zwei Sekten", in „Ernstische und Seilerische Leute".²)

Doch auch in den vornehmsten Familien der Berner Aristokratie gab es Anhänger der neuen Richtung. Von dem Anteil des Friedrich von Wattenwyl an der Gründung von Herrnhut ist schon die Rede gewesen.

Durch ihn vornehmlich verpflanzte sich die Richtung nach Bern. Er besuchte seine Vaterstadt wiederholt, so 1730 und 1731, diesmal in Begleitung des bekannten „Zimmermanns" Christian David und zweier anderer „Brüder"; dann wieder 1739, wo von

---

¹) Von Dr. J. J. Welti, als Neujahrsblatt der Hülfsgesellschaft in Winterthur für 1897.
²) Mss. H. H., III, 58 (Nr. 1), u. XII, 102 (Nr. 3, der St.-B. Bern.

einem „besonders gesegneten Besuch" erzählt und neben Niklaus von Wattenwyl, Friedrichs Bruder, auch des Postmeisters Fischer, der Fräulein Sybilla Jenner und der Witwe Barbara Lutz geborne Fischer besonders Erwähnung gethan wird. Aber auch Zinzendorf selbst kam nach Bern; 1740, 1751 und 1757 verkehrte er in der Familie seines Freundes; er suchte den Pfarrer Samuel Lutz in Diesbach auf, und mächtig wirkte die Erscheinung des frommen Grafen auf alle, die dafür empfänglich waren. Derselbe richtete 1741 ein besonderes Schreiben „an den Herrn Antistes der Kirche zu Bern"; Albrecht von Wattenwyl, Herr zu Diesbach, berief zwei deutsche Herrnhuter-Brüder, um die Leute seiner Herrschaft religiös zu bearbeiten, und das Landgut der Familie von Wattenwyl zu Montmirail am Neuenburgersee wurde jetzt ein Mittelpunkt der herrnhutischen Bewegung in der Schweiz.

Leidenschaftlich war zwar hier die Abneigung gegen diese Art der Frömmigkeit. Der Widerstreit zwischen der hergebrachten bürgerlichen Gottesfurcht und dem kosmopolitisch-gefühligen Wesen war gross; er wurde noch durch Einbildung vergrössert. In den handschriftlichen Sammlungen des Dekans Gruner finden wir aus dem Jahre 1744: „Herrnhutische Lehrsätze und Ausschweifungen" zusammengestellt [2]), dazu Schmähschriften, wie: „Graf Zinzendorf oder herrnhutische Lehre und vor der ehrbaren Welt abschäuliche Greuel", von 1749.[3]) Gedruckt erschien das: „Sendschreiben an einen vornehmen Mann, was von denen so häufig in der Schweiz sich befindenden Geisttreibern, Pietisten, zu halten", Strassburg (Bern) 1744, verfasst, wie man annimmt, von dem als Gelehrter und Litterat viel genannten, aber nach seinem Charakter nicht eben vorteilhaft bekannten Professor Georg Altmann.[4]) Ob ein Fall religiösen Wahnsinnes, der 1753 in Langenthal vorkam, mit diesen Dingen in Zusammenhang stand, wagen wir nicht zu entscheiden.[5])

Später scheint das Misstrauen sich etwas beruhigt, die Anerkennung der idealen praktischen Ziele zugenommen zu haben; nach einem Briefe aus dem Jahre 1774 „boten Obrigkeit und Geistlichkeit in Bern der Sache allen wünschbaren Beistand". Die

---

[1]) Trechsel, im Berner Taschb., 1859. Auch F. Keller, Zinzendorf's Aufnahme in der Schweiz, im Basler Jahrbuch, 1888.
[2]) Mss. H. H., XII, 103 (Nr. 5), der St.-B. Bern.
[3]) Mss. H. H., XII, 105. Ib.
[4]) Hallers Bibl., III, Nr. 627. Ueber Altmann s. später.
[5]) Nachricht was sich in Langenthal mit Maria U., die vom Teufel besessen, 1753 begeben hat, in Siml. Samml., I, 238.

Professoren Stapfer¹) und Kocher²), der Pfarrer von Greyerz³) und der Helfer Langhans⁴) bezeugten lebhaftes Interesse, namentlich an der Heidenmission; die eigentliche Stütze blieb aber immer die Familie von Wattenwyl. Friedrich Rudolf, der Sohn des genannten Niklaus, verheiratete sich mit der jüngsten Tochter des Grafen von Zinzendorf; er war Aeltester der Herrnhuter-Gemeinde zu Barby. Sein Vater Niklaus selbst ist 1783 in Herrnhut gestorben.

In St. Gallen war es der Kaufmann Heinrich Giller, der Sohn eines aus Montpellier flüchtigen Hugenotten, der durch seine ungewohnte religiöse Begeisterung von sich reden machte. Als zwölfjähriger Jüngling begab er sich nach Lyon in der Absicht, unter den Galeerensklaven thätig zu sein. Durch Lucius, bei dem er einige Zeit in Amsoldingen zubrachte, trat er mit den Berner Freunden in Verbindung und widmete sein Leben den Zwecken der Brüdergemeinde, welcher er 1740 sich förmlich angeschlossen hatte.⁵)

Vom Geist dieser Gemeinschaft wurde seit 1741 auch der reformierte Teil von Graubünden gewaltig ergriffen. Die Pfarrer Wille zu Chur und Perini zu Scanfs im Engadin begeisterten sich für Zinzendorfs Schriften und fanden Gesinnungsgenossen in Volk und Geistlichkeit, und besonders auch unter den adeligen Familien des Landes, so dass bei einer Synode zu Ilanz 1749 die Mehrheit der Prediger zu herrnhutischen Ideen hinneigte.⁶) Erbitterter Widerspruch blieb nicht aus; er machte sich in heftigen Schriften Luft, 1760 sogar in einem förmlichen Verdammungsurteil von Seiten der Synode, und führte noch später, 1773 bis 1775, aus Anlass einer von Jakob Pernice in Samaden gehaltenen Leichen-

---

¹) Wahrscheinlich Johannes Stapfer, geboren 1719, gestorben 1801, Professor der Theologie seit 1756, der bekannte Bearbeiter des bernischen Psalmenbuches von 1783 und Verfasser mehrerer Werke. Sein ebenso als theologischer Schriftsteller ausgezeichneter Bruder Johann Friedrich Stapfer, geboren 1708, war zehn Jahre lang Hauslehrer in der Familie v. Wattenwyl zu Diesbach, dann Pfarrer daselbst bis zu seinem Tode, 1775. S. über beide: Allg. D. Biogr., XXXV, 459. Ueber den erstern auch Herzogs R. E., XIV, 606.

²) David Kocher, Professor der Hebr. Sprache von 1761, gestorben 1792.

³) Abraham von Greyerz, Pfarrer an der Nydegg und am Münster, seit 1766 oberster Dekan, gestorben 1778.

⁴) Georg Langhans, 1765 Helfer, dann Pfarrer am Münster, gestorben als Pfarrer zu Siselen 1790.

⁵) Z. Teil nach dem eben citierten Mss. Furer.

⁶) Lorenz, P., Joh. Bapst. von Albertini, Ein Lebensbild. Chur 1894.

predigt, zu recht ärgerlichem kirchlichem Zank¹); man fand schliesslich für nötig, von jedem Geistlichen die eidliche Erklärung zu verlangen, dass er in keinem Verkehr mit Zinzendorf stehe.²)

Nirgends aber hat die religiöse Unruhe einen höhern Grad erreicht als in Basel; nirgends war aber auch die Neigung zum Separatismus, zu eigentlich sektirerischem Treiben grösser als hier.³) Anfangs schien dies nicht der Fall zu sein. Von Seiten der Behörden sah man nur darauf, dass die Privatversammlungen nicht der Arbeit Abbruch thun, nicht Parteiungen unter den Hausgenossen erregen, und dass sie nicht von Personen beiderlei Geschlechts besucht werden; fremde Lehrer wurden fern gehalten und milde schonende Behandlung hatte die Bewegung in ungefährlichen Bahnen erhalten.

Das Aufkommen des Pietismus in dieser zweiten Periode knüpft sich an den Namen des Pfarrers Hieronymus d'Annone in Waldenburg, der 1739 als beredter Verteidiger der neuen Frömmigkeit auftrat, und dann, seit 1746 nach Muttenz nahe bei Basel versetzt, als Haupt- und Mittelpunkt der Richtung dastand.⁴) Nach Muttenz fanden Sonntags ordentliche Wahlfahrten statt von solchen, die den erweckten Prediger hören wollten, und vergebens suchten die Behörden diesem „unanständigen Geläuf", wie sie es nannten, Schranken zu setzen. D'Annone war ein edeldenkender aufrichtig-religiöser Mann, dem wohl mit Recht nichts anderes vorgeworfen werden kann, als dass er die Geister, die er geweckt, nicht zu beherrschen verstand. Ein Besuch Zinzendorfs bei seinen Basler Verehrern gab Anstoss durch die ihm dargebrachte und entsprechend hingenommene Vergötterung. Aus Prattelen vernahm man bald von krankhaften Visionen eines Mädchens aus Zeglingen, von Symptomen arger Ueberspanntheit und religiösen Wahnes bei dem Weber Daniel Riggenbacher; aus andern Dörfern

---

¹) Vergl. Hallers Bibl., III, Nrn. 668—672.

²) Finsler, K. St., 293.

³) Thurneysen, im Basler Jahrb., 1896. Eine etwas sonderbare, aber durchaus nicht wertlose Quelle ist auch Abrah. Kyburz: „Unparteiische Beschreibung alles dessen, was sich seit 1752 bis auf diesen Tag Denkwürdiges zugetragen mit denen Separatisten und Wiedertäufern im Kanton Basel (Trachten und Tische, 1754 u. 55). Ochs gibt zwar Nachrichten, aber es fehlt an Verständnis.

⁴) J. Ch. Riggenbach: H. d'Annone, Abriss seines Lebens, samt einer Auswahl seiner Lieder. Basel 1870. Die Charakteristik des Mannes, bei Hagenbach, Gesch. des XVIII. u. XIX. Jahrh., I, 184 u. ff. S. auch Pietismus, Separatismus u. Anabaptismus in der Landschaft Basel während des XVIII. Jahrh., Kirchenblatt, 1859, S. 99 u. ff., Feuill.

der Landschaft von Zittern und Schreien in den Versammlungen und andern Anzeichen ungesunder Ausartung.

Jetzt schritt auch die Obrigkeit ein: Gefängnisstrafen, Ausstellung am Pranger und Landesverweisung wurden ausgesprochen; d'Annone selbst sah sich zur Rechenschaft gezogen; aber der Fanatismus steigerte sich. Um entgegenzuwirken verbreitete 1753 der Professor der Theologie Jakob Christoph Beck[1]) seine Schrift: „Ueber den Ungrund des Separatismus"; allein auch diese, obwohl im ganzen ruhig gehalten, scheint nur noch gereizt zu haben; denn sie erhielt eine äusserst leidenschaftliche Antwort von Hans Ulrich Mewille und Hieronymus Fäsch: „Kurzer Bericht auf das in Basel wider die sogenannten Separatisten herausgegebene Traktätlein". (4⁰). Völlig im Ton der alten Wiedertäufer stellt sich hier die ungelehrte Laienfrömmigkeit gegen das geistliche Amt: „Die Wahrheit wird verdunkelt, welches jederzeit von den Gelehrten geschehen ist, die in Synagogen und hohen Schulen gelehrt sind worden." — „Der Author des Buches (von Beck) thut, als ob wir etwas auf den heutigen Gottesdienst halten thäten und nur über die Kirchenzucht klagten; aber nein — es ist nicht dem also, sondern dieser ganze Gottesdienst ist übel und von Gott verworfen, darum wir mit demselbigen keine Gemeinschaft haben können; denn man kann Gott nichts Wohlgefälligeres thun, als das, was er selber durch seinen heiligen Geist in den Menschen wirket."

Der Rat setzte eine Specialkommission ein, am 5. März 1754. Zuchthausstrafe wurde gegen die Fehlbaren — auch mehrere Frauen — erkannt, aber in Verweisung gemildert; nur Mewille, welcher das Verbot übertrat, kam wirklich ins Gefängnis.[2]) Er leistete indessen bald, schon im August, demütige Abbitte und wurde, nachdem der Widerruf gedruckt erschienen war (17. und 24. August) wieder aus der Haft entlassen. Die übrigen Verbannten wandten sich zum Teil auf bernisches Gebiet oder nach der Herrschaft Röthelen jenseits des Rheins und setzten hier ihre Thätigkeit fort, wobei sie hier und da auch von Geistlichen begünstigt wurden. Bemerkt zu werden verdient, dass Mewille sich mit der Verführung durch „Freigeister" entschuldigt, und dass ein gewisser Fricker, der um verächtlicher Reden willen über

---

[1]) Ueber ihn: Hagenbach: Die theol. Schule Basels.

[2]) So nach Thurneysen. Zehender (IV, 179) weiss von einem Georg Senff aus der Pfalz, der auf die Galeeren verschickt wurde, und von einem Rud. Rohr aus Lenzburg, der als Berner Unterthan nach Bern ins „Schallenhaus" kam.

das Abendmahl und die heil. Schrift mit den Andern verurteilt wurde, geradezu nicht als Pietist, sondern als „Deist" bezeichnet wird. So nahe waren auch jetzt noch beide gegen das Staatskirchentum sich empörende Richtungen verwandt.

Nach neuen Klagen über Separatisten im Basler Gebiet wurde 1772 das Verbot der religiösen Privatversammlungen erneuert.

Die Stadt Genf sah sich 1754 ebenfalls durch einen fremden Schwärmer, Mainfait, in Unruhe versetzt, welche aber durch Bannisierung des Verführers und einiger Verführten bald wieder gestillt werden konnte.

Mehr die ursprüngliche Verwandtschaft mit der Aufklärung verriet dagegen wieder ein Streit, der bald nachher in der Grafschaft Neuenburg ausbrach. Eine Anzahl vertriebener Züricher Pietisten hatte sich 1739 in Convet im Val-de-Travers niedergelassen und genoss hier trotz ihrer abweichenden religiösen Sitten des obrigkeitlichen Schutzes. Allein im Jahre 1758 wurde bei der jährlichen Censur der Geistlichkeit gegen den Pfarrer in Ponts, Ferdinand Olivier Petitpierre (geboren 1722 und seit 1755 in Ponts), die Anklage erhoben, dass er mit Berufung auf die Güte Gottes die Ewigkeit der Höllenstrafen leugne. Petitpierre wurde 1759 nach La Chaux-de-Fonds versetzt, aber hier wiederholte sich der Angriff von der „Compagnie des pasteurs" und die Zumutung an den Prediger, dass er durch Schweigen über diese Lehre sich Duldung erkaufe. Petitpierre verweigerte dies, musste jedoch, obwohl die Gemeinde für ihn eintrat und Friedrich der Grosse, Fürst von Neuenburg, mit einem bekannten Witzwort zu seinen gunsten entschied, sein Amt bald verlassen. Der Streit, der darüber ausbrach und zu principiellen Erörterungen über die Rechte der Geistlichkeit, der bürgerlichen Stände und des Fürsten führte, gilt als der erste Anlass zu den politischen Unruhen und Aufstandsversuchen von 1768.[1])

Aber auch die alten ländlichen Wiedertäufer waren noch nicht „abgeschafft", nahmen vielmehr weltliche und kirchliche Behörden fortwährend in Anspruch.

Aus Zürich heisst es: Man habe 1709 einige Täufer getötet, so viele, als man bekommen konnte, ins Gefängnis geworfen, einige nach Frankreich in den Krieg geschickt und noch andere auf die Galeeren verkauft.

---

[1]) Monnard (v. Müller, Schw.-Gesch., XI, S. 236 u. ff. Apologie de M. Petitpierre, mit einer Histoire abrégée de ses démêlés avec la classe, 1701. — S. auch Finsler, Ein Kirchenstreit aus dem vorigen Jahrhundert, im Volksblatt für die ref. Schweiz, 1875, S. 59.

Bern griff zu ähnlichen Verzweiflungsmassregeln; es hatte 1702 sogenannte „Täuferjagden" eingeführt; aber die Unmenschlichkeit der Massregel selbst und die dabei vorgekommenen Unfuge von Gewaltmissbrauch verstärkten nur das Mitgefühl mit den Verfolgten, die Empörung über die Verfolger, die sich allmählich immer deutlicher regte und sich besonders den von der öffentlichen Meinung verantwortlich gemachten Geistlichen oft recht unliebsam zu bemerken gab.

Am 11. Mai 1707 kam wieder ein „Täufer-Mandat", weil das frühere allzu nachsichtig befolgt worden sei. Die Pfarrer sollen es jährlich auf Martini von den Kanzeln verlesen und darüber predigen. Neben treuer Seelsorge wird ihnen auch strenge Kontrolle anbefohlen über die, welche von Unterweisung und Abendmahl fern blieben.

Aber die Täufer waren noch zäher als ihre Verfolger; das Uebel dauerte unverändert fort und störte leibliches und geistiges Gedeihen, bis man sich zuletzt zu einem ganz andern Verfahren entschloss, das allerdings Erfolg versprach, aber kaum weniger grausam war als das früher befolgte: es war dies die massenhafte Zwangsauswanderung.

Der Gedanke an eine Abschiebung der lästigen Leute durch Vermittlung der Ostindischen Compagnie in Amsterdam war schon 1699 aufgetaucht aber wieder aufgegeben worden, jetzt schien sich ein anderer Ausweg zu bieten, nämlich Kolonisierung in Amerika, und zwar teils in Süd-Carolina, welches der im englischen Dienste stehende Berner Christoph von Graffenried mit Ansiedlern zu bevölkern wünschte, teils in Westindien durch zwei andere Unternehmer. „Wir sind entschlossen", schrieben Schultheiss und Rat von Bern am 15. März 1710 nach Basel, „einige in unserm Kanton befindliche Wiedertäufer in Americam relegieren und abführen zu lassen", und am folgenden Tage meldeten sie ihrem diplomatischen Vertreter im Auslande, dem Herrn von St. Saphorin, dass die Einschiffung in Rotterdam stattfinden solle. Jeder dieser unfreiwilligen Auswanderer erhalte von Staates wegen 25 Reichsthaler, wovon die eine Hälfte bei der Abfahrt in Bern, die andere auf dem Schiffe.[1])

Unter endlosen Schwierigkeiten für die Behörden und unsäglichen Beschwerden für die Verbannten gingen nun 1710 und 1711 einige solche Transporte ab, die meisten über Holland, wo

---

[1]) Mss. H. H., XI, 8 Nr. 10°, der Stadt-Bibl. Bern. — Müller, Täufer S. 297 u. ff. Ein erstes Verzeichnis nennt nur 26 Personen. — Siehe auch Zehenders B. K.-Gesch., IV., 49.

man für ihre Aufnahme und Pflege Geld gesammelt hatte und sich redlich um sie bemühte. Doch nur ein Teil ging wirklich nach Amerika, viele blieben in den Niederlanden, andere wandten sich nach Brandenburg und Preussen, dessen König ihnen Zuflucht gewährte.¹) Die Zahlen werden sehr verschieden angegeben; von einer Fahrt heist es, dass von 500 zur Deportation Bestimmten nur 307 wirklich eingeschifft worden seien.²)

Schon bei der Abreise kamen ärgerliche Dinge vor; einige widersetzten sich, manche ergriffen im letzten Augenblicke die Flucht, und zum grossen Verdrusse der Berner kehrten nicht wenige auch aus Holland wieder zurück, wo man trotz Vorstellungen und Verträgen jeden Zwang im freien Lande als unzulässig bezeichnete.³)

So war denn der Zweck auch damit keineswegs erreicht. Gegen die Zurückgekehrten, als Wortbrüchige, wurde neuerdings mit Galeeren- und Zuchthausstrafe gewütet.⁴) Umsonst erhob jetzt die Geistlichkeit ihre Stimme dagegen. Der Konvent berief sich (1714) in einer bei aller formellen Demut doch recht kräftigen Eingabe auf den Glauben an die „einige Gerechtigkeit Jesu Christi, welche diese armen und sonsten in vielen Stücken irrende Menschen bis dahin mit uns bekennen".⁵) Allein diese Fürbitte fand üblen Empfang und eine schriftliche Antwort mit der höchst befremdlichen Behauptung, dass „so man denselben — den Täufern — fernern Lauf gelassen hätte, die gesammte Regierung in Gefahr gestanden und der ganze Stand (Staat) den völligen Umsturz hätte befürchten müssen". So half das denn nichts; sechs „Täufer und Diebe" wurden nach Sizilien geschafft und erst 1715 wieder befreit. Wir treffen auf neue Mandate vom 9. September 1718, vom 17. Mai 1722 und 17. März 1729⁶), aber auch immer wieder auf die Erwähnung von Täuferversammlungen, so in

---

¹) Ueber die Brandenburger Kolonie siehe hiervor S. 101.
²) Müller, a. a. O., 290. — Zehender spricht (S. 52) von fünf Schiffen.
³) Ueber alle diese, übrigens im einzelnen noch etwas unklaren Verhältnisse: Müller, a. a. O. Bezügliche Verordnungen und Originalerlasse von 1709 bis 1711 in Mss. H. H., III, 38, der Stadt-Bibl. Bern.
⁴) Mandat vom 24. Mai 1714, mit einer längern rechtfertigenden Einleitung, bei Müller a. a. O., S. 349, auch vollständig bei Zehender, IV, 102, wo die dagegen gerichtete Einsprache der Geistlichkeit und des Konvents.
⁵) Das sehr interessante Aktenstück steht vollständig in Zehenders B. K.-Gesch., IV, 107—110, aus dem Konventsmanual Bd. I, abgeschrieben. Die Antwort ebendaselbst.
⁶) Das erste und dritte bei Müller a. a. O., S. 352 und 356, das zweite in Mss. H. H., XI, 10 (Nr. 161) der St.-B. Bern.

Langnau, Signau, Höchstetten und Trub, besonders aber in den Gemeinden des solothurnisch-bernischen Bucheggberges, in den Dörfern Oberwyl bei Büren, Schnottwyl, Gossliwyl, Biezwyl.[1])

Erst jetzt gelang eine weniger grausame Kolonisation, einesteils im Fürstentum Neuenburg[2]), anderseits in den Gebieten des Bischofs von Basel, wo sich schon seit dem XVI. Jahrhundert einzelne Täufer niedergelassen hatten, und wo die arbeitsamen, ackerbaugewohnten Emmenthaler auf den wenig bevölkerten Höhenzügen des Jura eine für ihre Eigenart günstige Ansiedelung fanden. Der katholische Kirchenfürst bot ihnen, was die protestantische Heimat beharrlich versagte: ein friedliches, genügsames Dasein bei ungestörter Ausübung des Gottesdienstes in ihrer Weise. Weder die Anfechtungen von Seiten der angeblich geschädigten Nachbarn, noch zeitweise innere Meinungsdifferenzen zwischen einer strengeren und freiern Richtung vermochten das stille Gedeihen der Täufergemeinden im Münsterthale und auf den Freibergen auf die Dauer zu stören, in deren zerstreuten Familiengruppen sich ein von der Bildung abgeschlossenes und äusserst einfaches „praktisches Christentum" entwickelte.[3])

Unterdessen war aber eine veränderte Stimmung mit aller Macht hereingebrochen, und auch die Obrigkeiten konnten sich derselben nicht länger verschliessen. Eine beredte Apologie der Anabaptisten, die von dem Waadtländer Samuel de Treytorrens verfasste „Lettre missive à L.L. E.E. de Berne par un de leurs sujets" (1717), blieb mit ihren heftigen Ausfällen auf die im Namen der Berner Regierung verübten Abscheulichkeiten nicht unbemerkt.

---

[1]) Müller, a. a. O., 353 und 354. Eines der traurigsten Monumente aus dieser Zeit ist der auf gedrucktem Formular ausgestellte Revers einer alten Täuferin: „Nachdem M. hochgeehrte Herren der Täuffer-Kammer sich des Zustands diser teufferischen Weibes, Namens Katharina Steiner von Dürs-Rüthi, Kirchhöre Langnauw, eigentlich erkundigt, habend selbige ira, besag Hoch-obrigkeitlichen Gewalt, bewilliget, dass sie, als alt und prästhaft, bey Hause still und eingezogen sich halten könne, mit höherem Vorbehalt, dass sie keinen teufferischen Leuthen Einzug geben, ab ihrem Herd sich nicht verfügen, noch einige teufferische Persohnen besuchen solle, bey oberkeitlich bestimmter Straff fahl Widerhandlens. Darum sie auch Bürgschaft laut ordnung gestellt hat. Actum 30. Decemb. 1734. Bescheint: Hieronymus Engel, Secretarius. Als Bürg: Michel Küpfer, von Dürs-Rüthi, Ihr Sohn." Mss. H. H., III, 38 (Nr. 8), der St.-B. Bern.

[2]) Chatelain, Les anabaptistes du Val-de-Ruz im Musée Neuch. XX. Die höchst beachtenswerte Erklärung des Königs bei Müller a. a. O., 331. Es sollen 17 Familien mit 77 Köpfen gewesen sein.

[3]) Einige allerdings nur vereinzelte statistische Angaben aus dem Jahre 1724, bei Müller, a. a. O., 247.

Der Täuferjagden schämte man sich bald; seit 1730 hörten sie vollständig auf; am 4. Dezember 1743 wurde auch die Täuferkammer aufgehoben und ihre Aufgabe der allgemeinen Religionskammer übertragen. Man begnügte sich jetzt mit der mehr als harmlosen Weisung, dass durch bessern Unterricht dem Täuferwesen abgeholfen werden solle.[1])

Einer der letzten Erlasse der Täuferkammer hatte — so sehr war plötzlich das Abschreckungssystem überwunden — den Satz ausgesprochen: Man müsse „mit dergleichen Leuten einen liebreichen und sanftmütigen Umgang haben und sie, wenn sie vom Gottesdienst ausblieben, nit alsbald vor Chorgericht beschicken und um Geld strafen, welches ihnen sehr zuwider ist„.[2])

Die öffentliche Meinung ertrug die fernere Misshandlung dieser braven Leute um so weniger, da jedermann fühlte, dass nicht mehr Sorge für das Seelenheil der Unterthanen, auch nicht mehr Glaubenshass oder Vorurteil, sondern einzig eigensinniges Beharren bei dem hergebrachten Regierungssystem und schliesslich rettungslose Verlegenheit dazu bewogen hatte, die Strenge immer höher zu spannen; ebenso darf nun aber auch als gewiss angenommen werden, dass gerade der Abscheu vor dem, was vom starren Staatskirchentum — von Seiten des Staates, aber im Namen der Kirche — gegen die wackern Märtyrer der Gewissensfreiheit gesündigt worden ist, nicht wenig dazu beigetragen hat, den Grundsätzen erst der Toleranz, dann der „natürlichen Religion" und dann der Religionsfeindschaft, den Weg zu bereiten. Ein bernischer Beamter, der Landvogt zu Erlach, hat damals (1711) seiner Regierung, die ihn nach dem Vorkommen von zu bestrafenden Täufern anfragte, die sehr bezeichnende Antwort gegeben: *„Dass leider und wohlbekannter Maassen in dem Amt Erlach sich keine solchen Leute befinden, die nur im Verdacht sein könnten, im wenigsten Wiedertäufer zu sein; wohl aber befinden sich leider so viele derjenigen, die wegen Ungehorsams gegen die hohe Obrigkeit und deren heilsame Ordnung besser meritierten, aus dem Lande geschafft zu werden."* [3])

Allerdings hat es noch gefährlichere Leute gegeben als die Herrnhuter, Separatisten oder Täufer damals waren. Das bernische Gebiet ist in der Mitte des Jahrhunderts der Tummelplatz einer der allerbedenklichsten Sekten geworden, bei welcher es sich nicht

---

[1]) Müller, a. a. O., 352.
[2]) Müller, a. a. O., S. 364.
[3]) Müller, a. a. O., 357 u. ff.

um abweichende Glaubenslehren oder harmlose Ansichten handelte, sondern um sehr handgreifliche moralische Verirrungen. Wir reden von dem Unfug der sogenannten **Brüggler-Sekte**.[1]

Schon 1749 trieb ein Hans Joss im sogenannten „Schwarzwassergraben" bei Bern als Verführer und religiöser Wüstling arges Unwesen. Er wurde mit Ruten gestrichen 1751 und auf ewig verbannt; seine öffentliche Ausstellung in der neuen Kirche zu Zimmerwald, mit eigens bestellter Gelegenheitspredigt durch den Dekan J. J. Zehender, machte der Sache scheinbar ein Ende.

Doch bald kam es noch schlimmer: in der nämlichen Gegend, zu Brügglen bei Rüeggisberg, lebten damals zwei Brüder Kohler, von welchen namentlich der eine, Hieronymus, sich hervorgethan hat. Als Propheten und Busspredigar, dabei auch als Wunderthäter traten sie auf, wussten sich durch angebliche Weissagungen, Wunder-Heilungen, besonders auch durch geschickte Angriffe auf die verweltlichte und vom Glauben abgefallene Kirche, ein grosses Ansehen und vielen Zulauf zu verschaffen. Hieronymus Kohler gab sich, halb in Grössenwahn verfallen, halb in schlauer Berechnung auf seine Umgebung, für den neuen Messias aus, für den Stifter einer neuen Kirche und des wahren Gottesreiches, in welchem die Gläubigen nicht mehr sündigen und über das Gesetz erhaben sind.

Bald schlug die sich steigernde spiritualistische Schwärmerei in den abscheulichsten Antinomismus über. Die äusserliche gesetzliche Ehe, wie sie „in der Welt" herrscht, wurde abgeschafft, dafür die neue geistige Ehe eingeführt, das heisst der wildeste Ehebruch und unbeschreibliche Ausschweifung. Erst mit dem Tode des Hieronymus Kohler, der am 15. Januar 1758 in Bern als Gotteslästerer hingerichtet wurde, und mit der Flucht seines Bruders, erlosch dieses sehr trübe Feuer, welches eine Zeit lang Kirche und Staat in arge Aufregung versetzt hat.

5. Die Aufklärung.

Im Jahre 1707 wurde in Genf ein gewisser André Robert Vandenet als Anhänger des Deismus zur Rechenschaft gezogen und bestraft[2]; 1714 liess der Pfarrer Abraham Bertschi zu Twann,

---

[1] Kyburz, Das entdeckte Geheimniss der Bosheit der Br. Sekte. Zürich 1753, in 2 Teilen. — Nachrichten von der Br. Sekte Kohlers, in Sinnl. Samml., I, 297. — Meister, E., Helvet. Scenen der Schwärmerei u. Intoleranz. Zürich 1785. — Zehenders B. K.-G., IV, 165—178.

[2] Fazy, Procès et condamnation d'un déiste à Genève, in den Mém. de l'Institut, XIII, 3—11.

der früher in Bern Spitalprediger gewesen war, ein zu Basel gedrucktes Buch erscheinen, das, mitten in die Erörterungen über die Consensusformel hineinfallend, gewaltig erschreckte und sofort verboten wurde. Die Unterdrückung scheint gelungen zu sein, aber es verrät seine Tendenz durch den Titel: „Grundfesten der wahren Religion".[1]) Am 16. Februar 1727 predigte der Pfarrer Calame zu Iferten, der schon früher erklärt hatte er werde die Prädestinationslehre bei Seite lassen, über Phil. IV, 5. und sagte dabei unter anderm: „La plus grande hérésie, comme l'a très bien remarqué un père de l'église, c'est la dépravation des mœurs; la bonne vie par contre est la pure orthodoxie". Ein Barthélémi Haldimand, „homme sans étude", beschwerte sich schriftlich in Bern über Calame: „Qu'il prêche l'indifférence des religions, qu'il enseigne le ministère de Satan". Die Classes von Iferten und Romainmotier traten für den Angefochtenen ein, aber das Gutachten des Berner Konvents lautete ungünstig: Ein Satz der Predigt „komme auf den Naturalismus, Universalismus und Indifferentismus hinaus, als ob wenig daran gelegen, welcher Parthey jemand zugethan, weilen man in andern Religionen könne selig werden". Calame wurde auf eine andere Stelle versetzt.[2])

Ein Jakob Fischer von Romanshorn wurde 1729 als Sozianer bestraft und schliesslich in Zürich im Spital eingesperrt.[3])

Das waren die ersten Anzeichen dafür, dass sich eine geistige Bewegung vorbereite, welche weit über die Beseitigung der Consensusformel hinausschreiten werde. Bisher war die Theologie durchaus orthodox — im heutigen Sinne des Wortes — das heisst Gottgläubig, Bibelgläubig, Christusgläubig; die Arminianer, Amyraldisten und Pietisten in allen Färbungen nicht weniger, als die Wächter der alten Bekenntnisdogmatik.

Jetzt kam eine ganz andere Denkweise auf, und zwar, was an sich schon den Gegensatz gegen die bisherige Lage bezeichnet, nicht sowohl durch Theologen, als vielmehr durch Laienschriftsteller; eine Denkweise, die auf völlig abweichendem Boden steht, auf andern Voraussetzungen beruht, andere Ideale verfolgt, als sie bis dahin allgemein gewesen waren. An die Stelle der bisherigen Ueberschätzung der Bekenntnisse trat in ziemlich schroffem Umschlag, zuerst bei Wenigen, dann rasch bei Vielen, eine aus-

---

[1]) Memorial des Konvents wegen Abraham Bertschis, Predikanten zu Twann, ausgegebenen Buchs, 1716. Kopie in Mss. H. H., VIII, 52 Nr. 15º.
[2]) Die Predigt wurde mit den übrigen bez. Schriften gedruckt, Hallers Bibl., III, Nr. 602.
[3]) E. A., VII, 1, 798.

gesprochene Gleichgültigkeit dagegen, ein Zurückgehen auf das Allgemein-Menschliche, ja Selbstverständliche in der Religion, nicht selten aber auch Gleichgültigkeit, ja Hass gegen das Christentum selbst, das man so lange mit jenen vergänglichen Gestaltungen verwechselt hatte und das man jetzt so leicht mit jenen verwarf. Die Stimmen mehrten sich und wurden immer lauter, die der Meinung waren, dass, wie Lessing nachher zu verstehen gab, keiner der drei Ringe, um die man sich herumstritt, der richtige sei, dass die Religion gerade nur in dem allein bestehe, was alle Kirchen übereinstimmend besitzen, oder auch — dass die Religion selbst ein Wahn und eine Verirrung des menschlichen Geistes sei.

Die Dogmen, die man so lange als Götzen verehrt hatte, wurden jetzt nicht nur zu ihrer richtigen Bedeutung degradiert, sondern, wie die Heiligenbilder der Reformationszeit, im Zorn zerschmettert; mit dem Gefäss, in dem das Allerheiligste bis dahin eingeschlossen gewesen, wurde auch sein Inhalt achtlos auf die Erde geworfen.

Dieser allgemeinen Stimmung, die mit dem Beginn des XVIII. Jahrhunderts plötzlich die weitesten Kreise ergriff, konnte auch die reformierte Schweiz sich nicht entziehen. Der englische Deismus, der zwar am Dasein Gottes und dem Walten einer sittlichen Weltordnung festhielt, dagegen vom Glauben an eine göttliche Offenbarung, an die Bibel und an Christus als Erlöser vollständig absah, fand hier verhältnismässig nur wenig Eingang. Viel wichtiger und namentlich viel erkennbarer ist der Einfluss der französischen Philosophen geworden, welche von der „natürlichen Religion" und dem Vorsehungsglauben der Engländer fortgeschritten sind zur entschiedenen Bestreitung und Verspottung des Christentums und der in den Kirchen aller Konfessionen verkündigten Lehren und bis zur bewussten Feindschaft auch gegen die sittliche Seite der Religion.

Der Hauptvertreter dieser französischen „Philosophie" des XVIII. Jahrhunderts, welcher als Schriftsteller, wie als Mensch, bei aller Frivolität und leichtsinnigen Spottsucht, bei allem Ingrimm gegen den Kirchenglauben, doch gerade noch Idealität und Ernst genug hatte, um auf das Geschlecht seiner Zeitgenossen dauernden Eindruck zu machen, Voltaire, lebte während längerer Zeit ganz nahe bei Genf und hat eine unmittelbare und persönliche Einwirkung auf diese Stadt und durch sie auch auf die übrigen reformierten Gebiete, allermeist auf die höher gebildete Gesellschaft, ausgeübt. Sein Hass und Hohn traf zunächst die katholische Kirche Frankreichs, in der er aufgewachsen war, und deren Unwahrheit und konventionelle Heuchelei zu seiner Zeit ihren Höhepunkt erreicht hatte; allein gerade während seines Aufenthaltes in Fernex und seiner Berührungen mit der Genfer Geistlichkeit zeigte es sich deutlich, dass die Nüchternheit und Kunstlosigkeit, vielleicht sogar Langweiligkeit des calvinischen Gottesdienstes, der steif pedantische Ernst, die puritanisch-strenge Moral, die Angst vor den Ausgelassenheiten des Theaters und des Luxus, Voltaires Spottsucht beinahe noch mehr reizte, als die weltförmigern Einrichtungen des katholischen Kultus.

In Schrift und Wort hat Voltaire keine einzige Gelegenheit vorübergehen lassen, ohne die kirchlichen Institutionen Genfs der allgemeinen Lächerlichkeit preiszugeben, mit Witzworten, welche, wenn auch oft ganz unberechtigt und verständnislos, wenn auch für viele durch ihre gotteslästerliche Leichtfertigkeit empörend, doch so fein und mitunter auch so treffend waren, dass sie, von Mund zu Mund gehend und überall mit einer gewissen Schadenfreude angehört, die grosse Menge der Genfer Bevölkerung vollständig von ihrer bisherigen Ehrerbietung vor ihrem Consistoire und ihrer Compagnie des pasteurs abwendig machten.[1]

Jeder Versuch der Geistlichen, ihr Ansehen gegen den Spötter zu wahren, schlug unter solchen Umständen zu ihrem Schaden aus, und die Festhaltung an der üblichen und sonst mit gebührendem Respekt hingenommenen Kirchenzucht war bald zur Unmöglichkeit geworden. Alle schwachen Seiten der Dogmatik, die Lehre von der Erbsünde, von der Dreieinigkeit, von der Satisfaktion durch den Tod Christi, von der buchstäblichen Inspiration der heil. Schrift, wurden vom Standpunkte des gemeinen Menschenverstandes aus schonungslos als Aberglaube verhöhnt, und bei der Art, wie dieser Glaube bisher nur durch die Staatsgewalt war aufgezwungen worden, konnte es nicht schwer sein, die Menge zur Meinung zu bringen, dass alle Frömmigkeit nur Heuchelei und Berechnung, Lehre und Predigt absichtliche Erfindung sei, um die Menschen im Zaum zu halten und gehorsam zu machen.

Der ungeheure Einfluss, den Voltaire auf diese Weise ausgeübt hat, beruhte aber auch auf einer andern Seite seines Auftretens, welche auch von denen, die seinen Unglauben verabscheuen, sogar bei der persönlichen, vielmehr bei der geschichtlichen

---

[1] Saint-René Taillandier, La Suisse chrétienne et le XVIIIe siècle. Genève et ses écrivains. Revue des deux mondes, 1862. — Du Bois-Melly, Mœurs genevoises en 1700 à 1760. 2e édit., Genève et Bâle 1882.

Beurteilung nicht übersehen werden darf. Er hat gewisse Töne des natürlich-sittlichen Gefühles anzuschlagen gewusst, welche von der Kirche teils zu gunsten der Dogmatik vernachlässigt, teils nur theoretisch-künstlich abgeleitet und darum nicht mehr verstanden worden waren.

Er war in Wirklickeit ein Prediger der Menschlichkeit und Duldsamkeit und zeigte sich als solcher in seinem kräftigen Protest gegen den an Calas in Toulouse verübten kirchlichen Justizmord. Je grösseres Aufsehen begreiflicherweise das Geschick der unglücklichen Hugenottenfamilie in dem reformierten Genf erregt hatte, je aufrichtiger das Interesse und die Sympathie war, die man den unschuldig Verfolgten entgegenbrachte, um so mehr mussten nun auch die Genfer denjenigen bewundern, der den Mut gezeigt hatte, eine solche Scheusslichkeit in verdienter Weise zu brandmarken. Voltaire erschien als ein Befreier aus unerträglichen Zuständen, und seine Lehre von der religiösen Toleranz als ein neues Evangelium, durch welches nun die Welt einer bessern Zeit entgegengehen werde. Voltaire hat bei dieser Gelegenheit einer seit Jahrhunderten vergessenen Seite des Christentums wieder zu ihrem Rechte verholfen, der allgemeinen Menschenliebe und der Achtung vor dem Gewissen, und leichten Herzens warfen die Zeitgenossen, um den Preis dieser Wahrheit das ganze übrige Christentum weg.[1]

Der zweite Herold der französischen antikirchlichen Philosophie, der die Gesinnung des XVIII. Jahrhunderts bestimmte, Jean Jacques Rousseau, hat nicht nur bei Genf gelebt, er war selbst ein geborener Genfer, und hat, obwohl stets im Auslande weilend, doch mehr als einmal direkt in das innere Leben seiner Vaterstadt sich eingemischt. Rousseau, der bekanntlich reformiert getauft und erzogen, bei erster Gelegenheit katholisch geworden, später zum reformierten Bekenntnis zurückgekehrt ist, predigte in seiner eigenen Person die vollständigste Gleichgültigkeit gegen die konfessionelle Form des Christentums in den historisch vorhandenen Kirchen; in mehreren seiner berühmtesten Schriften richtete er sich aber auch direkt dagegen. In den selbstbiographischen „Confessions" begründet er seine Abwendung von jeder positiven Religion, in seiner pädagogischen Schrift „Emile" proklamiert er die Herrlichkeit rein menschlicher Geistesentwicklung vermittelst der natürlichen Religion.

Weit weniger als Voltaire war Rousseau eine im eigentlichen Sinne irreligiöse Natur; seine Schwärmerei für Menschenglück

[1] Hagenbach, Gesch. des XVIII. und XIX. Jahrhunderts, 22—32.

und Menschenliebe, sein sentimentales Mitgefühl für alle Interessen der Humanität, war für ihn eine Art von Religion, und die Grausamkeit, mit welcher er in der Welt herumgehetzt worden ist, die Ueberzeugungstreue, mit der er auf alles gewöhnliche Glück verzichtete, liess ihn vielen im Lichte eines Märtyrers erscheinen, namentlich denen, die ihn nur aus seinen Schriften kannten; und doch hat er kaum weniger als sein Zeitgenosse dazu beigetragen, die bisher geltenden religiösen Vorstellungen zu zerstören.

Die Schriften von Voltaire und Rousseau, die nun überall hindrangen, wo man überhaupt damals französisches Wesen als Vorbild pflegte, waren nicht das einzige Mittel, auf welchem diese Gesinnung in die Schweiz eindrang. Gross war die Zahl der Männer aus den höhern, gebildeten Klassen, aus Zürich, Bern, Graubünden, um nur die reformierten zu nennen, welche in französischen Diensten jeweilen einige Jahre zubrachten, und dann, zum grössern Teile vom dort herrschenden Geiste angesteckt, als aufgeklärte, der Religion entfremdete, oft recht leichtsinnige und oberflächliche Leute wieder in die Heimat zurückkehrten, um hier die höchsten und einflussreichsten Staatsämter zu übernehmen, oder als Landvögte irgendwo mit dem Volke direkt in Berührung zu treten.

Wer unter ihnen zu ernst gesinnt war, um dem Atheismus zu verfallen, betrachtete im günstigsten Falle den Glauben an die hergebrachte Kirchenreligion als eine Notwendigkeit für das ungebildete Volk, das diesen für die Philosophen überflüssigen Ansporn zur Tugend nicht entbehren könne, und fuhr fort, der Kirche und ihren Einrichtungen eine gewisse Achtung zu bezeugen und dem Gottesdienste beizuwohnen, um damit ein gutes Beispiel zu geben. Allein der Glaube daran war verschwunden, und das Volk liess sich darüber nicht täuschen. Das böse Beispiel wirkte, das gute Beispiel wollte nicht mehr verfangen, und nur um so mehr setzte sich das Vorurteil fest, dass die Religion eine Erfindung der Herrschenden sei.

Die Gewalt, mit der diese Richtung vordrang, offenbarte sich, wie so oft, zuerst an dem Widerstande, den sie an den Mächten, Einrichtungen und Interessen des Bestehenden fand. Typisch ist in dieser Hinsicht der Wettsteinhandel. Basel zählte auch neben Samuel Werenfels in Kirche und Universität eine Anzahl trefflicher Gelehrter. Da war vor allen der Antistes Hieronymus Burckhardt, geboren 1680, gestorben 1737 (7. Mai), und sein Altersgenosse, der 1681 geborene und 1737 gestorbene Jakob Christoph Iselin, der vielseitig gebildete Historiker und Herausgeber des grossen nach ihm benannten Lexikons, früher Professor in Marburg; dann der Orientalist Johann Ludwig Frey, erst Professor der Geschichte, später des Alten Testaments, der verdiente Begründer des Frey-Grynaeus-Instituts (geboren 1682, gestorben 1759); ferner der bedeutend jüngere, aber früh verstorbene Johann Grynaeus (1705 bis 1744), Professor der Dogmatik, der würdige Vertreter des berühmten Theologengeschlechts, und endlich sein Nachfolger, Jakob Christoph Beck (1711—1785), der uns als Gegner der Separatisten begegnet ist, der aber in seinem „Compendium der Dogmatik" mit seiner starken Neigung zum ethischen Massstab der Beurteilung schon eine, nach Hagenbachs Ausdruck, „etwas erweichte" Orthodoxie vertrat.[1])

Aber alle diese Theologen, Werenfels mit eingeschlossen, dienten als Männer der Kirche noch durchaus dem, wenn nicht als einzig wahr, so doch als einzig heilsam betrachteten Lehrsystem, und daran vermochte auch der 1722 unternommene Anlauf zur Reform und Hebung der stark zurückgegangenen Universität nichts zu ändern, da man den wirklichen Fehler, den grundsätzlichen Stillstand der Lehrentwicklung, die unnatürliche Beschränkung der wissenschaftlichen Freiheit, nicht als solchen erkannte.

Eine andere Stimme wurde laut, aber man ertrug sie nicht und stiess sie aus. Wettstein gehörte nur in sofern zu den Aufklärern, als sein Angriff auf die hergebrachte Lehre nicht, wie bei den Pietisten, von den praktisch-religiösen, sondern von den wissenschaftlich-verstandesmässigen Gesichtspunkten ausging, das bisher unbekannte Recht der freien Forschung in Anspruch nahm und deshalb jetzt auch die als Gegner fand, welche vorher zur Beseitigung der Consensusformel mitgewirkt hatten.

Johann Jakob Wettstein, der 1693 in Basel geborene Neffe des Professors Johann Rudolf Wettstein (des ältern, 1614 bis 1684), war schon mit 13 Jahren studiosus theologiae und hatte, im frühreifen Drange der natürlichen Beanlagung, sofort mit der Vergleichung der neutestamentlichen Texte mit grosser Gründlichkeit sich zu beschäftigen begonnen. Nachdem er infolge dieser Studien in Cambridge ein Mitarbeiter von Richard Bentley geworden, war er in Basel als Helfer zu St. Leonhard bald ein beliebter Prediger, zugleich aber auch unbesoldeter Lehrer (Privatdozent) an der Universität, und fuhr als solcher fort, eine berichtigte Ausgabe des Neuen Testamentes vorzubereiten.

---

[1]) Ueber alle diese: Hagenbach, Die theol. Schule Basels (1860), S. 42—48. Ueber Beck auch Allg. D. Biogr., II, 213.

Seine Absicht war kein Geheimnis, erregte aber bedeutenden Anstoss. Man fand das Unternehmen eben so schädlich als unnötig, da ja der richtige Text längst bekannt sei, und die vorhandenen Uebersetzungen vollkommen genügen. Seine Zweifel gegen den textus receptus wurden als Impietät und Auflehnung wider die heilige Schrift erklärt und die absurdesten Verdächtigungen verbreitet. Selbst die Tagsatzung wurde mit der Angelegenheit des „Diakonus Wettstein" behelligt, der die Gottheit Christi leugne und die Glaubwürdigkeit der Bibel bestreite. Am 13. Mai 1730 wurde er seines Amtes entsetzt. Er begab sich nun nach Holland und gab dort 1734 seine für die Geschichte der neutestamentlichen Textkritik so wertvolle und epochemachende Arbeit heraus. Als Professor an der Hochschule der Remonstranten in Amsterdam ist er am 9. März 1754 gestorben. Der Prozess gegen den ebenso scharfsinnigen und gewissenhaften als religiös harmlosen Gelehrten bietet eines der unerfreulichsten Blätter aus der Kirchengeschichte des XVIII. Jahrhunderts[1]), und es hat dieser Ausläufer der Consensus-Theologie so viel Widerwillen gegen die Buchstabengläubigkeit erregt, dass dadurch die Aufklärung mehr herbeigerufen als zurückgehalten worden ist.

Der Strom liess sich nicht mehr aufhalten und ging jetzt auch über die mildere Richtung hinweg. Zürich, von wo aus noch gegen Wettstein kirchenamtlich gehetzt worden war, musste kurz hernach den ausgesprochensten Arminianismus in seine theologische Schule eindringen sehen. Joh. Jak. Zimmermann, geboren 1695, machte seine Studienreise, schon vorhandener Neigung entsprechend, nach den Niederlanden und kehrte als Anhänger von Limborch und Clericus, Tillotson und Grotius nach Zürich zurück. Als verdächtig wurde er deshalb anfangs zurückgestellt, dann aber 1737 zu allgemeiner Verwunderung „praeter omnium opinionem" zum Professor theologiae erwählt. „Ich bin jetzt noch, schrieb er dabei, in suspicione heterodoxiae, und mit Recht, wenn die Orthodoxie in Calvinismo et canonibus synodi Dordracensis besteht". Er machte kein Hehl daraus, dass er die bisherige Rechtgläubigkeit als einen sittlichen Fehler betrachte, als ein Häretifizieren, welches geradezu

---

[1]) Acta oder Handlungen betreffend die Irrthümer und anstössigen Lehren des Herrn J. J. Wettstein, gewesenen Diakonus zu St. Leonhard, enthaltend die Bedenken eines Ehrenden Conventus theologici und seine, Hrn. Wettsteins, selbsteigenen Schutzschriften, samt andern dazu dienenden Dokumenten. Basel 1730. — Eine eingehende Darstellung von Hagenbach, in Illgens Zeitschrift für hist. Theol., 1839, I. — Schweizer, Centr.-Dogm., II, 744—747.

die Ursache des Unglaubens sei. Eine öffentliche Schulrede, die er 1741 hielt, reizte zum Angriff. Man forderte vom Rate, dass er einschreite gegen „eigenmächtige Aenderungen der Lehre". Eine Kirchensynode (1742) pflegte längere Verhandlungen darüber. Zimmermann verteidigte sich, wusste zu beruhigen und blieb schliesslich unangefochten. Er ist „von Vielen übel angesehen, von Wenigen hochgeachtet", 1757 gestorben. Seine „Opuscula theologici, philosophici et philologici argumenti" sind 1751—59 im Druck erschienen.¹)

Nicht seine Person, seine Richtung hatte gesiegt. Joh. Jak. Lavater, seit 1737 Hottingers Nachfolger als Professor der Kirchengeschichte, teilte Zimmermanns Anschauungsweise; die aufgeklärte, freie Theologie setzte sich in Zürich fest.

Es ist wohl nicht unrichtig, wenn Schweizer sagt, dass in diesem Zeitpunkte eine „würdige Orthodoxie nicht mehr möglich war". Wie die gewichtigsten Angriffe gegen die Kirchenlehre jetzt nicht von theologischer Seite herkamen, so konnte auch eine wirksame Verteidigung des Christentums nur von Laien ausgehen.

Als Apologet tritt uns hier vor allen die mächtige Gestalt Albrecht Hallers entgegen.

Sein Einfluss auf kirchlichem Gebiete ist nie unmittelbar hervorgetreten; über sein Verhältnis zur Religion sind trotzdem ganze Bücher geschrieben worden²), und aus eben diesem Grunde hat ihm Nippold in seiner „Neuern Kirchengeschichte" ein mehrere Seiten langes Kapitel gewidmet. Für die Geschichte der schweizerisch-reformierten Kirchen ist er von besonderer Bedeutung geworden, wie um seiner wissenschaftlichen und menschlichen Grösse willen, so ganz vorzüglich als Repräsentant der kirchlichen Uebergangszeit.

Albrecht Haller, 1708 in Bern geboren, war Zeitgenosse von Voltaire und Rousseau; allein die Tiefe seines Wissens und Forschens, mehr noch die Gravität, die ihm eigen war, der moralische Ernst, der seine Gesinnung beherrschte, hat ihn nicht nur vor der Oberflächlichkeit bewahrt mit der jene die religiösen Dinge behandelten, und vor der Leichtfertigkeit, mit der sie ihre Zweifel, unbekümmert um die Folgen, in die Welt hinaus warfen; es zwang ihn dieser sein Charakter auch, den religiösen Fragen

---

¹) Fritzsche, O. J., Vita J. J. Zimmermanni, celeberrimi quondam theologi Turicensis, zur Jubelfeier Georg Gessners, 1841. — Finsler, Zürich im XVIII. Jahrhdt., S. 133 u. ff. — Schweizer, Centr.-D., II, 792—806.

²) Baggesen, A. v. Haller als Christ und Apologet. Bern 1865. — Güder, A. v. Haller als Christ, Rede im Auftrage des ev. kirchl. Vereins. Basel 1878.

das gründliche Interesse zuzuwenden, welches ihnen unter allen Umständen als geschichtlichen und psychologischen Thatsachen gebührt. Haller begnügte sich nicht mit der allgemeinen pietätsvollen Festhaltung an der Kirche und ihren Lehren, er hat sich wissenschaftlich damit beschäftigt, als Forscher, als Denker und Philosoph.

Schon seine Gedichte sind voll von moralischen Reflexionen über Gott und Ewigkeit, über den Ursprung des Uebels in der Welt, und überall tritt jener tief-religiöse Sinn der Ehrfurcht vor Gott und der göttlichen Weltordnung hervor, ein gewichtiges, ja fast drückendes Gefühl der Verantwortlichkeit im Angesicht des Ewigen. In spätern Jahren hat er sich aufs lebhafteste für die von den Herrnhutern unternommene Heidenmission interessiert. Die Sache war neu und Haller hat mehrere Aufsätze darüber geschrieben. Im Innersten abgestossen von den Aeusserungen rohen Unglaubens, wie sie bei den französischen Materialisten hervortraten, schrieb er dann im Alter seine „Briefe über die wichtigsten Wahrheiten der Offenbarung", 1772, und seine „Briefe über einige Einwürfe noch lebender Freigeister wider die Offenbarung", 1775.[1])

Allein gerade diese Titel seiner theologischen Schriften verraten, dass auch er sich dem Einflusse seiner Zeit nicht zu entziehen vermocht hat. Seine Religion war doch eine Art von Vernunft- und Naturreligion, denn von der Wahrheit des christlichen Glaubens überzeugte er sich durch vernünftige Gründe, durch Beweise; was die Bibel lehrt, das stützte er durch sein natürliches Wissen; so sprach er von der „Lehre Jesu", von dem „Vorbilde Jesu", nicht in den Worten der Dogmatik von seinem erlösenden Tode. Der Standpunkt, den Haller einnimmt und vertritt, ist wesentlich derjenige des ältern Supernaturalismus der Wolfischen Schule, welcher darauf ausging, durch gewisse Verstandesbeweise die Göttlichkeit der heiligen Schrift und die Wahrheit des Christentums zu begründen. So urteilt ein Theologe, der Hallers Denkungsart gerade nach dieser Seite zum Gegenstand einer speciellen Untersuchung gemacht hat.[2]) Unverkennbar bestand in seinem Innern ein gewisser Kampf zwischen seinen anerzogenen und immer bewahrten Empfindungen und seinen davon unabhängig zu Stande gekommenen religiös-philosophischen Ansichten, oder, sagen wir,

---

[1]) Die erstern neu herausgegeben nebst Hallers Lebensbild, von O. v. Greyerz. Bern 1877.
[2]) Güder, a. a. O.

ein Zwiespalt zwischen dem, was er glauben wollte und dem, was er wirklich glaubte, ein Zwiespalt, der nie völlig ausgeglichen worden ist und als Ursache der Melancholie erscheint, welche bekanntlich seine letzten Lebensjahre verdüstert hat.

Wichtig für die Kirchengeschichte ist Haller mehr durch das geworden, was er war, als durch das, was er sagte und schrieb, insofern als er für seine Zeit als christlicher Naturforscher ersten Ranges dem Atheismus der Andern im Wege stand und für alle Folgezeit den Beweis geleistet hat, dass wahrer religiöser und moralischer Ernst auch solche Krisen zwischen Glauben und Wissen zu überwinden vermag, weil Religion und Theologie nicht identisch sind, die erstere bleibt, auch wenn die letztere sich ändern muss.

Eine ganz analoge Stellung in der Entwickelung des religiösen Gedankens nimmt Hallers Freund Charles Bonnet ein, der treffliche Genfer Naturforscher und Denker, der von der Höhe seiner geistigen Selbständigkeit über manche Kleinlichkeit und Enge der kirchlichen Gewohnheiten hinwegsah, aber die Ueberzeugung von der Wahrheit des christlichen Glaubens nicht allein mit dem Verstand für die Andern, sondern mit dem Herzen und für sich selbst, zeitlebens festhielt.[1]) Bonnet war geboren den 13. März 1720 und ist am 20. Mai 1793 gestorben.[2])

An die Seite dieser Männer wieder gehört als frommer Naturforscher auch der Basler Mathematiker Leonhard Euler, der 1707 im Dorfe Riehen bei Basel geboren, zwar meistens in Petersburg lebte und dort 1783 gestorben ist[3]), aber in seiner Vaterstadt bekannt und mit vielen schweizerischen Gelehrten verkehrend, doch vielfach als Autorität angesehen und angerufen wurde von denjenigen, die angesichts der neuen Entdeckungen der Naturerkenntnis für ihren hergebrachten Glauben bangten. Als Verteidiger des Christentums trat Euler schon 1747 mit seiner „Rettung der Offenbarung gegen Einwürfe der Freigeister"[4]) ein, in warmer Ehrerbietung vor der Weisheit und Grösse des Schöpfers, der durch tieferes Eindringen in die Natur nur immer grösser und anbetungs-

---

[1]) Vergl. sein wichtiges Werk: Palingénésie philosophique ou idées sur l'état passé et sur l'état futur des êtres vivants, ouvrage qui contient principalement des recherches sur le christianisme. Genève 1769—1770, 2 vols. Von Lavater ins Deutsche übersetzt.

[2]) Trembley, Mémoire pour servir à l'hist. de la vie de Charles Bonnet, Berne 1794. — Wolf, Kulturgesch. Biogr., III, 257—290.

[3]) Wolf, Kulturgesch. Biogr., IV, 87—134.

[4]) Berlin 1747; neu herausgegeben von Hagenbach, Basel 1851.

würdiger wird; aber auch mit dem Nachweise, dass eine übernatürliche Offenbarung möglich und für die moralische Gotteserkenntnis sogar notwendig sei. Auch bei Euler lag indessen unverkennbar der Hauptzweck der Religion in dem allgemein menschlichen Vorsehungsglauben, in der sittlich-wirksamen Anerkennung einer göttlichen Weltordnung; der positiv dogmatische Glaube an Sünde und Erlösung, an Christus und das Bibelwort, wurde mehr aus Pietätsgefühl festgehalten und gegen die Angriffe roher Oberflächlichkeit in Schutz genommen.

Aus dem Verstande hergenommene Beweise für das, was man bisher als Dogma geglaubt, das ist das Kennzeichen der neu aufkommenden Art der Frömmigkeit. Das kirchliche Bekenntnis-Christentum ist in der Verteidigungsstellung, für viele nur noch eine Sache der Gewohnheit oder des allgemeinen Respekts. Wenn 1765 die Züricher Exspektanten (Predigamts-Kandidaten) sich darüber beschwerten, dass man ihre Rechtgläubigkeit verdächtige: „Wir müssen hören, dass wir jüngere Ministri eine bloss heidnische Sittenlehre auf die Kanzel bringen und socinianische und andere gefährliche Irrtümer in unsern Predigten vortragen", so haben wir darin doch wohl nur den Beweis, zu sehen, wie sehr sich auch bei denen, die sich selbst für rechtgläubig hielten, die Sprach- und Denkweise umgewandelt hat.[1]) Als umgekehrt Joh. Kasp. Lavater im Jahre 1770, damals noch in der Kirche des Waisenhauses, über „die Kraft des heiligen Geistes predigte", erregte er allgemeines Erstaunen, das sogar in amtlichen Erörterungen seinen Ausdruck fand.[2])

Mit allem Glanze, den die reformierten Kirchen aufzubringen wussten, wurde 1719 in Zürich und in Basel, 1728 in Bern, die zweite Jubelfeier der Reformation begangen. Die Berner Obrigkeit lud dazu alle ihre Mitverbündeten ein, nebst Genf, Neuenburg, Biel, Mühlhausen und dem evangelischen Teile des Münsterthales. Reden wurden gehalten, Feuerwerke wurden abgebrannt und Medaillen geschlagen, aber der Sinn war nicht mehr der alte; durfte man doch in einer der Festpredigten sagen: „Was hilft es dir, lieber Mensch, dass du von dem Joch jenes Römischen Herrn befreyet bist und aber unter das Joch des Satans und ärgsten Antichristen bis in die Erden hinein gekrümmet, gebücket und getrucket einher gehen musst. Es ist ja eine grosse Thorheit: sich freuen, nit wissen warum!"[3])

---

[1]) Finsler, im Kirchenblatt, 1847, Nr. 4.
[2]) Finsler, im Kirchenblatt, 1847, Nr. 5.
[3]) Bericht von dem Jubeljahr, Bern 1728.

Die Bewegung ging bald darüber hinaus. Man kennt den sonderbaren Eindruck, den das grosse Erdbeben von Lissabon im Jahre 1755 in ganz Europa hervorgebracht hat, indem es den einen als Beweis gegen den Glauben an die Vorsehung diente, die andern aus dem Schlaf der Gleichgültigkeit weckte.

In den kirchlichen Gebräuchen wurde äusserlich nur wenig verändert. In Zürich wurde durch den Antistes Wirz seit 1768 die anderwärts bereits übliche Herbstkommunion und in Verbindung damit die bisher nur in der Stadt übliche, sitzende Abendmahlfeier, auch in den Landgemeinden, eingeführt, die Privat- und Haus-Kommunion dagegen neuerdings abgelehnt und verboten.[1]) Das folgende Jahr, 1769, brachte Zürich eine neue Liturgie mit der früher vermiedenen direkten Anrede im Gebetsformular.[2]) Der Massstab für die Wahrheit ist jetzt ihre Nützlichkeit für die Zwecke der Aufklärung, ihre Brauchbarkeit für die Förderung der Moralität, und diese Auffassung der Religion musste immer sichtbarer auch auf den kirchlichen Zustand einwirken. Vielleicht hat die Autorität der oben genannten Apologeten, vielleicht mehr noch die Eigenart des öffentlichen Lebens in der Schweiz dazu beigetragen, dass der Uebergang sich verhältnismässig ruhig und mit Vermeidung von Extremen vollzog. Die Rücksicht auf das Volk, zu welchem, mehr als anderswo, auch der Lehrstand sich zählt und in der Republik notwendig zählen muss, gestattete auch dem Aufgeklärtesten nicht, als einsam vornehmer Philosoph auf die Ungebildeten hinunterzusehen, für welche der Aberglaube nötig, aber auch gut genug ist; diese Rücksicht hielt ihn aber auch vor dem andern Abwege zurück, unbekümmert um die daraus entstehenden Folgen, die Einfälle eitler Spottsucht oder unreifer Oppositionslust auf den Markt zu tragen. Die geistige Gemeinschaft mit dem Volke machte einerseits Zurückhaltung, anderseits Offenheit zur natürlichen Pflicht, und wo die Vorsicht vergessen wurde, da war auch Strafe nicht unbegreiflich. Der junge Pfarrerssohn Joh. Heinrich Meister von Zürich wurde wegen religionsfeindlicher Schriften eine Zeitlang aus der Eidgenossenschaft verbannt.[3])

Es ergab sich so die alte Unterscheidung zwischen theoretischer und praktischer Wahrheit, aber dies in einer Weise, die nicht von vornherein als ungesund betrachtet werden darf, weil

---

[1]) Finsler, Zürich, im XVIII. Jahrh., 110 u. ff.
[2]) Wirz, K. und Sch., I, 84, 85, 86.
[3]) Finsler, Zürich, im XVIII. Jahrh., S. 144.

sie nicht auf selbstsüchtiger Berechnung beruhte und meistens nicht einmal zum deutlichen Bewusstsein kam. Auf diesem Boden erwuchs das Geschlecht der gemeinnützigen Pfarrer, welche ohne „überflüssiges Grübeln" die Dogmen der Kirche weder geflissentlich lehrten noch angriffen, aber dieselben als Mittel anwandten, um praktisch wohlthätig, allgemein nützlich, sittlich hebend, menschenfreundlich, belehrend und aufklärend zu wirken.

„Die Herren Prediger sind gemeinlich in ihren Predigten gar zu gelehrt und geben weitläufige Erklärungen von den Texten, die der einfältige Bauer nicht versteht; hingegen sagen sie nicht einfältig genug, was man thun sollte", hatte der berühmte, „philosophische Bauer" Kleinjogg — wohl mehr nach der Erfahrung seiner Jugendzeit — bemerkt; jetzt versuchte man den umgekehrten Weg.

An der Spitze der Kirche von Zürich treffen wir von 1737 bis 1769 den Antistes Hans Konrad Wirz, geboren 1688, der als entschiedener Anhänger einer freien Richtung, doch mit Takt und Klugheit die Geschäfte leitete und namentlich um das Schulwesen, wie auch als Verfasser mehrerer Druckwerke sich verdient gemacht hat;[1] — dann seinen Nachfolger Johann Rudolf Ulrich (1769—95), einen eigentlichen Repräsentanten der Aufklärungsperiode, der vorher Professor der Beredtsamkeit, dann des Naturrechts und zuletzt der Ethik gewesen war.

Als theologisch-philosophischer Vertreter der neuen Denkweise von einer gewissen Bedeutung begegnet uns beinahe nur — und erst von 1786 an — der jung verstorbene Heinrich Corrodi, Professor des Naturrechts und der Sittenlehre.[2] Bei den meisten überwog bereits die Richtung auf das praktische Leben oder richtiger: auf doktrinäre Belehrung, und zwar so sehr, dass gerade die hervorragenderen unter ihnen offenbar den Schwerpunkt ihrer Interessen wie ihres Wirkens eigentlich schon ausserhalb der Religion haben.

Wir finden da den gewesenen Hofprediger in Deutschland, den vielseitig gebildeten Schöngeist, Dichter und Litteraten Johann Heinrich Meister, Pfarrer zu Küsnach[3], — den feinen Schriftsteller Johann Heinrich Waser (1713—1777), Diakon in

---

[1] Wirz, Züricher M., 67.
[2] Biogr. in den von ihm begründeten und herausgegebenen „Beiträgen zur Begründung des vernünftigen Denkens in der Religion", Heft 19.
[3] Wirz, Zürch. M., S. 102, wo die Titel seiner z. Teil französisch geschriebene Werke angegeben sind.

Winterthur¹), den erst 1718 aus Deutschland wieder nach Zürich zurückgekehrten Joh. Conrad Füssli, Pfarrer zu Veltheim, Herausgeber der „Beiträge zur Erläuterung der Kirchen- und Reformationsgeschichte des Schweizerlandes" (Zürich 1741—1753, in 5 Teilen).²) Von Jakob Christoph Hartmann (1738—1802), Pfarrer zu Rorbas, wird gesagt, dass er sich berühmt gemacht habe durch Hebung des Schulwesens und des sittlichen Lebens überhaupt.³) Besonders bekannt sind der Historiker Johann Conrad Fäsi (1727—1790), der Schüler Bodmers und Breitingers, Verfasser der vortrefflichen „Staats- und Erdbeschreibung der Eidgenossenschaft" (1765—1768, 4 Bände), Pfarrer zu Uetikon⁴), und der um seiner genealogischen und geschichtlichen Forschungen willen damals viel genannte Ehrhardt Dürsteler (1678—1766), Pfarrer zu Horgen.⁵)

In der gleichen Richtung bethätigte sich Rudolf Thumeisen, seit 1741 Diakon und Pfarrer zu Wald⁶), und der als Sammler hochverdiente Johann Jakob Simmler, der einen kleinen Teil seiner unschätzbaren kirchenhistorischen Handschriften (196 Foliobände) in seiner hier so oft benützten „Sammlung" (Zürich 1757—1760), herausgegeben hat; auch er war Geistlicher und Schulmann (1716—1788)⁷), und nicht zuletzt haben wir hier an den Pfarrer zu Wildberg zu erinnern, jenen Jakob Wirz, dessen überaus fleissige Zusammenstellung der urkundlichen Verordnungen „Zur Geschichte des Kirchen- und Schulwesens im Kanton Zürich" (1793) uns so viele Dienste leisten musste. Dass auch Johann Jakob Breitinger (1701—1776), Kanonikus und Professor der Theologie, als Litterat und Kritiker, nicht als Geistlicher, berühmt geworden ist, brauchen wir nicht erst zu sagen.⁸)

Beinahe mehr noch als selbst dieser letztere machte freilich der Pfarrer Heinrich Waser von sich zu reden. Geboren 1742 und in den Kirchendienst aufgenommen 1764, ist derselbe 1770 Pfarrer zu Neumünster geworden, hat dann in der Zeit der erwachenden Volkswirtschaftslehre die geniale Abhandlung „vom Gelde" verfasst, wurde aber, nachdem schon 1776 eine Anklage

---

¹) J. H. Waser, ein Vermittler englischer Litteratur, von Th. Vetter Neujahrsblatt der Stadtbibl. Zürich, für 1898.
²) Wirz, Zürch. M., 188. — Meyer v. Knonau, im Zürch. Taschenb. 1878.
³) Wirz, Zürch. M., 151.
⁴) Wirz, Zürch. M., 181.
⁵) Allg. D. Biogr., V, 491 (G. v. Wyss).
⁶) Wirz, Zürch. M., 192.
⁷) Allg. D. Biogr., XXXIV, 355 (G. v. Wyss).
⁸) Allg. D. Biogr., III, 295.

auf Vergiftung des Abendmahlweines gegen ihn erhoben worden[1]), als Opfer eines berüchtigten politischen Prozesses, am 27. Mai 1780, als gefährlicher Staatsverbrecher wegen Hochverrat hingerichtet[2]), mit vielen andern ein Beweis, wie gerade die Begabtesten, durch Familien-Tradition zum geistlichen Beruf bestimmt, sich damals in demselben nicht mehr glücklich fühlen konnten, weil zwei sich früher deckende Kreise sich gegen einander zu verschieben begannen.

In den kirchlichen Gebräuchen fand dabei wenig Veränderung statt. Durch den Antistes Wirz wurde seit 1768 die anderwärts bereits angeordnete Herbstkommunion und in Verbindung damit die bisher nur in der Stadt übliche sitzende Abendmahlfeier auch in den Landgemeinden eingeführt.[3]) Hier mag nun des Vorfalls gedacht werden, der bei der Feier im Herbst 1776 ein ganz ausserordentliches Entsetzen erregt hat, nämlich der Vergiftung des Abendmahlweines, die glücklicherweise noch rechtzeitig entdeckt worden ist.[4])

Nachdem zur Hebung des Kirchengesangs der Stifts-Moderator Johann Rudolf Ziegler 1759 eine neue Liedersammlung, dann 1763 eine verbesserte Uebersetzung sämtlicher Psalmen herausgegeben hatte[5]), versuchte man es 1768 mit einer sachlichen Anordnung und Auswahl der kirchlich hergebrachten Lieder; allein eine amtliche Revision des Kirchengesangbuchs wagte man nicht, und so drang einerseits das pietistisch gefärbte „Musikalische Halleluja" von Joh. Kaspar Bachofen, anderseits seit 1787 das stark rationalistische des Jakob Christian Nüscheler und Professor Jakob Däniker ein, in welchem die alten Kirchenlieder nur noch spärliche Aufnahme gefunden hatten. Orgeln waren noch nicht üblich, und nur mit Widerstreben gestattete man 1777 der

[1]) Darüber später.

[2]) S. Balthasars Helvetia, Bd. IV, 288—416 und V, 127—160. — Hügli, Wasers Prozess und Hinrichtung, Biel 1890.

[3]) Wirz, K. und Sch., I, 84—86.

[4]) Vergl. „Der Verbrecher ohne seines Gleichen und sein Schicksal", Predigt über Psalm 37, 10—15, gehalten von J. C. Lavater, Pfarrer an der Waysenhauskirche zu Zürich den 29. Herbstmonat 1776 auf hohen obrigkeitlichen Befehl aus Anlass der in der Nacht vom 12. Herbstm. vor dem allgemeinen Buss- und Bettag verübten Greuelthat der Vergiftung des Nachtmahlweins. Auch eine zweite darauf bezügliche Predigt von Lavater, im Grossmünster am 24. Nov., wurde gedruckt, letztere mit einer „kurzen Erzählung von der verübten Gräuelthat" (Zürich 1777). — Dazu auch: „Das zur Mördergrube gemachte Bethaus", Predigt von Antistes Ulrich (Zürich 1777).

[5]) Simlers Samml., II, 373.

thurgauischen Gemeinde Ermatingen den Gebrauch einer solchen, die sie als Geschenk erhalten hatte.[1]

Der Gottesdienst war für viele Gebildete nicht mehr Sache der Andacht und Anbetung, sondern Gegenstand objektiver geschichtlicher Betrachtung und Reflexion. Der Chorherr Johann Jakob Breitinger verfasste seine „Historische Nachricht von den Constitutionibus der zürcherischen Kirche und wie dieselben von Zeit zu Zeit sind verbessert worden".[2] David Herrliberger gab seine „Heilige Ceremonien, gottesdienstliche Kirchenübungen und Gewohnheiten der reformierten Stadt Zürich" heraus.[3] und etwas später (1793—1794) erschien noch das verwandte Werk von Johann J. Wirz, dessen wir bereits gedacht haben.

Ein richtiges Zeitbild war es, dass man damals in Zürich davon sprach, das „finstere" Grossmünster abzutragen und einen neuen „Tempel" an die Stelle zu setzen, und dass es Breitinger nicht ohne Mühe gelang, durch sein Gutachten das ehrwürdige Gebäude zu retten.[4] Neue Kirchen erhielten Oetweil 1735 und die Vorstadt Fluntern 1763.

Von dieser Wendung blieb auch die öffentliche Predigt nicht unberührt. Hatte der Antistes Wirz „Verbindung von Glaubens- und Tugendpredigten" als zweckmässig empfohlen, so erhielten nun die philosophischen und moralischen Vorträge die Oberhand; der Diakon Klauser predigte im Grossmünster ganz rationalistisch; allein für die Anhänger dieser Lehre war der Kirchenbesuch überhaupt nicht mehr nötig; man bemerkte, da der Zwang des Gesetzes und bald auch der Zwang der Sitte aufgehört hatte, eine starke Abnahme der Zuhörerschaft, selbst auf dem Lande; nur besondere rhetorische Begabung brachte es etwa zu einem Mode-Zulauf.[5]

Nicht die Bekenntnisschranken allein begannen zu fallen: 1730 klagte die Obrigkeit über mangelnden Anstand in der Kirche, 1741 geradezu über Verachtung des Gottesdienstes, und 1773 überzeugte man sich überhaupt von der Unmöglichkeit, den alten

---

[1] Thurgauische Beiträge zur vaterl. Gesch., Heft 18, S. 37.
[2] Simlers Samml., I, Part. III. p. 1016. — Eine Geschichte des Pfarrornats in Zürich gab Furrer in Volkmars Jahrbuch der Züricher Theologen, I, 288.
[3] Zürich und Basel 1750.
[4] Finsler, Zürich im XVIII Jahrh., S. 165. Das erwähnte Gutachten wurde 1873 von J. R. Rahn gedruckt.
[5] Finsler, a. a. O., S. 159.
[6] Mezger, Gesch. der Bibel., S. 280.

Zwang der Kirchensitten aufrecht zu halten.¹) Die Strenge der Kirchenzucht auch in anderer Hinsicht hörte auf. In scheinbarem Widerspruch und doch so natürlichem Zusammenhang mit der Forderung des „praktischen Christentums" ging die Periode der Sitten- und Luxusmandate zu Ende. Das letzte der alten Art ist von 1744, die noch folgenden wurden stark modernisiert.²)

Am meisten Wert und bleibende Bedeutung für die Kirche hatten die der steten Bereinigung der Bibelübersetzung gewidmeten Arbeiten. Schon im XVII. Jahrhundert hatte sich aus einigen eifrigen Theologen ein „Collegium biblicum" zusammengefunden, das in den Jahren 1661–1667 eine Ueberarbeitung der Züricherbibel vollendete und unter hochobrigkeitlichem Schutze herausgab. Noch 1723 wurde den Unterthanen diese ausschliesslich zu gebrauchen geboten.³)

Der Pfarrer Johann Kaspar Ulrich am Fraumünster brachte sodann 1755 unter Mithülfe des Artilleriehauptmanns Joh. Konrad Nüscheler eine selbständig verfasste neue Uebersetzung zum Druck, und 1772 erschien auch unter amtlicher Autorität eine neue Ausgabe der Züricherbibel.

Allein ein gewisser Aufklärungston, verstärkt durch die ganz ungewöhnliche Zugabe eines erklärenden Realwörterbuches gab Anstoss, weniger in Zürich selbst, als in der übrigen Schweiz. Akademie und Geistlichkeit in Bern legten in einem von Dekan Abraham von Greyerz unterzeichneten lateinischen Schreiben Verwahrung ein gegen ein solches Verfahren und die damit verbreiteten irrthümlichen Lehren⁴), eine Einmischung, die hinwieder in Zürich übel aufgenommen worden ist. Noch einen starken Schritt weiter ging die Uebersetzung des Neuen Testamentes welche J. J. Stolz in Zürich in Gemeinschaft mit dem Prediger Häfeli in den Jahren 1781 und 1782 herausgab. Um ihres, wie Mezger sagt, sehr modernen Tones willen erfuhr sie heftige Angriffe und blieb als Privatarbeit ohne kirchlichen Einfluss.⁵) Ein schönes Zeugnis des Gelehrtenfleisses war Breitingers Ausgabe der Septuaginta.⁶)

Die staatliche Fürsorge begann offenbar sich der „Schule" zuzuwenden; 1765—1768 wurde eine Schulreform durchgeführt; 1771—77 eine „Kunstschule" als Bildungsanstalt für realistische

---

¹) Wirz, K. u. Sch. in Zürich, I, S. 8, 10, 12.
²) Finsler, Zürich im XVIII. Jahrhdt., S. 104.
³) Mezger, Gesch. d. Bibel, S. 280.
⁴) Mezger, a. a. O., S. 265 u. ff.
⁵) Mezger, s. a. O., 278 u. ff.
⁶) Zürich 1730, 4 Bde., 4°.

Fächer begründet; 1773 folgte die Errichtung einer höhern Töchterschule durch Professor Usteri, und diese Richtung kam auch dem Religionsunterricht zu gute, für welchen 1758 eigentliche Unterweisungsstunden zugewiesen wurden.¹) Auch das Waisenhaus in Oetenbach erfuhr in diesem Jahre zweckmässige Verbesserungen.²)

Dass der Schwerpunkt des religiösen Lebens im engern Sinne sich vom Staate auf freie Vereine zu verschieben beginne, zeigt die Entstehung der „Asketischen Gesellschaft" in Zürich, die zuerst unter dem Namen „theologisch-casuistisches Collegium" im Jahre 1768 zusammentrat, um sich mit grossem Eifer, aber anfangs in völlig rationalistischem Geiste, in monatlichen Zusammenkünften mit der Besprechung wissenschaftlich-theologischer Probleme, aber auch praktisch-kirchlicher Fragen zu beschäftigen.³) 1776 wurde aber auch auf dem Wege der Freiwilligkeit eine „Armenschule" begründet, die während einiger Zeit mit Erfolg zu wirken vermochte.⁴) Die Teurungsjahre 1770 und 1771 hatten den Wohlthätigkeitstrieb geweckt und in Bewegung gesetzt.

Von der Züricher Kirche abhängig blieb der reformierte Teil von Glarus in Liturgie, Katechismus und Bibelübersetzung. Schaffhausen, das von seinem Antistes Johann Wilhelm Meyer (1690—1767)⁵) in besonnenem aufklärendem Geiste geleitet wurde, und im übrigen ebenfalls dem Züricher Ritus folgte, nahm 1738 eine Revision seiner Kirchengebete vor. Die evangelischen Gemeinden im Thurgau, Rheinthal und Toggenburg behielten meistens den Gebrauch der Züricherbibel bei, während Schaffhausen, Appenzell, Graubünden und die Stadt St. Gallen dieselbe allmählich gegen Luthers Uebersetzung vertauschten.⁶) Appenzell (A.-R.) stellte 1742 Statuten auf für eine eigene Synode und trennte sich 1757, wie es scheint ohne andern Grund, als den Drang nach Selbständigkeit, ganz von derjenigen von St. Gallen. In Bünden gelang es, die Besoldung der Pfarrer etwas zu verbessern und den Kolloquien der Geistlichen einen amtlichen Charakter zu verleihen, so dass sie neben den gemeinsamen Synoden zur engern geistigen Verbindung der vereinzelten Gemeinden dienen konnten; auch wurde der Dekan,

---

¹) Wirz, K. u. Sch., I, 296, 302, 356, 90.
²) Wirz, K. u. Sch., I, 476.
³) Finsler, Eröffnungsrede bei der Feier des 100jährigen Jubiläums der Asketischen Gesellschaft. Zürich 1868. Festschrift z. Feier des Jubil. von F. Meyer, 1868. Vergl. auch Finsler, Zürich im XVIII. Jahrhdt., S. 132. 156.
⁴) Neujahrsblatt der Züricher Hülfsgesellschaft für 1820.
⁵) Allg. D. Biogr., Bd. XXI, S. 584.
⁶) Mezger, a. a. O., 280, 281.

als Vorsteher der Synode, nunmehr auf Lebenszeit ernannt.¹) Die Gründung des Philanthropins zu Haldenstein durch den Pfarrer Martin Planta im Jahre 1760 und dessen berühmtere Fortsetzung durch Ulysses von Salis-Marschlins verschaffte der Schweiz schon jetzt einen Anteil an der Reform der Erziehung. Die Art, in welcher die Jugend hier angefasst und auf die sie umgebende Welt hingewiesen wurde, diente mehr noch als bewusste Absicht zur Verbreitung des Aufklärungsgeistes und einer Grundgesinnung, die sich mit dem Bestehenden auf allen Punkten im Gegensatz fühlen musste.²)

Basel besass damals seinen Professor Joh. Werner Herzog (1726—1815), den Verfasser des litterarhistorischen Werkes der „Athenae Rauricae", der hernach zu den Vorkämpfern einer neuen Form religiösen Lebens gehörte. Hier lebte aber auch, nicht als Kirchendiener, vielleicht gerade deshalb um so kräftiger wirkend, das eigentliche Vorbild aller utilitarischen Philanthropen und einer der liebenswürdigsten Männer der Aufklärungszeit, der Stadtschreiber Isaak Iselin. Im Jahre 1728 in Basel geboren, ist er der Verfasser einer Anzahl von populär-philosophischen Werken, deren bekanntestes die „Geschichte der Menschheit" ist, ein Werk, in welchem er die positive Religion niemals angriff oder leugnete, in welchem aber gerade die dem Christentum eigentümlichen Lehren so ziemlich auf der Seite liegen blieben. Christus ist dazu in die Welt gekommen, um durch sein Beispiel den Weg der Tugend zu weisen und durch seine vernunftgemässen Lehren das zu offenbaren, was die Menschen eigentlich selbst hätten erkennen können, wenn nicht der Aberglaube sie verfinstert hätte. Der feinsinnige und edle, in seiner Weise fromme Mann, war der Stifter der berühmten und noch heute blühenden „Gesellschaft des Guten und Gemeinnützigen" in Basel, welche das Muster vieler ähnlichen wurde und allein schon zum Beweise genügt, dass auch der Aufklärung positive bauende Elemente nicht fehlten.³)

Nicht selten berührte sich auch dieser menschenfreundliche Thätigkeitstrieb mit dem pietistischen Zug in einer und derselben Person, in einer und der nämlichen Familie.⁴) Für viele andere

---

¹) Finsler, K. Stat., 293.
²) Ueber die Anstalt in Haldenstein siehe die Verhandl. der Helvet. Gesellschaft 1766, S. 25—64.
³) Miaskowski: „Die Gesellschaft z. Beförderung des Guten und Gemeinnützigen während den ersten 100 Jahren ihres Bestehens. Basel 1877.
⁴) Dazu: Hagenbach, Die religiöse Physiognomie Basels, im „Volksblatt f. d. ref. Schweiz", 1873, Nrn. 22 u. 23.

trat freilich gerade die Gründung Iselins nun an die Stelle der bisher gepflegten religiösen Gemeinschaft, und nicht ohne innern Zusammenhang mit der hier aufkommenden Humanitätsreligion stand die Einführung eines neuen Kirchengesangbuches mit dem rührend schönen Text: „Des Leibes warten und ihn nähren, das ist, o Schöpfer! meine Pflicht. Durch eigne Schuld ihn zu zerstören, verbietet mir dein Unterricht!"

Die Lutherbibel war in Basel herrschend geblieben und noch 1760 in einer amtlichen Auflage erschienen; die neue Bibelübersetzung, welche Simon Grynaeus, Pfarrer zu St. Peter, im Jahre 1776 herausgab, wird als „ganz willkürlich rationalisierend" bezeichnet.[1]

Die religiöse Innigkeit zog sich, wie der Trieb zur Nächstenliebe, in freiwillige Vereine mit den Gleichgesinnten und Gleichgestimmten. Das kirchliche Gemeindeleben schwand zusehends dahin. Die letzte Basler Provincialsynode wurde 1726 in Liestal abgehalten, dann hört diese Einrichtung auf und nur die äussere Form der Geschäftsverwaltung dauerte fort. Zu Gunsten der Predigerwitwen und nach dem Vorgang anderer reformierten Kantone entstand 1777 eine auf Gegenseitigkeit beruhende Stiftung.[2] Bei Gelegenheit der Aufnahme einer Wiedertäuferfamilie ins Stadtbürgerrecht wurde 1789 die Verpflichtung auf die Confessio Helvetica als staatliches Gesetz aufgehoben. Damit war, im Jahre des Beginnes der grossen Umwälzung in Frankreich, die Auflösung des konfessionellen Staatskirchentums grundsätzlich vollzogen.

In Schaffhausen wird 1761 von der Synode darüber Klage geführt, dass die Freigeisterei in den Schulen einreisse.[3] Dass in Genf der gleiche Geist herrschend geworden und vom ächten Calvinismus kaum mehr ein Schein übrig geblieben war, wissen wir aus der viel besprochenen Polemik, welche sich aus Anlass eines Artikels der grossen französischen Encyclopädie entsponnen hat. Das ironische Lob, welches d'Alembert der aufgeklärten Geistlichkeit Genfs spendete, bewog die compagnie des pasteurs 1757 zu einer Entgegnung, welche trotz ihrer grossen Worte mehr bestätigt als widerlegt hat.[4] Der Konfessionen und symbolischen Bücher wird gar nicht mehr gedacht.

---

[1] Mezger, a. a. O., S. 305.
[2] Finsler, K. Stat., 182.
[3] Lang, R., Das Collegium humanitatis in Schaffhausen, 2 Tl. (Leipzig 1896), S. 9.
[4] Etrennes genevoises, IV. — Vergl. Schweizer, Centr.-D., II, 807—811.

Selbst hier in Genf fing man an, sich der Kirchenzucht zu schämen und an Strenge nachzulassen; die Kämpfe mit dem Philosophen von Fernex, hatten der Stadt zu viel Spott zugezogen, ihr Widerstand gegen die Entstehung eines Theaters sie zu sehr dem Lächeln der Welt ausgesetzt, als dass man sich den calvinischen Rigorismus hätte länger gefallen lassen. Das Consistoire verlor seine Bedeutung; die Leitung der Kirche fiel mehr als bisher fast ausschliesslich der „Vénérable compagnie des pasteurs" zu, bis zuletzt die Macht auch dieser Behörde nur noch als Form fortbestand. Eine gewiss etwas stark von Eindrücken des Augenblicks pessimistisch gestimmte, aber allerdings höchst bedenkliche Schilderung des kirchlichen Zustandes gibt das von der oben genannten Behörde verbreitete „Mémoire de la vénérable compagnie sur les moyens de remédier au découragement pour le ministère".[1]

Die Berner Kirche blieb bei aller hergebrachten Stabilität dem Geiste des Jahrhunderts keineswegs verschlossen. Unter den Dekanen dieser Zeit ragt insbesondere Johann Jakob Zehender hervor, geboren 1687 und gestorben im April 1766, allerdings viel weniger als Mann des Kirchenregiments, was in Bern nicht möglich war, sondern als äusserst fleissiger und zuverlässiger Historiker, indem er eine ungedruckt gebliebene, aber viel benützte, durch die Abschrift zahlreicher Original-Dokumente wertvolle Geschichte der Berner Kirche hinterlassen hat.[2]

Die Predigtweise zeigt eine bei Festhaltung der alten gewohnten homiletischen Formen fast unwillkürliche Aenderung der Gedanken und Ausdrücke, welche verraten, dass der Prediger eine neue Generation vor sich hat.[3] Als beliebte Kanzelredner galten neben dem schönrednerischen und gelehrten Professor Georg Altmann (1697—1758), ganz besonders der auch als theologischer Schriftseller mit Auszeichnung bekannte Johann Friedr. Stapfer aus Brugg (1708—1775), Pfarrer zu Diesbach bei Thun[4], und sein jüngerer Bruder, Professor Johannes Stapfer (1719 bis 1801), von denen letzterer 1761 eine Sammlung im Druck erscheinen liess.

Johann Friedrich Stapfer, soll mehrere ehrenvolle Berufungen ausgeschlagen haben; er ist Verfasser einer christlichen Sitten-

---

[1] Genève 1776.
[2] Siehe im Eingang über unsere Quellen.
[3] Ischer, R., Die kirchliche Sitte. Referat, Biel 1891, vorz. S. 40 u. 41.
[4] Herzogs Th. R. Encykl., XIV, 604.

lehre, welche 1756—1758 in Zürich gedruckt und auch in die holländische Sprache übersetzt wurde, daneben auch einer „Dissertatio de Naturalismo" (Bern 1748), einer Anweisung zur Religion in Frage und Antwort (1769) und einer kleinen Homiletik. Ein „Tentamen theologiae dogmaticae" in drei Bänden gab 1741—1747 der gelehrte Pfarrer Daniel Wyttenbach heraus (1706—1779), der hernach Professor in Marburg und Inspektor der reformierten Kirche Hessens geworden ist[1]), der Vater des berühmten Philologen Daniel Wyttenbach in Leyden. Als Bearbeiter teils gelehrter Kommentare, teils populärer Erläuterungen des Katechismus werden uns ausser Rodolf und Altmann noch der Pfarrer und Dekan Albrecht Wyttenbach in Wohlen, Johann Anton de Losea, ebenfalls in Wohlen, und Johannes Ganting in Wangen a./A. genannt.[2])

Von der gänzlich veränderten Stellung auch der rechtgläubigen Theologen zur anerkannten Kirchenlehre zeugen ebenso Johann Rudolf Risolds „Beweise und Gedanken für die christliche Religion" (Bern 1775), oder Lauterburgs „Briefe über Schwärmerei" (1788).

Neben diesen Dienern der Kirche begegnen wir aber auch hier dem für die Periode charakteristischen Typus der „gemeinnützigen Pfarrer", die ihre eigentliche Thätigkeit mehr auf andern als dem specifisch religiösen Gebiet gesucht und meistens auch gefunden haben.

Zu diesen gehört der 1680 geborene Johann Rudolf Gruner[3]), der zuerst in Trachselwald und seit 1725 in Burgdorf Pfarrer, dann Dekan seines Bezirkes, als vorzüglicher praktischer Mann gewirkt hat. Von seiner Dogmatik, wenn er überhaupt eine solche hatte, wissen wir nichts; ob er Prädestinatianer oder Arminianer, Infralapsarier oder Supralapsarier gewesen, ist weder aus seinen Predigten, noch aus seinen übrigen Schriften zu ersehen. Ueber die zu seiner Zeit so lebhaft erörterte Frage der Consensusformel scheint er sich nicht ausgesprochen zu haben; dagegen war er ein Gegner des Pietismus und ein strammer Verfechter der alten kirchlichen Ordnung. Ein ungewöhnlich lebhaftes Interesse brachte er allen historischen Angelegenheiten entgegen und allem, was das öffentliche allgemeine Wohl betrifft. Er war ein Vielwisser, dessen allerdings kritiklos zusammengetragene Urkunden-

---

[1]) Lutz, Nekrolog denkwürdiger Schweizer (Aarau 1812), S. 584—585.
[2]) Frikart, a. a. O.
[3]) Berner Taschenb., 29. Jahrg. (1880), S. 1—24. — Allg. Deutsche Biographie, X, 42.

abschriften über die vaterländische Kirchen- und Profangeschichte mehr als 100 Bände füllen; daneben war er thätig als Stifter des ersten Jugend- und Schulfestes, der jährlich gefeierten sogenannten „Solennität", eines damals neuen Gedankens, der dann im pädagogischen Zeitalter überall Nachahmung fand; er war der Wiederhersteller des Orgelspiels im Gottesdienst, und drittens war er es, der mit grosser Hingebung das Entstehen der „Prediger-Witwen- und Waisenstiftung" angeregt und vorbereitet hat.[1] Am bekanntesten wurde Gruner als Verfasser der „Deliciae urbis Bernae" (Zürich 1732). In seinen Bemühungen um die Kirchenmusik hatte ihm der lateinische Schulmeister Samuel Seelmatter, der Stifter des Musik-Kollegiums in Burgdorf, vorgearbeitet, der sodann 1716 nach Oberburg kam.[2]

Ein Zeitgenosse war der wunderliche Pfarrer Abraham Kyburz aus Thun, 1750 zu Schwarzenegg entsetzt, dann wieder Helfer in Saanen, aber wegen einer allzu freimütigen Visitationspredigt 1756 nochmals abgesetzt und nun abenteuerlicher Feldprediger in der Reichsarmee, aber seit 1764 neuerdings Helfer in Thun, Verfasser vieler, z. T. theologischer Werke, unter welchen die Theologia naturalis et experimentalis" (1754), das originellste und am meisten charakteristische ist.[3] Auch Altmann war weit weniger Geistlicher, als vielmehr Litterat und Archäologe.[4] In der gleichen Richtung zeichnete sich Professor Samuel Scheurer aus (gestorben 1747), der Verfasser einer Sammlung von Biographien der Berner Reformatoren.[5]

Albrecht Stapfer aus Brugg (geb. 1722), Pfarrer zu Münsingen und später zu Mett, hat für die Oekonomische Gesellschaft Abhandlungen über „Verbesserrung des Landbaus" (1760), über „Austrocknung der Möser" (1760) und „Anlegung künstlicher Wiesen", geschrieben (1761); der Pfarrer Daniel Roder zu Affoltern im Emmenthal (gestorben 1781), ist der Verfasser des Textes zu der geschätzten „Topographie der Eidgenossenschaft" des Züricher Künstlers David Herrliberger (1774).[6]

Ein Mann von feiner Geistesbildung, aber ebenfalls mehr durch seine Thätigkeit für Naturforschung und allgemeine Volks-

---

[1] Seine bezügl. Berechnungen und Tabellen in den Mss. der St.-B. Bern.
[2] Lohner, Berner Kirchen, II, 393.
[3] Leu, Helv. Lexikon, XI, 283 gibt ein Verzeichnis (1697—1758).
[4] Leu, Helv. Lexikon, I, 159 und Suppl., I, 40, wo auch ein Verzeichnis seiner zahlreichen Schriften. — Steinmüllers Jahrbücher 1827, I, S. 164.
[5] Bernerisches Mausoleum, Bern 1740—42. Ueber ihn siehe Steinmüllers Jahrb., a. a. 1827, I, S. 163.
[6] Finsler, Zürich im XVIII. Jahrhundert, S. 85.

wohlfahrt, als durch seinen Eifer für das kirchliche Leben ausgezeichnet, war Elie Bertrand von Orbe, von 1744—1760 Helfer und Pfarrer der französischen Kirche in Bern, dann nach Polen berufen und geadelt, Verfasser einer grossen Zahl von Schriften und Mitglied der gelehrten Gesellschaften von Stockholm, Göttingen, Berlin, Florenz, Lyon u. s. w., 1797 in Iferten gestorben.[1])

In diese Reihe gehört auch G. L. Liomin, Pfarrer zu Corgémont im St. Immerthal (1724—1784), welcher als Botaniker und Mitarbeiter an den Schriften der Oeckonomischen Gesellschaft ausgezeichnet[2]), zugleich mit einem „Préservatif contre les opinions erronées sur la vie future" und dem „Essai sur la faiblesse des esprits forts" (Augsburg 1762), als Apologet auf den Kampfplatz trat, aber durch eine Stelle in letzterer Schrift seinen Landesherrn, den Fürstbischof von Basel, gegen sich aufgebracht hat.[3]) Und hier haben wir endlich auch den Pfarrer Jean Louis Muret in Vivis zu nennen (1715—1796), den Begründer der Bevölkerungsstatistik in der Schweiz[4]), der freilich ebenfalls dafür von der Nachwelt mehr Lob eingeerntet hat, als von seiner Obrigkeit in Bern.

Das Bedürfnis nach Anhörung von homiletischen Vorträgen hatte sich soweit verringert, dass im Jahr 1735 (4. Januar) in der Hauptstadt anbefohlen wurde, die jährlichen Passionspredigten nicht mehr auf die Tage einer einzigen Woche, sondern auf zwei Wochen zu verteilen; 1756 folgte dann die Anordnung des noch heute üblichen Wechsels unter den vier Evangelien.[5])

Ueber die Bearbeitung einer neuen Liturgie wurde schon seit 1725 vielfach verhandelt, doch erst von 1747 an, als der schon genannte Dekan J. J. Zehender dazu anregte, wurden wieder ernstliche Beratungen gepflogen; allein es dauerte bis Ende 1760, ehe der Kirchen-Konvent und die vom Rate eingesetzte Special-Kommission sich einigen konnten, und bis 1761, ehe das Werk im Druck erschien.[6])

---

[1]) Jeanneret, Biographies Neuchâteloises, I, 44, auch Musée Neuch., VII, (1870), p. 53.

[2]) Hallers Bibl., Bd. I, Nr. 855; Bd. II, Nr. 1068.

[3]) Kohler, Le pasteur Liomin et son livre .. condamné par l'évêque de Bâle, in Actes de la Soc. d'émul. du Jura, XXV (1874).

[4]) Zeitschr. für Schweiz. Stat., Bd. 24. — de Montet, Dictionnaire biogr., II, 218.

[5]) Frikart, a. a. O., 14.

[6]) Darüber C. Wyss in Trechsels Beitr., Heft I, S. 116—122. — Gebete für den ordentlichen Gottesdienst, Bern 1761 und 1775. — „Was sich wegen der neu einzuführenden Liturgie zugetragen", in Gruners collectanea ecclesiastica, Bd. IV, Mss. H. H., XII, 104, Nr. 4 der Stadt-Bibl. Bern.

Die Wiedereinführung der Orgeln in den Berner Kirchen, zuerst in Burgdorf, ging nicht ohne Kämpfe ab.[1]) Der Pfarrer Rudolf Keller in Maikirch gab 1752 eine Sammlung von Psalmliedern zum Gebrauch in den Kinderlehren heraus, aber erst 1775 wurde beim Gottesdienste die Lobwasser'sche Uebersetzung der Psalmen durch eine neue von Professor Johann Stapfer verfasste, ersetzt, und auch diese fand, da man die Aufnahme den Kirchgemeinden frei überliess, nur sehr langsam Eingang.[2]) Die Neuerungen liebte man nicht überall. Die Piscator-Bibel wurde noch 1743 als amtlich allein zulässig erklärt und deren öffentliche Vorlesung vor der Sonntagspredigt durch den Schulmeister angeordnet, 1775 erschien eine neue Ausgabe in 8° als Privatunternehmung, 1784 aber eine solche auf Kosten der Obrigkeit; die Lutherbibel wurde dadurch vom bernischen Gebiete, mit Einschluss des Aargaus, auf lange hinaus ferngehalten.[3]) Wie sehr die Bibelsprache selbst dem Geschlecht auf einmal fremd geworden war, zeigt eine Bettagsproklamation von 1771.[4])

Am unwiderstehlichsten offenbart sich die Macht der Zeit und der von ihr beherrschten öffentlichen Meinung in der kirchlichen Sittenzucht. Zwar wurde der Zwang zum Gottesdienst im Princip festgehalten und die 1665 eingeführte Katechisation mit den Erwachsenen, trotz teilweisen Widerspruchs, noch 1748 anbefohlen[5]); allein da wo die Ausführung versucht wurde, erregte sie mehr Unwillen als Erbauung, und auch die in der nämlichen Verordnung für gewisse Fälle vorgeschriebene und von den Chorgerichten auszusprechende Strafe des demütigenden „Herdfalls" konnte kaum noch wirklich in Anwendung kommen. Der im grossen Sittenmandate von 1716 vorgesehene Ausschluss der im Zweikampf Umgekommenen vom kirchlichen Begräbnis ist in der spätern Wiederholung von 1763 verschwunden. Im übrigen blieben die gesetzlichen Bestimmungen in der (6. und 7.) „Ehesatzung" von 1743 und 1779, wie in der 8., wieder mit dem alten Titel bezeichneten, „Chorgerichtssatzung" von 1787 (25. Januar und 2. April) im wesentlichen unverändert.

Die weltliche Obrigkeit fuhr wie bisher fort, das Kirchenwesen als einen Teil der Staatsverwaltung zu behandeln, aber

---

[1]) Vergl. darüber Trechsels Biographie von Prof. Rodolf im Berner Taschenbuch, 1882.
[2]) Frikart, a. a. O., 45. — Güder, in Herzogs K. Enc. XIV, 606.
[3]) Mezger, a. a. O., 300 u. ff.
[4]) Mss. II. II., XIII. 72 (Nr. 19).
[5]) Näheres bei Frikart, a. a. O., 71.

auch diese unfreie Stellung durch eine der Wichtigkeit der Sache entsprechende Sorgfalt aufzuwiegen. Mit dem Ankauf des Kollaturrechtes zu Thierachern, 1773, fiel wieder ein Stück eines völlig veralteten Rechtsinstitutes dahin. Privatkollatur blieb jetzt noch die Kirche zu Spiez, mit welcher um 1760 das ehrwürdige Gotteshaus zu Einigen als Filiale verbunden wurde. Gruners „Deliciæ urbis Bernæ" von 1734 zählen die verschiedenen Behörden auf, welche damals der Rat zur Aufsicht der kirchlichen Angelegenheiten bestellte: als „ecclesiastische Kammern" werden hier ausser dem Konvent, dem Schulrat und dem Kuratoren-Kollegium der Akademie von Lausanne, noch die Religions-Kommission, die Täufer-Kammer, die Proselyten-Kammer („welche diejenigen, welche die Religion ändern und zu unserer Kirche treten wollen, examinieren, annehmen oder abweisen") und die Tax-Kammer genannt, die letztere mit der besondern Aufgabe, die Einkünfte der Pfarrstellen zu regeln.[1])

Eine Revision der Prediger-Ordnung" wurde 1743 erlassen[2]), aber schon 1748 wieder durch eine neue ersetzt.[3]) Der sittliche Stand der Geistlichen hatte sich sichtlich gehoben, immerhin machte es peinliches Aufsehen, als 1730 der Pfarrer von Brienz sich im See ertränkte und ein Jahr später seine Frau als Giftmischerin in Bern verbrannt wurde.[4]) Am meisten Aergernis gaben unwürdige Umtriebe bei den Wahlen und Beförderungen an besser dotierte Stellen. Durch „Reglemente wegen Besatzung der Pfründen" suchte man 1732, dann wieder 1737, 1766 und 1772 solches unmöglich zu machen. Dem nämlichen Zwecke diente die „Juratenordnung" von 1732, als Instruktion für die Visitationen.

Das Waadtland wurde dabei keineswegs vernachlässigt, ebenso wenig die mit Freiburg gemeinsamen Gebiete; 1726, 1761 und 1778 erschienen die „Prières ecclésiastiques", 1755 und wieder 1773 der „Recueil d'ordonnances pour le pays de Vaud"; 1757 in deutscher und französischer Sprache die „Vorschrift und Ordnung für die Geistlichen in Grandson und Murten". Die Zahl der Pfarrstellen stieg von 124 (so im Jahr 1680) bis 1765 auf 165, mit Inbegriff der sieben deutschen Stellen in den Hauptorten des

---

[1]) Gruner, Del. Bern., 153.
[2]) Darüber Frikart, a. a. O., S. 6.
[3]) Vergl. Reflexionen und Gedanken über die neulich ausgegangene neu verbesserte Prädikanten-Ordnung von anno 1748, von Dekan Gruner, nebst Berichten aus den Munizipalstädten, Mss. H. H., XII. 129, Nr. 5 der Stadt-Bibl. Bern.
[4]) Lohner, die ref. K., I, 195.

Landes. Dabei wurde wiederholt die Besoldung erhöht, 1765 ein Kapital von 500,000 livres für kirchliche Bedürfnisse ausgesetzt. Bei den Pfarrwahlen war der Akademie eine Mitwirkung eingeräumt, der Rat in Bern hatte sich nur die Bestätigung vorbehalten. Jede Kirchgemeinde besass ihr Konsistorium, in welchem der Pfarrer als Mitglied amtete. Die Kirche genoss somit in der Waadt im Grunde etwas mehr Selbständigkeit, als im alten Bernergebiet; nur die Abhaltung von geistlichen Generalsynoden ohne specielle Erlaubnis des Rats war untersagt.[1])

Die Aufsicht über das Schulwesen lag thatsächlich fast ganz in der Hand der Geistlichen. Die allgemeine Schulordnung wurde 1720 umgearbeitet; die Fortschritte waren gering, da der Volksunterricht nicht als Staatspflicht angesehen wurde, die Regierung zwar befehlen konnte, aber den Gemeinden wenig Mittel zu Gebote standen, um Verbesserungen einzuführen. Am meisten fehlte es an einer tüchtigen Lehrerbildung. Der speciell kirchliche Katechisations-Unterricht erfuhr dadurch eine bedeutsame Reform, dass in der Predigerordnung von 1761 die Zulassung der Jugend zum heil. Abendmahle, die Admissionshandlung, als öffentliche Feier erwähnt wird. Direkt aus den Bedürfnissen des neuen Geistes erwuchs, nach wiederholten Anläufen, im Jahre 1783 die Errichtung des „Politischen Instituts" zur Bildung der zum höhern Staatsdienst bestimmten Söhne aus vornehmen Geschlechtern.[2])

Als ein Monument der Richtung auf praktische Menschenliebe und Gemeinnützigkeit haben wir in Bern die Gründung, resp. Neugründung des städtischen Waisenhauses, 1755, welche, vorzüglich von Alb. Haller angeregt und warm befürwortet, den Zweck hatte, „arme verlassene Waisen in ihrer zarten Kindheit durch beigebrachte Grundsätze der Religion und Tugend, durch Erlernung notwendiger Künste und nützlicher Wissenschaften, zu vernünftigen Menschen, zu Christen, zu rechtschaffenen Gliedern des Staates und der Kirche zu bilden". Die Stiftung, eine der ersten der Art, erregte so viel Aufmerksamkeit, dass nicht bloss Haller einen eigenen Bericht darüber verfasst hat, sondern auch sämtliche darauf bezügliche Aktenstücke in der in Zürich erscheinenden „Simlerschen Sammlung" als Muster und Beispiel zur Nacheiferung abgedruckt worden sind.[3]) Auch Lausanne besass seine „écoles

---

[1]) Finsler, Kirchl. Stat., 410 u. ff.
[2]) Haag, F., Beitr. z. Bern. Schul- u. Kulturgesch. (Bern 1898), S. 79 u. ff.
[3]) Simlers Samml., I, 2, S. 648 u. ff. — Siehe auch Zehenders B. K.-G., IV, 183—200, wo besonders das Verdienst des alt-Landvogt Joh. Anton Herbort hervorgehoben wird.

de charité et maison des orphelins".[1]) Ein mit der Asketischen Gesellschaft analoger Verein bestand seit 1774 auch in Bern. Er bildete sich aus jungen Geistlichen, Kandidaten und Studierenden, die freiwillig zusammentraten, um teils durch freies Gespräch, teils durch Vorträge und Uebungen, auch im Predigen, dasjenige zu ersetzen, was ihnen im herkömmlichen theologischen Bildungsgang zu mangeln schien. Es war der wohlgemeinte Versuch, in der Form eines freien Vereins, durch gegenseitige Einwirkung und Kritik, sich in die praktische Theologie einzuführen, die damals noch nirgends gelehrt worden ist, um so den Uebergang aus dem abstrakten Studium ins thätige Amtsleben zu erleichtern. Die interessante Vorrede zu den Vereinsstatuten beweist indessen, mit welchen Vorurteilen diese Leute zu kämpfen hatten, mit welcher Behutsamkeit sie dem Vorwurf zuvorkommen mussten, als ob sie das Dogma antasten oder irgendwelche Neuerungen einführen wollten. Die Gesellschaft scheint denn auch nicht lange bestanden zu haben. Ihre Gründung selbst aber ist ein bemerkenswerter Beweis, dass der auf allen Gebieten sich regende Verbesserungseifer, das Streben nach Reformen und vernunftgemässen Einrichtungen, sich auch auf das kirchliche Leben anzuwenden versucht hat.[2])

Unabhängig, aber an Bern angelehnt, stand die Kirche von Biel da, und es regte sich in ihr ein nicht gering zu achtendes geistiges Leben, als dessen Träger und Mittelpunkt in der Mitte des Jahrhunderts insbesondere der Pfarrer Johann Konrad Gottfried Wildermett zu betrachten ist. Schon 1714 hatte Biel in freilich sehr einfacher Weise ein „Waisen- und Krankenhaus" eingerichtet und 1717 eine „Schulordnung" aufgestellt. Wildermett[3]), aus der Bieler Bürgerschaft stammend, war, ob auch im engen Wirkungskreis, ein echter Kirchenmann und ein würdiger Freund von Friedrich Osterwald. Seit 1702 Pfarrer zu Pieterlen wurde er 1737 Dekan des bischöflich-baselschen Bezirkes Erguel, kam aber 1739 in seine Vaterstadt, wo er nun bis kurz vor seinem Tode (1758) tiefgreifenden Einfluss ausgeübt hat. Biel verdankt ihm eine wohlabgefasste Agende, welche hernach in Bern als Vorbild galt[4]), die Einführung von abendlichen belehrenden Bibelstunden, sowie eine eigene Bearbeitung und Erklärung des Heidelberger Kate-

---

[1]) Berichte von 1780—1797 in Mss. H. H., XIII (Nr. 24 (Nr. 20) der Stadt-Bibl. Bern,

[2]) Aufgaben einer Gesellschaft Geistlicher. Bern 1774, 8°.

[3]) Ehrengedächtnis des Herrn J. C. G. W., o. O. (Biel), 1758.

[4]) Kanzel- und Agendbüchlein der Kirchen zu Biel, 1752, eine der Zeit entsprechende Umarbeitung des ältern von 1678.

chismus. Sein bedeutendstes Werk aber ist sein in zwei Auflagen erschienener „Biblischer Katechismus", eine historische Anleitung zum richtigen Verständnis der heil. Schrift.[1])

Von dieser unaufhaltsam fortschreitenden Zersetzung des Glaubens- und Gemeinschaftslebens, auf welchem bis zur Stunde thatsächlich noch alle moralischen Begriffe und Motive ausschliesslich beruhten, konnte die Volkssittlichkeit nicht unberührt bleiben. Und doch weist die Zeit auch nach dieser Seite hin durchaus nicht nur unerfreuliche Erscheinungen auf. Abgesehen von der richtigen Anerkennung der natürlich-menschlichen Pflichten, dem edeln Wetteifer zum allgemeinen Wohl etwas beizutragen, und der erwachenden Begeisterung für die Jugenderziehung, können wir einen zweifellosen Fortschritt kirchlich-religiöser Natur verzeichnen im Verhältnisse der verschiedenen Bekenntnisse zu einander.

Der neuen Bildung gegenüber, welcher die Lehren und Gebräuche der Religion nur noch als Einkleidungen galten für die ewigen Wahrheiten der Naturreligion und ihrer neuen Trinität von Gott, Tugend und Unsterblichkeit, sind die Unterschiede der getrennten Kirchen völlig dahingefallen oder doch bedeutungslos geworden. So viel Oberflächlichkeit auch in dieser Denkungsart verborgen sein möchte, so würde man doch unrecht thun, wenn man die dadurch gewonnene Ueberwindung des ebenso unchristlichen wie unnatürlichen Religionshaders nicht als eine Annäherung an das Ideal der „unsichtbaren Kirche" anerkennen wollte. Sie zeigte sich freilich vorerst nur bei denen, welchen eben die neue Bildung zugänglich war.

Der Pfarrer Johannes Friess in Zürich gab 1751 in einer theologischen Zeitschrift eine Abhandlung heraus unter dem Titel: „Von der Klage, dass die alte Eintracht unter den Eidgenossen durch die Verschiedenheit der Religion aufgehoben worden", und hier heisst es unter anderm: „Die Lehrsätze der beiden Religionen mögen in gewissen Artikeln noch so verschieden sein, so bekennen doch beide ihren gleichen göttlichen Stifter und haben von ihm viele wesentliche Morallehren mit einander gemein. In einer christlichen Religion ist die allgemeine Menschenliebe im Grund das Hauptgesetz. Der höchste Gesetzgeber der Menschen ist gekommen, die Menschen durch das Band der Liebe zu vereinigen; nicht nur die Mitbürger, die in einem Staate beisammen leben, sondern die Staaten mit Staaten, die Nationen mit Nationen. Seine Gesetze sind die Menschlichkeit selbst, seine Gebote zielen alle dahin, dass die Philosophie gemehret werde".

---

[1]) Bern 1735, und Biel 1749.

Dieser religiöse Kosmopolitismus war allerdings noch keineswegs Gemeinbesitz. Zunächst kam der Grundsatz der Duldung den Lutheranern zu gute. Die schroff ablehnende Ausschliesslichkeit, die noch zur Zeit der ersten Pietistenverfolgung war beobachtet worden, hörte auf und wich der stillschweigenden Anerkennung, dass Abendmahlsgemeinschaft mit ihnen zulässig sei. Immerhin durfte man damit nicht zu laut werden. In der „Theogia polemica" des sehr rechtgläubigen Pfarrers Johann Friedrich Stapfer[1]) wurde von der Berner Censurbehörde ein Paragraph gestrichen, welcher sich über die Unterscheidungslehren des lutherischen Bekenntnisses allzu milde auszusprechen schien.[2])

In Bern glaubte man auch in Bezug auf die Katholiken noch an der hergebrachten Strenge festhalten zu müssen. „Zu Beibehaltung fernerer Reinigkeit und Uniformität unseres wahren Glaubens sollen alle Bürger und Unterthanen, so sich an römisch-katholische Weiber verheirathet, diese ihre Weiber, sammt den Kindern, bis auf Ostern 1716 ins Land schaffen, allda in unserer wahren Religion unterweisen lassen und zur Bekehrung derselben vermögen, bei Verlust des Burger- und Landrechts." So beschloss der Rat der 200 von Bern am 13. Sept. 1715.[3]) Und dieser Beschluss wurde unnachsichtlich gehandhabt, selbst gegen die Angehörigen der vornehmsten Geschlechter. „Die drei Söhne des Herrn Johann Franz Tillier, Generalfeldmarschall-Lieutenant im österreichischen Dienste und kommandierender Gubernator zu Freiburg im Breisgau", — welche dort katholische Taufe und Erziehung erhalten hatten — wurden nach empfangenem Unterrichte „auf ihren Wunsch in den vornehmsten Hauptstücken unserer nach dem Worte Gottes wahren reformierten Religion examiniert" und haben dabei, nach dem 28. Mai 1737 von Dekan Joh. Jakob Dachs ausgestellten Zeugnis, den Beweis geleistet, „dass man sie als Bekenner und Glieder der evangelisch-reformierten Kirchen erkennen und halten könne". Das war die Bedingung der Wiederaufnahme in ihr angestammtes aber verlorenes Bernerbürgerrecht.

Am 21. März 1753 wurde die Erneuerung der Vorschrift von 1715 vom Grossen Rate abgelehnt. Zürich hielt dagegen noch 1755 daran fest, Katholiken waren vom Bürgerrechte ausgeschlossen.[4])

---

[1]) Institutiones theologiae polemicae. Tiguri 1752.
[2]) Frikart, S. 109 u. 123.
[3]) Zehender, IV, 110.
[4]) Wirz, K. u. Sch., II, 37, 204.

Gerade in dieser Zeit hatte in Bern die Person eines Konvertiten eine gewisse Bedeutung erlangt, dessen Schicksale viel zu reden gaben:

Don Hiacint Bernal de Quiros, aus Spanien, aus adeligem Geschlecht, 1710 geboren, hatte in Italien seine geistlichen Studien gemacht, war in den Dominikanerorden getreten und wegen seiner Gelehrsamkeit in Rom zum Lektor der Ordensschule erwählt worden, dann zum Inquisitor gestiegen und in nahes Verhältnis zu dem Papste Benedikt XIV. getreten. Allein er teilte das Schicksal vieler seiner Volks- und Gesinnungsgenossen des XVI. Jahrhunderts. Bei Gelegenheit einer gelehrten theologischen Disputation machte er sich der Neigung zum protestantischen Glauben verdächtig, fiel in Ungnade und wurde von Rom nach Ferrara geschickt. Durch diese Zurücksetzung nur noch mehr veranlasst, seine Gedanken zu prüfen und zu vergleichen, sah er sich im Widerspruch gegen die katholische Lehre befestigt, seine Zweifel bestätigt, und trat nun offen zur protestantischen Kirche über, unter Verzicht auf eine glänzende kirchliche Laufbahn.

Im Jahr 1748 begab er sich nach Lausanne, wurde dort Erzieher von deutschen Prinzen und empfahl sich so sehr durch seine auffallende Beredsamkeit und die Gründlichkeit seines Wissens, dass man 1752 in Lausanne für diesen Fremden eine eigene ausserordentliche Professur für Kirchengeschichte errichtete. Don Quiros starb indessen schon 1758, ohne dass er Gelegenheit gefunden hätte, durch grössere Arbeiten einen den erregten Erwartungen entsprechenden Ruf in weitern Kreisen zu gewinnen.[1]

Uebertritte von Israeliten, welche durch die heilige Taufe in die christliche Kirche sich aufnehmen liessen, kamen auch jetzt noch nicht eben selten vor. Im Ganzen sollen seit der Reformation dreissig solche Judenbekehrungen in der Schweiz vorgekommen sein, darunter vierzehn in Bern.[2] Zürich hat 1766 für solche Fälle eine eigene Proselytenformel aufgestellt.

Allgemeine Aufmerksamkeit ganz anderer Art erregte ein Vorgang aus dieser Periode, der mit allem im Widerspruch stand, was das Jahrhundert bereits glaubte errungen zu haben. Wir meinen damit nicht die letzte Hexenhinrichtung in Glarus von 1782, die doch ganz als vereinzelte Thatsache dasteht, sondern die Geschichte des Jakob Schmidlin von Wolhausen. Dieser, von

---

[1] Leu, Helv. Lexikon, Suppl. IV, 590.
[2] Frikart, a. a. O., 91.

seiner Umgebung „Sulzjoggi" genannt, war ein rechtschaffener, friedliebender Mann, ein guter katholischer Christ, der alle Gebräuche seiner Kirche gewissenhaft beobachtete, aber allerdings mit dieser Beobachtung sich nicht völlig begnügte. Er vereinigte sich mit seinen Freunden zu stillen religiösen Betrachtungen, zu Zuspruch und Ermahnung, und setzte diese fromme Thätigkeit während längerer Zeit — es ist von zwölf Jahren die Rede — fort, bis ihm gegen Ende 1747 plötzlich der Prozess gemacht wurde. Er wurde ergriffen, nach Luzern geschleppt, dort mehr als ein Jahr lang in harter Gefangenschaft gehalten, als Ketzer verklagt, angeblich zwei Mal gefoltert und endlich das Urteil dahin gefällt, dass er aus Gnade zuerst an einem Pfahl erwürgt und dann verbrannt werden solle. Auch sein Haus wurde durch Feuer zerstört und eine Schandsäule zum ewigen Gedächtnis an der Stelle aufgerichtet, sein Vermögen konfisziert, zwei seiner Brüder unter ewiger Landesverweisung für einige Jahre auf die Galeeren geschmiedet, und im ganzen 71 Personen, Männer und Frauen, auf ewige Zeiten aus der Eidgenossenschaft verbannt. Sein jüngster Sohn war damals ein Jahr alt. Das Gericht, welches dieses Urteil aussprach, soll aus vier Geistlichen bestanden haben, und die Anklage lautete auf Synkretismus, Indifferentismus, Pietismus, Lutheranismus und Calvinismus.[1])

Dass die öffentliche Meinung einen solchen Anachronismus nicht mehr duldete, geht aus der schmerzlichen Empörung hervor, mit welcher man, nicht in der evangelischen Schweiz allein, die Kunde von diesem Ketzergerichte aufgenommen hat.[2]) Immerhin nahm sich niemand des Verfolgten an, und zwar deshalb nicht, weil er sich nicht an die evangelische Staatskirche hielt, sondern mit den Basler Separatisten verkehrte.[3]) Man sah darin mehr einen Akt mittelalterlicher Barbarei als eine Erscheinung religiöser Natur. Die Anfregung ergriff mehr die Aufgeklärten als die kirchlichen Kreise. Weit entfernt daher, den Hass der Konfessionen wieder zu wecken, wie dies früher wohl der Fall gewesen wäre, hat der traurige Vorgang für die Zeitgenossen nur den deutlichsten Beweis geleistet für die Abscheulichkeit der kirchlichen

---

[1]) Das Vorstehende meistens nach dem Berichte, welcher im Jahr 1798 zum Behuf der Wiedereinsetzung des Sohnes Balthasar Schmidlin in sein Bürgerrecht dem gesetzgebenden Rate der helv. Republik erstattet worden ist. Akten der Helv. Rep., III, 1078 u. ff.

[2]) Johann Konrad Füssli: Unparteiische Nachricht von dem letzten Religions- und Staatsverbrechen des Schweizerlandes, im Hamburgischen Magazin, 1749.

[3]) Zehenders B. K.-G., IV, 155.

Vorurteile und die Notwendigkeit allgemeiner Toleranz.[1]) Jetzt konnte endlich auch 1775 nach zwanzigjährigen Verhandlungen das Verhältnis der beiden Kirchen im Thurgau geregelt werden durch die Aufstellung einer „Proselyten-Ordnung" von Seiten der regierenden Orte[2]), und allmählich brach sogar der Gedanke sich Bahn, dass es möglich sein sollte, den bisher jährlich begangenen Eidgenössischen Bettag mit den Katholiken gemeinsam zu feiern.

Die Hülfsgesuche verfolgter oder mittelloser Glaubensgenossen im Auslande dauerten fort; während des ganzen Jahrhunderts bildete die Bestimmung des jährlichen Steuerbetrags oder einmaliger Beiträge dieser Art einen stehenden Verhandlungsgegenstand der ordentlichen evangelischen Konferenzen, die während der Tagsatzungen in Baden stattfanden. Ein Abgeordneter der „Hussischen Auswanderer nach Schlesien" (der Mährischen Brüder) empfing 1748 in den evangelischen Städten der Schweiz den namhaften Betrag von 7262 Gulden.[3]) Eine Anzahl von reformierten Gemeinden in deutschen Landen wurden regelmässig bedacht; zu den früher genannten kamen noch Neu-Bärenthal in Württemberg und Christians-Erlangen in Bayern, Friedrichsthal, Karlsruhe und Neureuth im badischen Lande — eine deutsche und eine französisch-reformierte Gemeinde — und Strassburg; dazu wieder Polen und Ungarn und der Unterhalt für ungarische, pfälzische und piemontesische — d. h. Waldenser — Studenten, und oft auch einzelne Pfarrer und Lehrer, die etwa besonders hatten leiden müssen. Im Jahre 1720 langten sogar aus Virginien und aus Konstantinopel solche Bittschriften ein, aus letzterer Stadt zum Loskauf von Kriegsgefangenen.[4])

Der Betrag, der auf diese Weise jedes Jahr verteilt wurde, belief sich in der Regel auf mehr als 4000 Gulden; vor der Konferenz von 1733 erklärte der Gesandte von Bern, dass sein Stand bis jetzt nur für die piemontesischen Studenten 41,000 fl. ausgegeben habe.[5])

Dass auch aus Frankreich, namentlich durch den Cevennenkrieg, auch jetzt noch immer neue Scharen in die Schweiz gedrängt worden sind, haben wir früher erwähnt. So kam 1713 ein

---

[1]) R. von Salis, Die Entwicklung der Kultusfreiheit in der Schweiz. Basel 1894.
[2]) Finsler, Kirchl. Stat., 367.
[3]) Zehenders K.-Gesch., IV, 157.
[4]) E. A., VII, 1, 193.
[5]) E. A., VII, 1, 448.

Zug von 136 „Galériens", die um ihres Glaubens willen zu dieser fürchterlichen Strafe verurteilt, aber sei es durch Flucht, sei es durch Loskauf, wieder frei geworden waren. Zürich musste davon 23 unterhalten, Bern 33, auf Glarus und Basel fielen je 14½, auf Schaffhausen 13, Appenzell A.-Rh. 3½, St. Gallen 7, Mülhausen und Biel je 2.[1]) Diesem Zuge folgten ein Jahr später wieder 44, die in Genf beherbergt werden mussten, und zugleich musste neuerdings in die Waldenserthäler Geld geschickt werden.[2]) Im April 1730 langten Vertriebene aus Pragelas an, 258 an der Zahl, denen im Juli 65 nachfolgten; sie wurden fast alle in der französischen Schweiz, in Genf und dem Waadtland, untergebracht.[3])

Allmählich erlahmte der Eifer, im gleichen Masse, wie die Schärfe des konfessionellen Bewusstseins abnahm. Man gab nur noch der Ueberlieferung zu lieb, da wo die Gewohnheit fast zum Recht geworden war; neue Begehren fanden wenig Geneigtheit mehr und wiederholt wurde der Beschluss gefasst, keine neuen Steuern mehr zu bewilligen; einige Stände begannen sich der Beitragspflicht zu entziehen und ihren Anteil zu verweigern.

Der Zusammenhang mit den „Religionsverwandten" wurde immer noch einigermassen gepflegt durch die damals aufgekommene Sitte der fürstlichen Gevatterschaften. Die evangelischen Stände wurden vom König von Preussen, vom Markgrafen von Baden-Durlach und vom Grafen von Isenburg-Büdingen als Paten für ihre Prinzen in Anspruch genommen.

Allein sogar die Verbindung der Stände unter sich schrumpfte noch weiter zusammen. Die Konferenzen fanden seltener statt, die Verhandlungen beschränkten sich auf geschäftliche Dinge und die übliche Bestimmung des Tages für den gemeinsamen Bettag. Der Verkehr der kirchlichen Behörden hatte völlig aufgehört. Eine Anregung zur Annahme einer übereinstimmenden Ehegesetzgebung fand Beifall, aber nur teilweise Ausführung.[4]) Dass man sich gelegentlich über Kollaturrechte in den gemeinen Herrschaften zankte[5]), dass man gegen das Privilegium der Züricher Stadtburgerschaft, ausschliesslich der reformierten Ostschweiz Prediger

---

[1]) E. A., VII, 1, S. 37.
[2]) E. A., VII, 1, S. 53.
[3]) E. A., VII, 1, S. 387, Romainmotier 45, Iferten 30, Vivis 29, Moudon 78, Payerne 69, Avenches 22, Bern 168.
[4]) E. A., VII, 1, 528 (1735), 585 (1738).
[5]) So z. B. als Atzmoos in der Vogtei Sargans eine eigene Kirche zu bauen begehrte. E. A., VII, 1, 941 (1733).

zu liefern, Widerspruch erhob, und dass Bern verlangte, es solle in den Thurgauer Kirchen bei der Predigt nicht für Zürich allein, sondern für die Obrigkeiten aller regierenden Stände gebetet werden, das waren die letzten Zeichen der innern Glaubensgemeinschaft, die dürftigen Aschenreste des religiösen Feuers, das einst Zwingli angezündet und das die evangelischen Eidgenossen vom Bodensee bis zum Leman mit einander vereinigt hatte. Die Periode des Indifferentismus hatte auf einmal die Zeiten der Bekenntnisschroffheit abgelöst; ein Glück, wo diese Stimmung nur die trennenden Formen der Religion als gleichgültig erklärte und nicht die Religion selbst!

6. Die Stillen im Lande.

In der ersten Pietistenbewegung war Aufklärungsstreben und Gefühlsfrömmigkeit gemeinsam, ungetrennt und vielfach durcheinander gemischt, gegen den staatskirchlichen Bekenntniszwang aufgetreten. Je mehr aber das Freidenkertum über die anfänglich beobachteten Schranken hinaus, sich vom Christentum und Offenbarungsglauben entfernte, um so mehr begannen die Gläubigen ihrerseits sich auf das spezifisch-christliche, auf den Bibelglauben, die Person Christi und die Erlösung im altprotestantischem Sinne zurückzuziehen und den Unterschied ihres Glaubens und Lebens von dem der Welt zu betonen. Es entwickelt sich so eine neue religiöse Richtung, welche in der Lehre ganz auf dem Boden der orthodoxen Bekenntnisse fussend und scheinbar die Arbeit der Kirchen fortsetzend, sich doch in Wirklichkeit neben und gegen dieselben stellte. Sie wurde vorerst wenig beachtet und übte wenig Einfluss aus auf das in ganz anderer Strömung wandelnde Volksleben, wurde aber in der Folge ein Faktor mehr, der das Staatskirchentum der Auflösung entgegentrieb.

Ganz der neuen Zeit gehörten die Mittel an, welche diese Richtung in Anwendung brachte; sie wandte sich in freier Weise an den Einzelnen, an das Individuum, das sie zu gewinnen suchte; der neuen Zeit war auch das Ziel entnommen, auf welches sie ihre Arbeit bezog: es beschränkte sich nicht mehr auf die nationalen Grenzen, es war ein allgemein religiös-humanitäres, das seinen Ausdruck fand in dem biblischen Begriff des „Reiches Gottes". Die Reaktion gegen die Selbstverständlichkeit der christlich gefärbten Naturreligion, die sich damals bei den englisch-amerikanischen Bevölkerungen in der grossartigen Welterschütterung des

Wesleyanischen Methodismus einstellte, finden wir bei uns in fast verschwindend kleinen, vom öffentlichen Leben sich absondernden Kreisen. Um so mehr dagegen einzelne, unabhängig entstandene verwandte Anklänge, welche in der Stille den Boden vorbereiteten und Viele dem später erscheinenden methodistischen Christentum zugänglich machten.

Hierher gehört vielleicht schon eine eigentümliche mystisch-separatistische Gemeinschaft, welche unter der Bezeichnung der „Neugläubigen" im letzten Viertel des Jahrhunderts im Gebiete von Zürich auftrat, und deren Anhänger in einseitiger Hervorhebung der individuellen Religiosität, in Trennung von der verstaatlichten Kirche, ihren äusserlichen Gottesdiensten und den unbekehrten Predigern, das Zeichen der Wiedergeburt und höherer Frömmigkeit zu besitzen und die christliche Vollkommenheit zu erreichen meinten. Ein aus der Fremde zurückgekehrter Hans Jakob Rüegg sammelte sie von 1773 an in seinem Heimatdorf Bauma. Ihr schroffer Separatismus, verbunden mit Verweigerung des Kriegsdienstes, zog ihnen, obwohl ein anderer Vorwurf nicht gemacht werden konnte, die grausamsten Verfolgungen zu. Der Kyburger Landvogt wütete gegen sie mit Gefangenschaft, Ruthenstreichen, Landesverweisung und Güterkonfiskation; nach ihrer Rückkehr aus dem Exil wurden sie 1776 in Zürich ins Zuchthaus gelegt. Trotz ihres Gesuches um Duldung, die ihnen gewährt werden müsse, „wenn die Obrigkeit eine väterliche und christliche sei", trotz der beredten Fürsprache Joh. Kaspar Lavaters, der ein Gutachten abzugeben hatte und die bestimmte Ansicht aussprach, dass ihr Ungehorsam „gewiss bei den meisten aus Gewissensüberzeugung" hervorgehe, liess die Härte nicht nach, bis die Verkündigung der „Menschenrechte" auch diese Intoleranz als unstatthaft empfinden liess.[1]

Ungleich wichtiger und folgenreicher ist ein anderes Samenkorn geworden, das anfangs ganz im Verborgenen blieb.

Im Jahr 1780 ist ein merkwürdiger Mann nach Basel gekommen, der, ursprünglich fremd und eigentlich nur vorüberreisend, auf diese Stadt einen tiefen Eindruck hinterlassen und einen mächtigen Anstoss geben sollte für die Gestaltung des religiösen Lebens: Johann August Urlsperger aus Württemberg[2], der Sohn

---

[1] Finsler, Die Sekte der Neugläubigen, in Hagenbachs Kirchenblatt für d. ref. Schweiz, 1866, Nrn. 14—16.

[2] 1728—1806. Ostertag in Herzogs R. E., XVI, 233. — Allg. D. Biogr., XXXIX, 355. — Hagenbach, K. Gesch. d. XVIII. u. XIX. Jahrhunderts, I, 398—402.

eines Mannes, der als Hofprediger an dem frivolen Hof des damaligen Herzogs zum Märtyrer geworden war. Er war Theologe, später Doktor der Theologie, hatte aber nie ein Pfarramt versehen, dagegen grosse Reisen gemacht in ganz Deutschland herum, wie auch in England und in Holland, überall die Bekanntschaft christlich frommer Kreise suchend und Verbindungen anknüpfend zum Zwecke eines ihm noch selbst unklar vorschwebenden Gesellschaftsideals zur wirksamen Bekämpfung des Unglaubens. Im genannten Jahre langte er in Basel an, fand auch hier, wo d'Annones Wirken noch nicht ganz vergessen war, eine Anzahl Gleichgesinnter, deren vom Pietismus angeregtes und von Herrnhut gepflegtes, in den Formen freies, im Glauben gebundenes Frömmigkeitsbestreben ihn ansprach und zum Bleiben bewog.

Seine rastlose Thätigkeit wusste die bisher Vereinzelten, in der Stille und Zurückgezogenheit dem individuellen Seelenheil Lebenden zu verbinden und zu gemeinsamer Thätigkeit in Bewegung zu bringen. Am 30. August 1780 wurde im Hause des Professors Werner Herzog ein Verein gegründet, die „Deutsche Christentums-Gesellschaft", oder genauer: „Deutsche Gesellschaft zur Beförderung christlicher Wahrheit und Gottseligkeit"[1]; — keine Sekte, denn die Mitglieder blieben in der öffentlichen Kirche, aber eine freiwillige Genossenschaft solcher, die ohne besondere Rücksichtnahme auf die Bekenntnisfragen den frommen Sinn, den persönlichen Glauben und die Hingabe an den Erlöser zu pflegen und gemeinschaftlich „das Reich Gottes zu bauen" begehrten.

Die Absicht der Gesellschaft ging dahin, den hereinbrechenden Fluten des Unglaubens oder der Richtungen, die man mit diesem Ausdruck bezeichnete, einen Damm entgegenzusetzen, praktische Apologetik zu treiben, zwar in der Stille aber in die Weite, und mit neuen Mitteln zu wirken. Diese Wendung auf praktische Ziele lag, wie es scheint, nicht ganz im Sinne des Stifters, der eher an theoretische Bekämpfung der „Neologie" gedacht hatte, entsprach aber um so mehr dem Bedürfnis der Zeit, die jetzt nur auf diesem Wege überzeugt werden konnte.[2]

Der natürlichen Volksgemeinschaft, welche infolge der Aufklärung und des Unglaubens religiös kaum mehr zusammenhielt, stand hier — ein bedeutungsvolles Moment — der Verein der christlich Auserwählten und Gleichgesinnten gegenüber.

---

[1] Ursprünglich hiess es: „Zur Beförderung reiner Lehre".
[2] Vergl. Ostertag, Die Christentumsgesellschaft, in Beiträge z. vat. Gesch. von Basel, Bd. IV, 195. — Derselbe, in Herzogs R. Enc., III, 210.

Zur Erhaltung und Pflege ihrer Ziele gründete die Gesellschaft — wieder ein ganz neuer Gedanke — eine Zeitschrift, die „Sammlungen für Liebhaber der christlichen Wahrheit".[1]) Aus diesen Anfängen entwickelte sich in verhältnismässig sehr kurzer Zeit ein Mittelpunkt warm religiöser aber nicht in den kirchlichen Einrichtungen sich bewegender Frömmigkeit, der bald seine Kreise weiter zog. Schon 1784 wurden Zweigvereine oder Filialen gegründet, in St. Gallen, in Chur und in Bern; 1799 werden solche genannt auch in Zürich, Schaffhausen, Winterthur, Aarau, Zofingen und in dem kleinen bernischen Städtchen Wiedlisbach. Aus dem Druck und Vertrieb der kleinen Zeitschrift entstand eine Buchhandlung, die eine ganz neue religiöse Litteratur verbreitete, von Abhandlungen und Traktaten aller Art, und die dann unter den spätern Geschäftsführern, den Schmidt, Steinkopf, Blumhardt und zuletzt Spittler, einen mächtigen Einfluss ausübte.

Der ursprüngliche Verein erweiterte sich zu einem ganzen Netz von religiösen Gesellschaften, mit verschiedenen Unternehmungen und Specialzwecken, die aber alle dem einen Zweck, der Ausbreitung des Christentums dienen sollten. Nach dem Vorbilde englischer Vereine entstand daraus in Basel zuerst die „Traktatgesellschaft" und 1806 die Bibelgesellschaft, welche sich den Druck und die Verbreitung der heil. Schrift zur Aufgabe stellte, 1814 die Missionsanstalt zur Heidenbekehrung, mit dem frommen Württemberger Blumhardt an der Spitze; noch später die Armenerziehungsanstalt in Beuggen, unter dem originellen Christian Zeller. Das sind die Anfänge des Basler Pietismus, der sich nicht auf die natürliche Zusammengehörigkeit, sondern auf die innere Gefühlsverwandtschaft gründete, die „massa perditionis" ihren Weg gehen liess und aus der kleinen Schar der Gleichgesinnten eine neue Kirche zu bauen begann.

Im nämlichen Sinne, einer nicht dogmatischen, aber gefühlvollen, eben deshalb mehr individualistischen als gemeinkirchlichen Frömmigkeit, wirkte ein anderer Mann, der weit bekannter geworden ist, als der still arbeitende Urlsperger, wir meinen Johann Kaspar Lavater in Zürich, der an geistiger Kraft den oben genannten Apologeten des Glaubens, den Haller, Euler, Bonnet, ebenbürtig, sie an religiösem Tiefsinn und Lebendigkeit weit überragte, der aber in seiner Zeit noch ziemlich allein stand, so dass sein Einfluss, wenigstens auf weitere Kreise, eigentlich erst nach seinem Tode offenbar wurde.

---

[1]) Seit 1784, anfangs unter anderem Titel. — Finsler, K. Stat., 182.

Lavater[1]) war der Sohn eines angesehenen Arztes, gehörte aber einer Familie an, die seit der Zeit der Reformation stets ihre hervorragendsten Vertreter im geistlichen Stande gehabt hat. Auch er war zum Prediger bestimmt und machte seine Studien in dieser Richtung. Allein ein plötzliches Hervortreten des sonst schüchternen und träumerisch in sich gekehrten jungen Mannes, schien seinem Leben eine andere Wendung geben zu sollen. Im Jahr 1762 wurde dem Züricher Rat eine Klage eingereicht gegen einen Landvogt des Zürichergebiets, der sich aus Habsucht und unter Missbrauch seiner Amtsgewalt abscheuliche Bedrückungen gegen arme Leute, gegen Witwen und Waisen, hatte zu Schulden kommen lassen, ohne dass jemand gegen ihn aufzutreten, ohne dass die Behörde einzuschreiten wagte. Die Klage war nicht unterzeichnet, aber mit so feuriger Beredsamkeit abgefasst, von so edlem Tyrannenhass eingegeben, dass sie die grösste Aufmerksamkeit erregte und alle Welt von dem unerhörten Ereignisse sprach. Der Rat, erschreckt über die Denunziation, deren Wahrheit nicht bestritten werden konnte, deren ungehörige Form aber ihn mit grosser Entrüstung erfüllte, stellte eine Untersuchung nach dem Urheber an, und nun nannte sich der junge Lavater mit zweien seiner Freunde. Er wurde zwar nicht bestraft, erhielt aber doch für sein Verfehlen gegen die hohe Obrigkeit einen Verweis, der ihn veranlasste, für einige Zeit seine Vaterstadt zu verlassen.

Wir heben diese Episode aus Lavaters Jugendleben mit Absicht hervor; sie zeigt uns den Mann, wie er dachte und gesinnt war. Seine Frömmigkeit beruhte nicht auf der stillen respektvollen Pietät vor kirchlichen und staatlichen Autoritäten, nicht auf der passiven Resignation, welche das Schlechte mit Geduld erträgt, weil es immer so gewesen ist, sie war ein brennendes Feuer, das mit dem Pathos der Sturm- und Drangperiode für Freiheit und Menschenrecht eintrat. Und diese Gesinnung ist ihm auch später eigen geblieben, als er scheinbar eine ganz andere Richtung einschlug; er war kein Rechtgläubiger im frühern Sinne des Wortes.

Gewissermassen verbannt machte Lavater nun weitere Studien im Auslande, wo er durch sein geistreiches und phantasievolles Wesen überall Freunde erwarb und Beziehungen anknüpfte mit Gellert, mit Klopstock, später auch mit Herder und mit Moses

---

[1]) Geboren 15. Novb. 1741. Die ausführlichste Biographie ist diejenige von Georg Gessner, seinem Schwiegersohn, 1802—1803, in 3 Bänden. — Bodemann, J. K. L., nach seinem Leben, Lehren und Wirken, mit Bild. Gotha 1856.

Mendelssohn; bekannt ist seine eine Zeitlang innige Freundschaft mit Goethe.[1])

Nach Zürich zurückgekehrt widmete er sich zuerst ganz der Poesie und Litteratur, und beteiligte sich mit der ihm eigentümlichen Lebhaftigkeit an den Versammlungen der „Helvetischen Gesellschaft" in Schinznach, verriet aber dabei bereits seine starke Neigung zum Mystizismus. Er verfasste 1766 seine „Schweizerlieder", dann seine „Blicke ins Jenseits"; erst 1769 wurde er Helfer und Prediger an der St. Peterskirche in Zürich und gewann in kurzem einen ausserordentlichen Ruf durch die begeisternde und ergreifende Sprache seiner Bibelauslegung.

Da war freilich nichts mehr von der steifen Gründlichkeit und exegetischen Gelehrsamkeit der ältern Homiletik, nur Lebendigkeit, Phantasie und ungeheures Pathos, wie dies ganz besonders in der oben erwähnten gedruckten Gelegenheitsrede von 1776 hervortritt.

Noch galt Lavater als Rationalist. Was ihn von den Philosophen seiner Zeit unterschied, war nicht sowohl die Dogmatik, als die mit seiner Weitherzigkeit verbundene pietistisch geartete Herzenswärme des Glaubens und die damit zusammenhängende, an den Zeitgenossen Swedenborg erinnernde Vorliebe für das Geheimnisvolle, Dunkle, Uebersinnliche, der Glaube an die unmittelbare Kraft des Gebets, an Träume, Ahnungen und Offenbarungen; eine Neigung, die, vielfach ins Phantastische ausartend, ihn bis an die Grenze des Aberglaubens gehen liess, und in ihrer Aeusserung sogar ans Komödiantenhafte streift, so dass seine Gegner ihn mit den damaligen Schwindlern, einem Cagliostro und Messmer, in eine Reihe stellten.[2])

Die Neigung zum Geheimnisvollen war es auch, die ihn zu seinen „Physiognomischen Untersuchungen" und zur Bearbeitung seines berühmtesten Werkes bewogen hat. Dasselbe erschien 1775—1778 und verschaffte ihm die hohe Anerkennung vieler grossen Zeitgenossen. Neben den bereits genannten traten ihm Wieland und Fichte, besonders aber auch der sonderbare Jung-Stilling nahe. Enthusiastische Bewunderung und masslose Verehrung ward ihm zu teil[3]), die Freundschaft Goethies freilich

---

[1]) Mörikofer, Goethe und Lavater, im Züricher Taschb., ein kleiner Aufsatz, der aber bemerkenswerte Züge zur religiösen Zeitgeschichte enthält.

[2]) Vergl. Nikolais Angriffe gegen ihn und seine Neigung zur Magie, im Hamburger Korrespondenten 1786, und in der Allg. Deutschen Bibliothek: „Vom Lavaterianismus zum Katholizismus ist nur ein kleiner Schritt."

[3]) Vergl. die von seinen Freunden verfassten und in Abschriften verbreiteten, in ihrer vergötternden Sprache bedenklichen „Zirkelbriefe"; sie

verlor er völlig, als er ihn zu seinem Glauben zu bekehren versuchte. Anfangs ein Anhänger der Revolutions-Tendenzen, deren „Freiheit, Gleichheit und Brüderlichkeit" auch seine Seele mit unendlich begeisternden Hoffnungen erfüllte, wandte er sich mit nicht geringerm Eifer gegen dieselben, als die Niedermetzelung der Schweizergarden am 10. August 1792, und dann die Hinrichtung Ludwigs XVI, die weitern Konsequenzen aufdeckte. Er trat jetzt mit solcher Heftigkeit gegen die neuen Despoten auf[1]), dass er 1798 von den Franzosen verhaftet und als Gefangener weggeführt wurde, weil man ihn des Hochverrats beschuldigte. Nach der Schlacht bei Zürich, im September 1799, war er auf der Strasse, um in menschenfreundlicher Absicht an die Verwundeten Wein, Brod und Geld auszuteilen, als er von einem französischen Soldaten einen Schuss erhielt. Noch lebte er einige Monate lang, immer sterbend, aber immer predigend und schreibend, seine tiefsinnigen Orakelsprüche austeilend. Bald rührend einfach und herzlich, bald über alle Massen eitel und selbstgefällig, bald überschwenglich und sentimental, aber immer geistreich und immer fromm, starb er am 2. Januar 1802 nach schweren aber mutig ertragenen Leiden.

Er hat eine Unzahl von kleinen Schriften geschrieben, alle im Sinne eines undogmatischen, nicht eigentlich orthodoxen, aber äusserst lebhaft und tief empfundenen Christentums, und hat durch diese viel gelesenen Schriften grosse Wirkung ausgeübt, mehr aber noch durch seine Persönlichkeit, die in ungewöhnlichem Grade anzuregen, hinzureissen, zu bezaubern verstand.

Die dogmatische Tradition der Bekenntnisse bestand für ihn nicht[2]); deshalb kannte er auch keine Vorurteile gegen Leute ganz anderer Theologie, sobald er nur im Glauben an die übernatürliche Welt eine innere Uebereinstimmung fand. Allein darin liegt auch die Schranke seines Einflusses, und darum zählen wir ihn, trotz der Aufmerksamkeit, die er auf sich zog, trotz der lauten Verehrung die er sich gefallen liess, doch zu den „Stillen im Lande"; er redete und schrieb nur für seinen engern Kreis, für seine Freunde und Verehrer, Männer und Frauen, mit denen ihn

waren es ganz vorzüglich, welche zu den erwähnten Angriffen von Nikolai Anlass gaben.

[1]) Vergl. das „Wort eines freien Schweizers an die grosse Nation", vom 10. Juni 1798.

[2]) Lavater als Theolog, Abhdlg., im Kirchenblatt, 1862, S. 187 u. ff. — Vergl. dazu die feine Beurteilung durch Hagenbach, K.-Gesch. d. XVIII. u. XIX. Jahrh., I, 499—510.

geheime Sympathie verband. Er wirkte nicht nur über die Grenzen seines Kirchspiels und seiner Stadt, sondern auch über seine Kirche und über das reformierte Bekenntnis hinaus; aber innerhalb dieses weiten Umfanges nur auf einen Teil, während ein anderer Teil ihm entschieden abgeneigt blieb, ohne Verständnis für ihn und ohne Vertrauen zu ihm. Bürgerlich-ehrbare und gottesfürchtige Leute des alten Schlages fühlten sich eher von ihm abgestossen, nicht ohne Grund, denn sein Standpunkt war nicht ein kirchlicher, im Sinne der Reformatoren und des von ihnen begründeten Gemeindelebens. War auch er selbst weitherzig, grossdenkend, vielseitig genug, um als Pietist und Prediger zugleich auch Patriot zu sein, so hat er doch im Verlauf durch seine Anhänger mehr an der Zerstörung als an der Erbauung der alten Staatskirche mitgearbeitet.

Lavaters bedeutendster Freund und Gesinnungsgenosse in Zürich war Johann Konrad Pfenninger, Pfarrer von Oetenbach und seit 1786 Diakon am St. Peter. Er hat nicht nur als eifriger Verehrer seines grössern Amtsbruders Ruhm nach Kräften verbreitet und ihn gegen seine Ankläger verteidigt[1]); als vorzüglicher Prediger und christlicher Apologet in zahlreichen Schriften hat er dazu beigetragen, in der Zeit des mächtig einreissenden und besonders die theologischen Schulen beherrschenden Rationalismus und wachsender Abwendung von der Kirche, die tiefern Wahrheiten des Evangeliums wenigstens im engern Kreise aufrecht zu halten. Als er schon 1792 aus dem Leben schied, wurde ihm von Lavater selbst ein biographisches Denkmal gesetzt.[2]) Hier ist wohl auch Heinrich Bosshardt von Rumikon zu nennen, der 1779 in Winterthur und anderswo besondere Erbauungsstunden hielt. Er galt als Schwärmer und stand mit Lavater in Verbindung, geriet indessen später in überspanntes Wesen und sogar in sittliche Verirrungen.[3])

Zu Lavaters Verehrern, wenn auch in gemässigter, nüchterner Weise, gehörten aber auch, mit einem grossen Teil der Züricher

---

[1]) Wie die erwähnten „Zirkelbriefe", so war auch die Rechtfertigung derselben 1787 von Pfenninger verfasst. Nicht ungeschickt verwies er darin — als Antwort auf den Vorwurf der geistigen Verwandtschaft mit den Katholiken — auf den Verkehr der Rationalisten mit dem Israeliten Moses Mendelssohn hin.

[2]) Zürich 1792 und 1793, 2 Bde, vergl. Züricher Taschenb. 1881. Johann Konrad Pfenninger ist zu unterscheiden von dem fast gleichzeitig thätigen Johann Kaspar Pfenninger, der seit 1768 Pfarrer am Fraumünster, ebenfalls als ein vorzüglich populärer Prediger galt, aber schon 1775 gestorben ist (Wirz, Züricher Minist., 57).

[3]) Finsler, Zürich im XVIII. Jahrh., S. 106 und 161.

Geistlichkeit, die beiden nächstfolgenden Häupter derselben, die Antistes Joh. Jak. Hess und Georg Gessner, von denen ersterer sein Mitschüler im Carolinum war[1]), letzterer sein Schwiegersohn und sein Biograph geworden ist. Die Anregungen, die von dem Propheten ausgegangen sind, wirkten aber nicht weniger in die Ferne hinaus; fast in allen Städten der (deutsch-)reformierten Schweiz gab es einzelne, namentlich Frauen, die an seinen Schriften sich erbauten, in Briefen mit ihm verkehrten, seine beliebten „Denkzettel" als Reliquien bewahrten und mit seiner Person und seinen Aussprüchen eine Art von verborgenem Kultus trieben. Schien er doch, wie kein anderer, den alten Bibelglauben mit der neuen Aufklärung, die Gottesliebe mit der Menschenliebe zu verbinden; gerade modern genug, um den Kindern der neuen Zeit das Christentum nahe zu legen, gerade orthodox genug, um sich von den Ungläubigen, von der Welt zu unterscheiden.

Bereits wurde auch der Name Jung-Stillings genannt. Beinahe mehr noch als die oft geschraubt-geistreichen Orakel des Züricher Predigers, vermochten die volkstümlicheren, bei allem Geheimnisvollen doch weit verständlichern Schriften Jung-Stillings diejenigen anzuziehen, welche in der Religion nicht bloss eine Anweisung zum tugendhaften Leben suchten, welche, ohne Philosophen zu sein, doch sich mit der unsichtbaren Welt beschäftigten und eine Antwort haben wollten auf die Fragen des ahnungsvollen Gemüts.[2]) Der „Graue Mann" wurde viel gelesen in den frommen Häusern, wo man sich gern aus dem Lärm der verwirrten Welt in die Stille zurückzog auf grübelnde Gedanken oder auf das sinnende Gespräch mit Gleichgestimmten. Als der sonderbare Mystiker später, 1801, sich vorübergehend in Winterthur aufhielt, fand er zahlreiche Verehrer; der hernach bekannt gewordene J. C. Appenzeller, damals Pfarrer in Brütten, begrüsste ihn in einem schwungvollen Gedichte.[3])

Und doch waren es zunächst nur wenige besonders Empfängliche — „eben die Stillen im Lande" — welche diese Männer verehrten. Ihre Namen und ihr Wirken auf die Umgebung entzieht sich fast ganz der genauen Kenntnis; im politischen Getöse der folgenden Dezennien standen sie vollends unbeachtet zur Seite. Der Umfang und die Stärke von Lavaters Einfluss konnte erst, in Verbindung mit anderweitigen Elementen, in dem Jahrhundert offenbar werden, an dessen Schwelle er selbst gestorben ist.

---

[1]) Hess und Lavater in ihren gegenseitigen Beziehungen, im Züricher Taschenb. 1895, S. 84—141.
[2]) Hagenbach, K.-Gesch. des XVIII. und XIV. Jahrh., I, 490 u. ff.
[3]) Mss. H. H., XVII, 201, Nr. 8, der Stadt-Bibl. Bern.

7. Die Revolution.

Plötzlich war die Sündflut da, vor der es keine Rettung gab. An Vorzeichen und Andeutungen hatte es nicht gefehlt, Stimmen genug waren laut geworden, welche auf die vollständige Unhaltbarkeit der bisherigen Zustände in Staat, Kirche und Gesellschaft aufmerksam machten; allein schliesslich traf doch der Zusammenbruch die Welt recht wenig vorbereitet, namentlich auch deshalb, weil er viel gründlicher und viel unwiderstehlicher kam, als irgend jemand hatte voraussehen können.

Die reformierten Staatskirchen in den schweizerischen Republiken hatten mit grosser Sorgfalt die äussern Interessen der religiösen Einrichtungen gewahrt, stattliche Pfarrhäuser erbaut, den Pfarrherren meistens anständige Besoldungen ausgesetzt [1]), ihnen eine angesehene soziale Stellung angewiesen, sie gegen jede Missachtung der persönlichen und amtlichen Autorität aufs ernsthafteste geschützt, kurz: nichts unterlassen, um sie — namentlich in den Dörfern — zu eigentlichen Respektspersonen zu machen, denen niemand in den Weg zu treten wagte. Die meisten Mitglieder der Geistlichkeit gehörten schon durch ihre Herkunft, wenn nicht zu den regierenden aristokratischen Familien, so doch zu den gesetzlich privilegierten Bürgerschaften der Haupt- und Munizipalstädte und waren dadurch, wohl mehr als es für das Wirken der Kirche zuträglich war, auch persönlich mit den politischen Institutionen verknüpft [2]), zu einem integrierenden Bestandteil des Regierungssystems geworden.

Die Behörden hatten strenge gewacht über die Beobachtung der Kirchenzucht, durch ihre von den Kanzeln verlesenen Reglemente und Mandate, durch Bestrafung jeder Uebertretung kirchlicher Sitte; die Flucher und Gotteslästerer, die Ehebrecher und die gefallenen Weibspersonen hatten sie an den Pranger gestellt, die Spieler gebüsst; die Sonntagsruhe war durch die Gesetzgebung

---

[1]) Gruner, Tabellen über die Einkünfte sämtlicher bernischen Pfarrstellen. Mss. — Hofmeister, Joh., Einkommen der geistlichen Pfründen von Zürich, Glarus, Appenzell und Toggenburg. Zürich 1789.
[2]) Nach Heinzmanns Beschreibung von Stadt und Republik Bern von 1794 (Bd. I, S. 151), waren im Jahr 1793 im deutschen Teile von Bern 323 Pfarrer und Kandidaten; davon stammten 157 aus Bern selbst, je 37 aus Thun und Brugg, 34 aus Aarau, 26 aus Zofingen, je 7 aus Burgdorf und Lenzburg, und 15 aus den Städtchen Nidau, Erlach, Murten, Büren und Nyon. Nur 3 davon gehörten zur Klasse der sogenannten „Habitanten".

geboten, Störung des Gottesdienstes, Nachlässigkeit im Kirchenbesuch, mutwillige Versäumnis der Kinderlehren, Unterlassung der Taufe wurde unnachsichtlich geahndet; die Lehrfreiheit hatte ihre festen Schranken, die keiner ungestraft überschritt, und so lag denn das Wohl und Gedeihen der Kirche in den besten Händen.

Allerdings: die Staatsmänner selbst nahmen nicht mehr ganz die nämliche innere Stellung zu ihrer vaterländischen Kirche ein, wie früher. Die Sorge für die Religion galt ihnen zwar als ein wichtiger Teil der traditionellen Staatsweisheit und Regierungskunst; allein viele unter ihnen waren am Ende des XVIII. Jahrhunderts, mehr als sie es selbst erkannten, innerlich dem Bekenntnis entfremdet und hielten das äussere Gerüste der Kirche aufrecht, nur um des guten Beispiels willen, weil die hergebrachte Gottesfurcht zur Unterdrückung der sündhaften Neigungen notwendig war. Der grössere Teil der Männer aus den regierenden Ständen war entweder direkt vom Voltairianismus und der französischen Populärphilosophie angesteckt, oder hatte doch die Richtung eines allgemein-humanen, tugendhaften Rationalismus angenommen, der weder auf der kirchlichen Lehre beruhte, noch in der kirchlichen Sitte Befriedigung suchte. So die Staatsmänner, die zugleich immer noch die obersten Leiter auch der kirchlichen Angelegenheiten waren.

Und die Geistlichen? Seit der Mitte des Jahrhunderts war vielfach auch unter ihnen ein gemässigter Rationalismus die herrschende Ueberzeugung geworden. Manche hatten von den deutschen Universitäten als Zuhörer von Michaelis, Spittler und andern eine etwas zweifelhafte Orthodoxie mitgebracht; sie freuten sich, die Lehren der heiligen Schrift und die Vorschriften des Katechismus, um ihrer Uebereinstimmung willen mit den Lehren der Vernunft und den Forderungen des Gewissens, in guten Treuen denen predigen zu können, welche solcher Einkleidungen der Wahrheit zur Zeit noch bedurften. Selbst der Religionsunterricht des frommen Berner Münsterpfarrers David Müslin, den er, „vorzüglich Töchtern guter Erziehung gewidmet", im Jahre 1795 im Druck herausgab, scheint dem Ausgangspunkte nach wesentlich auf diesem Boden zu stehen.

Mehr als in die praktische Pfarrgeistlichkeit war der eigentliche Rationalismus in die theologischen Schulen eingedrungen. Namentlich war dies in Zürich der Fall, wo besonders der Chorherr Johannes Schulthess, geboren den 28. September 1763, seit 1787 Professor, den Vernunftglauben in der ächten Farbe der damaligen Tübingerschule mit ebensoviel rückhaltloser Offenheit, als ernsthafter Gründlichkeit auf seiner Lehrkanzel vertrat.[1]) In Bern und noch mehr in Basel ging man allerdings noch kaum über eine Lehrauffassung hinaus, welche als eine „Ueberleitung zu einem gemilderten Supernaturalismus" bezeichnet werden kann.[2]) Basel erlebte sogar noch einen geistlichen Prozess. Die kirchlichen Behörden schritten zu einem recht strengen Verfahren gegen den Kandidaten Johannes Frei, geboren 1742, der in seinen vermeintlich apologetischen Schriften sich als naiver Anhänger der natürlichen Religion verriet und dann auch noch in einer Predigt Aufsehen erregte. In einer „Auswahl der Lehren und Thaten Jesu", welche 1790 erschien, hatte er alles Uebernatürliche in der evangelischen Geschichte einfach übergangen und die Apostel als Aufklärer geschildert. Das gab zu einer Anklage Veranlassung, zur Konfiszierung der Schrift und zur Suspension des Verfassers in seinem Amte als Religionslehrer. Das Urteil wurde einige Monate später (9. Februar 1791) wieder aufgehoben, hat aber den harmlosen Mann in einem Grade erbittert, welcher noch zu einem Nachspiel führte.[3])

Der grösste Teil der Prediger quälte sich nicht allzu sehr mit der Frage nach ihrem Verhältnisse zum kirchlichen Bekenntnis. Sie waren zufrieden mit ihrer gesicherten Stellung im Amte und glaubten die Religion aufs Beste besorgt, wenn die Predigt besucht, die Feiertage respektiert, die Anordnungen der kirchlichen Behörden beobachtet, und wenn insbesondere die Pfarrer selbst und ihre Familien, bis zu den Hühnern des Pfarrhofes hinunter, mit der richtigen Ehrerbietung angesehen und behandelt wurden. Um das Denken und Fühlen der Menge machten sie sich wenig Sorge; da ja alle die Fragen des Katechismus wussten und aus dem Gedächtnis hersagen konnten, so war gewiss der Glaube in Ordnung. Die meisten lebten viel zu behaglich und angenehm, als dass sie hätten merken sollen, dass das alles eine grosse Selbsttäuschung sei, dass der Glaube des Volkes ein ganz anderer geworden und eine Kluft entstanden sei zwischen den offiziellen Anschauungen der Kirche und den wirklichen Ansichten der meisten ihrer Mitglieder.

Hier im Volke selbst wirkte noch lange der anerzogene Respekt vor dem Heiligen nach; die ehrenfeste Gottesfurcht und das gesunde Gottvertrauen zeigte sich bei vielen gerade jetzt in

---

[1]) Allg. D. Biogr., XXXII, 697.
[2]) So von Mezger in seiner Geschichte der Bibelübersetzung, S. 220.
[3]) Kündig, Ein geistlicher Prozess in der Basler Kirche vor hundert Jahren, Kirchenblatt 1891, Nrn. 2—13.

IV. 7. Die Revolution. Kirchl. Zustand.

seiner ganzen Tüchtigkeit, da die Gesinnung unter dem unbewussten Einfluss der Zeitströmung den einseitigen Dogmatismus bereits abgestreift und eine mehr moralische Färbung angenommen hatte, ohne sich dabei irgendwie im Gegensatze zum Hergebrachten und Gewohnten zu fühlen. Die Gemütswärme des Pietismus einerseits, die Nüchternheit und derbe Aufrichtigkeit der vernünftigen Aufklärung anderseits, hatten bei einer grossen Zahl des reformierten Kirchenvolks eine glückliche Verbindung eingegangen, ein praktisches Christentum zu stande gebracht, das zu den besten Eigenschaften jener Generation am Ende des XVIII. Jahrhunderts gehört und, auf den schlichten Glauben an die Vorsehung und göttliche Weltordnung gebaut, seinen treffendsten Ausdruck in den von jetzt an so beliebt gewordenen frommen Liedern Gellerts fand. An Lehren und Sitten der Kirche hielt man tapfer fest, ohne doch, wie früher, ihrer Beobachtung einen übertriebenen und abergläubischen Wert beizulegen.[1]) Eine etwas veränderte Schätzung des Gottesdienstes zeigte sich darin, dass in Zürich die Wochenpredigten abgeschafft und auf dem Lande die Abendgebete vermindert wurden.[2])

Allein dabei blieb der Unglaube der Höhergestellten und Höhergebildeten doch nicht ohne Einfluss. Dass eigentlich die Aufgeklärten das nicht mehr glaubten, was man in der Kirche predigte und was doch äusserlich in Achtung und Geltung stand, das war den Wenigsten ganz unbekannt, und so setzte sich auch in den Massen die Ansicht fest, die Kirche sei nur ein Stück der Staatsordnung, ein Mittel zur Erhaltung des Gehorsams, ein alter Aberglaube und eine Fessel des freien Willens und freien Denkens, nur im Interesse der Regierenden. — Ein Unglaube der schlimmsten Art, um so gefährlicher und verbitternder, weil er infolge des äussern Druckes in geheimen Ingrimm sich verwandelte, nahm in immer weitern Kreisen überhand.[3])

Und alle die menschlichen Stützen brachen nun auf einmal zusammen. Schon die ersten Regungen der französischen Revo-

---

[1]) Eine sehr reichhaltige und fein eingehende, auf Originalberichten beruhende Schilderung aus Zürich, die sicher in den wesentlichen Zügen auch für die übrige reformierte Schweiz gilt, aber freilich die ganze Schwierigkeit einer solchen allgemeinen Charakteristik beweist, gibt P. D. Hess: Der religiöse und sittliche Zustand unseres Landvolkes vor, während und nach der Revolution, im Züricher Taschenb. 1883, S. 64 u. ff.

[2]) 1785 — Wirz, K. und Sch., I, 33, 40.

[3]) J. J. Hottingers Rede „Ueber die aufkommende Freisinnigkeit", in Brems Theolog. Journal für ächte Protestanten, 1802.

lution, seit 1789, hatten ein bei den äusserst zahlreichen Beziehungen der Schweiz zu Frankreich leicht begreifliches Aufsehen erregt, und je nach persönlicher Gesinnung und Denkweise ungeheure Hoffnung und Begeisterung oder tiefgründlichen Abscheu geweckt. Idealisten und Schwärmer sahen jetzt die Morgenröte der Herrschaft der Vernunft, der Menschenliebe und der Brüderlichkeit; Philister und Gewohnheitsmenschen sahen sich in ihrer Ruhe, in ihrem Besitze und in ihren Rechten gestört und verdammten alles, was jetzt in Frankreich geschah, als ein gottloses Attentat gegen jede menschliche und göttliche Ordnung. Zwei Parteien bildeten sich, aber keine ahnte, wie bald der Sturm auch in der Schweiz selbst ausbrechen und welche Zerstörungen er anrichten würde.

Nachdem der Aufstand in der Waadt, 1791, unterdrückt, die Aufregung über die Niedermetzelung der Schweizergarden vom 10. August überwunden und die eidgenössische Besatzung von Basel 1792 wohlbehalten zurückgekehrt war, zeigte sich der erste Beweis eines tiefern Eindruckes allgemeiner Beunruhigung — ein Teil des Juragebietes war bereits von Frankreich besetzt — in der Anordnung eines ausserordentlichen allgemein eidgenössischen Bettags, welcher in der Art der frommen Vorväter am 16. März 1794 begangen werden sollte. Am 15. März 1795 und am 8. September 1796 — nachdem unterdes auch Genf gefallen war — wurde solche Feier wiederholt.[1]) Im gleichen Sinne hatten Schultheiss und Rat von Bern einen Erlass an alle Amtleute und Vorgesetzten ihres Gebietes versendet, durch welche diese unter Hinweis auf die schweren Zeiten aufgefordert wurden, mit allem Ernste „zu wachen über Religiosität, guten Sitten und löblichem Beispiel von Oben."

Rasch ging nun das Gewitter los. Im Januar 1798 zeigte es sich im Waadtland und in Basel. In der Waadt zwar blieb die Kirche ziemlich unberührt, der Abfall hatte hier einen fast ausschliesslich politisch-nationalen Charakter; anders in Basel. Hier wurde die Feindschaft gegen die Diener der Kirche, gegen die Prediger, welche die Obrigkeit nicht mehr zu schützen vermochte und die man deshalb jetzt nicht mehr zu fürchten hatte, bald in allerlei kleinen Verhöhnungen und Beleidigungen bemerkbar. Aehnlich nachher in Zürich, in Bern. Als der Einbruch der fran-

---

[1]) Frikart, a. a. O., 158, hier wird der 10. April 1796 genannt, allein die gedruckte Proklamation weist auf den 8. September hin; 1794 wurden sogar eigene Gebete gedruckt.

zösischen Armeen die bisherige Staatsordnung auflöste und einige Tage lang, nach dem 5. März, das Land sich in einem Zustand der Anarchie befand, als die obrigkeitlichen Schlösser erstürmt, geplündert und in Brand gesteckt wurden, da fühlten sich an manchen Orten auch die Geistlichen nicht mehr sicher, und mit dem Landvogt haben auch manche Pfarrer die Flucht ergriffen, weil unverkennbar der nämliche Hass sich auch über sie ergoss.[1]) Im April wurde dann mit der Annahme der neuen helvetischen Verfassung einigermassen die Ordnung wieder hergestellt, aber freilich eine ganz andere Ordnung als die frühere gewesen war. Darüber liessen die Verfassungsbestimmungen nicht den geringsten Zweifel.[2])

In den auf die kirchlichen Verhältnisse bezüglichen Paragraphen heisst es: *„Die Gewissensfreiheit ist uneingeschränkt, jedoch muss die öffentliche Aeusserung von Religionsmeinungen den Gesinnungen der Eintracht und des Friedens untergeordnet sein. Alle Gottesdienste sind erlaubt, insofern sie die öffentliche Ruhe nicht stören und sich keine herrschende Gewalt oder Vorzüge anmassen. Die Polizei hat die Aufsicht darüber und das Recht, sich nach den Grundsätzen und Pflichten zu erkundigen, die darin gelehrt werden. Die Verhältnisse einer Sekte mit einer fremden Obrigkeit sollen weder auf die Staatssachen, noch auf den Wohlstand und die Aufklärung des Volkes einigen Einfluss haben.*[3])

Damit ist alles gesagt: die Staatskirche ist aufgehoben; es gibt keine Kirche mehr, die sich eine herrschende Gewalt oder einen Vorzug anmassen dürfte.[4]) Die Kirche ist weder ein wichtiges Organ des Staates, dessen sich derselbe zur religiösen Leitung und Erziehung des Volkes bedient, noch weniger eine von Gott gestiftete Institution, deren Lehren und Grundsätze für das Staatsleben massgebend sind, sondern eine recht unbequeme Thatsache, die geduldet werden muss, weil sie nun einmal da

---

[1]) So Johann Heinrich Schinz, früher Professor der Kirchengeschichte, seit 1794 Pfarrer in Oberglatt. Wirz, Züricher Minist., 121. — Biographie von Pfarrer G. J. Kuhn im Kirchl. Jahrbuch für die reformierte Schweiz, Jahrgang 1898 (IV), S. 114.

[2]) Die Original-Drucke sind ziemlich selten geworden. Abdruck siehe E. A., VIII, 299 bis 304, und Helv. Akten, I, 567—587, auch Gisi, die helv. Konstitution, Bern 1872.

[3]) Der im ursprünglichen Basler Entwurf enthaltene Zusatz: „Jedem Kanton ist fürgestellt, für die Unterhaltung und Bezahlung an die bei ihm eingeführten Gottesdienste zu sorgen", war beseitigt worden.

[4]) Herzog, Die Religionsfreiheit zur Zeit d. Helv. Republik. Rektoratsrede, Bern 1884.

ist, die aber nur auf „Religionsmeinungen" beruht, deren Aeusserungen den höhern Rücksichten des Staatswohles untergeordnet sind, und deshalb unter polizeilicher Aufsicht stehen. Diese muss sich überzeugen, dass nichts Gefährliches gelehrt, getrieben oder geplant wird, und das Urteil über die Zulässigkeit oder Verdächtigkeit einer Religions-Gemeinschaft richtet sich danach, ob ihre Aeusserungen den Gesinnungen des Friedens und der Eintracht förderlich sind oder nachteilig sein könnte. Der Ausdruck „Sekte" bezieht sich zwar, wie der Zusammenhang zeigt, eigentlich nur auf die katholische Kirche, deren Verbindung mit einer fremden Obrigkeit, dem Papste, und deren Einfluss auf den Wohlstand und die Aufklärung des Volkes natürlich vor allem aus als bedenklich erscheinen musste; aber diese im katholischen Frankreich ausgebrüteten und von dort herübergebrachten Vorurteile und Redensarten wurden unbesehen auch auf die reformierten Kirchen angewendet, gerade so, wie der politische Doktrinarismus der im Hass gegen die Monarchie aufgewachsenen französischen Republikaner übertragen worden ist auf das altrepublikanische Staatsleben der Schweiz.

Mit der gesetzlich gebotenen Glaubenslehre ist die religiöse Grundlage des Volks- und Staatslebens überhaupt aufgegeben, und wie die Behörden hundert Jahre zuvor die eidliche Beschwörung des Glaubens an die Gnadenwahl in ihrer strengsten Fassung jedem Staatsbürger zur Pflicht gemacht, und in allen ihren Erlassen die Förderung der Ehre Gottes durch das Bekenntnis des reinen Evangeliums als höchsten Staatszweck proklamiert hatten, so stellten sie jetzt das Princip der absoluten, uneingeschränkten Gewissensfreiheit an die Spitze und erklärten in Paragraph 4 der Verfassung in ziemlich bombastischer Weise: „Die zwei Grundlagen des öffentlichen Wohles sind: Sicherheit und Aufklärung, Aufklärung ist besser als Reichtum und Pracht." Das ist der Ton, das sind die Ausdrücke, mit welchen jetzt amtlich von der Kirche gesprochen wird. Der Wechsel scheint gross genug zu sein, und doch ist die Aenderung in der Wirklichkeit noch unendlich viel grösser gewesen, als in den Worten der Verfassung.

Höchst merkwürdig ist und bezeichnend für die Hoffnungen, die auf die Revolution gesetzt worden sind, dass schon in den ersten Tagen der Gedanke an eine einheitliche Schweizerkirche laut wurde. Die Prediger in Vivis schickten am 16. März 1798 ein gedrucktes in lateinischer Sprache abgefasstes Blatt an alle protestantischen Geistlichen der Schweiz, worin sie aufforderten zur Einreichung von Bemerkungen über die künftige Ordnung der

Kirche, und hier wird als zu erstrebendes Ziel betrachtet, dass mit der Einheit des Staates auch die Einheit der Kirche begründet werden sollte.[1]

Solcher Optimismus war nur in den ersten Tagen und nur im Waadtlande möglich, wo man der naiven Meinung war, dass mit der Befreiung von der bernischen Herrschaft die Revolution ihr Ziel und ihr Ende erreicht haben werde. Dass von einer solchen Neugründung der Kirche nicht die Rede sein, dagegen die Zerstörung viel tiefer gehen werde, stellte sich sehr bald heraus. Die Zeit war nicht angethan zu positiven Schöpfungen auf diesem Gebiete.

Infolge des Umsturzes kamen jetzt in obern und untern Behörden meistens gerade diejenigen Leute zur Herrschaft, welche bisher zurückgesetzt und bei Seite stehend, unzufrieden und oft ingrimmig zugesehen hatten, und deren Eifer im Wegfegen des Bestehenden ihnen jetzt als Empfehlung diente. Die beiden Hauptförderer der Revolution in Helvetien, die Schöpfer der Einheitsverfassung, der Basler Peter Ochs und der Waadtländer Friedrich Caesar Laharpe, waren beide reformierten Bekenntnisses, aber beide offene Anhänger des Voltairischen Deismus, für welche es keine Offenbarung, sondern nur „Religionsmeinungen" gab. Die Einheit und Gleichförmigkeit, welche jetzt auch in kirchlicher Hinsicht wenigstens theoretisch erreicht war, hatte keine Aehnlichkeit mit der Uebereinstimmung und dem geistigen Verkehr, den die edelsten Kirchenmänner früher angestrebt hatten, schon deshalb nicht, weil auch die katholische Kirche in dem Rahmen mitbegriffen war, besonders aber, weil als einheitliche Spitze und höchste Gewalt das rein weltliche Direktorium dastand.

Die Direktoren standen den Konfessionen nicht nur gleichgültig, sondern geradezu feindselig gegenüber, weil sie in ihnen die vornehmste Ursache aller Uebelstände, aller Intoleranz, alles Gewissensdruckes, aller Finsternis und alles Aberglaubens sahen,

---

[1] „... foedus sanctum pangamus, ut in unum corpus, unum animum coalescamus omnes et greges quibus praesumus... Speramus apprecamurque cum omnibus ingenuis Helvetiis, ut in novo ordine futuro rerum recentibus filis, novis viribus resarciantur ac roborentur.. vincula socialia quae nos vobiscum connectabant, ... quibus omnes Helvetiae partes hucusque dissitae, dissonae lingua, cultu, gubernatione, in unam gentem fratrum redigantur." Das Blatt selbst scheint nicht mehr vorhanden zu sein, ist aber zu einem grossen Teil abgedruckt in Leonh. Meisters Schrift, „Ueber den Gang der politischen Bewegungen der Schweiz", vom März 1798, S. 41. Ich verdanke die Kenntnis dieser Stelle Hrn. Dr. Strickler.

und zum Aberglauben rechnete man jetzt auch den Glauben an die göttliche Eingebung der heiligen Schrift, an die göttliche Würde Christi, an die Fürsorge Gottes für den einzelnen Menschen, an die Kraft des Gebets, an die Wirksamkeit des Gottesdienstes. Alle staatliche Sorge über die Kirche bestand für sie darin: zu achten, dass sie nicht schaden könne.[1]

Der Unterschied von der frühern Zeit ist scharf gezeichnet in dem Dekret vom 18. März 1799, welches allen Beamten verbot, in ihren Amtsabzeichen an einem Gottesdienst teilzunehmen, „ausgenommen die Statthalter, wenn sie Aufsicht halten sollen".[2]

Und wenn die beiden Staatsmänner nebst ihren Freunden in den helvetischen Räten klug genug waren, um aus Rücksicht auf die Vorurteile des Volkes mit einem gewissen Anstande von den religiösen Angelegenheiten zu reden, so war das in den untern Schichten der Menge ganz anders. Schamlose Religionsspöttereien, demonstrative Verunehrungen der Kirchen, höhnische Missachtung des „Bürger Pfarrers" galten jetzt als Heldenthaten, als Beweise des eifrigsten Freisinns, oder wie man damals sagte, des „Patriotismus", durch den man sich der Gunst der Herrschenden würdig zeigte. Kam es auch in der Schweiz nicht, wie in Frankreich, zur Abschaffung der Religion, — diese Periode war ja damals auch in Frankreich bereits überwunden — so gingen doch die Dinge weit genug, besonders da, wo zunächst die Annexion an die französische Republik stattfand, in Genf, im Jura und in Biel. In Biel sollte die Kirche, als ein hinfort unnützes Gebäude, öffentlich versteigert werden, und nur der Umstand, dass sie wirklich unnütz war, das heisst, dass niemand etwas damit anzufangen wusste, rettete sie von dem ihr drohenden Schicksal.[3]

Vornehmlich aber wandte sich die jetzt oft zur Schau getragene Missachtung gegen die Person der Geistlichen, die jetzt, alles gewohnten amtlichen Schutzes entkleidet, teilweise arge Vexationen zu erdulden hatten. Alle geheime Erbitterung der etwa durch Pfarrer oder Chorgericht Gemassregelten, aller Religionshass, der sich früher nicht hatte ans Licht wagen dürfen,

---

[1] Finsler, Die züreherische Kirche zur Zeit der Helvetischen Republik, im Züricher Taschb. 1859. — Frey, Hans, Basel während der Helvetik. Neujahrsbl. 1877. — Luginbühl, Die Basler Universität während der Helvetik. Basler Jahrb. 1888.

[2] Helv. Akten, III, 1378.

[3] Blösch, Geschichte von Biel, III, 176. Die Siechenhauskapelle, welche seit 1619 zum französischen Kultus gedient hatte, wurde wirklich verkauft und nachher abgebrochen.

trat jetzt ungescheut hervor und machte sich breit. Von Strafe wegen Beleidigung des Pfarrers konnte nicht mehr die Rede sein; jetzt war es der Prediger, der als Beleidiger vor Gericht gestellt wurde, wenn er sich einen Tadel erlaubte, denn der Pfarrer ist keine staatskirchliche Autorität mehr, sondern ein „Religionsdiener", den man noch duldet für diejenigen, welche einfältig genug sind, an das zu glauben was er sagt.

Wie sehr die Zeiten andere geworden seien, musste man in Basel erfahren, als der wieder mutig gewordene Kandidat Frei in der Schule von den „Lügen" in der Bibel sprach, die Eltern sich beklagten und der Erziehungsrat den Fehlbaren zum Verhör berief. Der Minister Stapfer intervenierte, und als Frei noch während des Prozesses, im Oktober 1800, starb, musste das geistliche Tribunal schliesslich noch zum Triumph der Freidenker den Hinterlassenen einen Teil der zurückbehaltenen Besoldung bezahlen.[1]

Und je weniger die Geistlichen Veranlassung hatten, einen solchen Umschwung zu begrüssen, um so mehr sah man in ihnen die selbstverständlich geschworenen Gegner der neuen Ordnung, von deren Uebelwollen und geheimer Widersetzlichkeit man in den helvetischen Räten zum voraus überzeugt war. Ihre Stellung wurde dadurch nicht erleichtert, dass auch ihre ökonomische Lage unter den Aenderungen in bedenklichster Weise zu leiden hatte. Ein grosser Teil der Pfarreinkünfte bestand von alten Zeiten her in Zehnten, Bodenzinsen, sogenannten Primizen und allerlei Sporteln. Eine der ersten gesetzgeberischen Massregeln der helvetischen Regierung aber war die Aufhebung der Zehntpflicht, die man als ein mittelalterliches Institut, als eine Last für das Volk beseitigte, ohne im geringsten sich Rechenschaft zu geben über die unvermeidlichen Folgen. Es gab Pfarrstellen, die fast keine Barbesoldung zu beziehen hatten; diese waren jetzt dem äussersten Mangel preisgegeben. Manche mussten aus dem Ertrag ihres kleinen Pfrundgutes zu leben versuchen, während bei weniger günstig gestellten geradezu der Hunger einkehrte. Einzelne bernische Pfarrer mussten es zufrieden sein, wenn ihre Kinder bei den wohlhabenden Bauern des Dorfes Tag für Tag die Runde machen durften, um an ihrem Tisch sich satt zu essen.[2]

War so die Umkehr der Dinge für die Person der Prediger empfindlich, so war sie für den Augenblick für das kirchliche

---

[1] Kündig, in der oben (S. 160) angeführten Abhandl. im Kirchenbl. 1891.
[2] K. Wyss: Joh. Rud. Wyss der ältere (1763 bis 1845), im Bern. Taschb. 1859. S. 15 u. ff., eine kleine Biogr. die viele Beiträge zum Folgenden bietet.

Leben überhaupt nicht weniger verderblich. Die Gottesdienste wurden zwar mit seltenen Ausnahmen regelmässig abgehalten, aber Störung derselben wurde nicht mehr bestraft; mit dem Taufzwang war auch der Zwang zur Unterweisung und zur Kinderlehre für die Jugend weggefallen. Die Sittengerichte mit ihren kümmerlichen Ueberresten einer Kirchenzucht waren aufgehoben, ihre Kompetenzen teils ganz dahingefallen, teils an andere Behörden übertragen worden. Unzuchtsvergehen wurden nicht mehr gerügt, die gesetzlichen Nachteile für Unehelichgeborene wurden als unmenschliche Härte beseitigt; was bisher gelobt worden war, wurde getadelt; was verpönt war, gerühmt. Je ausschliesslicher aber bisher gerade in solchen äussern Dingen das religiöse Leben aufgegangen war, um so schwerer konnte letzteres sich ohne jene erhalten. Erst jetzt zeigte es sich, für wie Viele der sogenannte Glaube nur auf menschlichen Stützen allein geruht hatte; als diese Stützen fielen, fiel für solche auch die Gottesfurcht dahin.

Es ist gewiss eine recht sonderbare und doch aus der Natur der menschlichen Dinge leicht erklärliche Thatsache, dass die kirchlichen Institutionen und geistlichen Personen nie mit solcher Folgerichtigkeit in den Dienst der Staatszwecke gebunden worden sind, als in dem Augenblicke, wo man aufhörte, die Religion als Staatszweck zu betrachten und den Glauben als Privatsache zu erklären. Nie wurde die Kirche so vollständig vom Einfluss auf die öffentliche Erziehung ausgeschlossen, als jetzt, wo man sie überhaupt nur noch als Erziehungsanstalt zu würdigen vorgab.[1]) Wer jetzt für die Kirche eintrat, that es nur in der Meinung, um, nach dem Worte Schillers, „aus Christen Menschen zu werben".

Ein Glück war es nun für die gesamte Schweiz, dass, ehe dieser Zustand der kirchlichen Anarchie sich verlängern und seine schlimmsten Konsequenzen ziehen konnte, an die Spitze des Kirchenwesens ein Mann trat, der, wenn er nicht kirchlich war im gewöhnlichen Sinne des Wortes, doch seine Aufgabe mit hohem sittlichem Ernst und tiefer Ueberzeugung von der einzigen Würde des Christentums auf sich nahm und zu lösen suchte. Die Leitung der kirchlichen Angelegenheiten, und zwar beider Konfessionen, wurde im helvetischen Einheitsstaate dem Minister der „Künste und Wissenschaften" zugeteilt. Es lag darin, trotz des sonderbaren Titels, immerhin die Anerkennung, dass die Kirche der

---

[1]) Ueber die Thätigkeit der Schulbehörden, d. h. zunächst des bernischen Erziehungsrates, der Helvetik ist eine gründliche aktenmässige Darstellung aus der Feder von Prof. Dr. Haag zu erwarten. Sie wurde mündlich als Vortrag gehalten.

Aufklärung zu dienen bestimmt sei. An diesen wichtigen Ministerposten wurde nun bei Organisirung des neuen Staates, 1798, Philipp Albert Stapfer gestellt.[1])

Stapfer, geboren 1766, gehörte einer aus dem Aargau stammenden bernischen Pfarrerfamilie an; sein Vater war Pfarrer am Münster. Auch er selbst war zum Theologen bestimmt und machte seine abschliessenden Studien in Göttingen, nachher noch in London und in Paris; 1791 wurde er, als eine ausgezeichnete wissenschaftliche Kraft erkannt, zum Lehrer der alten klassischen Sprachen am „Politischen Institut" erwählt; später (Aug. 1796) zum Professor der Theologie an der Akademie befördert. Mit grossem Erfolge hatte er sich durch verschiedene Arbeiten als ein klarer und selbständiger Denker bewiesen, als die Revolution, zu deren principiellen Anhängern er sich zählte, ihn plötzlich in eine andere Laufbahn warf. Stapfer hat seine theologische Bildung niemals verleugnet; er war ein aufrichtig frommer Mann im Sinne der Besten seiner Zeit, aber mit stark rationalistischer Neigung, wesentlich bestimmt durch die Kantische Philosophie, doch mit warmer Ehrerbietung vor der heil. Schrift und vor der Person des „Religionsstifters".

Die Gesinnung, in welcher er sein Amt antrat und auf die Kirche einzuwirken suchte, zeigt sich am deutlichsten in einer Denkschrift, die er beim Beginn seiner Thätigkeit an die Geistlichen beider Bekenntnisse sandte, um sich mit ihnen zu verständigen. Sie wurde gedruckt und trägt den Titel: „Der Minister der Künste und Wissenschaften der einen und untheilbaren Helvetischen Republik an die Religionslehrer Helvetiens über ihre Pflichten und Bestimmung".[2]) Nach einer rein philosophischen Einleitung über die sinnliche und sittliche Doppelnatur des Menschen heisst es: „Ohne von dem Dasein eines moralischen Reiches, dem jeder Mensch, sowie die ganze Natur untergeordnet sei, überzeugt zu sein, ist es unmöglich, der sittlichen Natur des Menschen die Uebermacht über die sinnliche zu verschaffen. Nun ist zur Gründung, Belebung und Befestigung dieser Ueberzeugung und zur Entwicklung des moralischen Gefühls durch diesen Glauben die öffentliche Lehranstalt unumgänglich notwendig, die man Kirche nennt". Ueber die Person und Aufgabe des Predigers wird hier gesagt: „Die Pflichten der Religionslehrer als Beförderer des

---

[1]) Luginbühl, Ph. A. Stapfer. Basel 1887. Vergl. Haag, Beitr., a. a. O., S. 133 u. 156.

[2]) Als Flugschrift verbreitet. Abgedruckt in Helv. Akten III, 311, und bei Luginbühl, a. a. O., 85—91.

höchsten Glücks und als Diener des Staats, sind also ganz dieselben. Ja, nur dann sind die Religionslehrer wahre Diener ihres Vaterlandes und der Menschheit, wenn alle ihre Belehrungen und Amtsverrichtungen keinen andern Zweck haben, als das moralische Gefühl zu entwickeln, und wenn durch ihre Bemühungen das Gewissen in der Brust jedes Menschen mit seiner gesetzgebenden und richterlichen Würde erwacht und seine Stimme mit einer über alles Missverständnis erhabenen Klarheit laut wird". . . „Dass die Lehrer der Religion nur zu diesem Zweck berufen sind, und dass alle unfruchtbaren Lehrmeinungen und leeren Gebräuche, die nicht zu seiner Ausführung beitragen, ein unsittliches und unwürdiges Spiel sind, lässt sich aus den angedeuteten Grundsätzen leicht begreifen."

Vom Staatskirchentum war also auch für Stapfer nur noch eines geblieben, nicht der Schutz und die Anerkennung der religiösen Autorität, sondern nur die vollständige Unterordnung aller kirchlichen Einrichtungen, mit Inbegriff von Lehre und Kultus, unter den Staatszweck. Aber der Staatszweck selbst war ein anderer geworden. „Dieser innere Zwang", heisst es in der genannten Schrift weiter, „wird alle äussere Gewalt unnütz und den Staat selbst entbehrlich machen, so wie bei vollkommen entwickeltem sittlichem Gefühl die Kirche nicht mehr nötig sein wird. Das ist das Reich Gottes auf Erden. Um es zu gründen, ist der Stifter des Christentums erschienen; um es zu verbreiten und herrschend zu machen, dazu sind die Geistlichen da, dazu werden religiöse Feste gefeiert."

Der Staatszweck ist ein anderer geworden, und an der Persönlichkeit des nunmehrigen Ministers hing es einzig, dass die Behörden nicht so roh und oberflächlich von der Kirche dachten, wie die Menge, dass dieselbe nicht geradezu als überflüssig angesehen, sondern die Idealität der ethischen Ziele, und darum auch ihr notwendiger Zusammenhang mit der Religion, wenigstens noch einigermassen festgehalten wurde.

Trotzdem musste es die „Bürger Pfarrer" sonderbar anmuten, als sie von dieser Stelle her amtlich erklären hörten: „Dazu ist der Religionslehrer, aber auch nur dazu der menschlichen Gesellschaft nützlich, dass er die Gebote des Gewissens hervorziehen, erklären und geltend machen soll. Die helvetische Regierung wird die Religionslehrer der verschiedenen Parteien in dem Grade höher schätzen und für nützlicher halten, in dem sie ihre Amtsverrichtung, ihre gottesdienstlichen Bücher, Handlungen, Gebräuche und religiösen Vorstellungen zur unmittelbaren Beförderung der

Moralität und zur Schärfung des Gewissens benützen und immer nur als Werkzeuge und Mittel, nie als Zweck betrachten werden. Der Religionslehrer wird in diesem Lichte sich selbst weit ehrwürdiger erscheinen, als wenn er bloss als Organ der Gewalt und der Volkstäuschung behandelt und begünstigt würde. Brudergruss und Achtung."

Das war jetzt die Sprache, in welcher von Amtes wegen zu den Geistlichen gesprochen wurde, und das galt beiden Konfessionen. Stapfer, der mit seinem Kantischen Rationalismus persönlich doch auf dem Boden des gläubigen Christentums stand und später, nachdem er vom politischen Leben abgetreten war, seine ganze geistige Kraft als Vorstand oder Förderer von freiwilligen Vereinen zur Bibelverbreitung und zu Werken der äussern und innern Mission verwendet hat, war nicht nur ein edeldenkender, er war auch ein frommer Mann, aber er stand mit seiner hohen Anschauung erst noch fast allein; es fehlte ihm an Macht und Mitteln, seine guten Absichten zur Ausführung zu bringen; er blieb ohne Unterstützung von Seiten seiner meistens kirchenfeindlichen Kollegen, und mit Mühe war er im stande, die brutalsten Vergewaltigungen der Kirche zu hindern. Diese selbst war auf eine solche Wandlung aller Verhältnisse wenig vorbereitet; immerhin wurde für die reformierte Kirche der schwierige Uebergang wenigstens dadurch erleichtert, dass sie gerade in diesem Augenblick Männer besass, die geeignet waren, den von ihnen vertretenen Grundsätzen nach oben und unten Achtung einzuflössen, und mit ihrer geistigen und sittlichen Persönlichkeit einigermassen das zu ersetzen, was sie so plötzlich an amtlichem Ansehen einbüssen mussten.

Das gilt vor allem aus von dem Vorsteher der Züricher Kirche, dem würdigen Antistes Johann Jakob Hess.[1]) Geboren am 25. Oktober 1741 und schon mit 19 Jahren in den Kirchendienst aufgenommen, aber erst 1777 als Helfer am Fraumünster in ein selbständiges Amt eingetreten, hatte derselbe die Jahre seiner Vikariatszeit zu schriftstellerischen Arbeiten benützt, die nach aussen als sein Lebenswerk erscheinen und ihm unter den denkenden Theologen eine nicht unbedeutende Stelle anweisen sollten. Von 1768 an gab er in verschiedenen Teilen sein „Leben Jesu" heraus, welches in damals neuer und durchaus selbständiger psychologisch-historischer Auffassung die Person Jesu als mensch-

---

[1]) H. Escher, J. J. Hess, Skizze seines Lebens und seiner Ansichten. Zürich 1837.

lich und göttlich zugleich, geschichtlich darstellte, und begründete damit — gerade in der Zeit, wo die Person des „Religionsstifters" fast ganz in den Hintergrund zu treten schien — diese heute so wichtig gewordene theologische Lehre.[1])

Wie er als Theologe, weder Rationalist noch Supranaturalist im Sinne des damals herrschenden Streites, seine eigenen Wege ging, so zeigte er sich auch als Leiter der Kirche, nachdem er 1795 zu dem mehr denn jemals verantwortungsvollen Amte des Antistes berufen worden war. Die Berechtigung der neuen Zeitforderungen begreifend, machte er sich willig zum Werkzeug ihrer Verwirklichung, gab gerne preis, was nicht mehr haltbar war, stand jedoch ebenso fest auf dem unantastbaren Boden der Kirche als Anstalt zur Pflege des Reiches Gottes unter dem Volke, und wusste mutig und unerschrocken, klug und behutsam ihre Rechte zu wahren. In einer Zeit, da nun mit einem Male nicht nur höhere Regierungsmitglieder, sondern selbst Unterbeamte sich „ein mehr als bischöfliches Aufsichtsrecht über kirchliche Dinge anmassten", und manche, auch vorsichtige Prediger für ihre Worte zur Verantwortung gezogen wurden, bewegte sich Hess mit so viel Weisheit und Ruhe, zugleich mit so anerkannter Redlichkeit und Reinheit des Wandels, dass er unangreifbar blieb. Er wurde bedroht[2]), aber nicht, wie es bekanntlich seinem Freunde Lavater begegnet ist, wirklich zur Deportation verurteilt. So gelang es Hess, die Züricher Kirche zusammenzuhalten und durch die kritische Periode hindurch zu leiten auf bessere Tage".[3])

Dass auch Lavater keineswegs zu den grundsätzlichen Gegnern der Revolution gehört hat, vielmehr dieselbe mit schwärmerischen Hoffnungen begrüsste und erst durch die tyrannischen Gewaltthaten der Franzosen umgestimmt wurde, ist schon angedeutet. Ein Vermittler zwischen der alten und der neuen Zeit ist er jedenfalls insofern geworden, als er von Anfang an eine geistig erfasste, von Gewohnheit und hergebrachtem Formalismus, von Staatszweck und Staatsautorität unabhängige Religion gepredigt hat.

Unter den Züricher Geistlichen kamen andere allerdings den Lehren der Revolution noch viel weiter entgegen. Der bekannteste ist Leonhard Meister, der eigentlich typische Lobredner der hel-

---

[1]) Justus Heer in Herzogs R. Enc., VI, 65 u. ff.

[2]) Erinnerungen vom Jahre 1798 von Barbara Hess-Wegmann, herausg. von Hunziker in Quellen zur Schw.-Gesch., XVII, 217 etc.

[3]) Besonders beachtenswert durch Einsicht und Freimut ist seine Schrift von 1798: Helvetiens neue Staatsverfassung von Seiten des Einflusses der Religion und der Sittlichkeit auf das Glück der Freistaaten betrachtet.

vetischen Umwälzung, der dann auch 1799 seine Stelle als Pfarrer zu St. Peter bei Zürich aufgab, um in Bern, freilich nur auf kurze Zeit, politische Dienste zu leisten. Im nämlichen Jahre wie Hess und Lavater, 1741, geboren, und in der Jugend „empfänglich für die Zinzendorfischen Blut- und Lammespredigten", dann ein Gegner Lavaters[1]), war er anfangs Professor der Sittenlehre, der Geschichte und Geographie an der Kunstschule in Zürich. Seine geradezu zahllosen Werke[2]) zeigen einen nicht gewöhnlichen, aber eiteln und ziemlich oberflächlichen rationalistischen Schwärmer, der einen vielseitigen und ausgedehnten, aber weder tiefgehenden noch nachhaltigen Einfluss ausübte.[3])

Aehnliches, wie von Zürich, kann auch von der Berner Kirche gesagt werden. Als Prediger am Münster und Mitglied der obersten kirchlichen Behörde hatte hier bis 1794 der aufgeklärte und als Prediger berühmte Abraham Rengger[4]) von Brugg gewirkt, der Vater des nachherigen helvetischen Ministers, zuerst Pfarrer in Gäbistorf, seit 1775 in Bern; neben ihm standen der ebenfalls aus Brugg herstammende, sehr gelehrte Daniel Stapfer, früher Pfarrer in Murten und seit 1766 in Bern, und Franz Ludwig Stephani aus Aarau (1749—1813), welcher seit 1794 die zweite Pfarrstelle daselbst mit derjenigen eines Münsterpredigers vertauscht hatte, ein stiller aber tieffrommer Mann, der wie die eben Genannten in seiner Predigt durchaus aufs Praktische gerichtet war, auch in seiner Weise weniger orthodoxes Kirchentum als lebendiges Christentum zu pflanzen trachtete.

Aber auch derjenige, der sie als Kanzelredner alle weit übertraf, der populärste und beliebteste Prediger, den Bern je gehört hat, nämlich David Müslin[5]), war der Sohn eines kleinen Handwerksmannes, der 1749 an der Verschwörung der unzufriedenen Burger sich beteiligt hatte. David Müslin, am 19. November 1747 geboren und von 1779—1782 Pfarrer zu Unterseen, dann Helfer in Bern, war vermöge seiner Herkunft und Familientradition kein Anhänger des herrschenden Regierungssystems und sah die Aenderung, wenn auch nicht mit Befriedigung, so doch ohne vorgefasste Abneigung kommen, war er doch in seiner Bettagspredigt im September 1797 in eine Klage ausgebrochen, die zum stärksten

---

[1]) „Ueber Schwärmerei", 1775. „Ueber Einbildungskraft", 1778.

[2]) Aufgezählt bei Wirz, Züricher Minist., S. 92. — Allg. D. Biogr., XXI, 261 u. ff.

[3]) Biogr. im Schweiz. Museum (1816), S. 535.

[4]) Ueber ihn die hiernach zu erwähnende Biogr. von Dav. Müslin, S. 20 und Allg. D. Biogr., XXVIII, 515.

[5]) David Müslin, von Alb. Haller im Berner Taschenb., 1872, S. 1—94.

gehört, was damals überhaupt gesagt werden konnte: „Wenn es den Beamteten nicht mehr um ihre Pflicht, sondern bloss und einzig um ihr Einkommen zu thun ist, — wenn sie sich stillschweigend unter einander einverstehen, ihre Obern durch Schweigen oder durch solche Berichte zu täuschen, — wenn die Regierung sich endlich mit lauter Schurken umringt sieht, die an keinen Gott und keine Hölle glauben und, durch vielleicht nur unvorsichtig entfallene Reden ihrer Obern aufgemuntert oder verführt, die Diener der Religion als eine lästige und überflüssige Menschenklasse, und die Religion, die sie lehren, als Fabelwerk anzusehen gelernt haben, wer will und wie soll man ein solches Volk regieren!"

Ungleich bedeutender als Theologe und selbständiger Denker war aber ohne Zweifel Johann Samuel Ith.[1]) Im Jahre 1747 (11. Juli) in Bern, ebenfalls als Sohn eines Handwerkers, geboren und in Berlin und Göttingen zum Theologen gebildet, seit 1781 Professor der Philosophie, dann Rektor der Akademie, war er mit seinem Freunde Stapfer ein entschiedener Anhänger der neuen Ideen im Sinne der Kantischen Lehre. Als Gelehrter trat er hervor mit seinen Studien über die Religion und Philosophie der Indier, und mit seiner „Anthropologie", welche in zwei Bänden 1794 und in zweiter Auflage 1803 herauskam und als ein vorzügliches Werk damals gerühmt worden ist. Er hatte den Anstoss gegeben zur Begründung des „Politischen Instituts" und erhielt noch 1796 einen weitergehenden Auftrag zur Ausarbeitung einer umfassenden neuen Schulordnung. Doch ehe dieser Plan zur Ausführung gelangen konnte, kamen andere Aufgaben. Er galt als einer der wenigen Geistlichen, welche der neuen Ordnung nicht alle Berechtigung absprechen konnten; er glaubte an die Ideale der Revolution. Zuerst traf ihn der Ruf zum Minister der Wissenschaften und Künste, den er (zu gunsten Stapfers) ablehnte, dann 1799 derjenige zum obersten Pfarrer und Dekan am Münster in Bern und zugleich zum Vorsitzenden des Erziehungsrates. Seine Ansicht von der Aufgabe der Kirche hatte er schon 1798, unmittelbar nach Annahme der neuen Verfassung, kundgegeben in seiner Schrift: „Versuch über das Verhältnis des Staates zur Religion und eine derselben angemessene Organisation dieser letztern im protestantischen Helvetien." Sie stimmte fast ganz mit derjenigen Stapfers zusammen, und wie dieser kämpfte nun Ith vorzüglich darum, dass mit dem proklamierten Ziel der „Volksversittlichung" auch wirklich Ernst gemacht und deshalb

---

[1]) Lutz, Moderne Biographien. — Allg. D. Biographie, XIV, 643.

die Religion „als das wirksamste, vornehmste und unentbehrlichste Mittel zur Volkserziehung" in die ihr gebührende Stellung eingesetzt werde, nicht im Sinne der alten Staatsreligion, noch weniger aber im Geiste oberflächlicher Glaubensfeinde, die unter dem irreführenden Banne rein persönlicher Eindrücke stehen. „Die Religion ist eine grosse, von den öffentlichen Verhältnissen der Menschheit unabtrennbare Angelegenheit. Dieses bewährt die ganze Geschichte des Menschengeschlechts durch alle Staffeln der Kultur, bis tief hinunter zur Felsenwohnung des Troglodyten. Es zeugt aber gewiss weder von Einsicht noch von Klugheit, so erhabene, so einflussreiche, so tief in die Menschennatur eingewurzelte Anlagen übersehen, sie dem Zufall einer gesetzlosen Willkür preisgeben wollen." Die Religion hat ein Recht auf Berücksichtigung, nicht nur auf polizeiliche Aufsicht und gelegentliche Hemmung, sondern auf Förderung und positiven Schutz auch innerhalb der neuen Staatsverfassung, denn „man muss der Welt zeigen, nicht bloss, dass man durch die neuen Grundsätze besser werden könne, sondern dass man es geworden sei".[1]

Solche Erörterungen mussten machtlos verhallen in dem allgemeinen Sturm, den die Invasion der französischen Bajonette und Theorien in die alte Eidgenossenschaft gebracht und der Bürgerkrieg gegen die mit katholischem Fanatismus verbündete Gegenrevolution erst noch mehr entfesselt hatte. In diesem Zustande des öffentlichen Lebens konnte die Kirche als Anstalt, so auch die Religion und mittelbar die Sittlichkeit, nur Schaden leiden.[2] Sogar das Verhältnis der beiden Konfessionen wurde durch die Verquickung mit den politischen Parteikämpfen trotz aller Toleranzredensarten und Aufklärungsphrasen wieder ungemütlicher als je. Ein Fortschritt zum Bessern ist nur in kleinen Dingen zu bemerken.

Der Grundsatz der religiösen Duldung und Gewissensfreiheit kam in Wirklichkeit zunächst nur der doch wenig zahlreichen Minderheit von bisher Verfolgten zu statten. Das Andenken des im Jahre 1746 hingerichteten Jakob Schmidlin von Wolhusen wurde durch einen Beschluss der Räte in Ehren hergestellt und seine Nachkommen entschädigt.[3] Das Dekret war allgemein gefasst: „Alle in Helvetien noch vorhandenen Strafgesetze der ehevorigen Regierungen gegen religiöse Meinungen und Sekten sind

---

[1] Ith: „Ist Religion zur Nationalversittlichung notwendig?" in Höpfners Helv. Monatsschrift, Bd. I (1799), S. 89 u. ff.
[2] Ueber den Religionszustand in Helvetien, 1799.
[3] Helv. Akt., III, 1078 u. ff. Beschluss v. 12. Febr. 1799. (Oben, S. 145.)

aufgehoben. Alle bloss wegen religiösen Meinungen und wegen keinen Verbrechen verbannten helvetischen Bürger und ihre Nachkommen werden für helvetische Bürger erklärt", u. s. w. Damit erhielten endlich auch die Wiedertäufer die Genugthuung, dass sie als gesetzlich geduldete Gemeinschaft anerkannt wurden.[1]) Dazu können wir noch die französische Kolonie in Bern anführen: sie erfreute sich insofern grösserer Freiheit, als die Bestimmung wegfiel, dass ein Regierungsglied in ihrer Direktion den Vorsitz zu führen habe. Sie stellte, autonom geworden, einfach ihren Pfarrer an die Spitze[2]), bis derselbe, von 1816 an, wieder einem Ratsherrn weichen musste.

Für die Kirche als ererbte staatliche Institution und religiöse Gesellschaftsform konnte der neue Zustand zunächst nur Nachteile bringen. Wohl fehlte es mehr an Einsicht als an gutem Willen. Wenn auf dem politischen und staatswirtschaftlichen Gebiete der geniale Gedankenflug die mangelnde Erfahrung und Geschäftskenntnis nicht zu ersetzen vermochte, so war dies gegenüber den kirchlichen Aufgaben, mit welchen die meisten der modernen Staatsmänner sich bisher ausserordentlich wenig befasst hatten, erst recht nicht der Fall. Nach Aufstellung der tönenden Grundprincipien der Gewissensfreiheit und Toleranz sahen sie sich vor den Fragen dieser Art ziemlich ratlos. Die meisten unter ihnen standen, während sie die Kirche innerlich entweder verachteten oder fürchteten, in Wirklichkeit, wenn nicht unter dem Druck der Gewohnheit und des allgemeinen Respekts vor der Kirche, so doch unter dem unbehaglichen Bewusstsein, dass das Volk in diesen Dingen notwendig geschont werden müsse.

Diese übrigens wohlbegründete Aengstlichkeit zeigte sich sowohl in einer provisorischen Verfügung des Justizministers über die Organisation der Kirchengemeinden und die Kultusordnung, über Wahl und Besoldung der Pfarrer vom 26. Mai 1798[3]), als auch — noch auffallender — in dem Beschluss vom 28. Juni, wonach die Besetzung der Pfarrstellen und die Erledigung kirchlicher Klagen einstweilen den Verwaltungskammern, das heisst den neuerrichteten Kantonsregierungen, überlassen wurde.[4])

Auch die Bedingungen zur Wahlfähigkeit der reformierten Geistlichen wurden einfach beibehalten; nur die Beschränkungen

---

[1]) Müller, Die Täufer, S. 374.
[2]) Gouzy, Die franz. Kolonie, S. 52.
[3]) Helv. Akten, I, 1182.
[4]) Helv. Akten, II, 350.

fielen weg, die bisher zu gunsten privilegierter Bürgerschaften gegolten hatten.[1]) Nachher wurde sogar die Verpflichtung anerkannt, den Geistlichen, „dieser ehrwürdigen Klasse von Staatsbürgern", eine Entschädigung zu bieten für die durch Aufhebung der Zehnten erlittenen Verluste, obwohl die Stimme eines Deputierten dazwischen rief: „Es gibt keine ehrwürdige Geistlichkeit!"[2]) Den Pfarrern des Waadtlandes wurde dann ein solcher Ersatz auch wirklich gewährt; man wollte, wie dabei gesagt wurde, „prouver aux ministres du culte, que s'ils sont sous la surveillance de la loi, ils sont aussi sous sa protection particulière." [3])

Sonderbar ist überhaupt das widerspruchsvolle Schwanken zwischen Theorie und Praxis, zwischen unbrauchbarem Doktrinarismus und erzwungener Anbequemung an das Vorhandene.

Das Wahlrecht wurde dem Pfarrer, trotz Gleichheit vor dem Gesetze, beharrlich versagt. Stapfer selbst anerkannte durchaus die Inkonsequenz und das Unrecht, das darin liegt. „Dass die Geistlichkeit", heisst es in einer seiner Flugschriften von 1800[4]), „in einer nach dem Stellvertretungssystem regierten Lande nicht repräsentiert ist; dass sie, eine der gebildetsten Volksklassen, zum Volksrat keine Abgeordnete schickt; dass die grosse Masse von Talenten, Einsichten und Tugenden, die sie auszeichnet, für die Beratung und Leitung der vaterländischen Angelegenheiten unbenützt bleibt; dass sie, die Lehrer der Tugenden und Erzieherin der Nation, unter allen Bürgern allein von dem Genuss der staatsbürgerlichen Rechte ausgeschlossen ist und dass sie gerade in der sturmvollsten Zeit, wo alle Nationalanstalten, somit auch diejenigen, welche die Bildung und Veredlung der Menschheit bezwecken, umgeschaffen werden sollten, keinen Sprecher in der Nationalversammlung hatte, ist ein solcher Widerspruch mit den Rechten der Menschen und dem Interesse des Staats, eine so augenscheinliche Ungerechtigkeit, dass unter Denkenden und Rechtgesinnten nur eine Stimme sein kann."

Stapfer täuschte sich aber auch nicht über die Ursachen, welche dazu geführt hatten: „Da nun einmal die französischen Regierungsgrundsätze bey unserer Umbildung als Vorbilder zu

---

[1]) Helv. Akten, II, 623 (26. Juli), u. 1216 (25. Sept. 1798).
[2]) Helv. Akten, II, 941 (22. Aug. 1798).
[3]) Helv. Akten, III, 76 (9. Okt. 1798).
[4]) Einige Anmerkungen über den Zustand der Religion und ihre Diener in Helvetien. Bern 1800. Eigentlich eine Rechtfertigung gegenüber Vorwürfen, die man der Verwaltung seines Ministeriums gemacht hatte.

dienen bestimmt waren, und unter diesen ein gänzlicher Religions-Indifferentismus des Staates als Staates die erste Stelle einnahm",... war trotz aller Anstrengung nichts mehr zu ändern.

Dabei waren die Geistlichen auch vom Militärdienste befreit, und es konnte diese Bestimmung immerhin als eine entsprechende Begünstigung betrachtet werden; dieselbe wurde sogar, ungeachtet des Widerspruches einiger Gleichheitsfanatiker, auch auf die Studierenden der Theologie ausgedehnt, mit der Begründung, dass die Regierung nichts unterlassen darf, durch wohlausgebildete Lehrer für die Moralität künftiger Generationen zu sorgen.[1] So waren die Prediger trotz Aufhebung der Staatskirche thatsächlich doch als Staatsbeamte betrachtet.

Und dennoch blieben sie fortwährend ein Gegenstand des Misstrauens für die Politiker. Ein deutliches Zeichen enthielt schon die Verfügung vom 5. Juli 1798, wonach jede Verwaltungskammer einen Kommissär aus ihrer Mitte zu ernennen hatte, welcher den Beratschlagungen der Kirchen- und akademischen Räte beiwohnen soll, damit dieselben „die Grenzen ihrer Aufträge nicht überschreiten, ihre Pflichten im Geiste der Konstitution beobachten und über ihre Untergebenen keinen mit den Rechten der Bürger unerträglichen scholastischen oder kirchlichen Despotismus ausüben".[2]

Ein etwas anderer Geist — derjenige Stapfers — zeigte sich dann wieder in der Begehung eines gemeineidgenössischen Bettags auf den 6. September 1798. War schon die Anordnung eines solchen ein vielsagendes Bekenntnis, so zeugten die Worte der von ihm verfassten Proklamation noch weit mehr für den Ernst seines Standpunktes konfessionsloser Religiosität: „Sie werden, schrieb er in seinem Kreisschreiben, das religiöse Fest, das gefeiert werden soll, als einen Tag ansehen, gewidmet der frommen Andacht und ernsthafter Betrachtung über den sittlichen Zustand des Volkes und über die Notwendigkeit der Tugend zur Erhaltung und Beglückung der menschlichen Gesellschaft. Sie werden die Aufmerksamkeit ihrer Zuhörer auf die unter allen Klassen der Nation herrschenden Fehler und Laster hinlenken... Mit Grund können sie diese Laster grösstenteils als Folgen der Gebrechen unserer ehemaligen Verfassungen darstellen".[3] Das war, so sehr auch der letzte Satz uns als Ausfluss politischer Tendenz sonderbar

---

[1] Helv. Akten, III, 1148 (14. Febr. 1799).
[2] Helv. Akten, II, 506.
[3] Helvet. Akten, II, 747. — Abgedruckt mit einer Einleitung von E. Egli, in Meilis theol. Zeitschrift, 1884 (I. Jahrg.), S. 273—276.

anmuten und die geflissentliche Vermeidung biblischer Ausdrucksweise auffallen mag, immerhin eine Auffassung, mit welcher der Bestand der Kirche nicht zum voraus unvereinbar war.

Allein Stapfer stand mit dieser Gesinnung in der Regierung ziemlich allein. Das immer wieder auftauchende Gerücht, dass dieselbe mit der Absicht umgehe, den Religionsunterricht durch die Morallehre zu ersetzen, scheint sich direkt auf den Bürger Legrand von Basel bezogen zu haben, welcher als Mitglied des Direktoriums auf Peter Ochs gefolgt war[1]; und als Stapfer bei Gelegenheit der zweiten helvetischen Bettagsfeier dieser das Volk beunruhigenden Besorgnis entgegentreten wollte, sah er sich von der leitenden Oberbehörde verleugnet.

Die Erlaubnis zur Begehung einer solchen religiösen Feier wurde zwar auch diesmal gegeben. Das Direktorium erklärte: „Le gouvernement voit avec plaisir chaque citoyen observer les usages et les devoirs de son culte, persuadé que les principes d'une religion épurée ne sont pas différents de ceux de la liberté"; es stellte sogar die Gebetsformel auf, in welcher der Segen der Vorsehung über die helvetischen Obrigkeiten erfleht und Gott gedankt werden solle dafür „dass du unter uns den Vollgenuss der unschätzbaren durch deine Religion selbst verkündigten Menschenrechte hergestellt hast"[2], u. s. w.

Der Kultusminister verfasste daraufhin, wie es scheint von Paris aus, wo er bereits als Gesandter sich aufhielt, eine Proklamation, deren Entwurf er zunächst einem Beamten des Waadtlandes einsandte, um durch ihn die Uebersetzung ins Deutsche und den Druck zu vermitteln. Hier sprach er nun die bestimmte Ueberzeugung aus, dass ohne gemeinsamen nationalen Gottesdienst das öffentliche Gewissen geschwächt werde und die Sittlichkeit eines Volkes ihren innern Halt und ihre Lebenskraft verliere: „Non, tu ne périras point, culte des chrétiens! ta conservation est un des principaux motifs qui rendent cher au peuple helvétique son indépendance! tu remplis les lacunes de notre législation. . ."

Diese Sprache war nicht nach dem Sinne Laharpes und seiner Mitdirektoren, der Erlass wurde verboten, und da der Druck bereits begonnen hatte, der Verfasser streng zur Rechenschaft gezogen, weil die Regierung sich als solche zu keiner bestimmten Religion bekennen könne.[3]

---

[1] Helv. Akten, IV, 1169 (Aug. 1799. Anmerk. von Strickler.

[2] Helv. Akten, IV, 1172.

[3] „Comme gouvernement il n'est point en place de proclamer les principes d'un culte et d'une philosophie quelconque", Helv. Akt., IV, 1173. Das

Die Folgen der kirchlichen Anarchie, die aus der so gänzlich unvorbereiteten Wandlung als Resultat sich ergab, blieben nicht aus. Gerade für die moralische Hebung des Volks vermochte die Kirche in diesem Zustande am allerwenigsten wirksam zu sein. Das äussere Gerüste der kirchlichen Veranstaltungen, welche man als unentbehrlich behandelte, musste man bestehen lassen, „Eintracht aber und Bruderliebe", die als das einzig in der Religion noch Berechtigte galten, litten am allermeisten Schaden, und für die Tugend zu sorgen war der Kirche jedes Mittel genommen.

Der Optimismus des hochgesinnten Kultusministers hatte schon gegen Ende 1798 in sein Gegenteil umgeschlagen. In einer sicher von ihm abgefassten Botschaft des Direktoriums an die gesetzgebenden Räte, betreffend den Plan zur Neugestaltung des Erziehungswesens, finden wir das Geständnis: „Die irregeleiteten Begriffe des Volkes haben auch in diesem Teile der gesellschaftlichen Verhältnisse, unter dem Vorwand der Freiheit, Zügellosigkeit veranlasst, Frechheit erzeugt und Roheit begünstigt",[1]) und in einem seiner vornehm idealistischen Kreisschreiben an die „Religionslehrer" verglich Stapfer gleichsam entschuldigend die Revolution mit einem Gewitter: „Nur der Kurzsichtige zagt dabei und verhüllt oder versteckt sich ängstlich; der besser Belehrte erwartet dankbar, dass sich die Luft reinige und lässt sich nicht mutlos machen, wenn der Sturm in seiner Pflanzung etwas verderbt oder der Regen die gute Erde wegschwemmt".[2])

Das war ein zweifelhafter Trost für die Lebenden, welche die Zerstörung dessen vor sich sahen, was jahrhundertlange Arbeit aufgerichtet hatte.

Jetzt schrieb Antistes Hess in Zürich seine theoretische Erörterung über die Rechte der Kirche, — Dekan Ith seine schon erwähnte philosophische Untersuchung über die Notwendigkeit der Religion zur sittlichen Volkserziehung, — verfasste H. Schinz seine „Gedanken über die bürgerlichen Rechte und Pflichten der Religionsdiener in Helvetien (1799), — Johann Rudolf Wyss aber, der bekannte Dichter — als solcher der Aeltere genannt — da-

---

Reskript Stapfers wurde hernach, aber erst im Jahr 1800, in Höpfners Helvetischer Monatsschrift abgedruckt mit der Erzählung des oben wiedergegebenen Herganges (Heft VI, S. 72 u. ff.). Der Herausgeber fügte bei: „So handelte Friedrich der Einzige nicht: als er seine Grenadiere morgens zur Schlacht führte, so liess er sie ihren Psalm singen und sang mit."

[1]) Helv. Akt. III, 602 (18. November 1798).
[2]) Helv. Akt., III, 317.

mals Pfarrer in Münchenbuchsee, einen kurzen aber scharfen Aufsatz unter dem Titel: „Die Vertilgung der Religion in Helvetien".[1]) Er spricht von dem thatsächlich bestehenden Plane: „den öffentlichen Gottesdienst, die gemeinschaftlichen Religionsübungen, die Feier des Sabbaths, mithin die Religion selbst und die Lehren derselben in allen schweizerischen Grenzen abzuschaffen." — „Ratsam war es nicht, einen solchen Plan mit Gewalt durchzusetzen, denn das helvetische Volk dachte nicht niedrig genug, um gleichgültig gegen sein Heiligstes zu sein." — „Aber mit gewandten Wendungen, die das treuherzige Volk nicht erklären konnte, mit sachte wirkenden Mitteln, welche ihm nicht auffallen würden, mit stillem Fortrücken, das sein eben allzu leises Ohr nicht vernehme, sollte, wo nicht schnell doch sicher, das verdeckte Ziel erreicht werden." — „Wirklich! Es müsste mehr als ein Wunder sein, wenn durch so wohl berechnete Mittel nicht alle Religion zu Grunde gehen und wie die wohlthätige Flamme, die kein Oel mehr hat, auslöschen müsste". —

Es fällt auf, wie hier „Religion" und „Kirche" ohne weiteres identifiziert sind, aber diese Gleichstellung bestand nun einmal in der allgemeinen Anschauung, und eben darum auch — für's erste — in der Wirklichkeit.

Die Einsicht in die Verkehrtheit der eingeschlagenen Kirchenpolitik hat sich mit den Erfahrungen der Jahre 1798 und 1799 rasch eingestellt. Der Herausgeber der eben angeführten Helvetischen Monatsschrift, der sehr aufgeklärte Naturforscher Albrecht Höpfner, Apotheker in Biel, setzte im ersten Hefte dieser publizistischen Unternehmung (1800) ein umfassendes Projekt allgemeiner Nationalerziehung auseinander und hat dabei in einer Anmerkung beigefügt: „Ich glaube nicht nötig zu haben, mich zu verteidigen, die Religionslehre (nicht die Theologie, denn diese gehöret meistens unter die Geschichte) als eine Unterabteilung der reinen Philosophie eingeteilt zu haben; erstlich ist eine Religion, ohne auf die reinsten Vernunftgrundsätze gebaut zu sein, ein Unding oder Aberglauben, und zweitens glaube ich, da die Landes-Konstitution in thesi keinen verschiedenen Ritus anerkennt, dass solche in einer allgemeinen Staatserziehungsanstalt (nicht) könne gelehret werden. Wollen die Staatsbürger ihre Jugend in ihrem gewohnten ritu unterweisen lassen, so steht dieses denselben nicht allein frei, sondern die Regierung wird

---

[1]) Geschrieben 1799, gedruckt erst 1800 in Höpfners Monatsschrift, Heft VI, S. 61 und ff. Ich verdanke es Herrn Dr. Strickler, auf diese interessante Kundgebung aufmerksam geworden zu sein.

auf den Kantons-Akademien und der National-Universität besondere Lehrer anstellen, welche auch nach besonderm Ritus der verschiedenen Glaubensverwandten dieselben vortragen werden. Allein in dem Haupterziehungsplane können diese besondern Lehrer nicht eintreten; die reine Gesetzgebung erkennt nur ein höchstes Moralprincipium und keine Dogmen. Sie sind als eine Zulassung anzusehen für diese Zeiten, welche vermutlich in Zukunft von selbst aufhören werden".[1])

Die Konsequenzen der Aufklärung sind hier viel schärfer gezogen, als die Staatsmänner je zu thun gewagt hatten, aber auch die positive Bedeutung der Religion viel ernster berücksichtigt, als es die Anhänger Voltaires gethan.

Der nämliche Höpfner schrieb in der Vorrede zu seiner Zeitschrift die Worte: „Das Volk verlangt, dass seine Religion, die ihm heilig ist, auch seinen Repräsentanten ehrwürdig sei, wünscht ihnen statt jener Philosophie, deren Verheerungen es sieht, das Christentum, dessen Segen es schon längst genossen hat; er kennt keinen süsseren, ehrfurchts- und liebevollern Namen, womit es sich seinen Regenten zu nähern wünscht, als den für das Herz so viel bedeutenden Namen einer **christlichen Obrigkeit**".[2])

Das Jahr 1800 war nicht weniger reich an derartigen Kundgebungen, welche die Verlegenheiten verrieten, die man der leichtsinnig angegriffenen und dann so schwierig zu behandelnden religiösen Frage gegenüber empfand. Wir heben wieder eine Schrift Stapfers hervor: „Einige Bemerkungen über den Zustand der Religion und ihrer Diener in Helvetien",[3]) und den in seiner Art ebenso merkwürdigen „Lehrbegriff von der Vaterlandsliebe als Christenpflicht betrachtet, aus der Uebereinstimmung der Christusreligion mit der Moral, der Vernunft und der bürgerlichen Gesellschaft vorgestellt und auf unsere Zeiten angewandt".[4])

Bern speciell wurde in eine gewisse Aufregung versetzt durch den Federkrieg zwischen einem hochangesehenen Rechtsgelehrten und einem ebenso beliebten Prediger. Der ernste, moralisch sehr streng denkende aber stark deistisch gesinnte Bernhard Friedrich Kuhn, Mitglied und erster Präsident des helvetischen Grossen Rates, hatte in einer politischen Flugschrift der Geistlichkeit des Landes schwerwiegende Vorwürfe gemacht.

---

[1]) Helv. Monatsschrift, Bd. I, Heft I, S. 85.
[2]) Höpfners Helv. Monatsschrift, Bern 1800, S. XI.
[3]) Bern 1800.
[4]) Bern 1800.

David Müslin erwiderte darauf in einer „Verteidigung der Geistlichen gegen eine Stelle in Bürger Kuhns Schrift über das Einheitssystem"[1]), erhielt indessen eine äusserst scharfe Antwort[2]), welche das früher Gesagte in einer Weise begründete und weiter ausführte, die Müslin gegenüber kaum gerechtfertigt war, aber Wahrheiten genug enthielt, um einen der Geistlickeit im allgemeinen wenig günstigen Eindruck zu hinterlassen, jedenfalls aber das Bewusstsein zu verstärken, dass die Stellung der Kirche im öffentlichen Leben eine andere geworden sei.

Noch weit empfindlicher musste dies nachher der Pfarrer von Aarau, Joh. Jak. Pfleger erfahren, als er in Streit geriet mit einem Lehrer der neugegründeten Kantonsschule daselbst und sich nun von diesem, ohne Schutz zu finden, in einer Flugschrift musste sagen lassen: „Die natürliche Religion ist die einzig wahre Religion und der Pfarrer Pfleger ist der niederträchtigste Schurke!"[3])

Noch einmal versuchte der Dekan Ith den Nachweis zu leisten, dass es möglich sein sollte, auch unter der einmal gültigen Einheitsverfassung und mit den Grundsätzen der vollen Glaubensfreiheit doch der Religion den ihr gebührenden Schutz und positive Förderung angedeihen zu lassen[4]); allein obwohl er diese Schrift im Jahre 1802 unter scheinbar günstigen Umständen — mit etwas abgeändertem Titel — noch einmal herausgab, vermochte er doch damit nicht durchzudringen.

Den Freunden der alten kirchlichen Einrichtungen blieb nichts als die Klage über die eingerissene Verwüstung[5]), den Anhängern der neuen Principien nichts als das Entsetzen über das Zusammenfallen ihrer schönsten Ideale.

Schon im Januar 1800 richtete der bernische Kirchen- und Erziehungsrat eine gedruckte Vorstellung an die helvetischen Gesetzgeber, mit dem dringenden Ansuchen um Wiedereinsetzung

---

[1]) Mit Datum vom 14. September 1800.

[2]) Appellation an das Publikum gegen die Müslin'sche Schrift, von B. F. Kuhn, Bern 1800.

[3]) Moser, A., „Ueber die Kunst Menschen zu beglücken". — Pfleger, „Ein Wort an seine lieben Mitbürger zur Belehrung, Warnung und Beruhigung über Mosers Menschenverstand". — Moser, „Kampf eines Laien mit einem Priester, oder Verteidigung und Beleuchtung des gesunden Menschenverstandes gegen den erklärten Feind desselben, J. J. Pfleger. 1802.

[4]) Ueber die Frage: Was liegt der höchsten Landesregierung der Schweiz in Ansehung der Religion und Kirche ob? Bern 1801. Vorher: Ueber die Rechte der Kirche und derselben freie Ausübung. 1800.

[5]) „Herzergiessungen über den Religions- und Sittenverfall in unserm armen Vaterlande, von einem Landmann", herausgegeben von Joh. Georg Schulthess, Zürich 1800.

der beseitigten „Sittengerichte". Hier wird einfach behauptet: „dass das in unserer helvetischen Konstitution sehr zweideutig bestimmte Verhältnis des Staates gegen die Kirche auf diese letztere, weniger durch die Schuld des Volkes, das diese Konstitution annahm, als durch die Maximen ihrer Verfasser und derer, die sie handhaben, von einem äusserst verderblichen Einfluss gewesen ist."

Nicht zu leugnen ist die Thatsache des Religions- und Sittenverfalles: „Die Aufhebung der in der ehemaligen Ordnung der Dinge vorhandenen Anstalten zur Erhaltung guter Zucht und Sitten, namentlich der sogenannten Ehrbarkeit, scheint unter dem Volke den allgemeinen Glauben verbreitet zu haben, dass nun damit jede Einschränkung der Zügellosigkeit abgeschafft und ein jeder in die unbedingte Freiheit versetzt worden sei, zu thun, was ihm gutdünkt". Als Beispiel wird ein Dorf genannt, wo aus vier Wirtshäusern in einem Jahre vierzehn geworden seien. Darunter litt aber auch der Bildungsstand, denn: „Wenn auf der einen Seite das Landvolk die vorigen Regierungen beschuldigt, dass sie ihm die Bildungsmittel vorenthalten und es absichtlich darauf angelegt haben, es im Stande der Unmündigkeit zu erhalten, so beweiset eben dieses Landvolk auf der andern Seite, wie wenig ihm an der Bildung seiner Kinder gelegen sei. Die Schulen wurden hin und wieder nicht von der Hälfte der zu ihnen gehörenden Kinder besucht; die jungen Leute entziehen sich den öffentlichen Religionsunterweisungen oder Kinderlehren; die Schulmeister und Pfarrer sind ohne Ansehen und Einfluss, und Alles eilet einer gänzlichen Auflösung der Zucht und Sitte entgegen".

Die Ursachen dieses traurigen Zustandes, der selbst diejenigen erschreckte, die ihn herbeiführen halfen, erblickt die Eingabe wohl mit Recht darin: „dass man die vorigen kirchlichen Behörden nicht anerkannte, und es bloss stillschweigend duldete, dass sie die Besorgung der religiösen Angelegenheiten ohne einige Leitung und Handbietung fortsetzten; dass man durch Aufhebung der Sittengerichte das Ansehen der Geistlichen zerstörte, ihren Einfluss auf die Volks-Tugend geflissentlich abgrub und der wildesten Ausgelassenheit alle Dämme aus dem Wege räumte; dass man die Geistlichen, diese Vorsteher der Kirchgemeinden, den bürgerlichen Behörden dieser Gemeinden unterwarf, und sie gleichwohl für jedes Vergehen derselben, welches zu hindern ihnen alle Mittel entzogen waren, verantwortlich machte.[1])

---

[1]) Adresse des bern. Kirchenrats an den Vollziehungs-Ausschuss der helvet. Regierung. Bern 1800.

Die Schilderung geht — obwohl wahrscheinlich von Ith, dem Präsidenten des Kirchenrates, verfasst — vielleicht etwas zu sehr vom Standpunkte derjenigen aus, welchen die Religion nur in der Beobachtung des Gewohnten gesichert erscheint; aber die Thatsachen sind richtig:[1]) Das war in Wirklichkeit die Lage der reformierten Kirche zur Zeit der helvetischen Republik. Dies wurde auch von den Regierenden selbst so sehr anerkannt, dass sie jetzt auch eine ganz andere Sprache zu sprechen begannen. Der Vollziehungs-Ausschuss der helvetischen Republik erliess an den Berner Kirchenrat eine eigene Antwort, in welcher er sich veranlasst sah: „... feyerliehst zu erklären, dass er unter seinen Verpflichtungen keine höhere kennt, als die Religion — die mächtigste Stütze des Staats und die reichste Quelle der Volkswohlfahrt — zu ehren, ihre Diener und Beförderer nach Kräften zu unterstützen und die öffentliche Erziehung für Religion und Sittlichkeit so sehr als möglich zu begünstigen".[2]) Damit ist die Wendung angedeutet, eine wirkliche Besserung konnte erst eintreten, als auch im politischen Leben wieder einige Ruhe einkehrte.

[1]) Vergl. damit die Abhandlung: „Was haben die Geistlichen in der Schweiz durch die Revolution gewonnen und verloren?" in Schulthess, Beiträge zur Kenntnis und Förderung des Kirchen- und Schulwesens in der Schweiz. Zürich 1808 bis 1810, Bd. VII, 16—52.

[2]) Der Vollziehungs-Ausschuss der einen und unteilbaren helvetischen Republik an den Kirchenrat in Bern. Gedruckte Proklamation vom 21. Jan. 1800, unterz. von Dolder.

V. Kirchliche Neugestaltungen.

1. Die Restauration der Landeskirchen.

Der Begriff der Restauration ist zunächst ein politischer, aber er ist in ganz gleicher Weise auch auf die Kirche anwendbar, da diese das Schicksal und die Wendung des bürgerlichen Lebens vollständig teilen musste, und die Wiederherstellung des alten, durch die Revolution zerstörten Zustandes, die mit dem Beginn des XIX. Jahrhunderts im Staate eintrat, wenigstens teilweise auch der Kirche zu gut kam. Wir sagen „teilweise", insofern als nur die Form wieder aufgerichtet werden konnte; das innere Wesen erlitt doch eine tiefgreifende Veränderung. Die Wiederaufrichtung der Kirche als äussere Anstalt ging der Erneuerung des religiösen Lebens voraus, und die letztere machte sich vielfach ohne die Kirche und ausser der kirchlichen Form. Immerhin müssen wir von einer „Restaurationsperiode" reden auch im kirchlichen Sinne. Und zwar beginnt dieselbe früher als die politische gerechnet wird, nämlich mit dem Jahre 1803. Vielleicht machte sie sich eben deshalb leichter und ohne jegliche Erschütterung.

Als der erste Sturm der schweizerischen Revolution von 1798 verrauscht war und die Anzeichen sich einstellten, dass der Umsturz die darauf gesetzten Hoffnungen getäuscht habe, dass weder Freiheit, noch Gleichheit und noch viel weniger Brüderlichkeit ins Land gezogen sei, sondern vorerst vielfach das gerade Gegenteil; als eine allgemeine Ernüchterung sich der Gemüter bemächtigte, da glaubten die Anhänger der alten Ordnung den Augenblick für gekommen, um der drückenden und schmählichen Herrschaft der französischen Gewalthaber, aber auch der helvetischen Einheitsregierung, die nur durch fremde Macht erhalten wurde, ein Ende zu machen.

Hatten früher die Neuerer die Franzosen in das Land gerufen, so riefen jetzt die Altgesinnten die Oesterreicher herbei. Allein der Einzug der kaiserlichen Truppen und ihrer Verbündeten, der Russen, im Jahre 1799, konnte keine Besserung bringen. Die

Schweiz musste jetzt nur den Kriegschauplatz hergeben für die Kämpfe der europäischen Grossmächte, welche beide die Leidenschaften unseres Volkes für ihre Zwecke in Bewegung setzten, aber seine Interessen und Bedürfnisse als etwas höchst Gleichgültiges betrachteten. Das Land wurde von beiden Seiten zertreten und verwüstet und zerrüttet, bis die geistige Ueberlegenheit des I. Konsuls Bonaparte den Frieden äusserlich herstellte und seine Vermittlerthätigkeit der Eidgenossenschaft eine neue Staatsform gab.

Damit war der erste Schritt zur Rückkehr gethan; die weiteren folgten. Es fehlte nicht an Männern, welche auf diese Wendung vorbereitet hatten und die, was die Kirche betrifft, im wesentlichen Anhänger der neuen Zeit, doch das bewährte Alte wieder in seine Rechte einzuführen begehrten. Hatte man eine Zeitlang wenig Neigung gezeigt, auf diese Stimme der Gemässigten und Besonnenen zu hören, welche den Einen als Zurückgebliebene, den Andern als „Jakobiner" galten, so war es ihnen jetzt, in der Periode der Enttäuschungen und des Ruhebedürfnisses, wieder leichter möglich, zum Worte zu kommen.

Neben Stapfer, der selbst in diese Reihe gezählt werden muss, der aber nach dem Sturze der Helvetik die Schweiz verliess und in Paris blieb, nennen wir einige andere verwandte Geister, die für die Neugestaltung des Kirchenwesens von Bedeutung waren und in ihrer Weise an der Wiederaufrichtung mitarbeiteten. Es gehören dazu Männer aus allen Kantonen, Geistliche und Laien; denn die letztern begannen jetzt ernstlich sich an der Gestaltung der religiösen Dinge zu beteiligen.

Wie sehr der Uebergang in die neuen Zustände dadurch erleichtert worden ist, dass die Züricher Kirche einen ausgezeichneten Vorsteher hatte, ist bereits erwähnt worden. Der Antistes J. J. Hess, welcher einer milden, mehr religiös als theologisch begründeten Orthodoxie huldigte, allen Extremen und aller Ungeduld abgeneigt, auf der Höhe der geistigen Bildung stand, war ein Mann, der auch den revolutionären Stürmern Achtung, auch den Pietisten Vertrauen einflösste. Wie er mitten in den schlimmsten Zeiten des Jahres 1800 eine „Schriftforschende Gesellschaft" begründete, um die Arbeiten an der Bibelübersetzung weiter zu führen, so sollte es ihm auch gelingen, seine Kirche in erneutem Gewande wieder aufrichten zu helfen.

An seiner Seite standen: sein Nachfolger im Antistes-Amte, Georg Gessner (geboren 1765), damals Pfarrer am Fraumünster, den wir ebenfalls bereits genannt, und in seiner Aufgabe als

Landprediger auch Rudolf Maurer (1752-1805), Pfarrer in Affoltern am Albis und bekannt als Pädagoge und Schriftsteller, wie als Menschenfreund.[1]) Ein nicht geringer Anteil am Verdienste muss aber auch dem Chorherrn Johann Schulthess zugeschrieben werden, der, obwohl durchaus Rationalist der alten Schule, in aller Herbheit und Derbheit, doch durch das herzlich fromme Vertrauen auf die Weisheit und Güte der Vorsehung gerade da Eindruck zu machen vermochte, wo der historische Glaube zerstört war. Geboren 1763 (28. September), und schon 1787 Professor der hebräischen Sprache geworden, hat er als Schul- und Kirchenmann, als Stifter einer „Schweizerischen Erziehungsgesellschaft" (1808—1812), als Verfasser der „Beiträge zur Beförderung des Kirchen- und Schulwesens" (1808-1813), als Herausgeber der Zeitschrift „Der gemeinnützige Schweizer" (1812—1816), das Seine dazu beigetragen, die Wichtigkeit und Unentbehrlichkeit der Religion zum Bewusstsein zu bringen.

Ein anderer Züricher, der mit mehr Eifer als Besonnenheit sich bemüht hat, auf seine verworrene Zeit einzuwirken, und der in diesem Bestreben eine Menge von polemischen Flugschriften erscheinen liess, war der Pfarrer Johann Jakob Schweizer (1771 bis 1843) zu Embrach. Ein Sonderling nach jeder Richtung, der bald ein leidenschaftlicher Gegner der Revolution, bald ein Prophet religiöser Neuerungen, dazu persönlich ruhelos und unstät, sich überall Feinde gemacht hat, aber doch Gedanken in sich trug, die über das Gewöhnliche hinausgingen und erst später verstanden werden konnten. Im März 1801 wurde er wegen eines Zeitungsartikels bei Nacht verhaftet, dann in seiner Gemeinde eingegrenzt und zur Abbitte gezwungen; nachher in den Kanton Bern versetzt, ist er Pfarrer zu Nidau und zu Guttannen, zuletzt (seit 1825) in Trub geworden und hat auch hier noch verschiedene gemeinnützige, politische, historische und topographische Schriften herausgegeben. Er ist der Vater eines Grösseren, als er gewesen ist, des berühmten Theologen Alexander Schweizer. Auf seine Zeitgenossen hat er, trotz aller Begabung und Bemühung, nur wenig direkten Einfluss ausgeübt.[2])

Von den Bernern Johann Ith und David Müslin ist schon die Rede gewesen. Der erstere war klug und beweglich genug, um auch in der schwierigsten Zeit sein Ansehen zu behaupten, seine gewichtige Stimme hören zu lassen und auch nach dem

---

[1]) Wirz, Zürich. Minist., S. 2.

[2]) Neuer Nekrolog der Deutschen, 1843, S. 696. — Wirz, Züricher Ministerium, S. 44.

Sturz der helvetischen Regierung wieder seine Dienste zu leisten. Müslin dagegen, erst Pfarrer zu Unterseen, dann Helfer und Pfarrer am Münster in Bern [1]), war seit 1798 ein eifriger Anhänger der alten Herren und dem Franzosentum gründlich abhold; er hat Stapfer seine Freundschaft aufgesagt und mit dem Senator Kuhn sich gezankt.

In seiner Kanzelrede, die ganz ausserordentlichen Beifall fand, fuhr er fort, mit grossem Freimut das sittliche Leben im weitesten Sinne mit Inbegriff der öffentlichen Angelegenheiten zu besprechen; er hat ohne Zweifel mächtig dazu beigetragen, die Anhänglichkeit des Berner Volkes an die Religion der Väter und die hergebrachte Kirche wieder neu zu beleben und den Wert des Glaubens nicht nur für den Einzelnen, sondern für ein ganzes Volk seinem Geschlechte wieder einleuchtend zu machen. Müslin konnte das um so besser, weil er doch zugleich die Religion so sehr psychologisch auf ihre natürliche Wurzel, auf das angeborene Gefühl, zurückzuführen verstand, dass er über die Aeusserlichkeiten der Buchstabenorthodoxie und des Staatskirchenzwangs hinausging und, ohne es direkt zu wollen, einer freiern Auffassung des Dogmas, besonders aber einer freiern, selbständigern Stellung der Kirche zum Staate wesentlich vorgearbeitet hat. Seine Richtung war die eines praktisch-religiösen Rationalismus, mehr Gottesfurcht als Gottesliebe, mehr Moral als Glaubenslehre, aber positiver, ethisch tiefer und biblisch-christlicher, als es die Art der meisten seiner Zeitgenossen gewesen ist.

Lange Zeit eher zurückgesetzt, als begünstigt, ist Müslin erst 1818 in die erste Stelle am Münster vorgerückt, um bald darauf, 1821, aus dem Leben zu scheiden. Seine Predigten, die in einer Sammlung von acht Bänden gedruckt sind, bildeten noch nach Jahrzehnten eines der beliebtesten und fruchtbarsten Erbauungsbücher im bernischen Hause und über die Berner Grenzen hinaus. In der Geschichte der Predigt nimmt David Müslin eine bemerkenswerte Stelle ein. Richard Rothe, der ihn sehr eingehend besprochen hat, fasst sein Urteil in den Satz zusammen, dass „seine Rede in ihrer ins Gewissen dringenden Art ihresgleichen sucht." — „Seine Predigten sind gedankenreich in seltenem Masse, aber dieser Gedankenreichtum thut ihrer Fasslichkeit nicht den entferntesten Abbruch."[2])

---

[1]) Geboren 19. November 1767, gestorben 23. November 1821. Biographie mit einigen Briefen von Hess, Lavater und andern, im Berner Taschenb. 1872, S. 1—94, von Pfarrer A. Haller.

[2]) R. Rothe, Geschichte der Predigt.

Zwei andere angesehene Berner Geistliche, Jakob Samuel Wyttenbach, Pfarrer an der Kirche zum heil. Geist (1748—1830)[1]), und sein etwas jüngerer Freund Samuel Studer, Professor der Theologie und später (von 1827—1831) oberster Dekan (1757 bis 1834)[2]), waren zwar ihrer Anlage und Neigung nach mehr Naturforscher als Gottesgelehrte, führten aber doch ihre geistlichen Aemter mit so viel Würde und Ernst, dass der Ruf, den sie als Naturalisten genossen, nur dazu beitragen konnte, die Achtung vor ihrer Person und vor der Sache, welcher sie dienten, auch denjenigen nahe zu legen, welche dem kirchlichen Leben weniger Wert beizumessen pflegten.

Auch Schaffhausen hatte das Glück, in diesen schwierigen Jahren einen Mann zu besitzen, der hohe Bildung mit tiefer Frömmigkeit, weitherzige Humanität mit aufrichtig-gläubigem Sinne verband und den Verwirrten und Verschüchterten wieder Halt und Zuversicht gab: Professor Joh. Georg Müller (1759—1819), des berühmten Geschichtschreibers Bruder.[3]) War auch seine Mitwirkung bei der Wiederherstellung der reformierten Landeskirche seiner Vaterstadt nicht ein direkter und sichtbar hervortretender, so ist der mittelbare Einfluss seiner anregenden und im besten Sinn erbauenden Person um nichts weniger deutlich.

Damit haben wir bereits den Uebergang gemacht zu den Pädagogen, und hier zunächst zu dem genialen Züricher, den wir schon früher unter den Anhängern der Revolution hätten nennen können, aber doch erst denjenigen anreihen wollten, welchen positive Verdienste am Neubau der evangelischen Kirche zukommen. Gewiss: Heinrich Pestalozzi war nicht nur ein Anhänger, er war ein Prediger der Revolution, die er in mehreren Flugschriften unterstützt und gegen Vorwürfe ihrer Gegner gerechtfertigt, eine Zeitlang auch als Redaktor von Amtes wegen verteidigt hat; aber er war auch durch und durch erfüllt von den positiven Idealen der Neuzeit, von den Gefühlen der Menschenfreundlichkeit und selbstverleugnender Aufopferung für Anderer Wohl, von so echt christlichem Mitgefühl mit allen Leidenden und Bedrückten und so tiefer Achtung vor dem Wert einer unsterb-

---

[1]) Wolf, Jak. Sam. W., im Berner Taschenb. 1852, S. 148 u. ff., und 1853, S. 118—153.

[2]) Wolf, Biogr. zur Kulturgesch. der Schweiz, Bd. III, S. 409 u. ff.

[3]) Stockar, J. G. Müller, Prof. D. Theol. und Oberschulherr, Basel 1885, mit Bild. — Müllers Selbstbiographie, in Gelzers Prot. Monatsblätt., Bd. XVIII, S. 35—84.

lichen Menschenseele, dass er noch öfter an den Pietisten, als an den Aufklärer erinnert.¹)

So stellt er in seiner Person eine Seite des wahren Christentums dar, welche im gewöhnlichen Kirchenchristentum selten in solcher Wahrheit hervorgetreten war, aber deshalb um nichts weniger zum Christentum gehört. Pestalozzi, der zuerst auf dem Neuhof im Aargau, dann in Stanz, in Münchenbuchsee, in Burgdorf und zuletzt in Iferten seinem Erzieherberuf lebte, war ganz der Mann, der — trotz der Vorurteile, die er gegen sich erregte — den Ungläubigen wieder mit der Religion, den Christen aber mit der Aufklärung versöhnen konnte. Seine Sprech- und Ausdrucksweise war eine andere, als die der Kirche und der heiligen Schrift, aber auch der dogmatisch Orthodoxe musste bekennen, dass christlicher Glaube und christlicher Geist in ihm lebte, und noch mehr, dass er sich dieser Wurzeln seiner Gesinnung bewusst war und sie nie verleugnet hat. Die von ihm Erzogenen, unter seiner Einwirkung Stehenden, brachten der evangelischen Lehre eine ganz andere Empfänglichkeit und namentlich auch eine ganz andere Ehrerbietung entgegen, als es zuvor der Fall gewesen war.

Seine Lebensgeschichte gehört nicht hierher, aber fehlen darf sein Name nicht, wenn von Neugestaltung und Fortbildung der christlichen Kirche die Rede ist, am wenigsten in der Kirchengeschichte der evangelischen Schweiz.

Dass Pestalozzi gegen die bis dahin übliche und als Religion geltende Katechismus-Dressur, gegen das blosse Auswendiglernen der Dogmen, kräftigen Protest einlegte und wieder darauf hinwies, dass die Religion eine Sache des Geistes und des Gemüts und nicht bloss des Gedächtnisses sei, das wird unter allen Umständen als ein grosser Fortschritt anerkannt werden müssen. Dass er Christus als Lehrer, als Prophet und Vorbild verstand und weniger als Erlöser, das ist zum mindesten eine im Christentum berechtigte Auffassung und keine grössere Einseitigkeit, als diejenige der Dogmatik war, die er seinerseits vorgefunden hat.²)

Neben Pestalozzi werden wir auch den andern schweizerischen Pädagogen nicht vergessen: Philipp Emanuel von Fellenberg. Während der französischen Revolution in Paris ein feuriger

---

¹) Wir verweisen als Beispiel auf seine Ansprache am Bettag von 1811, welche R. Ochsenbein in Burgdorf im Berner Schulblatt 1897, Nrn. 31 u. 32, nach dem noch vorhandenen Originalaufsatz abgedruckt hat.

²) Vergl. H. Fichter, Pestalozzis religiöse Anschauungen, im Kirchenblatt f. d. ref. Schweiz, 1897, Nrn. 18—22. Auch die trefflichen Bemerkungen von Hagenbach, K.-Gesch. des XVIII. u. XIX. Jahrh., II, 162—165.

Schwärmer für die neuen Ideen, ist er nachher mit ebenso grossem Eifer für die Verteidigung der Freiheit gegen die Franzosen aufgetreten. Er hat nur die moralische Seite des Christentums anerkannt, diese aber in Lehre und Leben mit einer Kraft und Energie, mit einem Ernst und Mut vertreten, welche uns zwingt, ihn zu denjenigen Männern zu zählen, die in ihrer Art mitgearbeitet haben an der Wiederherstellung des religiösen Lebens. Er war noch weniger ein Mann der Kirche als sein grösserer Zeit-, Volks- und Fachgenosse, hat nur äusserst selten fromme Worte gebraucht, im Gegensatz zum pietistischen Wesen seine Frömmigkeit mehr verborgen als sichtbar gemacht, aber seine Pietät vor dem Heiligen, seine ernste Ueberzeugung von der göttlichen Weltordnung darf in ihrem Einfluss auf die Folgezeit für seine nähere Umgebung, zunächst die reformierte Schweiz, nicht gering geschätzt werden.[1]) Am 27. Juni 1771 geboren und am 21 November 1844 gestorben, hat er in Hofwyl seine Erziehungsanstalt begründet, welche, Arbeit und Charakterbildung als Ziel bekennend, eine Zeitlang eine grossartige Wirksamkeit hatte, war doch dieselbe von 2000 Schülern besucht. In seinem Todesjahr war Fellenberg noch zum Landammann des Kantons Bern gewählt worden.

Sollten wir hier Heinrich Zschokke zu nennen vergessen unter denen, welche zur Restauration der Kirche mitgearbeitet haben, den fremden Patrioten, der in seiner erstaunlichen Vielseitigkeit nicht allein Politiker und Journalist, Geschichtschreiber und Dichter, sondern auch theologischer Schriftsteller gewesen ist? Seine religiösen Betrachtungen, welche er zuerst in der von ihm herausgegebenen Zeitung seinen Lesern vorgetragen, dann als „Stunden der Andacht" verbreitet hat, haben auf ihre Zeit so grossen Eindruck gemacht, weil sie durchaus der Ausdruck ihrer Zeit gewesen sind; sie haben trotz aller Oberflächlichkeit, die ihnen nicht ohne Grund zum Vorwurf gemacht wird, doch unendlich Vielen das Christentum wieder nahe gelegt und schon durch ihr blosses Erscheinen von der Macht der Religion wieder Zeugnis gegeben.

Schliesslich werden wir aber auch die Stellung nicht übersehen dürfen, welche der massgebende politische Genius des Jahrhunderts zu den religiösen Fragen eingenommen hat, Napoleon Bonaparte, dessen wohlbekannter Fatalismus ebenso dem landläufig rationalistischen Begriff von der menschlichen Freiheit ins Gesicht schlug, wie sein durchaus realistisch-psychologisches Urteil über

---

[1]) Vergl. seine Schrift: Darstellung des religiösen Bildungsganges der wissenschaftlichen Erziehungsanstalten in Hofwyl. Aarau 1822.

die Person Jesu scharf mit den Redensarten kontrastierte, in welchen seine Zeitgenossen von dem „grossen Lehrer von Nazareth" zu sprechen pflegten.

So war denn die Möglichkeit gegeben, dass auf eine Periode der Zerstörung und des Umsturzes wieder eine Zeit des Auflebens und der Erneuerung folgen konnte. Die Not lehrt beten: das hatte sich an einer ganzen Generation bewährt. Was aus Deutschland von der Zeit nach dem nationalen Aufschwung von 1812 bis 1815 berichtet wird, das erfuhr die Schweiz, ob auch in geringerem Grade, schon jetzt. Man dachte wieder anders über die Religion, und namentlich erkannte man — das war der nicht genug zu schätzende Gewinn der Revolution — dass sie etwas vom Belieben der Menschen, von Begünstigung oder Verfolgung durch die Regierungsgewalten vollständig Unabhängiges ist, nicht durch sie entstanden, auch nicht mit ihr dahinfallend und nicht einmal durch sie umzubringen.

Wenn man diese vier Jahre als eine Prüfungszeit betrachten will, so wird gesagt werden dürfen, dass das religiöse Leben die Probe bestanden, dass speciell die Art der evangelisch-reformierten Frömmigkeit ihre Kraft und Lebensfähigkeit auch ohne den Schutz des Staates nachgewiesen hat.

Das erste sichtbar öffentliche Anzeichen einer veränderten Stimmung und eines Wiedererstarkens kirchlicher Gesinnung, neuen Mutes und Vertrauens zu sich selbst gibt eine Zuschrift vom Jahr 1802, der „Evangelisch-reformierten Kirchenvorsteherschaften an die gemeine helvetische Tagsatzung". Hier wird gesagt: „Bürger Präsident und Bürger Deputierte: Dass unter den revolutionären Erschütterungen der drei letzten Jahre auch das vaterländische Kirchenwesen beträchtlich gelitten hat, dürfen wir keinem Beobachter erst sagen." ... „Wenn die Konstitution, die im Jahre 1798 die ehemalige Ordnung der Dinge verdrängte, die Religionsübung frei gab, so war dies ein Grundsatz, kraft dessen sich jede dem Staat unschädliche Religionspartei einen ungehinderten öffentlichen Kultus versprechen durfte. In der Ausführung aber wurde hierin so willkürlich gehandelt, dass es in einem Male schien, als hätte der Staat sich mit der Kirche im Vaterland viel enger verbunden, als noch nie; andere Male dagegen, als hätte er sich ganz davon losgetrennt und überliesse das Religionswesen überhaupt sich selbst." Nachdem sodann ausgeführt wird, dass auch die Religion, um auf das Volk als Menge wirken zu können, einer festen Gestaltung, einer gewissen Ordnung bedürfe, heisst es wieder: „Entweder findet Ihr es dem Vaterlande zuträglich, den Staat wieder mit der Kirche in ein ähnliches Verhältnis zu setzen, wie das ehemalige war, und die Regenten stellen sich mit offenem Bekenntnisse als Mitglieder der einen oder andern im Vaterlande vorhandenen Kirchen, als christliche Regenten, an die Spitze eines christlichen Volkes und treten auch als Regenten in denjenigen Anteil an dem Kirchenregimente, welchen die Grundverfassung der Kirche gestatten. Eine unzweideutige Erklärung ist unserer Kirche unumgänglich von nöten, indem sie zu keinen Zeiten andere, als ihre erklärten Mitglieder, für rechtmässige Teilnehmer am Kirchenregiment anerkennen wird".[1]

Das war eine Kundgebung, welche allein schon hinreicht zu zeigen, wie die Einsicht in die Würde der Kirche sich in der Zeit des Unglücks eingestellt hat. Man hatte doch etwas gelernt. Als Ausdruck dieses Umschlags im Urteil über die religiösen Dinge erscheint noch im nämlichen Jahre 1802 wieder der Beschluss der Tagsatzung, einen eidgenössischen Bettag zu feiern. Es konnte indessen für die Kirche noch weniger als für die politischen Einrichtungen um eine blosse Restauration des früher Bestandenen zu thun sein, sondern es galt eine wirkliche Erneuerung zu finden. So lange der helvetische Einheitsstaat dauerte, der katholische und reformierte Gebiete in gleiche Gesetzesformen zusammenfasste, war eine Regelung des Verhältnisses der Kirchen nicht möglich. Die Anforderungen der Bevölkerungen, die Daseinsbedingungen und die Wirkungsart der beiden Konfessionen waren zu sehr verschieden, als dass beide Teile der Schweiz wirklich nach denselben Regeln behandelt werden konnten. Die Behörden mussten sich mit ganz allgemeiner Verwaltung des äussern Bestandes und mit der Verhütung aller kirchlichen Zwistigkeiten begnügen; jeder positive gesetzgeberische Versuch hätte auf der einen oder andern Seite sofort Anstoss erregen und Widerstand finden müssen.

Sobald indessen durch die napoleonische Mediationsverfassung die Souveränetät der Kantone teilweise wieder hergestellt war, erschien es nicht nur nötig, sondern auch möglich, das alte Verhältnis von Kirche und Staat wieder zu suchen, das heisst in den reformierten Kantonen die Staatskirchen in irgend einer Gestalt neu aufzubauen. Es entsprach dies viel zu sehr den gewohnten Traditionen, als dass man darüber hätte hinweggehen können. Die Volksstimmen verlangten es. Dass zwar nicht die Religion, wohl

---

[1] Im Druck verbreitet 1802, wahrscheinlich von Antistes Hess verfasst.

aber das Volk unter den neuen Einrichtungen leiden müsse, dass die reformierten Kirchen nicht sich selbst überlassen bleiben konnten, ohne das öffentliche Leben aufs unheilbarste zu ruinieren, das war Vielen durch die Erfahrung klar geworden, die es vorher nicht glauben wollten; aber eine andere Ordnung des Kirchenwesens als das Staatskirchentum war überhaupt noch nicht denkbar. Erleichtert wurde der Uebergang dadurch, dass, wie schon gesagt, die kirchlichen Behörden noch da waren; sie hatten ihre Kompetenzen verloren, aber ihre Thätigkeit nie völlig eingestellt; sie waren niemals abgeschafft, noch weniger durch neue ersetzt worden.

Die Mediationsverfassung vom 19. Februar 1803 stellte die souveränen Kantone wieder her und überliess denselben die Ordnung ihrer kirchlichen Angelegenheiten. Die alten Einrichtungen, die geschlafen hatten, wachten wieder auf und amteten weiter. Auch der Bundesvertrag von 1815 berührte das Kirchenwesen nur gerade so weit, als notwendig schien, um den Verkehr und die Duldung der Konfessionen durch einige allgemeine Bestimmungen zu schützen. Dem Wunsche nach engerer Vereinbarung suchte man auf dem Wege der sogenannten Konkordate entgegen zu kommen. Immerhin wurden einige Fortschritte erzielt.

Betreffend die Folgen der Religionsänderung hatte schon ein Konkordat vom 22. Juni 1810 festgesetzt, dass der Uebertritt von einem Bekenntnis zum andern nicht mehr mit dem Verlust des Land- und Heimatrechts bestraft werden dürfe; demselben traten nach und nach alle Kantone bei mit Ausnahme von Schwyz und Unterwalden; nur mit Vorbehalt Appenzell Innerrhoden, das bei seinem Grundsatze streng lokaler Ausscheidung verbleiben wollte.[1]) Dass dabei die Regierungen doch „aus landesväterlicher Vorsicht dem Proselytismus und den Religionsänderungen Schranken zu setzen wünschten", das ist begreiflich.

Am 18. Juli 1819 kam dann zwischen den Kantonen Zürich, Bern, Luzern, Glarus, Freiburg, Solothurn, Aargau, Thurgau, Tessin, Waadt, Neuenburg, Genf und — etwas später — Schaffhausen eine solche Uebereinkunft zu stande, durch welche die freie Niederlassung der Katholiken unter protestantischen Bevölkerungen, der Reformierten in katholischen Kantonen, erleichtert, nur an die Bedingung eines Zeugnisses sittlicher Aufführung und guten Leumundes gebunden ward.[2])

---

[1]) Repertorium d. E. A. von 1803—1813, S. 214. — Finsler, K. Stat., S. 12 u. ff.
[2]) Repertorium der E. A. von 1814—1848, Bd. II, 594. Der vollständige Text in Offizielle Sammlung der das Schweiz. Staatsrecht betr. Aktenstücke (Zürich 1820—1849), I, 288.

Der Abschluss und die gegenseitige Anerkennung der gemischten Ehen wurde auf gleiche Weise geordnet und von bisherigen Erschwerungen befreit.[1]

Dagegen blieb die Ausübung fremder Gottesdienste an den meisten Orten beschränkt. Im Jahr 1823 gestattete die Regierung von Bern die Anordnung eines regelmässigen katholischen Kultus, aber nur „auf so lange, als keine Missbräuche oder nachteilige Folgen daraus erwachsen und es uns gefallen wird"; von 1826 an wurde auch in Luzern, dem einen der drei eidgenössischen Vororte, namentlich mit Rücksicht auf die Tagsatzung, der reformierte Gottesdienst geduldet. So fiel eine Schranke nach der andern, welche bisher die Mischung der beiden christlichen Bekenntnisse verhindert hatten.

Für die evangelischen Kirchen als solche war freilich damit sehr wenig gewonnen, sogar die Verbindung der kantonalen reformierten Kirchen unter sich machte keine Fortschritte. Einsichtige, weitblickende Männer, wie der Antistes Hess, hofften anfangs, beim Untergang der bürgerlichen Einheit wenigstens eine kirchliche Einheit retten zu können, eine schweizerisch-reformierte Nationalkirche als erspriessliche Frucht aus dem Elend der Revolutionszeit hervorgehen zu sehen; er hatte schon 1800 seine glaubensverwandten Amtsbrüder gebeten, das „vinculum fraternitatis" zu pflegen, und eine gegenseitige Korrespondenz, häufige „Konsultationen" über vorkommende Fragen und den Zusammentritt von Abgeordneten der verschiedenen Kirchenräte in Vorschlag gebracht.[2]

Dazu war die Zeit nicht angethan. Das Ruhebedürfnis überwog alle andern Wünsche, und die Befriedigung über den errungenen Frieden fand ihren Ausdruck im Genuss stiller Freuden und behaglicher Selbstbeschränkung. Die Hirtenfeste in Unspunnen wurden gefeiert. J. Conrad Appenzeller aus Winterthur, seit 1809 Pfarrer in Biel, dichtete seine romantische „Gertrud von Wart", Jak. Gottl. Kuhn in Rüderswyl im Emmenthal, dann in Burgdorf, seine harmlos-idyllischen Lieder zum Lob der frommen Einfalt, während Samuel Zehender, als Pfarrer zu Gottstatt bei Biel und Dekan der Klasse Nidau, mit gleicher Treue für seine Obstbäume und für die ihm zur Erziehung anvertrauten Knaben sorgte.

Man war froh, wieder ein Dach über der Kirche zu haben, zu grossen Neuschöpfungen fehlte der Mut und die Kraft. Immer-

---

[1] 1812, 1819, 1821. Finsler, Kirch.-Stat., S. 18 u. ff.
[2] Finsler, im Kirchenblatt 1858, S. 25, u. derselbe im Züricher Taschenbuch 1859, S. 177.

hin bot sich bei der Wiederherstellung des Alten die Gelegenheit zu einigen Verbesserungen.

Die Notwendigkeit gesetzlicher Ordnung der kirchlichen Dinge ergab sich natürlich zuerst in den sogenannten neuen Kantonen, die, aus den Unterthanenverhältnissen gelöst, jetzt erst als eigene Staatswesen selbständig geworden waren: Aargau, Waadt, Thurgau und St. Gallen.

In der Waadt zwar änderte sich wenig, zumal von einem Fortschritt kann hier kaum gesprochen werden. Die Konsistorien, die im Jahre 1798 weggefallen waren, wurden nicht hergestellt, der Zusammenhang der Klassen oder Kapitel hörte fast gänzlich auf. In den Gemeinden amteten die weltlichen Gemeinderäte, die Munizipalitäten, zugleich als Kirchenvorsteher, wie im Kanton der weltliche Staatsrat, allein; nur die Professoren der Akademie bildeten auch ferner einen — machtlosen — Kirchenrat. Die Einordnung der Kirche in die allgemeine Staatsverwaltung war somit in diesem Kanton nicht nur beibehalten, sondern schärfer als je nach den altbernischen Traditionen ausgestaltet. Der Heidelberger Katechismus hingegen blieb seit 1798 meistens abgeschafft und durch eine Bearbeitung des Osterwald'schen ersetzt.[1]

Der reformierte Teil des Kantons Aargau erhielt schon 1803 einen eigenen Kirchenrat, welcher eine gewisse Selbständigkeit der kirchlichen Interessen darstellte, aber erst 1811 eine genauere Organisation für seine 48 Pfarrgemeinden und 1815 ein eigentliches Kirchengesetz, das aber schon 1819 wieder Aenderungen erfuhr. Die hergebrachte Gruppierung in die zwei Kapitelsbezirke Aarau und Brugg bestand weiter fort, nur wurden jetzt auch Zofingen, Aarburg und Brittnau, die früher zu Langenthal gehört hatten, zu Aarau gelegt.[2]

Für die evangelischen Gemeinden im Kanton Thurgau wurde 1803 ein Ehegericht und eine eigene Synode aufgestellt, die alle zwei Jahre sich versammelte unter einem geistlichen und einem weltlichen Präsidenten. Ein nach dem Paritätsgrundsatze gewählter Kirchenrat sollte dagegen beiden Konfessionen gemeinsam dienen, ein Versuch, der 1816 nach den politischen Umgestaltungen wieder aufgegeben worden ist, um — für die Reformierten — einer evangelischen Oberbehörde Platz zu machen; 1820 (5. Januar) wurde eine Synodalordnung angenommen, welche

---

[1] Finsler, K.-Stat., 412.
[2] Finsler, K. Stat., 327. — Vergl. dazu: Fleiner, Aarg. Kirchenpolitik in der Restaurationszeit, im Aarg. Taschenb. 1896.

auffallenderweise das Recht des Ausschlusses vom Abendmahl im Princip anerkannte.[1])

Der aus den ehemals äbtischen Gebieten und gemeinen Herrschaften zusammen mit der altreformierten Stadt St. Gallen neu gebildete Kanton wurde jetzt, so weit das evangelische Bekenntnis herrschte, auch kirchlich zusammengefasst, indem die in drei Kapitel — St. Gallen, Toggenburg und Rheinthal-Werdenberg — eingeteilten Gemeinden in einer Synode und einem Kirchenrate sich als Einheit darstellten. Eine eigentliche Kirchenverfassung trat erst 1803 in Kraft; demnach bestand der Kirchenrat aus sieben Mitgliedern und die Synode aus sämtlichen Geistlichen, mit Zuziehung von zwei Mitgliedern des Kleinen und zwei des Grossen Rates; seit 1817 wurde die Zahl der weltlichen Beisitzer auf sieben vermehrt. Die in früherer Zeit so lästigen Kollaturrechte konnten nun allmählich abgelöst werden, so dass die Pfarrwahlen meistens den Gemeinden selbst zukamen. Den letztern brachte das Jahr 1818 einen weitern Schritt zur freien Selbstkonstituierung in der Einführung von Kirchenvorsteherschaften, und dazu eine gemeinsame Gottesdienstordnung.[2]) In der Stadt St. Gallen war noch meist der Heidelberger, in den früher mit Zürich kirchlich verbundenen Landgemeinden der Zürcher Katechismus im Gebrauch.

Auch in Appenzell hatte sich schon früh das Verlangen nach einer gemeinsamen Synode und einem Kirchenrat für die evangelischen Gemeinden geregt.[3]) Erst 1816 wurden die Ehesatzungen neu geordnet. Nicht nur die Wahl, auch die Entlassung ihrer Pfarrer war hier vollständig Sache der Gemeinden.

Einen stehenden kirchlichen Mittelpunkt erhielten jetzt die reformierten Gemeinden in Rätien, indem seit 1808 ein Kantonskirchenrat eingesetzt wurde; aus jedem der drei Bünde wählte die Synode zwei Mitglieder, das siebente bezeichnete der Grosse Rat. Für sämtliche Beschlüsse der Bündner Synode, die in alter Weise ihre jährlichen wandernden Versammlungen hielt, war übrigens die Ratifikation durch den evangelischen Teil des Grossen

---

[1]) Abgedruckt in Steinmüllers Jahrbücher für Religion und Sitte, II (1827), Seite 47—62. Ebendaselbst stehen auch, Seite 1—14 und 65—72, die beiden Erlasse: Organisation der Konfessions-Administration vom 7. Juni 1816 mit einer eigenen Konvertiten-Ordnung, und — (III, 1—12) — das Gesetz über „Kirchenvorsteherschaften" vom 6. Januar 1819. Vergl. dazu Finsler, K. Stat., S. 367.

[2]) Finsler, K. Stat., 256.

[3]) Ueber das Kirchenregiment des reformierten Teils des neuen Kanton Appenzell. St. Gallen 1801.

Rates vorbehalten. Schon 1803 hatte der Kanton wieder eine evangelische Theologen-Schule begründet.[1])

Der durch die Mediationsverfassung vom kirchlichen Verbande mit Bern losgerissene und unter Garantie freier Religionsübung mit Freiburg vereinigte Bezirk Murten musste jetzt 1804 einen besondern evangelischen Kirchenrat erhalten, der zugleich die Aufsicht über das Schulwesen übte. Die Geistlichen verbanden sich seit 1807 zu einer eigenen Klasse, welche unter dem Vorsitz des Oberamtmanns stand und bei Pfarrwahlen auch die Vorschläge machte zu Handen der Staatsregierung.[2]) Die französische Gemeinde in Murten hielt seit 1812 ihren Gottesdienst in der benachbarten Kirche zu Merlach.

Wenn in Basel die Einführung der Vermittlungskonstitution keine organisatorische Aenderung brachte, so machte sich dagegen die schärfere Ausbildung der Stadtherrschaft nach dem Jahre 1814 darin bemerkbar, dass von dieser Zeit hinweg die früher üblichen Generalkapitel der gesamten Geistlichkeit in Wegfall kamen.

Das Umgekehrte zeigte sich in Genf, wo man schon seit Anfang 1800 auch die Geistlichen der Landgemeinden als Mitglieder der „Compagnie des pasteurs" anerkannte.

Es wird vornehmlich als ein Verdienst des Antistes Hess bezeichnet, dass auch in Zürich die äussern Einrichtungen der Kirche zugleich mit ihrer Herstellung doch dem neuen Bedürfnisse angepasst worden sind. Die Geistlichkeitssynode erhielt zwar auch jetzt keine eigentlichen Kompetenzen, da in dem noch immer rein konfessionellen Kanton die oberste Staatsbehörde auch in Kirchensachen einzig zu entscheiden fortfuhr; dagegen wurden in den Gemeinden die kirchlichen Vorsteherschaften, die Stillstände, wieder eingeführt. Der frühere Examinatoren-Konvent ward jetzt als Kirchenrat erklärt und in einen kleinern und grössern Konvent geteilt, in welchem nunmehr nicht bloss die Stadtpfarrer, sondern auch einige vom Lande sassen. Dem erweiterten Konvent, dem alle wichtigen Geschäfte vorgelegt werden mussten, gehörten sämtliche Dekane und noch vier von der Synode frei gewählte Landgeistliche an.[3]) Die von Hess abgefassten Prädikanten-, Synodal- und Stillstands-Ordnungen weisen merkbare Fortschritte auf im Sinne der neuen Zeitforderungen. Die Patronatsrechte wurden jetzt meist losgekauft, Glattfelden und Ossingen

[1]) Finsler, K. Stat., 293 und 633.
[2]) Finsler, K. Stat., 170 u. ff.
[3]) Finsler, K. Stat., 42, 43.

1804 vom Domstift Konstanz, Stammheim 1808 von St. Gallen, Russikon von Schwyz und Glarus, Stallikon 1812 von St. Blasien und Meilen 1818 von Einsiedeln; dagegen hörten anderseits die Züricher Kollaturen auf in einigen thurgauischen und Schaffhauser Kirchen, und fiel überhaupt der kirchliche Zusammenhang dahin mit dem evangelischen Thurgau und Rheinthal, der bis 1798 sich erhalten hatte. Die Stadt Stein a. Rh. wurde jetzt ein Teil des Kantons Schaffhausen. Zürich machte in diesen Jahren auch bedeutende Anstrengungen für Hebung der Landschulen, durch Fürsorge für Lehrerbildung und Einführung regelmässiger Aufsicht.[1])

Dass der Sinn für christliche Pflicht — im Gegensatz zum „toten Glauben" — in Wirklichkeit mehr als früher Eingang gefunden hatte, das bewies in hervorragender Weise die Gründung der Züricher Hülfsgesellschaft, die in den Kriegs- und Notjahren von Dr. med. Joh. Kaspar Hirzel im Verein mit andern Menschenfreunden gestiftet, eine ebenso intensive als besonnene und segensreiche Thätigkeit in freiwilliger Unterstützung der öffentlichen staatlichen Armenpflege zu entwickeln begann.[2]) Und an diese schloss sich, von dem gleichen Manne angeregt, die „Schweizerische gemeinnützige Gesellschaft" (15. Mai 1810).

Die Berner Kirche erstand beinahe unverändert in ihrer Organisation und ihrem Verhältnis zum Staate. Der letztere benützte den Anlass der allgemeinen Grenzbestimmungen, um endlich die Kollatur der Kirche zu Langenthal vom Kloster St. Urban zu erwerben, 26. und 29. Juli 1808, und damit der unnatürlichen Einmischung einer fremden Körperschaft ein Ende zu machen. Nur ungern hat das Kloster sich zur Abtretung verstanden; es ging ein längerer Streit voraus, der so weit führte, dass eine Zeitlang der Unterweisungsunterricht der Langenthaler Katechumenen in Lotzwyl abgehalten werden musste.[3]) Freiwillig übergab hingegen 1826 das Städtchen Unterseen sein Pfarrwahlrecht an die Regierung, um sich dem allgemeinen Verband einzuordnen.

---

[1]) Verbesserung der Volksschulen im Kanton Zürich durch hochobrigkeitlich veranstaltete Unterweisung der wirklichen Lehrer im Jahr 1806 und 1807. Bericht und Anweisung und Auftrag von dem Erziehungsrate des Kt. Zürich an die Ortsaufsichten der Landschulen, vom 26. Januar 1808, beides in Schulthess, Beiträge zur Kenntnis und Beförderung des Kirchen- und Schulwesens in der Schweiz (Zürich 1808—1810), Bd. I, 1—89 und 89—100.

[2]) Vergl. die für die Geschichte der Wohlthätigkeit in der Schweiz ausserordentlich reichhaltige Serie der „Neujahrsblätter der Hülfsgesellschaft" in Zürich. Biogr. des Stifters, 1866, mit Bild.

[3]) Lohner, d. ref. K., II, 631. — Blaser, J., Die Kirche von Langenthal, 1898.

1806 wurde die kleine Kirche zu Bargen mit Aarberg vereinigt, 1816 die Pfarreien zu Gadmen und zu Guttannen wieder hergestellt, 1818 dem Seelsorger zu Guggisberg ein Helfer beigegeben, der zu Rüschegg wohnte, im folgenden Jahre, 1819, der Helfer von Grosshöchstetten nach Zäziwyl versetzt und 1826 eine neue Helferei zu Wasen bei Sumiswald errichtet. Ueber den hergebrachten Privatbesitz der Kirchenstühle erliess der Rat im Jahr 1809 ein Reglement, das diese Rechte zwar bestehen liess, aber doch einigermassen beschränkte. Die Predigerordnung von 1824 war nur eine Umarbeitung der ältern.[1])

In Pruntrut, der frühern Bischofsresidenz, entstand jetzt 1816 eine deutsch-protestantische Pfarrei, welche zum neuen Kapitel Biel gehören sollte. Auch Münster, wo seit 1820 regelmässig deutsche Predigt abgehalten wurde, erhielt 1827, das durch Einwanderung stark bevölkerte St. Immer 1830 eigene deutsche Pfarrer. Die Kollaturrechte des Klosters Bellelay über die Kirchen zu Pieterlen und zu Langnau fielen an den Staat.

Mit dem Kanton Solothurn wurde 1806 ein neuer Vertrag abgeschlossen über die kirchlichen Verhältnisse der reformierten Gemeinden im Bucheggberg, und 1818 und 1819 fanden genauere Festsetzungen darüber statt. Es wurden jetzt diese Gemeinden, wie auch die reformierte Gemeinde der Stadt Solothurn, förmlich dem Kapitel Büren als Teile der bernischen Landeskirche einverleibt und damit eine alte Streitfrage endgültig erledigt.[2])

Mit der helvetischen Gesetzgebung war auch das Duldungsdekret zu Gunsten der Täufer dahingefallen, mit der Staatskirche auch die Zwangstaufe wiedergekehrt. Es darf bemerkt werden, dass auch diesmal die kirchlichen Behörden humaner dachten, als die Männer des Staates. In einem Gutachten vom 16. Mai 1807 sprach sich der Kirchenrat für die freie, bedingungslose Heimkehr der Verbannten aus, um so mehr, da die Täufer „ihrer Moralität, ruhigen Aufführung und guten Denkungsart halb wirklich in sehr gutem Rufe stehen."[3]) Die Räte waren anderer Ansicht: 1810 wurden die Täuferehen als ungültig, die Kindertaufe für verbindlich erklärt, da sowohl Trauung als Taufe nicht nur als religiöse, sondern als bürgerliche Handlungen betrachtet werden

---

[1]) Druckausgabe in 4°. Sie ist abgedruckt in Steinmüllers Jahrb., III (1827), S. 73—117.

[2]) Finsler, K. Stat., 90.

[3]) Müller, Täufer, S. 376. Eine handschriftliche Abhandlung über diese Frage, von der Hand von Professor Samuel Studer, von 1815, in Mss. H. H., XIX, 10, Nr. 2.

müssen und der Neugeborene nur durch die Taufe Landrecht und Heimatangehörigkeit erlange. Das Jahr 1815 brachte dann eine neue Wendung. Mit der Zuweisung des Bistumsgebietes an Bern wurden auch die seiner Zeit als Täufer aus dem Emmenthal nach dem Jura Ausgewanderten wiederum Berner. Nicht ohne Besorgnisse hatten sie dem entgegengesehen; aber für die Duldung ihrer religiösen Freiheit wurde ihnen jetzt eine Ausnahmestellung bewilligt, besondere Garantie vertragsmässig zugesagt, so dass die gesetzliche Lage der so lange vom Staate Ausgeschlossenen doch verbessert wurde. Allerdings musste sie bald zu Gunsten des modernen Staatbürgertums und der Gleichheit vor dem Gesetz wieder neue Modifikationen erleiden, so schon 1820 und 1823[1]), noch einschneidender später.

Eine der wichtigsten Massregeln der Zeit war die Wiederherstellung der Akademie, die zwar auch jetzt vornehmlich zur Heranbildung von Theologen bestimmt, doch in ihrem Lehrgang wesentlich erweitert wurde durch Professuren auch für rechtswissenschaftliche, medizinische und allgemein philosophische Fächer.[2]) Die Vorlesungen über „Didaktische und Moraltheologie" wurden dem Professor Emanuel Jakob Zeender, diejenigen über Bibelstudium an Rud. Schärer übertragen; erster Kurator der Anstalt war Dekan Ith, der dann 1813 als Pfarrer zu Siselen gestorben ist. Als langjähriger „Kanzler" der Akademie machte sich nachher der gelehrte Abraham Friedrich von Mutach verdient.

Schliesslich haben wir noch einer gesetzgeberischen Neuerung zu gedenken, die beinahe in allen reformierten Kantonen gleichzeitig durchgeführt worden ist und die, wenn sie auch zunächst scheinbar nur die äusserste Peripherie des kirchlichen Lebens berührte, doch für das künftige Gedeihen und für die Ueberwindung bedenklicher und oft beklagter Missbräuche ausserordentlich förderlich geworden ist.

Bisher hatte jede Pfarrstelle ihr eigenes Kirchengut besessen, aus welchem die Kosten des Kirchenunterhalts, des Gottesdienstes und ein grosser Teil der Pfarrbesoldung bestritten werden musste. Von alten Zeiten her gab es einzelne Kirchen, welche durch die Umstände, meistens durch Zufall, ein abergläubisch verehrtes Heiligenbild, Ablässe, Wallfahrten und dergleichen begünstigt, grosse Reichtümer gesammelt hatten und dem jeweiligen Pfarrer

---

[1]) Finsler, K. Stat., S. 125.
[2]) v. Greyerz, O., Geschichte der Akademie, im Bern. Taschb. 1871, S. 3—56.

ganz übermässige Einkünfte gewährten, während andere, ohne ersichtlichen Grund zurückgeblieben, den Inhaber des Amtes nur sehr kümmerlich nährten. Dieses Missverhältnis war um so bedenklicher, weil es in keiner Weise mehr, wie vielleicht früher, den grössern oder geringern Anforderungen an die Thätigkeit des Pfarrers entsprach, die ärmsten Gemeinden vielmehr in der Regel auch die infolge ihrer Lage beschwerlichsten waren. Es erklärt dies das Jagen und Wühlen nach besser dotierten Stellen, gegen welches die Obrigkeit fast drei Jahrhunderte lang einen vergeblichen Kampf geführt hat.

Schon im Lauf des XVIII. Jahrhunderts hatte beispielsweise die bernische Regierung die Ordnung einzuführen gesucht, dass die allzureichen Pfründen einen bestimmten Anteil abzugeben haben zu Gunsten einer Ausgleichung an die dürftigsten Stellen. Allein die Unbilligkeit war damit, wenn gemildert, doch nicht beseitigt[1]), und ihre Folgen ebenso wenig. Die plötzliche Aufhebung der Zehnten hatte die Uebelstände mehr als jemals fühlbar gemacht. Als nun der Staat nach Abschluss der Revolutionsperiode die Sorge für den Unterhalt des Kirchenwesens wieder auf sich nahm, wurde der Anlass benützt, um gründlich Wandel zu schaffen. Die Kirchengüter wurden nicht einfach ihrem Zwecke wiedergegeben, sondern jetzt centralisiert.

Bern ging hierin voran. Durch ein Gesetz vom 7. Mai 1804 wurde bestimmt, dass der Staat die Beziehung und die Verwaltung aller den Kirchen zugehörenden, urbarisierten, das heisst urkundlich festgestellten, Einkünfte übernahm und dafür sämtlichen von der Regierung eingesetzten Geistlichen den Gesamtertrag in gleichmässig berechnetem Verhältnisse als Besoldung zukommen liess. Dieser Gesamtertrag des zusammengeworfenen Kirchengutes wurde mit Inbegriff eines weitern staatlichen Zuschusses auf 275,000 alte Schweizerfranken berechnet, und diese Summe nun für die Pfarrbesoldungen verwendet. Man zählte damals 152 zu besoldende geistliche Stellen, nebst einigen Helfereien und Professorenämtern, welche ebenfalls auf das Kirchengut angewiesen waren. Dabei gab die Regierung die feierliche Erklärung ab, dass der Staat sich nicht als Eigentümer, sondern als Verwalter des Kirchenvermögens betrachte, die Geistlichen somit nicht von

---

[1]) Die Pfarreinkünfte differierten von einem Minimum von 150—210 Kronen, in Lauenen, und 131—178 Kronen, in Reichenbach bei Frutigen, bis zu einem Maximum von 1000—2100 Kronen, in Ins, und 1210—2400 Kronen, in Kirchdorf, so nach der Schätzung der Naturalien und je nach dem Ertrag günstiger oder ungünstiger Jahre.

ihm als Staatsdiener, sondern nur durch ihn als Kirchendiener aus dem der bernischen Kirche ganz eigentümlich zustehenden Gute besoldet werden.[1])

Die Zweckmässigkeit dieser Einrichtung war so sehr einleuchtend, dass sie sofort überall nachgeahmt wurde, wo ähnliche Zustände dazu aufforderten. Der Kanton Aargau folgte im Dezember 1804[2]), der Kanton Leman am 3. Juni 1805[3]), Basel, wo schon 1800 Klagen über das bisherige System laut geworden waren[4]), am 13. Juni 1808[5]), und Zürich am 19. Dezember des nämlichen Jahres.[6]) Dass gleichzeitig auch Murten 1806 eine „Verschmelzung der Kirchengüter" für gut fand[7]) und Schaffhausen mit der Frage sich beschäftigte[8]), zeigt nur, wie mächtig die Notwendigkeit einer Neuordnung sich allerorts aufgedrängt hatte.[9]) Hierin wenigstens zeigte sich eine wieder stärker hervortretende Wechselwirkung.

Es war allerdings unvermeidlich, dass die Abhängigkeit der Kirche vom Staat noch befestigt und dass namentlich die persönliche Abhängigkeit der Pfarrer von den staatlichen Beamten für servile Naturen noch empfindlicher werden konnte, seitdem sie ihre Besoldung ganz aus der Hand des Landvogts empfingen. Immerhin war dies Verhältnis weniger unwürdig und weniger peinlich, als wenn, wie vordem, der Pfarrer seine Zehntgarben selbst oder durch seinen Knecht auf dem Acker der Bauern, aus der Hütte des armen Mannes, abholen und wegnehmen musste. Die sehr radikale Massregel war ohne allen Zweifel als ein Fortschritt zu betrachten; ihre nachteiligen Seiten kamen erst später zum Vorschein.

[1]) Verordnungen zur bessern und gleichmässigern Besoldung der bediensteten Geistlichkeit in der Schweiz. Beschluss von Bern, abgedruckt in Schulthess, Beitr., Bd. 1, 214—223.
[2]) Verordnung des Kantons Aargau betr. Besoldung der reform. Pfarrgeistlichen, v. 1. Dez. 1804. Abgedruckt in Schulthess, Beitr., Bd. I, 229—234.
[3]) Ebendas., Bd. I, 237—244.
[4]) Gedanken eines Religionslehrers in Basel über die Besoldung derselben. Basel 1800.
[5]) Gesetz über Klassifikation und Kompetenz der Pfarrstellen d. Landdistrikte. Schulthess, Beitr., I, 244—248.
[6]) Gesetz betr. Ausgleichung der geistlichen Pfrundeinkünfte. Ebendas., 249—256.
[7]) Finsler, K. Stat., 153.
[8]) Ueber die Besoldungen der protest. Geistlichkeit im Kanton Schaffhausen. Schulthess, Beitr. III, 35—50.
[9]) Vergl. auch den Aufsatz: „Von der Grösse der Pfarreien", in Steinmüllers Jahrb., III (1827). S. 220—225.

So konnte denn in verhältnismässiger Ruhe sich die Restauration der frühern Zustände vollziehen, und als im Dezember 1813 unter dem Druck der alliierten, gegen Napoleon ausgezogenen und nun die Schweiz überschwemmenden Armeen auch die alten aristokratischen Verfassungen hergestellt wurden, zeigte es sich, dass auch in Bezug auf die Kirche alles dazu vorbereitet war. Die Art dieses politischen Umsturzes war freilich nicht geeignet, die Hoffnung zu erwecken, dass die Erfahrungen der letzten Jahre benützt und die früher begangenen Fehler vermieden werden sollten. Es schien viel zu sehr auf unbedingte Rückkehr zum Alten, auf Ausrottung aller Spuren der Revolutionsepoche abgesehen, und für die Kirche konnte dies verhängnisvoll werden.

Die Stimmung war zwar der Kirche grundsätzlich entschieden günstig. Man wollte wieder Religion, man wollte wieder eine Kirche haben. Die Sittengerichte wurden wieder eingesetzt, die Sonntagsmandate wieder in Kraft erklärt, die Gottesdienste wieder gegen Störungen geschützt, Tauf- und Admissionsunterricht wieder verbindlich gemacht, die kirchliche Einsegnung der Ehen wieder die einzige Form für die gesetzlich gültige Trauung.

Eine vollständige Rückkehr zum alten System nach jeder Richtung war indessen durch einen eigentümlichen Umstand verhindert worden, der bald seine anfangs von Wenigen geahnte Wichtigkeit offenbar zu machen begann. Beinahe alle reformierten Schweizerkantone hatten aufgehört, auf die eine Konfession beschränkt zu sein; fast alle waren nach ihrer Wiedereinsetzung paritätische Staaten geworden, so dass die Regierungsbehörden jetzt für zwei Bekenntnisse zu sorgen hatten.

Wir sagten, dass Wenige diese Folgen vorausgesehen haben; diese Wenigen haben sie aber nicht nur geahnt, sondern beabsichtigt.

Bei der Neuorganisation der Eidgenossenschaft zum Bunde der 22 Kantone galt es als Klugheitsmassregel, wenn irgend eine Gelegenheit sich dazu bot, Bevölkerungen verschiedener Konfessionen zu einem Staatsverband zusammenzulegen, um das einseitige Staatskirchentum, das Zusammenfallen von Staat und Kirche unmöglich zu machen. Die reformierte Stadt St. Gallen wurde mit den grossenteils katholischen Abtsgebieten im Rheinthal und Sargans vereinigt; die katholische gemeine Herrschaft Baden mit dem bernisch-reformierten Aargau zu einem neuen Kanton gestaltet. Das katholische Freiburg sollte durch das protestantische Gebiet der Stadt Murten neutralisiert werden, und während Basel einige katholische Dörfer des nun aufgelösten

Fürstbischoftums erhielt, wurde Bern durch den grösstenteils katholischen Jura für seine Gebietsverluste entschädigt und somit jetzt ebenfalls zu einem paritätischen, konfessionell gemischten Staate gemacht, und ähnlich erfuhr Genf eine Vergrösserung durch katholische Gebiete. Unter den reformierten Kantonen war Zürich allein noch kirchlich homogen geblieben. Die Diplomaten, die freilich von der Religion meistens sehr sonderbare Vorstellungen hatten, hofften dadurch die Schroffheiten der Bekenntnisgegensätze zu mildern und die Bevölkerungen zur gegenseitigen Verträglichkeit und Duldsamkeit zwingen zu können.

In den Räten der Kantone sassen nun fast überall Mitglieder beider Bekenntnisse neben einander, und schon aus diesem Grunde konnte das Kirchenregiment nicht ganz in der gleichen Weise fortgeführt werden, wie das vordem selbstverständlich gewesen war. Die Ueberlassung grösserer Selbständigkeit, erweiterter Kompetenzen der kirchlichen Behörden musste die natürliche Folge dieses Zustandes sein oder doch allmählich sich als unausweichliche Notwendigkeit herausstellen. Die Grundsätze der Glaubens-, Gewissens- und Kultusfreiheit für die beiden anerkannten Konfessionen und alle ihre Bekenner konnten, nachdem sie einmal Eingang gefunden hatten, aus den Verfassungen nicht wieder entfernt werden. Auf diesen Punkt konnte man bei der Restauration nicht mehr zurück.

Der Unterschied von Staat und Kirche musste jetzt zum Bewusstsein kommen. Die Regierungen konnten und durften sich nicht mehr wie bisher mit ihrer Kirche identifizieren, die Kirchen konnten ebenso wenig Hager Regierungen als ihr natürliches Oberhaupt betrachten, welche die kirchlichen Ziele nicht mehr als die ihrigen erkannten, wohl auch gar nicht mehr zu ihr gehörten. Die bis dahin unbekannte Frage nach dem richtigen Verhältnis zwischen Kirche und Staat wird von nun an Gegenstand der eifrigsten Erörterung.

Der spätere Dekan von Bern untersuchte noch im Jahre 1815 die geltenden Gesetzesbestimmungen, um über die rechtliche Stellung seiner Kirche sich Klarheit zu schaffen[1]), denn gerade für Bern war die eingetretene Veränderung am stärksten fühlbar; wie diese Republik das Staatskirchentum am strengsten ausgebildet hatte, so war ihr jetzt die ansehnlichste Zahl katholischer Gemeinden einverleibt, welche für ihre kirchlichen Interessen volle und unparteiische staatliche Fürsorge verlangten.

---

[1]) Fundamentalgesetze, von Sam. Studer. Mss. II. II., XVII, 127 (Nr. 6).

Der Vereinigungsvertrag vom 26. November 1815 hatte übrigens auch direkte Folgen für die reformierte Berner Kirche. Während Murten aus dem Verbande vollständig gelöst wurde und sich gezwungen sah, innerhalb des katholischen Kantons Freiburg für seine konfessionellen Interessen eine gewisse Unabhängigkeit sich zu wahren, wurde nun umgekehrt die bisher kirchlich selbständige Stadt Biel in die Konstitution der Berner Kirche hereinbezogen.

Das grösste Verdienst bei der Angliederung des protestantischen Jura an die Berner Kirche kam neben dem für religiöses Leben persönlich sich interessierenden Landvogt in Münster, dem edlen Geschichtsforscher Bernhard Emanuel von Rodt, ganz besonders dem damaligen geistigen Haupt des St. Immerthals zu, Karl Ferdinand Morel (geboren 1772), Pfarrer zu Corgémont, der 1824 Dekan des neugebildeten Bieler Kapitels wurde. Er war ein hochgebildeter, ebenso kluger als warmherziger Mann, der, mit Recht allseitig geliebt und verehrt, 1848 gestorben ist.[1]) Die äussere Gestalt der alten Kirchen war wieder hergestellt, aber die innern Voraussetzungen waren vielfach anders geworden, wie im Verhältnis zu dem Einzelnen, so in der Stellung zu der Gesamtheit. Principiell war der Standpunkt des Staatskirchentums, wie es sich als religiös-pädagogische Anstalt aus der Reformation heraus entwickelt hatte, jetzt aufgegeben.

2. Der „Réveil" in der französischen Schweiz.

Die staatliche Parität und der von da aus als tolerante Gesinnung geradezu begünstigte Indifferentismus war indessen nicht die einzige Gefahr, die dem Staatskirchentum drohte und zu einer vollständigen Umgestaltung hindrängen musste. Es zeigte sich bald, dass auch die Frömmigkeit, wo sie in grösserer Wärme, Innigkeit und alles beherrschender Kraft vorhanden war, nicht ganz den nämlichen kirchlichen Charakter an sich trage, wie die altreformierte, dass sie in den hergebrachten Formen religiöser Sitte sich nicht mehr genüge, dieselben sogar mit einem gewissen natürlichen Misstrauen ansehe.

Der Pietismus der „Stillen im Lande" erfuhr jetzt, einerseits gefördert durch die zur Religion zurückführende Wellenbewegung der Zeit, anderseits angeregt durch den thatkräftigen englischamerikanischen Methodismus, einen mächtigen Impuls, aber auch eine etwas veränderte Richtung und Färbung.

---
[1]) Finsler, K. Stat., 125.
[2]) Actes de la Soc. d'émul. du Jura, XIII, 63, und XVII, 40. — Schwab, in der Samml. bern. Biogr., II, 119—148, mit Bildn.

Neben das in der Welt aufgehende „allgemein vernünftige" Tugend-Christentum, die natürliche Religion oder die Religion des „natürlichen Menschen", stellte sich jetzt, nicht ohne innere Berechtigung, das ausdrücklich von der „Welt" sich scheidende, specifische Christentum, das Christentum der Bekehrung und der Wiedergeburt.

Damit trat die kirchliche Frage in ein neues Stadium, indem, ohne dass die äussern Kirchengrenzen zunächst Aenderungen erfuhren, doch thatsächlich nun die religiös Gleichgültigen und Kirchenflüchtigen auf der einen Seite, die Eifrigchristlichen ebenso auf der andern Seite, sich innerlich von der grossen öffentlichen Gemeindekirche zu sondern begannen.

Die von John Wesley ausgehende Bewegung verbreitete sich, nachdem die Periode politischer Aufregungen einmal überwunden war, zuerst auf die westliche Schweiz, deren Bewohner sowohl vermöge ihres lebhaftern Temperaments, als auch und mehr noch, ihrer calvinischen Traditionen, für eine schroffere Unterscheidung zwischen Gott und Welt und eine strenge Ausbildung der daraus sich ergebenden Konsequenzen vorzugsweise empfänglich waren.[1]

Allein gerade die Kirche Calvins in Genf war, vielleicht mehr als andere, einer stark rationalistischen Verflachung und Verknöcherung anheimgefallen. Die französische Aufklärung hatte hier, nachdem sie einmal eingedrungen, in einem Grade gewirkt, dass die Geistlichkeit veranlasst war, gerade um so mehr die Worte und Formen des Dogmas fast gewaltsam aufrecht zu halten, je mehr sie selbst von der modernen Strömung ergriffen und dem Geiste ihres Bekenntnisses innerlich entfremdet war.

Die Kirchenverfassung bestand zwar äusserlich auch während der Revolutionsjahre fort, aber die Ehegesetzgebung war aufgehoben und die Kirchenzucht unmöglich geworden. Der Katechismus Osterwalds war durch eine andere Arbeit verdrängt, die ziemlich starke Abweichungen von der kirchlichen Lehre verriet, und eine Aenderung der Liturgie, im Jahre 1788, hatte wenig übrig gelassen von den ehrwürdigen von Beza herstammenden Kirchengebeten.[2] Man begnügte sich mit einer Art von Scheinorthodoxie und täuschte sich über den Unterschied zwischen dem, was man lehrte, und dem, was man glaubte.

Die „Religion der Väter" war den rechten Genfern ein wertvolles Erbstück aus ihrer Geschichte, das man mit Pietät behandelte,

---

[1] Bost, A., Mémoires pouvant servir à l'histoire du réveil religieux. Paris 1854, 2 vols.

[2] Finsler, K. Stat., 556.

mit dem man aber nichts mehr anzufangen wusste.[1]) In den
Predigten der Zeit kehrte der Gedanke immer wieder, von welchem
Nutzen für den Staat, von welcher Wichtigkeit für die Gesellschaft,
welch eine heilige und schöne Einrichtung die Religion sei. Die
Erfahrungen der Revolutionszeit, die für Genf besonders schmerzlich waren, weckten zunächst nur diese Seite der Ehrfurcht vor
den alten Einrichtungen. Die specifisch evangelisch-christliche
Lehre und ganz besonders die Person des Erlösers war dabei
sozusagen in Vergessenheit geraten, wurde wohl auch absichtlich
in den Hintergrund gestellt, weil man damit Anstoss zu erregen
fürchtete. Das damals zumeist im Gebrauche stehende kirchliche
Lehrbuch fasste die Bedeutung Christi für unser Heil in dem
Ausdruck zusammen: „Nous lui devons beaucoup de respect, de
soumission et d'amour.[2]) Vor allem suchte man, und die Behörden
gingen hierin voran, jeden dogmatischen Streit zu vermeiden und
kehrte deshalb mit Vorliebe nur die allgemeinen, selbstverständ-
lichen Wahrheiten hervor, die niemand bestritt, die aber auch
niemand zu nahe traten.

Da bildete sich nun 1810 unter jüngern Studenten der Akademie ein Freundeskreis, welcher von Anhängern der Brüdergemeinde einige Anregungen erhalten zu haben scheint, „die
Gesellschaft der Freunde", wie sie sich nannten. Ihre wichtigsten
Glieder waren Ami Bost und Henri Louis Empeytaz, von denen
der letztere, noch ganz jugendlich, erst 1796 geboren, schon sehr
früh durch religiöse Gewissensangst zur Beschäftigung mit den
Heilsfragen gedrängt worden war. Die „Compagnie des pasteurs"
fand die Sache bedenklich und fing an, die Freunde mit einem
gewissen Misstrauen zu überwachen; der Verein löste sich auf.

Allein gerade jetzt erschien eine Persönlichkeit, welche be-
stimmt war, für das religiöse Leben, namentlich für das der
Schweiz, eine ganz eigenartige Bedeutung zu gewinnen, eine
Frau, eine Fremde, die russische Baronin von Krüdener.[3])

---

[1] v. d. Goltz, Die ref. Kirche Genfs im XIX. Jahrhundert. Basel und
Genf 1862. — Maury, Le réveil religieux dans l'église réf. à Genève et en
France, 1810—1850. Paris, 2 vols.

[2] Kirchenblatt 1854, S. 140.

[3] Eynard, Ch., Vie de Mme de Kr., Paris 1829, 2 vols. — Frau von Kr.,
ein Zeitgemälde, Bern 1868. — Bibliothèque univers., 1884, p. 302, und aus
der Zeit selbst.: Hurter, Fr., Frau von Kr. in der Schweiz. Helvetia. 1817.
— Bosshardt, Ein Wort der Wahrheit über Frau von Kr. und ihre Lehre,
von einem Augen- und Ohrenzeugen, Schaffhausen 1817, und J. G. Müllers
Tagebuch in Gelzers Prot. Monatsbl., Bd. 22, S. 195—218.

Juliane Barbara Baronin von Vietinghoff wurde in einer vornehmen Adelsfamilie (am 11. Nov.) 1766 in Riga geboren, aber in Paris erzogen, wo ihr Vater in der Gesellschaft der Philosophen und Freigeister verkehrte. Mit 14 Jahren wurde sie wider ihren Willen mit dem schon ziemlich bejahrten Baron von Krudener verheiratet, dem russischen Gesandten in Venedig. Die Eheleute trennten sich bald und die junge selbständige Frau lebte nun auf Reisen, bald in Riga oder Petersburg, bald in Paris. Sie ist, wie sie selbst sagte, „in den Wohnungen der Eitelkeit aufgewachsen", und dem entsprach das Leben, dem sie nunmehr sich hingegeben haben soll. Allein 1807 zog sie sich gänzlich von der Welt zurück und fühlte sich nun berufen, den wahren Glauben zu predigen, ein starkes, lebendiges Christentum zu verbreiten und die ungläubig gewordenen Kirchen neu aufzuwecken.

Aufregend, stürmisch, schwärmerisch-exaltiert in Sprache und Auftreten, aber zum Denken aufrufend, zur Selbstbesinnung mahnend und das Gemüt ergreifend, reiste sie herum und fand überall Gläubige, die, überrascht bald von der ganz ungewohnten Form ihrer Reden, bald von dem nie gehörten Inhalt, getroffen von Wahrheiten, die ihnen sonst nie nahe getreten waren, gerührt und ergriffen durch die Erscheinung der schönen und vornehmen Dame, die sich doch der Geringsten erbarmte, in dieser merkwürdigen Frau eine Prophetin erblickten. Ganze Scharen folgten ihr, bald auch Wunder und Zeichen erwartend.

Die bisherige Pietät im gewohnheitsmässigen Beobachten der herkömmlichen kirchlichen Sitte wurde als totes Christentum, ja als ein verkapptes Heidentum bezeichnet, das zum Heil vollkommen unwirksam sei, als eine grosse Selbsttäuschung, welche nur die Seelen einschläfere. Katechismusglaube, Bibellesen, Predigthören, Beten, das alles ist Nichts, wenn die wahre innere Bekehrung fehlt, die persönliche Hingabe an Christus, den Heiland der Sünder. Es war also hier nicht um die Pflege der vorhandenen Religiosität zu thun, sondern um das Herausreissen der einzelnen Menschenseele aus der verdorbenen Welt, und da wurden die Bande, welche die Glieder eines Volkes mit einander verbinden, als etwas Unberechtigtes, als störend und hemmend bekämpft. An die Stelle der kirchlichen Gemeinschaft setzte diese Predigt die Seelengemeinschaft der Gläubigen mit Christus. Als Zeichen der wahren Demut und Gläubigkeit führte Frau v. Krudener in ihren Kreisen das knieende Gebet ein.

Durch Gleichgesinnte, welche die Prophetin hören und sehen wollten, wurden Säle gemietet, Versammlungen und Erbauungsstunden veranstaltet, einmal mit Kindern, das andere Mal mit Erwachsenen, die sie zur Busse aufrief.

Der Eindruck, den diese Frau machte, beruhte allerdings zum Teil auch auf dem Umstande, dass man ihr geheimnisvolle Macht auf den Kaiser Alexander I. von Russland zuschrieb. Dieser Fürst, selbst ein gefühlvoller Schwärmer für christliche Menschenliebe, hatte Frau v. Krudener 1815 in Paris kennen gelernt. Er besuchte sie oft und pflegte auch an ihren Erbauungsstunden teilzunehmen, und als sicher nimmt man an, dass sie es gewesen sei, welche ihn für den Gedanken der sogenannten heiligen Allianz begeistert habe, jenes phantastischen religiös-politischen Bundes der europäischen Monarchen, welche im Gegensatz zur antichristlichen Revolution das Glück der Völker durch die Pflege patriarchalischer Glaubensfrömmigkeit zu fördern sich gelobten.

Im Jahre 1813 war Frau v. Krudener auch nach Genf gekommen und hatte den oben genannten Empeytaz so sehr ergriffen, dass er sich mit aller Leidenschaftlichkeit und Ueberschwänglichkeit an sie anschloss. Allein bereits war das Auftreten dieser Frau ein Gegenstand nicht nur des Spottes, sondern auch ernsten Anstosses geworden. Die kirchlichen Behörden stellten dem Studenten die Wahl, entweder diesen Versammlungen oder aber dem theologischen Beruf zu entsagen. Er versprach das erstere, gab aber bald neuerdings Aergernis durch seine auffallende Frömmigkeit, wurde von der Kanzel ausgeschlossen und folgte nun der Frau v. Krudener als ständiger Begleiter und Mitarbeiter auf ihren frommen Wanderungen. Als solcher war er mitbeteiligt an den Konferenzen mit dem russischen Kaiser und der Entstehung der heiligen Allianz.

Im Jahr 1816 veröffentlichte Empeytaz eine Schrift: „Betrachtungen über die Gottheit Jesu Christi, gewidmet den Studenten des Auditoriums der Theologie in der Genfer Kirche." Es war nichts Geringeres als ein heftiger Angriff auf die Professoren der Theologie und sämtliche Prediger in Genf, welche er als von der orthodoxen Lehre zur natürlichen Religion Abgefallene hinstellte, da sie nicht mehr an die Gottheit Christi glauben, sondern den Stifter des Christentums nur als gewöhnlichen Menschen betrachten.

Das gab Anlass zu einer heftigen Parteiung unter den Studierenden, deren einige den Vorwurf als begründet erkannten, während eine grosse Mehrzahl ernsthaft dagegen Protest einlegte. Zu eben dieser Zeit nun, 1817, kam zuerst ein englischer Methodist vorübergehend nach Genf, Richard Wilcox, der jetzt im Sinne der grossen

Stifter des Methodismus eine Anzahl von Jünglingen zu religiösen Gesprächen um sich vereinigte und sie auf ganz neue Bahnen hinwies. Als derselbe, noch 1817, Genf wieder verliess, trat ein ähnlich gesinnter Schotte in seine Aufgabe ein: Robert Haldane, nicht Theologe, sondern ein gewesener Marineoffizier aus angesehenem und wohlhabendem Hause. Er machte, wie er sagte, die für ihn sehr auffallende Entdeckung, dass die Genfer Studenten zwar sehr gelehrt seien, aber von den Grundwahrheiten des Evangeliums gar keine Ahnung hätten, und begann mit einer Anzahl derselben Gebetsversammlungen in seinem Hause abzuhalten. Durch die Wärme und Ueberzeugungskraft der laienhaft einfachen, aber herzlichen Ansprachen übte der vielerfahrene und überlegene Mann einen gewaltigen und keineswegs ungünstigen Einfluss aus auf seine Umgebung.

Zu seinem Kreise gehörten die später viel genannten Namen César Malan, Louis Gaussen, Jean Henri Merle-d'Aubigné, Frédéric Monod u. s. w. Die beiden Erstgenannten standen bereits im geistlichen Amte und fingen nun an, auch durch ihre lebhaften und eindringlichen Predigten eine gewisse Aufmerksamkeit zu erregen. Eine Predigt von Malan, welche den Satz aufstellte, dass es dem Menschen unmöglich sei, durch gute Werke etwas vor Gott zu verdienen, dass er nur durch Gnade selig werden könne, schien so völlig Unerhörtes zu enthalten, dass sie in ihrer Wirkung einem Donnerschlag verglichen worden ist. Einer der ältern Pfarrer erklärte Malan, es sei nicht möglich, solche Narrheiten ferner auf die Kanzel zu bringen. Die Compagnie des pasteurs hielt eine Beratung ab und erliess darauf hin ein Reglement, das, ganz analog dem einstigen bernischen Associationseid, für alle Prediger verbindlich erklärt und allen Kandidaten zur Unterschrift vorgelegt wurde. Es lohnt sich, diese berühmt gewordene Erklärung vom 3. Mai 1817 zu kennen.

Die Prediger mussten versprechen: *„So lange wir in den Gemeinden des Kantons Genf wohnen und predigen werden, weder in einer ganzen Predigt, noch in einem Teile einer Predigt, unsere Ueberzeugung über folgende Punkte auszusprechen: 1. Ueber die Weise, wie die göttliche Natur mit der Person Jesu vereinigt ist. 2. Ueber die Erbsünde. 3. Ueber die Weise, wie die Gnade wirkt oder über die wirksame Gnade, und 4. Ueber die Prädestination. Auch versprechen wir, in der öffentlichen Predigt nicht die Ueberzeugung eines andern Pastors oder Predigers über diese Dinge zu bekämpfen. Endlich verpflichten wir uns, wenn wir veranlasst sind, unsere Gedanken über einen dieser Gegenstände auszusprechen, dies* *zu thun, ohne in unserm Sinn auszuschweifen, mit Vermeidung aller der heil. Schrift fremden Ausdrücke und mit möglichstem Gebrauch derjenigen, welche sie enthält."*

Nun denken wir uns eine solche Verpflichtung für den Prediger, seine Ueberzeugung überhaupt nicht aussprechen zu wollen, eine solche Verpflichtung betreffend die Grundlehren des Christentums und seine Eigenart: denken wir uns ein Verbot, von der Gnade Gottes und von der Prädestination zu reden — in der Stadt Calvins! So gut die Absicht sein mochte, darauf zielend, um jeden Preis kirchliche Ruhe und Frieden zu halten, so konnte es doch keinen sicherern Beweis dafür geben, dass die Genfer Kirche des XIX. Jahrhunderts von Calvin abgefallen, dass sie nicht mehr im Sinne der Reformatoren rechtgläubig sei, und dass sie dennoch dafür gelten wolle, weil ihr der Mut zu einem neuen Bekenntnis fehle. Die schlimmsten Vorwürfe jener jungen Methodisten waren dadurch schlagend bestätigt. Jetzt handelte es sich nicht mehr, wie in den Zeiten der Konsensusformel, um eine theologische, sondern um eine ganz specifisch religiöse Frage, und der Erfolg des Reglements musste demnach viel mehr noch, als bei jener Formel, ein dem Ruhebedürfnis und den Friedenswünschen entgegengesetzter sein.

Einige Studenten und Prediger weigerten sich, ihre Unterschrift zu geben; sie wurden ausgeschlossen vom Predigtamt, und so entstand, was man vermeiden wollte: eine kirchliche Spaltung, eine von der Staatskirche getrennte private oder „freie" Kirche, eine Separation.

Diese Wendung wurde dadurch begünstigt, dass an der Stelle des 1817 von Genf wieder abgereisten Haldane jetzt ein anderer Engländer, der geistreiche, leidenschaftlich-feurige, zudem sehr reiche Henry Drummond anlangte und bald die Führung der Bewegung in seine Hand nahm. Noch wurde zwar der entscheidende Schritt einer Trennung hinausgeschoben, weil Malan Bedenken trug, sich derselben anzuschliessen; allein schon am 21. September 1817 kam der Gedanke doch zur Ausführung durch eine private Feier des heil. Abendmahles, welches jetzt Malan selbst im Hause des genannten Drummond austeilte. Zuerst waren es nur zehn Freunde, doch sehr rasch vergrösserte sich der Kreis auch durch einige Frauen, und jetzt wurde eine eigentliche Gemeinde gestiftet, die nun in allen Teilen die Formen und Sitten der ersten Christengemeinde nachzuahmen sich eifrig bemühte. Bald gab es drei verschiedene Versammlungslokale in verschiedenen Teilen der Stadt, in denen sich nun ein hoch gesteigertes religiöses Leben entwickelte und in auffallenden Bekehrungen und Gebetserhörungen, in Visionen und ähnlichen Erscheinungen kundgab.

„Nichts ist überraschender", rühmt einer aus dem Kreise der Ergriffenen, „als die zahlreichen Erweckungen, welche stattfinden, und die Menge derer, welche zu uns kommen, um das Wort zu hören. Es gibt hier eine Menge Leute, welche sich mit Visionen beschäftigen. Mehrere nehmen das Evangelium mit Freuden an; sie versammeln sich ziemlich oft, um das Wort Gottes zu lesen, zu singen und zu beten. Der Herr scheint Gnadenabsichten über die meisten von ihnen zu haben", u. s. w.

Damit war nun ein äusserst wichtiger Schritt gethan, aber auch eine wichtige Thatsache festgestellt, die Thatsache, dass ein allgemeines, der Vernunft und dem natürlichen Gewissen entsprechendes Christentum, als Aufforderung und Ansporn zu einem tugendhaften Leben, zwar für die grosse Menge der Gleichgültigen und für den Bestand der bürgerlichen Gesellschaft nützlich und unentbehrlich sei, aber die tiefern religiösen Bedürfnisse nicht zu befriedigen vermöge; dass aber umgekehrt das specifischchristliche Evangelium von der unverdienten Gnade Gottes nur für einen engern Kreis von auserwählten Seelen verständlich, zur öffentlichen Predigt aber, weil unverstanden oder missverstanden, gänzlich ungeeignet, vielleicht sogar schädlich sei. Ein bedenkliches Ergebnis. Die neue Frömmigkeit, die sich aus der Periode des Unglaubens herausgearbeitet hat, ging gerade in ihren am lebhaftesten ergriffenen Vertretern nicht wieder in die Formen des bürgerlichen, nationalen Lebens, in die Gestalt der Staats- oder Landeskirche ein, sondern stellte sich in Gegensatz zum verächtlich so geheissenen „Multitudinarismus"; sie wirkte, indem sie der Kirche die eifrigsten Glieder entzog, nicht weniger als der religiöse Indifferentismus und die atheistische Gesinnung, in ihrer Art zur Auflösung der alten reformierten Kirchen mit und suchte wesentlich neue Formen zu bringen.

Auf diesem Punkte konnte die Bewegung nicht stehen bleiben. Um zu einer blossen Sekte zu werden, dazu hatten diese Separatisten zu viel Wahrheit für sich.

Während in Genf selbst die öffentliche Meinung auf die Seite der geistlichen Behörden sich stellte und das Vorgehen der Separatisten streng missbilligte, schon deshalb, weil man durch den Vorwurf gegen die ganze Genferkirche in seinen patriotischen Empfindungen sich beleidigt fühlte, war dagegen die Geistlichkeit des Waadtlandes entsetzt über das erwähnte Predigtreglement und brach sogar allen offiziellen Verkehr mit der Genferkirche ab, die sie als abgefallen betrachtete von der Rechtgläubigkeit. Die reformierte Kirche Frankreichs wollte sogar diejenigen, die das Reglement unterzeichnet hatten, nicht als Kandidaten anerkennen und in ihre Dienste treten lassen. Die Genfer waren um so mehr erbittert über die Urheber der kirchlichen Unruhe und Aufregung, weil nun die Katholiken mit gehässiger Schadenfreude auf den ausgebrochenen Zwiespalt hinwiesen und sich freuten, durch boshafte Zeitungsartikel an der Erschütterung der Kirche Calvins mitzuhelfen. Ein unschöner Federkrieg brach aus, der von beiden Seiten nicht bloss mit würdigen Waffen geführt worden ist. Er hatte die Ausweisung des Separatistenpredigers Mejanel zur Folge, der als Franzose entfernt wurde. Die wunderlichsten Missverständnisse machten sich breit, namentlich bei solchen, die sich bisher mit religiösen Fragen wenig beschäftigt hatten und deshalb nicht begriffen, wie man ihren braven Pfarrern Mangel an Glauben vorwerfen könne.

Es wurden Gerüchte herumgeboten über die Abhaltung der Privatversammlungen, die durchaus an das erinnern, was einst von den ersten Christen gesagt und geglaubt worden ist; die dem entsprechenden Strassentumulte[1]) blieben nicht aus, so dass selbst Truppen aufgeboten werden mussten, um die Personen zu schützen. Die Bezeichnung der Mômiers, das heisst Gaukler oder Hanswurste, kam jetzt auf und zeigte am besten, wie die oberflächliche Menge von der ganzen Sache dachte.

Jetzt trat mehr und mehr der Mann hervor, der in Genf als der eigentliche Held der Erweckung angesehen worden ist, der glänzend begabte, geistreiche César Malan, der ebenso vielseitig gebildet als thatendurstig und eifrig, ebenso phantasievoll als scharfsinnig und klar, ebenso beredt im öffentlichen Auftreten als witzig und schlagfertig im Privatgespräche war und der sich nun mit ganzer Seele in den Dienst dieser Bewegung gestellt hat. Er hatte, wenn auch zaudernd, die Erklärung vom 3. Mai unterzeichnet, blieb aber trotzdem nicht unbehelligt. Als Lehrer am Gymnasium ausserordentlich anregend und beliebt bei seinen Schülern, hatte er daneben noch eine Sonntagsschule eingerichtet, in welcher sich gegen 250 Kinder freiwillig und mit Begeisterung einzufinden pflegten.

Der Einfluss, den dieser Mann auf die Jugend ausübte, schien gefährlich. Zuerst wurde ihm die Kanzel verboten, dann die Ab-

---

[1]) „A bas Jésus Christ!"

haltung der Sonntagsschule untersagt und endlich seine Absetzung von der Lehrerstelle, trotz seiner ebenso demütigen als logisch treffenden Verteidigung, vom Staatsrate verfügt. Er hielt nun Versammlungen in seinem Hause, baute dann, weil es die Menge nicht mehr fassen konnte, einen eigenen Saal in seinem Garten, kam aber mit der Welt so sehr in Konflikt, dass er auf der Strasse beleidigt und selbst in seiner Wohnung angegriffen wurde. Am 8. Oktober 1820 konnte er indessen eine neue grössere Kapelle beziehen. Der Hass der einen, die Verehrung der andern war im Steigen begriffen. Immer noch betrachtete er sich als Mitglied der Genfer Kirche und als Geistlicher, machte auch das Recht auf seine Predigertracht geltend, das man ihm absprechen wollte; erst 1823 wurde er durch direkte Aufforderung von Seiten der Behörden zum Austritte gedrängt und des geistlichen Amtes verlustig erklärt. Malan erbat sich jetzt „nur dasjenige Mass der öffentlichen Duldung und des staatlichen Schutzes, wie es auch den Juden gewährt werde"; er begann regelmässig für die Seinigen zu taufen und das Abendmahl zu feiern. Es war ein kleiner Kreis, der zu ihm hielt, aber immerhin hatte er die orthodoxen Bekenntnisschriften für sich; seine Freunde veranstalteten zu seiner Verteidigung eine neue Ausgabe der „Confessio Helvetica", zum Beweise, dass nicht sie die Abgefallenen seien, sondern ihre mit amtlichen Würden bekleideten Gegner.

Zum Professor der Dogmatik war in Genf 1818 einer der schroffsten Rationalisten gewählt worden, der noch ganz junge Pfarrer Chenevière[1]), der übrigens, wie behauptet wird, die religiösen Fragen nicht mit gebührendem Ernst, sondern oft in sehr leichtfertig-spottendem Tone behandelte. Die Gegensätze verschärften sich dadurch noch mehr. In zahlreichen Schriften wurde hin und her gesprochen über Wert und Notwendigkeit der Glaubensbekenntnisse. Gedrängt zum Geständnis, dass sie nicht mehr auf dem Boden derselben stehe, nahm jetzt die „Compagnie des pasteurs" das Recht für sich in Anspruch, über dieselben hinaus zur Einfachheit der Bibellehre zurückzugehen. Die Prediger gaben zu, dass sie von Calvin, nicht aber, dass sie deshalb auch von Christus abgewichen seien.

Malan war jetzt der eigentliche Träger der Richtung. Obwohl er für sich selbst die Trennung vom Staate keineswegs als Principienfrage ansah, hat doch er vor allem aus der Bewegung ihren geistigen Schwung verliehen und ihren Charakter auf-

---

[1]) J. J. C., 1783—1871. S. Vaucher im Bull. de l'Inst. Genevois, XVII.

gedrückt. „In Malans Predigt", so schildert ihn ein feiner Beobachter, „vereinigt sich die Wärme einer ungeteilten Begeisterung mit dem Nachdruck eines scharfen, durchdringenden Verstandes und der Lebendigkeit einer reichen, unerschöpflichen Einbildungskraft; dabei gab das Gebietende, Absolute, welches in seinem Charakter lag, seinem Zeugnisse, wenn er das lautere Wort Gottes verkündigte, eine besondere Kraft. Seine Rede wusste in reichen Wendungen ebenso sehr die Gefühle zu wecken, als die Aufmerksamkeit zu fesseln, das Verständnis aufzuhellen und den Willen zu kräftigen." Auch seine poetischen und musikalischen Talente machte er der Erbauung der Seelen dienstbar. „Seine geistlichen Lieder bahnten sich den Weg durch Stadt und Land und hallten mit ihrem Schwung christlicher Empfindung und der klaren Fülle ihres Ausdrucks in tausend Herzen wieder."[1])

Neben Malan war es besonders Felix Neff, der hervortrat als ein eigentümlicher christlicher Charakter. Er war Soldat; als Unteroffizier war er ausgezogen, als wegen der Tumulte gegen die Separatisten mit den Waffen eingeschritten werden musste. Damals hatte er voll Wut geschworen, seinen Säbel den „Mômiers" durch den Leib zu rennen. Einige Wochen später hatte er sich dann in ihre Reihen gestellt und wurde nun einer ihrer beredtesten und einflussreichsten Prediger, vielleicht um so mehr, weil er als Laie weniger theologische Theorien als praktische Wahrheiten verfocht. Er zeichnete sich aus durch Weisheit und Besonnenheit, und es wird ihm das Zeugnis gegeben: „Er warb nicht für die Separation, er warb für den Herrn und liess sich darin durch keine Machtsprüche stören."

Als Dritten nennen wir Ami Bost, der eine Zeitlang Pfarrer zu Münster im Berner Jura gewesen war, dann aber aus Eifer diesen Posten aufgab, um sich ganz der Sache der Bekehrungspredigt als Missionsarbeiter zu widmen.[2]) „Sein Eifer", so wird uns gesagt, „der keine Ermüdung kannte; seine Entschiedenheit, die durch keine Rücksicht sich das Zeugnis abschwächen liess, seine Begeisterung, die etwas besonders Entzündendes in sich hatte, erwarben ihm Eingang und Freunde."

Im Dienste einer eigenen, 1817 entstandenen „Société continentale d'évangélisation" zogen diese Männer aus, da wo der Zufall sie hinführte, um die weltlichen Namenchristen, als „getaufte Heiden", zu bekehren. Ueberall, wo sie auftraten, fanden

---

[1]) Von der Golz, a. a. O., S.
[2]) Bost, La défense des fidèles, 1825. — Procès du ministre Bost, 1826. Jahrbücher theol. Nachrichten, 1826.

sie bald Einzelne, bald ganze Freundeskreise und Familien, welche dieser Art der religiösen Bearbeitung sich zugänglich zeigten und das Gefühl hatten, erst jetzt zum wahren Christentum hindurchgedrungen zu sein. Dabei reift nun, je länger je mehr, nachdem die Scheidung von der öffentlichen Staatskirche einmal vollzogen war, auch theoretisch der Grundsatz der Separation. „Trennung von der Welt" hiess nun Trennung von der verweltlichten Kirche, von der Kirche der Indifferenten, der Unwürdigen und Weltkinder, und hier berührte sich die entstehende Abneigung gegen das Massenkirchentum mit der altcalvinischen Forderung der Kirchenzucht. Wie Calvin es einst als einen Frevel bezeichnet hatte, dass das Abendmahl auch Unwürdigen dargereicht werde, so gingen die Genfer Separatisten von der Empfindung aus, dass es ihnen moralisch unmöglich sei, mit solchen das Abendmahl zu geniessen, die sie als Ungläubige, als Unbekehrte und Nichtchristen ansahen.

So kam man freilich zu immer weiter gehender Trennung, indem einer dem andern den wahren Glauben absprach und behauptete, dass das Gewissen ihm die Gemeinschaft verbiete. Auch die Frage nach der Berechtigung der Kindertaufe musste ganz natürlich in diesen Gemeinden auftauchen. Hat die Geburt in einer christlichen Familie, die Erziehung im christlichen Hause und in der Mitte eines christlichen Volkes keine Bedeutung, sondern erst die bewusste Bekehrung, dann hat auch die Taufe unmündiger Kinder keinen vernünftigen Sinn, dann führt die Folgerung zur Wiedertaufe. Nicht Alle zogen diese Konsequenz, allein die Frage erregte bittern Streit unter den Bekehrten selbst. In der Abneigung gegen vorgeschriebene Gebete, gegen die Liturgien, als „Menschenworte" und Gewohnheitsformeln, gingen sie so weit, dass sie selbst das „Vaterunser" verwarfen und nur das freie Gebet als wirkliches Gebet wollten gelten lassen. Neff und Bost waren einmal nahe daran, von ihren Anhängern exkommuniziert zu werden, während Malan in einer Schrift für die Kindertaufe die Gegner derselben als „Rebellen, Sektierer und Ketzer" schalt.

Dergleichen Zänkereien, zu denen hie und da auch bedenkliche Anklänge an eigentlichen Antinomismus kamen, trüben das sonst in mancher Hinsicht erhebende und achtunggebietende Bild eines ausserordentlich stark entwickelten religiösen Lebens und offenbarten warnend die Wahrheit, dass auch eine Gemeinde der Auserwählten immer aus unvollkommenen Menschen besteht.

In dem Masse, als die Dissidenten schroffer und bewusster sich nicht nur zur Staatskirche, sondern zur gesamten bürgerlichen Sitte in Widerspruch stellten, verschärfte sich die Abneigung der Menge gegen sie. Es war auf direkte Veranlassung der „Compagnie des pasteurs", dass ein französischer Geistlicher, Cheyssière, 1825, in Genf eine äusserst heftige Predigt gegen die Sektierer hielt und in allen Kirchen, nach Genfer Uebung, wiederholte. Die Stadtbevölkerung wurde dadurch in dem Grade aufgeregt, dass es wiederum zu Strassentumulten kam und Militäraufgebote zum Schutz der Verfolgten stattfinden mussten. Die aufreizende Predigt wurde gedruckt; Bost antwortete, wurde infolgedessen der Verleumdung angeklagt, aber in zwei Instanzen von den Gerichten freigesprochen, dank einer bewunderungswürdigen Selbstverteidigung, in welcher er den Beweis leistete, dass die Separatisten orthodox seien, die Genfer Prediger aber das rechtgläubige Bekenntnis verleugnen.

Unverkennbar aber lenkte die Bewegung immer mehr in die Bahn ein, den Grundsatz der Scheidung der Kirche vom Staat als ein Hauptprincip aufzustellen.

Aus dem Kampf um die reine Lehre ist in Genf die Dissidenz hervorgewachsen, und es ist bemerkenswert, dass die offizielle Geistlichkeit die Traditionen der amtlichen Kirchenformen, die Separatisten dagegen die Tradition der calvinischen Dogmatik für sich hatten, und doch handelte es sich in Wirklichkeit nicht um die Frage der Rechtgläubigkeit, sondern direkt um die methodistische Einzelbekehrung, um das Verhältnis zum Staat, als der natürlichen Volksgemeinschaft. Es zeigte sich dies am deutlichsten im Waadtlande, wo es bald ebenfalls zur Entstehung freier Kirchen kam, obwohl die Geistlichkeit der Landeskirche durchaus orthodox war.

Bei den engen Beziehungen Genfs zur Waadtländer Kirche ist es fast selbstverständlich, dass die Anzeichen des „Réveil" sich bald auch hier einstellten.[1]) Uebrigens gab es auch unter den vielen, sei es vorübergehend sei es bleibend, in Lausanne oder Vivis sich aufhaltenden Engländern einige, welche eifrig für methodistisches Christentum thätig waren.

---

[1]) Die religiösen Bewegungen im Kt. Waadt, Abdruck einer Serie von Artikeln aus der Evangelischen Kirchenzeitung in Berlin von 1829, in Balthasars Helvetia, V, 186—364, von einem nichtgenannten, auf Seite der Mömiers stehenden, aber offenbar gut unterrichteten und im ganzen verständig urteilenden Verfasser. Vergl. Cart, J., Histoire du mouvement religieux et ecclésiastique dans le canton de Vaud pendant la première moitié du XIXe siècle, Lausanne 1870—1871, 2 vols. — Adamina, Le réveil religieux dans le canton de Vaud (1814—1840), im Chrétien évangélique 1893.

Dass die Waadtländer Geistlichkeit sich gegen die Verfolgung der „Mômiers" in Genf ausgesprochen hat, ist bereits erzählt worden. Ihr Haupt, der würdige Dekan Curtat, war es nun, der durch eine ungeschickte Schrift in der Waadt die Krisis zum Ausbruch bringen und ein ganz ähnliches Verfahren, wie das von ihm verurteilte, veranlassen sollte. Sein Büchlein: De l'établissement des conventicules dans le canton de Vaud (Lausanne 1821) sprach so selbstbewusst klerikal jeder andern Erbauung als der gesetzlich vorgeschriebenen alles Recht ab, äusserte sich so rationalistisch vorurteilsvoll gegen eine „angebliche Wiedergeburt, welche eine innerlich gänzliche und übernatürliche Veränderung des Herzens verlangt", dass eine solche Auffassung nicht ohne Widerspruch bleiben konnte. Derselbe erfolgte in mehreren Flugschriften, welche die theoretischen Voraussetzungen und praktischen Schlüsse dieses unglaublich hölzernen Staatschristentums einer scharfen Kritik unterwarfen, und im kurzem war gegen die bis dahin still und ungestört wirkenden Vertreter einer strengern evangelischen Frömmigkeit ein starkes Mass von Hohn und Hass aufgerührt. Religionsfeinde und Gleichgültige, Gedankenlose und Weltkluge, Leichtsinnige und Gewohnheitsmenschen sahen sich auf einmal verbündet gegen eine scheinbar neue Religion, die sich umsonst auf ihre Uebereinstimmung mit den alten Glaubensbekenntnissen der Reformatoren berief. Der naive Optimismus einer ältern Generation von Geistlichen und ihres Vorbildes, des feinen Seelenhirten und Dichters, des Dekans von Montreux, Philipp Bridel (1757—1845)[1]), dem Kultur und Christentum noch eins gewesen waren, konnte in dem Lärm der Parteien nicht mehr durchdringen. Von pöbelhaften Verhöhnungen kam es zu offenen Thätlichkeiten, und da die Regierungsbehörden nicht die Angreifer, sondern die Angegriffenen zu bestrafen für gut fanden, so konnte die Ueberzeugung der Letztern, von „Heiden" umgeben zu sein und einem unchristlichen Staat gegenüber zu stehen, nur immer mehr Bestätigung erhalten.

Der Pfarrverweser Alexander Chavannes in Aubonne wurde wegen einer Predigt streng gemassregelt; die seit zehn Jahren im Lande angesiedelte Engländerin Miss Greaves 1822 ausgewiesen; aber beides war so schwer zu begründen, dass die Aufregung nur gesteigert wurde, und nun erfolgte zuerst am 15. Januar 1824 der Staatsratsbeschluss, dann am 20. Mai die Proklamation des berühmten Gesetzes gegen die religiösen Ver-

[1] Vuillemin, in der Biblioth. universelle, 1852, p. 39 u. ff.

sammlungen, von welchem ein unbefangenes Urteil gesagt hat: „So lange dieses Gesetz existiert, so lange muss der ganze Protestantismus gegen diese Verletzung seiner Principien protestieren."

Wir geben hier seinen Wortlaut:

Der Grosse Rat des Kantons Waadt, auf den Vorschlag des Staatsrats hin,

In Betracht, dass etliche exaltierte Personen eine neue religiöse Sekte einzuführen und zu verbreiten trachten,

Willens, die Handlungen dieser Sekte, die die öffentliche Ordnung stören, zu unterdrücken, beschliesst:

1. Jede Versammlung von Mitgliedern dieser Sekte, die aus Personen besteht, die nicht zur Familie gehören, um daselbst den Gottesdienst zu halten (pour y exercer le culte ou y célébrer quelqu'une des cérémonies de l'église), ist verboten und soll sofort aufgelöst werden.
2. Die Personen, die diese Versammlungen geleitet, darin gehandelt (officié) oder das Lokal dazu hergegeben haben, werden verantwortlich und mit einer der nachfolgenden Strafen zu belegen sein.
3. Jeder Akt der Proselytenmacherei ist untersagt, und wer sich dessen schuldig macht, wird bestraft[1] u. s. w.

Die Wirkung dieses Erlasses, der sofort als eine Ungeheuerlichkeit empfunden wurde[2], hing durchaus davon ab, wie der gänzlich unbestimmt gelassene Begriff „Sekte" angewendet und was man in der Ausführung unter „gottesdienstlichen Handlungen" verstehen werde. Der Zweifel dauerte nicht lange. Je nach dem persönlichen Eifer der Unterbeamten wurden als Sektierer auch die missbeliebigen Mitglieder der Landeskirche und als verbotene Gottesdienste auch das Bibellesen, Beten und Psalmensingen betrachtet.

Das Gesetz, das an manchen Orten, so in Orbe und Aubonne, mit rohem Jubel aufgenommen wurde, erregte andern schwere Gewissensbedenken; einige Prediger gaben denselben Ausdruck in einem Schreiben an den Staatsrat; sie machten Anspruch auf „wenigstens diejenige Freiheit, die ihnen gewährt werden müsste, wenn sie, statt an die Religion ihrer Väter, die Reformierten, sich anzuschliessen, sich auf ganz entgegengesetzten Wegen den Römisch-Katholischen angeschlossen hätten." Die Unruhen, auf die man sich berief, waren nachweisbar nicht innerhalb der Ver-

---

[1] Cart, a. a. O., S. 39 u. ff. Deutsch übersetzt Helvetia, a. a. O., S. 315.
[2] S. Cart, a. a. O., p. 390, und die eingehende Beurteilung in Helvetia, S. 306—309.

sammlungen, sondern ausserhalb derselben begangen worden, nicht von den Teilnehmern, sondern von den Gegnern, welche sie gewaltsam stören wollten.

Was man hatte vermeiden wollen, stellte sich somit ein: eine Separation in grösserm Massstabe, das Entstehen einer Sekte, zu der jetzt nicht bloss einige unbeachtete Sonderlinge sich hielten, sondern viele aus den achtungswürdigen, gottesfürchtigen und denkenden Teilen des Volkes, viele auch, welche nur die menschlich-natürliche Sympathie mit den Verfolgten empfanden. Am 24. Dezember 1823 erklärten Alexander Chavannes, Henri Juvet, François Olivier ihren Austritt aus der Landeskirche; die zwei Brüder Auguste und Charles Rochat und einige andere Geistliche folgten ihrem Beispiele. Sie wurden vor Gericht gezogen und mit Verbannung bestraft. Allein ihre kräftige Verteidigung, die zum Teil öffentlich geführt werden musste, blieb nicht ohne tiefen und nachhaltigen Eindruck; separierte, independente Gemeinden bildeten sich, wie in Lausanne, so in Vivis, Rolle, la Vallée, Nyon und am Lac de Joux, und jetzt wurden in den Sonderversammlungen auch die Sakramente begangen, was vorher nie geschehen sein soll. Von den oft brutalen Plackereien, denen die „Mômiers", auch Frauen und Kranke, ausgesetzt waren, werden empörende Einzelheiten erzählt; besonders traurig ist das Schicksal des Pfarrers Juvet, der, abgesetzt, freiwillig zu predigen fortfuhr, aber ins Gefängnis geworfen und verbannt, schliesslich 1825 den erlittenen Misshandlungen erlag.[1]) Nach einigen Jahren musste auch ein der Regierung nahestehendes Blatt anerkennen, dass das Gesetz vom 20. Mai 1824 unerträglich sei, da es „touche à la liberté individuelle, à la liberté d'association, à la liberté des consciences".[2])

Noch 1829 wurde wegen eines für die Gewissensfreiheit eintretenden Zeitungsartikels der noch junge aber vorteilhaft bekannte Charles Monnard von seiner Stelle als Professor der Litteratur in Lausanne abgesetzt, welcher nachher als Staatsmann wie als Geschichtsschreiber eine der Zierden des Landes geworden ist.[3])

---

[1]) Helvetia, V, a. a. O. Vergl. das Flugblatt: Derniers moments de M. H. Juvet, fidèle ministre de Jésus Christ. Genève 1825. Ebenso Cart, a. a. O.
[2]) Gazette de Lausanne 1829.
[3]) Galerie berühmter Schweizer, von A. Hartmann. — Allg. D. Biogr., XXII, 759 (v. G. v. Wyss. Monnard wurde 1845 nochmals abgesetzt, dann Pfarrer zu Montreux, aber im November mit den übrigen Demissionär; er ist als Professor in Bonn 1865 gestorben.

Die religiöse Vereinsthätigkeit nahm mit allem dem einen gewaltigen Aufschwung. Es entstand 1816 ein Verein für Bibelverbreitung und eine Missionsgesellschaft, welche beide sich später mit einander verbanden, und 1827 eine Traktatgesellschaft; durch den Kalender „Le bon Messager" und durch die „Feuille religieuse du canton de Vaud" (seit 1825) wurde das Volk bearbeitet, aber freilich auch unvermeidlich die Scheidung zwischen Frommen und Unfrommen, zwischen Gläubigen und Ungläubigen, Christen- und Weltkindern, immer tiefer und unheilvoller gegraben.

Auch in Neuenburg zeigten sich seit 1814 Spuren religiöser Aufregung, deren Ursprung auf methodistische, aus England stammende Agitationen zurückgeführt wurde. Neben dem Waadtländer Juvet und dem Genfer Empeytaz war besonders von einer Engländerin, Demoiselle Turner, die Rede, deren Propagandamacherei den Pöbel zu Excessen und Ruhestörungen reize. Der Staatsrat ging zwar von einem Kirchenbegriff aus, der eher dem XVII. als dem XIX. Jahrhundert schien entnommen zu sein[1]), war aber doch klug genug um zu wissen, dass nichts so sehr geeignet ist, die religiöse Leidenschaft auf eine gefährliche Höhe zu bringen, als eine auch bloss scheinbare Verletzung der Gewissensfreiheit.[2]) So wurden Zustände, wie sie im Waadtland sich einstellten, verhütet. Die Erweckung hat nur belebend, nicht störend gewirkt.

Gewiss ist die Aufgabe der Staatskirche zur religiösen Erziehung des Volksganzen nicht zu übersehen, welche durch ein exaltiertes Christentum gefährdet wird; aber diese Aufgabe kann nicht erfüllt werden, der Staat verzichtet auf den Charakter eines „christlichen" Staates, sobald er sich mit dem Indifferentismus

---

[1]) Bericht des Staatsrats an den preussischen Gouverneur vom 25. Jan. 1830: „Considérant que tout ce qui concerne le culte national est par la nature de notre constitution intimément lié aux institutions politiques et civiles de notre patrie; — que ces institutions ne reconnaissent comme cultes légalement existants que les cultes autorisés par elles ou ceux qui se sont établis par autorisation supérieure et sous des conditions qui en règlent et en limitent plus ou moins l'exercice". Guillaume, Documents pour servir à l'Histoire des Sectes religieuses dans le canton de Neuchâtel de 1814 à 1829. Mus. Neuch., XX (1883), p. 317 u. ff.

[2]) ... „conviction, que le seul moyen de diminuer les fâcheux effets du schisme qui commençait à se manifester, était de nous abstenir de toute mesure qui pût être envisagée par les dissidents comme tendant à les gêner dans leurs consciences". Ibid.

verbündet, sobald er den natürlichen Menschen entfesselt, um den christlichen Eifer zu ersticken, anstatt umgekehrt — wirklich erzieherisch — mit Hülfe der religiösen Begeisterung und des christlichen Idealismus die angeborne Gleichgültigkeit zu bekämpfen.

3. Die Erweckung in der deutschen Schweiz.

Nach Ueberwindung der Revolutionszeit und der endlichen Wiederkehr des Weltfriedens stellte sich auch in der deutschreformierten Schweiz ein allgemeiner Aufschwung des religiösen Gefühles ein, das manche schon erloschen geglaubt. Der nach den Freiheitskriegen in Deutschland aufwachende Geist einer idealistischen Frömmigkeit wirkte aus verwandten Ursachen auch hier, am unmittelbarsten auf die gebildete Jugend, die mit dem Deutschtum in Berührung stand.

Mancher junge Theologe hatte Schleiermacher gehört und hier eine Auffassung der Religion kennen gelernt, welche ebenso wohl den Anforderungen der edelsten Geisteskultur zu entsprechen, als die tiefsten Bedürfnisse des Gemüts zu befriedigen schien, die ihnen gestattete, auch den Gebildeten unter den Religionsverächtern mit neuer Begeisterung die Wahrheit und Herrlichkeit des christlichen Glaubens zu preisen. Andere Studierende — und zwar nicht allein Theologen — hatten sich in Göttingen oder Halle, in Heidelberg, Tübingen oder der neu begründeten Bonner Universität mit ähnlicher Stimmung erfüllt.[1]

Noch war man sich des tiefen Gegensatzes nicht bewusst zwischen der Weltanschauung der Aufklärungslitteratur und derjenigen des Christentums; man schwärmte für Schiller und Goethe, für Herder und Klopstock, wie für Luther und Zwingli, für die Bibel und die ehrwürdige Kirche der Reformation, für Zschokke und Lavater neben einander.

In diesem allgemein sentimentalen Idealismus, wo das überschwengliche Gefühl seinen höchsten Ausdruck in der Anbetung der Gottheit, und zwar meist auch noch in den kirchlich gewohnten Vorstellungen und Worten, fand, feierte man in Zürich 1819 das dritte Jubelfest der Reformation. Noch leitete Antistes Hess mit mild-frommem Sinn die Zürcher Kirche und erhielt aus Anlass des Festes von den Universitäten zu Tübingen, zu Jena und zu

---

[1] J. J. Hottinger, Das Wiedererwachen der wissenschaftlichen Bestrebungen in der Schweiz während der Mediations- u. Restaurationsperiode. Zürich 1858.

Kopenhagen, die damit zugleich Zürich ihren Dank abstatten wollten, den Ehrentitel eines Doktors der Theologie.[1])

Salomon Hess, der Pfarrer zu St. Peter[2]), schilderte in patriotisch gehobener Sprache nach seinem „Erasmus" noch das Leben Zwinglis und seiner Gattin, das Wiedererwachen der evangelischen Lehre und den unendlichen Segen, den diese Wendung für das Vaterland gebracht hatte. Der Pfarrer Ludwig Wirz zu Mönchaltorf, gestorben 1816, hatte kurz vorher seine Neubearbeitung der Helvetischen Kirchengeschichte zu stande gebracht.[3]) Melchior Kirchhofer in Schaffhausen, der die Fortsetzung von Wirz im VI. Bande verfasste, erforschte mit grossem Fleiss die Lebensläufe von Berchtold Haller und Wilhelm Farel; Melchior Schuler und Chorherr Schulthess fassten den Entschluss, die Werke Zwinglis gemeinsam herauszugeben, und der Dekan Johann Jakob Frickart in Zofingen sammelte in aller Stille das Material zu seinen verdienstvollen Synodalreden über die „Geschichte der Kirchengebräuche im Kanton Bern".

Lebhafter als je wurde das gesamte Volk ergriffen von dem Bewusstsein der Anhänglichkeit, des Dankes und der Verehrung für die vaterländische Kirche, und die neue Herzensfrömmigkeit schien in jenen Tagen nicht bloss Einzelne, sondern das ganze Volk zu erfüllen, das sich mit nie gesehener Begeisterung und Erhebung um seine Prediger scharte. Pietistische Gläubigkeit, humanistische Aufklärungsschwärmerei und romantische Freude an der ehrwürdigen Geschichte der Vorfahren wie an der heimatlichen Natur waren noch in einem Gefühle zusammengeschmolzen.

Noch unter dem Eindruck dieser Stimmung wurde im gleichen Jahre, 1819, der „Zofingerverein Schweizerischer Studierender" gestiftet von begeisterten Jünglingen, die sich bei jenem Fest in erhabenen Empfindungen zusammengefunden und zusammengebunden hatten und nun entschlossen waren, sich regelmässig zu sehen und mit einander zu verkehren, um ihre Freundschaft dauernd zu machen. Es waren meistens Studierende der Theologie, und so hat diese jugendliche Begeisterung, wie sie aus einer kirchlichen Erinnerungsfeier hervorgewachsen ist, auf die nächste Generation der Kirchendiener vielfach entscheidend eingewirkt,

---

[1]) Finsler, Das Reformationsfest in Zürich 1819. Eröffnungsrede vor der Synode vom 10. Juli 1884, gedruckt im Protokoll dieser Versammlung LXX (1884).
[2]) Wirz, Züricher M., S. 134.
[3]) Zürich 1808—1814.

in Zürich, in Basel, in Bern, in Lausanne. Die alte Anhänglichkeit an den Glauben der Reformatoren schien als Gemeingut des Volkes wieder erwacht, nur geläutert, vertieft durch die gemachten Erfahrungen, freier von Formeln und Worten und duldsamer gegen Andersgläubige.

Diese Sympathie mit dem Deutschtum war mächtig genug, um in Basel zu einem recht auffallenden Entschlusse zu treiben, zur Wahl eines Deutschen, eines Lutheraners, der eben in Berlin sein Amt verloren hatte: Wilh. Martin Lebrecht De Wette. „Es war ein kühner Gedanke von der Erziehungsbehörde, an die Seite der beiden alten Herren, Buxtorf und Merian, die auch durch ihr äusseres Kostüm noch vollkommen eine abgestorbene Zeit repräsentierten, im Jahre 1821 den Mann zu berufen, der unter den Vertretern der neuen, damals der neuesten Theologie, in Deutschland einen der ersten Namen hatte."[1]) Der Widerspruch fehlte nicht ganz: „Nicht sowohl De Wettes lutherisches Bekenntnis erregte Bedenken; was dagegen bei einem grossen Teil der Geistlichen und der Gemeinde der Berufung im Wege stand, war einmal seine weitgehende Kritik der heiligen Geschichte und des Bibelkanons überhaupt, und dann seine subjektive, an Fries sich anschliessende Anschauungsweise der religiösen Dinge, sein Streben, sich das symbolisch zu denken und in das Gebiet der Ahnung zu verweisen, was der Glaube der Christen bis dahin als Realität, als Thatsache festgehalten hatte."[2])

Die Wahl war nicht etwa aus kirchenfeindlicher Tendenz hervorgegangen, sondern aus der Ueberzeugung, dass eine wissenschaftliche Kraft auch einen Gewinn für das religiöse Leben bedeute, und seine Freunde haben sich in ihrer Hoffnung nicht getäuscht. De Wette war nicht ein Zerstörer; er hat in der Folge seine anfänglichen Gegner versöhnt und an kirchlicher Thätigkeit sich mit lebhaftem Interesse beteiligt. Doch liess nun die Strenge in der Lehrbeschränkung so weit nach, dass eine Abänderung der Konfession angeregt werden konnte und seit 1826 die bishin üblich gebliebene jährliche öffentliche Vorlesung des Glaubensbekenntnisses unterblieb.[3])

Sogar in Bern vermochte diese geistige Strömung sich Geltung zu verschaffen. Als Professor und Direktor des Gymnasiums wurde 1821 der gelehrte Züricher Leonhard Usteri berufen, der eben

---

[1]) Hagenbach, Die theol. Schule Basels, S. 57.
[2]) Ibid., S. 58. — Vergl. des nämlichen Verfassers Akademische Gedächtnisrede auf De Wette. Leipzig 1850.
[3]) Hagenbach, Gesch. d. Basler Konfess. S. 192.

mit seinem „Paulinischen Lehrbegriff" einen wichtigen Beitrag zur „Biblischen Theologie" im Sinne der neuern Schleiermacherschen Schule geliefert hatte. Der erst 1799 geborene Mann ist schon am 18. September 1833 gestorben.[1]) Noch bedeutsamer war eine Entscheidung im Dezember 1825. Es war um die Ernennung eines dritten Helfers am Münster zu thun. Die Wahl hatte der Grosse Rat zu treffen auf den Vorschlag der Stadtverwaltung, aber weit mehr als gewöhnlich beschäftigte sich auch die Gemeinde, Männer und Frauen, mit der Person der Bewerber. Nach neun Probepredigten ging trotz des Widerstandes der Regierungshäupter der junge Karl Baggesen als Sieger hervor, den die Mehrheit nicht allein als einen geistreichen und gewandten Prediger, sondern als „Philosophen", als Anhänger eines freiern „gebildeteren" Christentums, den Herren der alten Observanz vorziehen wollte.

Noch war in der Geistlichkeit der supranaturale Rationalismus herrschend geblieben[2]), aber die Bekenntnisschriften hatten ihre Bedeutung eingebüsst, — richtiger gesagt — mit dem Erwachen des religiösen Gefühles nicht wieder gewonnen. Der Unionsgedanke, der jetzt in den deutsch-protestantischen Staatskirchen zur Wirklichkeit wurde, kam auch in der Schweiz von neuem zur Sprache. Der berühmte Theologe Ammon sandte 1818 an Antistes Hess ein Glückwunschschreiben: „Ueber die Hoffnung einer freien Vereinigung beider protestantischen Kirchen."[3])

Das Zurücktreten der Konfessionen gegenüber dem gemeinsamen allgemein-protestantischen, resp. allgemein christlichen Glauben zeigte sich namentlich darin, dass man mehr als jemals seit den Tagen der Reformation wieder unmittelbar nach der heiligen Schrift griff. Bibelverbreitung und Heidenbekehrung wurden auf einmal wieder als Christenpflicht erkannt und mit neuem Eifer betrieben. Allein — und hierin wurde nun der grosse Unterschied sichtbar, der das XIX. Jahrhundert vom XVII. trennte, — diese neuerkannte Pflicht wurde erfüllt nicht von den Kirchenbehörden, sondern von einzelnen Kirchengliedern, nicht von der Gesamtheit, sondern von einzelnen Freiwilligen, in freigebildeten Vereinen und Gesellschaften.

---

[1] S. Lutz, Trauerrede bei der Bestattung. Bern 1833. — Allg. D. Biogr., Bd. XXXIX, S. 307.

[2] Man vergl. den handschr. Unterweisungskurs des sehr orthodoxen Pfarrers Samuel Bay am Münster in Bern von 1818 u. 1819, Mss. H. H., XVI, 113, der St.-B. Bern.

[3] Gedruckt: Hannover 1818.

Am 31. Oktober 1804 war die Basler Bibelgesellschaft begründet worden durch die Anregungen von Dr. Friedrich Steinkopf und im engsten Anschluss an die Thätigkeit der Christentumsgesellschaft, in deren Diensten er stand.[1]) Ihr Wirken erstreckte sich über die ganze deutsche Schweiz und einen grossen Teil des südlichen Deutschlands und war, von bedeutenden Geldmitteln unterstützt, ebenso erfolgreich als ausgedehnt.[2])

Schon im folgenden Jahre 1805 hatte sich auch in Bern ein Verein zusammen gefunden mit dem Zwecke der Bibelverbreitung; 1815 konstituierte sich derselbe als eigene Bibelgesellschaft. Er vermochte bald, unter Mithülfe der Staatsregierung, auch Zweigvereine auf dem Lande ins Leben zu rufen und seit 1818 auch öffentliche Versammlungen zu veranstalten.[3])

In Schaffhausen wurde 1809[4]), in Zürich 1812, in St. Gallen und Graubünden 1813, im Aargau 1816, in Glarus und Appenzell A.-Rh. 1819, und im Toggenburg speciell noch 1820 eine Bibelgesellschaft gestiftet.

In Basel führte der Antistes den Vorsitz, und dieses Verhältnis blieb noch lange als selbstverständlich in Uebung. Dieser Umstand darf als Mitursache dazu angesehen werden, dass allgemein religiöse Interessen hier mehr als anderswo in der Bevölkerung als selbstverständlich galten und der Stadt den Ruf besonderer Frömmigkeit verschafften. Ebenso stand in Zürich der Antistes Hess als der eigentliche Stifter an der Spitze der Gesellschaft, wie hernach sein Nachfolger Gessner.[5]) In Bern war es der Professor der Theologie S. G. Hünerwadel, der grosse Thätigkeit entwickelte und über 16 Jahre lang als Präsident die Leitung besorgte; in Glarus wird das Verdienst dem hochangesehenen Landammann Kosmus Heer zugeschrieben; in St. Gallen dagegen, wo bereits ein Zweigverein der Christentumsgesellschaft

---

[1]) Stockmeyer, J., Die Bibelges. in Basel, zur 100jähr. Gedächtnisfeier der deutschen Christenth. Ges. Basel 1880.

[2]) Dazu: Ch. Fried. Spittler im Rahmen seiner Zeit, gesammelt aus seinem schriftl. Nachlass. Basel 1876, Bd. 1, u. Alb. Ostertag, ein Lebensbild. Basel 1876, mit Bildnis.

[3]) Nachricht von der ersten öffentl. Versamml. der B.-G. in Bern am 1. April 1818; hier steht auf S. 13 eine kurze Geschichte der Gründung. Demnach war schon 1804 ein kleiner Anfang gemacht worden.

[4]) Rechenschaft der Bibelges. in Schaffh. seit 1809. — Kirchhofer, Gesch. der Bibel.-Ges. in Schaffh. Denkschrift 1859.

[5]) Joh. Hirzel, Rückblicke auf die religiösen, kirchlichen und theologischen Zustände und Erfahrungen im Kt. Zürich in der ersten Hälfte dieses Jahrhunderts, im Züricher Taschb. 1886, S. 1—63.

bestand, einem einfachen Laien, dem Kaufmann Kaspar Steinmann. So war wenigstens in den Personen teilweise noch der Zusammenhang dieses freiwilligen Wirkens mit den Staatskirchen bezeugt und die eingetretene Wendung einigermassen verhüllt.

Es war dies um so leichter, weil in diesen Bestrebungen zunächst nichts Trennendes lag. Dieselben fanden jetzt sogar Unterstützung von Seiten einsichtiger und hochdenkender Katholiken. Von einer katholischen Bibelanstalt wird 1805 berichtet, und bei einer Versammlung der Basler Bibelgesellschaft, am 7. Oktober 1818 im sogenannten „Antistitium", war nicht nur der Stifter der englischen Bibelgesellschaft, Owen, anwesend, sondern auch der berühmte katholische Schriftübersetzer Leander van Ess; erst 1824 wurde die Verbreitung der heil. Schrift vom päpstlichen Stuhle als unzulässig erklärt und kirchlich verboten.[1]

Die Bibelgesellschaften der deutsch-reformierten Schweiz schlossen sich in ihrer Thätigkeit an den eigentlichen Mutterverein in Basel an; nur Zürich machte hier eine Ausnahme, indem es — mit Unterstützung der grossen britischen Gesellschaft — selbständig seine Ziele verfolgte.[2] Die Ursache lag in der Verschiedenheit der Bibelübersetzung. In Zürich, wo 1817 und 1819[3] eine neue Ausgabe der hergebrachten „Züricherbibel" erstellt worden war, wurde diese verbreitet, und ihr blieb auch die Kirche im Thurgau getreu, während von Basel aus die Luther-Uebersetzung mehr und mehr Eingang fand, so dass schliesslich auch in Bern und im Aargau die Piscatorbibel beinahe ganz verdrängt wurde. Der Versuch, die letztere durch einen verbesserten Neudruck von 1823 im Gebrauch zu erhalten, vermochte nicht durchzudringen. Auch der Druck der Bibel hörte allmählich auf, Sache der Landesregierungen zu sein und wurde — anfänglich noch unter amtlicher Aufsicht — fast ganz den Privaten und Vereinen überlassen.[4]

Aus der Arbeit für Bibelverbreitung entwickelte sich meistens auch das Interesse für die Heidenmission; Basel sollte jetzt, den Anregungen Urlspergers folgend, der Mittelpunkt des süddeutschen, namentlich des württembergischen Pietismus werden[5]; 1816 wurde

---

[1] Mezger, Bibelübersetzung. S. 316 u. ff.
[2] Jahresberichte der Züricher Bibel-Ges. von 1812 an.
[3] 1817 in Fol. — 1819 in 8°.
[4] Mezger, a. a. O., 319.
[5] Ostertag, Entstehungsgeschichte der Ev. Miss.-Gesellschaft zu Basel mit einem kurzen Lebensabrisse der Väter und Begründer der Gesellschaft, Basel 1865. — Prätorius, Die Missionsgesellschaft in Basel, Basel 1880. —

hier eine Missionsschule begründet, und 1819 entstand auch in Zürich eine Missionsgesellschaft, die bald begann durch öffentliche Versammlungen und Feste die empfänglichen Gemüter für die Sache zu erwärmen.¹) Der schon genannte Georg Gessner, Pfarrer am Fraumünster, später Antistes, war auch hier das geistige Haupt.

So schien denn das religiöse Leben neue Kraft zu entfalten und mit neuen Werkzeugen zu wirken, geweckt durch die grossen Erfahrungen der Kriegszeit, geläutert durch die Wahrheiten der Aufklärungszeit, weniger steif und gebunden, aber freier und lebendiger, wahrer und wärmer, weniger konfessionell aber christlicher und menschlicher, weniger dogmatisch, aber praktischer und weitherziger, nicht mehr als staatlich-kirchliche Sitte anbefohlen und alles Volk mit seinen Vorschriften umfassend, aber mehr an den Einzelnen drängend und des Einzelnen Seele von Innen ergreifend. Man konnte sich der Hoffnung hingeben, dass auf die Restauration der äussern Kirchenformen nun auch eine geistige Regeneration erfolgen, das starr und unfruchtbar Gewordene in den Bekenntniskirchen von selbst dahinfallen und eine Vereinigung aller Gläubigen zu verschiedenartiger aber gemeinsamer Erbauungsarbeit sich gestalten werde.

Es war ein in seinem Wesen rationalistischer, aber gewiss als ein bedeutender Fortschritt zu betrachtender Zug, dass jetzt dem religiösen Unterricht der Jugend ganz besondere Aufmerksamkeit zugewendet wurde.²)

Eine der schönsten Kundgebungen dieses neuen jetzt wesentlich sittlich-bestimmten religiösen Ernstes in den wiedererstandenen Landeskirchen ist gewiss die Proklamation, mit welcher Landammann und gemeiner Rat des Kantons Glarus — und zwar im Namen beider Konfessionen — am 21. Juni 1821 ein älteres Sittenmandat (von 1805) ihrem Volke ins Gedächtnis riefen: „Bewohner unseres Landes! — heisst es hier — ein gerechter tiefer Schmerz über den traurigen Verfall der christlichen Sitte und

---

Magazin für die neueste Geschichte der protestantischen Missions- u. Bibelgesellschaften, Basel 1816—1854. — Hagenbach, Die religiöse Physiognomie Basels in der ersten Hälfte dieses Jahrhunderts, Volksblatt für die reform. Schweiz, 1873, Nr. 22 und 23.

¹) Finsler, Kirch. Stat., S. 77.

²) Admission und Religionsunterricht, Zusammenstellung der gesetzlichen Bestimmungen darüber aus den Kirchenordnungen von Zürich, Bern, Aargau, St. Gallen und Thurgau, in Steinmüllers Jahrbüchern für Religion und Sitte, I (1821), S. 78—91.

Ordnung hat euere väterlich gesinnte Obrigkeit ergriffen. Höret zu rechter Zeit die warnende Stimme des Christentums und den Ruf einer väterlichen Obrigkeit! Teure Landeseinwohner! Werdet ein echt christliches Volk, ein Volk, wo das Schlechte in jeder Gestalt mit allgemeiner Verachtung, mit tiefem Abscheu gelohnt, sein Haupt nicht emporheben dürfe, — ein Volk, wo Verehrung Gottes, reine Sitte und eine edle, hoffnungsvolle Jugend blühe, ein Volk, auf welches Gott mit Wohlgefallen herabblicken könne! Wirket Alle zu diesem grossen Zwecke mit."[1]

„Im paritätischen Kanton Glarus — fügte der Herausgeber bei — vereinigte sich also der Grosse Rat zu einem Sitten-Mandate nach allgemein christlichen Grundsätzen, und jedes Rats-Kollegium der beiden gesonderten Religionsteile verordnete noch in einem Anhange, was es für seinen Religionsteil besonders erspriesslich fand. — Wie leicht und schön ist also hier die oft so schwierig und bedenklich geschilderte Aufgabe gelöst!"

Allein fast plötzlich kam auch hier, wie in der französischen Schweiz, der tiefe Gegensatz zwischen der modernen Weltbildung und den Principien des strengen Christentums zum Bewusstsein. Die Veranlassung zu dieser Entdeckung war die nämliche, die auch dort gewirkt hatte; es ist die Erscheinung der Frau von Krudener.

In den Jahren 1816 und 1817 unternahm die seltene Frau, wie sie früher Genf besucht hatte, von Süddeutschland her ihre Rundreise zur Bekehrung der christlichen Heiden in die Städte der deutschen Schweiz, nach Basel, Zürich, Aarau, Bern und oft auch in kleinere Ortschaften, wo Gleichgesinnte sie riefen und für Versammlungssäle vorsorgten.[2] Unterstützt durch den ihr vorausgehenden Ruf als Prophetin, durch die Fremdartigkeit und doch zugleich Natürlichkeit ihres Auftretens und ihrer Sprache, durch die reichen Geldmittel, welche sie in den damaligen Not- und Hungerjahren an die Armen verteilte, machte ihre Aufforderung zur Busse, zur Abkehr von der Welt und zur vollen Hingabe an den Heiland der Sünder auf Junge und Alte einen gewaltigen Eindruck. Sie fand in Basel besonders manchen Anknüpfungspunkt; war doch hier die herrnhutisch-pietistische Frömmigkeit in allen Schichten der Bevölkerung sehr stark verbreitet, so dass man kaum noch eine andere kannte und die Behörden 1813 sich

---

[1] Steinmüller, Jahrbücher, a. a. O., I (1821), S. 28—35.
[2] Es ist nicht gelungen, ein eigentliches Itinerar dieser Reisestationen zusammenzustellen, da fast alle Nachrichten darüber in Bezug auf die Zeit sehr unbestimmt lauten.

bewogen sahen, durch die Forderung eines Reverses dem fremdländischen Einfluss einen Damm entgegensetzen zu wollen. Die vom Staate angestellten Geistlichen mussten ausdrücklich auf jede Verbindung mit solchen Gemeinschaften verzichten, die unter einer auswärtigen Oberleitung stehen. Damit wurde, wie immer, wenig erreicht.

Sicher aus eigener Erinnerung erzählt uns Hagenbach[1]), wie nun Frau von Krudener zuerst im Gasthof „zum Wildenmann" ihre Versammlungen hielt, dann, aus der Stadt über die Grenze gewiesen, auf grossherzoglich badischem Gebiete beim „Grenzacherhörnlein" ihr Wesen hatte, wie zu ihr begeisterte Verehrer sowohl als Neugierige hinausströmten, wie es ihr gelang, bedeutende Persönlichkeiten, auch Geistliche, für sich einzunehmen, wie sogar ein Professor der Philosophie seinen Lehrstuhl aufgab, um ihr zu folgen, während andere Prediger von der Kanzel herab vor der gefährlichen Schwärmerin glaubten warnen zu müssen.

So wie in Basel, war es überall, wo sie hinkam, so namentlich auch in Schaffhausen.[2]) In den Ortschaften, in den Familien, nahm man Partei für oder gegen sie, und auch die polizeilichen Wegweisungen aus den Stadtthoren und über die Landesgrenzen hinaus wiederholten sich fast überall; in Aarau erliess die Regierung sogar eine scharfe Proklamation gegen sie[3]), und der Pfarrer Steinegger von Zofingen, damals in Denschbüren, wurde als „Krudeneriauer" abgesetzt.[4]) Alles das konnte indessen nur die Neugierde wecken, den Reiz dieser Versammlungen erhöhen und den Ruhm der Prophetin vermehren, die so vornehm war, so fromm sprach und so vielen Gutes that, und doch so arg verfolgt wurde. Doch es muss beigefügt werden:

Nicht nur der Unglaube nahm Anstoss, nicht nur die Irreligiosität ärgerte sich über diese Erbauungsstunden und Andachtsübungen. Das Schwärmerisch-Exaltierte, Uebertriebene, Ungesunde, was mit und ohne ihre Schuld sich im Gefolge der Wanderungen der Frau von Krudener einstellte, schreckte gerade auch solche ab, welche zu den regelmässigen Kirchenbesuchern, zu den

---

[1]) In dem oben citierten Aufsatze im „Volksblatt".

[2]) Hurter, Frau von Krudener in der Schweiz, Helvetien (Schaffhausen), 1817. — Bosshardt, ein Wort der Wahrheit über Frau von Krudener und ihre Lehre, von einem Augen- und Ohrenzeugen, Schaffhausen 1817. — Frau von Krudener in der Schweiz, aus dem Tagebuch von J. G. Müller in Schaffhausen, abgedruckt in Gelzers Protest. Monatsblättern, Bd. 22, S. 1 5—218.

[3]) Verordnung gegen religiöse Schwärmerei, vom 12. Mai 1817.

[4]) Er fand in Bern wieder Aufnahme in den Kirchendienst und wurde Pfarrer zu Beatenberg, Eriswyl und zuletzt in Bleienbach.

achtbarsten Frommen gehörten. Sie fühlten instinktiv, dass solche Thätigkeit die Stellung der Kirche und das stille Wirken des vorhandenen, wenn auch noch so unvollkommenen Christentums eher störe als pflege, dass daraus ein sektiererisches, separatistisches Wesen fast mit Notwendigkeit erwachsen müsse. Vielen erschien es auch zum voraus als ungebührlich, dass eine Frau predigend auftrat, dazu noch eine wandernde, familienlose, deren Vorleben nicht eben vorwurfsfrei war. Die Welt teilte sich, wo die Prophetin erschien, in entschiedene Gegner und unbedingte Verehrer, aber beide Parteien waren aus sehr verschiedenen Leuten zusammengesetzt. Am 13. Dezember 1824 ist Frau von Krüdener gestorben.

Ihr Auftreten ist jedenfalls dadurch wichtig geworden, dass man auf einmal das Christentum von einer ganz neuen Seite kennen gelernt hat, und dass ganze Geschlechter, die bis dahin nur die offizielle Kirche gesehen, nur die gewohnte Predigt der Amtsperson im Ornat von der Kanzel gehört hatten und nichts anderes kannten, nun die Religion sich plötzlich ans Herz drängen fühlten als eine ernste Angelegenheit für jeden einzelnen Menschen, für sein persönliches Leben, sein innerstes Wesen und sein ewiges Schicksal. Das war etwas völlig Neues und ist denen, die das miterlebt haben, unvergesslich geblieben.

Das war der Anfang der Erweckung, mit welcher die neue, eigentlich noch nicht abgeschlossene Periode der Kirchengeschichte beginnt. Die Religion ist grundsätzlich „Privatsache" geworden. Das gesteigerte Glaubensleben der Auserwählten machte gar nicht mehr Anspruch darauf, in der Form der öffentlichen Sitte zu herrschen, und die bürgerliche Gesellschaft konnte ihrerseits einer solchen Richtung der Frömmigkeit nicht mehr den bisher üblichen Einfluss auf die Gesetze gestatten.

Nach Bern wurde die Erweckungsfrömmigkeit aus der französischen Schweiz, besonders von Genf her, verpflanzt durch persönliche Verbindungen mit den dortigen Kirchen. Es waren namentlich die Prediger der französischen Kirche, welche hier vorangingen: Auguste Schafter aus dem Münsterthale (geb. 1788), zuerst in Frankreich thätig, seit 1811 Helfer, dann Pfarrer in Bern (gestorben 1861), und Louis Galland von Genf (geb. 1792), von 1816 bis 1824 des eben genannten Nachfolger im Helferamt; neben ihnen der aus Graubünden stammende, schon 1757 geborene Jeremias l'Orsa, 1809 als Helfer und Pfarrer der Nydeggkirche nach Bern versetzt, und etwas später, von 1821 an, der geistreiche und lebhafte Inselprediger Karl Howald.¹) Als begabte und beliebte Prediger wirkten sie im besten Sinne aufweckend aus religiöser Gleichgültigkeit wie aus gedankenloser Kirchlichkeit, aber auch, ihrem Hirtenamte gemäss, zusammenhaltend und den Trennungen wehrend. Die Missionsstunden, bei welchen (1822) bisweilen 80—100 Personen anwesend waren, fanden jeden Monat im „Salz-Magazin" statt. Als ganz besonders anregend blieb ein Besuch von Blumhard, 1819, in Erinnerung.²) Kleinere Freundschaftskreise gab es in Saanen, Thun, und besonders im Oberaargau und im untern Emmenthal.³) Sie sammelten für die Heidenmission und lasen mit innigem Eifer die Berichte darüber. Nur in der Hauptstadt entstand eine kleine Gemeinschaft von Separatisten, aber die Besorgnis vor jeder über das gewohnte Mass hinaus gehenden Aeusserung frommen Eifers ging so weit, dass sogar die Pfarrvereine in die Lage kamen, ihre Ungefährlichkeit demonstrieren zu müssen.⁴)

Dass auch in Zürich Geistliche von der hohen Bildung und dem allgemeinen Ansehen eines Antistes J. J. Hess und Georg Gessner die tiefergehende Glaubensbewegung begünstigten, hat ihr auch hier im ganzen den kirchlichen Charakter bewahrt und sektiererische Ausartungen ferngehalten. Doch wird von einem andern Prediger, dem Pfarrer Hans Heinrich Hess in Dättlikon (seit 1816) berichtet, dass ein gewaltiger Zulauf sich zu seiner Kanzel drängte, dass aber auch bei seinen Zuhörern sich Zeichen religiöser Ueberreizung eingestellt haben. Er wurde 1827 deshalb in seinem Amte suspendiert und mit Predigtverbot belegt⁵) (gestorben 1856). Die Bewegung vermischte sich im Kanton Zürich teilweise mit der ältern Separation der sogenannten „Neugläubigen", welche durch einen Fremden, den Herrn von Campagne, einen neuen Impuls erhalten hatte. Derselbe wohnte von 1814 bis zu seinem Tode, 1836, in Bussenhausen bei Pfäffikon und verbreitete nicht ohne einigen Erfolg streng baptistische Grundsätze.⁶)

Eine der würdigsten und zugleich anziehendsten Persönlichkeiten unter diesen Erweckten war der Antistes David Spleiss

---

¹) Geboren 1796; von 1833 an Pfarrer zu Sigriswyl; gest. 28. Nov. 1869.
²) Mss. Furer.
³) Rohrbach und Huttwyl werden besonders genannt.
⁴) Ueber die Pfarrvereine im Kt. Bern, in Briefen, in Steinmüllers Jahrbüchern, I, 187—203.
⁵) Wirz, Zürich. Minist., 28.
⁶) Finsler, Die religiöse Erweckung der 20ger Jahre im Kt. Zürich. Kirchenblatt 1862, Feuill.

in Schaffhausen; 1786 in Armut geboren und nur mit grösster Mühe die theologische Bildung gewinnend, machte er nachher, seit 1818 im Dorfe Buch, sein Pfarrhaus noch mehr als seine Kanzel zu einem Centrum intensivster religiöser Thätigkeit, mit der er eine Professur für Mathematik und Physik am Collegium humanitatis in Schaffhausen verband. Seine originelle und salbungsvolle Predigtweise erregte nicht selten Spott und Bedenken, trug aber so sehr das Gepräge der Wahrheit und vollster Aufrichtigkeit, dass ihm zuletzt, 1844, in der Wahl zum Antistes der Beweis der allgemeinsten Hochachtung zu teil geworden ist.[1])

Einen ähnlichen Entwicklungsgang hatte nun auch derjenige Mann, der, wie kaum ein anderer, die Erweckung aus den Städten hinaustragen sollte zu den ländlichen Bevölkerungskreisen. Es ist dies der vielgenannte Vikar Jakob Ganz in Staufberg bei Lenzburg. In Embrach im Kanton Zürich 1791 geboren, zuerst Zimmermannsgehülfe, dann Schneiderlehrling, endlich auf den Rat des Antistes Hess zum Lehrer sich bildend, aber immer mit religiösen Gedanken ringend und nach dem Predigtamt strebend, war es ihm gelungen, seine autodidaktischen und oft unterbrochenen Studien durch eine ordentliche theologische Prüfung abzuschliessen. „Aber" — so erklärt er in seiner Selbstbiographie [2]) — „je mehr mein Kopf mit Schulweisheit angefüllt wurde, desto weiter entfernte ich mich von Gott, desto leerer wurde mein Herz." Gerade jetzt trat er, seit Ostern 1816 Vikar zu Staufberg geworden, mit Frau von Krüdener in Verkehr, und begann nun plötzlich eine Predigtwirksamkeit ungewöhnlich stürmischer Art. „Ende Januar 1817 war der Menschenstrom so gross, dass ich Tag und Nacht mit nach Gnade schreienden und um ihre Seligkeit bekümmerten Seelen zu thun hatte. Aus mehr als dreissig Gemeinden sind sie zusammengelaufen; viele wussten nicht einmal das nahegelegene Städtchen (Lenzburg) zu benennen, so weit sind sie hergekommen."

Allein das nahm ein unerwartetes Ende; am 4. Februar 1817 wurde er zu seinem Dekan gerufen, ohne Abschied von da aus in einem Wagen fortgeführt und durch Beschluss des Kirchenrates wegen Unordnung entfernt. Nach mancherlei äussern Schicksalen und innern Umwandlungen hat sich Ganz immer mehr in die Stille zurückgezogen und einer quietistischen Mystik ergeben. Die

---

[1]) Kirchenblatt 1854, Nr. 17. — Biogr. von C. Stockar. Basel 1858, mit Bildnis.

[2]) Jakob Ganz, Jugendjahre, von ihm selbst beschrieben. Neue Auflage. Bern 1863.

Zeit seines öffentlichen Wirkens war ausserordentlich kurz, aber auffallend tief und weitgreifend. Als seine Verehrer im Aargau werden genannt: Pfarrer Ringier in Lerau, Zimmerli in Vor dem Wald und Rickli in Madiswyl.[1]) Er selbst scheint zu wirklichen Unordnungen keinen Anlass gegeben zu haben; er hat sich in seinem Glaubenseifer nicht an die gewohnte kirchliche Sitte gehalten, sonst aber mehr Unrecht gelitten als Unrecht gethan.

Indessen sollte es doch bald offenbar werden, dass diese exaltierte Religiosität nicht im stande sei, die schlichte Gottesfurcht der Volksfrömmigkeit zu ersetzen, dass sie ein Ideal fordere, an welches die Hände der moralischen Durchschnittsmenschen nicht hinanreichen, welches deshalb nur ganz wenige in der Wahrheit, die allermeisten aber nur zum Schein, in ihrer Phantasie, entweder künstlich oder gewaltsam, zu verwirklichen vermögen. Drei Ereignisse haben kurz nach einander diese Erfahrung bestätigt und der natürlichen Abneigung gegen jedes über das übliche Mass hinausgehende Gefühlsleben einen lange nachwirkenden, mächtigen Vorwand dargeboten, so dass die Aengstlichkeit der Staats- und Kirchenbehörden erklärlich und manche sonst unbegreifliche Unterdrückungsmassregel fast entschuldbar wird.

Das eine stand in keinerlei ursächlichem Zusammenhang mit der Erweckung, allein es fiel zeitlich damit zusammen, und nur natürlich war es daher, dass die religiöse Oberflächlichkeit rasch bereit war, eine innere Verwandtschaft anzunehmen und das, was die einen thaten, auch den andern zuzutrauen. Wir reden von dem Wiederauftauchen einer antinomistischen Sekte im Kanton Bern, der sogeheissenen Antonianer.[2])

Der Stifter derselben, Antoni Unternährer, 1759 zu Schüpfheim im Entlebuch geboren und katholischer Konfession, trieb sich zuerst in allen möglichen Beschäftigungen in der Welt herum und begann zuletzt, natürlich schlau und geschickt, sich mit Wunderkuren zu versuchen. Im Jahr 1800 liess er sich in Amsoldingen nieder und vermochte bald sich einiges Zutrauen mit seinen Geheimmitteln zu verschaffen. Er begann diesen Heilungen

---

[1]) Kirchenblatt 1855, S. 181.
[2]) S. Zyro, Michel und die Antonianer, in Trechsels Beitr., I, 1. — Ziegler, Aktenmässige Nachrichten über die Antonianer, ebendaselbst III, 70. — Joss, Das Sektenwesen im Kt. Bern, mit einigen Auszügen aus Unternährers Schriften. Referat 1880. — Trechsel, Antonianer, in Herzogs K. E., Bd. I, 469.

einen religiösen Anstrich zu geben. Ein gutes Gedächtnis bei absoluter religiöser Unwissenheit erleichterte ihm die Aneignung gewisser Redensarten, die er mit katholischem Mystizismus vermengte. Sein phantastisch-leidenschaftliches Wesen machte tiefen Eindruck auf schwache Seelen; ein ungeregelter Trieb zu eitler Wichtigthuerei und sinnlicher Wollust kam dazu, um in empfänglichen Gemütern die Frömmigkeit in ein ungeheuerliches Zerrbild eines fleischlich-idealistischen Pantheismus ausarten zu lassen.

Schon 1802 hatte Unternährer so grossen Anhang gefunden, dass er als Prophet hervorzutreten wagte mit einer gedruckten Proklamation, in welcher er das Ende der Welt ankündigte und seine Lehre als die einzige Rettung vor dem Untergang hinstellte, in geschickter Weise auch die Phraseologie der damaligen Revolutionsschriften benützend. Einige Zeit später erschien er dann mit einer Schar seiner Anhänger, die er unter Voraussagung eines grossen Wunderzeichens angelockt hatte, in Bern und wollte ins Münster eindringen. Das führte zu seiner Verhaftung und zeitweisen Verbannung.

Unterdessen kamen in Rapperswyl bei Aarberg abscheulich schamlose Ausschreitungen vor in einer geheimen Gesellschaft von Schwärmern, bei denen das im Geist Begonnene ins Fleisch überschlug. Die entsetzliche Entdeckung führte 1807 zu einem schweren Strafgerichte über 28 beteiligte Personen.[1]

Nun kehrte aber auch Unternährer aus dem Exil zurück und fand einen so begeisterten Empfang als Märtyrer, dass der Unfug ärger wurde als zuvor und die Zahl seiner Verehrer noch zunahm. Lebenslängliche Entfernung durch gerichtliches Urteil beseitigte zwar seine Person vom bisherigen Schauplatz, nicht aber den Samen, den er ausgestreut hatte. Immer bei der Behauptung bleibend, dass er nur der Stimme Gottes gehorcht, und dass er und seine Gläubigen sündlos gelebt, dass auch die Verachtung der Ehe und die wilde Ausgelassenheit seiner zahllosen Ehebrüche nach Gottes Willen und Gebot geschehen seien, setzte Unternährer sein Treiben auch vom Kanton Luzern her fort, bis er zuletzt, 1820, auch dort gefangen gesetzt ward. Er ist im Gefängnis am 29. Juni 1824 gestorben. Allein auch damit war seine Sekte noch nicht erloschen.

Antoni hatte nicht nur gepredigt, sondern in 15 teils gedruckten, teils nur handschriftlich verbreiteten Schriften seine

---

[1] Anrede an das Volk bei Eröffnung des Strafurteils, Bern 1807.

Lehren verbreitet: „das Buch der Erfüllung", — „das Geheimnis der Liebe" u. s. w. Es ist ein wunderliches pantheistisch-theosophisches System, dessen einzige praktische Konsequenz der Antinomismus, die Aufhebung zunächst des alttestamentlichen Gesetzes, im weitern aber aller staatlichen und sittlichen Gesetze überhaupt: Kirche, Schule, Staat, Ehe und Eigentum sind Werke des Satans, und er selbst — Unternährer — der neue Sohn Gottes, der wiederkommen wird als Weltrichter, zur Bestrafung derjenigen, die nicht an ihn glaubten. In Amsoldingen dauerten die geheimen Versammlungen fort, und von hier aus pflanzte sich die Bewegung nach Gsteig bei Interlaken weiter, wo eine nicht unansehnliche Zahl von Verführten in dem verstorbenen Märtyrer ihren Propheten und Erlöser verehrte. Die Entdeckung nächtlicher schamloser Excesse zwangen endlich, nachdem die Bemühungen der Sittengerichte erfolglos geblieben waren, 1821 zum kräftigen Einschreiten durch die Staatsbehörden. Nach eingehender Prüfung der Schriften Unternährers und der bezüglichen Vorfälle wurden 60 Beteiligte zum Teil mit Zuchthausstrafe belegt. Die schrankenlos geübte Weibergemeinschaft rechtfertigte dieses strenge Urteil nur zu sehr, und es hat auch dem Treiben für einige Zeit ein Ende gemacht, da die Anhänger sich doch mehr zu den Genüssen drängten, als zu dem Martyrium. Erst einige Jahre später, 1830, brach das unreine Feuer von neuem aus, und zwar diesmal in einer andern Gegend, nämlich in der Kirchhöre Wohlen bei Bern, wo ein gewisser Benedicht Schori als „dritter Heiland" auftrat und zu den nämlichen antinomistischen Verirrungen Veranlassung gab. Gleichzeitig zeigten sich dann Spuren der Antonianer-Sekte auch im Kanton Zürich.

Auch das zweite Ereignis, das hier in Betracht kommt, hatte mit der Erweckung nichts zu schaffen, aber es war eine Folge des Interesses, das sich den religiösen Fragen zuwandte, und lenkte eine gewisse ängstliche Aufmerksamkeit auf diejenigen, deren persönliche Ueberzeugung sich nicht in den gewohnten kirchlichen Bahnen bewegte.

Man wurde plötzlich durch die Entdeckung erschreckt, dass auch die konfessionellen Gegensätze noch durchaus nicht überwunden seien und die herrschende Romantik ebenfalls ihre kirchlichen Gefahren berge. In Deutschland wie in Frankreich hatte der Abscheu gegen die Revolution, die Begeisterung für die alten Zeiten, für feste, Ehrfurcht einflössende Autoritäten nicht Wenige, und nicht die Schlechtesten, dahin gebracht, dass sie glaubten, Ruhe, Frieden und Seelenheil nur in der katholischen Kirche, in der gläubigen Unterwerfung unter die geheimnisvolle Macht der Hierarchie und ihre Gnadenmittel, finden zu können. Es waren einige Aufsehen erregende Uebertritte vorgekommen; aber in der Schweiz achtete man im ganzen wenig darauf; der gesunde Verstand der Schweizerart schien zu solchen Sprüngen wenig geeignet.

Jetzt sollte auch die Schweiz, sollte Bern seine Konversion erleben mit Karl Ludwig v. Haller.[1]) Dieser berühmt gewordene Mann, geboren am 1. August 1768, ein Enkel des grossen Albrecht v. Haller, ein Sohn von dessen ältestem Sohne, dem hochverdienten und gelehrten Historiker, hatte sonderbarer Weise nur eine sehr oberflächliche Schulbildung empfangen. Schon mit 16 Jahren trat er, ohne jedes Universitätsstudium, in den Dienst der Staatskanzlei, um sich auf diesem rein praktischen Wege zur Beamtenlaufbahn vorzubereiten. Durch angeborne geistige Begabung und Intelligenz hervorragend, wurde er schon 1792 in kritischen Zeitumständen als Legationssekretär mit einer Gesandtschaft nach Genf geschickt, und als von Frankreich her das Gewitter drohte, fand man in ihm wieder den geeigneten Mann, um mit den bernischen Botschaftern nach Paris und dann an den Kongress von Rastatt zu gehen. Damals für den Fortschritt begeistert und für eine festere Organisation in der Eidgenossenschaft, schrieb er einen Entwurf zu einer Einheitsverfassung; allein der Umsturz änderte plötzlich seine Gesinnung; er wurde jetzt ein fanatischer Gegner der Franzosen und agitierte in einer eigenen Zeitschrift so heftig gegen die thatsächlichen Beherrscher der Schweiz, dass er verfolgt wurde und sich flüchten musste. Er begab sich in das Lager des österreichischen Feldherrn, Erzherzog Karl, wurde mit dem Schultheissen Steiger, 1799, die Seele der Gegenrevolution, war unermüdlich in der Vorbereitung des Aufstandes gegen die helvetische Regierung, lebte dann nach dem Misslingen bald in Wien, bald anderswo, durch Flugschriften seiner Meinung Ausdruck gebend, und wurde endlich nach der Wiederherstellung des Kantons Bern, im Jahre 1806, zum Professor des Staatsrechts an der neuerrichteten Akademie ernannt.

Seine diplomatische Erfahrung, seine Geistesschärfe und sein Hass gegen alles französische Wesen machten ihn zu einer einflussreichen Person; er wurde Mitglied des Geheimen Rates und schrieb eine Anzahl politischer und staatsrechtlicher Werke, welche durch logische Konsequenz des Denkens, wie durch Umfang des Wissens, ihm einen bedeutenden Ruf verschafften und

---

[1]) Allg. D. Biogr., X, 431 u. ff.

die allgemeine Aufmerksamkeit auf ihn zogen. Er stellte sich in Gegensatz gegen die moderne Zeitrichtung, vorzüglich gegen diejenigen staatsrechtlichen Theorien, welche, den Ansichten Rousseaus folgend, von den Rechten des Individuums ausgehen. Durch diese schroffe, ja herausfordernde Stellungnahme gewann er viele Freunde, aber noch mehr Feinde, die in ihm den bedeutendsten Vertreter der Gesinnung erkannten, welche die Revolution mit allen ihren berechtigten Neuerungen und Verbesserungen ungeschehen zu machen begehrte.

Noch ahnte aber niemand, bis zu welchem Punkte ihn seine Ueberzeugung treiben würde. Zunehmende Verstimmung gegen die öffentlichen Zustände in Bern und Zerwürfnisse mit seinen Kollegen bewogen ihn 1817, seine Professur niederzulegen, und eine im Jahr 1820 erschienene, das ganze politisch-konstitutionelle System der Zeit verwerfende Schrift gab derartigen Anstoss, dass die Regierung den Verkauf derselben verbot. Im gleichen Jahre noch that er den entscheidenden Schritt. Am 7. Oktober 1820 soll es gewesen sein, dass er in Freiburg zur katholischen Kirche übertrat. Es geschah im geheimen, und nach seinem Willen sollte es Geheimnis bleiben. Bald drang jedoch das Gerücht auch nach Bern. Haller bekannte später, schon seit 1808 im Herzen Katholik gewesen zu sein; zufällige Begegnungen mit hervorragenden Mitgliedern des römischen Klerus trugen das Ihre dazu bei, den Gedanken zur Reife zu bringen. „Die Reformation erschien mir", sagte er, „als das Bild und der Vorläufer der heutigen politischen Revolution, und mein Abscheu vor der letztern erweckte auch Abscheu und Widerwillen gegen die erstere", eine Meinung, die er nachher, 1836, in einem eigenen Büchlein durchgeführt hat: „Geschichte der kirchlichen Revolution oder der protestantischen Reform des Kantons Bern und der umliegenden Gegenden". Sobald man in Bern von dem Geschehenen sichere Kunde hatte, wurde Haller zu einer offenen Erklärung gezwungen. Von Paris aus, wohin er sich begeben hatte, zeigte er seiner Familie an, was er gethan, in einem den Entschluss motivierenden Brief, der dann, gedruckt, nicht weniger als 50 Auflagen erlebte und in alle Sprachen Europas übersetzt worden ist.

Es war wirklich ein europäisches Ereignis, das nach zwei Seiten hin Vielen die Augen geöffnet hat. In Bern selbst wurde dadurch das protestantische Gefühl so sehr aufgeregt, dass der Grosse Rat, noch ehe Haller aus Paris zurückgekehrt war, durch einen Mehrheitsbeschluss seinen Namen aus der Mitgliederliste der 200 ausstrich, eine Massregel, die vom Gesetze keineswegs gefordert war, aber begründet wurde durch den verbrecherischen Versuch der Geheimhaltung, und der jedenfalls Zeugnis gab von der Allgemeinheit der Entrüstung über den Abfall vom Glauben der Väter, von der Tiefe des Erschreckens vor der blossen Möglichkeit, dass das Beispiel Nachahmung finden könnte. Seine Familie folgte Haller, seine Gattin, eine geborene von Wattenwyl, und seine zwei bereits erwachsenen Söhne traten sofort ebenfalls über, und es verlautete, zur Vergrösserung des Aufsehens, dass eine Anzahl seiner Standesgenossen, hervorragende und einflussreiche Personen, in ihrem Innern einig mit seiner reaktionären Gesinnung, seine Vorliebe für die katholische Kirche teile. Allein diese fanden sich jedenfalls jetzt vor einem Abgrund, vor dem sie zurückwichen, vor Konsequenzen, die sie nicht ziehen wollten.

Haller verliess seine Heimat, und in der Verbannung beendete er dann das Hauptwerk seines Lebens, zu welchem alles Bisherige sich nur als Vorbereitung verhält: „Die Restauration der Staatswissenschaften oder Theorie des natürlichen geselligen Zustandes, der Chimäre des künstlich-bürgerlichen entgegengesetzt", in sechs Bänden[1]), ein Werk, das trotz aller Mängel und Schwächen durch die Schärfe und Klarheit der Beweisführung Epoche machte in der Geschichte des Staatsrechts, indem dasselbe nach der einen Seite in grimmig herausforderndem Trotz sich gegen das stellte, was damals als selbstverständlich angesehen wurde, nach der andern Seite aber gerade das rücksichtslos aussprach, was andere dachten, ohne es sagen zu dürfen. Nachdem Haller zuerst nach Paris übergesiedelt war und in den höchsten Kreisen viele Gunst erfahren hatte, wurde er durch die Revolution des Jahres 1830 auch von dort vertrieben und liess sich nun in Solothurn nieder, wo er sogar vorübergehend in den Grossen Rat gewählt wurde. Er ist, fast 86 Jahre alt, aber im Vollbesitz seiner ungewöhnlichen Geisteskräfte, als frommer Katholik und nach Empfang der Sterbesakramente am 20. Mai 1854 gestorben.

Die Konversion des bedeutenden Mannes hatte eine ganze theologische Litteratur hervorgerufen, eine Reihe von Berner Kirchenmännern, aber auch deutsche Theologen, wie der bekannte Rationalist Paulus, der Kirchenhistoriker Tzschirner, der Philosoph Krug und andere, sahen sich zur Widerlegung dessen aufgefordert, was Haller in seinem Briefe behauptet hatte, während er von andern Seiten lebhafte Unterstützung fand.

[1]) Winterthur 1816–1825.

Der Vorgang wirkte auch ansteckend: Ein armes Webermädchen aus Illnau im Kanton Zürich trat 1822 zur katholischen Kirche über und meldete seinen Entschluss in einem längern rechtfertigenden Briefe an den Pfarrer seines Heimatdorfes.[1]

Einige Zeit darauf machte es aber noch schmerzlicheres Aufsehen, insbesondere im Bündnerland, als der Pfarrer zu Ilanz, Balthasar von Kastelberg, Dekan im Obern Bunde und Mitglied des Bündner Kirchenrates, ein Mann von 75 Jahren, seinen evangelischen Glauben abschwor, den er 50 Jahre lang gepredigt hatte. Waren auch hier Motive ganz anderer Art entscheidend, so war der Eindruck vielleicht nur um so trauriger, wie der Hirtenbrief beweist, den die rätische Synode aus diesem Anlass versandte.[2]

Solche Ereignisse dienten nicht wenig zur Klärung der Lage, zur Stärkung des protestantischen Bewusstseins, aber auch zur Verbitterung der eine Zeitlang schlummernden religiösen Parteigegensätze; Hallers Konversion war eine kirchenpolitische Kriegserklärung, welche wie ein plötzlicher Trompetenstoss in die Unbefangenheit der halbrationalistischen, halb pietistischen Gefühlsreligion hineintönte und jeden zwang, sich entweder rechts oder links in seine Schlachtlinie zu stellen.

Ein entsetzlicher Vorgang im Kanton Zürich hatte bald hernach einen ähnlichen abschreckenden Einfluss, und hier nun handelte es sich um eine direkte Wirkung der methodistischen Erweckung, welche teils von Pfarrer Spleiss, teils von Vikar Ganz ausgehend, allmählich immer weitere Kreise ergriffen hatte und sich, ansteckend, bei Einzelnen immer höher verstieg. Waren dabei hie und da krankhafte Erscheinungen zu tage getreten, Konvulsionen und Visionen bei Kindern und Erwachsenen, so blieben doch solche Dinge verhältnismässig unschädlich. Arges aber geschah in dem kleinen Dorfe Wildenspuch, das dadurch eine traurige Berühmtheit erlangt hat.

Hier lebte, nahe bei Schaffhausen, aber auf Züricher Gebiet, eine Familie Peter, deren jüngste Tochter schon von frühe an neben hohen Geistesgaben ein besonders zartes moralisches Gefühl und religiöse Inbrunst zeigte. Sie war 1794 geboren. Durch ein Wunder, wie sie glaubte, 1817 vom Tode errettet, wollte sie von nichts mehr hören, als von Gott und seinem Reiche. So fing sie an, auf ihre nächste Umgebung einzuwirken und mit den Ihrigen

---

[1] Abgedruckt in Steinmüllers Jahrb., I, 246.
[2] Steinmüllers Jahrb., I, 229—234.

zu beten, wobei sie sich selbst in immer übernatürlichere Ueberschwänglichkeiten erhob und, von der ihr dargebrachten Bewunderung hingerissen, von der stillern Frömmigkeit auch des herrnhutischen Wesens nicht mehr befriedigt, selbst zu predigen begann. Damit nicht genug, unternahm sie bald auch Missionsreisen, hatte Kämpfe mit dem Teufel, Engelserscheinungen; eigentliche Wahnsinnsanfälle stellten sich ein. Im Anfang des Jahres 1823, nachdem sie in religiöser Raserei auf Befehl Gottes und unter Verzückungen die Ihrigen mit den Fäusten geschlagen, erhielt die Züricher Polizei den Befehl, der Sache ein Ende zu machen, die Unglückliche samt ihren mitergriffenen Schwestern ins Irrenhaus zu verbringen.

Allein noch ehe diese Weisung zur Ausführung kommen konnte, erklärte Margaretha Peter, dass zur Rettung der Seelen Blut fliessen müsse; sie schlug zuerst ihre Schwester tot, die sich zur Opferung bereit fand, unter der Verheissung, dass Gott sie am dritten Tage wieder auferwecken werde, und verlangte dann von einer gleichgesinnten, ganz unter ihrer unbedingten Herrschaft stehenden Freundin, ebenfalls getötet zu werden. Sie forderte, dass man sie kreuzigen solle, und zwang durch ihr unablässiges Zureden die sich anfangs Sträubende, ihr Nägel durch den Leib zu schlagen, immer wiederholend: „Gott stärke deine Arme; ich werde die Schwester wieder auferwecken und in drei Tagen selber wieder auferstehen; ich fühle keinen Schmerz, mir ist unaussprechlich wohl! Sei du nur stark, damit Christus überwinde!" — Ein Messer, das ihr schliesslich in den Kopf gestossen wurde, machte ihrem Leben ein Ende. Es war am 13. März 1823.

Die ganze Familie, vom Wahn der Tochter angesteckt, war mit im Komplott und schaute zu, vollkommen überzeugt, nach Gottes Willen zu handeln und ein gutes Werk zu thun. Erst als die erwartete Auferstehung ausblieb, machte der Vater Peter Anzeige vom Tode, und nun wurde natürlich die ganze Gesellschaft verhaftet. Eine Untersuchung fand statt, welche die Thatsachen in der erzählten Weise ergab. Die Beteiligten wurden zur Zuchthausstrafe verurteilt, das Haus, in dem die Scene vorgefallen, niedergerissen und geboten, dass der Platz unbebaut bleiben solle.

Damit war ein furchtbares Selbstgericht über die Ueberschwänglichkeiten der frommen Exaltation ergangen, ein Gericht, das nun begreiflicherweise starke Rückwirkungen äussern musste. Die Gläubigen waren gedemütigt und traten nur noch schüchtern und vorsichtig auf. Der platte Vernunftglaube aber, dem alles als unsinnig und als ungesund erscheint, was er selbst nicht versteht oder sich selbst nicht zumuten will, hatte gewonnenes Spiel und konnte immer wieder auf die entsetzliche Verirrung als Warnungszeichen hinweisen. Eine gewaltige Dämpfung des gesamten religiösen Lebens, ein Druck auf das Niveau eines anständigen Indifferentismus herab war unverkennbar. Ein Zeugnis dieser von der Frömmigkeit abschreckenden Wirkungen der Sache gibt namentlich das Hauptwerk über diese Geschichte: Johann Ludwig Meyers „Schwärmerische Greuelscenen, oder Kreuzigung einer religiösen Schwärmerin in Wildenspuch", Zürich 1824. Im übrigen ist unendlich viel darüber geschrieben und gedruckt worden. Der Züricher Kirchenrat erliess im Januar 1824 eine Zuschrift an alle Geistlichen des Kantons, worin vor Sektengeist, Schwärmerei und Fanatismus gewarnt und ein Verbot gegen alle religiösen Nebenversammlungen erlassen wurde; nur einfaches Lesen der Bibel und Singen der im Züricher Kirchengesangbuch stehenden Lieder, mit Ausschluss aller andern, sollte hinfort gestattet werden.

Es fehlte somit nicht an Erscheinungen, welche den Beweis leisteten, dass die neue religiöse Bewegung, das einseitige Ueberspannen des persönlichen Sünden- und Erlösungsgefühls und besonders das Heraustreten aus den alten Gewohnheitsschranken in Lehre und Sitten nicht ohne schwere Gefahren sei für die Gesellschaft und für den einzelnen selbst. Nicht zufällig war es, dass jetzt (1826) Prof. Hünerwadel seine Abhandlung von der übertriebenen Frömmigkeit schrieb[1]), wie 1823 der Schaffhauser J. C. Mezger seine Briefe über den Wert religiöser Privatversammlungen.[2]) Hatte man bis dahin nur die Widersprüche und Ausartungen der amtlichen Unduldsamkeit und dogmatischen Aengstlichkeit, die bedenklichen Folgen des Gewissenszwangs und des Fanatismus der Gewohnheit gekannt, so konnten solche, wenn auch nur vereinzelte Vorfälle darauf deuten, dass auch die Beseitigung aller objektiven Normen der Lehre und alles Zwanges der Sitte nur allzuleicht zu moralischen Entgleisungen und Extravaganzen der allerschlimmsten Art führen könne. War es auch unmöglich, zu den alten Kirchenformen zurückzukehren, so wuchs doch, angesichts der Konversionen, wie der Sektiererei, die in gewissem Sinne als Parallelen zu betrachten sind, das Gefühl der Notwendigkeit fester kirchlichen Ordnungen, als Wächter und Bürgen, wenn nicht der

---

[1]) De iis qui in religione nimii esse modumve excedere dicuntur, Mysticis, Fanaticis et Pietistis, im „Archiv d. Berner Akad.", Bd. V, p. 441—493.
[2]) Aarau 1823.

Wahrheit, so doch der moralischen Gesundheit. Auch der neue Pietismus der Erweckung kam einigermassen von den Extremen zurück und suchte im Anschluss an grössere kirchliche Gemeinschaften, in äusserer Organisation eine Garantie für die Gefahren des absoluten Subjektivismus. Mehr noch wuchs freilich bei einem grossen Teil der Gebildeten das Vorurteil gegen jede Religion, die Abwendung von allem kirchlichen Leben und eine immer weiter um sich greifende Gleichgültigkeit, die sich mit ihrer „Bildung", ihrer „Naturerkenntnis" und mit dem irdischen Dasein begnügte, die Beschäftigung mit den religiösen Problemen als überwundenen Standpunkt betrachtend. Als Schwärmerei und Ueberspanntheit galt von nun an nur zu leicht sogar die einfachste Erfüllung kirchlicher Pflichten, auch das blosse Ernstmachen mit dem, was doch immer noch von Amtes wegen anbefohlen wurde. Hat man den Anfang der religiösen Bewegung eine Erweckung aus dem Sündenschlaf genannt, so konnte man die Gegenströmung am Ende beinahe als ein Erwachen aus einem religiösen Rausche bezeichnen, wobei man nun — nach dem in der menschlichen Natur begründeten Gesetze — sich von einem Extrem in das andere stürzte. Auch von den schönsten, hoffnungsvollsten Früchten des religiösen Umschwungs sind daher viele nicht zur Entwicklung gelangt und vor der Zeit abgefallen, ehe sie dem allgemeinen kirchlichen Zustande zu gute kommen konnten.

4. Die Wendung der dreissiger Jahre.

Unter solchen nicht gerade erfreulichen Aussichten nahte auch für Bern die Zeit, wo das Erinnerungsfest der Reformation zum dritten Male gefeiert werden sollte.

Die kirchenhistorische Bedeutung dieses Festes — nicht nur für Bern allein, sondern für die ganze reformierte Schweiz — liegt darin, dass dabei in einer amtlich öffentlichen Demonstration sich noch einmal ein ganzes Volk zugleich als christliche Gemeinde, als eine mit dem ganzen Denken, Fühlen und Handeln auf dem Boden einer einheitlichen religiösen Weltanschauung stehende Gemeinschaft darstellte, und zwar im wesentlichen auf dem Boden des aus der Reformation hervorgegangenen und auf demselben beruhenden Glaubens, ohne die polemische Bitterkeit und Aengstlichkeit gegen die katholische Konfession, aber darum nicht weniger mit voller Wärme und Ueberzeugung. Dieser Glaube erfüllte nicht bloss einzelne besonders religiös gestimmte Mitglieder der Kirche, sondern, scheinbar wenigstens und für die festlichen Tage, die gesamte Bevölkerung, auch diejenigen zu gleicher Begeisterung hinreissend, welche sonst dem kirchlichen Leben fremd geworden waren. Die Berner Kirche fühlte sich bei dieser Gelegenheit, mehr als jemals früher, nicht bloss als Staats-, sondern wirklich als Landes- und Volkskirche. Alles vereinigte sich in Hochachtung vor dem Heiligtum der Religion und ihrer sichtbaren Gestalt, der ehrwürdigen und angestammten Kirche, in welcher man, wenn nicht ein hohes Kleinod für das eigene Herz, so doch ein unentbehrliches Gut für den glücklichen Bestand des Staates und der Gesellschaft, zum mindesten eine wichtige Thatsache erkannte und schätzte.[1])

Die Anordnungen zum Feste gingen direkt von der Regierung aus, und die Erinnerung schloss sich an die Tage der für Bern entscheidenden grossen Disputation vom Januar 1528. Am 1. Januar 1528 wurde in allen reformierten Kirchen des Kantons eine obrigkeitliche Proklamation verlesen, welche mit den Worten begann: „Drei volle Jahrhunderte sind verflossen, seit welchen unser teures Vaterland sich des unschätzbaren Gutes einer ungetrübten, auf sorgfältiger Belehrung und eigener Ueberzeugung gegründeten Gewissensfreiheit und einer von eitlen Menschensatzungen und leeren Ceremonien gereinigten Gottesdienstes zu erfreuen hat." Die Regierung sprach in dieser Kundgebung den Willen aus, „durch ein eigenes Säkularfest dem ganzen Lande wieder frisch in Erinnerung zu bringen, welche herrliche Wohlthaten uns dadurch zu teil geworden und zu welchen Pflichten einer standhaften Aufrechterhaltung unserer gereinigten Glaubenslehre diese uns verbinden." Statt aber, wie früher, die Feier in den ersten Tagen des Jahres zu begehen, in den eigentlichen Erinnerungstagen der Disputation, habe sie diesmal der milden Jahreszeit wegen vorgezogen, sie auf den ersten Sonntag nach dem Pfingstfest zu verlegen, d. h. also auf den 1. Juni. „Der Herr und Vater des wahren himmlischen Lichtes", heisst es da, „lege selbst seinen Segen auf diese unsere Verordnung und lasse das schöne und herrliche Fest, das wir nun bald zu feiern gedenken, zu seiner wahren Verherrlichung unter uns, zur fortdauernden Wohlfahrt unseres teuren Vaterlandes und eines jeden Einzelnen von uns beförderlich sein und reiche Früchte tragen für Zeit und Ewigkeit."

Das war eine Sprache und Auffassung, in welcher in jenen Tagen noch Vernunftgläubige und Bibelgläubige, philosophisch

---

[1]) Siehe des Verf. Aufsatz im Kirchl. Jahrbuch f. d. K. Bern, Jahrg. I, S. 3—24, wo auch die bez. Litteratur erwähnt ist.

Aufgeklärte und methodistisch Erweckte, die Vaterlandsfreunde wie die Stillen im Lande, einstimmen und ihre eigenen Gefühle hineinlegen konnten, eine Gesinnung, von welcher niemand sich ausschliessen mochte. Mit dieser Proklamation war das erste Zeichen zum Feste gegeben, und es folgten einige Monate ungewohnt regen geistigen Lebens. Kurz nach einander erschien eine ganze Reihe von teils historischen, teils erbaulichen Schriften, die sich auf die bevorstehende Feier bezogen. Schon 1826 hatte der bereits als gemütvoller Volksdichter bekannte Pfarrer Gottlieb Jakob Kuhn in Burgdorf eine vorbereitende Schrift veröffentlicht: „Das bevorstehende Reformationsfest", an welche sich ein Jahr später eine zweite anschloss, mit dem Titel: „Was ist das Reformationsfest, das wir feiern wollen?" Der nämliche Mann war es nun, der im Festjahr selbst das bedeutendste historische Werk herausgab: „Die Reformatoren Berns", die sehr verdienstliche Neubearbeitung einer Sammlung von Reformatoren-Biographien[1]), eines Thomas Wyttenbach, Sebastian Meyer, Berchtold Haller, Georg Brunner, Niklaus Manuel, Peter Kunz, Johannes Haller, Vater und Sohn, und Wilhelm Farel (Bern 1828). Ihm folgte das kaum minder wichtige Buch: „Geschichte der Disputation und Reformation in Bern", verfasst von Samuel Fischer, Pfarrer in Aarberg, und die kleinern populären Schriften von Emanuel Stierlin und G. Steck, von welchen die letztere speciell für die Schuljugend bestimmt war, als Leitfaden bei den öffentlichen Katechisationen und zur häuslichen Belehrung und Erbauung; ebenso das Büchlein von Pfarrer J. C. Appenzeller: „Thomas Wyttenbach oder die Reformation in Biel". Nennen wir noch die Abhandlung von Pfarrer Ludwig Kohler in Worb: „Die reformierte und die römisch-katholische Lehre in ihren Abweichungen, auch eine Gabe zum Reformationsfest", und die lateinischen Schriften von J. J. Frickart aus Zofingen und Ed. Bay in Bern. Auf ein anderes Gelegenheitswerk werden wir später noch eingehen müssen, da dasselbe etwas anders lautete.

Fast in allen reformierten Kirchen des Kantons wurde nun in den Predigten, Sonntag um Sonntag, der religiöse Zustand unseres Landes vor der Kirchenreinigung geschildert, von dem allmählichen Erwachen und dem endlichen Durchbruch des evangelischen Glauben erzählt, wohl auch der Unterschied der beiderseitigen Bekenntnisse erörtert. Mehrere dieser Predigten wurden nachher gedruckt. Gross war der Eifer, die Bedeutung des Tages

---

[1]) Scheurer, Berner Mausoleum. Bern 1740.

allem Volk zu Stadt und Land nahe zu legen; zeigte sich doch das Bedürfnis nach einer eigenen „Anleitung zu Reformations-Predigten."

So waren denn die Gemüter vorbereitet, als das Pfingstfest herankam. Die sonst übliche Abendmahlsfeier am Sonntag vor Pfingsten liess man diesmal ausfallen, um sie auf den Sonntag nachher, als den Hauptfesttag, zu verlegen, und diesen dadurch zu einem Tage tiefreligiösen Ernstes zu weihen. „Allgemein", erklärte der später gedruckte amtliche Bericht des Kirchenrates, „ward der fromme, biedere Sinn einer Obrigkeit gepriesen, die kein Bedenken trug, freimütig zu erklären, dass sie die von ihren tapfern Vorfahren errungene Glaubensfreiheit, ungeachtet so mancher in unsern Tagen dagegen erhobenen Verdächtigungen und Zweifel, als eine Wohlthat anerkennen und auch die entschlossene Handhabung derselben durch eine feierliche Handlung unverhohlen bezeugen wolle."

Am Samstag vor dem Feste fand eine Vorfeier statt, bei welcher im Berner Münster der damals noch junge und sehr beliebte Helfer Baggesen die Predigt hielt. „Eine solche Menschenmenge", wird berichtet, „war noch nie im Münster gesehen worden, und wer nicht beigewohnt hat, macht sich keinen Begriff von der Erhabenheit dieser Feier." Die Zahl der Zuhörer wurde auf 4—5000 Menschen geschätzt, beinahe ein Drittel der damaligen Bevölkerung der Stadt. Am folgenden Tage begann die Reihe der Festgottesdienste schon morgens 5 Uhr, und die Hauptfeier selbst fand um 9 Uhr statt. „Aufs Höchste", sagt uns der Bericht, „stieg die Rührung aller Anwesenden, als gegen 9 Uhr in ernstem Zuge die Väter des Landes, die Prediger des göttlichen Wortes, die Lehrer der Akademie und Schulen, die studierende Jugend, dem Hause des Ewigen zuwallten. Wohl manche Thräne entfiel da dem Auge. Dicht aneinander gedrängt standen in der Kirche die Zuhörer, alle in stillem Anstand, in harrender Aufmerksamkeit". Die Mitglieder des Grossen Rates waren in ihrer Amtstracht erschienen, der preussische Gesandte, als Vertreter der grössten protestantischen Macht, der Freiherr von Sydow, in grosser Uniform. Mit der bernischen Geistlichkeit, den Professoren und Studenten waren die Abgeordneten der reformierten Schweizerkirchen mit sonstigen Ehrengästen ins Münster eingetreten, unter den letztern de Wette aus Basel.

Der Gottesdienst schloss mit einer Abendmahlsfeier, an welcher die gesamte Regierung nebst einer ungeheuren Menschenmenge sich beteiligte. „Aus dem Münster zogen die Ratsherren in ernstem Zuge, von der gedrängt die Strasse füllenden Bevölkerung mit ehrerbietigem Schweigen begrüsst, wie sie gekommen waren", wieder aufs Rathaus, wo der Amtsschultheiss, Friedrich Emanuel von Fischer, sie mit den Worten empfing: „Als christliche Vorsteher eines christlichen Volkes hochgeachtete Magistraten eines freien, glücklichen, alle Segnungen des Himmels geniessenden Landes, haben Euer Gnaden unter dem Zuströmen Tausender unserer Mitbürger, mit denselben das dankbare Andenken an die Reformation in feierlichem Gottesdienste begangen. Zu gleicher Zeit haben in allen evangelischen Kirchen unseres Freistaates die Stimmen Aller zum allmächtigen Gott sich erhoben, die an diesem Feste freudiger Verehrung teilnehmen konnten, und viele unserer Glaubensbrüder ausser unserem engern Vaterlande ihr Gebet mit dem unsrigen vereinigt. Möge dieser festliche Tag ein gesegneter sein!"

Die höchst bemerkenswerte Rede, welche den Gedanken durchführte, dass die Reformation, allgemein verbreitet, der Revolution, diesem gewaltsamen Mittel der Fortbewegung, vorgebeugt hätte, ist ebenfalls gedruckt worden und bildet ein wichtiges Denkmal für den Sinn und Geist, in welchem die Regierung jener Tage an der Spitze ihres Volkes stand.

Obwohl die Feier bis mittags 12 Uhr dauerte, waren die Nachmittagspredigten ebenso zahlreich von Andächtigen besucht. Am Dienstag fand dann eine akademische Feier statt, bei welcher Professor Hünerwadel eine zweistündige lateinische Rede hielt. Der Mittwoch war der Jugend gewidmet, die mit Büchern und Denkmünzen beschenkt ward.

Auf dem Lande, in den Dörfern, waren, nicht auf Befehl von Oben, sondern durch ein Uebereinkommen natürlichen Anstandsgefühls, die Landarbeiten schon am Samstag nachmittag eingestellt worden, und die sonst durch Lärm und Ausgelassenheiten im schlimmen Sinn ausgezeichnete Samstagsnacht diesmal nach übereinstimmendem Zeugnisse in allgemein andächtiger Stille zugebracht worden. In mancherlei Schenkungen und frommen Stiftungen gaben die Gefühle des Dankes sich natürlichen Ausdruck; in Oberhasle wurde in diesen Tagen die Erbauung von sieben neuen Schulhäusern beschlossen, und die Stadt Burgdorf fasste den Entschluss der Errichtung eines neuen Bürgerspitals, der Stiftung eines Krankenhauses für nicht bürgerliche Kranke und ein Geschenk an den Kantonsspital „in der Insel", dazu die Erweiterung des Knabenwaisenhauses, die Gründung eines Mädchenwaisenhauses und die Einführung einer verbesserten, grössere Opfer erfordernden Armen- und Schulordnung.

Mag auch in den mitgeteilten Berichten manche Ueberschwänglichkeit mit unterlaufen sein, so zeugt doch auch gerade diese selbst für die Begeisterung, mit der das Fest begangen worden ist. Das Grosse und Eigenartige war, dass noch einmal sich das Volk als Ganzes und, seine weltlichen Vorsteher als solche voran, als ein christliches Volk betrachtete; dass in diesem Augenblicke deistischer Vorsehungsglaube und methodistischer Bekehrungseifer, religiös-gestimmter Patriotismus und pietistische Gefühlsinnigkeit, Freude an dem Sieg der Aufklärung über mittelalterlichen Aberglauben und romantische Pietät für die Religion der Väter, Ehrerbietung vor dem Kirchenglauben als einer idealen Macht im Volke und innere persönliche Erfahrung von der Wahrheit dieses Glaubens mit einander vereinigt waren, ohne dass die Gegensätze zum Bewusstsein kamen.

Eine Stimme hatte darauf hingewiesen: die gedankenreiche Schrift von Friedrich Zyro: „Theologisch-kirchliche Bedenken auf die Jubelfeier der Reformation" (Bern 1828) erinnerte daran, dass es doch beim besten Willen nicht möglich sein werde, im XIX. Jahrhundert ganz und voll in die Formen des XVI. Jahrhunderts einzugehen, dass sich da, früher oder später, entweder ein Riss oder eine Unaufrichtigkeit herausstellen müsse, weil wir in mancher Hinsicht eben doch auf andern dogmatischen Voraussetzungen stehen. Das wurde damals noch wenig verstanden, aber es zeigte sich bald. Die Weltbildung trennte sich vom Christentum. Je mehr die Welt ihre eigenen Wege ging, um so bestimmter erklärten die Frommen, dass der Christ sich von der Welt scheiden müsse, und je schroffer die Christen die Welt für heidnisch erklärten, um so mehr Grund glaubte jene zu haben, alle Religion als Aberglauben zu betrachten.

Und gerade in Bern musste man diese Erfahrung machen, und zwar schon im Jahre nach dem Reformationsfest, und der nämliche hochgestellte Magistrat, dessen schöne Worte an die Ratsherren wir erwähnten, der Schultheiss von Fischer, musste als Verfolger der Frommen dastehen.

Der Methodismus betrachtete die naive Zuversicht, als ob die Zugehörigkeit zu einer nationalen Kirche auch die Zugehörigkeit zum Christentum begründe, als den Grundirrtum, der vor allem aus beseitigt werden müsse, um der Forderung der Bekehrung und Wiedergeburt des Individuums den rechten Nachdruck zu verschaffen, und hierin begegneten sich diese Leute nun auf äusserst gefährliche Weise mit der Behauptung des aus der Aufklärung hervorgegangenen Liberalismus, dass die Religion Privatsache sei und mit den Aufgaben des Staates nichts zu thun habe.

Der religiöse Individualismus lag jetzt geradezu in der Luft und verpflanzte sich aus der französischen Schweiz auch in die deutsche herüber. Im Jahre 1829 hatte Bern seine Pietistenverfolgung. Sie knüpft sich an die Person des Hrn. Karl v. Rodt.[1]) Geboren am 25. September 1805 als Sohn des verdienten Historikers und Beamten Emanuel Bernhard v. Rodt, wurde derselbe durch Hauslehrer erzogen, und zwar in Münster im Jura, wo sein Vater 1815 erster bernischer Landvogt geworden, und hier wurde er durch den uns bereits bekannten Genfer Methodisten Ami Bost, damals Pfarrer zu Münster, lebhaft angeregt, da derselbe in der Familie des Landvogts Hausgottesdienste abzuhalten pflegte. Schon ganz jung trat v. Rodt in nähere Verbindung mit pietistisch gesinnten Gesellschaften in Genf und in Basel.

Er sollte zu einem Oheim nach Brasilien gehen, der dort ausgedehnte Besitzungen hatte, weigerte sich aber dessen, weil er keine Sklaven halten wollte, und wurde nun zum Staatsdienste bestimmt. Er war namentlich eifriger Soldat und trefflicher Artillerieoffizier, allein konsequent hatte er mit allen weltlichen Vergnügungen gebrochen. Charakteristisch ist es für seine Denkungsart, dass er sich darüber empörte, wenn nach alter Gewohnheit die im Dienst stehenden Milizen in Thun auf Kommando zum Abendmahl befohlen wurden. Das war ihm ein Greuel. Seine Vorgesetzten, die auf sein „apartes" Wesen aufmerksam wurden, gaben ihm das Zeugnis: „de Rodt est mômier, mais un mômier exemplaire". Man konnte ihm keinen Vorwurf machen, als eben den, dass seine ernste Religiosität ganz eigene Wege ging, sich nicht an die landesüblichen Schablonen halten wollte.

Im Frühling 1829 schloss sich v. Rodt an eine bereits im stillen bestehende freie Gemeinde an. Man stellte ihn in seinem Amte ein mit dem Befehle, diese Versammlungen der Separatisten zu meiden, da man dies bei einem Staatsbeamten nicht dulden könne. Er reklamierte dagegen, mit Berufung auf die Gewissensfreiheit. Er wurde dafür mit Hausarrest bestraft, aber er weigerte sich, Gehorsam zu versprechen. Die Behörden sahen sich in Verlegenheit; man machte dem Schultheissen Anzeige. Er riet zu direktem Zureden ohne Gewaltmassregeln. Ein Ratsmitglied erhielt den Auftrag, den jungen Mann — Rodt war noch

---

[1]) Iselin, W., Einiges aus dem Leben des Herrn Karl v. Rodt. Bern 1862, mit Bild.

nicht 24 Jahre alt — von seinem Wege abzumahnen. Dieser widerstand der Drohung wie der Freundlichkeit, wurde nun ins Gefängnis geworfen und endlich durch Urteil des Landes verwiesen. Den Eid, den er bei der Wegführung zu schwören hatte, leistete er nur mit dem Zusatze: „. . zum Zeugnis über diese Stadt, welche die Wahrheit verwirft." Wegen dieses als ungebührlich betrachteten Zusatzes wurde er nun nochmals ins Gefängnis gesteckt. Entlassen, begab er sich nach Genf, dem Hauptsitz der Separation, nahm seine Wohnung bei Malan und entschloss sich jetzt zum Studium der Theologie, um über die ihn beschäftigenden Fragen Klarheit zu finden.[1])

Nach einem längern Aufenthalte in Montbéliard ging er einige Zeit nach Paris, erhielt dort die Ordination zum Predigtamt durch einen Dissenter-Pfarrer, liess sich aber gleichzeitig auch die Wiedertaufe erteilen und kehrte dann nach Bern zurück, wo unterdessen seine Verweisung zurückgenommen worden war; hier wurde er nun der Prediger, Leiter und eigentliche Stifter einer kleinen aber eifrigen „freien Gemeinde".[2]) Auch die pietistischen Prediger, denen man die Schuld am Vorgefallenen zuschrieb, wurden aus Auftrag der Regierung vom Dekan zu einer Besprechung geladen und erhielten eine ernste Vermahnung zu grösserer Behutsamkeit.[3])

Gewaltige Veränderungen hatten sich inzwischen in Bern wie in der ganzen Schweiz vollzogen, Aenderungen politischer Natur, die aber auch das Verhältnis von Kirche und Staat aufs tiefste berührten, nämlich die kantonalen Revolutionen des Jahres 1830 1831, der Sturz der städtischen Patrizierregierungen und damit das Aufhören des patriarchalischen Begriffes der christlichen, auch für den Glauben und das Seelenheil der Bürger verantwortlichen Obrigkeit.

---

[1]) A. Immer, Der Konflikt zwischen dem Staatskirchentum und dem methodistischen Dissentertum im Jahr 1829 in Bern. Bern 1870. — Bernard, Le piétisme à Berne. 1867.

[2]) Dieselbe bezeichnet als Zweck: die Pflege und Förderung des religiösen und sittlichen Lebens ihrer Mitglieder. Sie besteht aus Gliedern und Gästen, von denen nur die erstern stimmen und wahlberechtigt sind. Die Mitgliedschaft wird auf erfolgte Anmeldung hin durch Beschluss der Diakonie erworben und geht durch freiwilligen Austritt oder infolge Beschlusses der Diakonie verloren. Die Organe der Gemeinde sind: die Gemeindeversammlung, die Brüderkonferenz und die Diakonie (Vorstand). Die Diakonie besteht aus 5 bis 7 Mitgliedern, welche durch die Brüderkonferenz gewählt werden. Der Vorsteher führt den Vorsitz in allen drei Organen. (So nach der Eintragung in das Handelsregister.)

[3]) Mss. H. H., XIX, 10 (Nr. 15) der St.-B. Bern.

Für die Kirche und das kirchliche Leben war dieser Regierungs- und Systemwechsel nicht sowohl der Verfassungen wegen wichtig, als vielmehr um der Personen willen, die nun an die Spitze traten und den entscheidenden Einfluss ausübten auf das Volk. Beinahe alle haben das gemein, dass sie als Liberale auch die Religion vor allem als Sache des Einzelnen ansahen, für Toleranz und Glaubensfreiheit im weitesten Sinne eingenommen waren, für die erzieherische Seite der landeskirchlichen Einrichtungen dagegen, somit auch für die Wichtigkeit der Kirche für das Volksleben im grossen, nur wenig Verständnis hatten.

Die meisten standen auch für ihre eigene Person ausserhalb des kirchlichen Gemeingefühls und waren dem religiösen Skeptizismus ergeben; auch diejenigen, welche selbst religiös gesinnt waren, hatten ihre eigene Religion, nicht diejenige der hergebrachten Kirchenlehre und Kirchensitte. So kamen manche der Konsequenzen der Aufklärung und der Revolution, welche durch die Restauration in ihrer weitern Entwicklung unterbrochen worden waren, erst jetzt zum Vorschein und konnten nun zur Wirklichkeit werden. Es änderte sich zunächst weniger die Stellung des Staats, als die Gesinnung der Regierenden im Verhältnis zur Kirche; ohne eigentlichen offenen Bruch mit den bisherigen Traditionen kam doch diese innere Umwälzung zur allmälichen Geltung. Dass Manche diese unvermeidliche Wendung erkannten, bewies das Erscheinen von Flugschriften, wie: „Der evangelische Staat und die Geistlichen", Bern 1831, und „Die Rechte der Staaten in Bezug auf die Kirchen". Bern 1832, u. a. m.

In den katholischen Kantonen konnte dies natürlich weniger zu Tage treten, weil die römische Kirche, unabhängig vom Staate, ihren Weg fortging, unbeirrt von mancherlei Feindseligkeiten, unbeirrt aber auch durch wohlgemeinte Versuche, sie der neuen Zeit und den neuen Verhältnissen anzupassen. Dagegen die reformierten Kirchen der Schweiz waren ihrem Wesen nach so sehr auf die Voraussetzung aufgebaut, es seien die Staatsmänner die ersten und eifrigsten Glieder des christlichen Volkes, dass es nicht ohne tiefgreifende Folgen bleiben konnte, als nun die politischen Machthaber zwar ihre hergebrachte Herrschaft über die Kirchen behielten, aber innerlich anders zu ihrer Kirche standen und sich selbst ausserhalb ihres Einflusses stellten.

Erst jetzt kam es allmählich zum Bewusstsein, wie sehr der Grundsatz der Glaubensfreiheit, so wie er eben verstanden wurde, mit dem alten Princip der christlichen Obrigkeit, mit der patriarchalisch-pädagogischen Aufgabe der bisherigen Landeskirchen unvereinbar sei, und wie sehr mit der Aufnahme von Katholiken in den Staatsverband, mit gleichen Rechten und Pflichten, die alt-reformierte Gleichstellung von Kirche und Staat, von Bürger und Christ, zur Unmöglichkeit geworden sei.

Die Kirche, bisher das vornehmste Mittel der Erziehung des Volkes, war jetzt eine unbequeme Einrichtung, die mit Vorurteil, wo nicht mit Missachtung behandelt wurde, da das Volk keiner fernern religiösen Erziehung bedarf.

Die der kirchlichen Sitte wenig geneigte Gesinnung der politischen Führer beherrschte mehr und mehr die öffentliche Meinung überhaupt, wenigstens so weit als sie zum Worte kam, d. h. in den Ratsstuben, bei den nationalen Festen und in der Presse. Hatte man im allgemeinen mit dem als überflüssig und lästig erscheinenden Bevormundungssystem gebrochen, so war auch die Lehrgrundlage der Kirche bei einer grossen Zahl ihrer bisherigen Glieder in einem Grade erschüttert und zweifelhaft geworden, welcher ihr eine Einwirkung auf dieselben fast ganz abschnitt, und nicht Wenige erklärten sich mit ihrer Ueberzeugung in direktem Gegensatz zum Glauben der Kirche. Die neue Generation, die mit dem Jahre 1831 auf den Plan trat, wollte ihre Ansichten, ihre gesamte Weltanschauung, die Maximen ihres Handelns und Lebens, nicht mehr aus dem Katechismus und aus der Predigt holen, sondern aus den Goethe'schen Gedichten und den Schillerschen Dramen, oder aus den populär-philosophischen Schriften der wirklichen oder vorgeblichen Schüler von Kant und Fichte, und aus der unterdessen aufwachsenden, auf ganz anderm Boden stehenden Naturerkenntnis.

Es gilt das Gesagte von allen reformierten Kantonen, wenn auch vorerst nicht überall im gleichen Masse.

In Zürich, wo nach dem Tode von J. J. Hess (29. Mai 1828) sein gleichgesinnter Freund Georg Gessner zum Antistes gewählt worden war, hatte schon 1830 eine Aenderung der Kirchenverfassung stattgefunden. Der Wunsch nach einer aus Geistlichen und Laien zusammengesetzten gemischten Synode war damals laut geworden, konnte aber nicht durchdringen. Dagegen hatte die Versammlung der Geistlichkeit, als oberste kirchliche Behörde, durch Einräumung vermehrter Kompetenzen eine etwas selbständigere Stellung erhalten. Es wurde ihr das Recht gegeben, neun geistliche Mitglieder, darunter wenigstens einen Professor der Theologie, in den Kirchenrat zu wählen, unter Vorbehalt des Grossen Rates, der seinerseits fünf weltliche Mitglieder ernannte. Der jeweilige Antistes blieb zwar Vorsitzender sowohl der Synode als des Kirchenrates, allein 1833 wurde die Lebenslänglichkeit dieses Amtes aufgehoben und die Wahl dem Grossen Rat übertragen. Den Kirchgemeinden wurde 1831 die Befugnis eingeräumt, ihre Pfarrer selbst zu wählen, nur gebunden an einen vom Kirchenrate zu bildenden Dreiervorschlag, und es war natürlich, dass jetzt noch die letzten Kollaturrechte erworben wurden; auf Stäfa und Männedorf, welche schon 1824 und 1828 erkauft worden waren, folgten 1834 noch Brütten, Schwarzenbach und Weiningen, welche alle bis dahin dem Kloster Einsiedeln zustanden; Wildberg (1833), das bisher von Rapperswyl, Turbenthal (1838), das von St Gallen abhing, Wyla, das so lange den Breitenlandenberg gehört hatte (1837). Mit den Patronatsrechten von Höngg, Kloten und Thalweil, welche 1838 das Haus Wettingen abtreten musste [1]), waren die Ueberreste eines unnatürlich gewordenen kirchenrechtlichen Institutes verschwunden.

Eine einschneidende Massregel war es, dass 1834 sämtliche Pfrundgüter vom Staate veräussert und die Prediger nunmehr auch materiell als Beamte ausschliesslich von der Staatsverwaltung abhängig gemacht wurden.[2]) Zur Unterstützung der „Stillstände", die allerdings mehr und mehr ihre Bedeutung einbüssten, wurden die Bezirkskirchenpflegen eingerichtet, bestehend aus dem Dekan als Präsident und zwei geistlichen und zwei weltlichen Mitgliedern. Dieser Behörde wurde jetzt auch die Aufgabe der Visitationen übertragen. Im Jahre 1836 erhielt Zürich ein neues Armengesetz, das die Unterstützungspflicht der einzelnen Gemeinden regelte.[3])

Auffallend ist, dass gerade jetzt die Sekte der Antonianer auch im Kanton Zürich ihr Wesen zu treiben begann. Noch 1844 soll sie hier 93 Mitglieder gezählt haben.[4]) Hier auch entstand 1835 die Gemeinschaft der „Neutäufer", als deren Stifter der gewesene Theologiestudierende Samuel Fröhlich von Brugg bezeichnet wird. Den Höhepunkt ihres auf baptistische Grundsätze gebauten, vor allem aber scharf separatistischen, agitatorisch kirchenfeindlichen Wirkens erreichte sie in den Jahren 1837 und 1838.[5])

Rascher machte sich die Wendung vorerst in Bern bemerkbar, wo weder der Skeptiker Karl Schnell von Burgdorf, noch der Philosoph Karl Neuhaus von Biel für die kirchlichen Bedürfnisse

---

[1]) Wirz, Zürich. Minist.
[2]) Finsler, K. Stat., S. 43—71.
[3]) Neujahrsblatt der Züricher Hülfsgesellschaft, 1838.
[4]) Finsler, K.-Stat., 83.
[5]) Finsler, K. Stat., 81.

persönliches Verständnis hatten. Zuerst wurde 1831 das Ober-Ehegericht aufgelöst und die Befugnis der Sitten- oder Chorgerichte beschränkt, weil man es für unthunlich erachtete, den Geistlichen auch nur mittelbar eine Art von Gerichtsbarkeit einzuräumen, und damit fiel der letzte Rest der alten Kirchenzucht und der hergebrachte Respekt vor der kirchlichen Sitte. Die strengen Sonntagsgesetze, die Spielverbote u. s. w. wurden als unverträglich mit den Begriffen der persönlichen Freiheit, als unstatthafte Eingriffe in das Princip der Toleranz, nach und nach beseitigt oder doch nicht mehr exequiert.

Anfangs konnte man ernstliche Fortschritte hoffen. Die einzige Repräsentation der Kirche lag seit langer Zeit in der Vereinigung der Geistlichen der einzelnen Bezirke zu ihren „Kapiteln". Die neue Staatsverfassung sprach jetzt auch von einer allgemeinen Synode: „Die Einrichtung der Kapitelsversammlungen und eine Generalsynode soll der reformierten Geistlichkeit das Recht zu Anträgen und zu der freien Vorberatung in Kirchensachen zusichern" (§ 11). War aber schon die ursprüngliche Fassung, welche das genannte Recht der „Kirche" zusprechen wollte, im Verfassungsrat durch den ersetzenden Ausdruck: „Geistlichkeit" in ihrer Tragweite stark herabgesetzt worden, so enttäuschte die Wirklichkeit noch viel mehr, als schon die erste am 22. Februar 1832 stattfindende Versammlung sich überzeugen musste, dass irgendwelche kirchliche Selbständigkeit nicht erwartet werden dürfe. Allein auch der hier aufgestellte Entwurf einer Synodalordnung wurde vom Grossen Rate abgelehnt und im Sinne der Staatshoheit umgestaltet.[1])

Die Synode hat die Befugnis, ihre Wünsche und Anträge an die Regierung zu bringen, die ihr von den Kapiteln zukommenden Berichte, Wünsche und Fragen in Empfang zu nehmen und zu beraten; ferner soll bei Anordnung über Gegenstände, welche auf den amtlichen Religionsunterricht, die Seelsorge, den öffentlichen Gottesdienst, die dafür nötigen Lehrbücher, die Liturgie und das Gesangbuch Bezug haben, das Gutachten der Synode eingeholt werden. Die Synode, welche sich jährlich ordentlicherweise am 4. Dienstag nach Pfingsten versammelt, kann ausserordentlicherweise nur auf Befehl oder mit Genehmigung der Regierung berufen werden. Die Einladung geschieht durch ein der Regierung mitzuteilendes Cirkular des Präsidenten der Synode,

---

[1]) Anträge der Erziehungsdirektion über den Entwurf einer Synodal-Ordnung für die evang.-ref. Geistlichkeit des Kts. Bern, vom 23. Febr. 1832.

welches die Anzeige der Beratungsgegenstände enthalten soll.¹) Unter dem Vorsitz des Dekans Emanuel Stierlin (geb. 11. März 1779) fand am 18. Juli 1833 die erste Beratung der Generalsynode statt; aber noch bevor sie sich zum zweitenmal versammelte, hob ein Dekret vom 4. April 1834 das ehrwürdige Institut des Kirchenkonvents²) und ein solches vom 9. Mai gleichen Jahres auch das Amt des obersten Dekans auf, so dass nun jede selbstständige Vertretung des kirchlichen Standpunktes fehlte. Die Kompetenzen der Kirchenleitung wurden — nachdem auch die anfangs bestehende „Kirchenkommission" aufhörte — dem vom Grossen Rate bestellten Erziehungsdepartement übertragen. Sogar die Aufnahme der Kandidaten wurde einseitig als Sache der Staatsverwaltung betrachtet.³) Das Aufgehen der Kirche im Staate war konsequenter durchgeführt als jemals zuvor, und dem entsprach der Verfassungseid, dessen Beschwörung von sämtlichen Geistlichen, Kandidaten, Dekanen und Juraten am 6. Januar 1832 gefordert worden ist.⁴) Als die Synode bei Anlass der Genfer Reformations-Jubelfeier, 1836, ihre Mitfeier durch eine Einschaltung im liturgischen Sonntagsgebete zum Ausdruck zu bringen wünschte — da verweigerte die Regierung ihre Zustimmung. Politische Interessen beherrschten die Gedanken. Die kirchliche Thätigkeit war vielfach eine gelähmte und verhältnismässig geringe.⁵) Nachdem 1826 eine Helferei in Wasen (bei Sumiswald) errichtet worden, ist aus dieser Periode nur die Wiederherstellung der Pfarrstelle zu Bargen bei Aarberg (1832) und der Helferei zu Hasle im Grund (1835), sowie die Begründung von zwei, respektive drei neuen Helfereien — 1834 in Buchholterberg und Heimenschwand, 1839 Kurzenberg, bisher Teile der Kirchgemeinde Diesbach bei Thun — zu verzeichnen, wozu auch noch der 1840 von Frutigen abgetrennte Kandergrund gerechnet werden mag. Mehr der Verwaltungstendenz als religiösen Rücksichten entsprang die Verfügung vom 12. März 1839, welche auch für die bernische Landschaft den

---

¹) Bericht über die Verhandlungen der Synode während der drei ersten Jahre ihres Bestehens, Bern 1837, S. 13 u. ff.
²) . . . „in Betrachtung, dass sowohl die innere Organisation als auch mehrere Befugnisse des Kirchenkonvents dem Geiste der Verfassung und dem Departementalgesetz widerstreitet."
³) Vortrag der Synode an den Regierungsrat, vom 10. Juni 1834, als Beilage B bei den Berichten für 1833—1835, auf S. 73.
⁴) Rytz, A., Baggesen, Basel 1884, S. 71.
⁵) Vergl. die oben erwähnten gedruckten Berichte über die Verhandlungen der Synode.

Kollaturen ein Ende machte; es betraf dies die Kirchen zu Stettlen, Biglen, Vechigen und Oberwyl bei Büren, wo dieses Recht dem Burgerspital in Bern zustand, und zu Worb, Diesbach (bei Thun) und Spiez, wo dasselbe noch im Besitz der ehemaligen Grundherrschaften geblieben war.[1]

Mehr Anlass zu Veränderungen gaben die Zustände der reformierten Gemeinden im Jura: die Dörfer Court und Grandval bei Münster hatten 1829 zwei selbständige Pfarrkirchen erhalten; umgekehrt wurden 1840 Plagne (Plentsch) und Vauffelin mit einander vereinigt; in St. Immer war 1830 ein deutscher Pfarrer eingesetzt worden, jetzt trennte man 1837 noch Sonvillier von St. Immer.

Den Wechsel der Zeiten hatte auch die französische Kolonie in Bern zu erfahren. Die früher recht zahlreiche Korporation war 1830 auf 136 Köpfe zusammengeschmolzen, doch besass sie ein genügendes Vermögen, das mehrmals durch grossartige Vergabungen vermehrt worden war; sie besass in Bezug auf Personenregister und Armenunterstützung die nämlichen Rechte und Pflichten, wie die bernischen Burgergemeinden, und diese Stellung wurde durch ein Reglement vom 18. Januar von neuem geordnet.[2]

Alles nicht von der Politik vorweg genommene ideal-moralische Verbesserungsstreben konzentrierte sich jetzt auf die Jugenderziehung. Die Schule erschien jetzt an Stelle der Kirche als das richtige Organ, durch dessen Förderung und Pflege ein einsichtiges Volk für seine eigene Zukunft sorgt. „Hebung des Schulwesens" wurde das Schlagwort der Zeit. Unermüdlich mahnte Fellenberg von Hofwyl den Grossen Rat an seine Pflicht, Vorkehren für bessere Volksbildung zu treffen; in Burgdorf, wo die bernische Revolution ihren Anfang genommen, wurde ein burgerliches Waisenhaus gegründet, wurden die Schulen vermehrt und verbessert[3], wurden freiwillige Lehrerbildungskurse abgehalten, an denen politische Führer, wie Prof. Hans Schnell, neben dem ebenso begeisterten Pfarrer von Lützelflüh, Jeremias Gotthelf, mitthätig unterrichtend sich beteiligten; hier in Burgdorf war auch der Mittelpunkt des aus diesem Eifer hervorgegangenen „Vereins für christliche Volksbildung"[4], der im Geiste Pestalozzis durch stilles aber

---

[1] Lohner, die ref. Kirchen Berns.
[2] Gouzy, Die franz. Kolonie in Bern, S. 55.
[3] Heuer, A., Schulgeschichte von Burgdorf, Progr. des Gymnas., 1874.
[4] Schifferdecker, Der V. f. christl. V.-B. im Berner Taschenbuch 1856, S. 150 u. ff.

erfolgreiches Wirken eine ganze Reihe von Armenanstalten für heimatlose Knaben und Mädchen ins Leben gerufen hat.

Nach mancherlei vorbereitenden Versuchen schuf endlich der Staat 1833 das Seminar für Lehrerbildung in den Räumen des alten Johanniterhauses Münchenbuchsee[1]), zuerst unter Pfarrer **Friedrich Langhans** (geboren 1795)[2]), dann unter der trefflichen Leitung des feinsinnigen Theologen **Karl Rickli** von Wangen (geboren 1791), der zuvor reformierter Pfarrer in Luzern und Helfer am Münster in Bern gewesen und trotz seines vorzeitigen Todes durch die von ihm abgefasste und als Lehrmittel gebräuchliche „Kinderbibel" noch lange in Erinnerung geblieben ist.[3])

Wohl nur dem Umstande, dass einsichtige Geistliche die Berechtigung dieser Bildungsbestrebungen vollauf anerkannten und sich bald mit Feuereifer leitend, bald mit stiller Hingebung helfend, beteiligten, — wohl nur diesem Umstande ist es zuzuschreiben, dass beide Linien — Kirche und Schule — noch parallel zu gehen, beide Richtungen noch verbunden zu arbeiten schienen, und doch kam schon 1837 in Bern eine Flugschrift heraus mit dem vielsagenden Titel: „Ueber die Ursachen der heutigen Parteilichkeit gegen die Kirche und für die Schule."

In der ersten konstituierenden Versammlung der Generalsynode war die Ansicht ausgesprochen worden, die Staatsregierung habe nicht mehr wie früher von vornherein das selbstverständliche Recht auf das oberste Kirchenregiment; sie könne es nur dadurch erhalten, dass sie sich als eine mit der Landeskirche innigst verbundene **christliche Obrigkeit** zu erkennen gebe, wie solches die frühere Regierung Berns bei der Reformation, namentlich im Berner Synodus von 1532, gethan. Das damals festgestellte und bisher bestehende Verhältnis der Einheit von Staat und Kirche erscheine noch immer als das schönste und wünschenswerteste, sei aber nur dann möglich, wenn die Kirche mit vollem Zutrauen auch ihre Angelegenheiten der Staatsregierung, im Namen des von derselben bekannten Christentums, zu besorgen überlassen könne. Dazu sei nun, nach einer Staatsumwälzung, die ihrer Natur nach in einem paritätischen Kanton das Verhältnis des Staates zur Kirche in Frage gestellt habe,

---

[1]) Eröffnung den 4. Sept. 1833. Martig, Geschichte des Lehrerseminars in Münchenbuchsee zur Feier des 50jähr. Bestehens der Anstalt, Bern 1883.
[2]) Sammlung Bern. Biographien, I, 62—66..
[3]) Gedächtnisrede beim Begräbnis, gehalten von Prof. Samuel Lutz, Bern 1843. — Charakteristik in Hunzikers Geschichte der Schw. Volksschule, Bd. III, S. 177.

wenigstens eine solche Erklärung, wie die verlangte, erforderlich, wäre auch vorzüglich geeignet, um die hin und wieder im Volke angeregten Besorgnisse für seine religiösen Interessen zu beruhigen.[1]) Die Regierung fand das überflüssig, und man ging über die Schwierigkeiten hinweg: allein die Frage musste wiederkehren.

Die Folgerungen, vor deren logischer Unanfechtbarkeit man aus praktischen Rücksichten die Augen schloss, wurden von anderer Seite gezogen. Im Jahre 1830 entstand in Bern eine „Evangelische Gesellschaft".[2]) Leute, die innerhalb der Landeskirche standen, aber ihrer Sinnesweise nach teils zu herrnhutischem Pietismus, teils zu einem strenggläubigen Methodismus neigten, begründeten hier eine Nebenkirche mit eigenen Zielen und eigenen Mitteln. Schon in der Synode von 1835 (30. Juni) wurden Klagen laut über geradezu kirchenfeindliche Agitation von dieser Seite her, und mit vollster Klarheit erkannte man den Gegensatz: „Es gibt zwei Hauptformen des christlichen Lebens, eine durch den Staat geordnete Kirchengemeinschaft und eine freie Verbreitung der Lehre als Missionswerk."

In den Jahren 1833 bis 1836 wurden nun aber von verschiedenen Seiten eine Anzahl Petitionen eingereicht mit dem Begehren, dass die von der Kirche Getrennten (Dissenter) von Taufe und kirchlicher Trauung dispensiert, vielmehr die Pfarrer angewiesen werden möchten, in solchen Fällen lediglich die Geburt und Eheanerkennung in den Kirchenbüchern einzutragen. Eine dieser Bittschriften forderte, — mit Berufung auf die Verfassung und den Grundsatz der Gewissensfreiheit, — dass überhaupt die Register über den Personenstand von bürgerlichen Beamten geführt werden möchten.

Die Regierung verlangte ein Gutachten von der Synode, und kein Geringerer als der hochangesehene Professor Samuel Lutz kam, in Gemeinschaft mit Professor K. Wyss und dem gewesenen Dekan Stierlin, in die Lage, die Antwort abzufassen. Es geschah in einer ausführlichen Denkschrift von 56 Seiten, welche die Billigung des Grossen Rates erhielt und hernach mit bezüglichen Beilagen gedruckt und verbreitet worden ist. Das Begehren der Petenten wurde als staatsrechtlich wohl begründet anerkannt, aber das Princip der Landeskirche festgehalten. Die Lösung wurde darin gesucht, dass man den Dissidenten eine Ausnahme-

---

[1]) Bericht der Synode, 1835 (1833—1835), S. 63.
[2]) Vorbereitende Zusammenkunft im Oktober 1830. — Gedruckte Jahresberichte von 1831 an. — Gerber, Fr., Fünfzig Jahre d. Ev. Ges. des Kt. Bern. (Basel 1881), eine Schrift, welche sehr viel wenig bekannte Einzelheiten, namentlich auch Personalien enthält.

stellung zugestand. Der Grosse Rat „entbindet dieselben für ihre Person und in ihrem elterlichen Verhältnisse von gewissen für die der reformierten Landeskirche angehörenden Bürger geltenden gesetzlichen Forderungen", erklärt aber gleichzeitig, dass „sie von jetzt an nicht mehr Mitglieder der reformierten Landeskirche sind und zwar nach allen Konsequenzen der Aufhebung dieses Verhältnisses".

Sekten sind überhaupt gestattet, aber unter der Bedingung, dass dieselben

1. ein vollständiges und beglaubigtes Verzeichnis der Personen, welche innerhalb der Grenzen der Republik zu dieser Gemeinschaft gehören, vorlegen;
2. ihre besondern, von der reformierten Landeskirche abweichenden Lehren, wie auch die Einrichtungen, welche sie dieser ihrer kirchlichen Gemeinschaft gegeben haben oder zu geben gedenken, deutlich und bestimmt angeben;
3. dass sich die Lehren in der Prüfung, welche der Grosse Rat hierzu anordnen wird, als wirklich von denjenigen der reformierten Kirche abweichend erkennen lassen;
4. dass in den als ihre besondern angezeigten Lehren und Einrichtungen nichts gefunden werde, was der Verfassung und dem allgemeinen Staatswohl widrig wäre.

Der Verfasser des Gutachtens verhehlte sich keineswegs, dass eine derartige gesetzliche Ausnahmestellung der Sektierer zwar im Interesse der übergrossen Mehrheit des Volkes geboten, aber mit dem Grundsatz der vollen Glaubensfreiheit schwer vereinbar sei; nicht weniger war er sich anderseits dessen klar bewusst, dass auch ein Beschluss in dieser vorsichtigen Fassung eine überaus grosse, vielleicht unüberschbare Tragweite habe. Es erhellt dies aus seinem sehr ernst lautenden Schlusssatze, wo er sagt: „Wir wissen, dass zwar die Formen der äusserlichen Verhältnisse und der Einrichtungen der Gemeinde Christi zerbrechlich sind, dass aber der Geist ihres Hauptes die Seinen nicht verlässt, sondern auch nach umgestürzter oder aufgelöster Gestalt ihres äusserlichen Verbandes sie wieder sammelt und durch seine göttliche Triebkraft von Innen heraus neue Formen für ihre Gemeinschaft zu schaffen weiss, so dass auch in dieser Beziehung das Wort des Herrn uns beisteht: „Fürchtet euch nicht vor denen, die den Leib töten, weiter aber nichts zu thun vermögen!"[1])

---

[1]) Gutachten der ehrwürdigen Synode über die ihr zugewiesenen Petenten einiger sog. Dissenter an den Grossen Rat der Republik Bern. Bern 1838, mit Beilagen.

Damit war die Sache für einstweilen erledigt, allein im Sommer 1839 drängte sie sich in anderer Gestalt von neuem auf. Diesmal lagen Bittschriften vor um Herstellung christlicher Kirchenzucht und um Ausschliessung der „Unwürdigen" vom Genuss des heil. Abendmahls. Die Versammlung konnte darauf nicht eintreten, aber um so schmerzlicher empfand sie es, als ihr Wunsch nach einer Sittengerichtsordnung unerfüllt blieb und ihre gleichzeitigen Ansuchen an den Staat um bessern Schutz der Sonntagsfeier gegen Lärm und Lustbarkeiten keinerlei Entgegenkommen fanden, vielmehr die Regierung selbst durch Anordnung von Militärübungen am Sonntag ihrerseits zu Klagen Anlass gab.[1]) Die Landeskirche wurde gerade nur noch so weit beachtet, als sie ein Werkzeug sein konnte für die Staatsinteressen, aber der Staatszweck selbst war ein anderer geworden, als der der Kirche war und sein musste. Das Verhältnis entprach so wenig mehr der Natur der Thatsachen, dass die Regierung von der eigenen Staatskirche das „Placet" verlangte, „um sich zu überzeugen, ob nicht Dinge verhandelt worden seien, die gar nicht vor das Forum der Synode gehören". Das reizte nur zur schärfern Unterscheidung. Pfarrer Sam. Ziegler schrieb jetzt seinen „Versuch einer kurzen Geschichte des Kirchengutes im ehemaligen Kanton Bern" (1832); ein Ungenannter die „Beiträge zur Beleuchtung der rechtlichen Stellung der reformierten Kirche im Kanton Bern" (1836), und endlich der als Dichter bekannte Johann Rudolf Wyss (der ältere), Pfarrer zu Wichtrach, über „die Entfremdung der Kirchengüter zum Staatsgewinn, in ihrem Gang und ihren Folgen" (1843), und hier mag schliesslich noch der unverstandene christliche Sonderling Beat von Lerber erwähnt werden, der mit seiner in zahlreichen Flugschriften vertretenen christlich-demokratisch-patriotischen Gesinnung mit der öffentlichen Meinung in Konflikt geriet und sich nicht nur Spott und Hohn, sondern Gefängnis und Verbannung zugezogen hat. Er war einer der Stifter der Evangelischen Gesellschaft, eiferte aber gegen das Missionswesen, wie gegen die Verbreitung der Bibel, „ohne Sorge um deren richtige Auslegung", besonders aber gegen allen Separatismus der frommen Erweckungskreise, welche „sehr verschiedenen Meinungen nachhängen und nur darin übereinstimmen, dass sie alle schreien: Siehe hier ist Christus! Siehe da ist Christus!"

---

[1]) Vortrag an den Regierungsrat betr. überhandnehmende Sonntags-Entheiligung, 12. Juni 1839. Berichte von 1839—1841, S. 25. — Verhandl. vom 30. Juni 1840, ibid. S. 34.

Eine viel freiere Stellung erhielt das kirchliche Leben in dem von Baselstadt sich trennenden, neu begründeten Kanton Baselland. Die Umwälzung war hier nicht ohne schwer erbitternde Gewalt von sich gegangen, für den Bestand der Kirche deshalb gefährlich aussehend, weil die meistens der Stadtbürgerschaft entstammende Geistlichkeit sich mit ihren Gemeinden im Widerstreit sah. Im August 1833 wurden die Pfarrer von Waldenburg, Gelterkinden und Kilchberg vertrieben, und durch den nachher erfolgenden eidgenössischen Schiedspruch wurde selbst das Stiftungsgut, das zum Unterhalt der Kirchen und der Prediger von alters her diente, für die Landschaft in Frage gestellt.[1]) Doch legte sich bald der anfängliche grimmigste Hass. Einer mit geringer Autorität dastehenden Staatsregierung entsprach die grössere Selbständigkeit der Gemeinden, und diese kam nun auch der Kirche zu gut. Wenig Schutz, aber auch wenig Hemmnisse und Fesseln für die vorhandene Lebendigkeit und die Bedürfnisse, die man empfand. In der neuen Gesetzgebung von 1833 war der „Bann" der Kirchgemeinden gar nicht erwähnt, die Befugnisse teils beseitigt, teils den bürgerlichen Gerichten zugewiesen; allein gerade dadurch wurde es möglich, dass viele Gemeinden eine rein kirchliche Bannbehörde wieder einführen, teilweise sogar das Zuchtmittel der Ausschliessung vom Abendmahl wieder einführen konnten.[2])

Der reformierte Teil des Kantons Thurgau, in welchem die Volksbewegung von einem Pfarrer, Thomas Bornhauser[3]), war geleitet worden, erhielt 1832, Appenzell A.-Rh. 1834 eine nach den Zeitumständen veränderte Kirchenorganisation; an beiden Orten lag der Schwerpunkt in der Einzelgemeinde mit ihrer freien Pfarrwahl[4]), welche ebenso grosse Freiheit in den Gebräuchen in sich schloss. Im Thurgau blieben Züricher Bibel, Züricher Gesangbuch und Katechismus in Uebung; im Appenzell dagegen wurde Luthers Uebersetzung vorgezogen, einen an-

---

[1]) Aktenmässige Darstellung über das vor das Schiedsgericht zu Aarau gezogene Kammergut der ref. Landgeistlichkeit des vormaligen Kant. Basel. Basel 1834, mit mancherlei geschichtlichen Angaben.
[2]) Finsler, K. Stat., 197. — Vergl. dazu: J. R. Linder, Der Kirchenbann; vorzugsweise in der schweizerischen und insbesondere der Baseler Kirche, in Illgens Zeitschrift f. hist. Theologie, 1864, S. 122. In dem zu Baselstadt gehörenden Dorfe Riehen war noch 1819 die Strafe der feierlichen „Vorstellung" in der Kirche geübt worden, vergl. die sehr interessante Schilderung des Auftrittes in G. Linder, Geschichte der Kirchgem. Riehen-Bettingen (Basel 1884), S. 156.
[3]) Biogr. von Christinger. Frauenfeld 1875.
[4]) Finsler, K. Stat., 367 u. 223.

erkannten Landeskatechismus gab es nicht. Die evangelische Kirche in Glarus war jetzt, beim Aufhören der bisher beobachteten Formen, während längerer Zeit vollständig unorganisiert; erst 1844 versammelte sich wieder eine Synode. Seit 1836 war auch die konfessionelle Trennung der Verwaltung aufgehoben worden.[1]

Dem Waadtland brachte der politische Fortschritt die Erlösung von dem bedenklichen Religionsgesetz von 1824. Nach zehnjährigem Bestande musste es am 10. Mai 1834 aufgehoben werden. Seine Wirkungen wurden damit nicht mehr weggeschafft, die religiöse Parteisucht, die kirchliche Zerrissenheit und Verbissenheit gärte fort: „Dort das lieblose Richten und das ausschliessliche Dogmatisieren des Methodismus, dessen einseitiges Wesen in dem aufwallenden französischen Blute sich noch schärfer ausprägte — hier heftige Anfeindung der Erweckten durch den in seiner Ruhe aufgerüttelten Indifferentismus".[2] Und mit beiden verbanden sich jetzt auch noch politische und sociale Gegensätze. Das Sektenwesen erhob wieder sein Haupt, zu der eigentlichen englisch-amerikanischen Methodisten-Gemeinschaft, die 1839 auftrat, kommen seit 1840 noch, ebenso fremder Abstammung, die Plymouth-Brüder oder Darbysten, mit ihrem ausgebildeten Spiritualismus, der Verwerfung jeder äussern kirchlichen Gestaltung und der Ablehnung jedes geistlichen Standes oder Amtes.[3] Die weitern Folgen solcher Aufregung mussten später offenbar werden.

Neuenburg hat sich durch die Revolution nicht nur innerlich umgestaltet, sondern sich von seinem Fürsten losgesagt und als Republik konstituiert; allein das Kirchenwesen wurde davon wenig berührt; die freie Stellung der Geistlichkeit blieb dieselbe, sogar die Uebung des Bannes wurde 1834 bei einer Revision der Kirchenordnung noch gesetzlich anerkannt; 1835 wurden die Pfarrgüter verkauft und die Verwaltung des Kirchenvermögens einer eigenen Behörde übergeben.[4]

Erfreulich war, dass evangelischer Gottesdienst jetzt auch in katholischen Kantonen ungestört gefeiert werden konnte. Nachdem zuvor schon in der Vororts-Stadt Luzern, jeweilen wenn die Tagsatzung sich daselbst versammelte, auch reformierte Predigt abgehalten worden, hatte sich 1826 daselbst eine reformierte Pfarrgemeinde gebildet und in dem schon genannten Karl Rickli von

---

[1] Finsler, K. Stat., 133 u. ff.
[2] Finsler, K. Stat., 473.
[3] Herzog, J. J., Les frères de Plymouth et J. Darby. Lausanne 1846.
[4] Finsler, K. Stat., 489 u. ff.

von Wangen an der Aare einen ausgezeichneten ersten Hirten gefunden.¹)

Im Kanton Freiburg begann der Pfarrer Rud. Albr. Bähler im bernischen Grenzdorf Neuenegg seit 1832 die Protestanten zu sammeln und für den religiösen Unterricht ihrer Kinder zu sorgen²); 1835 gelang die Gründung einer reformierten Schule in der Stadt Freiburg und auf dem Lande zu Obermettlen; von 1836 an wurde in einem gemieteten Raume Gottesdienst abgehalten für die Evangelischen, und am 27. Dezember 1837 konnte eine eigene Kirche eingeweiht werden. Dem reformierten Bezirk Murten hatte die Kantonsverfassung von 1831 den freien Fortbestand seiner Kirche gewährleistet.³)

Im Jahre 1834 war auch ein Aufruf verbreitet worden, welcher um Geldhülfe bat zum Bau einer evangelischen Kirche in Solothurn. Am 1. April 1835 wurde durch Beschluss des Grossen Rates die reformierte Gemeinde gestiftet und am 13. September darauf auch der Pfarrer in sein Amt eingeführt.⁴) Die zerstreuten Reformierten des übrigen Kantons — die bereits bestehenden Gemeinden im Bucheggberg ausgenommen — wurden als Mitglieder der neuen Gemeinde erklärt, und diese selbst wurde als ein Teil der Berner Landeskirche zunächst dem Kapitel Büren einverleibt.

Im übrigen hat mit der politischen Wendung der dreissiger Jahre die Isolierung der einzelnen evangelischen Kantonalkirchen eher wieder zugenommen. Fast als ein Zufall muss es bezeichnet werden, dass es gerade jetzt erst, 1832, gelungen ist, dem eidgenössischen Bettag durch Feststellung je auf den 3. Sonntag des Septembers eine übereinstimmende Gestalt zu verleihen.

Der St. Galler Synode gebührt das Verdienst, den Gedanken einer gemeinsamen deutsch-schweizerischen Bibelübersetzung wieder aufgenommen zu haben; sie erliess im August 1835 eine Einladung an die reformierten Kirchen, sich zu diesem Zweck zu vereinigen. Die Zürcher Geistlichkeit erklärte sich dazu bereit, Schaffhausen und Basel lehnten die Beteiligung ab. Im Februar 1836 traten Abgeordnete der Kantone Zürich, Bern, Glarus, St. Gallen, Aargau und Thurgau in Zürich zusammen zu einer ersten Besprechung. Luthers Text sollte zu Grunde gelegt,

---

¹) Rickli, Vorrede zu seinen gedruckten Predigten. Luzern 1828.
²) Bähler, A., in der Sammlung Bern. Biogr., III, 43, von (seinem Enkel) Pfr. Ed. Bähler.
³) Finsler, K. Stat., 152 u. ff.
⁴) Hemmann, Die ref. Gemeinde in Solothurn. Soloth. 1863.

derjenige Piscators und die Züricherübersetzung zur Vergleichung
beigezogen werden. Allein ehe die Arbeiten ernstlich begannen,
trat ein Kanton nach dem andern wieder zurück.[1] Sogar die
hergebrachte um die Züricher Kirche bestehende natürliche Gruppierung der evangelischen Ostschweiz in der Gemeinsamkeit von
Liturgie, Gesangbuch und Katechismus löste sich allmählich auf.[2]

Die Gemeinsamkeit der religiösen Interessen war nur noch
für die abgeschlossenen Kreise in den Bibel- und Missionsgesellschaften vertreten, für die übrigen — auf allgemein menschlichem und moralischem Boden — in der „Schweizerischen Gemeinnützigen Gesellschaft", die eben jetzt, vom warmen Idealismus
des edeln Appenzellers Johann Kaspar Zellweger[3] getragen,
mit der Begründung der Rettungsanstalt in der Bächtelen bei
Bern ein sichtbares Denkmal ihres segenreichen Wirkens schuf.

Das kirchliche Leben begann, so weit es nicht in kirchenrechtlichen und kultischen Formen fixiert war, in seinen freithätigen Kräften in aller Stille in zwei Ströme auseinander zu
gehen, den specifisch-christlichen und den religiös-indifferenten,
humanen.

5. Kirche und Schule.

Auch der Grundsatz der Glaubensfreiheit hat seine zwei
Seiten, die sich nicht trennen lassen. Das Causalitätsgesetz ist
unerbittlich. Wenn der Liberale die Religion als reine Privatsache betrachtet, so muss er sich darein fügen, dass nun bei den
religiös gestimmten Ausnahmemenschen der Glaube eine Schärfe
annimmt, welche für die Umgebung vielleicht lästig, für das allgemeine Beste unzuträglich ist; und ebenso darf der Strenggläubige, der nur den „entschiedenen" Christen als solchen gelten
lassen will und für die andern zwar Bekehrungseifer, aber weder
Nachsicht noch Rücksichten kennt, sich nicht darüber beklagen,
wenn die „massa perditionis" ihre eigenen Wege geht und, von
der Kirche sich lösend, ungescheut der „Welt" sich in die Arme
wirft. Die Reibungen, welche sich daraus ergaben, dass man
diese Grundsätze aufstellte, aber weder folgerichtig durchführen
konnte noch wollte, erfüllen die nächsten Decennien der schweizerischen Kirchengeschichte.

[1] Mezger, Bibelübers., S. 413.
[2] Finsler, im Kirchenblatt 1858, S. 25 u. ff.
[3] 1768 bis 1855. Neujahrsbl. d. Züricher Hülfs-Ges. 1856, mit Porträt. —
Jahrb. f. Schw. Gesch., Bd. XVI (1891).

Die Gegensätze, über deren Existenz und Tiefe man sich hinweggetäuscht hatte, kamen zum Ausbruch im Verhältnis der Kirche zur Schule, und zwar zur Schule im doppelten Sinne des Wortes, zur Volksschule als dem allgemein staatlichen Unterrichts-Institut, aber auch zur schulmässigen, von der Kirche unabhängigen oder wissenschaftlichen Theologie.

Was sich langsam vorbereitet hatte, trat jetzt deutlich hervor: Die regenerierten Staatsregierungen betrachteten nicht mehr die Kirche, sondern die erst von da an mit diesem gewissermassen personifizierenden Ausdruck auf den Plan tretende „Schule" als das richtige Mittel zur allgemeinen Volkserziehung. Die Schule ist es jetzt, die der bürgerlichen Gesellschaft in ihren vielseitigen Anforderungen für das irdische Leben die nützlichen Mitglieder liefert.

Die Gesetzgebung der einzelnen Kantone begann den Pflichtenkreis und damit den Einfluss der Kirche auf die staatlichen Bildungsanstalten nach und nach zu beschränken und zurückzudrängen. War auch die Mitwirkung der Geistlichen willkommen, da wo sie oft die einzigen Vertreter höherer Kenntnisse waren und ihre Hülfsarbeit nicht entbehrt werden konnte, namentlich aber wo es galt, ein wenig opferwilliges Volk zu vermehrten Anstrengungen zu bewegen, so waren es doch die Pfarrer als geeignete und willige Privatpersonen, nicht als Vertreter ihres kirchlichen Amtes, die zur Schulaufsicht berufen wurden.

Als der Kanton Zürich im Jahr 1832 ein Lehrerseminar in Küssnach schuf, wurde der Württemberger Thomas Scherr[1]), damals Lehrer der Blindenanstalt in Zürich, zum Vorsteher ernannt. Als ein für sein Fach in hohem Grade tüchtiger und für seine Aufgabe begeisterter Mann trat er als Reformator des Schulwesens ein, aber die eigentliche Bedeutung dieser Reform lag unstreitig in dem Bestreben, die Schule von ihrem Verhältnis zur Kirche zu lösen, sie auf direkt weltlichen Boden zu stellen.

Es ist wohl begreiflich, dass es dabei nicht abgehen konnte ohne scharfe Ausfälle auf kirchliche Einrichtungen und kirchliche Personen und — was mehr sagen will — auf den christlichen Glauben und die Gefühle der Gottesfurcht. Bald in ernstgemeintem moralischem Pathos, bald mit leichtfertigem Witz, bald in unbewusster Taktlosigkeit, bald in absichtlicher Provokation setzte sich das Haupt der Lehrerbildung und dann auch die von ihm

---

[1]) 1801—1870. Nekrolog in Abraham Roths „Sonntagspost", VI (1870), S. 178. — Grob, Das Lehrerseminar in Küsnacht. Zürich 1882.

geleitete Lehrerschaft in Widerspruch zur hergebrachten Volksreligion. Aehnliches stellte sich in den andern Kantonen ein.

Die Kirchen sahen sich dadurch in ihrem Wirken empfindlich beeinträchtigt, aber auch genötigt, sich in ihrer Verteidigungsstellung, weit mehr als gut, auf die ausschliesslich erhaltenden, konservierenden Kräfte zu stützen, die Macht der Gewohnheit einseitig zu pflegen.

Gleichzeitig mit der Hebung der Volksschulen hatten die aus der neuen politischen Bewegung hervorgegangenen Regierungen auch die Verbesserung der höhern Bildung in Angriff genommen. Der Anstoss dazu lag wesentlich in der Notwendigkeit, für die verschiedenen Zweige der Staatsverwaltung wohlgeschulte und dem neuen Geist ergebene Beamte heranzuziehen; aber auch der geistliche Stand musste dabei berücksichtigt werden durch Vertretung der theologischen Wissenschaft, und hier, in der Theologie, war eben eine ernste Krisis eingetreten.

Der Glaube an die buchstäbliche Inspiration der heil. Schrift, die noch in der Consensusformel als Hauptfundament und Eckstein des Christentums aufgestellt worden, sollte im Laufe des XIX. Jahrhunderts so gewichtige Angriffe erfahren von der exegetischen, der kritischen und der historischen Seite, dass es für diejenigen, welche diese Gründe zu würdigen vermochten, also für alle wissenschaftlichen Theologen, ohne Selbsttäuschungen nicht mehr möglich war, das Dogma im alten Sinne festzuhalten. Die Worte Himmel und Hölle hatten unter dem Einfluss der Naturwissenschaften eine andere Bedeutung erhalten müssen; der Gottesbegriff war von mancher Menschenähnlichkeit entkleidet worden; die Wunder der Bibel wurden in wesentlich gleiche Linie mit den Legenden des Mittelalters gestellt. Aber alle diese Lehren standen noch im Katechismus, bildeten einen Teil des hergebrachten kirchlichen Unterrichts und die Voraussetzung der Religion überhaupt.

Es ergab sich daraus ein schwer zu überwindender Konflikt, der jene Zeit aufs tiefste aufgewühlt und die ernsten Gemüter ausserordentlich beunruhigt hat. Waren die Theologen der Gefahr ausgesetzt, durch zu weitgehende Konzessionen an diesen Skeptizismus die religiösen Wahrheiten preiszugeben, oder aber durch zu ängstliches Festhalten an der Tradition ihre Zuhörer abzustossen, als Heuchler oder als Unwissende zu erscheinen, so schien die Laienwelt vor die Alternative gestellt, entweder mit der Kirchenlehre auch die Religion aus dem Herzen zu reissen oder in abergläubischer Angst vor der Weltbildung die Augen zu ver-

schliessen und sich an Glaubensformen anzuklammern, deren
Pflege nur mehr in engen sektenartigen Gemeinschaften möglich
war. Beides ist Thatsache geworden, beides war dem Bestande
und dem Wirken der Volkskirchen in gleichem Masse verderblich.

An die Regierungen trat jetzt die Frage heran, wie sie sich
zu diesen auseinandergehenden Richtungen zu verhalten hätten.

An der Universität Basel lehrte bereits Leberecht De Wette
im Sinne der neuen, freiern, kritischen, nicht bekenntnismässigen
Theologie. Sein religiöser Ernst liess indessen den Zweifel in seiner
Gläubigkeit nicht recht aufkommen. An seine Seite trat bald (1829)
der geist- und gemütvolle Kirchenhistoriker Karl Rud. Hagenbach,
das künftige Haupt der schweizerischen Vermittlungstheologie[1]),
und es entwickelte sich ohne wesentliche Störung ein geistiges
Leben, welches sich in den fünf Jahrgängen der „Wissenschaftlichen Zeitschrift, herausgegeben von den Lehrern der Basler
Hochschule" (1823—1827) ein schönes, bleibend wertvolles Denkmal schuf.

Der Anlass zur Schärfung des Zwiespalts kam anderswo her.

Im Anfang der dreissiger Jahre entschlossen sich die Regierungen der beiden grössten reformierten Kantone, zuerst Zürich,
dann auch Bern, zur Errichtung eigener Hochschulen mit theologischen Fakultäten zu abschliessendem Studium der Wissenschaft. Der Augenblick schien nicht ungünstig für deren Auf-
blühen, denn eben hatte die alte Basler Universität ihren schwersten Schlag erhalten mit der Lostrennung der Landschaft, der
ein grosser Teil des Stiftungsgutes herausgegeben werden musste.[2])
Am 10. April 1832 wurde in Zürich das alte Chorherrnstift
mit seiner Schule aufgehoben und aus langen Beratungen, vom
25.—28. September, ging das Gesetz hervor, welches Zürich seine
Universität gegeben hat, unter dem Einflusse des Bürgermeisters
Melchior Hirzel, des feinen Juristen Ludwig Keller und des edeln
Philologen J. C. Orelli.[3]) Als Theologen kamen infolgedessen
der als gelehrter Bibelkritiker bekannte, freilich bald schon ver-
storbene Heinrich Christian Michael Rettig aus Giessen[4]) für
Dogmatik, Kirchengeschichte und Erklärung des Neuen Testa-

---

[1]) 1801—1874. Rud. Stähelin, Neujahrsblatt von Basel 1875. — Finsler,
im kirchl. Volksblatt, VI, 101. — Allg. D. Biogr., X, 344.

[2]) Teichmann, Die Universität Basel von 1835—1885. Programm 1885.

[3]) G. v. Wyss, Die Hochschule Zürich 1833—1883. Festschrift, Zürich
1883.

[4]) 1795—1836. Allg. D. Biogr., XXVIII, 273.

ments; der noch ganz junge, aber äusserst scharfsinnige Ferd. Hitzig aus Lörrach für die Exegese des Alten Testaments[1]), während die bereits vorher im Amte stehenden Züricher ihre Thätigkeit fortsetzten, unter ihnen der geistesklare Jünger Schleiermachers, Alexander Schweizer, der bald unter allen schweizerischen Theologen in die erste Reihe stehen sollte, geboren 14. März 1804 und seit 1834 Professor der praktischen Theologie[2]); unter ihnen aber auch der alte Rationalist Chorherr Johannes Schulthess, — alles Gelehrte, deren Stellung zur hergebrachten Rechtgläubigkeit kein Geheimnis war. Am 29. April 1833 wurde die Züricher Hochschule eröffnet, die nunmehr nächstliegende, bevorzugte Bildungsstätte für die reformierten Theologen der Ostschweiz.

Durch Beschluss des Grossen Rates vom 5. März 1834 folgte Bern dem gegebenen Beispiel. Als Professoren der Theologie finden wir Samuel Lutz, einen gebornen Berner und anerkannt den bedeutendsten Theologen, den die reformierte Kirche Berns hervorgebracht hat, geboren 1785 (2. Oktober). „Als Schriftsteller nicht hervorgetreten, war er als theologischer Lehrer eine Grösse ersten Ranges", wie sich der Verfasser der Festschrift zur Jubelfeier von 1884[3]) ausdrückt. „Mit genialem Blick durchschaute er den organischen Zusammenhang des Alten und Neuen Testaments, mit vollständiger Beherrschung des Stoffes verband er ein feines und tiefes Schriftverständnis, mit gründlichem Wissen und freier unbefangener Kritik Pietät und lautere Frömmigkeit; dazu das freie lebendige Wort in klassischem Ausdruck, jede Vorlesung ein Meisterwerk. Der durchgebildete sittlich-religiöse und theologische Charakter, der Ernst und die Milde einer imponierenden Erscheinung, das alles wirkte vorbildlich und anregend auf den wissenschaftlichen Sinn, die theologische Bildung und Richtung und das sittlich-religiöse Leben seiner Schüler." Lutz, welcher längere Jahre hindurch als Pfarrer zu Wynau (1824—1830) und an der Kirche zum Heil. Geist in Bern (1830—1833) in praktischem Amte gestanden, genoss auch bei der neuen Regierung viel Ansehen und Einfluss; er hatte die Ehre, die Beratungen des Verfassungsrates von 1831 durch eine feierliche Predigt zu eröffnen. Er ist am 21. September 1844 gestorben. Aus seinem Nachlasse wurde

---

[1]) H. Steiner, Ferd. H., Zürich 1882.

[2]) A. Schw. Biogr. Aufzeichnungen, herausg. von P. Schweizer, Zürich 1888.

[3]) Müller, Ed., Die Hochschule Bern in den Jahren 1834—1884, Bern 1884.

die Biblische Dogmatik durch Pfarrer Dr. Rüetschi im Jahre 1847, die Hermeneutik durch Pfarrer Adolf Lutz, 1849, herausgegeben.[1])

Als zweiter Theologe stand neben Lutz der Professor Mathias Schneckenburger aus Württemberg, geboren 1804 (17. Januar), einer der gelehrtesten und scharfsinnigsten Theologen der Zeit, philosophisch und historisch durchgebildet, ein genialer Forscher und gewandter Dialektiker, stets bedacht auf wissenschaftliche Anregung und Bildung der Studierenden, der namentlich auf dem Gebiete der neutestamentlichen Zeitgeschichte, der Religionsphilosophie und der vergleichenden Darstellung der lutherischen und reformierten Lehre epochemachende Schriften veröffentlicht hat. Er starb, hochangesehen und neben seiner theologischen Thätigkeit auch für das kirchliche Leben mit Eifer eintretend, am 13. Juni 1848.[2])

Der dritte ist Karl Bernhard Hundeshagen, der bei seiner Berufung noch sehr jung (geboren 30. Januar 1810), sich als eine seiner Kollegen würdige Kraft ausgewiesen hat, namentlich verdient durch seine gründliche Beschäftigung mit der schweizerischen, speciell auch mit der bernischen Kirchengeschichte. Bekannt ist, neben der oben vielfach benützten Monographie, sein anonym erschienenes geistreiches Buch über den „Deutschen Protestantismus". Die beiden letztgenannten Männer sind dadurch merkwürdig, dass sie als geborne Lutheraner sich vollständig in das reformierte Kirchenwesen hineingefunden haben, somit die höhere Einheit beider Konfessionen in ihrer eigenen Person darstellten. Und wie sie die Versöhnung des alten Zwistes zwischen den beiden Teilen der protestantischen Kirche repräsentierten, so nicht weniger auch die Versöhnung zwischen der Frömmigkeit und der theologischen Wissenschaft, zwischen Glauben und Wissen, und dieser Geist musste sich auch auf einen grossen Teil ihrer Schüler übertragen.

Hatte somit die bernische Regierung bei der Wahl der theologischen Lehrer an die neue Universität unbestritten eine sehr glückliche Hand, welche den oben angedeuteten Konflikt wesentlich zu mildern geeignet war, so sollten sich bald Erscheinungen ganz anderer Art einstellen, welche den kirchlichen Frieden aufs schwerste trübten.

---

[1]) S. Lutz, Fr., Der Gottesgelehrte S. Lutz, Bern 1863. — Gedächtnisreden von Hundeshagen und Baggesen, Bern 1844. — Biedermann, in der Kirche der Gegenwart, I, 225. — Immer, Bern 1861.
[2]) S. des Verfassers Artikel in der Allg. D. Biogr., Bd. XXXII, S. 86.

Im Jahre 1835 erschien das „Leben Jesu" von David Friedr. Strauss, dem jungen Tübinger Repetenten, mit seinen Behauptungen, welche die gesamte evangelische Geschichte als Mythus bezeichneten, alles Göttliche, Uebernatürliche, ja auch nur Einzigartige in der Person Jesu in Abrede stellten, somit ebenso sehr den Glauben an den Erlöser, als das Vertrauen auf das Wort der heil. Schrift von Grund aus zerstörten, und zwar mit einer Schärfe der Beweisführung und einer Eleganz der Sprache, welche in theologischen Werken bis dahin nicht einmal angestrebt, geschweige denn erreicht worden war. Das Buch machte ein geradezu beispielloses Aufsehen, indem es den Einen so vollständig aus dem Herzen sprach, dass sie erst jetzt sich ihres Gegensatzes gegen die Kirche bewusst wurden, während andere, im Innersten verletzt und noch mehr erschreckt, sich fragen mussten, ob denn alles, was ihnen heilig gewesen, nur auf Trug und Irrtum beruhe. Alle Welt war auf einmal genötigt, sich darüber Rechenschaft zu geben, wie man sich dazu stelle. Laien und Pfarrer mussten der Frage stille stehen, ob sie damit einverstanden seien oder nicht. In beiden Fällen standen die Konsequenzen bereit, die man daraus zu ziehen hatte, — oder die Andere zogen, wenn man nicht selbst den moralischen Mut dazu fand. Die zahllosen Schriften für und wider Strauss, die nun erschienen, die Verteidigungen und Widerlegungen konnten trotz des aufgewandten Scharfsinnes nur die Verwirrung vermehren, den Abgrund weiter öffnen, der sich von da an zwischen dem freien wissenschaftlichen Denken der modernen Menschen und der an überlieferten Lehren hängenden Frömmigkeit aufthat. Die Brücke zwischen beiden schien für alle Zeiten abgebrochen zu sein; der Gelehrte schien auf Religion, der Fromme auf Wissen und Bildung für ein und allemal unweigerlich verzichten zu müssen. Alex. Schweizer, der weder das eine noch das andere konnte, erklärte 1837 in der „Neuen Kirchenzeitung": „Der evangelischen Kirche steht ein Schritt bevor, welcher sich unmittelbar an den der Reformation anschliesst. Sie (die Reformation) trennte das geschriebene Wort von der mündlichen Ueberlieferung; jetzt ist es an der Zeit, das innere, im Geist Jesu lebendig gewesene und von da aus an die Apostel und die Kirche gekommene Gotteswort — den Logos — von dem äusserlich geschriebenen Worte zu unterscheiden."[1])

---

[1]) Finsler, Geschichte der theol. kirchl. Entwicklung in der deutschreformierten Schweiz seit den dreissiger Jahren (Zürich 1881), S. 5.

Allein die reformierte Schweiz wurde davon noch unmittelbarer berührt. Als Professor Rettig in Zürich 1836 starb und der ihn zunächst ersetzende Theologe schon 1838 wieder fortzog, hatten die leitenden Männer den — man darf wohl so sagen — verhängnisvollen Gedanken, den Verfasser des „Lebens Jesu" nach Zürich zu rufen.[1]) Man würde denen, welche diese Wahl befürwortet haben, sicher unrecht thun, wenn man ihrem Entschlusse Feindseligkeit gegen die Kirche oder gar gegen das Christentum als Motiv unterlegen wollte [2]); zwei der Hauptförderer zwar, der Jurist Prof. Ludwig Keller und der Staatsanwalt Ulrich, erwarteten zweifellos von der Wirksamkeit des freisinnigen Theologen eine Emancipation des Volkes von kirchlichen Anschauungen, deren Einfluss ihnen, wie derjenige der Geistlichen, zu gross erschien. Aehnlich dachte der Mann der Volksschule, Seminardirektor Thomas Scherr. Der Bürgermeister Hirzel dagegen, ein etwas phantastischer Schwärmer, und Kaspar Orelli, der Philologe, dachten beide nicht daran, ihre vaterländische Kirche zerstören zu wollen; sie hofften im Gegenteil eine Erneuerung und Neuentwicklung herbeizuführen, der Kirche eine bessere Uebereinstimmung mit der Volksbildung und somit Wiedereroberung der eingebüssten Popularität verschaffen zu können, wenn ein Mann wie Strauss die künftigen Theologen erziehe.

Dagegen wurde freilich von anderer Seite mit gutem Recht hingewiesen auf das eigene Bekenntnis von Strauss, dass es dem Prediger, der seine Auffassung teile, nicht möglich sein werde,

---

[1]) Gelzer, H., Die Straussischen Zerwürfnisse in Zürich. Hamburg und Gotha, 1843. — Aus dem polemischen Schriftenwechsel des Tages nennen wir nur: J. K. Orellis Anrede an die Studierenden, den 17. März 1839. — Hans Georg Nägelis Laienworte über Dr. Strauss' Leben Jesu und seine Berufung. — „Strauss ist ein Christ", von einem Geistlichen. — Dr. Strauss und seine Lehre. — Ist Strauss uns zum Heil oder Unheil berufen? Beantwortet aus dessen Leben und Lehre. — Ferner: K. M. Wirth, Sendschreiben an das Volk des Kts. St. Gallen über die Berufung von Dr. Strauss. St. Gallen 1839. — Und endlich des bekannten Heidelbergers H. E. Gottl. Paulus Schrift: Ueber theologische Lehrfreiheit und Lehrerwahl für Hochschulen. Zürich 1839.

[2]) Vergl. dazu: Das Urteil von Julius Fröbel (Lebenslauf, I, S. 71, und besonders S. 93): „Vor einem verständigen Urteil liess sich, ganz abgesehen von politischer Vorsicht, die Massregel nicht rechtfertigen. Als Professor der Geschichte wäre Strauss am rechten Platze gewesen, wie anstössig auch seine historische Kritik den Gläubigen hätte sein mögen; seine Berufung auf einen Lehrstuhl der Theologie war eine Frivolität, welche in dem dadurch herbeigeführten Sturze der radikalen Partei nur ihre gerechte Strafe fand."

weder die Gemeinde auf seinen Standpunkt zu erheben, falls er denselben unverhüllt vertrete, noch entgegengesetzten Falles sich vor Unwahrheit oder wenigstens dem Scheine derselben zu bewahren. Die Aufgabe des theologischen Lehrers aber sei es in erster Linie, für die Landeskirche tüchtige Geistliche heranzubilden, und dazu könne Strauss, nach diesem Geständnis, unmöglich als geeignet, kaum nur als willig, erscheinen.

Allein diese Einwendungen wurden nicht beachtet. Die theologische Fakultät in Zürich erklärte in ihrem Gutachten [1]), — mit Ausnahme von Hitzig, der anderer Ansicht war — die Berufung von Strauss müsste nicht nur grosses Aergernis geben, sondern könne vielleicht offene Spaltung in der Züricher Kirche veranlassen, selbst den Fortbestand einer gemeinsamen theologischen Lehranstalt ernstlich bedrohen. Ja, wenn auch eine aufregende Reform der Kirche nicht gescheut würde, so sei weder blosse Negation vermögend, eine solche herbeizuführen, noch sei ein bestimmter positiver Grund, auf dem eine erneute Gestalt der Kirche sich aufbauen liesse, schon vorhanden.

Am 26. Januar 1839 entschied der Regierungsrat, bei gleich geteilten Stimmen und mit Stichentscheid des Bürgermeisters, die Berufung von Strauss. Der Entschluss erregte weit grössere Aufmerksamkeit, in weiten Kreisen des Volkes, als seine Urheber erwartet hatten. Schon am 28. Januar wandte sich der Kirchenrat an die Regierungsbehörde mit einer ruhigen, aber nachdrücklichen Vorstellung gegen das Geschehene und ersuchte dieselbe, die Wahl von Strauss nicht zu bestätigen; und da in denselben Tagen der Grosse Rat zusammentrat, so brachte der Antistes Füssli bei demselben eine Motion ein, es möge bei der Besetzung von theologischen Professuren an der Hochschule, da hierbei die höchsten Interessen der Landeskirche beteiligt seien, ihr ein Einfluss durch ein dem Kirchenrate zu erteilendes Recht der Mitwirkung oder doch der Begutachtung eingeräumt werden.

Der Antrag wurde abgelehnt. Umsonst hatte, als das Geständnis ausgesprochen wurde, es sei auf eine Reform der Kirche abgesehen, Professor Alex. Schweizer die Bemerkung gemacht, dass eine Kirchenreform nimmermehr von einer blossen Verwaltungsbehörde, wie dem Erziehungsrat, ausgehen dürfe, sondern, wenn man das Experiment wagen wolle, von der Kirche selbst

---

[1]) Dasselbe ist, mit einem Teil der Minoritätserklärung von Hitzig, teilweise abgedruckt in der oben angeführten Festschrift von G. von Wyss, welche hier überhaupt zu vergleichen ist, S. 47—52.

unternommen werden müsse, der man endlich das Mittel eigener Bewegung, eine freie, gemischte Synode, nicht länger vorenthalten sollte. Vergebens hatte auch C. Bluntschli ernstlich vor dem Wagnis gewarnt und auf die Notwendigkeit hingewiesen, auch vom politischen Standpunkte aus, historisch hergebrachten und bestehenden Zuständen Rechnung zu tragen. Am 2. Februar wurde die Wahl vom Regierungsrat bestätigt.

Allein das Züricher Volk war nicht so radikal gesinnt in kirchlichen Dingen, wie seine politischen Führer; eine Petition von 40,000 Unterschriften, vollen vier Fünfteilen der stimmberechtigten Bürger, erhob Protest gegen den Versuch, die Züricher Kirche im Sinne von Strauss zu reformieren. Schon im März erkannte der Regierungsrat, dass es unmöglich sei, den Beschluss zur Ausführung zu bringen, und bereits war von der Pensionierung von Strauss und einer zweiten Wahl die Rede. Die Aufregung liess sich nicht mehr beschwichtigen[1]), wurde vielmehr durch ungeschickte Verteidigungen von Strauss noch vermehrt. In Wädenschwyl wurde Strauss im Bilde verbrannt; in mehreren Gemeindeversammlungen fielen Anträge nicht nur auf die Abberufung von Strauss und Scherr, sondern selbst im Sinne der Aufhebung der gesamten Hochschule, u. s. w. Am 19. Februar schrieb Strauss an Vischer nach Stuttgart: „In Zürich steht's so schlecht wie möglich ... Das Haupt meiner Freunde, der Bürgermeister, liess allzu offen seinen kirchlichen Reformplan blicken und hat dadurch den Fanatismus geweckt".[2])

Vom 18. bis 20. März fand nun, nachdem Strauss einstweilen noch zu warten ersucht worden, die entscheidende Sitzung des Grossen Rates statt. Die Versammlung war ungewöhnlich zahlreich besucht. Die Beratung dauerte von morgens 8 Uhr bis zum Abend um 9. Es handelte sich um die Frage, ob der Regierungsrat nach seiner Befugnis gehandelt, oder ob er diese überschritten habe. Professor Schweizer griff das Verfahren als zwar hergebracht, aber sittlich unstatthaft an; Keller umgekehrt stellte die Volksbewegung gegen Strauss als eine fanatische, unsinnige, aufrührerische dar.

Eingeschüchtert durch die Energie des Volksprotests sprach sich die Mehrheit für Einstellung der Berufung und Entschädigung

---

[1]) Vergl. die Cirkulare des Antistes J. J. Füssli an die Züricher Geistlichkeit vom 20. Februar 1839, und die Zuschriften der schweiz.-reformierten Kirchen an die Züricher Geistlichkeit, vom 25. Febr. bis 1. Aug. 1839.

[2]) Zeller, Ausgewählte Briefe von Strauss, Nr. 61, S. 80—81.

an den Gewählten aus.[1]) Damit schien die Sache abgethan; aber es schien nur so; die einmal angefachte Bewegung griff weiter, das Vertrauen des Volks zu seinen Leitern war aufs tiefste erschüttert. Ein Verein, der sich an die Spitze der gegen Strauss gerichteten Partei gestellt und die Agitation geführt hatte, der „Christliche Verein", wie er sich nannte, löste sich zwar jetzt auf, gab aber durch den Auflösungsbeschluss selbst den Anstoss, dass der Streit von neuem entbrannte. Er hatte darin erklärt, dass Strauss, wenn er den Ruhegehalt annähme, sich dadurch vor aller Welt als einen unehrenhaften und habsüchtigen Mann darstelle, „von dessen sittlichen Eigenschaften dann wohl niemand mehr viel zu rühmen wagen würde".

Der Widerwille richtete sich jetzt überhaupt gegen die Missachtung des bestehenden Glaubens von Seiten der Regierenden, eine Unzufriedenheit, die sich jetzt besonders auch gegen Thomas Scherr, sein Seminar und die von ihm gebildete junge Lehrerschaft zu richten begann. Wenn Scherr das Verdienst zugeschrieben wird, dass er ein Mitbegründer der politischen Regeneration des Züricher Volkes gewesen sei, so dürfte mit ebenso viel Recht gesagt werden, dass er und seine Freunde durch pietätlose Verletzung der religiösen Gefühle die politische Erneuerung kompromittiert und ihren normalen Fortgang schwer geschädigt habe.

Unheilvoller freilich war die Wunde, welche die Kirche damals empfing — und zwar nicht etwa im Sinne der Herrschenden, im Gegenteile: die Religion wurde zur Parteisache gemacht, die gesunde Gottesfurcht zum Fanatismus erhitzt; die natürliche Vorliebe für die alten Gebräuche wurde zum grimmigsten Misstrauen gegen jede Neuerung gesteigert, die theologische Wissenschaft als Unglaube gebrandmarkt, jedes selbständige Urteil als schnöder Abfall verpönt und mancher brave Mann verleitet, in heiligem Eifer das Gebot vom falschen Zeugnis zu vergessen; jede landeskirchliche, das gesamte Volk umfassende Weiterentwicklung war auf lange Zeit eine Unmöglichkeit.

Der einmal aufgeregte und bereits organisierte Widerstand wollte jetzt nicht stehen bleiben bei der Erreichung des Hauptzwecks. Ein sogenanntes „Glaubens-Komitee" unterhielt die Unruhe, und diese nahm immer sichtlicher den Charakter eigentlicher

---

[1]) Verhandlungen des Zür. Gr. Rates am 18., 19. und 20. März betr. die Rücknahme der Berufung von Dr. Strauss, die Motion über Aufhebung der Hochschule und diejenige über Revision des Kirchen- und Schulwesens, Zürich und Frauenfeld 1839. — Verhandl. des Gr. Rates des Kantons Zürich, vom 18. März bis Ende des Jahres 1839. Zürich 1839, 4º.

Aufwiegelung an gegen die verfassungsmässigen und gesetzlichen
Behörden. Die Regierung liess, erschreckt, den Befehl ausgehen
an alle Beamten, die Pfarrer inbegriffen, dass keine Gemeinde-
versammlungen gestattet werden sollen, welche vom Glaubens-
Komitee anbegehrt würden; dieses teilte seinen Anhängern die
Verfügung mit durch eine Proklamation, die mit den Worten
schloss: „Seid mannhaft und stark! Der Herr wird eure gute
Sache zum Siege führen!"

Diese Schlusssätze wurden nun wiederum von Seiten der Re-
gierung als Aufforderung zum Aufstand ausgelegt und die drei
Führer der Partei, Hürlimann-Landis, Dr. Rahn und Spöndli, dem
Kriminalgericht überwiesen. Das war Ende August 1839. Diese
Massregel erbitterte jetzt um so mehr, als damit die Grundsätze
der Vereins- und Pressfreiheit missachtet waren, unter deren An-
rufung die Umwälzung von 1831 zu stande gekommen war. Die
Gemeinden protestierten gegen die Verletzung ihrer Freiheiten.[1])
Vergeblich versuchte der Antistes nochmals, in einem Bettags-
Cirkular vom 27. August, zur Ruhe und Besonnenheit zu mahnen.
Das Glaubens-Komitee veranstaltete eine Volksversammlung; die
Regierung antwortete durch Truppen-Aufgebote. Zu Kloten fand
die Versammlung statt, auf 15,000 Teilnehmer geschätzt, am
1. September. Sie fasste folgende Beschlüsse: Die Regierung solle
die dem Glaubens-Komitee gemachten ungerechten Vorwürfe als
grundlos erklären, die Klage gegen die Führer desselben auf-
heben und dafür sorgen, dass die Verfassung nicht nur zum Vorteile der Gegner des Volkes geübt, sondern allen Teilen gleiches
Recht gehandhabt werde.

Die eidgenössischen Gesandten waren gerade zur Tagsatzung
in Zürich vereinigt; einzelne boten der Züricher Regierung Truppen
an, um den Aufstand mit Gewalt zu unterdrücken. Die Anerbie-
tung wurde abgelehnt, allein das blosse Gerücht, dass fremdes
Militär kommen werde, um Ordnung zu schaffen, genügte, um die
Wut des Züricher Volkes zum Aeussersten zu treiben. Auf den
9. September war der Grosse Rat wieder zusammengerufen, aber
in der Nacht vom 5. auf den 6. September wurde, zuerst in
Pfäffikon, Sturm geläutet. Der Pfarrer Bernhard Hirzel, Doktor
der Philosophie (geboren 1807)[2]), ein ausgezeichneter Orientalist,
der in Berlin mit Erfolg als Privatdocent gewirkt hatte, aber ein

---

[1]) Ueber die rechtliche Seite der Sache: Zimmermann, J. H., Das Züricher.
Kirchenwesen oder Sammlung der in Kraft bestehenden Gesetze, Beschlüsse
und Verhandlungen seit 1831, Zürich 1839.

[2]) Allg. D. Biogr., Bd. 12, S. 483 (von G. Meyer von Knonau).

etwas excentrischer Mann und einer der leidenschaftlichsten Anti-Straussianer, war (seit 1837) Pfarrer in Pfäffikon, und er hatte dazu den Anstoss gegeben. Das Landvolk, zu höchstem Glaubenseifer entflammt, bewaffnete sich mit allem, was gerade aufzutreiben war, und zog gegen Zürich. Von allen Seiten eilten ähnliche Scharen herbei. Als die Rückkehr einer Abordnung an die Regierung, von der man bestimmte Zusicherungen verlangte, sich über Erwarten verzögerte, drang die Menge ungeduldig selbst in die Stadt. Auf dem Platze, an welchem der Rat bei einander war, stand Militär aufgestellt; die Aufständischen liessen sich nicht abhalten. Pfarrer Hirzel rief sein berühmt gewordenes: „Schüsset i Gottes Name!" — Es fielen wirklich einige Schüsse; die Kavallerie erhielt Befehl zum Einhauen; allein die meisten weigerten sich, auf ihre Mitbürger mit den Waffen vorzugehen. Im letzten Augenblick hatte die Regierung eine Proklamation abgefasst, welche beruhigen sollte. Regierungsrat Dr. Hegetschwyler, ein beliebter Arzt, selbst der Minderheit der Behörde angehörend, trat auf den Balkon des Gebäudes, um das Aktenstück zu verlesen; da traf ihn ein Schuss und streckte ihn nieder. Er starb nach drei Tagen, ohne seinen Mörder, der ihm bekannt war, zu nennen.

Aller Widerstand wurde jetzt aufgegeben; die Regierung löste sich auf, einige ihrer Häupter ergriffen die Flucht. Das Zeughaus wurde einer Bürgerwache anvertraut, und in aller Eile bildete sich eine provisorische Regierung, in welche nun der Präsident des Glaubens-Komitees eintrat. Der Grosse Rat, der am 9. September wirklich sich versammelte, bestätigte diese Behörde und legte sein Mandat ebenfalls nieder, um Neuwahlen anzuordnen. Diese fielen ganz im Sinn der aufgeregten Volksstimmung aus und stellten in ihrem Ergebnis einen schroffen Systemwechsel dar.

Das war der sogeheissene „Züriputsch" vom 6. September 1839, welcher natürlich je nach dem Parteistandpunkte eine sehr verschiedene Beurteilung gefunden hat, hier entschieden verdammt, dort als ein grossartiges Zeugnis der Kraft kirchlicher Gesinnung betrachtet wird. Kirchengeschichtlich hat das Ereignis insofern eine nicht geringe Bedeutung, als es einerseits zeigt, dass die moderne Bildung, zum Bewusstsein ihres Widerspruchs mit der alten Kirchenlehre gelangt, diesem nun offen den Krieg erklärt hat, dass aber diese Gesinnung allerdings nur noch einem verhältnismässig sehr geringen Teil der Bevölkerung eignete, während für die übergrosse Mehrheit „die Religion", und zwar in den Formen und im Bekenntnisse der angestammten Kirche, als ein unter allen Umständen und mit allen Mitteln zu behauptendes Gut erscheint, für welches auch ein protestantisches Volk mit Fanatismus einzutreten vermag.

Freilich hatte sich unverkennbar ein starker Zusatz von politischer Parteisucht der Stimmung bemächtigt, so dass es um so leichter erklärlich ist, wie die Bewegung zum Schutze des Glaubens in ihren revolutionären Mitteln über alle gesetzlichen Schranken hinausgehen konnte. Darum ist es denn auch klar geworden, dass da eine Volksreligion zum Vorschein gekommen ist, die in ihren tiefsten Motiven unbedingt Achtung einflösst, die aber besserer Erkenntnis vom Wesen der christlichen Lehre ebenso wenig stand halten kann, wie besserer Verstandesaufklärung; eine Volksreligion mit allen Mängeln und Schwächen der Verblendung, des Vorurteils, der Verirrung und der Gewaltthätigkeit. Solche Stimmung konnte sich gelegentlich gerade so gut gegen ein tieferes christliches Glaubensleben richten.

Die Regierungsänderung hatte andere Personen, aber auch einen völlig andern Ton in das öffentliche Leben gebracht. Man wachte während einiger Zeit mit grosser Aengstlichkeit und Strenge über Sitte und Anstand in kirchlichen Dingen. Der Pfarrer Johann Jakob Tobler zu Winingen, der 1840 in einer Sängerfestrede das Evangelium einen frommen Betrug nannte, musste es büssen.[1]

Allein diese Stimmung konnte, so wie sie war, nicht lange vorhalten; nach wenigen Jahren schon folgte Zürich wieder dem frühern Kurs, wie in politischen, so in kirchlichen Dingen. Selbst Bluntschli, der leitende Mann, war zu sehr ein aufgeklärter Jurist, als dass er im Sinne der Leute des September-Putsches hätte regieren können. Die kirchliche Verfassung blieb die nämliche, im Kultus trat keine Veränderung ein, die Lehre, das Bekenntnis wurde weder beseitigt noch umgewandelt; aber der Geist des vertriebenen Strauss hielt doch seinen Einzug und musste schliesslich — aber erst nach unheilvollen Kämpfen — das gesamte Wirken der Kirche unwiderstehlich auf einen andern Boden stellen, als der frühere gewesen war.

Von der „Pestalozzifeier", welche am 12. Januar 1846 in den schweizerischen Schulen begangen worden ist, wird berichtet, dass sie mancherorts, so namentlich im Aargau, als eine gegen die Geistlichkeit gerichtete Demonstration aufgefasst wurde.[2]

---

[1] Wirz, Züricher M., S. 200.
[2] Kirchenblatt für die ref. Schweiz, 1846, S. 19 und 26.

Der Eindruck, dass eine vollständige innere Umgestaltung der reformierten Volkskirchen sich anbahne, wurde verstärkt durch das was gleichzeitig im Waadtlande sich ereignete. Auch hier fand 1838 eine Erneuerung der Akademie statt, welche deren Einrichtungen mit dem neuen Geist der Politik in Uebereinstimmung bringen sollte, aber auch für das Verhältnis der theologischen Studien und dadurch zur Kirche nicht ohne Einfluss blieb, denn das folgende Jahr brachte die förmliche Abschaffung der helvetischen Konfession durch den Grossen Rat des Kantons Waadt. Der vielbedeutende Beschluss vom 13. Dezember 1839 wurde gefasst aus Anlass von Verhandlungen über die kantonale Kirchenverfassung, welche später zu berühren sind, und findet seine Erklärung darin, dass man in diesem Bekenntnisse eine Hauptstütze der Mömiers zu treffen meinte, die ja nicht müde geworden waren, durch Berufung auf das alte Symbol ihre Rechtgläubigkeit zu beweisen. Die letztern konnten freilich jetzt mit nur um so mehr Berechtigung, jedenfalls mit um so mehr Schein und Erfolg, die Behauptung aufstellen, dass die nationale Kirche abfalle vom Glauben der Väter.

Die erste Wirkung dieser Dinge, die sich im kleinen überall wiederholten, war in der ganzen reformierten Schweiz eine immer schärfere Scheidung der Geister, vor allem eine Stärkung der Widerstandskräfte. Schon mit dem Jahre 1830 hatte, mit dem politischen Siege einer der Aufklärung verwandten Richtung, eine fast unwillkürliche Zusammenfassung derjenigen begonnen, welche in der Pflege eines rein individuellen, dem öffentlichen Leben abgewandten Glaubenslebens ihre Aufgabe sahen und diese für sich und für andere nur im engsten Anschluss an die von der anderen Seite preisgegebene oder doch gefährdete Dogmatik der Bekenntnisschriften glaubten erfüllen zu können. Die methodistische Bekehrungsfrömmigkeit und die herrnhutisch-pietistische Gefühlsinnigkeit, die Stillen im Lande und die Erweckten, wurden jetzt orthodox. Der Humanitäts- und Tugendreligion gegenüber wurde die Erlösung durch Christus allein, der natürlichen Offenbarung gegenüber die Einzigartigkeit der Bibel hervorgehoben und beides glaubte man — der modernen Theologie gegenüber — nur gewahrt und geschützt in den Vorstellungen und Ausdrücken der kirchlichen Konfessionen und der altprotestantischen Tradition.

Aber auch die schlichte Gottesfurcht, die bis dahin dogmatisch keineswegs streng gedacht hatte, identifizierte jetzt wieder Frömmigkeit und Bekenntnistreue und sprach jeder andern Ueberzeugung den Charakter des Glaubens, die Zugehörigkeit zum wahren Christentum ab.

Die anfangs ziemlich neutralen religiösen Vereine nahmen allmählich die Natur einer Parteiorganisation an und begannen sich neben die Landeskirchen zu stellen, ihre Wege in Zielen und Mitteln von denen der „abgefallenen" Mehrheit zu scheiden.

Dass in Bern die „Evangelische Gesellschaft" entstand, ist bereits gesagt worden. Ihre Mitglieder trennten sich nicht von der Landeskirche, standen aber doch insofern geistig ausserhalb, als sie den Glauben derselben nicht entschieden genug und ihre Predigt nicht eingreifend genug nannten, sich auch, mit Dissidenten zusammen, als „Christen" von den andern zu unterscheiden anfingen. Eine gleiche Gesellschaft wurde 1835 in Zürich begründet, wo sie bald durch Stiftung von religiösen Leihbibliotheken und einer Bildungsanstalt für Handwerker und Lehrlinge eine intensive Wirksamkeit entfaltete. Die Bibel- und Missionsgesellschaft im Kanton Zürich veranlasste seit 1833 vierteljährliche öffentliche Versammlungen[1]), bei welchen der Gegensatz gegen die „ungläubige" Theologie, die von ihr angesteckten Geistlichen und die von solchen inspirierte Staatskirche immer mehr in den Vordergrund trat. Eine ähnliche Haltung nahmen die verschiedenen religiösen Vereine auch in Basel und anderswo an.

Es kam eine religiös-polemische Presse. Im Widerstande gegen den Rationalismus und den jetzt ebenso wenig mehr genügenden gemütlichen Supranaturalismus gab Pfarrer Schinz in Zürich seine orthodox-pietistische „Evangelische Kirchenzeitung" heraus. Ihr trat von 1836 an, das Recht theologischer Kritik im Princip anerkennend, die „Neue Kirchenzeitung für die reformierte Schweiz" entgegen. Der Züricher Antistes J. J. Füssli[2]), Professor Alex. Schweizer, der Privat-Docent Hans Heinrich Vögeli und Pfarrer Heinr. Zimmermann standen als Herausgeber voran; Hagenbach in Basel, Professor Zyro in Bern und Dekan Frei in Trogen waren Mitarbeiter an diesem Organ der kirchlichen Vermittlung. Vom Jahre 1838 an ging die Redaktion an den Pfarrer Johann Hirzel in Bauma über, der damals noch Vikar in Neumünster war, und seit 1840 auf Joseph Scherrer in St. Gallen; aber im gleichen Jahre noch hörte das Blatt zu erscheinen auf, das den Ungläubigen zu gläubig, den Gläubigen aber zu lau war.

Aus dieser in aller Stille herangewachsenen religiösen Partei-Organisation erklärt sich die unerwartete Wucht, mit welcher das Züricher Volk zur Verteidigung seiner Glaubensgüter einzutreten

---

[1]) Finsler, Kirch. Stat., S. 77.
[2]) Antistes seit 1837. Biogr. von G. Finsler. Zürich 1840.

vermochte, aber auch die über das Ziel hinausschiessende Wut, mit welcher es, der theologischen Forschung, ja der modernen Bildung überhaupt den Krieg erklärend, auf die Zeiten der Konsensusformel zurückzugreifen versuchte. Sogar das „Credo quia absurdum" kam wieder: eine der vielen Petitionen an den Züricher Grossen Rat ging aus von der „bewährtesten Ueberzeugung, dass in überirdischen Dingen alles menschliche Wissen Thorheit ist".[1]

Solche Folgerungen konnten engere Kreise ziehen, aber nicht ein ganzes Volk, auch nicht eine Volkskirche. Die letztere geriet in die äusserst ungünstige Stellung, dass die Einen sich von ihr fern hielten, weil sie keinen Sinn hatten für ihre religiösen Ziele, und die Andern sich von ihr abwandten, weil ihnen das Verständnis fehlte für die Naturbasis, auf welcher ihre Wirksamkeit notwendig beruht.

Es ist schwer begreiflich, dass man in Bern den Fehler, den Zürich begangen, meinte nachahmen zu müssen. Nicht gewarnt durch den Widerstand, den das Züricher Volk dem leichtfertig unternommenen Versuche einer „Reformation" der Kirche entgegengesetzt hatte, wollte wenige Jahre später auch die Berner Regierung aus der bisher beobachteten indifferenten Stellung zur Kirche heraustreten und einen Anlauf nehmen zu deren innerer Erneuerung, aber — wie dort — nicht durch die Kirche selbst, sondern auf dem Umweg durch die Schule.

Zuerst durch die Volksschule.

Das Berner Lehrer-Seminar in Münchenbuchsee wurde anfangs, wie bereits erwähnt, der Leitung tüchtiger Theologen anvertraut und damit vorerst ein Zwiespalt mit der Kirche vermieden. Immerhin waren schon unter Langhans bedenkliche Misshelligkeiten zwischen ihm und Fellenberg entstanden, welche ihre Ursache vornehmlich im Auseinandergehen ihrer Ansichten über den Religionsunterricht hatten. Der philosophierende Seminardirektor wollte seine Zöglinge, die künftigen Volksschullehrer, zum selbständigen Denken auch über die religiösen Probleme anleiten; der praktische Hofwyler Pädagoge erklärte das als grundverderblich und verlangte Einprägung einfacher aber fester positiver Glaubenssätze.[2] Es handelte sich nur um die Methode, aber die Schwierigkeiten der Aufgabe wurden schon da offenbar, und sie wurden — in den Jahren politischer Gärung — immer grösser.

---

[1] Verhandl. d. Gr. Rates, 4º.
[2] Martig, a. a. O., S. 22 u. ff.

Wiederholt beklagte sich die Kirchensynode über den Mangel an Uebereinstimmung zwischen dem Religionsunterricht in der Schule und demjenigen, den die Kirche erteilte, aber ihr Wunsch, über religiöse Lehrbücher wenigstens ein Gutachten abgeben zu dürfen, fand kein Gehör.

Auf Rickli, der am 18. Februar 1843 einer in der Anstalt ausgebrochenen Typhus-Epidemie erlag, folgte der wohlmeinende und verständige Friedrich Boll (1801—1869)[1], früher Pfarrer zu Niederbipp, dann, seit 1838, zu Hindelbank, wo er bereits in staatlichem Auftrage ein kleines Institut zur Bildung von Lehrerinnen eingerichtet hatte. Allein nach kaum drei Jahren trat derselbe, erschreckt und entmutigt, wieder zurück, um das Pfarramt zu Gottstatt zu übernehmen, und jetzt wurde Heinrich Grunholzer aus Trogen, geboren 1819[2]), ein Schüler und Anhänger von Th. Scherr, als Vorsteher nach Münchenbuchsee berufen. Am 22. Mai 1847 fand seine Einführung statt. Das Wirken dieses idealstrebenden und äusserst anregenden, aber entschieden unkirchlich gesinnten Mannes liess bald den Riss zwischen Schule und Kirche, den eifersüchtigen Streit um die Jugend zwischen Lehrer und Pfarrer, immer offener werden.

Zeitlich und sachlich fiel damit eine Ernennung an die Hochschule zusammen, welche, dem Ruf des Gewählten entsprechend, viel mehr Lärm gemacht hat. Allseitig anerkannt und verehrt, ist Professor Samuel Lutz am 14. September 1844 gestorben, und jetzt bezeichnete die unterdessen aus der politischen Umwälzung vom Sommer 1846 hervorgegangene neue Regierung als seinen Nachfolger einen anerkannten Gesinnungsgenossen von Strauss, den Dr. Eduard Zeller aus Tübingen, zum Professor des Neuen Testaments. Die Wirkung dieser Nachricht auf das kirchlich gesinnte Volk war ganz die gleiche, wie sie vorher in Zürich gewesen: Proteste, Petitionen und polemische Flugschriften erschienen und versetzten Stadt und Land, Fromme und Unfromme, in ganz ungewohnte Erregung.[3]

---

[1]) Volksblatt f. d. ref. Schweiz, 1869, Nrn. 1—3.

[2]) Tr. Koller, H. Grunholzer, Lebensbild eines Republikaners. Zürich 1875, 4 Bde. — Nekrolog in Berner Alpenrosen, Jahrg. III, 393 u. ff. — Samml. Bern. Biogr., Bd. III, 420.

[3]) Für den ganzen vielbesprochenen Handel verweisen wir vornehmlich auf die durch Klarheit und unbefangenes Urteil sich auszeichnende Darstellung von Ammann: „Vor fünfzig Jahren", im Kirchl. Jahrb. d. Schweiz., 1897. Ganz im Sinne der Berufung Zellers ist: Lindt, A., Der Zellerhandel in Bern, in der „Kirche der Gegenwart", Bd. III, 142, 295, 324. — Ebenso einseitig sind die „Urkunden zur geheimen Geschichte des neuesten Religionsstreites im Kt. Bern". Zürich 1847.

Zuerst erschien der Helfer Baggesen am Münster[1]) mit seiner „Vorstellung des Präsidenten der Synode an den Regierungsrat des Kantons Bern", weil er es in seiner Eigenschaft als damals nominelles Haupt der obersten Kirchenbehörde für seine unabweisbare Pflicht hielt, „aufmerksam zu machen auf die Gefahr, womit jene Wahl den Glauben und den Frieden der Landeskirche bedrohe". Diese erste Schrift wurde von den Gegnern als „sammetpfötig und glatt" bezeichnet. Andere folgten: „Die Berufung von Dr. Zeller", verfasst von Zuchthausprediger Ludwig v. Fellenberg; „Dr. Zeller und seine Lehre", eine ruhig sachliche Vergleichung der Aussprüche Zellers mit dem kirchlichen Glauben in Bezug auf den Gottesbegriff, die Person Christi und die Unsterblichkeits-Hoffnung; dann — dem widersprechend — „Die Zellersche Religionsgefahr im Kanton Bern", in heftiger, teilweise roher Sprache, von dem frühern Pfarrer und nunmehrigen Staatsschreiber Weyermann, und die Erwiderung darauf: „Beleuchtung der Flugschrift, die Zellersche Religionsgefahr". Ernsthafter und würdiger war die Schrift von Friedrich Ries, Professor der Philosophie[2]), welcher, unter Anerkennung seines persönlichen Anteils an der Berufung, die Lehrmeinung Zellers als mit dem Christentum vereinbar erklärte, aber freilich insofern nicht zu beruhigen vermochte, als der tiefe Unterschied von dem, was man im allgemeinen bisher unter Christentum verstand, doch nicht verhehlt werden konnte, und der Triumph über den mit dem neuen Gelehrten erscheinenden kirchlichen „Fortschritt" offen hervortrat.

Noch einmal kam Baggesen mit seinen „Bedenken gegen die Berufung des Hrn. Dr. E. Z." und einem „Offenen Sendschreiben an Hrn. Fr. Ries", und dann mit besonderem Gewicht, aber scharf polemischem Ton, der Pfarrer Johann Peter Romang zu Därstetten im Simmenthal, früher Professor der Philosophie an der Akademie und Verfasser der höchst bedeutenden Werke über „Determinismus und Willensfreiheit" (Bern 1835) und „Das System der natürlichen Religionslehre" (Zürich 1841).[3]) Seiner Schrift gegen Zeller gab er den Titel: „Ueber das junghegelische Christentum oder das Ries-Zeller'sche Symbolum, ein Sendschreiben an

---

[1]) Rytz, A., Karl Albr. Reinhold Baggesen, ein Lebens- und Zeitbild. Basel 1884, mit Bildnis.

[2]) „Auch ein Wort über die Anstellung des Dr. Zeller".

[3]) J. P. Romang als Religionsphilosoph, in Meilis Theolog. Zeitschrift, — und Samml. Bern. Biogr., III, 24 u. ff.

Professor Ries" und das den Inhalt noch besser bezeichnende
Motto: „Schauet Täuscherei!"

Nicht ohne Berechtigung konnte nun Ries in seiner „Antwort
an Hrn. Baggesen und Pfarrer Romang" dem letztern den Vorwurf
machen, dass er Zellers Theologie als verderblich darstelle, da
er doch selbst als philosophischer Denker die Lehrschranke der
Bekenntnis-Orthodoxie nicht festzuhalten willens sei. Der empfindlich Angegriffene war dadurch zu einer weitern Entgegnung
gezwungen: „Meine Opposition gegen die junghegelischen Tendenzen und mein Verhältnis zu der bisher geltenden christlichen
Lehre. Offene Erklärung".[1]

Eine gewaltige Redeschlacht im Grossen Rate (24. März 1847)[2]
endete mit der — auch von den Gegnern angenommenen — Erklärung, dass die Regierung innerhalb ihrer gesetzlichen Befugnisse
gehandelt habe, ihre Verfügung somit rechtskräftig sei. Das
Berner Volk unterschied sich dabei von demjenigen Zürichs insofern, als es sich diesem Ausspruch unterzog, ohne zum Aufstand zu greifen. Zeller kam und begann seine Vorlesungen,
verliess aber freilich Bern schon nach einem halben Jahre
wiederum, da er sich doch im Gegensatze zur wirklichen Volksstimmung fand und nicht wohl fühlen konnte. Einige Pfarrer
wurden gerichtlich abgesetzt und in ihren Aemtern eingestellt,
weil sie sich weigerten, eine die Berufung Zellers rechtfertigende
Proklamation der Regierung (vom 18. März 1847) von der Kanzel
zu verlesen, oder weil sie in ihren Predigten allzu laut warnten[3];
im übrigen verlief der drohende Sturm in verhältnismässiger Ruhe.
Der Gang der Dinge, wie er kommen musste und kommen sollte,
wurde weder durch die Wirksamkeit Zellers gefördert, noch durch
den Widerstand gegen ihn aufgehalten. Nur eines blieb als natürliche Folge dieser Episoden: wachsendes Misstrauen vieler Geistlichen gegen ihre Amtsbrüder, Misstrauen der Gemeinden gegen
ihre Seelsorger, Misstrauen des eifrigsten Teils der Kirchen-
glieder gegen die Staatsregierung, und damit die immer schwierigere
Gestaltung des Verhältnisses zwischen Kirche und Staat.

---

[1] Nachher veröffentlichte er noch: Der neueste Pantheismus oder die
junghegelische Weltanschauung, Bern und Zürich 1848.

[2] Verhandlungen des bernischen Grossen Rates vom 24. März 1847 betreffend die Berufung des Hrn. Dr. Zeller. Bern 1847, 8°, von Amtes wegen
gedruckt.

[3] Diese Urteile im einzelnen, vom Jan. 1848, in Hagenbachs „Kirchenblatt für die ref. Schweiz", Jahrg. 1848, S. 22. Die „Kirche der Gegenwart"
hat dieselben als „eine Schändlichkeit" bezeichnet.

6. Jesuiten und Freischaren.

Mit der Erwähnung der Berufung Zellers nach Bern im Jahre 1846 haben wir der Zeitfolge vorgegriffen und eine Periode übergangen, welche, obwohl mehr die katholische als die reformierte Kirche berührend, und überhaupt mehr politischer als kirchlicher Natur, doch auch für die in unsere Aufgabe fallenden Dinge von verhängnisvoller Wichtigkeit geworden ist, ja geradezu die einzige Erklärung bietet zu allem Folgenden, zur weitern Entwicklung des reformierten Kirchenwesens bis in unsere Gegenwart hinein.

In den ersten Tagen des Jahres 1841 waren im Kanton Solothurn und gleich darauf auch im katholischen Teile des Aargau aufständische Bewegungen zum Ausbruch gekommen, von denen die letztere am 11. Januar auf dem traditionellen Schlachtfelde von Vilmergen in einem kleinen Gefechte unterdrückt werden musste. Fanatischen Mönchen, besonders aus dem Kloster Muri, wurde — mit Recht oder Unrecht — die Schuld zugeschrieben, und schon am 13. Januar beschloss der aargauische Grosse Rat zur Strafe die Aufhebung der sämtlichen Klöster im Kantonsgebiet. Allein der Fortbestand dieser geistlichen Körperschaften war in dem Bundesvertrag gewährleistet worden, die Tagsatzung musste sich mit der Frage befassen, und ihre Entscheidung ging dahin, dass der Aargau zu jenem Beschlusse nicht berechtigt sei und davon zurückkommen müsse.

Aber Aargau beharrte. Mit der gesamten protestantischen Schweiz waren auch alle liberalen Katholiken davon überzeugt, dass das Klosterleben der Vergangenheit angehöre und, wo nicht gefährlich, doch jedenfalls unnütz und mit der modernen Weltgestaltung durchaus unverträglich sei. Durften formal-konstitutionelle Bedenken im Wege stehen, um die mittelalterlichen Institute vor ihrem historischen bestimmten Schicksale zu retten? — Der Widerspruch wurde schwächer, der Drang nach vorwärts unwiderstehlicher, Vermittlungen nicht mehr möglich. Geschriebenes Recht oder Naturrecht! Das Recht der Lebenden siegte. Nicht die Tagsatzung, die öffentliche Meinung gab den Ausschlag.

Aber dieser Sieg war nicht der Schluss, sondern der Anfang der Kette: „Die Aufhebung der Klöster — sagt eine Flugschrift der Zeit — wurde für den Bund um so bedenklicher, weil die kleinen konservativen Stände mit der Besorgnis erfüllt wurden, dass diese Thatsachen keine vereinzelten Bestrebungen des Radikalismus seien." Diese Besorgnis, die sich immer mehr festsetzte und bestätigt fand, führte zur Organisation einer kirchlich-katholischen Partei. Vorzüglich war dies im Kanton Luzern der Fall, der nach der Annahme einer neuen Staatsverfassung (1. Mai 1841) sich vollständig dem übermächtigen Einfluss des frommen Volksmannes Leu von Ebersol ergab und in die Bahnen eines strengkirchlichen aber ländlich-populären Katholizismus einlenkte. Es folgte im Dezember 1841 der feierliche Einzug des päpstlichen Nuntius in Schwyz und endlich, am 24. Oktober 1844, die Berufung von sieben Jesuitenpatres nach Luzern — dem derzeitigen Vorort der Eidgenossenschaft.

Die Antwort lag in der Forderung der aargauischen Gesandtschaft vor der Tagsatzung, es solle durch Bundesbeschluss jede Niederlassung des Jesuitenordens innerhalb der Schweiz verboten werden. Der Rückschlag blieb nicht aus: er bestand in der förmlichen Konstituierung des Sonderbündnisses einiger katholischen Kantone, und diese wieder fand, als die Jesuitenaustreibung den Ungeduldigen nicht rasch genug vor sich ging, ihre natürliche Reflexerscheinung in den beiden „Freischarenzügen" vom 4. Dezember 1844 und vom 31. März 1845, welche den Umsturz des Jesuitenregiments in Luzern gewaltsam ins Werk setzen wollten.

Der unglückliche Ausgang dieser Unternehmungen liess die Bewegung ins Stocken geraten, doch nur scheinbar und nicht für lange. Die Bearbeitung der Massen dauerte auf beiden Seiten fort, damit auch die gegenseitige Bedrohung und die Aufforderung zu festerer Parteibildung, zum Anschluss an helfende Bundesgenossen. Schon im April 1845 traten die zwei letzten Mitglieder der aus dem „Putsch" hervorgegangenen konservativen Züricherregierung — darunter J. K. Bluntschli — zurück und überliessen das Feld ihren Gegnern. Im Kanton Bern hatte das gemässigtradikale Regiment durch zweideutige Haltung zu den Freischaren sich sein Grab gegraben. Die Aufregung erreichte hier ihren Höhepunkt in der berühmten „Taufe der Freischarenglocke" in der Kirche zu Schüpfen und in zahlreichen Volksversammlungen, ihren Abschluss aber in der Annahme einer neuen Verfassung (31. Juli 1846) und der Wahl einer völlig neuen „entschieden radikalen" Regierung.

Am 8. Oktober 1846 machten in Genf die leitenden Staatsmänner nach kurzem erfolglosem Strassenkampfe dem „Löwen von St. Gervais", James Fazy, und seiner provisorischen Regierung Platz. Im Mai 1847 endlich gewann die liberale Partei im Schicksalskanton St. Gallen um einige Stimmen die Mehrheit, und jetzt verfügten die politischen Neuerer über zwölf ganze und zwei halbe Stände in der Tagsatzung. Am 12. Juli wurde der Beschluss der Auflösung des Sonderbundes gefasst; der Bürgerkrieg war unvermeidlich geworden. Ende November war aller Widerstand niedergeschlagen und der Weg zu einer Neugestaltung des schweizerischen Bundesstaates frei geworden.

Der Sonderbundskrieg war kein Religionskrieg. Die Parteien schieden sich nicht nach ihrer kirchlichen oder konfessionellen Stellung, es standen Protestanten auf der Seite der Sonderbundskantone und Katholiken unter deren grimmigsten Feinden, und doch waren die treibenden und aufreizenden Schlagworte dem kirchlichen Gebiete entnommen; es hiess: „Religionsgefahr!" hüben und drüben. Allerdings war das Wort im Munde vieler ein blosser Vorwand: „Es ist Euch um etwas ganz Anderes, als um Vertreibung der Jesuiten, als um einen geistigen Sieg, es ist Euch um Durchführung Eures Princips im eidgenössischen Bundesleben zu thun, und darum wollt Ihr bei Anlass des Sonderbundes und der Jesuitenfrage die Kantonssouveränetät brechen und den hartnäckigen Sinn der innern Schweiz beugen".[1]

Manchen aber war es auch heiliger Ernst mit der Religionsgefahr: ohne Verständnis für die Notwendigkeit einer andern Bundesverfassung liessen sie sich in alles vergessenden Eifer setzen durch die abergläubische Besorgnis vor einer Schädigung des protestantischen Glaubens durch die Umtriebe des römischen Ordens, oder umgekehrt durch die Furcht vor einer Erdrückung der katholischen Kirche durch die reformierte Ständemehrheit.[2]

Des Sonderbundskrieg war kein Religionskrieg; aber gerade diese eigentümliche Verquickung religiöser und politischer Interessen war für das innerkirchliche Leben von den verhängnisvollsten Folgen begleitet. Die tiefgehende geistige Erregung, welche die Männer in aufreizende Versammlungen und in die Wirtshäuser lockte und schon dadurch moralisch ungünstig wirkte, zeitigte eine grosse Zahl von Streit- und Gelegenheitsschriften, von Zeitungs- und Flugblättern, welche die öffentliche Stimmung aufrütteln und leiten wollten. Die in den reformierten Gegenden verbreiteten Schriften dieser Art hatten allermeist — es lag das nur zur sehr in der Natur des Kampfes begründet — die herrschende Tendenz-

---

[1] Daniel Schenkel, Zwölf Briefe über die politische Lage der Schweiz, im Sommer 1847, S. 52.

[2] Für die Empfindungen konservativer Protestanten in diesem Konflikte möge es dem Verfasser gestattet sein, auf seine Schrift: „Ed. Blösch und dreissig Jahre bernischer Geschichte" (Bern 1871) zu verweisen, namentlich S. 212 und 213.

die Einrichtungen der katholischen Kirche einerseits als veraltet und längst überwunden, anderseits aber als höchst gefährlich darzustellen, sie bald mit allen Mitteln der Satyre lächerlich zu machen, bald im Tone sittlicher Entrüstung Grauen zu erregen vor ihrer geheimnisvollen demoralisierenden Macht über die Seelen.

Anfangs ging's gegen die Klöster, dann gegen die Jesuiten; allein die Weltgeistlichkeit, die „Pfaffen", wurden dabei keineswegs verschont, und ebenso wenig war der Teil des katholischen Volkes von der Verhöhnung ausgenommen, der „einfältig" genug war, den Reden und Räten seiner Geistlichen Vertrauen zu schenken. Man muss die genial gezeichneten Karrikaturen des beliebten „Distelikalenders" ansehen, um sich den Einfluss solcher Bilder auf die Phantasie der Zeitgenossen vorzustellen: den Aargauer Landsturm von 1841 mit den Pfarrern und Mönchen voran, im Jahrgang 1842, oder die fanatisierenden kreuzpredigenden Jesuiten-Missionäre mit dem Gegenstück, dem die armen Kinder aufnehmenden Pestalozzi, im Jahrgang 1843, oder die effektvollen, so wohl berechneten Monatsbilder von 1844: „Abyberg erhält einen päpstlichen Orden und das Volk Ablass". Mit unerhörtem Cynismus, mit Voltairescher Frivolität, aber nicht immer mit Voltairescher Feinheit, wurden auf diese Weise nicht die Ausartungen der katholischen Kirche, sondern es wurde diese selbst, vom Papst und seinem Nuntius bis zum Kaplan und seiner Köchin, mit dem Aberglauben auch der Glaube, mit dem Heiligendienst des katholischen Volkes auch sein Gottesdienst, öffentlich gegeisselt und misshandelt.

Wie sehr würde man aber irren, wenn man annehmen wollte, dass das protestantische Bewusstsein dabei gewonnen habe. Es war nicht mehr die Zeit, wo man den Papst als „Antichrist" malte; vielmehr als Inbegriff und Personifikation der kirchlichen Autorität, wenn nicht geradezu als Stellvertreter Christi, war er jetzt ein Gegenstand des Hasses und mehr noch des Hohnes geworden. Die Waffe der Satyre reichte weit hinaus über das eigentliche Ziel und traf — selbst wo dies nicht geradezu beabsichtigt war — auch die evangelische Kirche, er verletzte unvermeidlich auch den Glauben an das, was dem Protestanten heilig ist, er zerstörte vielfach auch die Gottesfurcht, die Wurzel aller Religion.

Der nämliche „Distelikalender" brachte Anekdoten, welche die reformierten Kirchen verhöhnten, wie das „Postwagengespräch" im Jahrgang 1844, wie die Schilderung des Basler Pfarrers, der in frommer Ehrfurcht von der „Prädeschtination" redet und „mit seinem geistlichen Habitus und begeisterten Gestikulationen ganz füglich eine Art von christlich-protestantischem Elias vorstellen könnte, eine Rolle, mit der sich freilich das unchristliche pro-omnibus-bibo-Bäuchlein wieder nicht recht zu vertragen scheint." Und wenn an gleicher Stelle den Jesuiten in Freiburg die Aeusserung in den Mund gelegt wird: „wir wollen eine vom christlichen Princip durchhauchte Schule", so wurde nicht nur der Missverstand dieses Wortes als heuchlerisch an den Pranger gestellt. Noch weit ärger trieb es aber der in Bern erscheinende „Guckkasten", der, mehr Skandal- als Witzblatt, direkt darauf ausging, jeden Diener der Kirche als Heuchler, jeden Predigtgänger als Dummkopf, jeden Bibelleser als „Stündeler" erscheinen zu lassen, seine Leser an die unglaublichsten Gotteslästerungen zu gewöhnen, indem er sie zwang, darüber zu lachen.

Unglaube und Unkirchlichkeit wurden jetzt populär in einem Masse, wie es zur Zeit der helvetischen Revolution niemals der Fall gewesen war. Damals waren es einzelne, die sich über das Christentum erhaben dünkten; jetzt drang dieser Sinn in die Massen hinein und mancher schämte sich nun seiner Gläubigkeit, wie man früher seine Freigeisterei für sich behalten hatte. Die kritischen Untersuchungen der biblischen Geschichte, die überraschenden Entdeckungen der Naturerkenntnis hatten ohnehin die traditionelle Form des Bibelglaubens und die katechismusmässige Gottesvorstellung unmöglich gemacht und so das Festhalten an den Lehren der Kirche, an der Religion überhaupt, ganz ausserordentlich erschwert. Wie sollte es dem Prediger gelingen, dem Laien gegenüber die alten Grundvoraussetzungen mit dem neuen Weltbild zu verteidigen? Wie ihm begreiflich machen, dass das letztere noch keineswegs gesichert sei, jene dagegen fest stehen bleiben, selbst wenn der Edelstein anders gefasst werden müsste? Und nun noch diese öffentliche Spötterei dazu, unter den Augen, ja mit kaum verhehlter Zustimmung derselben Obrigkeiten, aus deren Hand man bisdahin auch die Religion entgegenzunehmen gewöhnt war.

Damals war es, dass Jeremias Gotthelf im „Zeitgeist und Bernergeist" seinen Pfarrer zum befreundeten Amtsrichter sagen liess: „Im vorigen Jahrhundert kam von Frankreich her die Aufklärerei und mit ihr der Wahn, wer Anspruch auf Bildung mache, dürfe kein Christ sein." — „Der grösste Teil der Staatsbeamten ... verachtete also mit dem Kirchlichen alles Christliche, und es bildete sich da eben die Ansicht aus, alles dieses sei gut genug für das Volk, aber die Gebildeten seien darüber hinaus;

es sei ein Kappzaum für das Volk, dasselbe im Staatsschritt zu erhalten, eine Abteilung der Polizei, so gleichsam die innere." Damals lebten und prahlten „der Präsident" (Gerichtspräsident), welcher meinte, „man sollte die Geistlichen ganz abschaffen", und „der Regierer" (Regierungsstatthalter), welcher hingegen, noch etwas vorsichtiger, „nicht wollte das Kind mit dem Bade ausgeschüttet haben", und es für besser hielt, „die Geistlichen so zu bilden, dass sie gerade zu dem gut würden, wozu man sie brauchen wolle, für Staatsmoral zu predigen und der Polizei zu helfen." — „Es seien noch gar viele dumme Leute, die vertrügen das Abschaffen der Pfarrer nicht, aber wenn nach und nach durch die Pfarrer selbst die Lehre geändert werde, so merkten sie es nicht und glaubten dem Pfarrer die neue Lehre so gut, als die alte." Damals war es, dass solche „Herren" nach demselben Menschenkenner die Zeit herbeiwünschten, „wo von Teufel und Pfaffen keine Rede mehr und das bürgerliche Gesetz die erste und einzige massgebende Gewalt sei".[1])

Die feindliche Polemik der Periode schien gegen die katholische Kirche gerichtet zu sein und diese vernichten zu müssen; in Wirklichkeit hat sie dieselbe gestärkt, nach Innen und Aussen gefestigt; viel gefährlicher ist die Krisis für die evangelischen Kirchen geworden, bei welchen die Neigung zum Individualismus, die grössere Bedeutung der Glaubenslehre und das Verhältnis zum Staate ebensoviel Angriffspunkte bildeten, durch welche die Auflösung eindringen konnte.

Der Beweis dafür blieb nicht aus. Mitten in die religiösen Aufregungen hinein, und mit denselben in sichtbarster Wechselwirkung, fiel ein Ereignis, welches zunächst im engern Kanton eine schmerzliche Wunde geschlagen, aber auch weit über dessen Grenzen hinaus einen überaus traurigen Eindruck gemacht hat, nämlich der Uebertritt des Antistes Friedrich Hurter von Schaffhausen zum Katholizismus. Als ernster Gelehrter, Verfasser des bekannten kirchengeschichtlichen Werkes über Papst Innozenz IV., hatte Hurter die Aufmerksamkeit auf sich gezogen, aber auch bereits hie und da den Verdacht kryptokatholischer Gesinnung erweckt. Trotzdem wurde er 1835 zum Vorsteher der reformierten Schaffhauser Kirche erhoben. Sein Verkehr mit hochstehenden Katholiken, seine auffallenden Reisen nach Wien und nach Paris, wo er vorzugsweise die Klöster besuchte und die schmeichelhafteste Aufnahme fand, ein Vorfall schliesslich im nahen Gottes-

---

[1]) J. Gotthelf, Zeitgeist und Bernergeist, Bd. I, S. 104, 105, 51.

haus Katharinenthal im Jahre 1840, vermehrte den Schein geheimen Abfalles vom Bekenntnis der von ihm geleiteten Kirche nun so weit, dass der Schaffhauser Stadtkonvent sich veranlasst sah, ihn zu einer unzweideutigen Erklärung aufzufordern, „ob er der evangelischen Kirche noch von Herzen zugethan sei?" Er antwortete mit einer sachlich der Frage ausweichenden, im Tone äusserst leidenschaftlichen, scheinbar apologetischen, in Wirklichkeit vielmehr agressiven Schrift: „Der Antistes Hurter und sogenannte Amtsbrüder"; trat aber doch im folgenden Jahre von seiner völlig unhaltbar gewordenen Stellung zurück. Erst im Februar 1844 reiste er nach Rom, wo nun am 16. Juni die Konversion vollzogen wurde. Nach einiger Zeit, die er noch in Schaffhausen zubrachte, erhielt er einen Ruf nach Wien; in Graz ist er 1865, etwas über 78 Jahre alt, gestorben [1]).

In der Erwiderung auf die oben genannte Schrift, — „Antistes Hurter und seine verunglimpften Amtsbrüder", — von Professor J. C. Zehender, wird der Konvertit offenbar treffend charakterisiert: „Herr Antistes ist unstreitig ein Mann von seltener Kraft des Geistes, und seinem Drang, zu wirken, konnte in unsern engen Verhältnissen nie ein angemessener Spielraum werden. Das Gefühl seiner Thatkraft hat ihn in weitere und ausgedehntere Wirkungskreise, die er durch seine Schriften und durch seine vielfachen Verbindungen sich bildete, gezogen. Er ist ein Herrschergeist, daher seine Verehrung der Hierarchie, daher seine aristokratisch-politischen Grundsätze, daher seine Abneigung gegen alle Bewegungen unserer Zeit in politischer oder religiöser Richtung." Er selbst hat über die Motive seines Entschlusses Auskunft gegeben in einem dreibändigen Werke „Geburt und Wiedergeburt", das er bald darauf erscheinen liess; wohl noch deutlicher sind sie erkennbar aus der schon vor dem Uebertritt veröffentlichten für den Geist der ganzen Epoche äusserst bezeichnenden Schrift: „Die Befeindung der katholischen Kirche der Schweiz seit 1831".[2]) Abgestossen von den wilden Ausschreitungen des politischen und kirchlichen Radikalismus jener Jahre, angewidert von der wüsten Pfaffenhetze und der abscheulichen Religionsspötterei, in starrem Rechtsgefühl allmählich einer gewissen Verbitterung anheimfallend,

---

[1]) Heinrich Hurter: Fr. v. Hurter und seine Zeit. Graz 1876—1877, 2 Bde. mit Bild. Unbefangener und wohl auch richtiger ist der biogr. Artikel in Allg. D. Biogr., XIII, 431—444. — Ueber die reichhaltige Litteratur vergl. Bibliographie der Landeskunde, die ref. Kirche, von Finsler zusammengestellt.

[2]) Mit Berichtigungen, Ergänzungen und Nachträgen. Schaffhausen 1842—1843, 2 Bde

glaubte der Mann, den die Schaffhauser Geistlichkeit in Hochachtung vor seinen hervorragenden Eigenschaften an ihre Spitze gestellt hatte, nur in der katholischen Kirche Rettung finden zu können.

Hurter hat den Schritt wirklich gethan, den Böswilligkeit und Blindheit manchen andern andichten wollte; er hat aber eben damit dem einfältigen Geschrei einen Schein der Wahrheit geliehen, dass alle konservativ gesinnten Protestanten eigentlich verkappte Jesuiten seien. Es schienen eine Zeitlang in der Schweiz nur noch Jesuiten und Freischaren zu leben.

Trotz alles dessen, was gegen die römische Kirche gesagt und gedruckt worden ist, kam das Umgekehrte, Konversionen zum Protestantismus, selten vor.

Der ehrliche Mönch vom St. Bernhard-Hospiz, Johann Franz Benedikt Lamon aus dem Wallis, der als Quêteur seines Gotteshauses auch protestantische Lande besucht hatte, war schon 1834 zum evangelischen Bekenntnis übergetreten und erst Helfer in Biel, dann Pfarrer auf dem Tessenberg geworden.[1]

Das kirchliche Leben musste unvermeidlich schweren Schaden leiden in solcher Zeit. Die Sittenzucht war überall aufs äusserste beschränkt, wo nicht ganz eingestellt; denn auch von den gesetzlich anerkannten Kompetenzen wagten die Behörden nicht Gebrauch zu machen. Die äussern kirchlichen Bedürfnisse wurden, als für die Staatszwecke gleichgültig, nur mit Unwillen besorgt; das Kirchenregiment war lahm gelegt, der Kirchenbesuch nicht mehr von der Sitte gefordert, daher in sichtlicher Abnahme begriffen, und das einzige, was dem Prediger geblieben war, die Freiheit des Wortes, vielfach aufs ärgste durch staatliche Machtsprüche beschränkt.

Die Synoden hatten Aufgaben genug; es fehlte nicht an der Einsicht, dass angesichts der veränderten Zeitlage auch im kirchlichen Leben neue Waffen und Werkzeuge notwendig seien.[2] Basel und Zürich arbeiteten an der Erstellung eines neuen Gesangbuches; im Aargau erhielt das besonders von Abr. Em. Fröhlich bearbeitete Kirchengesangbuch 1844 die Genehmigung des Grossen Rates und fand raschen Eingang. Die Berner Geistlichkeit hatte seit Jahren zum nämlichen Zweck eine Kommission eingesetzt und 1839 ein Probeheft zum Druck gebracht, aber dabei musste es bleiben. Thurgau und Appenzell beschäftigten sich 1846 mit

---

[1] Biogr.: Actes de la Soc. d'Emulation du Jura, XII, 8.
[2] Rytz, A., Die Thätigkeit der Berner Geistlichkeitssynode von 1833 bis 1851, im Kirchl. Jahrb. Bern 1893.

einer Revision ihrer Kirchengebete. Aber teils die Furcht, dass
jede Aenderung für den Fortbestand der kirchlichen Einrichtungen
verhängnisvoll werden könnte, teils die offenbare Ungunst der
weltlichen Regierungen, welche solchen Dingen keinen Wert zu-
schrieben, liess alle diese Versuche im Stadium unfruchtbarer
Beratungen [1]) stecken. In Bern, wo die Bestrebungen um das
Zustandekommen einer neuen Kirchenverfassung vollkommen erfolglos blieben und die Verwaltung des Kirchenwesens jetzt der
„Justiz und Polizei" zugeteilt war, wurde der Synode der Druck
ihrer Verhandlungen verwehrt, in Zürich sogar der Wahl eines
Kirchenrats-Mitglieds — und zwar einer blossen Erneuerungs-
wahl — die obrigkeitliche Bestätigung versagt.[2]) Die Errichtung
der Pfarrgemeinde zu Obfelden, der einzigen, die 1847 in Zürich
gelang, stand kaum im richtigen Verhältnis zu den wachsenden
Bevölkerungszahlen. In dem noch streng staatskirchlichen Schaffhausen begann man sich zu beklagen, dass der Staat sich zwar
von der Kirche emancipiere, aber das ganze Kirchenregiment im
vollen Umfang und bis in's kleinste hinein auszuüben fortfahre,
die Kirche beherrsche, aber ihr Einfluss und sogar Schutz ver-
sage.[3]) Der in den Berner Kirchen noch allgemein übliche Heidelberger Katechismus war den meisten Lehrern aufs tiefste
verhasst und oft in den Schulen selbst unzweideutiger Missachtung
ausgesetzt[4]); allein an die Annahme eines neuen kirchlichen
Lehrbuchs konnte nicht gedacht werden: man behalf sich mit
Spruchsammlungen, wie eine solche schon 1831 als „Leitfaden
zum christlichen Religions-Unterricht" von den Pfarrern des Amtes
Niedersimmenthal herausgegeben worden war, und ein anderes
1843 als „Spruchbuch oder Sammlung von biblischen Sprüchen",
gedruckt mit Genehmigung des Erziehungsdepartements, erschien.
Erst 1847 kam eine neue Ausgabe des Heidelbergers mit Beweis-
stellen heraus. Schon damals wurde der Gedanke angeregt, den
Karfreitag als kirchlichen Festtag zu erklären; aber die vorsichtige Mehrheit hielt es für klüger, von solchen Neuerungen ab-
zuschen.[5]) Am 30. November 1840 wurde der innere Teil des

---

[1]) Verhandlungen der Berner Generalsynode von 1833—1849.

[2]) Kirchenblatt, Jahrg. 1848, S. 55.

[3]) J. Kirchhofer, Ueber die Notwendigkeit, bessern gesetzlichen Schutz für die ev. ref. Kirche unseres Kantons zu erhalten. Ein öffentliches Votum. 1840.

[4]) Jeremias Gotthelf behauptet (Zeitgeist und Bernergeist, II, 3), dass vor den Schulkindern von dem Fragenbuch — so hiess das Volk den Katechismus — gesagt worden sei: „man sollte es verbrennen!"

[5]) Verhandlungen vom 22./23. Juni 1847.

Kanderthales als „Helferei Kandergrund" von der Kirche zu Frutigen getrennt und erhielt 1843 eine eigene Kirche.

Einzig in Genf schien auch ein organisatorischer Fortschritt gelingen zu wollen. Seit 1842 war die Kirchenleitung wieder teils beim Consistoire, teils bei der Compagnie des Pasteurs. In ersterer Behörde sassen jetzt 24 weltliche Mitglieder neben 15 von der Compagnie gewählten Geistlichen; die Ehesachen wurden zu den bürgerlichen Angelegenheiten gerechnet. Allein die Staatsverfassung von 1846 liess der Compagnie bloss beratende Funktionen, und das Consistoire bestand nunmehr aus nur 6 Geistlichen und 25 Weltlichen, gewählt von allen Protestanten des Kantons. Kirchen, Pfarrhäuser und Schulen wurden den Gemeinden übergeben und die Kirchengüter kapitalisiert.[1]) Dabei wurde jetzt die Einwanderung von Katholiken befördert und die bisher ungern Geduldeten in einem Grade begünstigt, welcher keinen Zweifel übrig liess, dass der „Diktator" J. Fazy das Ziel verfolge, den starren Puritaner-Geist der alten Genfer gründlich zu begraben.

Arge Eingriffe in die Freiheit der Predigt hatte namentlich die Berner Geistlichkeit zur Zeit des Zellerhandels zu erfahren. Wie es der Synode verwehrt war, zu dieser Lebensfrage, deren Verhängnis es war, gerade in diese Periode religiös-politischer Aufregungen zu fallen, irgendwie Stellung zu nehmen, so sollten auch die einzelnen Prediger verhindert werden, ihrer Ueberzeugung Ausdruck zu geben, sofern sie eine andere war, als die der Regierung. Der Archidiakon Baggesen am Münster erhielt einen Verweis wegen einer Stelle seiner Bettagspredigt[2]), und die oberste Kirchenbehörde ein Missbilligungsschreiben, weil sie sich mit ihm einverstanden erklärte. Professor Karl Wyss wurde in seinem Amte als Dekan eingestellt, wegen einer tröstenden Zuschrift, die er an die in dieser Sache bestraften Pfarrer gerichtet.

Im Sommer 1847 galt nun sogar die Mahnung zur Mässigung und das Gebet um Erhaltung des innern Friedens als Beweis staatsfeindlichen und strafwürdigen Sinnes, weil man Sympathie mit dem Sonderbund darin erblickte. Die Regierung des Kantons Zürich erliess am 23. September ein Kreisschreiben an ihre Geistlichen mit der Aufforderung, alle politischen, d. h auf Versöhnung der Parteien, auf Verhütung des Bürgerkrieges zielenden Predigten zu unterlassen[3]), und in Bern erhielten die Pfarrer am 9. Oktober

---

[1]) Finsler, K. Stat., 526 u. ff.
[2]) Der Wortlaut ist mitgeteilt im Kirchenblatt 1846, S. 190.
[3]) Kirchenblatt 1847, S. 186.

den nämlichen Wink von der Direktion „der Justiz und Polizei". Es sah wirklich so aus, dass ein Waadtländer Pfarrer in Versuchung kommen konnte zu fragen: „Ich weiss nicht, ob die Tagsatzung, indem sie den Jesuiten den Krieg erklärte, ihn auch der religiösen Freiheit und dem Gebet erklärt habe. Dies wäre in der That den Jesuiten zu viel Ehre erwiesen".[1] So schwierig war es in dieser Uebergangszeit, mit der Friedensbotschaft nicht Anstoss zu geben, dass Hagenbachs vermittlungs-theologisches Kirchenblatt einen Leitartikel brachte über „Das weise Verhalten des Seelsorgers, der mit der Tendenz seiner Zeit und Umgebung nicht ganz einverstanden ist."[2]

Und dennoch war die Periode nichts weniger als unfruchtbar für das religiöse Leben. Die fromme Dichterin Meta Heusser-Schweizer[3] (1797—1876) im Dorfe Hirzel bei Horgen sprach in einfachen, aber eben dadurch ergreifenden Worten ihre gottseligen Gemütsempfindungen aus, und der Aarauer Pfarrhelfer Abraham Emanuel Fröhlich[4] (1796—1865), der unter schweren Schicksalsschlägen und unverdienten Zurücksetzungen sich vertieft hatte, zeugte in seinen geistlichen Dichtungen, so namentlich in seinen Epen „Zwingli" (1840) und „Ulrich von Hutten" (1845), denen später noch (1864) „Calvin" nachfolgte, mit Geist und Kraft für das Recht der Religion und ihre Führerstellung in der menschlichen Kulturarbeit.

Je auffallender die offiziellen kirchlichen Organe zu vorsichtiger Zurückhaltung verurteilt waren, um so reger und fruchtbarer war die Thätigkeit der verschiedenen religiösen Vereine. Die bis dahin nur in der Stille wirkenden „Evangelischen Gesellschaften" haben sowohl 1839 in Zürich, als 1846 in Bern der kirchlichen Missstimmung Ausdruck gegeben und, als die Synoden nicht zu reden wagten, dem Widerspruch Rückhalt und Zusammenhang geboten. Sie nahmen der antireligiösen Presse gegenüber die Apologetik in ihrer Weise in die Hand und verbreiteten zu diesem Zweck in grosser Zahl ihre kleinen, meist aus England stammenden Bekehrungstraktate. Die Züricher Gesellschaft gab von 1847 an gedruckte Jahresberichte heraus.

Mächtig nahm jetzt das Interesse zu an der Sache der Heidenmission. Das Missionshaus in Basel, das als Nachfolger Blum-

[1] Kirchenblatt 1847, S. 196.
[2] Am 3. Juni 1846.
[3] Züricher Taschenb. 1896, S. 64—93, von L. Pestalozzi.
[4] Galerie berühmter Schweizer, von A. Hartmann, Bd. I, Nr. 35. — Allg. D. Biogr., VIII, 131. — Kirchenblatt 1836, Nr. 1.

hardts seit 1839 der kaum weniger originelle, in seiner Art weitblickende und weitherzige, auch weltgewandte Württemberger Wilhelm Hoffmann (1806—1873)[1]) leitete, schickte nicht nur seine Sendboten aus Süddeutschland und der reformierten Schweiz nach den fernen Weltteilen, sondern machte sich mehr und mehr durch die Sammlung von Geldbeiträgen wie durch Anordnung von Missionsstunden und Missionsfesten zum Mittelpunkt aller lebhaft religiösen Kreise. Die Teilnahme an der Missionssache wurde jetzt geradezu das unterscheidende Merkmal für die Eigenart der pietistischen Frömmigkeit, und dass infolgedessen mancher Geistliche Anfechtungen erlitt, weil er dafür thätig war, dass an manchen Orten über die Missionsfreunde ganz besonderer Spott sich ergoss, vermehrte nur das Gefühl besonderer Wichtigkeit für das Reich Gottes und die Kraft der Anziehung für alle diejenigen, welche von der unchristlichen Welt ihren Glauben sich nicht wollten rauben lassen. Als man 1846 vernahm, dass ein Schweizer, Samuel Gobat[2]) aus dem bernischen Jura, früher Missionär in Abessinien, zum Bischof der neugebildeten evangelischen Gemeinde von Jerusalem erwählt worden sei, begannen sich vieler Blicke mehr als sonst auf diese Dinge zu richten. Gobat hatte selbst in den Jahren 1843, 1844 und 1845 in vielen Ortschaften des Kantons Bern Missionsstunden gehalten, so in Biel, Aarberg, Neuenstadt, Burgdorf, Herzogenbuchsee, Langenthal u. s. w. In Langenthal sollen einmal gegen 800 Personen zusammengeströmt sein.[3]) 1834 und 1843 war auch der bekannte Missionär Zaremba in der Schweiz und belebte den Eifer seiner Freunde in Bern, Biel, Aarberg, vorzüglich vom Pfarrhause zu Radelfingen aus.

Von Basel aus entstanden 1839 die Anstalten auf der Chrischona, die Armenerziehungsanstalt in Beuggen, die Taubstummenanstalt und das rasch an Ausdehnung und Bedeutung wachsende Diakonissenhaus in Riehen, 1844 in Basel selbst das Alumneum zur Erleichterung des theologischen Studiums.[4])

Neben dem Eifer für die Heidenbekehrung trat jetzt aber auch ein anderes, noch näher liegendes Werk in sein Recht, die Sorge für die zerstreuten Protestanten in katholischen Gegenden und für die zahlreichen Deutschreformierten in französisch sprechender Umgebung. Auf Anregung von Professor J. J. Herzog in Lausanne bildete sich 1841 ein Centralkomitee für Einrichtung

---

[1]) W. Hoffmann, von L. C. Hoffmann. — Berlin 1878—1880, mit Bild.
[2]) S. Gobat, Basel 1884, mit zwei Bildnissen.
[3]) Mss. Furer, mit vielen Einzelheiten und genauern Daten.
[4]) Haller, A., Das theol. Alumneum in Basel, 1844—1894, Basel 1894.

deutscher Gottesdienste im Waadtland, wo die frühere Fürsorge der bernischen Regierung dahingefallen war. Von Bern aus wurde die zeitweilige Abhaltung von Predigten für die Deutschen in Peterlingen und Willisburg, dann auch in Iferten und Cudrefin an die Hand genommen. Die kirchlichen Kämpfe in der Waadt erschwerten diese Bemühungen so sehr, dass nun sogar der bisher noch bestehende deutsch-reformierte Kultus in Morsee, Aubonne, Rolle und Nyon aufhörte, in Peterlingen nur die persönliche Hingebung des Instituts-Vorstehers, Pfarrer Moehrlen, die Eingewanderten zu einer Predigt in ihrer Muttersprache sammelte.[1])

Wie sich der Pfarrer Bähler zu Neuenegg zum Seelenhirten und Berater der reformierten Ansiedler im Kanton Freiburg gemacht hat, ist bereits erzählt worden.[2]) Was dieser eine Mann von sich aus begonnen und ins Werk gesetzt hatte, sollte jetzt, als Sache einer Gesellschaft fortgesetzt, grössere Ausdehnung und allgemeinere Bedeutung erhalten. Der erste Pfarrer der kleinen evangelischen Kirche zu Freiburg, Wilhelm Le Grand von Basel war es, der 1840 bei Gelegenheit der Versammlung der schweizerischen Predigergesellschaft einen weitern Anstoss gab und 1842, unterstützt von De Wette und Hagenbach, zuerst in Basel die Stiftung des „Protestantisch-kirchlichen Hülfsvereins" zu stande brachte. Noch im gleichen Jahre (12. Dezember) folgte die Bildung eines solchen Vereins in Schaffhausen, dann 1843 in Zürich (13. Juni), Neuenburg (14. Juni), Bern (26. Juni), St. Gallen (14. Juli) und Genf (9. September); sodann 1844, auf neue Anregungen durch Le Grand hin[3]), in den Kantonen Graubünden (17. Mai), Appenzell A.-Rh. (5. August), Thurgau (20. November), 1846 Waadt (Juli), Aargau (13. Oktober) und Baselland (8. November).[4])

Am grössten waren die Schwierigkeiten im Wallis. Hier im Lande der Gegenreformation war noch 1844 der protestantische Gottesdienst durch die Staatverfassung untersagt, und auch die

---

[1]) Finsler, K. Stat., S. 470.
[2]) S. 265. — Vergl. dazu noch: Die Gründung der ev. ref. Gemeinde, Kirche und Schule in Freiburg. Bern 1838.
[3]) Le Grand, Die kirchliche Not unserer protestant. Glaubensgenossen. Basel 1844.
[4]) Scherrer, J., Das Werk des Prot.-kirchl. Hülfsvereins in der Schweiz, St. Gallen 1883, mit einem Bildnis von Le Grand. — W. Le Grand, der Stifter des Prot.-kirchl. Hülfsvereins der Schweiz, in den Mitteilungen, herausg. vom Vorverein in Basel, Nr. 10 u. 11. Dazu: Hagenbach, Die Prot.-kirchl. Hülfsvereine in der Schweiz, in Gelzers Prot. Monatsblättern, Bd. II, S. 168—180. Das Kirchenblatt brachte regelmässige Nachrichten.

früher üblichen Predigten durch Geistliche aus dem Waadtländer- oder Bernergebiet unmöglich gemacht. Die Einrichtung einer reformierten Schule bot dafür nur teilweise Ersatz. Erst mit dem Inkrafttreten der neuen Bundesverfassung von 1848 wurde auch hier der Thätigkeit des Hülfsvereins die Thüre geöffnet.

Alle diese Gesellschaften entwickelten nun einen Eifer, der, rückwirkend auf ihre Mitglieder, religiös weckend und fördernd, die Gleichgesinnten mit einander verbindend, weit über den nächsten Zweck hinausging. Wenn solche Vereine zu freiwilliger Arbeit in mehrfacher Richtung die natürlichen Aufgaben der Kirchen zu erfüllen und namentlich das Moment der Beweglichkeit und Anpassung an neu auftauchende Bedürfnisse zu repräsentieren begannen, so drohten sie für Manche geradezu an die Stelle der öffentlichen Kirche zu treten, der letztern Kräfte zu entziehen und sie zur Mumie eintrocknen zu lassen. Diejenige Frömmigkeit, für welche das Gefühl der Glaubensgemeinschaft ein wesentliches Element des kirchlichen Lebens bildet, fand in der religiösen Freundschaft und der darauf sich bauenden gemeinsamen Bethätigung für die Zwecke des Gottesreiches eine Befriedigung, die man im gewohnten und rein passiven Predigthören der Kirche vermisste. Je enger aber die Glaubensübereinstimmung gefasst und ihre Möglichkeit auf gewisse laienhaft überschätzte dogmatische Formeln eingeschränkt wurde, um so näher lag — in der Zeit der unvermeidlichen Bekenntniskämpfe — die Gefahr des Misstrauens gegen „ungläubige" Prediger und der achselzuckenden Gleichgültigkeit gegen die „abgefallene" Kirche; um so leichter geschah es, dass der innigen Wärme im Kreise der Vertrauten um so grössere Kälte für die „Allerweltskirche" entsprach und das religiöse Vereinsleben den Keim sektiererischer Absonderungstendenz in sich entwickelte.

Die gesamte religiöse Vereinsthätigkeit wurde nach und nach fast ausschliesslich von den strenggläubigen Kreisen gepflegt. Als im Sommer 1848 die Schweizerische Predigergesellschaft die Frage der „Innern Mission" zur Behandlung brachte, erklärte Heinrich Hirzel von Zürich, damals Pfarrer zu Sternenberg: „Das Werk der Innern Mission ist eine Sache des Pietismus, darum will ich nicht in dem Ding sein. Der Pietismus nimmt die Zukunft für sich in Anspruch, aber sie gehört ihm nicht; wir — die freisinnigen Theologen — nehmen sie für uns in Anspruch".[1]) Das war der nämliche H. Hirzel, der, wie kaum ein zweiter, mit per-

---

[1]) Kirchenblatt 1848, S. 136.

sönlich aufopferndem Wirken die praktisch-socialen Aufgaben des kirchlichen Amtes zu lösen unternommen hat. Er stand in letzterer Hinsicht sozusagen allein, in jener Aeusserung dagegen sprach er nur die Meinung aller aus.

Während die einen, auf unmittelbar sittlich-religiöse Ziele gerichtet, neben den zur Unthätigkeit verurteilten Kirchen ihre Evangelischen Gesellschaften bauten, zogen andere sich auf das noch stillere Gebiet der wissenschaftlich-theologischen Arbeit zurück. Es ist gewiss merkwürdig, dass gerade diese Jahre, in welchen die ausgesprochenste Kirchenfeindschaft zur Herrschaft zu gelangen schien, an hervorragenden theologischen Werken durchaus nicht arm gewesen sind. Und zwar waren es nicht sowohl apologetische oder dogmatische Schriften, die veröffentlicht wurden, — beide konnten sich jetzt wenig Erfolge versprechen, — als vielmehr Arbeiten kirchengeschichtlichen Inhalts. Es ist, als ob die trostlose Gegenwart der reformierten Kirchen und ihre anscheinend noch viel dunklere Zukunft dazu aufgefordert hätten, sich um so gründlicher über ihre Anfänge und historischen Grundlagen Rechenschaft zu geben, oder auch in der Betrachtung überstandener Kämpfe einige Beruhigung zu suchen für diejenigen, die man jetzt erlebte und noch bevorstehend glaubte.

Fröhlichs historische Gedichte aus der Reformationszeit haben wir bereit genannt, und Hurters vielgerühmtes Werk über Innozenz IV. dürfen wir nicht hierher zählen; dagegen erschien endlich die früher so unendlich oft mühsam abgeschriebene Reformationsgeschichte Bullingers, herausgegeben von Hottinger und Vögeli, in den Jahren 1838—1840 im Druck. Karl Rudolf Hagenbach, der nun neben De Wette der theologischen Fakultät in Basel wieder ihre Bedeutung für die reformierte Schweiz zurückeroberte, gab seit 1834 seine aus öffentlichen Vorlesungen entstandene „Geschichte der Reformation und des Protestantismus" heraus, an welche nachher sich bei immer neuer Bearbeitung die „Geschichte der alten Kirche und diejenige des Mittelalters" anschloss. Fast gleichzeitig erschien von Genf aus die „Histoire de la réformation du XVIe siècle", von Merle d'Aubigné (1794—1872)[1], und der Berner Pfarrer Friedrich Trechsel in Vechigen (1805—1885)[2], der sich mit seiner „Geschichte der protestantischen Antitrinitarier" (1839—1844) den damals noch seltenen Titel eines Doktors der

---

[1] Paris 1835—1854. Biogr. mit Verzeichnis seiner Werke in de Montet, Dict. biogr. des Vaudois et Genevois. II, 156.

[2] Biogr. in den von Pfarrer Studer-Trechsel herausgegebenen Bildern aus der Geschichte der protest. Kirche, Bern 1889.

Theologie von der Heidelberger Universität erworben hatte, besorgte in den Jahren 1841 und 1842 die Herausgabe der höchst verdienstlichen und viel benützten „Beiträge zur Geschichte der schweizerisch-reformierten Kirche, zunächst derjenigen des Kantons Bern".

In die nämliche Periode fällt auch die Blütezeit im schriftstellerischen Wirken eines Waadtländer Theologen, von welchem im nächsten Kapitel eingehender wird die Rede sein müssen; wir meinen Alexander Vinet, den Litterarhistoriker und Verteidiger der unbedingten Gewissensfreiheit.

Mochten auch die evangelischen Kirchen mit solcher Geistesarbeit von ihrer ungebrochenen Lebensthätigkeit Zeugnis geben und einzelne für sich daraus Ermutigung und neue Hoffnung für die Zukunft schöpfen, eine stark pessimistische Stimmung bemächtigte sich doch der allermeisten, welche fortfuhren, die Religion als das höchste Gut der Menschheit und die angestammte Kirche als das unentbehrliche Mittel zu ihrer Erhaltung und Pflege zu betrachten. Wo man das Christentum ohne weiteres mit der gewohnten patriarchalischen, christlichen Sitte identifizierte und sich keinen Fortbestand des Glaubens denken konnte ohne das Gebot und den Schutz des staatlichen Gesetzes, da musste freilich das allmähliche Wegfallen aller religiösen Zwangsmittel äusserst schmerzlich berühren, bange Sorgen und trübe Ahnungen von den noch kommenden Dingen wecken.

Die melancholische Erwartung allgemeiner und tiefgreifender kirchlicher Erschütterungen und eigentlicher Religionsgefahr wurde gesteigert durch den geschichtlichen Zufall: Kurz nach einander ging eine Reihe von Männern dahin, welche die natürliche Verbindung von Kirche und Staat, von Religion und Kultur, von Glauben und Wissenschaft in ihrer eigenen Person dargestellt hatten und somit als Repräsentanten der dem Untergang geweihten Zustände ins Grab zu sinken schienen. Nachdem am 4. Mai 1847 Alexander Vinet vorausgegangen, dem wir bald näher treten müssen, hatte das bedeutungsvolle Jahr 1848 am 8. Januar mit dem Tode des frommen Barthélémi Bouvier in Genf[1]), und am 17. des gleichen Monats mit dem Hinscheid des Dekans Peter Scheitlin in St. Gallen[2]) begonnen; am 7. Mai starb der Dekan Morel im bernischen Jura, und der Juni vollends nahm am 14.

---

[1]) de Montet, Dict. biogr., I, p. 88.
[2]) Allg. D. Biogr., XXX, 734. Götzinger nennt ihn hier den „unbedingt geistig hervorragendsten Bürger von St. Gallen seit der Reformation.".

den freisinnigen Theologen Mathias Schneckenburger in Bern und am 27. einen Heinrich Zschokke in Aarau hinweg, der, obwohl nicht Theologe vom Fach, doch zu den Predigern eines christlichen Humanismus gehörte; am 6. Dezember folgte ihnen Professor Hünerwadel in Bern und etwas später, am 16. Juni 1849, De Wette in Basel, dessen 25jähriges Wirken als Lehrer und Kirchenmann im Jahre 1847 von seinen dankbaren Schülern gefeiert worden war. Am 23. Juni 1849 schied auch Pfarrer Kuhn in Burgdorf, der so ganz die gute alte Zeit verkörperte.[1]

Als ein für die Zukunft hoffnungsreiches Zeichen konnte es immerhin aufgefasst werden, dass bei der Bestattung von De Wette der damalige Inspektor des Missionshauses, Dr. Wilhelm Hoffmann, die Grabrede gehalten hat.

Der so sehr gefürchtete Bürgerkrieg ging verhältnismässig leicht und glücklich vorüber; im September 1848 trat die neue Bundesverfassung in Kraft.[2] Sie ordnete auch die kirchlichen Fragen: Die christliche Religion wurde als die Religion des Schweizervolkes hingestellt und in ihre Rechte eingesetzt; den beiden anerkannten Konfessionen der Schutz des Gesetzes, aber auch die Gleichberechtigung vor dem Gesetze zugesagt; dem einzelnen Bürger volle Glaubens- und Gewissensfreiheit versprochen.

Diese Grundsätze bildeten einen gewaltigen Fortschritt dem frühern Zustand gegenüber; sie lauteten indessen vag und unbestimmt, und erst die Folgezeit mit der Auslegung im Einzelfalle konnte zeigen, ob die auf Abgrenzung der Bekenntnisse und allgemeine Duldung berechneten Bestimmungen auch für das innerkirchliche Leben heilsam sein würden. Dass keiner Kirche gestattet sein solle, die Anhänger der andern in ihrer Freiheit zu kränken, das war nunmehr festgestellt; wie weit sich jedoch die Macht der kirchlichen Gemeinschaften über ihre eigenen Mitglieder erstrecke, und inwiefern das Princip der unbedingten Glaubensfreiheit mit der Institution der Staatskirchen vereinbar sei, das waren Fragen, die noch keineswegs gelöst waren und die sich doch, hier scharf erkannt, dort unklar geahnt, bei Vielen vor die Seele stellten.

Man stand zwar am Abschluss einer kritischen Periode, die jetzt als überwunden gelten konnte, aber auch am Anfang einer neuen, die nicht leichtere Probleme in sich barg. Allein gerade dieses

---

[1] Samml. Bern. Biogr., I, 455—472, mit Bild. — Kirchl. Jahrbuch 1897, S. 110—148.

[2] Repertorium der Eidg. Absch. von 1815—1848, Bd. II, 764 u. ff.

Gefühl, dass die irdisch-menschlichen Stützen des Glaubens und
der Christensitte für ein- und allemal erschüttert seien und in der
alten Weise sich unmöglich länger halten oder wiederherstellen
lassen, zwang dazu, sich zu erinnern, dass das Christentum seine
Wahrheit und sein Recht nicht von einer Regierung, auch nicht
vom Willen einer Volksmehrheit habe; gerade die prahlerisch
auftretende und scheinbar alles verschlingende Irreligiosität weckte
das in den Armen des Staates verloren gegangene Bewusstsein der Selbstständigkeit. „So geht es nicht mehr lange fort,
lieber Amtsrichter", liess Jeremias Gotthelf seinen Pfarrer sagen:
„Das Gefühl ihres Berufs als Diener Gottes und Verkündiger
seines Wortes und eines ewigen Lebens ist in zahllosen Dienern
der Kirche erwacht, und die staatlichen Misshandlungen und
Entwürdigungen fühlen sie mit glühender Pein. Sie sehen sich
auf Erden zwischen Thüre und Angel, zwischen der trotz allen
Verhöhnungen und militärischen Austreibungen der Jesuiten und
Plünderungen der Klöster an innerer Macht wachsenden katholischen Kirche und dem die eigene Kirche immer mehr zer-
setzenden und verhöhnenden Staat".[1])

7. Staat und Kirche.

Damit ist der Gegensatz bezeichnet, der nun das Interesse
zu beherrschen begann und eine Entscheidung zu verlangen schien.
Die Zeiten waren vorüber, wo der Widerspruch gegen die katholische Kirche zur tiefern Erkenntnis und Erfassung der evangelischen Grundlehren, zum Bewusstsein der reformatorischen
Kulturaufgabe und zum festern innern Zusammenschluss der
Evangelischen unter sich antrieb. Der konfessionelle Konflikt
und die daraus entstehende Aufregung hatte jetzt nur um so mehr
den Zwiespalt offenbar gemacht, der zwischen dem altreformierten
Volkskirchentum und dessen religiösen Voraussetzungen einerseits,
und der auf moderner Bildung beruhenden Weltanschauung und
ihren neuen Idealen anderseits, sich aufgethan hatte.

Mit dem Wegfall des staatskirchlichen Zwanges, der freilich
nur langsam zum Bewusstsein kam und seine Folgerungen zu ziehen
begann, musste es offenbar werden, dass die Grundsätze des
Christentums nur bei einer Minderzahl der Getauften schon so
zum innerlich erfassten Lebensgesetz geworden seien, dass sie

---

[1]) Zeitgeist und Bernergeist, II, 105.

ohne äussere Nötigung daran festhalten wollten; aber noch viel kleiner war die Zahl derjenigen, welche über eine allgemeine gottgläubige und gottesfürchtige Gesinnung hinaus ihr Seelenleben mit bestimmten dogmatischen Vorstellungen verknüpften, an eine Erlösung und einen Erlöser im engern Sinne des Wortes — im Sinne des Katechismus — zu glauben fortfuhren.

Ist die bürgerliche Moral unabhängig von der religiösen Ueberzeugung, so hat der Staat keine Veranlassung mehr, die Kirche als ein notwendiges Organ in seinem Regierungssystem zu betrachten, so ist aber auch die Kirche nicht mehr in der Lage, nach den Bedürfnissen des ausschliesslich bürgerlichen Lebens sich zu richten und das volle staatliche Kirchenregiment, die Leitung der Kirche durch solche, die selbst nicht zu ihr gehören, als selbstverständliche Einrichtung hinzunehmen.

Das bürgerliche und das kirchliche Leben, die beiden bis dahin konzentrischen Kreise, hatten sich allmählich verschoben, und auf beiden Seiten gab es Kräfte, welche sich bemühten, diese Verschiebung künstlich zu vergrössern, noch grösser erscheinen zu lassen, als sie schon geworden war.

Die politische Fortschrittspartei in ihren lautesten Vertretern bekämpfte die kirchlichen Institutionen als solche, wie die religiös-pietätvollen Gefühle der Einzelnen, als den entschiedensten Hemmschuh ihrer ungeduldigen Neuerungslust.

Die pietistisch-methodistische Erweckungsfrömmigkeit hinwieder sah in den rohen Aeusserungen der Religionslosigkeit und des Religionshasses, die dabei zum Vorschein kamen, einen um so unwiderlegbarern Beweis für die Behauptung, dass das Christentum ins Heidentum zurückgefallen sei, dass der Glaube an ein christliches Volk eine Illusion, das Massenkirchentum etwas Unsittliches und Unsinniges sei, und dass das wahre, dieses Namens würdige Christentum nur da gefunden werde, wo man sich von der ungöttlichen Welt lossage, den Staat und die zu ihr haltende Staatskirche ihrem Schicksal überlasse und in der Glaubensgemeinschaft mit den innerlich Bekehrten und Wiedergeborenen eine neue unabhängige Gemeinde begründe.

Zum Ausbruch kam es naturgemäss zuerst in der französischen Schweiz, wo calvinische Traditionen, temperamentvolle Schroffheit und Neigung zu logischem Doktrinarismus darauf vorbereitet hatten.

Was früher schon in Genf vorgekommen war, wiederholte sich jetzt im Waadtlande, das immer noch kirchlich von Genf beeinflusst war[1]), das unter den übeln Folgen fremdartiger religiöser Bearbeitung um so mehr zu leiden hatte, weil man dieselbe von Staates wegen mit völlig verkehrten Mitteln bekämpfte. Die Kluft zwischen der Stimmung der Volksmehrheit und seiner Geistlichkeit war besonders erweitert und sichtbar geworden, als im Jahr 1839 der Kanton Waadt gegen den Rat und Willen der Kirchenvertretung ein Kirchengesetz annahm, welches einerseits die Verbindlichkeit der helvetischen Konfession abschaffte, anderseits die Selbständigkeit der kirchlichen Behörden in ihrem Verhältnis zu den weltlichen aufs äusserste beschränkte. Die Mehrheit der kirchlichen Specialkommission hatte den Wunsch nach einer presbyterialen Kirchenverfassung und freier Pfarrwahl durch die Gemeinden vertreten, da das hergebrachte Verhältnis des Staates zur Kirche den Bedürfnissen der Gegenwart nicht mehr entsprach. Der Grosse Rat war anderer Meinung; nachdem er zuerst die Glaubensgrundlage beseitigt hatte, weil er ihre Lehren als eine Stütze des Methodismus ansah, erklärte er sich, 14. Dezember 1839, zur Aufrechthaltung der Staatskirche in ihrer bisherigen Form. Die Synode, aus Abgeordneten der „Classes" bestehend, hat nur Gutachten abzugeben, keine Beschlüsse zu fassen. Das Kirchenregiment führt die Kantonsregierung, sogar in den Kirchgemeinden nicht ein Kirchenvorstand, sondern der Gemeinderat, die municipalité[2]), eine Kirchenverfassung, bei der man nachher, noch durch einzelne Vorkommnisse dazu berechtigt, sagen konnte: „Die Kirche gehört nicht Christo, sondern dem Staatsrat, welcher sich für ihr souveränes Haupt erklärt hat; die Kanzel Jesu Christi ist Eigentum des Staatsrats, welcher auf ihr verkündigen lassen kann, was er will."

Man versuchte zwar die dadurch schon herbeigerufene Trennung zu vermeiden; manche persönlich dem Methodismus ergebene Geistliche glaubten, den tiefer gehenden religiösen Bedürfnissen entgegenkommen, im Sinne des „réveil", der Erweckung, predigen und wirken zu sollen, ohne sich oder ihre Anhänger von der Landeskirche zu scheiden. Sie hielten mit dem engern Kreis der Auserwählten in ihren eigenen Gebetssälen oder „Oratoires"

---

[1]) Vergl. Baup: Précis des faits qui ont amené et suivi la démission de la majorité des pasteurs et ministres de l'église nationale du canton de Vaud en 1845. Lausanne 1846. — Fries, Die kirchliche Revolution im Waadtland (Kirche der Gegenwart 1846). — Schweizer, Das kirchl. Zerwürfnis des Jahres 1845 im Kt. Waadt. Zürich 1846. — Eine kurz gedrängte und objektiv erzählende Darstellung gibt Finslers Kirchl. Statistik, S. 139—154.

[2]) Finsler, K. Stat., S. 412 u. ff.

Privatversammlungen ab, ohne doch aufzuhören, in der Kirche auch ihre Funktionen auszuüben. Sie hofften, indem sie zwar die speciell-religiösen Lehren des Methodismus als berechtigt anerkannten, dagegen die Konsequenzen für die kirchliche Verfassung von sich ferne hielten, ein kleines Kirchlein in der grössern Kirche sammeln zu dürfen. Allein es wurde bald offenbar, dass sie dabei nicht stehen bleiben könnten, dass die Dinge unaufhaltsam weiter treiben.

Und gerade jetzt trat ein Mann auf, der, persönlich zu den erleuchtetsten und frömmsten theologischen Denkern des Jahrhunderts gehörend und keineswegs methodistisch gesinnt, theoretisch mit grosser Kraft und Klarheit den Satz verfocht, dass der Glaube im christlichen Sinne nicht Sache Vieler, sondern Einzelner sei, die Kirche daher vom Staat getrennt werden müsse: Trennung von Kirche und Staat, nicht als durch die Thatsachen aufgedrungene Notwendigkeit, sondern als notwendige Konsequenz der Gewissensfreiheit.

Es war dies Alexander Vinet. Geboren zu Ouchy am 17. Juni 1797, ergab sich derselbe mit grossem Eifer dem Studium der Theologie in Lausanne, kam dann als Hauslehrer nach Basel und nahm dort 1817 eine Stelle an der öffentlichen Schule an; erst 1819 setzte er seine Studien wieder fort und wurde in den Kirchendienst aufgenommen; aber auch jetzt liess er sich kein Pfarramt übertragen, sondern beschäftigte sich zunächst mit Litteratur und litterarischer Kritik, hierin bald eine anerkannte Autorität für die französische Sprache. Die religiösen Kämpfe, die nun ausbrachen und bald alle Welt in der einen oder andern Art zu ergreifen begannen, zogen auch ihn an, und er beteiligte sich an denselben in hervorragender, aber durchaus selbständiger Weise. Er stellte sich nicht auf die Seite einer der bestehenden Parteien oder gar der Personen, sondern fasste die vorliegenden Fragen rein nach ihrem principiellen Wesen an.[1])

Schon 1826 hatte Vinet eine Broschüre geschrieben: „Sur la liberté des cultes", deren Hauptgedanke dann später weiter durchgeführt wurde in einer zweiten Abhandlung: „Sur la manifestation des convictions religieuses". Er ging vom Begriff des Glaubens aus. Dieser hat seine Wurzeln weder im Verstande oder in der natürlichen Vernunft, wie der Rationalismus annimmt, noch in einem dunkeln, mystischen Gefühl, wie die Pietisten

---

[1]) Rambert, Eug., Al. Vinet, 2e édit. Lausanne 1875. — Lettres, publiées par Secrétan et Rambert. Lausanne 1882, 2 vols.

meinen, noch weniger beruht derselbe auf blindem Gehorsam gegen hergebrachte Anschauungen und Traditionen, in gedankenlosem Hinnehmen oder Fürwahrhalten von Lehren, die man uns vorsagt; sondern der Glaube hat seinen Grund im Gewissen, im sittlichen Urteil und Unterscheidungsgefühl, als der innern Offenbarung Gottes im Menschen. Das Gewissen ist aber die Persönlichkeit selbst, seinem eigensten Wesen nach frei und keinem andern Gewissen unterthan.

Der Staat hat somit gar kein Recht, weder direkt noch durch Vermittlung einer Staatskirche, seinen Bürgern zu befehlen, was sie glauben sollen; er kann das nicht befehlen, und darum soll er es auch nicht und darf es nicht, weil auf diesem Wege nur etwas zu stande kommt im Menschen, was wenig religiösen und sittlichen Wert hat, was jedenfalls die Bezeichnung „Glaube" nicht verdient. Wahrer Glaube, nach den Begriffen des Evangeliums, kann vielmehr nur da vorhanden sein, wo keine äussern Motive des Zwanges, der Furcht, oder auch der blossen Pietät gegenüber einer Volkstradition, oder der reinen Gewohnheit und Gedankenlosigkeit im Spiele sind, und darum ist das System des Staatskirchentums an sich selber verwerflich.

Der Staat soll nicht nur, wie es die Aufklärungsperiode gethan hat, Toleranzedikte aufstellen, d. h. die verschiedenen Konfessionen je nach ihrer Art gewähren lassen und ihnen gegenseitige Verträglichkeit gebieten; — er soll vielmehr anerkennen, dass er da gar nichts zu gebieten habe, weil es sich um etwas handelt, was ausserhalb der Grenzen seiner Kompetenz liegt. Der Glaube, im evangelischen Sinne des Wortes, kann sich normal nur dann entwickeln, wenn er von der bürgerlichen Gesellschaft weder begünstigt, noch verfolgt, weder verboten noch erzwungen wird, d. h. wenn die Kirche vom Staate getrennt ist. Diese Trennung wird gefordert ebenso sehr vom Staate, weil er in die Religion nicht hineinregieren darf, als von der Kirche, weil sie sich von niemand hineinregieren lässt. Wirkliche, nicht bloss angebliche und scheinbare Glaubensfreiheit, wie sie jetzt in allen gebildeten Staaten der Christenheit als Grundsatz aufgestellt ist, kann nur bei voller Scheidung bestehen.

Das waren die in ihrer Art vollkommen neuen Lehren, welche Vinet in freimütigen und eindringlichen, aber ruhigen und leidenschaftslosen Worten, mit grosser logischer Schärfe und glänzender Sprache, in seinen Schriften vertrat. Er war seit 1837 Professor der Theologie in Lausanne geworden, trat aber jetzt so kräftig für die vom Spott der Welt, von der Geistlichkeit des Landes und von der Polizei verfolgten Môniers in die Schranken, dass er selbst von gerichtlicher Strafe betroffen wurde, 1840, als der Kampf immer heftiger wurde, aus der Landeskirche ausschied und 1844 seine Professur niederlegte.

Die religiöse Aufregung im Waadtlande war unterdessen auf einen sehr hohen Grad gestiegen, so dass die Regierung nicht mehr imstande war, tumultuarische Auftritte zu hindern. In der Nacht vom 17. auf den 18. Februar 1845 wurde in Lausanne selbst eines der Bethäuser der Pietisten durch den Pöbel erstürmt und verwüstet. Anfangs März erfolgte das Gleiche in Pully, ähnlich in Aigle. Als am 9. März wieder eine religiöse Privatversammlung stattfinden sollte, wurde die Abhaltung verboten. Die Regierung, nicht energisch genug, die Verfolgten zu schützen gegen die erbitterte Mehrheit, ersuchte — was freilich das Bequemste war — die Dissidenten, auf ihre Gottesdienste zu verzichten und gab ihnen zu bedenken, dass nur der Kultus der Landeskirche ein Anrecht habe auf den Schutz des Staates. Mehrere Monate lang dauerte dieser traurige Zustand; am 15. Mai richtete dann der Staatsrat ein Cirkularschreiben an sämtliche Pfarrer der Landeskirche.

„Ihr wisset", heisst es hier, „dass religiöse Versammlungen, ausserhalb der Landeskirche stehend, Veranlassung gewesen sind und noch sind zu Volksmanifestationen gegen die Methodisten. Es ist wichtig, einem solchen Stand der Dinge ein Ende zu machen, denn diese Quelle von Unordnungen könnte die öffentliche Ruhe, ja die religiöse Freiheit selbst gefährden. Das beste Mittel, bei der jetzigen Stimmung der Gemüter ist, die Veranlassung zu diesen Manifestationen aufhören zu machen. Da wir dieses Resultat von zustimmender Ueberzeugung erlangen möchten, so bringen wir Euch in Erinnerung, dass es sich mit Eurer Stellung als Diener der Landeskirche nicht verträgt, Versammlungen zu leiten und zu begünstigen, welche, wie immer die Frömmigkeit ihrer jetzigen Glieder beschaffen sein mag, einen Charakter von Trennung haben und eine Tendenz zur Separation. Die meisten Pfarrer sind zwar der Sache fremd geblieben, aber wir wenden uns an alle, damit keiner in Unwissenheit bleibe über das, was die Behörde unter diesen Umständen von Euch erwartet" u. s. w.[1])

Sofort richteten nun einige Pfarrer Einwendungen gegen dieses Schreiben an den Staatsrat; manche reklamierten gegen

---

[1]) Bei Baup, Précis, p. 11, ist der Text vollständig abgedruckt.

diesen Eingriff in das Gebiet der Freiheit der evangelischen Geistlichen, noch andere wünschten nähern Aufschluss über dessen Tragweite. Am 30. Juni erhielt der Staatsrat Anzeige, dass einige Lausanner Geistliche wieder Versammlungen vorbereiteten; er untersagte nun förmlich den Pfarrern die Teilnahme an solchen. Da sie dennoch, und zwar offenbar mit Absicht dem Verbote trotzend, dieselben abhielten, wurde Strafverfahren gegen sie eingeleitet, eine Massregel, die freilich mit allen bisher proklamierten Principien der Glaubensfreiheit zu auffallend kontrastierte, um nicht Hohn und Erbitterung hervorzurufen. Den ungehorsamen Pfarrern wird die Ausrichtung der Staatsbesoldung verweigert; sie aber legen dagegen Verwahrung ein, weil sie kein Staatsgesetz übertreten haben.

Die Geistlichkeit versammelte sich und richtete eine Denkschrift an den Grossen Rat, in welcher auf die Konsequenzen solcher Staatseinmischung hingewiesen wurde: „Das Wort Gottes, von welchem das geistliche Amt aufgestellt wird, beschränkt die Thätigkeit der Pfarrer nirgends auf diese oder jene Form des Gottesdienstes, Zeit oder Ort; überall sollen sie, wo sie können, das Reich Gottes fördern, durch Predigt, Unterweisung und Tröstung." Sie behaupteten dabei, dass sie die Privatversammlungen gerade in der Absicht abhalten, der Landeskirche zu nützen, ihre Glieder nicht den Sekten anheimfallen zu lassen, da das Bedürfnis nach einer etwas vertraulichern Erbauung und nach häufigerer gottesdienstlicher Vereinigung nun einmal bei vielen vorhanden sei. Dieses Memorial war von 221 Geistlichen unterzeichnet[1]), hatte aber nicht den gewünschten Erfolg; die Behörde blieb bei ihrem Verbote.

Dazu kam ein weiterer Grund zur Beunruhigung der Gewissen. Einer politischen Verfassungsfrage wegen sollte eine Abstimmung stattfinden im Kanton Waadt. Der Staatsrat erliess eine Proklamation, welche alter Uebung zufolge von den Kanzeln zu verlesen war. Sofort erklärten einige Lausanner Pfarrer, dass sie sich dessen weigern, weil der Gegenstand nicht kirchlicher Natur sei, deshalb nicht auf die Kanzel gehöre. Ausgehend von der schon calvinischen, jetzt aber noch methodistisch geschärften Scheidung zwischen Kirche und Welt, zwischen heiligen und profanen Dingen, zwischen dem himmlischen und dem irdischen Vaterlande, erklärten sie es als Gewissenspflicht, ihre Kirche nicht durch politische Akte verunehren zu lassen. Dabei war es

---

[1]) Abgedruckt bei Baup, Précis, als Beilage VIII, p. 92—204.

freilich kein Geheimnis, dass bei manchen die eigene politische Parteistellung in hohem Grade dieses Urteil mitbestimmte. Die Kundgebung enthielt als solche anerkanntermassen nichts Anstössiges, abgesehen davon, dass sie eben politischer Natur war und von einer weltlichen Behörde ausging.[1])

Da der Staatsrat der Weigerung gegenüber sich darauf berief, dass nach der Kantonsverfassung die Kirche der Staatsgewalt untergeordnet sei, so wurden jetzt die strenggesinnten Pfarrer erst recht erschreckt und entsetzten sich über einen Zustand, der, ob auch historisch und rechtlich begründet, ihnen nun doch, in dieser Schroffheit entgegentretend, als ungehörig und unnatürlich erschien. 41 Pfarrer erklärten, dass sie ebenso es als ihr Recht, wie als ihre Pflicht betrachten, die Verlesung der Proklamation zu verweigern, und dass sie mit Ungrund der Widersetzlichkeit gegen die Behörde beschuldigt werden: „Will man aus der Kirche eine knechtische Kirche des Gutdünkens der Regierung machen; eine Kirche, deren Pfarrer in politische Prediger, ja fast in Ausrufer, umgewandelt werden könnten, sobald die Gewalt es fordert, so ist das allerdings nicht die Kirche, die wir lieben, der wir unsern Dienst widmen. Müssen wir infolge der Massregeln bürgerlicher Behörden unsere Gemeinden verlassen, dann erinnert Euch, dass nicht wir es sind, die das gewollt haben und verantworten müssen." Durch das Gutachten einer grossen Zahl von waadtländischen Rechtsgelehrten wurde diese Auffassung unterstützt.

Die Kirchenkommission, die sich darüber auszusprechen hatte, missbilligte die 41 Pfarrer; die vier geistlichen „Classes" dagegen, die bezirksweisen Geistlichkeitsversammlungen, wollten dieselben von jedem Vorwurf freisprechen. Allein am 3. November 1845 kam die Frage vor den Staatsrat, der nun sämtliche Angeklagte wegen Insubordination, begangen teils durch Nichtverlesung jenes Erlasses, teils durch Abhaltung verbotener Gottesdienste, mit Strafen belegte. Ein Geistlicher, welcher die Proklamation nicht nur selbst zu lesen verweigert, sondern zudem einen andern damit beauftragten Beamten aus der Kirche gewiesen hatte, wurde auf die Dauer eines Jahres, ein anderer auf drei Monate und 42 weitere auf einen Monat suspendiert; es wurden ihnen alle Funktionen untersagt und das Einkommen ihrer Stelle, mit Ausnahme der Wohnung, auf so lange entzogen.[1])

---

[1]) Baup, Précis, als Beilage IX, p. 104.
[2]) Baup, Précis, p. 142—153.

Jetzt entstand die neue Frage, ob die Staatsbehörde befugt sei, Geistliche zu strafen, deren Verfahren die kirchlichen Synoden als unanstössig bezeichnet hatten. Viele stellten sich jetzt auf die Seite der Verurteilten, die vorher ihr Auftreten missbilligt hatten, weil sie nicht zugeben konnten, dass eine so weitgehende Gewalt des Staates über die Kirche überhaupt zu dulden sei.

Am 11. und 12. November vereinigte sich die Waadtländer Geistlichkeit in Lausanne zur Beratung über die Sachlage. Alle waren darin einig, dass die der Kirche angewiesene Stellung eine unwürdige sei, die man nicht stillschweigend sich gefallen lassen dürfe. Die einen wollten einen neuen Versuch machen, durch eine ernste Adresse an den Grossen Rat Garantien für die Zukunft zu verlangen; Andere waren der Ansicht, dass kein fernerer Schritt mehr möglich sei, als Niederlegung des Pfarramts. Die letztern fanden sich in der Mehrheit: 153[1]) Pfarrer erklärten ihre Demission. In ihrer Anzeige heisst es: „*Wir, die unterzeichneten Pfarrer und Geistlichen, die Wächter des Gottesdienstes und der Religion, erklären Euch, dass wir uns zu Werkzeugen einer solchen Anmassung weder machen dürfen noch wollen. — Ihr habt sie verurteilt, obgleich sie kein Gesetz übertreten haben, trotz dem göttlichen Gesetz, welches sie freispricht. Durch dieses Urteil habt Ihr erklärt, dass die Gesetze das geistliche Amt nicht mehr schützen, dass das Gesetz Gottes nicht mehr das oberste Gesetz des christlichen Dienstes in der Landeskirche sein kann.*"

Die Folgen dieses Schrittes, in welchem sich, wie Alexander Schweizer in seiner bezüglichen Schrift sagt, ein allgemeines Verzweifeln an der Erträglichkeit der landeskirchlichen Verfassung überhaupt kundgab, mussten tief erschütternde sein. Der Waadtländer Staatsrat verlangte und erhielt vom Grossen Rate ausserordentliche Vollmachten, um für die kirchlichen Bedürfnisse zu sorgen. Die Verlegenheit war um so grösser, die über 100 freigewordenen Stellen plötzlich wieder zu besetzen, weil die grösste Zahl auch der Studierenden und Kandidaten sich zu den Demissionierenden stellte. Nur 89 Geistliche waren in ihren Stellungen geblieben. Durch ein ausserordentliches Reglement musste 1846 die Aufnahme in den Kirchendienst erleichtert werden, um ihre Reihen zu ergänzen. Die Ausgetretenen aber, deren nicht wenige dadurch sich und ihre Familien einer sehr ungewissen Zukunft preisgaben, denen somit jedenfalls eine seltene Charakterfestigkeit

---

[1]) Später wurden 173 und zuletzt 185 gezählt. Baup, Précis, p. 42. Die Anzeige selbst p. 14.

und Ueberzeugungstreue nicht abgesprochen werden darf[1]), erklärten bald: „Dass wir frei und ohne Mitwirkung des Staates die Kirche, die unsere Reformatoren uns hinterlassen haben, rekonstruieren wollen. Sie wird, wenn wir sie erleben, die alte evangelisch-reformierte Staatskirche bleiben, aber unbesoldet vom Staate sein."

So sollte es indessen nicht kommen. Es fand vielmehr eine Spaltung statt. Der Riss ging nicht bloss durch die Geistlichkeit, sondern durch das gesamte waadtländische Volk, indem der kleinern Zahl der Prediger die grosse Menge des Volkes anhing, die nationale Kirche behauptend; der grössern Zahl der Prediger aber folgte nur eine kleine Schar von Gläubigen, die mit ihnen überzeugt war, dass es nicht mehr möglich sei, in der Landeskirche für sein Seelenheil in der richtigen Weise zu sorgen. Was freilich dem letztern Teile an Zahl abging, das ersetzte der Eifer und die Opferwilligkeit, während jene Mehrheit überwiegend aus indifferenten Kirchengliedern bestand.

Es gelang denn auch den Ausgetretenen verhältnismässig rasch, die nötigen Mittel zu sammeln zur selbständigen Organisation. Nachdem am 10. November eine erste vorberatende Versammlung mit 80 Abgeordneten stattgefunden hatte, wurde am 12. März 1847 die „freie Kirche des Waadtlandes" begründet, die sich über viele Gemeinden des Landes erstreckte, fast überall neben dem vom Staate eingesetzten Pfarrer einen zweiten, von ihr aus eigenen Mitteln besoldeten Prediger erwählt und meistens auch eigene Kirchen erbaut hat. Die oberste Leitung erhielt eine gemischte Synode, in welcher 35 Gemeinden vertreten waren.

Der Theologe der freien Kirche, Vinet, hat die eingetretene Spaltung beklagt; er war mit der Demission nicht einverstanden, da er die Veranlassung für ungenügend hielt, überhaupt Trennung aus Grundsatz, nicht aus Gelegenheit wollte. Er wurde 1846 wieder Professor der französischen Litteratur in Lausanne, starb aber schon im folgenden Jahr, als ein durch Geist, Originalität und Charakter wie wenige ausgezeichneter Mann; freisinnig und lebendig-religiös zugleich, wurde er von den einen als Rationalist, von den andern als Pietist angesehen; man hat ihn deshalb, nicht ohne Grund, den französischen Schleiermacher genannt.

Noch längere Zeit kehrte die Ruhe nicht wieder im Waadtlande. Häufig kamen tumultuarische Störungen der freien Gottes-

---

[1]) In Basel, in Zürich und in Bern wurden im ersten Augenblicke Geldsammlungen veranstaltet. Kirchenblatt 1846, S. 26, 36, 50.

dienste vor; besonders trauriges Aufsehen erregte der Ueberfall und die teilweise Zerstörung eines Saales im Krankenhause zu Echallens, am 19. April 1846.[1]) Die Verfügungen der Regierung reizten mehr als sie beschwichtigten. Ein Dekret vom 24. November 1846 bestimmte:

1. Alle religiösen Vereine ausserhalb der Staatskirche, die nicht durch das Gesetz gestattet sind, werden von heute an bis auf weiteres im Kanton untersagt.

3. Die demissionierten Pfarrer, die gottesdienstliche Handlungen verrichten, sollen in ihre Heimatgemeinde zurückgeschickt werden.[2])

In Ausführung dieses Befehls sollen wirklich Bibeln und Predigtbücher durch übereifrige Polizei konfisziert worden sein, als Beweise verbotener Erbauung.[3]) Die fast unglaubliche Haltung wurde vom Grossen Rate noch 1849 durch ein Dekret vom 9. Juni ausdrücklich sanktioniert.[4])

Erst 1853 war die Krisis so weit überwunden, dass wenigstens die Prediger beider Kirchen wieder friedlich mit einander verkehren konnten. Am 1. Mai 1852 starb einer der Demissionäre, Antoine Monastier, der gewesene Pfarrer zu Chesaux, 1774 in Piemont als Waldenser geboren und bekannt als Verfasser einer Geschichte der Waldenser[5]); am 21. März 1853 ebenso der Geschichtsschreiber der Demission, Charles Baup, Professor in Lausanne, geboren 1811.

Die Spaltung des Waadtländer Volkes in zwei verschiedene, auf gleicher Lehre beruhende, ganz ähnlich organisierte und entsprechend in Gemeinden eingeteilte, mit den nämlichen Erbauungsmitteln wirkende Kirchen, die sich nur in ihrem Verhältnis zum Staate unterscheiden, war damit zu einer Thatsache geworden, die nicht mehr rückgängig gemacht werden konnte, die vielmehr fortbesteht noch heute, wo die direkte Veranlassung dazu vollständig der Vergessenheit angehört. Beide Kirchen arbeiten neben einander, anfangs in schroffer gegenseitiger Abschliessung und feindseliger Eifersucht, dann in einem gewissen Wetteifer, der zu grossen Anstrengungen und damit zu einer intensiven Spannung des religiösen Lebens führte, aber auch viel Unnatur und ungesundes Treiben mit sich gebracht hat. Man kann vielleicht

---

[1]) Schw. Kirchenblatt 1846, S. 80.
[2]) Ibid. 1847, S. 205.
[3]) Ibid. 1848, S. 32.
[4]) Ibid. 1849, S. 120, wo der Text in Uebersetzung abgedruckt ist.
[5]) De Montet, Dict. biogr., II, p. 178.

zweifelhaft sein, ob das System der freien oder dasjenige der staatlich gebundenen Kirche den Vorzug verdient, sicher aber ist, dass das Nebeneinanderstehen beider mehr Nachteil als Gewinn mit sich bringt für eine normale Einwirkung der religiösen Grundsätze auf das Volksganze. Das Gemeindeleben, das Familienleben, die Kindererziehung, diese Grundsäulen eines gesunden Volkslebens, werden vielfach gestört und verzerrt, wo die Religion im täglichen Verkehr mit dem Nächsten nicht ein Motiv zum Frieden und zum Zusammenhalt bildet, sondern das Bewusstsein eines bittern Gegensatzes weckt. An die Stelle der glücklich überwundenen konfessionellen Spaltung war jetzt nur eine andere getreten, welche die Bewohner des nämlichen Dorfes, die Glieder der gleichen Familie trennte, und schien die vielgehörte Behauptung zu bestätigen, dass religiöser Eifer schädlich sei.

Dass in Genf durch die Verfassungsänderung von 1847 auch das Kirchenwesen einige Umgestaltungen erfahren hat, ist bereits erwähnt worden. Eine dem städtischen Leben entsprechende intensive religiöse Arbeit durch die Geistlichen, neben der Predigt, durch zahlreiche öffentliche Vorträge apologetischer, kirchenhistorischer und unmittelbar erbaulicher Art, ersetzte hier zum guten Teile, was der Kirche an äusserer Autorität abging. Die Einrichtung von fünf (sechs) Diakonien und die Einteilung der Stadt in 26 Seelsorgerbezirke erleichterte und ordnete ein kräftiges kirchliches Wirken. Die Staatsregierung gestattete hier weitgehende Freiheit und überliess die innere Kirchenverwaltung fast ausschliesslich dem gemischt zusammengesetzten Konsistorium; die Wahl des Katechismus wurde 1854 sogar den Geistlichen anheimgestellt und nur an die Zustimmung des Consistoire gebunden.[1]) Erst 1855 fiel in Genf der weitergehende Antrag auf völlige Trennung von Staat und Kirche, aber er fand im Grossen Rate nicht Zustimmung; 40 gegen 20 Stimmen haben ihn verworfen. Nicht lange vorher war H. L. Empeytaz, der Herold des „Réveil", in der Stille gestorben.

In Neuenburg genoss die Landeskirche von alters her innerhalb des staatlichen Rahmens ein solches Mass von Selbstregierung, dass Uebelstände, wie sie in der Waadt hervorgetreten sind, hier nicht empfunden wurden. Das Jahr 1848 brachte indessen eine politische Veränderung, die auch für die Kirche Folgen hatte. Mit dem Fall des aristokratischen Regierungssystems, das sich durch Parteinahme für den Sonderbund unmöglich gemacht

---

[1]) Finsler, K. Stat., 549.

hatte, und mit der Annahme einer neuen Staatsverfassung, kam auch die Zukunft der Kirche in Frage. Man besorgte eine ernstliche Gefährdung des bisherigen Bestandes, vielleicht eine Trennung, da man den führenden Personen wenig freundliche Gesinnung zutraute. Das vorsichtige „Kirchenblatt" aus Basel meldete im Sommer 1848: „der directeur des cultes, Schulmann seines Standes, Oberhaupt politischer Klubs aus Liebhaberei, Staatsrat infolge der Umstände", habe einen Entwurf abgefasst zur Kirchenorganisation.[1]

Die Spaltung wurde indessen vermieden. Die Verwaltung der kirchlichen Angelegenheiten ging über an eine Synode von 32 Mitgliedern, von welchen zwei durch den Staatsrat ernannt, zwei Geistliche durch die Distriktskollegien und je drei weltliche Mitglieder aus jedem Distrikt durch die Kirchgemeinden zu wählen waren.[2] Die „Compagnie des pasteurs" verlor ihre bisherige Stellung und nahm in einem „Hirtenbrief" Abschied von den Gemeinden[3], und am 22. Januar 1850 trat die neue Synode zum erstenmale zusammen, eröffnet durch eine bemerkenswerte Rede von Dekan Dupasquier.[4]

Die Pfarrer wurden mit wenigen Ausnahmen in ihren Aemtern bestätigt, aber das Kirchengut zum Teil für anderweitige Zwecke verwendet; einige Konflikte mit dem Staate ergaben sich in Hinsicht auf die Wahlfähigkeit der Geistlichen und die Aufnahme von Fremden in den Kirchendienst. Das gewaltige Anwachsen von La Chaux-de-Fonds nötigte 1854 zu einer Vermehrung der Predigerstellen. Im nämlichen Verhältnis wie die einen sich von der Kirche fernzuhalten begannen, zeigte sich bei den andern die Neigung zum Separatismus. Eine religiöse Versammlung mit ganz freikirchlicher Tendenz fand, von cirka 600 Personen besucht, am 12. Juli 1849 in La Tourne statt.

In der deutschen Schweiz zog man die Konsequenzen der eingetretenen Veränderungen weit weniger rasch. Doch erregten die Ereignisse in der Waadt allgemeine Aufmerksamkeit und drängten zum Nachdenken über die grosse Frage der Zeit, auch wo keine unmittelbare Nötigung zu Umgestaltungen vorlag.

---

[1] Kirchenblatt 1848, S. 162. Man wird es begreiflich finden, dass wir im folgenden, wo geschichtliche Darstellungen uns mehr und mehr im Stiche lassen, uns vorzugsweise an diese im Thatsächlichen verhältnismässig vollständige und in der Beurteilung unbefangenste Quelle halten.
[2] Finsler, K. Stat., 489 u. ff.
[3] Kirchenblatt 1849, S. 7.
[4] Kirchenblatt 1850, S. 23.

Die Schweizerische Predigergesellschaft, am 4. und 5. August 1846 in Herisau versammelt, stellte als Verhandlungsthema auf: Was haben wir von der freien Kirche zu halten, wie sie in gegenwärtiger Zeit teils sich verwirklicht hat, teils angestrebt wird? und der hier noch selbst anwesende Baup machte mit einer beredten Begründung der Waadtländer Demission unverkennbar gewaltigen Eindruck.[1])

In Zürich war 1839 bei Gelegenheit des „Strauss-Handels" der Wunsch kund geworden nach Einsetzung einer aus Geistlichen und Weltlichen gemischten, dann aber auch mit vermehrten Befugnissen ausgestatteten Kirchensynode. Der Antragsteller im Grossen Rate war allerdings ein Theologe, der weiter als andere in die Zukunft schaute: es war Professor Alexander Schweizer. Er fand zwar Zustimmung in der Mitte der Geistlichkeit, aber sonst in seinem noch fast rein konfessionellen Kanton gar kein Verständnis dafür und nicht die geringste Geneigtheit, von den gewohnten und deshalb auch natürlich scheinenden, mit dem höchsten Ruhm der Stadt verwachsenen Ueberlieferungen aus der Reformationszeit irgendwie abzugehen. Als indessen im Dezember 1845 ein Sendschreiben der Zürcher Geistlichkeit an die demissionierenden Pfarrer im Waadtlande bei den Staatsbehörden des eigenen Kantons Anstoss gab und zum Teil grossen Zorn erregte, als der „Schweizerische Republikaner" über diese von Antistes Füssli, Professor Schweizer und Diakon Fäsi abgefasste Adresse urteilte: „die ganze Machenschaft ist so gesalbt und mit geistlicher Weihe verschmiert, dass ein Laie nichts herausbringen kann, was irgendwie einem Gedanken gleichsähe" — da begannen manche zu zweifeln, ob angesichts solcher Stimmung eine fernere Kirchenleitung durch den Staat als „Landesbischof" möglich sein werde. Doch auch der Vorschlag des Antistes Füssli (7. November 1848), die immer noch einfach der Regierung zustehende Wahl der Pfarrer den Gemeinden selbst zu überlassen, fand keine Berücksichtigung, wurde vielmehr so sehr als ein reaktionär-hierarchischer Gedanke verdächtigt, dass der allgemein hochgeachtete Mann in Ungnade fiel und seiner Neuwahl zum Antistes, im Dezember, die obrigkeitliche Bestätigung versagt ward. Die Kirche wurde 1850 neuerdings als reine Staatsanstalt erklärt, entgegen dem Gutachten der Synode, welche, am 5. und 6. Februar ausserordentlicher Weise versammelt, wiederum für eine freiere Organisation einzutreten versuchte. Nur eine Neugestaltung des

---

[1]) Bericht über die Verhandlungen im Kirchenblatt 1846, S. 147 u. ff.

Kirchenrats wurde erreicht, welche aber das Verhältnis nicht veränderte.[1]) Die „auffallende" Berufung von Aloys Emanuel Biedermann, Pfarrer zu Mönchenstein und Herausgeber der „Kirche der Gegenwart", zur theologischen Professur an der Züricher Universität (Juni 1850) vermehrte allerdings die Bedenken, ob es richtig sei, die hergebrachten kirchlichen Einrichtungen einfach fortbestehen zu lassen. Hatte auch die feierliche Rückkehr der in Luzern weggenommenen Waffen Zwinglis nach Zürich, am 13. Januar 1848, grosse Freude erregt und das landeskirchliche Bewusstsein gehoben, so regte sich doch das Sektenwesen und die Neigung zum Separatismus mit Macht.[2])

Die Bibel- und Missionsgesellschaft nahm am 1. September 1853 einen Bericht des gewesenen Antistes Füssli entgegen, wonach sie mit ihren bescheidenen Mitteln während 40 Jahren ungefähr 24,000 Bibeln und Neue Testamente verteilt hatte.

Ein neues Kirchengesetz, über welches die Synode am 25. und 26. Oktober 1853 eingehende Beratungen pflog, bestätigte und ordnete im wesentlichen nur das bestehende Verhältnis[3]), während allerdings die gleichzeitige Umgestaltung im Civilrechte ein weiteres Stück des öffentlichen Lebens, nämlich das gesamte Eherecht, der Mitwirkung der Kirche entzog, indem sie Verlobung, Trauung und Scheidung unter rein bürgerliche Gesichtspunkte stellte.

Auch die Verhandlungen über die Formen der Entlassung und Abberufung der Geistlichen (1852), sowie über das Verhältnis des Religionsunterrichts zur Volksschule (1853) zeugten von wenig freundlichem Sinne gegen die Kirche und ihre Aufgaben. An neu erstellten Pfarrgemeinden ist aus dieser Periode einzig Wollishofen zu nennen (1854).

Die Vorarbeiten für ein neues Kirchengesangbuch, welche einige Jahre gedauert hatten, fanden 1851 einen glücklichen Abschluss mit einem Werk, das allseitig gelobt und gut aufgenommen wurde, und 1855 erhielt auch eine Revision der Liturgie die Gutheissung des Grossen Rates.

In Schaffhausen war der Charakter der Staatskirche so stark ausgeprägt, dass der Kleine Rat noch 1842 darüber zu entscheiden hatte, ob um 8 Uhr oder um 9 Uhr zur Kirche ge-

---

[1]) Finsler, K. Stat., S. 44.
[2]) Finsler, Ueber das Sektenwesen im Kt. Zürich, Kirchenblatt 1847, S. 101. Vergl. auch eine sehr bemerkenswerte Reihe von Artikeln des Nämlichen: Das Züricher Volk in religiös-sittlicher und kirchlicher Beziehung, im Kirchenblatt 1850, S. 26 u. ff.
[3]) Eine eingehende Darstellung der damaligen Züricher Kirchenverfassung gibt Finsler, Kirchl. Stat., S. 44—71.

läutet werden solle. Seit 1846 regte sich indessen auch hier das Verlangen nach einer Kirchenverfassung. Arbeiten zur Revision der Gottesdienstordnung brachten es lebhaft zum Bewusstsein, wie wenig es angehe, dass zwar der Staat sich von der Kirche emancipiere, aber in kirchliche Dinge mehr als je hineinregiere. Der Freiheit des Staates von der Kirche sollte die relative Freiheit der Kirche vom Staate entsprechen. Eine gemischte Synode wurde angestrebt, aber ein bezügliches Begehren vom Grossen Rate (15. Juli 1849) abgelehnt.

Eine zeitgemässe Aenderung des noch immer üblichen Heidelberger-Katechismus wurde 1849 beschlossen, die eidliche Verpflichtung der Prediger auf die Helvetische Konfession 1850 in die Form eines Gelübdes umgewandelt, durch ein neues Schulgesetz im gleichen Jahre die Kompetenz der Kirche in der Schulaufsicht noch mehr beschnitten und 1851 die Mitwirkung der Ortsgeistlichen in der Armenpflege durch Uebertragung der Aufgabe von der Kirchenvorsteherschaft auf den weltlichen Gemeinderat beseitigt — aber erst 1854 entstand endlich ein „Kirchenorganisationsgesetz". Es brachte zwar die Wahl der Pfarrer durch die Gemeinden, unter Vorbehalt blosser Bestätigung, aber keine gemischte Synode; es schaffte die Bekenntnispflicht ab, aber beschränkte sowohl die Befugnisse der Kirchgemeinderäte, als auch die der Geistlichkeits-Synode, welche wie bisher nur Anträge stellen durfte.

Das reine Staatskirchentum bestand fort, so dass noch 1870 der Pfarrer Johann Schenkel in einer Synodalrede klagend ausrufen konnte: „Ist es nicht eine Schmach, wie die Kirche ihre Lehrbücher, ihre Liturgie, ihr Gesangbuch bis ins einzelste hinein muss korrigieren, wohl gar sich oktroyieren lassen von solchen, die an ihrer eigentlichen Aufgabe kein Interesse zeigen, möglicherweise derselben feindlich gegenüberstehen. Ist es nicht eine Schmach, wenn die Kirche sich ihre Verfassung muss machen lassen von solchen, die ausdrücklich wollen, dass sie möglichst wenig Einfluss habe!"[1]) Dem Ueberhandnehmen der Sekten glaubte man durch die Bestimmung wehren zu können, dass den Pfarrern untersagt wurde, ohne besondere Genehmigung des Kirchenrates ausser an Sonntagen und ausserhalb der Kirche irgendwo Religionsübungen abzuhalten.

Am 13. Februar 1853 starb in hohem Alter (geboren 3. Januar 1775) der als Kirchenhistoriker hochverdiente Melchior

---

[1]) Bächtold, Die kirchliche Gesetzgebung im Kt. Schaffhausen in den letzten 40 Jahren, in Meilis Theol. Zeitschr., VI (1889), S. 129 u. ff.

Kirchhofer, seit 1808 Pfarrer zu Stein a./Rh., Verfasser teilweise schon erwähnter biographischer Arbeiten über Sebastian Hofmeister (1810), Oswald Myconius (1813), Werner Steiner (1818), Berchtold Haller (1828) und Wilhelm Farel (1831), der Schaffhauser Jahrbücher u. s. w., 1840 von der Universität Marburg, auf welcher er einst seine Studien gemacht, durch den Doktortitel ausgezeichnet.[1]) Am 14. Juli 1854 verlor Schaffhausen auch seinen Antistes, den durch seine innige Frömmigkeit ausgezeichneten Dekan David Spleiss, geboren 1786, welcher in den Jahren 1818 und 1819 ein Hauptförderer der Erweckung gewesen, dann aber 1841, mehr des Gegensatzes als der Aehnlichkeit wegen, Hurters Nachfolger geworden war.[2])

Der evangelische Teil des Kantons Thurgau beschäftigte sich ebenfalls mit der unabweisbaren Frage der Organisation des Kirchenwesens und brachte im Laufe des Jahres 1851 einen Kirchenverfassungsentwurf zu stande, welcher die Zustimmung des Grossen Rates erhielt. Als Vermittlung mit der Staatsbehörde diente der geistlichen Synode ein gemeinsam bestellter Kirchenrat. Gegenstände ihrer Beratungen, die in Weinfelden stattfanden, waren die Kandidatenprüfungen, die Ordinationsform und die Bekenntnis-Verpflichtung, auch die Erstellung eines Gesangbuchs, zu welchem Zwecke 1854 eine besondere Kommission ernannt wurde.

Der paritätische Kanton St. Gallen, in welchem noch 1850 von Gesetzes wegen sieben Zwangstaufen vollzogen worden sind, erfuhr 1852 für seine reformierten Gemeinden eine teilweise Aenderung, indem der evangelische Centralrat aufgehoben und dagegen eine Kirchensynode geschaffen wurde. Unter dem Vorsitz von Kirchenrat J. Scherrer, Pfarrer zu St. Leonhard in St. Gallen, ging dieselbe, 29.–30. Juni 1852, mit Energie an die Erneuerung der Gottesdienstordnung und an die Herstellung eines Katechismus. Der letztere, dem zürcherischen nachgebildet, wurde schon im folgenden Jahre staatlich gutgeheissen und beendete glücklich einen jahrelangen tiefgreifenden Kampf. Dabei wurde auch das Gemeindeleben organisiert und die Kirchenvorsteherschaften als lokale Aufsichts- und Sittenbehörden bezeichnet, zugleich als Ehegerichte in erster Instanz.

Die hergebrachte Unabhängigkeit der evangelischen Gemeinden in Appenzell A.-Rh., welche 1852 in dem Dekan Frei

---

[1]) Hagenbach, in Herzogs theol. R. E., VIII, 19.
[2]) Oben S. 234. — Nekrolog im Kirchenblatt 1854, S. 129.

ein angesehenes Haupt verloren haben, begründete von selbst eine etwas freiere Stellung zum Staate. Der Versuch der Synode, durch einen gemeinschaftlichen Katechismus ein geistiges Band zu schaffen, scheiterte an den vorhandenen Verschiedenheiten in Anschauung und Ueberlieferung.

Aus ähnlichen Ursachen erfreute sich evangelisch-Glarus schon seit 1844 einer gemischten Synode mit Gemeindevertretung, sowie einer Kirchenkommission als gemeinsamer Verwaltungsbehörde; 1845 konnte in aller Ruhe die Prediger-Ordnung verbessert werden. „Es herrscht Windstille", berichtete das „Schweizerische Kirchenblatt".[1]) Diese Stille wurde jedoch arg unterbrochen, als die roh-freidenkerischen Predigten des Pfarrers zu Mollis, Ulrich Wagner, zwar ebenso rohen Beifall fanden, aber auch Anstoss erregten und die Möglichkeit seiner Amtsentsetzung erwogen werden musste. Da das Verhältnis des Pfarrers zu seiner Gemeinde auf einem freien Vertrag mit der letztern beruhte und diese selbst auf seiner Seite stand, so war es nicht leicht, dem widerwärtigen Zustand ein Ende zu machen.[2]) Von 1851 an gab die Synode einen regelmässigen Amtsbericht über ihre Thätigkeit im Druck heraus.

Die neue Staatsverfassung, welche Basel-Stadt sich 1846 gab, liess das Kirchenwesen nicht unberührt. Die evangelisch-reformierte Kirche wurde als Landeskirche bezeichnet, aber alle diejenigen Bestimmungen, welche, diesem Ausdruck entsprechend, zum Schutz der Kirche und ihrer Wirksamkeit bisher aufgestellt gewesen waren, nunmehr als unvereinbar mit dem Grundsatz der Glaubensfreiheit beseitigt, so dass von der „Landeskirche" nichts anderes blieb als die grössere Abhängigkeit von dem Gutfinden staatlicher Behörden auch in innern Angelegenheiten.

Kein Geringerer als der berühmte Physiker Chr. Friedrich Schönbein[3]) stellte 1848 im Grossen Rate den Antrag auf absolute Religionsfreiheit und vollständige Beseitigung aller auf das Bekenntnis sich beziehenden Rechtsschranken bis zur letzten Konsequenz der Trennung von Kirche und Staat. In lebhafter Debatte wurde am 7. Februar 1848 die Frage behandelt. Die Forderung, die bei Schönbein selbst von streng religiösen Motiven eingegeben war, fand zwar von zwei entgegengesetzten Seiten her

---

[1]) Kirchenblatt 1846, S. 204.

[2]) Trümpi, Chr., Darstellung der Entsetzung von Pfarrer U. Wagner in Mollis, 1852. — Kirchenblatt 1851, S. 119 u. 160.

[3]) Der Entdecker der Schiessbaumwolle, Professor an der Universität, gestorben 1868. Allg. D. Biogr., XXXII, 256.

Unterstützung, aber schliessliche Ablehnung durch die vor einer gefährlichen Neuerung zurückschreckende Mehrheit. Sogar der Wunsch nach einer eigenen Kirchenverfassung wurde als „hierarchisch" bezeichnet. Als charakteristische Parallele einer gemeinverständigen Nützlichkeit betrachten wir den im Dezember 1850 eingebrachten Antrag, die Universität aufzuheben und in eine Gewerbeschule umzuwandeln!

Die Einführung eines neuen Kirchengesangbuchs war 1849 gelungen; dasselbe wurde aber schon 1854 durch ein neues ersetzt. Im Kultus blieben die an den lutherischen Typus anlehnenden Formen auch ferner herrschend, Haus- und Kranken-Kommunion in allgemeiner Uebung. Am Weihnachtstag 1847 wurde zum erstenmale die Einführung eigener sogenannter Gesangsgottesdienste versucht.

Um so intensiver bewegte sich hier das Wirken der freiwilligen religiösen Vereine mit ihren verschiedenartigen Zwecken zur Förderung des Reiches Gottes im einerseits individualistischen anderseits internationalen Sinne des Wortes. Zu den Werken der äussern und innern Mission[1]) trat ein neues hinzu: am 11. November 1853 konnte das in Riehen begründete Diakonissenhaus das erste Jahr seines Bestehens feiern. Leider spaltete sich 1854 die Bibelgesellschaft über der Frage, ob die heil. Schrift mit oder ohne Apokryphen zu verbreiten sei.[2]) Die allgemeine Achtung vor der kirchlichen Sitte und der frommen Gesinnung bildete ein gemeinsames Band, das die Bevölkerung zusammenhielt, den abweichend Denkenden Zurückhaltung auferlegte und einen Gegensatz zur Landeskirche nur ausnahmsweise aufkommen liess. Wir haben in dieser Hinsicht nur einen strengen Separatisten zu nennen, den Notar Niklaus Bernoulli, dessen Flugschrift: „Die herrschende Kirche und ihre Gründe, andern zu wehren", allerdings erst 1864 erschien. Bei der Vergleichung der Zeiten konnte man nicht unrichtig sagen: „Früher war weniger christliches Leben, aber mehr allgemeine Gottesfurcht".[3])

Ueblen Eindruck machte in der sonst in friedlicher Einfachheit lebenden Baseler Landschaft, die erst 1855 nach einer Kirchenverfassung rief[4]), das wenig motivierte „Wegwählen" des

---

[1]) W. Hoffmann, Die ev. Missionsgesellschaft in Basel im Jahr 1842. Basel 1842.
[2]) Mezger, Gesch. d. Bibl., S. 327 u. ff.
[3]) Der religiöse Zustand von Basel im Jahre 1800 und 1850, im Kirchenblatt 1850, S. 13 u. ff.
[4]) Synodalversammlung vom 11. März 1855.

Bloesch, Gesch. der schweiz.-ref. Kirchen. Bd. II.

Pfarrers zu Arisdorf. Ein weit bedenklicheres Symptom aber für die Volkstümlichkeit der Kirche und die Möglichkeit des Fortbestandes einer Landeskirche war es, wenn damals aus dem Aargau berichtet wurde: Die Verlegenheit, bei der Abendmahlsfeier Kelchhalter zu finden, sei so gross, dass man das Ehrenamt hie und da an schlecht beleumdete Männer, an Katholiken übertrage, oder auch den Gemeindeweibel dazu anstelle.

Vermöge der eigentümlichen Verhältnisse, in welchen die 57,000 reformierten Bündner unter 38,000 Katholiken (1847) lebten, wurden hier die Uebelstände des reinen Staatskirchentums weit weniger als anderswo empfunden. Die starke Abhängigkeit der Pfarrer — ihre Zahl wird 1849 auf 103[1]) angegeben — von ihren Gemeinden und der geringe Umfang, richtiger gesagt die geringe Einwohnerzahl der letztern, und wohl auch die patriarchalischen Sitten der in kleinen Ortschaften zerstreut lebenden Bevölkerung, die zweckmässige Einteilung in neun Colloquien[2]), besonders aber die traditionelle Volkstümlichkeit der wandernden Synode, machte die Bündner Kirche auch in den alten Formen des Regierungs-Episkopates doch zu einer Volkskirche.

Dass indessen der Wechsel der Zeiten nicht spurlos geblieben und eine gewisse kirchliche Gärung auch in diesen Thälern eingetreten sei, beweist ein neues Ehegesetz vom 29. November 1849 und die im gleichen Jahre in der Bündner Geistlichkeit lebhaft erörterte Frage über die Notwendigkeit der Kirchenzucht. Die Verfechter der beiden grundverschiedenen Anschauungen bekämpften sich eine Zeitlang mit solcher Leidenschaft, dass nur ein gegenseitiger Widerruf grösseres Aergernis und bleibende Zerwürfnisse zu verhindern vermochte.[3])

Mit einer Revokation endete auch die Bewegung, welche 1853 das evangelisch gerichtete und mit gewissen Hoffnungen betrachtete Auftreten des Kanonikus Iseppi im Puschlav unter seiner Umgebung hervorgerufen hatte. Die Reihe der politisch-religiösen Konvertiten hingegen vermehrte 1854 der als Historiker um seinen Kanton und die Schweiz verdiente alt Bundesstatthalter Theodor

---

[1]) Nach Finslers K. Stat. (S. 285) 116 Gemeinden.

[2]) Ob dem Wald, Unter dem Wald, Ober-Engadin, Unter-Engadin, Chur, Schanfigg, Bergell, Davos, Prättigau.

[3]) Schw. Kirchenblatt 1849, S. 96. — Der Pfarrer Wilh. Iselin zu Serneus erklärte 1851 seinen Austritt aus dem Kirchendienst, um eine Stelle als Evangelist der freien Kirche in Bern anzunehmen, weil in der Landeskirche die „censura fratrum" vollständig aufgehört habe.

von Mohr, als er vor seinem Tode noch den Uebertritt zur katholischen Kirche vollzog.[1])

Sehr bemerkbar war der Einfluss der Westschweiz auf Bern, wo auch die persönlichen Beziehungen am stärksten mitwirken konnten. Die grosse Demission der Waadtländer Pfarrer lebte man hier vielfach innerlich mit; die Märtyrer ihrer Ueberzeugung erweckten Sympathien auch bei denen, welche ihren Glauben nicht teilten, und liessen, was dort geschehen war, als die einzig logische und grundsätzlich richtige Auseinandersetzung von Gegensätzen ansehen, über deren wirkliches Vorhandensein man sich nicht länger täuschen wollte. Eine schon früher erschienene Schrift, welche die Aussprüche der Reformatoren über das Recht der Exkommunikation als Zeichen der wahren christlichen Kirche zusammenstellte[2]), erhielt jetzt vermehrtes Gewicht angesichts der Thatsachen.

Wie im Waadtlande selbst, so mischten sich auch in Bern die politischen Parteistellungen ein. Die revolutionäre Wahl eines Verfassungsrates im September 1845 erschien vielen als ein schroffer Bruch mit der Vergangenheit, der auch die Kirche unaufhaltsam in einen Strudel hineinziehen müsse und dem ernsten Christen die Pflicht nahe lege, dem öffentlichen Leben überhaupt den Rücken zu wenden.

Andere erblickten darin umgekehrt die Aufforderung, den Fortbestand der vaterländischen Kirche als Landeskirche durch eine zeitgemässe Reorganisation ihrer Einrichtungen zu ermöglichen. Am 22. April 1846 tagte in Biel eine freie Versammlung von 130 bernischen Geistlichen zur Besprechung der Lage. Den Vorsitz führte Pfarrer Alphons Bandelier in St. Immer, später Mitglied des Regierungsrates, das Protokoll der noch junge Eduard Güder, damals noch Vikar in Biel, und mit ihm Pfarrer Cunier in Neuenstadt. Die Versammlung wollte die Gelegenheit der Erneuerung der bürgerlichen Konstitution dazu benützen, um der Kirche eine selbständigere Stellung zu schaffen. Sie verfasste eine „Vorstellung an den Verfassungsrat, die kirchlichen Angelegenheiten betreffend"[3]), sprach im allgemeinen ihre Zustimmung aus zu dem bereits vorliegenden Verfassungsentwurf, verwies indessen auf „die zum Bewusstsein gekommene Inkonsequenz zwischen dem aus dem Geiste der Neuzeit erwachsenen Staatsgebäude

---

[1]) Allg. D. Biogr., XXII, 73.
[2]) Zeugnisse der drei seligen Reformatoren, Calvin, Zwingli und Luther, für die Kirchen- oder Busszucht. Bern 1839.
[3]) Biel 1846.

und der aus früheren Tagen gekommenen Gestaltung der Kirche" und bezeichnete die *„Lösung dieser Frage als die wichtigste aber auch schwierigste Aufgabe der nächsten Zukunft".* Sie verlangte: *„Keine Trennung von Kirche und Staat, aber, um das zu vermeiden, ein grösseres Mass von Freiheit der Kirche in rein kirchlichen Dingen, in Lehre und Kultus. Sonst befände sich die reformierte Kirche in unserem Lande nicht allein weit ungünstiger gestellt als die römisch-katholische, sondern selbst jede beliebige separatistische Glaubensgemeinschaft, sobald sie sich legitimiert hätte, würde sich von nun an einer ausgedehnteren Freiheit zu erfreuen haben, als die Gesamtheit der Bekenner unseres Glaubens."* Deshalb keine blosse Geistlichkeitssynode, sondern Einführung der Presbyterialverfassung in unserer Kirche: *„Dem volkstümlichen Elemente in der Kirche verschafft sie Geltung; den Grundsätzen des Protestantismus ist sie gemäss, der reformierten Kirche von alters her eigentümlich, der Entwicklung eines tüchtigen religiösen Gemeindelebens vor den andern Verfassungsweisen günstig"* (S. 11). Eine aus Geistlichen und freigewählten Gemeindeabgeordneten zusammengesetzte Generalsynode soll die innern Angelegenheiten der reformierten Kirche ordnen unter Vorbehalt der obrigkeitlichen Genehmigung oder Verwerfung; in nicht rein kirchlichen, sondern gemischten Angelegenheiten die Regierung entscheiden, jedoch keine allgemeinen Veränderungen durch Gesetze und Dekrete vornehmen, ohne vorher das Gutachten der Synode eingeholt zu haben.

Die Anregung war zu sehr in der Lage begründet, als dass sie nicht hätte Unterstützung finden sollen. Eine Flugschrift[1] erinnerte daran, dass Predigtamt und Kirche nicht selten mit einander verwechselt werden, dass es aber Zeit sei, den Unterschied wieder ins Gedächtnis zu rufen und der Laienwelt — aber allerdings nur den Gemeindegliedern — Pflichten und Rechte in der Kirche zuzuweisen. „Nur auf diesem Wege ist Glaubensfreiheit innerhalb des Staates möglich", und „diese Freiheit des Glaubens muss als eine der notwendigsten Bedingungen bürgerlicher Freiheit betrachtet werden."

Nun trat aber auch die offizielle Kirche selbst, die bisherige Generalsynode, mit einer „Vorstellung" ein (vom 23. Juni 1846) und sprach es ihrerseits aus: *„Wir wünschen eine Kirchenverfassung, die in unsern Gemeinden und im christlichen Volksleben Wurzeln schlage, sie vor religiöser Gleichgültigkeit eben so sehr, als vor separatistischer Zersplitterung und sektiererischen Verirrungen*

---

[1] Die Berner Kirchenfrage, dem Verfassungsrat gewidmet. 1846.

zu bewahren vermöge, und in der das Predigtamt mit Freudigkeit und Segen verwaltet werden könne."

Der Verfassungsrat ging darauf ein, da auch die Vertrauensmänner der neuen politischen Machthaber sich dafür aussprachen[1]), aber als es zur Ausführung kommen sollte, wurde zur Beratung eines Gesetzesentwurfes durch den Justizdirektor, der jetzt auch die Kirche leitete, eine Kommission ernannt von so zweifelloser Einseitigkeit, dass ihren Arbeiten zum voraus die Grundbedingung des allgemeinen Zutrauens abging.[2])

In verhängnisvoller Weise fiel der Zellerhandel hinein. Der Gang dieser Angelegenheit überzeugte die einen mehr als je, dass die Interessen der Kirche in den Händen religiös-indifferenter Politiker schlecht gewahrt seien, und brachte die andern zur Erkenntnis, dass grössere Freiheit der Kirche nicht ohne Gefahren sein dürfte, weil die Mehrheit des Bernervolkes weit mehr am alten Glauben hänge, als die politischen Wortführer angenommen hatten. Das ungeduldige Drängen nach schärferer Scheidung beider Gebiete hatte ebenso sehr zugenommen, wie die Abneigung davor und das Misstrauen dagegen. Zwei der gemassregelten Geistlichen — der Zuchthausprediger v. Fellenberg und der Vikar Ed. v. Wattenwyl — verliessen nicht allein den Kirchendienst, sondern auch die Landeskirche. Der angesehene Jurist Dr. Rud. Wyss veröffentlichte seine Schrift: „Ueber die Rechte der evangelisch-reformierten Landeskirche des Kantons Bern" (Bern 1847); Pfarrer Baggesen eröffnete die Synode vom 15. Juni 1847 mit einer sehr bemerkten Rede „Ueber Kirche und Staat". Aber obwohl auch die Kapitelsversammlungen von Nidau, Thun und Büren im Sommer 1848 den Wunsch nach dem verheissenen Gesetz erneuerten, zeigte sich wenig Geneigtheit dafür, und ein erster Entwurf wurde bei Seite gelegt. Dass die Regierung alle noch bestehenden Privatansprüche auf Kirchensätze und Kirchenstühle durch ein Dekret beseitigte, bot keinen Ersatz für das umsonst erhoffte Selbstkonstituierungsrecht; dass sie gleichzeitig die Kirchengüter — gegen den Protest der Dekane — zu Handen der Staatskasse zu verkaufen begann und für die den Pfarrern zur Benützung überlassenen Grundstücke eine Verzinsung ver-

---

[1]) Buchdrucker Weingart und Pfarrer Weyermann, der am Freischarenzug persönlich teilgenommen, dann die Eröffnungspredigt beim Zusammentritt des Verfassungsrats gehalten hatte (18. März). Tagblatt der Verhandlungen des Verfassungsrates von 1846, Nr. 33, S. 13—24 (6. Mai 1846).

[2]) Weingart, Weyermann, Prof. Ries, Pfarrer Züricher, und U. Ochsenbein als Präsident.

langte¹), verstärkte vielmehr das Gefühl vollständiger Rechtlosigkeit, reifte teils trübe Resignation, teils desparate Entschlüsse.

Das Schweizer-Kirchenblatt machte im Herbst 1849 über die Bettagsproklamationen der verschiedenen Kantonsregierungen die allgemeine Bemerkung: „Die Feier fällt auseinander, wobei die eine Hälfte sich immer mehr ins Weltliche verflacht, die andere sich in das rein Geistliche, Individuelle, Subjektive zurückzieht"²); den bernischen Erlass nannte diese Stimme „ein merkwürdiges Aktenstück zur schweizerischen Kirchengeschichte des XIX. Jahrhunderts".

Gleich nach dem Bettag (19. September) versammelte sich die kantonale Predigergesellschaft in Burgdorf. Pfarrer A. Immer in Büren, dem wir hier zum ersten Male begegnen, sprach über die Frage: „Wie ist dem Antichristentum der Jetztzeit entgegen zu wirken?" Man beschloss eine Eingabe an die Staatsbehörde mit der Bitte um Vorkehren gegen den Missbrauch der Presse und zum Schutz der christlichen Religion und Sittlichkeit. Noch unmittelbarer wurde die Stimmung durch die zweite zur Erörterung kommende Frage berührt: „Ist Trennung von Kirche und Staat wünschbar?" Pfarrer Romang hatte hier die erste Antwort zu geben: Er sprach nicht für diese Lösung, aber auch nicht dagegen; glaubte aber die Möglichkeit einer solchen Wendung vorsehen und die Kleinmütigen ermuntern zu sollen. „Seine mit steigernder prophetischer Begeisterung vorgetragene Rede" endete mit dem Satze: „Mit dem Schiffbruch Pauli kam das Christentum in die Hauptstadt der heidnischen Welt, nach Rom. Gott der Herr wusste aus den Planken und Trümmern den Wunderbau der abendländischen Kirche aufzuführen!"³)

Besonders schlimm war es dabei, dass die Regierung den Schein nicht loswerden konnte, mit der rohen Religionsspötterei einiger Zeitungsblätter und Flugschriften im Einverständnis zu stehen, weil sie die Gottlosigkeit als Bundesgenosse betrachte im Kampf gegen die veralteten Vorurteile religiöser und politischer Pietätsgesinnung. Gestützt auf offenkundige Vorgänge sprach ein sehr vorsichtiges Blatt es aus: „Man sollte sich daher jetzt nicht beklagen, wenn das Volk anfängt zu glauben, die Machthaber hätten selbst Freude an solchem antichristlichen Treiben.⁴)

---

¹) Vorstellung an den Grossen Rat betreffend die Pfarrgüter. Bern 1849.
²) Kirchenblatt 1849, S. 155 u. ff.
³) Kirchenblatt 1849, S. 175.
⁴) Kirchenblatt 1850, S. 81.

Als nun im Mai 1850 ein Wechsel der Personen und Grundsätze eintrat und eine Partei zur Herrschaft gelangte, deren erster Programmartikel erklärt hatte: *„Wir wollen wieder ein christliches Volk sein!"* — und deren zusammenhaltender Einigungspunkt genau genommen weit mehr religiöser als konstitutioneller Natur war — als der neuerwählte Regierungsrat seine Funktion mit einem feierlichen gemeinsamen Kirchgang ins Münster antrat, da konnte wohl die eben versammelte Synode die Hoffnung hegen, dass jetzt endlich eine gedeihliche Kirchenverfassung zu stande komme und der Friede zwischen Staat und Kirche geschlossen werde.[1]

Die Hoffnung wurde nicht ganz getäuscht. Schon im Oktober (15.—17.) hatte die zu einer ausserordentlichen Synodalversammlung berufene Geistlichkeit einen bezüglichen Entwurf zu beraten, und nach mancherlei weitern Besprechungen[2] war die Angelegenheit so weit gediehen, dass am 9. Januar 1852 der Grosse Rat ohne Widerspruch das Gesetz annahm und provisorisch, vom 1. März hinweg, für zwei Jahre in Kraft erklärte.[3]

Demnach bestand die synodale Organisation in einer dreifachen Abstufung: 1. Einem Kirchenvorstand als Vertretung der einzelnen Kirchgemeinde. 2. Der Bezirkssynode als Vertretung der hergebrachten kirchlichen Kapitelsbezirke, und 3. Der Kantons- oder Landessynode als Vertretung der kantonalen Landeskirche.

An die Stelle der seit 1831 aufgehobenen Chorgerichte und der nachherigen Sittengerichte traten für alle Pfarrgemeinden eigene Kirchenvorstände. Sie werden zusammengesetzt aus dem — oder den — in der Gemeinde angestellten Geistlichen und aus 4—12 Kirchenältesten.[4] Sämtliche Bewohner einer Kirchgemeinde, welche Glieder der evangelisch-reformierten Landeskirche und in der Einwohnergemeinde stimmberechtigt sind, bilden die Kirchgemeindeversammlung. Diese Versammlung, welche jeweilen an einem Sonntag in der Kirche abgehalten und durch eine liturgische Handlung eröffnet werden soll, wählt die Kirchen-

---

[1] Bericht im Kirchenblatt 1850, S. 106 u. ff.
[2] Die Kirchenangelegenheiten, besonders die Organisation der Kantonssynode der ev.-ref. Kirche des Kt. Bern, von K. Wyss (Professor der Theologie). Bern 1851. — Ziegler, Sam., Ueber die bernische Kirchenverfassungsfrage, Referat vor der kant. Predigergesellschaft in Biel, 18. Sept. 1879. — Vergl. auch: Gelpke, Geschichte der bern. Kirchenverfassung. Rektoratsrede 1852. — Besprechung des Entwurfes im Schw. Kirchenblatt 1851, S. 186 u. ff.
[3] Verhandlungen des Grossen Rates im Kt. Bern, 1852, S. 13—18 u. 155.
[4] Handbüchlein für die Kirchenältesten im Kt. Bern, von Güder bearbeitet. 1852.

ältesten „aus der Zahl ihrer ehrbarsten und gottesdienstlichsten
Männer" auf je vier Jahre. Diese geloben: die kirchlichen Gesetze
und Ordnungen zu beobachten, christliche Zucht und Sitte, Frieden
und Eintracht in der Gemeinde, so viel an ihnen, zu handhaben
und durch ihren Dienst der evangelisch-reformierten Landeskirche
Wohl, ihre Erbauung auf dem Grunde des Wortes Gottes und
im Glauben an den Herrn Jesum Christum nach bestem Wissen
und Gewissen zu wahren und zu fördern.

Die Bezirkssynoden bestehen aus den sämtlichen in den Gemeinden des Kapitelsgebietes angestellten Pfarrern, und dazu aus den Abgeordneten der Kirchgemeinden, von denen jede, je nach der Seelenzahl ihrer Glieder, einen oder mehrere durch das Organ des Kirchenvorstandes ernennt. Der Präsident, der aus der Reihe der Prediger genommen wird, führt den alten Titel: Dekan. Die wichtigste Aufgabe dieser Bezirkssynoden ist die Vornahme der jährlichen Visitationen, sowohl der Prediger als der Gemeinden, je durch einen Pfarrer in Verbindung mit einem Laien. Im übrigen hat der Dekan allfälligen Beschwerden als Ratgeber und Vermittler abzuhelfen, oder besser noch zuvorzukommen.

Die Kantonssynode endlich besteht aus den Abgeordneten der sämtlichen Bezirkssynoden und einem Deputierten der theologischen Fakultät an der kantonalen Hochschule. Jede Bezirkssynode wählt auf je sechs zu ihr gehörenden Predigern einen derselben, und auf je sechs Gemeindeabgeordnete ebenfalls einen. Die Behörde versammelt sich ordentlicher Weise jährlich ein Mal in Bern, ausserordentlich unter Anzeige an die Regierung; sie entscheidet über innerkirchliche Angelegenheiten, doch ist sie, sofern es sich um Beschlüsse bleibender Natur oder um Aenderung bestehender Ordnungen handelt, gebunden an die Zustimmung einerseits der Staatsbehörde, anderseits auch der Mehrheit der Bezirkssynoden. Ebenso soll auch der Staat in sogenannten äussern Kirchengeschäften keinerlei Neuerungen vornehmen, ohne den Gegenstand der Kirchensynode vorgelegt und ihr Gutachten eingeholt zu haben.[1])

Im Laufe des Monats März wurden die Kirchenvorstände erwählt; in der Woche nach Pfingsten traten zum ersten Male die neuen Bezirkssynoden zusammen, und am 29. Juni versammelte sich alsdann die Kantonssynode. Sie bestand (1853) aus 48

---

[1]) Alles das vollständiger bei Finsler, K. Stat., 96—111. — Vergl. auch Immer, A., Die bernische Kirchenverfassung und deren Reform. Bern 1859.

Laien und 39 Geistlichen; Professor Karl Wyss, einer der bedeutendsten Förderer der neuen Verfassung, wurde ihr Präsident.[1]) Sie wurde eröffnet durch eine längere Ansprache des damaligen Kirchendirektors, Regierungsrat Eduard Blösch, der vom Standpunkte des die Wichtigkeit der kirchlichen Dinge mit persönlich-religiöser Wärme erwägenden Staatsmannes aus das neugeschaffene Verhältnis zwischen Staat und Kirche eingehend beleuchtete.[2])

„In der Entwicklung der kirchlichen Zustände", begann er, *„können Momente eintreten, wo die Obrigkeit, ohne sich eine kirchliche Autorität beilegen zu wollen, sich eine mehr oder weniger ungewöhnliche Einwirkung erlauben darf, damit die religiöse Entwicklung in Uebereinstimmung mit den allgemeinen sittlichen Interessen des Staates und einer sowohl festen als freien öffentlichen Ordnung sich leichter und sicherer vollziehe. Ein solcher Moment scheint jetzt eingetreten zu sein, . . wo unsere evangelisch-reformierte Landeskirche neu konstituiert werden soll."* — „Zu dieser Behörde, welche nicht nur gesetzlich bedeutsamer ist, als keine frühere kirchliche Versammlung in unserm Lande seit der Reformation, sondern auch in sich selbst stärker sein sollte, wenn anders sie die besten religiösen Kräfte aus der Geistlichkeit und den Gemeinden in sich begreift, werden denn auch die Staatsbehörden sich in ein anderes Verhältnis setzen und die gegenseitigen Beziehungen des Staates und der Kirche befriedigender als bisher regulieren können."

Als besonders bemerkenswert ist vielleicht hervorzuheben, was bei Besprechung der Lage über die Frage der vollständigen Trennung von Kirche und Staat gesagt ist: „Wer die höhern Interessen der ganzen Gesellschaft des Volkes in Obacht zu nehmen hat, der kann sich nicht geneigt fühlen, solchen Trennungen Vorschub zu thun. Sittlichkeit und Religiosität können im einzelnen Menschen nicht auseinander gerissen werden, und auch nicht im Staat." — „Solche Trennungen sind unter ganz besondern Umständen vielleicht ein unvermeidliches Uebel, und wir wissen nicht, ob im Verlaufe der Krisis, in welcher die Zeit begriffen ist, solche Um-

---

[1]) Bernhard Karl Wyss, geb. 1793, gest. 1870. — Samml. Bern. Biogr., I, 310—318.

[2]) Eröffnungen der Kirchendirektion an die Mitglieder der ev.-reform. Kirchensynode des Kt. Bern. Bern 1852. — Wir dürfen wohl hier verraten, dass dieses Aktenstück aus sorgfältigen Beratungen hervorgegangen ist, und dass, was keinem Kundigen verborgen sein kann, namentlich J. P. Romang nach Gedanken und Form an der Abfassung grossen Anteil gehabt hat.

stände nicht noch eintreten können. Noch jetzt aber ist es jedenfalls nicht zu einer solchen Nötigung mit uns gekommen. Wir sind auch nicht imstande einzusehen, dass, wo sich Neigung zu solchen Trennungen zeigt, gesunde und weitaussehende religiöse Entwicklungen sich vorbereiten. Gewiss haben die, welche der Trennung von Kirche und Staat, als dem an sich wünschenswerten Verhältnis, das Wort reden, nicht gehörig die höhere sittliche Aufgabe, sowohl des Staates als der Kirche, berücksichtigt."

So konnte denn der Redner die Umwandlung der bisherigen reinen Staatskirche in eine „Landeskirche" mit Zuversicht begrüssen, wobei er allerdings als „für unsere Aufgabe wohl nicht sehr günstig" bekennen musste, „dass wir nicht durch die Macht einer neuen religiösen Lebensentwicklung, welche diese presbyterialen Formen verlangte, zu dem Versuch dieser Kirchenverfassung getrieben worden sind, sondern einerseits durch die Umgestaltung der politischen Verhältnisse, anderseits mehr durch den Mangel als durch die Macht eines produktiven religiösen Princips." Dabei wurde aber angedeutet, dass es sich auch in Hinsicht auf die Lehre nicht um einfache Aufrechthaltung des Bisherigen handeln könne, denn: „Es darf nicht übersehen werden, dass die Bildung der Zeit auch in ihren Abweichungen von derjenigen früherer Zeiten nicht durchaus unberechtigt ist." Auch diese muss berücksichtigt werden, könnte es doch sonst zu einer andern Trennung kommen, „nämlich zu einer öffentlichen Protestation gegen allzu engherzige Umschreibung der Grenzen unserer Kirchengemeinschaft und gegen die allfällig zu einseitige Richtung der Kirchenbehörden. Und diese Art von Trennung wäre viel bedenklicher, sowohl für die Landeskirche, als für den Staat. Denn wenn es je zu einer solchen Krisis kommen sollte, so stünde ohne Zweifel ein ziemlich grosser Teil der Geistlichen und der weit grösste Teil des Volkes, und zwar von den weniger gebildeten Klassen wie von den gebildetsten, auf Seite der Protestierenden. Es könnte sich bei einer solchen Krisis keine Kirchenbehörde behaupten, und der Staat würde die Partei von den laxeren Grundsätzen als Staatskirche anerkennen."[1])

Mit dem Inkrafttreten der neuen Verfassung war für die grösste Kirche der reformierten Schweiz ein wichtiger Schritt gethan. Es wurde jetzt ein Werk zu stande gebracht, das man längst ersehnt hatte: ein neues Kirchengesangbuch, welches dasjenige von 1775 zu ersetzen bestimmt war. Schon 1839 war ein

---

[1]) Eine längere Besprechung dieser „Eröffnung" findet sich im Kirchenblatt von 1853, S. 3 u. ff.

„Probeheft" herausgegeben worden, hatte jedoch nicht befriedigt; dann wurden 1843 einige Grundsätze festgestellt, aber erst jetzt die Arbeiten wirklich in die Hand genommen. Im Laufe des Jahres 1851 erschien ein neues Probeheft, und nach einem vorzüglichen historisch-kritischen Berichte von Professor Immer konnte die Aufgabe so weit gefördert werden, dass das Buch bald vollendet vorlag. In einer ausserordentlichen Synodalversammlung, am 3. und 4. November 1853, wurde dasselbe gutgeheissen und den Gemeinden zur Annahme und Einführung empfohlen.[1]) Wenn es nicht zu den bestgelungenen Werken dieser Art gehörte, so bezeichnete es doch gewiss einen bedeutenden Fortschritt.

Im folgenden Jahre konnte auch eine neue Visitationsordnung aufgestellt werden, und die Gemeinden erhielten jetzt auch, dem Geist der Verfassung entsprechend, einige Mitwirkung eingeräumt bei der Wahl ihrer Seelsorger. Der Karfreitag wurde zum hohen Festtag erklärt und dafür der bisher noch gefeierte Tag „Mariä Verkündung" als solcher aufgehoben. Die Helferei zu Trubschachen erhielt 1855 den Rang einer Pfarrei.

Ob die neue Einrichtung von Dauer sein würde, konnte zweifelhaft erscheinen. Ein geradezu übles Vorzeichen für die Zukunft der nun demokratischen Landeskirche war es, dass der übliche Bericht „Ueber den kirchlichen Zustand des Volkes", den die erste Synode entgegenzunehmen hatte[2]), ganz ausserordentlich pessimistisch lautete. Er war von dem als Prediger hervorragenden Pfarrer Alb. Haller in Biel verfasst.[3]) Für manchen Pfarrer aber, der sich des Regierungswechsels gefreut, war es eine noch weit empfindlichere Enttäuschung, als nun die grössere kirchliche Freiheit erkauft werden musste durch eine Einbusse an den Pfarr-Besoldungen. Um dem finanziellen Notstande zu begegnen, glaubte die Staatsbehörde — deren Mitglieder übrigens bei sich selbst vorangegangen waren — ein Opfer in dieser Richtung zumuten zu dürfen, und es wurde wirklich — nach dringender Befürwortung durch Pfarrer Bitzius in Lützelflüh — eine Reduktion für fünf Jahre bewilligt.

War auch die Befriedigung über das mit dieser Kirchenverfassung Erreichte keineswegs ungeteilt, so wurde doch 1854-

---

[1]) Die Liedertexte meist von Helfer Schädelin bearbeitet, die Melodien von Organist Joh. Mendel. — Ziemlich scharfe Kritik im Kirchenblatt 1854, S. 9 u. ff.

[2]) Die Verhandlungen der Synode von 1852 bis 1873 sind gedruckt.

[3]) Biographie im Berner Taschenbuch 1881, S. 1—66. — Zu dem Bericht kann verglichen werden eine Serie von Artikeln im Kirchenblatt 1851, S. 154 u. ff.

nach Ablauf der zwei Probejahre, der gesetzliche Fortbestand ohne Widerspruch verlängert.

Besondere Schwierigkeiten bot die mit Bern aufs engste zusammenhängende reformierte Kirche des Kantons Freiburg in Murten[1]), die jetzt ganz unter der Herrschaft einer ganz katholischen Regierung stand. An Stelle der seiner Zeit von Bern eingesetzten Chorgerichte waren seit 1848 Kirchgemeinderäte mit beschränkten Befugnissen getreten. Bei völlig veränderten politischen Einrichtungen glaubten die reformierten Bewohner[2]), zur Forderung einiger Selbständigkeit berechtigt zu sein; da indessen die bisherige Privatkirche in der Hauptstadt Freiburg selbst sich dem Anschluss an die Murtener Synode widersetzte, so kam es zu einem scharf zugespitzten Konflikte, der eine Zeitlang recht drohend aussah, aber 1854 eine verhältnismässig glückliche Lösung fand.[3]) Die am 6. März 1855 zum erstenmale zusammentretende Synode zu Murten zählte sieben Geistliche und 17 Laien.[4])

Der evangelischen Gemeinde zu Luzern hingegen, welche (1853) aus 213 Personen sich zusammensetzte, wurde 1851 das Recht der freien Pfarrwahl zugestanden.

Seit dem Jahre 1848 besass die Schweiz auch eine eidgenössische Bundesbehörde. Ihr Ursprung aus der Notwehr gegen die Kampfstellung der katholischen Kirche hatte indessen die Folge, dass dieselbe für die bescheidenen rein religiösen Interessen der Kirchen reformierter Konfession wenig Verständnis empfand und noch weniger Rücksichten nahm. Die Aufforderung der bernischen Regierung an den Bundesrat, dass er die der Verwaltung bequemen, aber dem Volke anstössigen Militärmärsche an Sonn- und Festtagen nach Thunlichkeit einschränken möchte, fand einige Beachtung erst, als sie auch von andern Kantonen her kräftig unterstützt wurde. Ein gewisses Misstrauen gegen alles, was die Kirche betraf oder von der Kirche herkam, verriet sich auch darin, dass bei den Programmen für die projektierte eidgenössische Hochschule (1851) die herkömmliche Rangordnung

---

[1]) Es gab hier drei reformierte Pfarrer, welche bernische und freiburgische Gemeinden zugleich in ihrer Kirche hatten.

[2]) Die Zahl der ref. evangelischen Bewohner des Kantons wurde 1853 auf 12,133 angegeben neben 87,753 Katholiken.

[3]) Die Kirchenverfassung der ref. Gemeinden des Kts. Freiburg. 1854 (angenommen vom Grossen Rate am 1. Juli 1854). — Vergl. Die ref. Kirche im Kt. Freiburg und die Staatsgewalt. Leitartikel im Kirchenblatt 1853, S. 75 u. ff.

[4]) Finsler, K. Stat., S. 155 u. ff.

der Fakultäten umgestellt und eine Aufsichtsbehörde unter Ausschluss des geistlichen Standes vorgesehen war. Die Begeisterung für den schönen Plan war daher auf dieser Seite auch sehr gemässigt.

Die endlich erreichte politische Einigung stand jetzt der kirchlichen eher im Wege. Der Vorschlag zur Erstellung einer gemeinsamen Liturgie für die reformierte Schweiz blieb ohne Aussicht auf Verwirklichung. Einzig die alljährlichen Vereinigungen der Schweizerischen Predigergesellschaft[1]) zur nichtamtlichen Behandlung allgemein wichtiger Zeitfragen, und das seit 1845 von Hagenbach in Basel und Finsler in Zürich herausgegebene „Kirchenblatt für die reformierte Schweiz" unterhielten wenigstens im Stande der Geistlichen das Gefühl der innern Zusammengehörigkeit und arbeiteten durch unscheinbare Gedankenaussaat an der Herbeiführung des idealen Zieles.[2])

Wenn man gehofft hatte, mit Einführung presbyterialer Institutionen „glücklich hindurchgeschifft" zu sein zwischen einer — absolut unterschiedslosen — Volkssynode und der Entstehung einer freien Kirche"[3]), so folgte wenigstens im Kanton Bern auch hierin einige Ernüchterung. Der Riss war schon zu weit, um so leicht geheilt zu werden. Schon bei der Wahl der Kirchenvorstände, dem ersten Akt kirchlicher Selbständigkeit, hatte man die Beobachtung gemacht, dass nicht allein die schwache Beteiligung von wenig Interesse zeuge, sondern namentlich, dass vielerorts gerade „die Frommen" sich davon ferne hielten. Und kaum war die Verfassung in Kraft, so wurden Klagen laut über unerträgliche separatistische Agitationen von Seiten der freien Kirche des Waadtlandes, besonders in Biel, wo sie dafür geeigneten Boden zu finden erwartete.

Sogar innerhalb der Geistlichkeit selbst entstand ein „Korrespondenzblatt", vermittelst dessen sich die streng bekenntnistreuen Kreise zur Partei organisierten und zum Angriff rüsteten auf die „ungläubigen Pfarrer". Die Begründung, welche auf das Bekanntwerden dieser Thatsache sie entschuldigen sollte, deutete nur um so unverkennbarer die tiefe Scheidung an, von welcher im nächsten Kapitel die Rede sein muss: „Achtzig Geistliche", hiess es hier, „haben das Gefühl, unserer Kirche fehle noch das rechte Leben". Die Schuld liege im Unglauben der theologischen Fakultät.

[1]) Ueber deren Entstehung im Jahre 1837, resp. 1827, siehe Finsler, Kirchl. Stat., 24 u. 582.
[2]) Finsler, Kirchl. Stat., S. 30.
[3]) Kirchenblatt 1852, S. 125.

Aber selbst zur Trennung nach der andern Seite hin zeigte sich Lust. In Bern — allerdings nur in der Stadt allein — bildete sich 1849 eine „freie Gemeinde" zur „religiösen Aufklärung und Befreiung von allem Dogmenzwang". Es scheint indessen beim blossen Versuch geblieben zu sein.

Dagegen verbanden sich beide Extreme zu einem gemeinschaftlichen Vorstoss gegen den Grundsatz der nationalen Kirche überhaupt. Einige Berner Dissidenten, die Herren Th. v. Lerber, K. v. Rodt und Bernhard v. Wattenwyl, verlangten 1851 in einer an den Grossen Rat gerichteten Petition die Einführung der Civilehe, als den einzigen Weg, die Gewissensfreiheit zur Wahrheit werden zu lassen. Sie fanden eifrige Unterstützung bei denen, welche nicht gern vor dem Altar niederknieen, weil ihnen jegliche Erinnerung an religiöse Pflichten lästig ist. Es ergab sich daraus eine ziemlich erregte Polemik; der Ansturm scheiterte indessen an der Macht des passiven Widerstandes, den die über alle Theorien unbedenklich hinwegschreitende Liebe zur kirchlichen Gewohnheit leitete. Immerhin konnte kein Zwang mehr ausgeübt werden gegen diejenigen, die sich weigerten, ihre Kinder zur „Unterweisung" zu schicken.

Zunehmendes — und nicht immer grundloses — Misstrauen gegen den in den öffentlichen Schulen herrschenden Geist bewog eine Anzahl von angesehenen Familien zum Beschlusse, zunächst für Mädchen-Erziehung selbständig und aus Privatmitteln durch eine eigene Anstalt zu sorgen. Am 13. Oktober 1851 wurde die „Neue Mädchenschule" mit 70 Schülerinnen eröffnet und schon 1853 durch eine Fortbildungsklasse für Lehrerinnen erweitert. Fast gleichzeitig, 1854, legte auch der junge Vikar Fr. Gerber in Aarwangen den Keim zur privaten Theologenbildung, indem er von sich aus begabte Jünglinge zum Studium vorzubereiten begann.

Ueberall war es die „Evangelische Gesellschaft", welche diesen Bestrebungen Hülfe und Halt bot. Dieselbe konnte 1850 (23. August) in der Stadt einen neuerstellten geräumigen Versammlungssaal beziehen und änderte zum Zweck energischerer Thätigkeit in ihren nun schon 30 Stationen auf dem Lande ihre Verfassung.[1])

Achtung und Einfluss erwarben sich die Mitglieder und Freunde dieser Gesellschaft aber ganz besonders durch ihre unbestreitbaren Verdienste um die Armen- und Krankenpflege. Die freiwillige Armenpflege lag gerade in den Jahren, da die Un-

---

[1]) Gerber, 50 Jahre, a. a. O., S. 102 u. ff.

ordnung in der bezüglichen Gesetzgebung und zugleich die Not am grössten war, fast ganz in den Händen einiger aufopfernder Männer, welche diese Thätigkeit als Christenpflicht behandelten: noch wichtiger wurde die Gründung des Privatspitals Dändliker-Wurstemberger. Fräulein Sophie Wurstemberger, geboren 1822, die Tochter des durch Bildung und Charakter ausgezeichneten Obersten Ludwig Wurstemberger von Wittikofen, hatte, als Kind durch ein Wort von Pfarrer Galland getroffen, schon 1844 aus innerem Antrieb und Beruf sich völlig der Pflege armer Kranker gewidmet und aus ganz kleinen Anfängen heraus ein Kranken- und Diakonissenhaus geschaffen, welches nach ihrer Verheiratung mit dem vom gleichen Sinne erfüllten und mit organisatorischem Talent begabten Herrn Joh. Friedrich Dändliker aus Zürich rasch zu gewaltiger Entwicklung gelangte und in kurzem als eine unentbehrliche Ergänzung zu den öffentlichen Anstalten dastand.[1]

Solche Erscheinungen vermehrten indessen die Neigung wie zu separatistischer Frömmigkeit, so auch zur eigentlichen Sektenbildung, und erleichterten den auf Propaganda ausgehenden Gemeinschaften aller Art ihre Bemühung, gerade die religiös Empfänglichen für sich zu gewinnen, den Landeskirchen ihre besten Glieder zu entfremden. In Basel tauchten 1850 Irwingianerprediger auf und fanden für ihre „katholisch-apostolische Kirche" in kurzem so viele Anhänger (cirka 80 Mitglieder), dass sie zur Abhaltung regelmässiger Gottesdienste und zum Bau einer eigenen Kapelle schreiten konnten.[2] Aus Basel wie aus Genf wurde gleichzeitig von Umtrieben der Mormonensekte berichtet, welche es verstanden haben, sociale Unbefriedigung und apokalyptische Sehnsucht bis zum Entschlusse zur Auswanderung zu steigern.[3]

Neben den Darbysten, den amerikanischen Methodisten und den Gläubigen Swedenborgs, die sich meist im verborgenen hielten, regte sich jetzt besonders die baptistische Sekte der Neutäufer mit ihrer schroff antikirchlichen, direkt feindseligen Haltung. Dieselben begingen am 10. September 1854 ein grosses Demonstrationsfest im Berner Kasino.[4] Harmlos still, ohne Verfolgung, aber auch ohne weitere Verbreitung, lebten die alten Wiedertäufer in ihren angestammten Sitzen, zu kleinen Gemeinden um ihre „Lehrer" vereinigt, in Basel und im sogenannten „Kleinthal", in Court im

---

[1] Dändliker, J. F., Ebenezer, oder 50 Jahre des Diakonissenhauses Bern. Bern 1894. III.
[2] Finsler, K. Stat., 191. — Kirchenblatt 1850, S. 69.
[3] Leitartikel im Kirchenblatt 1854, Nr. 22.
[4] Kirchenblatt 1854, S. 165.

Berner Münsterthal, auf den Sonnenbergen bei Dachsfelden und im obern Emmenthal. Sonderbar war immerhin, dass gerade der moderne tolerante Staat wieder anfing, diesen braven Leuten das Gewissen zu beschweren, indem das ihnen gewährte Privilegium der Militärfreiheit 1850 durch die Bundesversammlung ausdrücklich beseitigt wurde. Mit Grund fragte man sich: „Sollte nicht die Macht der Humanität, auf die man sich so gerne beruft, immer mehr gerade in solcher Beziehung sich geltend machen?"

Menschenwürdiger gestaltete sich jetzt, nachdem der Jesuitensturm überwunden war, das Verhältnis zu den Katholiken. Einiges Aufsehen machte 1854 die Erscheinung des italienischen Konvertiten De Sanctis in Bern, oder, besser gesagt, der heftige Angriff, welchen der kampflustige Pfarrer der katholischen Kirche daselbst mit allgemeinen Schmähungen des protestantischen Glaubens gegen ihn richtete, und der dann durch die Herausforderung zu einer öffentlichen Disputation von Seiten der gesamten theologischen Fakultät beantwortet wurde.[1] In Genf, wo sich, veranlasst durch die beunruhigende Einwanderung aus Frankreich und Savoyen, im September 1853 eine „Société genevoise des intérêts protestants" gebildet hatte und die zahlreichen öffentlichen Vorträge über theologische Gegenstände fortfuhren, die fragenden Geister zu beschäftigen, erfolgten eine Zeitlang ziemlich viele Uebertritte zum Protestantismus, so vor Ostern 1854 von 52 und am hohen Donnerstag 1855 von 45 Personen auf einmal. Auch die Kirchengeschichte von Genf von Pfarrer Gaberel, von welcher 1853 der erste Band erschien, befestigte das eine Zeitlang schwankende protestantische Bewusstsein.

Der internationale religiöse Subjektivismus kam zum erstenmal zum Bewusstsein seiner innern Uebereinstimmung und zugleich seiner Zukunftsaufgabe bei der Vereinigung der Evangelischen Allianz, die 1851 aus Anlass der grossen Weltausstellung in London stattgefunden hat. Man empfand auch in der Schweiz eine Ahnung, dass darin etwas Bedeutsames liege. Die allgemeine Umgestaltung der kirchlichen Verhältnisse weckte ein Bedürfnis, das dann in vorzüglichster Weise befriedigt worden ist durch ein hier viel benütztes Werk, die 1854 erschienene „Kirchliche Statistik der Schweiz", von G. Finsler, damals noch Pfarrer zu Berg im Kanton Zürich.

So wurde allerorts, mit mehr oder weniger gutem Willen, mit mehr oder weniger Einsicht, an der Neugestaltung der Kirchen

---

[1] Intelligenzblatt der Stadt Bern vom 27. Oktober 1854.

gearbeitet und eine Form gesucht, welche dem Staate die moralische Mithülfe der Kirche, der Kirche aber den Zusammenhang mit den sittlichen Aufgaben der Gesellschaft erhalten, den Grundsatz der Glaubensfreiheit mit der Möglichkeit pädagogischer Einwirkung auf das Volksganze verbinden sollte. Dabei war es freilich in hohem Grade nötig, die Mahnung zu beherzigen, mit welcher das „Schweizerische Kirchenblatt", allzu scharf doktrinären Forderungen gegenüber, das Jahr 1848 eingeleitet hat: „Man muss sich damit zufrieden geben, wenn im praktischen Leben selbst, soweit eben guter Wille und billiger Sinn vorhanden ist, sich manches ausgleicht, was, vom Standpunkt der Principien aus betrachtet, sich scharf entgegensteht."

8. Glauben und Wissen.

Vielleicht hätte die unvermeidlich gewordene Grenzausscheidung zwischen Staat und Kirche sich leicht und klar vollziehen lassen, hätte nicht ein anderer Gegensatz sich hineingemengt, der Streit der Lehrmeinungen über Wahrheit und Irrtum. Mit jenem vereint erwuchs daraus der Streit über Rechte und Mittel, dem Irrtum zu wehren und die Wahrheit zu schützen.

Die Reden und Schriften für und gegen die Berufung von Strauss hatten bis in die hintersten Winkel des Landes das Bewusstsein verbreitet, dass es nunmehr zweierlei Pfarrer gebe, die über das, was sie predigen sollen, durchaus nicht mit einander übereinstimmen. Die Kirche, die mit dem Staat und der modernen Gesellschaft sich auseinander zu setzen hat, ist jetzt selbst nicht mehr eine einheitliche Grösse, sondern eine bis tief in die Principien hinein gespaltene Macht. Was sich hundert Jahre zuvor in der Stille vorbereitet hatte, das entwickelte sich jetzt auf einmal zu einem offenen und scharf zugespitzten Konflikt, der die protestantische Kirche auseinander zu sprengen drohte, ihre Wirksamkeit gewaltig schwächte und die bereits angebahnten Neubildungen aufs empfindlichste störte.

Je nach dem Masse, in welchem der Einzelne der theologischen Wissenschaft und der allgemeinen Weltbildung einen Einfluss gestattete auf die religiöse Ueberzeugung, gab es jetzt „gläubige" oder „ungläubige" Pfarrer. Die biblische Kritik, die historische Forschung, die philosophische Spekulation und der Fortschritt der Naturwissenschaften hatten die Glaubensvorstellungen, in welchen die Religion bisher verkörpert war, für jeden, der damit sich bekannt gemacht hatte, mit unwiderstehlicher

Gewalt modifiziert. Mit diesen Vorstellungen schien aber die Religion selbst unzertrennlich verbunden zu sein, mit ihnen zu stehen, mit ihnen zu fallen. Zu lange war man gewöhnt worden, Glaubensbekenntnis und „Glauben" gleichzustellen, das Fürwahrhalten von theologischen Lehren mit der Frömmigkeit zu verwechseln, das Allerheiligste in Monstranzen zu verschliessen und Reliquienkasten anzubeten, als dass es hätte leicht sein sollen, die Umschmelzung vorzunehmen, den Wegfall der alten Worte ohne Verlust für das Wesen — das evangelische Christentum selbst — überhaupt für möglich zu halten. Und wer diese Möglichkeit für sich selbst annehmen konnte, bezweifelte sie doch für die andern.

Von zwei Seiten her dauerte diese Verwechslung fort und beherrschte die Gemüter. Während die einen die alte Fassung des Kleinods nicht meinten aufgeben zu dürfen, weil sie den Glauben selbst zu verlieren, oder doch die Volksreligion zu schädigen fürchteten, bildeten sich andere ein, weil die Vorstellungen sich verändert hatten, auch den Glauben aufgeben zu dürfen oder aufgeben zu müssen. Wie das letztere, so konnte auch das erstere in sehr verschiedenwertiger innerer Haltung geschehen.

Dem Antichristentum gegenüber, das man überall auftauchen sah, aber auch oft zu sehen meinte, wo es nicht vorhanden war, schlossen jetzt die Pietisten und die Kirchlichen im alten Sinne sich zu einer neuen Partei der „Orthodoxen" zusammen; ihr entgegen stellten sich die alten Rationalisten und die jungen spekulativen Anhänger der Hegelschen Schule als Verbündete neben einander.

Den Gegensatz fasste man damals in den Ausdruck „Glauben und Wissen" zusammen, wobei man nicht vergessen darf, dass darin nach der allgemein üblichen Hegelschen Terminologie eine starke Geringschätzung des ersteren, als einer Vorstufe für die Ungebildeten und Einfältigen, lag. Die Bezeichnung ging allerdings von irriger Voraussetzung aus, da doch bei den Wissenden neben der positiven Erkenntnis sehr viel idealistischer Glaube, bei den Gläubigen neben einem starken Pietätsgefühl auch sehr viel realistische Erfahrung und Berechnung mitwirkte, so dass nun auch die politischen Parteien sich dieser Stimmungen bemächtigten, die radikale sich mit dem „Wissen", die konservative sich mit dem „Glauben" verband — für beide zum Unglück und zur Erschwerung der Lage.

Es darf wohl jetzt behauptet werden, dass die Rechtgläubigen sich gegen die Fortschritte des Wissens nur verschlossen, weil ihnen das Religionsinteresse schlechterdings und unbedingt jedes andere überwog, und dass die religiösen Neuerer die Existenzbedingungen der Kirche nur darum zu missachten schienen, weil sie ungemessenen Respekt hatten vor der weltlichen Bildung. Beide Parteien hatten aber nur Augen für die Fehler der andern, und beide begingen Fehler genug, um dem Gegner immer neue Vorwände zu bieten zur Bestätigung seiner Vorurteile.[1]

Kaum war der Lärm des „Züriputsches" verhallt und unter dem noch ärgern Getümmel der Sonderbundsjahre vergessen, als Bern durch die Zellerberufung den Gegensatz auch für das Gebiet seiner Kirche heraufbeschwor, der nun nicht mehr zur Ruhe kommen sollte.

Inzwischen hatte aber 1844 der Pfarrer zu Mönchenstein bei Basel, der am 2. März 1819 geborene Alois Emanuel Biedermann aus Winterthur[2]), eine kleine Schrift veröffentlicht: „Die freie Theologie und das Christentum in Streit und Frieden." Sie begann mit der Erklärung: *„Die schönen Tage des Friedens zwischen der Kirche und der neuen Philosophie sind uns so sehr entschwunden, dass selbst die Erinnerung daran verpönt ist."* Damit trat die moderne, kritisch-spekulative Theologie als Partei ins Leben, und bald besass sie auch in der von Biedermann und Fries herausgegebenen „Kirche der Gegenwart" ihr Sprechorgan für weitere Kreise und für ihre praktischen, auf gründliche Umgestaltung der kirchlichen Einrichtungen gerichteten Ziele.

„Die Kirche soll als objektiver Organismus den Geist Christi vermitteln, d. h. das religiöse Selbstbewusstsein zu der Vollendung führen, die es in Christus hatte." Das soll aber geschehen in der Form einer Landeskirche ohne Glaubensbekenntnis, weil keine äussere Glaubenslehre den Geist ohne Zwang und Beeinträchtigung zu fassen vermag.

Der Gegenstoss erfolgte sofort. August Ebrard, damals Professor in Zürich, begründete seine Zeitschrift „Die Zukunft der Kirche", und als vollends der Versuch gemacht wurde, diese neue Theologie direkt in die Kirche einzuführen, entbrannte ein heftiger Kampf. Neben Ebrard und seinem Kollegen, Johann Peter Lange[3]), der erst 1854 Zürich mit Bonn vertauschte, war es besonders auch J. P. Romang, der immer neu zu wuchtigen Schlägen

---

[1]) Zum Folgenden namentlich: Finsler, Geschichte der theologisch-kirchlichen Entwicklung in der deutsch-reformierten Schweiz seit den dreissiger Jahren. Zürich 1881.

[2]) Biogr. von J. Kradolfer, als Einleitung in A. E. Biedermanns Ausgewählte Vorträge und Aufsätze. Berlin 1885, mit Bildnis.

[3]) 1801—1884. Nachruf von K. Furrer in Theol. Zeitschrift von Meili, I, 362.

gegen die „junghegelische Weltanschauung" und „junghegelischen Setzlinge" ausholte, und dessen Ausführungen bei den einen — Wenigen — um so mehr, bei den andern — Vielen — um so weniger Eindruck machten, weil auch er auf philosophischem Boden stand und kein Hehl daraus machte, dass er keineswegs gewillt sei, jede Formulierung der Kirchenlehre zu vertreten.

Scharf und schroff erliess im Anfang 1846 Alex. Schweizer in der „Kirche der Gegenwart" bei Besprechung der kirchlichen Parteien seine Absage gegen die jetzt verschmolzenen Richtungen des Pietismus und „Orthodoxismus"; und wenige Monate später war er bestellter Referent, als die Schweizerische Predigergesellschaft sich in Herisau mit der Frage beschäftigte: „In welchem Sinn ist der heil. Schrift Autorität zuzuschreiben?" — Noch viel deutlicher trat der Unterschied der Meinungen hervor, als im folgenden Jahre in Chur die gleiche Gesellschaft sich die Frage vorlegte: „Welches sind die in der protestantischen Kirche berechtigten Richtungen?" Die Antwort hatte hier Johann Christian Riggenbach von Basel zu geben, damals Pfarrer in Bennwyl, und jetzt noch ebenso entschiedener Gesinnungsgenosse seines Schwagers Biedermann, wie er später dessen Gegner wurde. Trotz der einleitenden Friedenspredigt von Hagenbach drohte die Versammlung in Spaltung auseinanderzugehen und wurde mit Mühe zusammengehalten.[1])

Neuen Zündstoff brachte dann einerseits die schon erwähnte Berufung von Biedermann als Professor der Theologie nach Zürich, andererseits die Entlassung von Professor Scherer in Genf von seiner Lehrstelle an der evangelischen Schule wegen Aeusserungen über die heil. Schrift. Biedermanns Wahl rief einer längeren Zeitungspolemik und einer lebhaften Debatte in der Züricher Synode. Während das Gutachten der theologischen Fakultät, wie über die Person und wissenschaftliche Tüchtigkeit, so auch über die Lehre des Vorgeschlagenen sich äusserst günstig aussprach, gab J. P. Lange, damals eben Dekan der Fakultät, eine Minoritätserklärung ab, welche darauf aufmerksam machte, wie sehr Biedermanns Weltanschauung mit den Fundamentalartikeln des allgemeinen christlichen Glaubens im Widerspruch stehe.[2]) Die Bedeutung der Wahl zeichnete nachher eine Einsendung im Kirchenblatte mit den Worten: *„Sie scheint uns das erste Zeichen, dass unsere Kirche in ein neues Stadium getreten sei."* „Die junghegelische Richtung, welche bisher eine geduldete

---

[1] Bericht im Kirchenblatt 1846. S. 124.
[2] Abgedruckt im Kirchenblatt 1850, S. 149 u. ff.

war, hat durch die neueste Umgestaltung — in der Regierung — neben dem Einfluss, den sie bei uns überhaupt und namentlich im höhern Erziehungswesen ausübt, auch in der kirchlichen Administration die Oberhand gewonnen; sie konsolidiert sich durch die Berufung ihres Führers und sucht sich den Einfluss auf die heranwachsende Generation zu sichern. Mit derselben sichern Keckheit, mit der sie, kaum in die Synode eingetreten, schon das Feuer gegen sie eröffnete, benützt sie jetzt schnell und gewandt den gewonnenen Sieg, und wird es auch fernerhin thun." — „Wir — und auch wohl die meisten unserer Gegner — können nicht anders, als darin eine Manifestation erblicken, welche Richtung gegenwärtig in kirchlichen Dingen die Oberhand habe".[1]

Heftiger noch gestalteten sich hernach die Verhandlungen der Kirchensynode, als der neue Professor der Theologie Aufnahme unter die Zahl ihrer Mitglieder verlangte. Der Antrag auf Zurückweisung an den Kirchenrat wurde gestellt, aber nach sehr erregter Diskussion doch verworfen. Ausschlaggebend war ein „feuriges Votum", welches versicherte, dass auch die angefochtene Richtung zur Kirche gehöre und gehören wolle, dass die Vertreter derselben wissen, wie ihr innerstes Leben direkt von Christus abzuleiten sei und sie ohne ihn in Nacht und Elend wären; dass sie in guten Treuen selbst den Synodaleid abgelegt haben und die Erlösung durch Christum predigen, wenn sie auch zwischen dem theoretisch sich darlegenden System und dem innerlich lebendigen Glauben unterscheiden.[2]

Die Bedenken und Proteste blieben ohne weitere Folge; immerhin wurde wieder das Misstrauen des Glaubens gegen das Wissen, des Wissens gegen den Glauben vermehrt.

Glücklicher war dagegen die Wahl von Immer an die Hochschule in Bern im Jahre 1849. Albert Immer[3], am 10. August 1804 aus einer bernischen Pfarrfamilie geboren, hatte sich, wegen scheinbarer Unfähigkeit zum Handwerk bestimmt und bereits als Handwerker thätig, erst im Alter von 30 Jahren, unter innern Kämpfen, deren Abschluss er selbst als „Erweckung" bezeichnete, dem theologischen Studium zugewendet und 1838 seine Prüfungen bestanden. Nach einem längern Vikariate in Burgdorf, einem nachträglichen Aufenthalt in Berlin und Bonn und fünfjährigem

---

[1] Kirchenblatt 1850, S. 166.
[2] Kirchenblatt 1850, S. 183—186.
[3] R. Rüetschi, in Meilis Theol. Zeitschr. 1884, S. 359, und F. Trechsel, Biogr. von A. Immer, im Druck, in verdankenswerter Weise als Handschrift zur Benützung mitgeteilt.

pfarramtlichem Wirken im Städtchen Büren, betrat er zu Ostern 1850 sein Katheder als Professor der neutestamentlichen Exegese und der Dogmatik. In seiner Glaubensüberzeugung materiell durch Schleiermacher, formell durch Hegel bestimmt, vor allem aber ein begeisterter Anhänger seines Lehrers und Vorgängers Lutz, war er diesem ähnlich in der Vereinigung freiester Forschung und innigfrommer Gesinnung. Als Ziel seiner Arbeit galt ihm: „Die jungen Theologen auf den Standpunkt zu führen, dass sie mit gutem Gewissen denken und predigen können." Theologische Wissenschaft und kirchliches Leben sollen unter sich in engem Zusammenhang bleiben; der theologische Lehrer müsse in der Kirche stehen und als deren lebendiges Glied seinen Beruf üben; umgekehrt solle freilich die Kirche die theologische Wissenschaft als ein ihr angehöriges und zu ihrer Erhaltung und Kräftigung notwendiges Lebenselement betrachten, — das war der Sinn, in welchem Immer arbeitete.

Die Studierenden hatten Vertrauen zu ihm, und es gelang ihm bei den meisten, ihnen Hochachtung vor dem Wissen wie vor dem Glauben einzuflössen; für die Fernerstehenden, insbesondere für die Laien, war diese Haltung weniger verständlich: ihnen galt zum grössten Teile nur der Glaube als echt, der sich dem Wissen verschloss, oder nur die Bildung für wahr, die sich von der Religion abwandte.

Obwohl somit unzweifelhaft der klare Pantheismus Biedermanns weit eher kirchliche Bedenken hervorrufen konnte, als die der Vermittlung näher stehenden Ansichten Immers, sollte doch der Kampf in Bern zum Ausbruch kommen. Die Ursache lag in der verhältnismässigen Stärke der bekenntnistreuen Gegenpartei, welche dadurch um so mehr Gewicht erhielt, als sie hier hoffen konnte, an der politischen Lage und an der jetzt konservativen Staatsregierung eine Stütze zu finden. Die letztere machte sich zwar äusserste Vorsicht zur Pflicht und schien nicht geneigt, sich ohne weiteres einer blinden Orthodoxie ergeben zu wollen. In den „Eröffnungen der Kirchendirektion" bei dem Zusammentreten der neuen Synode deutete ihr Vertreter ganz anderes an, wenn er sagte: „Um Herstellung eines neuen Lehrbegriffs ist es wohl noch lange nicht zu thun. *Der den Glauben unserer Väter ausdrückende Lehrbegriff würde aber vielleicht nur um so leichter seinem Wesen nach unter dem gegenwärtigen Geschlechte erhalten und den künftigen Geschlechtern eingepfropft werden, wenn die Lehrweise und die Lehrbücher in genauerer Uebereinstimmung stünden mit dem Bildungszustande der gegenwärtigen Zeit, als mit dem des Zeitalters der Reformation*" — und noch bestimmter, wenn er missbilligend erwähnte: „Dagegen zeigt sich umgekehrt bei den Andern eine gewisse Abschliessung gegen den nun einmal nicht zu ignorierenden Bildungszustand des Zeitalters, ein Zurückstreben nach Vorstellungs- und Ueberzeugungsweisen, die nicht wieder zurückgeführt werden können, ein Bestreben, Eigenheiten der Gefühls- und Glaubensweise allgemein geltend zu machen, die ohne die gänzliche Beseitigung der neuern Bildung unmöglich allgemein geltend zu machen sind."[1]

Aber gerade die politische Lage drängte über solche Stellungnahme hinaus. Wenige Wochen nach diesen „Eröffnungen" sah sich die Regierung gezwungen, den Vorsteher des Lehrerseminars in Münchenbuchsee dem entrüsteten Unwillen zu opfern, der sich gegen dessen unkirchliche Haltung und Erziehungsweise kundgab. In einer Form, deren Korrektheit nicht zweifellos ist, wurde H. Grunholzer mit einigen seiner Mitarbeiter im Mai 1852 entlassen und das Seminar selbst auf einige Zeit aufgelöst.[2]

Bald ging der Sturm auch gegen die Hochschule los, auf deren Aufhebung aus finanziellen, aber weit mehr aus kirchenpolitischen Rücksichten schon bei jenem Anlass von einigen Extremen hingedeutet worden war.

Die konsequente Beschuldigung der theologischen Wissenschaft als der eigentlichen Brutanstalt des Unglaubens und des „Radikalismus" hatte in Bern schon längst im stillen begonnen. Sie knüpfte sich teilweise an die persönliche und schriftstellerische Thätigkeit des gewesenen Arztes de Valenti[3] an, der sich seit 1836 auf Einladung der Evangelischen Gesellschaft in Bern niedergelassen hatte. Richard Rothe sagte von diesem 1794 in Jena geborenen Manne, er sei „eine höchst eigentümliche Erscheinung gewesen im Reiche Gottes, von unbeschreiblicher Beweglichkeit, Frischheit, Herzlichkeit und in ihrer Art einzigen praktischen Gaben für den geistlichen Umgang mit Menschen, allen unwiderstehlich, mit denen er in Berührung kommt." Jedenfalls aber gehörte er zu den nicht gerade seltenen Leuten, bei denen die persönliche Achtbarkeit in geradezu schmerzlicher Weise kontrastiert mit dem Schaden, den sie anrichten; die man bewundern, vielleicht sogar lieben, aber gleichzeitig auch fürchten, wo nicht gar verabscheuen muss. Wie ihm das Heil aufgegangen war,

---

[1] Eröffnungen der Kirchendirektion, a. a. O., S. 43 u. S. 18.
[2] Beschluss der Grossen Rates vom 12 Mai 1852.
[3] Ernst Joseph Gustav de Valenti, siehe Allg. D. Biogr., XXXIX, 459.

musste es allen aufgehen, und wo er etwas anderes sah, da konnte es nur Unglaube und Verstocktheit sein.

Nachdem de Valenti zuerst gegen das „Kleeblatt der Wissenschaft", — Schleiermacher, Marheinecke und de Wette, — dann gegen das „Kleeblatt der Heiligkeit" — Möhler, Schleiermacher und Nitzsch — „einer ungezügelten Polemik freien Lauf gelassen", griff er mit gleicher Masslosigkeit, überall Rationalismus witternd, auch die Basler Missionsgesellschaft, ihren Inspektor W. Hoffmann und ihren Lehrer Ostertag, dann den frommen Obersthelfer Linder in Basel, endlich auch den bekannten Pfarrer Blumhardt an, dem er die Antwort abnötigte, dass er — de Valenti — „es mit der Wahrheit, wie mit der Verleumdung, leicht nehme und blind sei gegen die Satansschlingen, je mehr er die Leute dem Teufel, als Christi Schäferhund zuwerfe." Kein Wunder, dass dieser unglückliche Glaubenskämpfer auch den Theologen Daniel Schenkel[1]) als greulichen Atheisten denunzierte und den so milden Hagenbach zu einer fast gereizten Abwehr zwang[2]), weil er keinen andern Glauben als seligmachenden Glauben erkannte, als — seinen eigenen. Obwohl schliesslich die Pietisten selbst ihn „als den Satansengel ansahen, der auch die Gläubigen mit Fäusten schlägt", so blieb doch der Eindruck, namentlich in Laienkreisen, zurück, dass jede Abweichung von der alten Dogmatik ein Beweis von Unglauben und Auflehnung gegen die Wahrheit sei, daher das Seelenheil um so besser gedeihe, je mehr es sich vom „Wissen" der Gelehrten ferne halte.

Dass durch die unbesehene Annahme der — eigentlich von den Freigeistern aufgebrachten — Gleichung: Wissenschaft = Unglaube, den Verteidigern des Christentums und diesem selbst ein schlechter Dienst geleistet werde, erkannte man nicht; christlicher Glaube ohne „Rechtgläubigkeit" galt als logisch undenkbar und faktisch unmöglich. Diese unselige Verwechslung, die vor allem, zwar mit Behutsamkeit, aber mit Entschiedenheit, bekämpft werden sollte, wurde unablässig wiederholt und mit der nämlichen Beflissenheit eingeschärft, mit welcher der katholische Priester die blinde Ergebenheit an den Klerus als einzige und unerlässliche Bedingung des Heiles hinstellt.

Bei solcher Voraussetzung musste allerdings die theologische Fakultät der Berner Hochschule zur Heranbildung von Kirchendienern wenig geeignet erscheinen. Sie bestand damals neben

---

[1]) Damals, bis 1851, Professor in Basel, nachher in Heidelberg, gest. 19. Mai 1885. — S. v. Weech, Badische Biographien, Bd. IV (Karlsruhe 1891).

[2]) Kirchenblatt 1849, S. 3—5.

Immer aus den Professoren Gottl. Studer (1801—1890)¹), der gleichzeitig mit Immer 1849 auf den Lehrstuhl für das Alte Testament berufen worden war, Ernst Friedrich Gelpke (1807—1871)²), dem Professor der Kirchengeschichte, und K. Wyss, dem Lehrer der praktischen Theologie, von denen allerdings der letztgenannte einzig als „orthodox" bezeichnet werden konnte.

Nachdem schon in der Synodalversammlung von 1855 (26. und 27. Juni) die Stellung des theologischen Lehramts zur Kirche zur Sprache gebracht worden war, erschien am 19. Oktober 1855 im „Oberländer Anzeiger", dem bedeutendsten Blatte der konservativen Partei, eine öffentliche Erklärung mit der Unterschrift des Herrn Bernhard von Wattenwyl-de Portes, worin es hiess:

„*Ist es wahr, dass die theologische Fakultät, weit entfernt die Studierenden zum reinen Bibelglauben hinzuleiten, diejenigen, welche sie gläubig empfängt, zum Unglauben verführt?*"

„Ist es wahr, dass da gelehrt wird, die evangelische Geschichte, auf welcher der ganze Glaube ruht, sei zum guten Teil ein Mythus, d. h. eitel Trug?"

„Ist es wahr, dass der Schriftglaube der Reformatoren, welcher ganze Völker umschut, als blinder Köhlerglaube belächelt wird von Gelehrten, welche in ihrer eiteln Weisheit nicht eine einzige Menschenseele aus dem Verderben retten werden?"

„Wenn das wahr ist, wie persistent verlautet, so wundere man sich noch, dass die Staatskirche völlig unmächtig ist gegenüber dem radikalen Unglauben! — und dass der Boden ihr täglich unter den Füssen schwindet!"

„Da soll die Staatskirche, wenn ihr das Reich Gottes und des Volkes Wohlfahrt am Herzen liegt, ihre letzte Sehne anstrengen, damit die Predigt vom Kreuze Christi wieder rein und lauter durchs Land erschalle, wie zur Zeit der Reformation."

Sonderbarerweise ging diese Manifestation von einem Manne aus, der selbst die Staatskirche verlassen hatte, und bildete die Erwiderung auf eine Einsendung im „Oberländer Anzeiger", welche gelegentlich im Sinne altberniseher Gottesfurcht von den Dissidenten als thatsächlichen, wenn auch unbewussten, Bundesgenossen der Kirchenfeinde gesprochen hatte. Man hätte annehmen können, dass dieser Umstand die Wirkung des Angriffes abschwächen werde. Allein es war in Wirklichkeit damit eine Saite berührt, welche auch bei den Mitgliedern der Landeskirche

---

¹) Nekrolog im Kirchenblatt 1890.
²) Sammlung Bern. Biogr., Bd. I, 26 u. ff. — Allgemeine D. Biogr., VIII, 552 (v. Nippold).

lebhaft anklang, so weit sie unter pietistisch-orthodoxem Einflusse standen oder in konservativer Pietät an der Tradition der Bekenntnisse hingen.

In seiner sehr kurzen Entgegnung erinnerte das gelehrte Kollegium, vielleicht nicht ganz geschickt, dass es „kein Predigerseminar ist, sondern die Fortschritte der theologischen Wissenschaft zu vertreten hat". Es lag darin das Eingeständnis eines Widerspruchs zur kirchlichen Dogmatik, welches manche Leute erst recht stutzig machen konnte.

Nicht unberechtigt war da die fernere Frage eines „Laien":[1] *„Wo ist denn also unsere bernische Predigerbildungsanstalt?"* Antwort: *„Nirgends! Es ist keine da!"* — „Es haben auch die Glieder der Kirche nicht nur ein Interesse, sondern auch ein Recht, zu wissen, ob die Fakultät, welche ihre Prediger zum Dienste des göttlichen Wortes vorzubereiten hat, Glauben oder Unglauben lehre."

Eine einlässlichere Erörterung war jetzt unvermeidlich geworden. Professor Immer war es, der im „Bund" im eigenen Namen die Verteidigung führte: „Der Glaube ist nach unserer Ueberzeugung nicht ein blosses Fürwahrhalten, ein Schwören auf einen Buchstaben oder eine angelernte Formel, sondern ein tief innerliches, von Gott gewirktes Vertrauen auf Gottes Gnade, welches ebenso die Frucht der Busse und Heilsbedürftigkeit, als die Quelle eines neuen Lebens in der Liebe und Heiligung ist". — „Hier, zum theologischen Studium, kann niemand eine fertige Meinung mitbringen und bis ans Ende behalten: und er soll es nicht, denn eine solche fertige oktroierte Meinung taugt überhaupt nichts, und es ist ein totaler Irrtum, eine solche für „Glauben" zu halten. Glaube kann nicht sein ohne gutes Gewissen, und ein gutes Gewissen kann nicht da sein, wo man aus Gleichgültigkeit seine Zweifel niederschlägt und nur geschwind fertig sein will!"

Befriedigen konnte eine solche Antwort nicht, und wohl noch weniger wurde der Anstoss gehoben durch das, was auf die zweite Frage, betreffend Mythus und Geschichte, erwidert worden ist.

Wieder antwortete v. Wattenwyl, diesmal ebenfalls im „Bund" (vom 27. und 28. November), und hier trat die Grunddifferenz der Standpunkte ganz offen zu Tage, wenn er darauf hinwies, dass es nicht um eine Definition des Wortes „Glauben" zu thun sei, sondern um den Glaubensinhalt und den Lehrbegriff. *„Für die bernische Landeskirche ist das die Helvetische Konfession."* —

---

[1] „Oberländer Anzeiger" vom 16. November 1855.

„In diesem Sinne ist der Glaube allerdings ein fertiger, ja selbst ein oktroierter, für diejenigen nämlich, welche Diener der Kirche werden wollen. Darum müssen die Geistlichen ihn beschwören und wird auch Herr Immer ihn seiner Zeit beschworen haben". Aber noch bedenklicher lautete für die Theologen, wenn Herr v. Wattenwyl die halben Zugeständnisse mythischer Bestandteile in der heil. Schrift mit scheinbar untrüglicher Logik gegen sie wandte. Er schloss mit dem Satze, dass „wenn die Helvetische Konfession in dieser — der Berner Landeskirche — noch eine Wahrheit ist, *die Professoren der theoretischen Theologie, alle drei Rationalisten, als Irrlehrer vom Lehr- und Predigtamt ausgeschlossen sein sollen.* Was die Gläubigen der Landeskirche, welche die Sache zunächst angeht, davon denken, wird nun auch offenbar werden!"

Das war deutlich! — Ganz umsonst war es, dass nun in einer weitern Reihe von übrigens trefflich geschriebenen Zeitungsartikeln [1]) mit feiner Ironie der verbissene Separatist als berufener Verteidiger des landeskirchlichen Glaubens gezeichnet und mit Wärme von aller Engherzigkeit und Verfolgungssucht in religiösen Dingen abgemahnt wurde; — die Thatsache blieb als Ergebnis und setzte sich mehr als je im Gemüte der Laienwelt fest, dass Glauben und Wissen sich nicht mit einander zu vertragen scheinen. Wenn gesagt worden ist: „Herr v. Wattenwyl wusste wohl, dass seine Ausfälle gegen die Landeskirche nicht bloss bei seinem kleinen Häuflein Anklang finden würde, sondern die innerste Herzensmeinung Vieler seien, sonst hätte er sie nicht gemacht", so war dies nur zu sehr richtig; aber gerade darin lag gewiss die ernsthafteste Mahnung zur Vorsicht. Und wenn hinwieder auf die schadenfrohe Zustimmung der Katholiken hingewiesen wurde, die dem Vorgehen des Herrn v. Wattenwyl zu teil geworden sei, so deutete man auf der andern Seite mit nicht geringerem Nachdruck auf die grosse Menge hin, welche offen sich der Negationen freute, weil sie den unbehaglichen Rest von Glauben und Gewissensbedenken zerstörten.

Gewiss mit Recht konnte im Verlauf dieser aufgezwungenen Zeitungspolemik der Dekan der angegriffenen Fakultät erklären: „Wenn dadurch Unruhe und Verwirrung in die Gemüter gepflanzt, wenn auf der einen Seite das dunkle Gefühl einer drohenden Religionsgefahr, auf der andern — zumal im Zusammenhang mit gewissen andern Zeiterscheinungen — die Besorgnis vor Wiedereinführung eines sehr unprotestantischen Glaubens- und Gewissens-

---

[1]) „Bund" vom 29. November bis 2. Dezember 1855.

zwangs geweckt wurde; wenn endlich der einfache Christ von seinem „reinen Bibelglauben" und einem in der Heiligung und seiner thätigen Nächstenliebe fruchtbaren Christentum „abgeführt" wird auf die dürre Heide juridisch-kirchlicher Streitigkeiten und dogmatischer Kontroversen — wer trägt daran die Schuld? — die theologische Fakultät, die sich in einer Rechtfertigung wider die über sie ausgestreuten Verdächtigungen nur vor kompetenten Richtern einlassen wollte, oder Herr v. Wattenwyl mit seinem — nichts weniger als blinden, sondern sehr kühl und schlau berechnenden Glaubenseifer".[1])

Gewiss! aber wer wiederum trägt die Verantwortung dafür, dass die Laien — und ein solcher war auch Herr v. Wattenwyl — die in den Bekenntnisschriften niedergelegte theologische Tradition mit der christlichen Offenbarung selbst verwechseln konnten? und wer — noch mehr — gab Ursache dazu, dass die Meinung, es sei auf geflissentliche Entchristlichung und Entsittlichung abgesehen, gerade im Hinblick „auf gewisse Zeiterscheinungen" so viel Schein der Wahrheit erhielt?

Eine letzte Entgegnung des Herrn v. Wattenwyl[2]) war fast ausschliesslich gegen Professor Gelpke gerichtet, dessen „Jugendgeschichte des Herrn" (Bern 1841) in ihren stark von Strauss beeinflussten Sätzen ihm manche sehr erwünschte Handhabe bot.

Die ganze Episode beleuchtete in geradezu typischer Weise die ungeheure Schwierigkeit der Lage für alle, die nicht in ihrer theologischen Bildung das Mittel besassen, die Gegensätze innerlich zu überwinden, und die sich auf einmal vor eine Alternative gestellt sahen, bei welcher es für sie nur noch ein Drittes gab, nämlich — Indifferentismus.

Der Angriff schloss zwar nicht mit der Absetzung der „ungläubigen" Theologen, aber doch mit dem an die Regierung einlangenden Begehren, dass denselben ein „gläubiger" Professor an die Seite gestellt werden möchte, ein Begehren, das die Regierung indessen ablehnen musste, weil sie die in den Motiven liegende Voraussetzung unmöglich zugeben konnte.

Der mannhafte Protest eines jungen Pfarrers gegen ungebührliche Einmischung der Dissidenten in Angelegenheiten, die nur die Landeskirche allein betreffen, und gegen religiöse Wühlerei überhaupt, fand eine Antwort im „Gegenprotest", den Theodor v. Lerber „und mit ihm mancher aus der Landeskirche" erliess.

---

[1]) Oberländer Anzeiger vom 5. Dez. 1855.
[2]) Ausserordentliche Beilage zum „Bund" vom 23. Dez. 1855.

Niemand konnte sich darüber täuschen, dass die Ruhe nur vorübergehend sei.

Im Winter 1856 hielt Professor Gottlieb Studer eine vielbemerkte öffentliche Vorlesung im Grossratssaale über „Glauben und Wissen"; gleich darauf erwiderte und ergänzte dieselbe sein berühmterer Bruder, der Geologe Bernhard Studer, durch eine solche über „Glauben und Schauen" vom Standpunkte des ernsten Naturforschers aus.[1])

Das Verlangen nach Einführung der Kranken-Kommunion durchkreuzte jetzt einigermassen die Parteistellungen. Die mehr einem individualistischen Christentum zuneigenden Mitglieder der Kirchensynode sprachen sich dafür, die mehr auf dem nüchtern altreformierten Boden stehenden grösstenteils dagegen aus, und da standen Rechtgläubige und dogmatisch freier Gesinnte beiderseits neben einander. Der in Basel von jeher geübte Brauch, der 1854 auch in der Appenzeller Kirche zur Sprache gekommen war und nachher auch in Zürich erörtert worden ist, wurde am 10. Juni 1856 mit 32 gegen 28 Stimmen durch Verwerfung des Vorschlages von Bern ferngehalten.[2])

Nur ausnahmsweise gelang es, bei noch immer politisch aufgeregter Zeit, die Regierung von der Notwendigkeit vermehrter Seelsorge zu überzeugen. Für die französische Gemeinde der Hauptstadt wurde 1860, für das grosse Dorf Herzogenbuchsee 1861 eine zweite Pfarrstelle errichtet. Der besondere polizeiliche Schutz des Bettages fiel 1861 dahin.

Am 3. Oktober 1859 ist Helfer Schädelin gestorben, dessen Bedeutung als geistvoller Publizist und Herausgeber des scharf konservativen „Oberländer Anzeiger" mehr auf dem politischen Gebiete lag, der aber auch ein hervorragender Prediger gewesen ist. Als Buss- und Erweckungs-Prediger machte der grundehrliche Vikar Friedrich Kuhnen ein gewisses Aufsehen; er wurde 1857 Pfarrer zu Habkern, aber im Geleise eines Amtes zu gehen war nicht seine Sache, er wurde 1859 wieder entsetzt.

In Zürich stellte 1854 (13. und 14. Juni) Professor Biedermann den Antrag auf Beseitigung des sogenannten apostolischen Bekenntnisses aus der Taufliturgie, liess denselben indes wieder fallen, als man ihn bemerkte, dass die wörtliche Fassung der

---

[1]) Beide Vorträge gedruckt, Bern 1856.
[2]) Verhandlungen der Kirchensynode von 1856. Dieselben wurden seit 1852 gedruckt. Ueber den Gang der Debatte und die bez. Redner siehe Kirchenblatt 1856, S. 101—110.

Ausdrücke von niemand vorausgesetzt werde. Grössere Bewegung ergriff die Gemüter für eine Zeit, als der als cynischer Anhänger des Materialismus bekannte Moleschott an die Züricher Universität berufen wurde. Die Thatsache wurde hingenommen, diente aber vielen neuerdings als Symptom und Zeugnis, dass eine konsequente Untergrabung der Volksreligion beabsichtigt sei, Stellung und Aufgabe der Landeskirche von Seiten der Regierenden keine Beachtung mehr finde.

Das Auftreten der beiden Kandidaten Rumpf und Franz Hörler in Basel gab 1857—1859 zwar wieder viel zu reden und zu schreiben.[1]) Hörler verlangte Aenderung des Ordinationsgelübdes, so dass auch die freiere Richtung ihre Vertretung finde in der Geistlichkeit.[2]) Allein die wahrhaft rohe Oberflächlichkeit ihrer Absage an den christlichen Glauben und ihre Berufung auf den plattesten Aufklärungsverstand war so abstossend, dass sie wenig offene Verteidiger fanden und ihre Ausschliessung aus dem geistlichen Stande fast als unausweichlich angesehen wurde. Auf die Einladung Rumpfs zu einer öffentlichen Disputation (20. Februar 1860), stellte sich Pfarrer Ernst Stähelin, der Verfasser der Calvin-Biographie, nicht ohne einigen Erfolg. Um so auffallender war es, dass nun Rumpf sofort zum Mitglied des Grossen Rates gewählt wurde und Hörler in der Tagespresse seine Ansichten „predigen" konnte. Der Bruch der öffentlichen Meinung mit der Kirche, das Auseinandergehen der Interessen und Ziele, schien damit nicht allein zweifellos konstatiert, sondern gewissermassen schon als selbstverständlich und natürlich anerkannt zu sein: Die Kirche ist nicht mehr eine Sache des gesamten Volkes, sondern Sache einer Minderheit, während die Mehrheit anderen Gedankengängen folgt, andern Idealen zustrebt.

Hörler gab jetzt „Das freie Wort" heraus, eine Zeitschrift, von welcher „Die Zeitstimmen" sagten, dieselbe stehe „ganz auf dem Aufklärungsstandpunkt des vorigen Jahrhunderts, des Rationalismus der Aufklärungszeit; wir würden sagen: des gemütlichen Rationalismus, wenn der Art, wie er hier vorgetragen wird, nicht gerade das fehlte, was jenem seine weite Verbreitung verschafft hat, — eben die Gemütlichkeit."[3]) Gefährlicher als dieses Agitationsorgan konnte, um seiner scheinbaren Unanfechtbarkeit willen, der Antrag werden, den Rumpf 1861 dem Grossen Rate

---

[1]) Tanner, J., Die Basler Kirche im letzten Vierteljahrhundert. Volksblatt für die ref. Schweiz, XI (1879), S. 89 u. 93.

[2]) Hörler, Zur Revision unseres Kirchenwesens. Basel 1858.

[3]) Zeitstimmen. I (1859), S. 31 (von Biedermann).

vorlegte: „Es sei dafür zu sorgen, dass der Religionsunterricht in Kirche und Schule mit den Fortschritten der Wissenschaft in Einklang gebracht werde." Die apologetischen Vorträge von Auberlen, Riggenbach, Gess u. s. w.[1]) erfuhren Anfechtung nicht von Rumpf allein, sondern ebenso heftig von dem orthodoxen Engländer Marriott, der sich damals in Basel aufhielt. Der mystisch-fromme Württemberger Auberlen ist am 2. Mai 1864 gestorben und wurde durch Hermann Schultz ersetzt. Im nämlichen Jahre fand die Einweihung der neuen prachtvollen Elisabethen-Kirche statt, die grossartige Schenkung eines gemeinnützigen Privatmannes an seine Vaterstadt. Beide Parteien sahen sich immer in ihrem gegenseitigen Misstrauen bestärkt, und zu den Thatsachen, welche das Vertrauen in die Gesinnung des christlichen Staates, des „Bischofs der Landeskirchen", störten, gehörte gewiss auch die Nachricht, dass (1858) Truppen im eidgenössischen Dienste am Karfreitag abmarschieren und am Ostersonntage auf dem Waffenplatz eintreffen mussten.

Eine Zwischenzeit relativer Ruhe wurde im ganzen glücklich benützt. Die Berner Synode beschäftigte sich, aufgefordert durch das Vorgehen ländlicher Bezirke[2]), mit der Hebung der Sonntagsfeier und Sonntagsheiligung, das Gleiche war in St. Gallen der Fall; die Schweizerische Predigergesellschaft (8. und 9. August 1855) in Genf verhandelte die Stellung der Kirche zum Pauperismus. Namentlich aber war es eine Frage, deren Anhandnahme und deren Ergebnis zu den erfreulichsten Erscheinungen dieser Jahre gezählt werden muss. Der bekannte Palästinaforscher Titus Tobler[3]) regte 1857 den schon 1846 einmal in Basel laut gewordenen Gedanken an, dass der Tag des Todes Jesu, der Karfreitag, als ein grosser Festtag in den reformierten Kirchen angesehen und gefeiert werden sollte. Er fand Beifall, und schon in den nächsten Jahren erfolgten kurz nach einander bezügliche Beschlüsse in den verschiedenen Kantonen[4]), so dass schon 1861 zum erstenmale der Karfreitag in der ganzen reformierten Schweiz begangen wurde. Bern gab dafür seinen letzten bisher festgehaltenen Marientag (25. März) auf.

Wichtiger noch als durch dieses Resultat selbst wurde die Anregung dadurch, dass sie zur Wiederanknüpfung amtlichen Verkehrs

---

[1]) Apologetische Beiträge. Basel 1863.
[2]) Uebereinkunft der Kirchenvorstände des Amtsbezirks Seftigen, 1855.
[3]) 1806—1877. Nekrolog im Berner Volksblatt, XI (1877), 72.
[4]) In der Züricher-Synode erklärte J. Dubs, der nachherige Bundesrat, der Tod Jesu sei „das Centrum des Christentums".

zwischen den kantonalen evangelischen Kirchen geführt hat. Infolge einer Einladung von Zürich aus[1]) entstand die schweizerische evangelische Kirchenkonferenz, die zum erstenmale am 27. und 28. April 1858 in Zürich die Abgeordneten der verschiedenen kantonalen Synodalbehörden zu gemeinsamer Beratung vereinigte und durch ihren befriedigenden Verlauf so grosse Hoffnungen weckte, dass nicht allein sofort Wiederholung geplant wurde, sondern bereits die Predigerversammlung des nämlichen Jahres, 17. und 18. August in Aarau, sich mit der Erörterung einer weitern Ausgestaltung dieses Institutes zu befassen begann. War diese Konferenz auch vorerst ohne praktische Befugnisse, so bildete sie doch ein Band, durch welches fernere Gemeinsamkeit ermöglicht und angebahnt wurde, und erschien als Anfang einer dem Gang der staatlichen Dinge entsprechenden, durch dieselbe geförderten kirchlichen Vereinheitlichung.[2])

Diese Erwartungen haben sich nicht alle erfüllt. Das Ideal kirchlicher „Freizügigkeit" für die Geistlichen, das manchem vorschwebte und schon von der ersten Konferenz aufgestellt worden war, verwirklichte sich nur zum Teil, in der Gestalt eines Konkordatsvertrags[3]), welcher die Aufnahme in den Kirchendienst durch eine neu geschaffene gemeinschaftliche theologische Prüfungsbehörde regelte.[4]) Allein nicht nur die französischen, durch ihre Sprache naturgemäss getrennten, Gebiete blieben davon fern, auch die Kantone Bern und Bünden verzichteten schliesslich auf den Beitritt und behielten ihre Sondereinrichtungen bei. St. Gallen und Schaffhausen zögerten längere Zeit, noch länger Baselstadt und Baselland. Im letztern Kantone wurde sogar (1864) der Beitrittsbeschluss der Behörden in einer Volksabstimmung zuerst mit Mehrheit verworfen. Die Eifersucht der Universitäten und die Besorgnis vor der hier und dort herrschenden theologischen Richtung führte zu diesem Ergebnis, das durch die Zweiheit den Weg zur Einheit mehr erschwert als erleichtert hat. Für die Konkordatskantone lag im Abschluss des Vertrages das entscheidend wichtige Resultat, dass hinfort nur die wissenschaftliche Ausrüstung allein geprüft wurde, jegliche Beschränkung der Wahlfähigkeit durch ein Bekenntnis wegfallen musste.

[1]) Dieselbe, vom 27. Nov. 1857, ist abgedruckt im Kirchenblatt von 1858, S. 17.
[2]) Finsler, Gesch. der theol.-kirchl. Entwicklung seit den 30er Jahren. Zürich 1881. — Mezger, a. a. O., 414.
[3]) Kirchenblatt 1861, S. 116.
[4]) Dieselbe trat am 22. Mai 1862 zum ersten Male zusammen.

Auch die Aussicht auf ein dereinstiges gemeinsames Kirchengesangbuch wurde durchquert durch das fast gleichzeitig (1855) auftauchende Projekt eines solchen Werkes für einige Kantone der Ostschweiz, für St. Gallen, Thurgau, Glarus und Bünden, das dann 1860 zu stande kam, aber Zürich, Basel, Bern und Schaffhausen nicht zum Aufgeben ihrer eigenen zum Teil neuern Sammlungen zu veranlassen vermochte. Die Verwirklichung dieses schönen Zieles blieb einer spätern Zeit vorbehalten. In diesen Jahren bemühten sich auch die französisch-reformierten Kantone um ein gemeinsames Gesangbuch. Es kam 1863 zum Druck, aber anfangs nur in Genf und Neuenburg zur Einführung. Erst 1866 wurde es auch in der Nationalkirche des Waadtlandes angenommen, nachdem der Grosse Rat es zuvor, gegen den Wunsch der Synode, mit Mehrheit abgelehnt hatte.

Aehnlich wie mit dem Kirchengesangbuch ging es mit der gemeinschweizerischen Bibelübersetzung. Schon in der zweiten evangelischen Konferenz (15. und 16. Juni 1859) war von einer solchen wieder die Rede. Professor Alexander Schweizer wurde für den Gedanken gewonnen; der gelehrte Basler Antistes Samuel Preiswerk[1]) trat an die Spitze der nun mit Energie und Aufopferung unternommenen Arbeit. Im Juni 1860 wurden die leitenden Grundsätze festgestellt, die Mitarbeiter geworben und die Aufgaben verteilt; allein die erste Probe fand so verschiedene Beurteilung, offenbarte so viele teilweise entgegengesetzte und sich ausschliessende Wünsche, dass der Eifer erlahmte und zeitweise Unterbrechung eintrat.[2]) Aber auch der in Schaffhausen gefallene Antrag, die Uebersetzung von Stier (1856) im kirchlichen Gebrauche, statt derjenigen Luthers, einzuführen, fand keine Zustimmung. Willkür und Zersplitterung selbst innerhalb der Einzelkirchen dauerten fort, was um so mehr zu bedauern, je mehr Bekenntnisse und Katechismen an Bedeutung und zusammenhaltender Kraft einbüssten. Nur in Zürich gelang, nicht durch die Kirche, aber unter kirchlicher Aufsicht, die Veranstaltung einer neuen und verbesserten Bibelausgabe, welche 1860, 1861, 1864 1868 in verschiedenen Gestalten erschien[3]); dieser Züricher Bibel ist auch Thurgau treu geblieben.

Verhältnismässig grösseren Erfolg als die kompetenz- und mittellosen Kirchenbehörden hatte auch in dieser Periode die

---

[1]) 1799—1871. Nach dem Tode von Jakob Burkhardt (17. Dez. 1858), am 7. Februar 1859 erwählt. S. Allg. D. Biogr., XXVI, 552.

[2]) Mezger, a. a. O., 414 u. ff.

[3]) Mezger, a. a. O., 386.

freie Thätigkeit der protestantisch-kirchlichen Hülfsvereine. Während die reformierte Gemeinde zu Freiburg 1861 das 25. Jahr ihres Bestandes feierte und den Bau einer neuen Kirche plante, wurde 1862 für die zerstreute Landbevölkerung ein zweiter evangelischer Pfarrer eingesetzt und am 15. August 1866 die Einweihung seines hübschen Gotteshauses zu St. Antoni vollzogen. Zu Anfang 1863 konnte die evangelische Gemeinde in Ragaz geordnet werden. Die reformierten Bewohner von Luzern bezogen 1864 ihre Kirche; zu Echallens im Waadtlande entstand eine solche im Dezember 1865, und zu Baar im Kanton Zug im Jahre 1867.

In Alpnach wurde 1863 eine kleine reformierte Schule eröffnet für die Kinder der in der Umgebung angesiedelten Bernerfamilien. Den Bedürfnissen der deutschsprechenden Reformierten im Kanton Neuenburg wurde vermehrte Aufmerksamkeit geschenkt: Locle und Chaux-de-Fonds erhielten zwei deutsche Pfarrer, statt des einen, der bisher für beide Ortschaften hatte sorgen müssen. Aber die theologischen Kämpfe mischten sich auch in diese religiöse Arbeit störend ein: Die Solothurner Regierung wählte zum evangelischen Prediger in Olten nicht den ihr vom zahlenden protestantisch-kirchlichen Hülfsverein in Basel vorgeschlagenen Kandidaten, sondern einen jungen Mann anderer Richtung, wodurch der Verein nach zwei Seiten hin Freunde verlor.

Einzelne Kantone erhielten erst jetzt eine Kirchenverfassung. Im Waadtlande gab der Politiker Eytel den Anstoss dazu mit einem 1858 eingebrachten Antrag auf Trennung von Kirche und Staat. Die nationale Kirche wünschte durch eine neue Organisation sowohl zur Staatsregierung, als auch — durch Einführung von lokalen Kirchenvorständen — zu den Gemeinden, in ein richtigeres Verhältnis treten zu können. Obwohl die Kantonsbehörden direkt auch das Kirchenwesen regierten, fehlte es doch so sehr an Ordnung, dass religiöse Lehrmittel ohne jede Kontrolle gedruckt werden konnten und die Nationalkirche nicht nur die Freiheit, sondern auch die Ordnung der „freien Kirche" zu beneiden Ursache hatte.

Das sollte jetzt anders werden durch ein neues Gesetz. Der Staat garantiert der Kirche alle mit der verfassungsmässigen Ordnung verträgliche Freiheit; er unterhält die zur Vorbereitung ihrer geistlichen Führer nötigen Anstalten und sorgt für den Unterhalt ihrer Diener. Unter der Oberaufsicht des Staates nimmt die Kirche an ihrer eigenen Verwaltung teil durch eine aus ihrer

Mitte zu wählende Repräsentation. Die rein kirchlichen Dinge werden von den Vertretern der Kirche selbst geregelt unter Vorbehalt der Genehmigung des Staates; in den gemischt-kirchlichen Dingen haben die kirchlichen Behörden das Vorschlags- und Begutachtungsrecht. Jede Kirchgemeinde wählt ihren Kirchgemeinderat (conseil de paroisse); der Kirchenbezirk erhält seinen kirchlichen Bezirksrat (conseil d'arrondissement) aus Pfarrern und weltlichen Mitgliedern der Kirchgemeinderäte, und aus Abgeordneten dieser Bezirksräte besteht die Synode, welche zur Besorgung der Geschäfte und zum Verkehr mit dem Staate eine Synodalkommission aufstellt.[1]

Die Wahl der Pfarrer wollte indessen der Staatsrat auch jetzt nicht aus seinen Händen geben, und umsonst wurde versucht, den Bezirkskirchenräten wenigstens eine Mitwirkung einzuräumen.

Am 1. Juli 1863 trat das Gesetz in Kraft; am 12. des gleichen Monats fand die Bestellung der verschiedenen Behörden statt und am 28. August die erste Versammlung der Synode unter dem Vorsitz von Professor Vuilleumier. Die Nationalkirche zählte jetzt 131 Kirchgemeinden und 141 Mitglieder ihres Ministeriums. Das Unterrichtsgesetz bestimmte, dass alle Lehrer öffentlicher Schulen der Nationalkirche angehören müssen.

In St. Gallen fand endlich der Grundsatz der gemischten Synode Eingang, sogar mit der weiter gehenden Modifikation, dass die Gemeindepfarrer nicht mehr von Amtes wegen als Mitglieder betrachtet waren. Am 17.—19. Juni 1862 eröffnete die so zusammengesetzte Versammlung ihre Beratungen. In Appenzell A.-Rh., wo man dem Vorgang sich anzuschliessen begehrte, scheiterten die Bemühungen an dem Verhältnisse zu den Sekten; die propagandistischen Umtriebe der Neutäufer schienen eine freiere Gestaltung der Kirche den einen wünschbar, den andern aber gefährlich zu machen.

Erst 1867 kam auch Aargau nach langem Warten und Sehnen zum Ziel. Dass ein paritätischer Grosser Rat der reformierten Kirche ihre Verfassung geben, ihre Kirchgemeinden und ihre Kirchenpflege ordnen musste, wurde als ein schwerer Uebelstand empfunden. Noch mehr beklagte man sich darüber im Thurgau, als der Religionsunterricht in der Schule 1859 — „die langweilige Kinderlehre", wie im Rate gesagt wurde — durch die Verfügung der politischen Kantonsbehörde eine starke zeitliche Beschränkung und 1867 die ausgearbeitete Revision der Gottesdienstordnung eine

---

[1] Eine ausführliche Darlegung und Beurteilung dieser Waadtländer Kirchenverfassung enthält Kirchenblatt 1863, S. 107 u. ff.

Ablehnung erfuhr. Mehr Bereitwilligkeit fand man für solche Dinge bei den Gemeinden, welche ihren Stolz setzten in schöne Kirchengebäude und die Besoldungen ihrer Pfarrer angemessen erhöhten. Die Nachteile der Gemeindefreiheit zeigten sich nur vereinzelt in ungerechtfertigter Abberufung braver Geistlicher. Das jetzt auch in die Laienwelt eindringende und hier nicht selten sehr verständnislos aufgefasste kirchliche Parteiwesen wirkte dabei oftmals vergiftend.

Bis zum Extrem war diese Autonomie der Gemeinden noch immer in Graubünden vorhanden. Hier wird nicht nur von unordentlichen gewaltthätigen Abstimmungen bei Pfarrwahlen berichtet; in Ilanz wurde 1857 dem Prediger von seinen Gemeindegenossen die Kanzel verboten und schliesslich vernagelt; es dauerte längere Zeit, bis der Friede hergestellt war.

Zürich und Schaffhausen blieben beim reinen Staatskirchentum. In Zürich wurde die staatliche Mitwirkung übrigens stark in Anspruch genommen und ausgiebig gewährt. Durch ein Gesetz vom 20. August 1861 errichtete der Kantonsrat für die mächtig angewachsenen und kirchlich nicht mehr entsprechend organisierten Vorstadtgemeinden von Zürich eigene Pfarrstellen in Aussersihl, Enge, Oberstrass, Unterstrass und Wiedikon; es folgten Seebach 1863, Rüschlikon 1864, Wallisellen und Albisrieden 1866 und 1868 noch Zumikon. Zudem wurden 1862 in Horgen und Neumünster, 1863 in Bäretsweil und 1869 in Wald dem Pfarrer noch je ein ständiger Gehülfe als Diakon zugeteilt.

Eine Aenderung des Verhältnisses zum Staate wurde dagegen — vielleicht eben deshalb — von der übergrossen Mehrheit nicht als Bedürfnis empfunden. Umsonst versuchte namentlich G. Finsler, dessen wohlerwogene Meinung sonst im Rate gern gehört ward, in wiederholten Anläufen — 1861 und 1864 — die Einrichtung einer gemischten Synode zu empfehlen. Selbst die grosse politische Wendung des Jahres 1868 mit der neuen demokratischen Kantonsverfassung brachte Zürich manche Freiheiten, aber keine Kirchenfreiheit; denn der kirchliche Freisinn hoffte für seine Ideale bei einer weltlichen Behörde mehr Unterstützung zu finden, als bei einer so oder anders zusammengesetzten Kirchenversammlung, hatte doch Biedermann die Abschaffung aller Bekenntnisse damit begründet, dass „die Kirche nicht mehr eine Gesellschaft sei, sondern eine Staatsanstalt!"[1] — Gewiss ein merkwürdiger Satz in der Zeit, da die Religion als Privatsache hingestellt wird.

---

[1] Finsler, Theol.-kirchl. Entw., S. 12. Biedermann war damals, 1845, noch nicht in Zürich.

Es war doch wohl mehr als blosser Zufall, dass gerade in diesen Jahren religiöser Beunruhigung in der Stadt Zwinglis einige sehr auffallende Uebertritte zur katholischen Kirche vorkamen. Jakob August Emil Usteri, geboren 1839, und 1862 als der erste von der neuen Konkordatsbehörde Geprüfte in den Kirchendienst aufgenommen, vollzog, bereits als Pfarrverweser in Kilchberg im Amte, 1863 seine Konversion, trat dem Jesuitenorden bei und begab sich ins Ausland, benützte aber seine Verbindungen mit der Heimat, um einige Freunde zur Nachahmung zu bewegen.

Auch Schaffhausen wollte nicht von seinem hergebrachten Caesareopapismus abstehen, ging aber dabei so wenig auf religiöse Gesichtspunkte ein, dass die Geistlichkeit vergeblich protestierte gegen einige der Bestimmungen des neuen Civilgesetzbuches, das die kirchlichen Kompetenzen noch weiter beschränkte. Ueber Kirchengut und Kirchengebäude verfügt die bürgerliche Gemeinde. Für die Anhänger der Neutäufersekte, die sich ziemlich stark verbreitete, musste ausnahmsweise die Civiltrauung eingeführt werden; dagegen war der zum Staatsanwalt erwählte Dr. Schoch 1868 gezwungen, auf sein Amt wieder zu verzichten, weil er sich weigerte den Eid zu schwören.

Das reformierte Murten suchte ebenfalls eine Aenderung in seinen Kircheneinrichtungen zu erlangen, welche man als „eine traurige Missgeburt des Jahres 1848" bezeichnet hat. Ein bezüglicher Entwurf fand indessen 1858 bei der Kantonsregierung in Freiburg keinen Beifall und wurde beseitigt.

Das Jahr 1860 brachte, kurz bevor der allgemeine Kampf der theologischen Principien von neuem ausbrach, noch ein erfreuliches Idyll, einen Blick in eine schönere Zukunft: den Schriftenwechsel zwischen dem schon genannten Züricher Heinrich Hirzel und August Tholuk in Halle. Der letztere, zur Zeit der angesehenste und liebenswürdigste Vertreter des rechtgläubigen Pietismus, hatte sich an den Verhandlungen der Schweizerischen Predigergesellschaft beteiligt, als sie 1859 in Zürich versammelt war. Hierbei den Schweizern, auch seinen Gegnern, persönlich nahe getreten, beantwortete er Hirzels „Gruss in die Ferne", in einer so freundlichen und anerkennungsvollen Erwiderung, dass auch der warmherzige und edeldenkende Pfarrer zu St. Peter in der sich und seine Theologie rechtfertigenden Gegenrede rückhaltlos in die Bruderhand einschlug: *„Ob auch Ihr Christusbild ein anderes ist, als das meine, es ist das Bild desselben Herrn und Meisters, und durchs Bild blicken wir beide — ich darf vielleicht sagen: mit gleicher Inbrunst — zu ihm selbst empor."*

Heinrich Hirzel, geboren 1818 und zuerst Pfarrer in der abgelegenen Gemeinde Sternenberg, dann in Höngg, seit 1857 zu St. Peter in Zürich, war aber auch — wir sagen nicht zu viel — das Ideal eines „Reformers"; er ist leider schon am 29. April 1871 gestorben.[1])

Das war eine kurze Episode; die Gegensätze stiessen bald von neuem auf einander. Zuerst ging es in Zürich los. Johann Peter Lange war wenige Jahre nach Ebrards Weggang, 1854, einem Rufe nach Bonn gefolgt. Biedermanns „Kirche der Gegenwart" hatte 1850 ihr Erscheinen eingestellt. Die vornehme Gelehrtensprache des freisinnigen Philosophen war wenig in das eigentliche Volk eingedrungen. Nur dass demselben 1858 der Religionsunterricht am höhern Gymnasium anvertraut wurde[2]), erregte Bedenken und gab Veranlassung zu einer von Dekan Locher in Wytikon[3]) provozierten aber resultatlosen Verhandlung in der Synode. Begründet waren diese Bedenken sicher, als 1862 — im Zeitalter der Befreiung vom Religionsunterricht — gerade diese Anweisung zum Pantheismus von den Behörden als für die Schüler obligatorisch — ohne Dispens — erklärt wurde.

Unterdessen war aber ein Anderer an seine Seite getreten, mit andern Waffen und mit anderem Erfolge.

Heinrich Lang[4]), der am 14. November 1826 auf der schwäbischen Alb geborene Pfarrerssohn und Kandidat der Theologie, hatte nach den Ereignissen von 1848 in der Schweiz eine Zuflucht gesucht und in Wartau im st. gallischen Rheinthal nach einer günstig aufgenommenen Probepredigt eine Kanzel gefunden, wo man ihn zu hören bereit war. Er wandte sich mit seiner modernen Theologie aus der Tübinger Schule unmittelbar an seine Gemeinde. Die Rücksicht auf die Ungebildeten, welche die volle Wahrheit nicht ertragen, der Zweifel, ob die Aufklärung der Frömmigkeit nicht schaden könnte, war für ihn nicht vorhanden. Was Andere gedacht und geglaubt und unter sich besprochen hatten, das predigte er. Nicht mit der schwerfälligen Terminologie des Hegelschen Systems, sondern mit dem frischen Freimut des jugend-

---

[1]) Charakteristik, von H. Lang, in Zeitstimmen 1871 (XIII), S. 187 u. ff., abgedruckt in den Berner Reformblättern 1871, S. 212.

[2]) Biedermann, Leitfaden für den Religionsunterricht an höhern Gymnasien. Zürich 1859.

[3]) Hans Kaspar Locher (1801—1876), 1852—1862 Vorsteher eines Pensionats der Evangelischen Gesellschaft, 1855—1866 Dekan.

[4]) Biedermann, A. E., Heinrich Lang. Zürich 1876, mit Bildnis. — Zeitstimmen 1876, S. 61 u. ff. (v. Mayer).

lichen Optimismus und mit seltener oratorischer Begabung, populär und ansprechend im Inhalt, ebenso schwungvoll als verständlich im Ausdruck, wusste er die „Ergebnisse der Wissenschaft" für das Leben zu verwerten, mit allen Konsequenzen für den Einzelnen und für die Kirche.

Im Jahre 1853 liess Lang einen Band seiner Predigten erscheinen, welche hier verwunderte Begeisterung, dort — auch bei ähnlich Gesinnten — Kopfschütteln erregte; 1859 folgte der „Versuch einer reformierten Dogmatik, allen denkenden Christen angeboten" (Berlin). Was ihm gelang, sollten auch die andern unternehmen: Nicht Schweigen und Warten, sondern Reden, Wirken und Werben! Es sammelten sich Freunde um ihn; 1859 wurden die „Zeitstimmen" ins Leben gerufen, und Lang wurde der Leiter des Blattes, das jetzt anfing, ein Feuerwerk zündender Worte in das Volk hinauszuwerfen. „Was wir wollen?" fragte ein Programmartikel: — „Es sind Stimmen aus der Kirche, weil die Religion und ihre zeitliche Erscheinung im Zusammenleben der Menschen, die Kirche, den Inhalt des Blattes bilden wird, — es sind Zeitstimmen, weil sie das ewige Wesen der Religion so aussprechen werden, wie es der Zeit mundgerecht ist, wie es die geistige Bildung und das religiöse Bedürfnis der Gegenwart erfordert." — „Was wir wollen? — Wir wollen die Kluft zwischen dem weltlichen Bewusstsein der Gegenwart und zwischen dem religiös-kirchlichen Leben — nicht künstlich und gewaltsam, sondern solid und wahrhaft — für das Bewusstsein der Gemeindeglieder überbrücken, damit dieselben mit ungeteiltem Herzen auch im gegenwärtigen Zeitalter dem ewigen Reiche Gottes und der Kirche Jesu Christi anzugehören den freudigen Mut wieder finden können!"

Lang wurde 1863 zum Pfarrer nach Meilen berufen und kam am 5. März 1871 als Helfer an St. Peter in Zürich neben seinen Freund Heinrich Hirzel, dessen gleich darauf eintretender Tod ihn schon im folgenden Monat in die erste Stelle vorrücken liess. Die Art seines Auftretens, zugleich seine Schwäche, die viele abschrecken musste, kann nicht richtiger gezeichnet werden, als es durch seinen Biographen Biedermann geschehen ist: „Bei seiner allem Aeussern gegenüber burschikos leichten Art, wie er seinen Grundsatz zu verfechten liebte, erst rücksichtslos gegen alle bloss äussere Pietät die Freiheit verlangte, und dann erst auf Grund der Freiheit die innere freie Pietät zu Recht anerkannte und wieder gewinnen wollte, hat er allerdings oft wirklichen Anstoss gegeben, und zwar nicht bloss Schwachen und nicht bloss

solchen, die ihm begierig darauf lauerten, Anstoss nehmen zu
können. Diese burschikose Unbedachtsamkeit, durch die er seine
Wirksamkeit vielfach geschädigt hat, war und blieb ein nicht
überwundener Fehler, der aus seinem Naturell stammte."[1])

Eine Zeitlang schien nur diese Stimme zur Geltung zu kommen. Wer nicht einstimmen konnte, musste schweigen; wer be-
scheidene Bedenken äusserte, wurde als Feigling, wer Einspruch
erhob, als Heuchler behandelt; Lang behauptete das Schlacht-
feld. Der Versuch, zu widerstehen, wurde gemacht. Am 1. Mai
1860 hielt Dr. L. E. W. Held, lic. theol. aus Breslau, seine An-
trittsvorlesung an der Universität. Die evangelische Gesellschaft
hatte den jungen Gelehrten zu kommen veranlasst, um den alten
Glauben wissenschaftlich zu vertreten und den Beweis leisten zu
lassen, dass die Tübinger Theologie nicht die einzig haltbare sei.
„Held war eine liebenswürdige Natur, theologisch tüchtig gebildet, etwas mystisch angelegt, ein gewandter Redner, namentlich vor gemischtem Publikum. Im theologischen Streit war er
scharf und schneidig und überbot bei den Versammlungen der
Schweizerischen Predigergesellschaft seine Schweizer Freunde mit
seinen heftigen Anklagen gegen die Liberalen weit."[2])

Weniger glücklich als mit diesem geschickten Apologeten war
die Rechtgläubigkeit mit einem andern Mann, der fast gleichzeitig
auf seiner Wanderung in der Schweiz herum, im August 1860, nach
Zürich kam: dem Missionar Hebich. Die ehrwürdige Gestalt mit
dem langen weissen Barte und den lebhaften Augen, in fremdartiger
Gewandung wie ein Brahmine anzusehen, brachte eine gewaltige
Bewegung in die für religiöse Bearbeitung empfänglichen Kreise
und fand zu seinen Vorträgen ungewöhnlichen Zulauf, erregte
aber bald auch lauten Spott und Widerspruch, den er durch ge-
suchte Originalität und absolute Missachtung der gesellschaftlichen Anstandsregeln nur zu sehr provozierte. Es kamen Scenen
vor, welche die Behörden bewogen, ihm den Gebrauch der Kirchen zu verbieten, eine Massregel, deren moralische Berechtigung
hinwieder die Bevölkerung nicht ohne weiteres anerkennen wollte.
Aber auch der Protest dagegen bediente sich nun seinerseits —
im „Evangelischen Wochenblatt" — einer Sprache, die nur neues
Aergernis gab.[3])

Noch übleren Eindruck machten die jetzt zum erstenmale
auch in der Schweiz organisierten Gebetsversammlungen, bei

---

[1]) Biedermann, a. a. O., S. 88 u. 89.
[2]) Finsler, Theol.-kirchl. Entwicklung. S. 61.
[3]) Kirchenblatt 1860, S. 218.

welchen die innerlichste Seelenerhebung zum Zwecke der Demonstration in einer Weise mechanisiert worden ist, dass sie nicht nur mit dem abergläubischen Rosenkranzbeten, sondern mit der kalmückischen Gebetsmühle verglichen werden konnte — zur grossen Freude der überhaupt nicht Betenden!

Während eine der Kirche wenig günstige — offenbar über Biedermann und Lang weit hinausgehende — Stimmung von Tag zu Tag zunahm und der Grosse Rat wesentlich in diesem abschätzigen Sinne über den Religionsunterricht verhandelte, war in den kirchlichen Behörden immer noch fast ausschliesslich nur die strenggläubige Richtung vertreten, und diese erschien um so mehr als „der Feind", der nicht reformiert und gereinigt, sondern bekämpft und zerstört werden müsse. Im Jahr 1864 wurde Salomon Vögelin zum Pfarrer nach Uster erwählt.[1]) Der Name dieses scharf-schneidigen Anhängers der „Zeitstimmen" war bereits durch seine „rücksichtslose Offenheit oder mehr offenbare Rücksichtslosigkeit" so bekannt geworden, dass das „Kirchenblatt" ausrief: „Ein bedeutsames Ereignis unserer kirchlichen Entwicklung! Die kirchliche Krisis kommt!" — Achtundsiebenzig Züricher Pfarrer erhoben Einspruch gegen die Wahl; sie fanden Zustimmung von Basel und von Bern her, aber keine Beachtung bei den Behörden in Zürich, die — im Kantonsrat — mit 153 Stimmen gegen 10 darüber hinweggingen.

Die Erinnerung an die Helvetische Konfession, deren Entstehung vor 300 Jahren sowohl von der Asketischen Gesellschaft, als auch von der Universität 1866 durch besondere Festlichkeit gefeiert wurde, einigte die Geister nur vorübergehend; sie weckte im Gegenteil nur neue Bitterkeit bei denen, welche in allem dem, was jetzt geschah, nur Abfall sahen von dem ehrwürdigen Glaubensbekenntnis der Reformationszeit. Allerdings hiess es gerade jetzt in diesen Tagen aus vieler Munde nicht allein: Fort mit der Verpflichtung auf die Konfession! sondern: Fort mit jedem Bekenntnis überhaupt! mit jeder Schranke der Lehrfreiheit!

Bereits hatte die Predigergesellschaft, 1844 in St. Gallen versammelt — Referent Kirchenrat Scherrer — „die principielle und faktische Stellung der schweizerisch-reformierten Kirche zu ihren Bekenntnisschriften", und im folgenden Jahre in Zürich — Referent Stockmeyer von Basel — speciell die Bedeutung des „Apostolischen Symbolums" in mehr akademisch-gelehrter Disputation untersucht; allein jetzt tauchte diese Frage plötzlich als

---

[1]) Geboren 1837, seit 1863 Vikar in Uster.

brennende und anzündende, als scheidende aber zugleich verwirrende Parteifrage aus der Mitte des Volkes, und zwar nicht allein des „Kirchenvolkes", wieder auf.

Mit der Wahl des Pfarrers Karl Eduard Mayer[1]) aus Salez an die Stadtkirche zu St. Gallen, 1864, begann die liberale Theologie auch hier siegreich vorzudringen und eine Kanzel nach der andern zu erobern. In öffentlichen Vorträgen „über die Entstehung der Bibel" klärte Mayer seine Gemeinde auch über die „Resultate" der Tübinger Schule auf.

Massivern Widerstand als in der Ostschweiz fand die neue Richtung in Bern, wo die Anhänglichkeit an die kirchlichen Traditionen einen starken Rückhalt besass in der schwer beweglichen ackerbautreibenden Bevölkerung der Landbezirke, aber auch in den höhern socialen Schichten der Hauptstadt. Geleitet wurde die Opposition von der wohl organisierten evangelischen Gesellschaft. Dass die Parteien wieder zu rüsten anfingen, war leicht zu erkennen, als 1859 einerseits die Freunde und Schüler Immers sich zu einer „Theologisch-kirchlichen Gesellschaft" vereinigten, anderseits Pfarrer Eduard Güder — jetzt seit März 1855 an der Nydeggkirche in Bern[2], -- in Gemeinschaft mit Professor Riggenbach in Basel und Pfarrer Heer in Erlenbach (Zürich), die „Hirtenstimmen" herausgab, und 1861 Herr v. Wattenwyl-de Portes der freien Gemeinde eine eigene Kapelle erbaute.

Im Sinne eines ausgesprochenen Separatismus übte ein fremder Kandidat, G. Krüger aus dem Elsass, Einfluss auf die Studierenden aus.[3]) Einen derben dogmatischen Realismus vertrat 1862 die Flugschrift eines Laien: „Es gibt dennoch einen Gott."

Der Anlass zum Wiederausbruch offenen Streites war zunächst ein äusserst kleinlicher. Bei der Feier zur Erinnerung an den Todestag Calvins, Mai 1864, verlieh die theologische Fakultät an Professor Biedermann in Zürich den Ehrentitel eines Doktors der Theologie. Das wurde als offene Zustimmung zu dessen Dogmatik, als unzweideutige Verleugnung des christlichen Glaubens erklärt und zu einem neuen Angriff gegen die Professoren und die von

---

[1] 1828—1884. Vergleiche Schönholzer, Die religiöse Reformbewegung Zürich 1896, S. 14.

[2] 1817—1882. Vergl. von Rüetschi in den Alpenrosen Beil. z. Intelligenzblatt der Stadt Bern, XII. 12, und die grössere, von seinem Sohne, Pfr. P. Güder, verfasste Biogr. Bern 1886, mit Bildnis.

[3] Das der Liturgie aufgeprägte Bernerwappen mit dem bekannten Bären erblickend, wies er mit dem Finger darauf: „Das ist das Zeichen des Tieres, welches der Berner Staatskirche aufgedrückt ist!" Apoc. XVI. 2.)

ihnen vermittelte theologische Bildung benützt. „Was bedürfen wir weiter Zeugnis? Was ist von Leuten zu erwarten, die den Ungläubigsten unter den Ungläubigen auf diese Weise auszeichnen?" Dass die Fakultät gleichzeitig auch dem durchaus rechtgläubigen Schriftsteller Felix Bungener (1814—1874) in Genf die nämliche Ehre zuerkannt hatte, galt den mit Universitäts-Gebräuchen nicht vertrauten Laien erst recht als Beweis vollendeter Gleichgültigkeit gegen die Wahrheit. Nur das „Kirchenblatt" freute sich, dass die Fakultät „wissenschaftliche Tüchtigkeit, bedeutsame Leistungen und sittliche Reinheit bei allen Richtungen zu ehren weiss, wie es sich gebührt."[1]) Immer schrieb: „Die theologische Fakultät und ihre Gegner" und „Was wir glauben und lehren", Baggesen seine „Beleuchtung" von Immers Schrift (Bern 1864).

Das ging vorüber; die Hauptschlacht sollte noch kommen. Sie knüpfte sich an diejenige Aufgabe der Kirche an, welche jederzeit für eine Landeskirche den eigentlichen Lebensnerv bildet, aber eben deshalb auch in Uebergangszeiten die grössten Schwierigkeiten bereitet, den Jugendunterricht. In zwei durch den Druck in der Geistlichkeit verbreiteten Sendschreiben „Ueber den öffentlichen Religionsunterricht in Kirche und Schule" hatte J. P. Romang 1857 und 1859 auf die eminente Wichtigkeit des Gegenstandes aufmerksam gemacht, noch ohne Berührung der vorhandenen Bekenntnisgegensätze, nur im Sinne der Festhaltung an der kirchlichen Position überhaupt. Damit kam die Katechismusfrage in Fluss. Der Heidelberger war, weniger um seiner wirklichen Fehler willen, als des unverholenen Hasses wegen, mit welchem ihn die Lehrerschaft ansah, meistens ausser Gebrauch gekommen, aber noch durch kein anderes Lehrbuch ersetzt. Die Kantonssynode von 1860 besprach die dadurch geschaffene Lage, und die theologisch-kirchliche Gesellschaft schrieb die Abfassung eines neuen Katechismus als Preisfrage aus. Es kamen einige brauchbare Arbeiten zu stande — K. F. König, Edm. v. Steiger, Georg Langhans, Eman. Martig, Edwin Nil, J. Blaser, G. Hirsbrunner und der im Auftrag des Synodal-Ausschusses von Güder umgearbeitete Heidelberger —; allein ehe auf Grund derselben eine Neuordnung möglich war, erfolgte eine Ueberraschung, die allem eine andere Wendung gab.

Der Vikar Eduard Langhans, zur Zeit Lehrer der Religion am Seminar in Münchenbuchsee und erst seit kurzem von der

---

[1]) Kirchenblatt 1864, S. 117.

Regierung in dieser Stelle bestätigt, gab 1865 seinen „Leitfaden"[1]) heraus. Das Buch wurde allgemein als ein vorzügliches Werk erkannt, ausgezeichnet durch Klarheit und geistreiche Sprache; aber ebenso allgemein war auch der Zweifel, ob es angehen könne, ob es pädagogisch zweckmässig und kirchlich zulässig sei, die Baur'sche Ansicht vom Urchristentum und der Entstehung der heiligen Schrift den künftigen Volksschullehrern nicht nur vorzulegen, sondern als „Religion" einzupflanzen.

Eine Menge von Flugschriften und Erklärungen für und wider erschienen. Zuerst wandte sich wieder L. Fellenberg mit einer Mahnung an die Kirchenvorstände, die er gegen Langhans aufrufen wollte, dann folgten rasch aufeinander die Broschüren und „Offenen Briefe" von König, Bernard, Güder, de Mestral und einigen Ungenannten, und wieder Kocher, Scartazzini, Hirzel (von Zürich her), Rütimeyer und Nil u. s. w.[2])

Gereizt waren die Gemüter schon durch ein 1864 herausgekommenes Werk des ältern Bruders von Eduard Langhans, Ernst Friedrich Langhans, Pfarrer in der Irrenanstalt Waldau. Das Buch „Pietismus und Christentum im Spiegel der äussern Mission" (Leipzig 1864) gab eine nicht immer unwahre, aber immer einseitige und deshalb vielfach ungerechte Schilderung des Gabahrens und Verfahrens, des Redens und Handelns der specifisch-christlichen, d. h. pietistisch frommen Kreise, wie sie namentlich in der Missions-Praxis sich zeigten; der Nachtrag: „Pietismus und äussere Mission vor dem Richterstuhle ihrer Verteidiger" (Leipzig 1866) verzerrte die Karrikatur nur noch mehr, und es dient dies mit zur Erklärung der Erbitterung, mit welcher teilweise die Polemik geführt ward. Allein auch davon abgesehen, ist es ganz zweifellos, dass nicht für die beiden extremen Parteien allein, sondern gerade für die Zukunft der Landeskirche selbst, jetzt alles auf dem Spiele stand.

Im Juni 1866 kam der Streit um den „Leitfaden" vor die Kantonsynode. Bereits war er in den einzelnen kirchlichen Bezirksversammlungen zur Sprache gebracht worden und es lagen von denselben verschiedene Anträge vor. Die Bezirkssynode

---

[1]) Die heil. Schrift, ein Leitfaden für den Religionsunterricht an höhern Lehranstalten, wie auch zum Privatgebrauch für denkende Christen. Bern 1865.

[2]) Eine Uebersicht und Beurteilung dieser Litteratur im Kirchenblatt 1866, S. 145 u. ff., auch in einem besondern Schriftchen von G. Hirsbrunner: Beleuchtung der in der Langhans'schen Angelegenheit erschienenen Streitschriften, im Auftrag der Theol.-kirchl. Gesellschaft. Bern 1866.

Burgdorf „bedauert die entstandenen Streitigkeiten, erklärt, an der Autorität der göttlichen Offenbarung, wie sie in der heiligen Schrift niedergelegt ist, festzuhalten, sieht sich jedoch, da ihr keine Einwirkung auf den Religionsunterricht im Seminar zusteht, zu keinen weitern Schritten veranlasst". Thun sprach „den Wunsch aus, es möchte dahin gewirkt werden, dass der Religionsunterricht am Seminar im Sinne geistiger Einigkeit zwischen Kirche und Schule erteilt werde, und abstrahierte einstweilen von allen weiteren Urteilen, Behauptungen und Schritten". Nidau beschloss: „den Leitfaden zu missbilligen und den Wunsch auszusprechen, dass der Religionsunterricht im Seminar mit der Lehre der evangelischen Kirche in Uebereinstimmung gebracht werde". Langenthal erklärte: „dass die Versammlung der Angelegenheit nicht näher getreten in der Erwartung, die Kantonssynode werde derselben die gehörige Aufmerksamkeit schenken".

Die Verlegenheit, in der man sich befand, ist sicherlich für jeden Kundigen ebenso begreiflich als offenbar; denn gewiss: „für beide Extreme bietet die Lösung nicht die mindeste Schwierigkeit: Von streng orthodoxer Seite wird als selbstverständlich vorausgesetzt, dass auch der Unterricht im Seminar streng orthodox sei, und nicht minder ist es ein Axiom der modernen Theologie, dass auch die Seminaristen mit allem bekannt gemacht werden, was sie selbst als feststehende Resultate der neuen Kritik betrachtet". Wie aber, wenn man, wie die allermeisten Geistlichen, weder das Recht der Kritik ignorieren, noch die Lebensbedingungen der Volksreligiosität übersehen konnte! — Wenn man sich sagen musste, dass das Seminar nicht Studenten vor sich hat, sondern Zöglinge, die vermöge ihres Alters, ihrer Vorbildung und der Anstaltseinrichtungen gebunden sind an das Wort ihres Lehrers, wenn man deshalb wirklich neben der Principen- auch eine Zweckmässigkeits-Frage vor sich sah.

Am heftigsten gestalteten sich die Verhandlungen in der Bezirkssynode von Bern, wo des Angegriffenen Vater und Bruder zum Worte kamen, während er selbst wegen Krankheit abwesend war.[1]

Gross war die Spannung, als am 19. Juni die oberste Kirchenbehörde zusammentrat und der als ausgezeichneter Prediger bekannte Dekan Hieronymus Ringier[2] den Vorschlag der Berner Bezirkssynode begründete. Von den zahlreichen zum Teil längern

---

[1] Stenographische Niederschrift der Verhandlungen, hgg. von Jahn. Bern 1866.

[2] 1810—1879. Biogr. im Berner Taschb. 1881, S. 1—23.

Reden heben wir nur einige hervor. Am schärfsten gegen Langhans sprachen Oberst von Büren und Fürsprecher Ed. v. Wattenwyl, ersterer als rechtgläubiger Christ, der die Bekenntnisschriften als seligmachende Wahrheit, die neue Richtung als verderblichen Irrtum kennt; letzterer mehr als Jurist mit der Begründung: die Kirchendiener können sich nicht das Recht anmassen, zu lehren, was ihnen beliebt. Das können die Gemeinden nicht zugeben. Glaubensfreiheit in diesem Sinne wäre ein Widerspruch mit dem Begriff der Kirche. So lange ein Geistlicher ein Amt in der Landeskirche bekleide, sei er gehalten, ihre Lehre, nicht die seine, vorzutragen.

Dem gegenüber verteidigte der Erziehungsdirektor Kummer, fast ebenso juridisch, die Stellung der Regierung, welche den Religionslehrer gewählt habe und keinen Grund sehe, denselben wieder zu entfernen. Das Recht der freien Forschung, freilich nicht ohne einige Vorbehalte pädagogischer Art, wurde in Schutz genommen von Pfarrer Rüttimeyer und Ammann in Lotzwyl und den Professoren Müller und Immer. Dieser, der zuerst das Wort ergriffen hatte, wollte nicht tadeln, dass kritische Fragen überhaupt beigezogen werden, was vielmehr unerlässlich sei, wohl aber: dass das Ganze darauf ausgeht; auch nicht, dass die Seminaristen zum Denken angehalten werden, wohl aber: dass ihnen hier nur eine andere Autorität, die des Lehrers mit seinen Behauptungen, statt Untersuchungen, dargeboten werde. Aehnlich sprach auch Güder, allerdings die Missbilligung weit stärker hervorhebend, als die Anerkennung.

Wir setzen den merkwürdigen Beschluss, wie er nach verwickelter Abstimmung zu stande kam, vollständig her:[1])

Die Kantonssynode, als oberste Vertretung der Landeskirche, in Ausübung der Obliegenheit, sich die Wahrung und Förderung christlicher Erkenntnis, christlichen Glaubens und Lebens in der ganzen evangelisch-reformierten Landeskirche möglichst angelegen sein zu lassen;

in Anerkennung einerseits: 1. der Verwerflichkeit jeder Art von Gewissenszwang in Sachen der Religion, 2. des Rechtes und der Pflicht der wissenschaftlichen Erforschung der religiösen Wahrheit und ihrer Grundlagen, 3. des steten Bedürfnisses der Reinigung und Fortbildung der kirchlichen Lehre, 4. der Zulässigkeit von Unterschieden in der christlichen Lehrauffassung;

in Feststellung andererseits des ersten und obersten Princips der gesamten reformierten, insbesondere auch unserer Landes-

---

[1]) Derselbe ist wörtlich abgedruckt im Kirchenblatt 1866, S. 114.

kirche, nämlich der Anerkennung der heiligen Schriften Alten und Neuen Testaments als der alleinigen Regel und Richtschnur ihres Glaubens und ihrer Lehre, als letzter Norm und massgebender Entscheidung über die Christlichkeit einer Lehre;

in Betracht endlich, dass dieses Princip zur Zeit in Abrede gestellt wird durch mancherlei Kundgebungen auf dem religiösen Gebiet innerhalb unserer Kirche, namentlich aber durch den Leitfaden des Religionsunterrichts, welcher unter dem Titel: Die heil. Schrift u. s. w. veröffentlicht worden ist und den Stoff enthält, der im deutschen Lehrerseminar in der Unter- und Mittelklasse vorbereitet wird:

1. sie bekennen sich frei und unumwunden zu dem göttlichen Ansehen der heil. Schrift, als der Urkunde der göttlichen Heilsoffenbarung, und es sei die Verneinung desselben unverträglich mit dem Bestand der evangelisch-reformierten Kirche;
2. sie müsse deshalb im Interesse des einheitlichen Zusammenwirkens von Schule und Kirche wünschen, dass im Religionsunterricht des Seminars dieses oberste Princip der reformierten Kirche jederzeit zur Geltung gebracht werde.

Der letzte Satz, auf den alles ankam, war ein blosser Wunsch und konnte nichts anderes sein. Die Lehrerbildung lag ganz in den Händen des Staates; der Entscheid war daher nur im Grossen Rate zu geben. Oberst von Büren war es, der hier am 29. November 1866 den Antrag stellte: Der Regierungsrat ist eingeladen, Vorsorge zu treffen, dass der Religionsunterricht im Lehrerseminar nicht im Widerspruch mit der Autorität der heil. Schrift und der Landeskirche erteilt werde. Das Zusammenstimmen beider betrachtete er als etwas durchaus Selbstverständliches, als die notwendige Voraussetzung einer Staats- und Landeskirche und die unerlässliche Bedingung für die Möglichkeit ihres Fortbestandes, und behauptete gewiss mit Recht: Der Antrag muss angenommen werden; denn „wenn man das Eintreten umgehen will, so ist dies im Grunde nichts anderes, als die Stimmung und Anschauungsweise, welche die Trennung zwischen Staat und Kirche bedingt."

Der Antrag fand Unterstützung von Landleuten, welche bestätigten, dass über die Erteilung des Religionsunterrichts in der Schule und namentlich im Seminar eine gewisse Bangigkeit und Unruhe unter den Leuten herrsche; er wurde schliesslich angenommen mit 73 gegen 61 Stimmen.[1]) In der gleichen Sitzung

---

[1]) Verhandlungen des Grossen Rates 1866, S. 568—574.

hatten die Abgeordneten des katholischen Jura über ähnliche Uebelstände in ihren Schulen Klage zu führen; es mag zweifelhaft sein, ob dieser Umstand auf den Rat günstig oder ungünstig eingewirkt hat.

Damit war ein Sieg errungen; aber es sollte kein bleibender sein. Der Kampf der Parteien dauerte fort. Die öffentliche Meinung wurde mächtig bearbeitet, tief aufgewühlt, von beiden Seiten her aus allen Kräften mit Hass und Missachtung wider die Gegner und ihre angeblichen Tendenzen erfüllt. Einige der oben genannten Flugschriften erschienen erst jetzt. Eduard Langhans selbst wiederholte mit unangenehm auffallender Zuversicht seine Behauptung, „das Gewisseste von allem Gewissen ist der nachapostolische Ursprung des vierten Evangeliums": zwang Immer durch einen schweren moralischen Vorwurf zu einer Berichtigung und sandte seine „Schutz- und Trutzschrift"[1]) in die Welt hinaus, welche mit entschuldbarer, aber doch arg verletzender Leidenschaftlichkeit einen Teil seiner Gegner des Widerspruches mit sich selber überführen wollte. Er unterschied Güder und Baggesen von „den Herren von Büren, von Fellenberg und allen übrigen Dominikanern, Kardinälen und Scheiterhaufenhauern", und rief nicht ohne Hohn dem ersteren zu: „Gebrochen hat Herr Güder mit der alten Bibelauffassung; sein Schifflein schwimmt auf demselben Strom, wie das meinige". Und noch bedenklicher lautete es, als seine „Schlusserklärung" den Beschluss der Synode „ein falsches Zeugnis" nannte und rundweg sagte, dass derselbe „in keiner Weise von mir berücksichtigt werden wird".

Es war seinen Freunden nicht leicht, an seiner Seite zu stehen. Aber grimmiger noch machte ein anderes Schriftchen sich Luft, das hier zu erwähnen ist, die „Streitblätter zum Frieden", von Joh. Andreas Scartazzini, damals Pfarrvikar zu Twann. Der noch junge Mann von italienischem Blute, der nachher auf einem ganz andern Gebiete, als einer der ersten Dantekenner, sich vorteilhaft bekannt gemacht hat, trat mit einem so unerhörten Ueberlegenheitsgefühl auf, dass selbst seine an Selbstzuversicht gewöhnten Gesinnungsgenossen verblüfft waren.[2]) Auch sein Zorn traf weniger die eigentlichen Gegner, als die Vermittler, denn „ihr Verfahren ruft bei uns die höchste sittliche Entrüstung hervor"; ganz besonders aber traf er Immer, den er sich gestattete, als „gelehrten

---

[1]) Der Religionsunterricht am Seminar zu Münchenbuchsee, eine Schutz- und Trutzschrift. Bern 1866.

[2]) Vergl. auch dessen Schrift: „Die theologisch-religiöse Krisis in der Berner Kirche". Biel 1867, 2 Teile.

Inkonsequenztheologen" anzureden. „So fallet denn hin", heisst es gegen den Schluss, „fallet hin in Trümmer, veraltete Lehren, die der forschende Menschengeist früherer Zeiten aufstellte, die ihr aber durch die fortschreitende, stets höher steigende Entwicklung desselben, sowie durch die Wirkungen seines von Gott abstammenden Geistes, der die Menschheit in die gesamte Wahrheit führen sollte, beseitigt wurdet! Falle hin in Trümmer, Tradition der Jahrhunderte!" —

Das klang nicht danach, als ob diejenigen im Irrtum wären, die von Abfall vom Christentum sprachen und eine totale kirchliche Umwälzung befürchteten; sie sahen sich nur um so ernster aufgefordert, alles anzuspannen, um den bedrohten Glauben zu verteidigen, Alle zu Hülfe zu rufen, zu „fanatisieren", welche die Gefahr nicht erkannten und bis dahin ruhig geblieben waren.

Auf dem scharf zugespitzten Berggrat genügt ein sehr geringer Windstoss, um den Regentropfen auf der einen oder andern Seite niederfallen zu lassen, eine kleine Distanz, um weit auseinander zu kommen. So wie die Alternative stand, war es manchem auch sehr frei Gesinnten moralisch unmöglich, mit Langhans und seinen Freunden zu gehen; nicht Menschenfurcht allein war entscheidend oder selbstsüchtige Angst, sondern ehrliche Sorge um die Landeskirche, die nicht zersprengt werden durfte, um das christliche Volk, das nicht nur aufgeklärt, sondern gebessert und veredelt werden sollte.

9. Die Reform.

Wenn man im Jahre 1866 spottweise gesagt hat, die Existenz der Kirche hänge an einem (Leit-)„Faden", so lag Wahrheit darin. Die Bewegung, welche aus der Verteidigung der angefochtenen Schrift von Langhans entstanden war, ging rasch über dieses nächste Ziel hinaus, ergriff zuerst Bern, dann auch die übrige Schweiz.

Noch 1865 hatte Heinrich Hirzel den Unterschied zwischen Zürich und Bern in der kirchlichen Lage darin erblickt, dass in Bern die freisinnigen Theologen vereinigt mit einander stehen, ohne dass, wie in Zürich, eine wesentliche Differenz zwischen Vermittlungstheologen und Reformern stattfand. Er fand den Grund des Zusammengehens in dem agressiven Charakter des Berner Pietismus, infolgedessen die „Evangelischen" in Bern in schroffer Opposition gegen die entschiedenen Freisinnigen und die Vermittlungstheologen stehen. In der zürcherischen Geistlichkeit dagegen trage die Partei der „Evangelischen" so viele Elemente wissenschaftlicher und praktischer Vermittlung in sich, dass sie nach vorne in fast unmerklichen Uebergängen in die Partei der Vermittlungstheologen, und diese nach rückwärts in diejenige der Evangelischen auslaufe, so dass in Zürich ein ziemlich breiter Graben diese beiden Lager von demjenigen der „Zeitstimmentheologen" trenne.[1])

Das wurde plötzlich anders. Der „Graben", der in Bern Vermittler und Reformer von einander schied, war mit den zuletzt erzählten Verhandlungen ein ziemlich breiter geworden. Am 14. August 1866 traten einige meistens jüngere Geistliche, die bis dahin der Theologisch-kirchlichen Gesellschaft angehört hatten, im Pfarrhause zu Münchenbuchsee bei dem Vater Langhans zusammen. Aufgeregt über die Haltung ihrer Freunde, auf deren Unterstützung sie gehofft, beschlossen sie die Gründung eines neuen Vereins und einer eigenen Zeitschrift. Am 25. September konstituierte sich der Verein, und am 3. Dezember hielt er in Biel seine erste grössere Versammlung ab.[2]) Seine Führer waren die beiden Brüder Langhans und Albert Bitzius, der geniale Sohn von Jeremias Gotthelf.[3]) Am 1. Oktober erschien die erste Nummer der „Reformblätter aus der bernischen Kirche".

Die Absicht ging dahin, die Kirche so zu gestalten, dass die vielen von ihr Abgefallenen sich ihren Interessen wieder zuwenden könnten. *„Ein Frevel sollte es heissen, das Evangelium, nachdem es in fast alle Sprachen wilder und halbwilder Völker übertragen ist, endlich auch in die der Gegenwart und der gegenwärtigen Bildung zu übersetzen?"* so fragte das Programm. Allein ehe man dazu kam, musste erst beseitigt werden, was im Wege stand. Wenn man anerkennen mag, dass die Reformbewegung ihrer Idee nach nichts anderes sein wollte, als ein weiterer Schritt in der Ersetzung einer vorwiegend kultischen Religiosität in eine rein bürgerlich-moralische — in Wirklichkeit stellte sie sich ganz anders dar, nämlich als ein ungestümer Angriff auf eine zum mindesten für eine Hälfte des Volkes noch in Kraft und Wahrheit lebende Glaubensform, auf den Inbegriff aller seiner religiösen Vorstellungen und moralischen Motive. Schon 1860 machte man den „Zeitstimmen" den Vorwurf: „sie heben das Ethisch-Prak-

---

[1]) Zeitstimmen 1865, S. 25 u. ff.: hier mit Benützung des Auszugs von Finsler, Gesch. der theol. Entwickl., S. 77.

[2]) Ueber diese Versammlung siehe Reformblätter 1866, S. 97 u. ff.

[3]) Balmer, Alb. Bitzius, Lebensbild eines Republikaners. Bern 1888, mit Bildnis.

tische hervor, und doch ist ihr Interesse ein einseitig theoretisches." [1])

Die „Reformblätter" fanden bald bedeutende Verbreitung. Volkstümlich und scharf, packender noch als die „Zeitstimmen", oft fein und witzig, immer aber absolut pietätslos geschrieben, gingen sie, in das Volk geworfen, direkt auf den Zweck los, die öffentliche Meinung aufzuregen gegen die kirchlichen Einrichtungen und die Zusammensetzung der kirchlichen Behörden, namentlich aber gegen deren letzte „Leitfaden"-Erklärung. Und das war nicht eben schwer.

Gewiss vermochte der Synodalbeschluss vom 19. Juni nur mit Mühe dem Schein eines innern Selbstwiderspruches zu entgehen. Das Laienurteil fasste es nicht, wie die heil. Schrift zugleich Gegenstand historischer Kritik und Autorität für die Kirche sein könne. Das war der verwundbare Punkt, welcher der vermeintlich so wohl erwogenen und sorgfältig abgefassten Kundgebung von Anfang jegliches Gewicht genommen und im weitern der Behörde selbst den Untergang bereitet hat. Die Erklärung enthielt das doppelte Eingeständnis, dass die Kirche nicht sagen darf was sie will, und dass die Geistlichkeit uneinig, in sich selbst zerspalten sei. Schon im Grossen Rate wurde dem Antrag von Büren entgegengehalten: „es wäre richtiger, wenn die Kirche, statt Uebereinstimmung des Religionsunterrichts mit ihrem Glauben zu fordern, vielmehr sagen würde, was sie wirklich glaubt. Es herrschen eben in dieser Beziehung verschiedene Ansichten, und eine derselben vertritt auch Herr Langhans."

Hier griff nun die Opposition ein. Langhans selbst erklärte, wie schon erwähnt, dass er auf den „Wunsch" der Synode keine Rücksicht nehmen werde; aber auch die Regierung that keinen Schritt, um dem ihr vom Grossen Rate gewordenen Auftrag nachzukommen. Immer deutlicher stellte es sich heraus, dass die Mehrheit des Volkes, wenigstens desjenigen Volkes, welches man zu hören pflegt, in dieser Sache anders denke, als seine Vertreter in der Kirchenbehörde. Der Stand der Lehrer war für die Reformpartei zum voraus gewonnen, waren sie doch bei diesen Verhandlungen öfters von den Vertretern der alten Zeit als eine Art von Theologen geringeren Grades behandelt worden, die mit der halben Wahrheit vorlieb nehmen müssten.

So kam die Angelegenheit am 7. März 1868 zum zweitenmale vor den Grossen Rat. Die Mehrheit der vorberatenden Kommis-

---

[1]) Kirchenblatt 1860, S. 111 (von Finsler).

sion wollte die Synode zu einem bezüglichen Gutachten einladen, allein mit 100 gegen 68 Stimmen — unter Namensaufruf — wurde durch einfache Tagesordnung der frühere Beschluss fallen gelassen.[1]) Umsonst wurde bemerkt: „so lange man eine Staatskirche habe, soll der Staat sich auch an die Lehre halten, welche sie, die Kirche, anerkannt und angenommen hat." Die einen fanden, die Kirche habe überhaupt über die Leitung einer staatlichen Anstalt gar nichts zu sagen; die andern machten geltend, die Synode habe keinen Antrag gestellt, für den Rat fehle demnach jegliche Veranlassung, sich mit der Sache zu befassen, und in der wirklich vorliegenden Meinungsäusserung sei zudem der zweite Satz im Widerspruch mit dem ersten: „Vous avez bien parlé et mal conclu!" wurde gesagt.

Langhans hatte gesiegt; in diesem Stadium konnte jedoch die Bewegung nicht ruhen. Staat und Kirche standen einander gegenüber: der Angriff des Reformvereins musste sich jetzt gegen die letztere selbst wenden, d. h. gegen ihre derzeitige Vertretung, welche der Wirklichkeit nicht entspreche. Die Kirchenverfassung, die seit 1852 ohnehin nur provisorisch in Kraft war, wurde jetzt in Frage gestellt. Schon früher hatten neuerungslustige Stimmen die gemischten Synoden als ein hierarchisches Institut bezeichnet, nicht ganz ohne Grund, insofern als in der Kantonssynode nur eine Auslese der kirchlichen Bezirksversammlungen sass, jüngere Elemente daher gänzlich ferngehalten waren.

Immer hatte 1859 vor der kantonalen Predigergesellschaft von einer Aenderung abgeraten, da die Einrichtung sich im ganzen trefflich bewährt habe; allein eine definitive Annahme des Gesetzes war je länger je weniger zu erwarten; es wurden immer weitergehende Ansichten laut, und 1864 hatte man nur noch die Wahl vor sich: „Renovation oder Neubau". Ein Programm, das 1865 veröffentlicht wurde, nannte als Forderungen: einen neuen Katechismus, eine neue Predigerordnung, Abschaffung des Wahlsystems der Geistlichen, freiere Gestaltung des Gottesdienstes und endlich Beseitigung des Symbolzwangs. Der Synode von 1865 (4.—6. Juli und 7.—9. August) lag der Entwurf einer neuen Kirchenverfassung zur Beratung vor; er fand hier Beifall, nicht aber von Seiten des Staates.

Der „Leitfadenstreit" hemmte die Arbeit, machte sie aber um so dringlicher. Die Ungunst der Regierung erfuhr die Kirche nicht nur in der Ablehnung eines Vorschlags auf Besoldungs-

---

[1]) Verhandl. des Grossen Rates des Kts. Bern, 1868, S. 73—93.

erhöhung, sondern in einer starken Beschränkung der sittenpolizeilichen Befugnisse der Kirchenvorstände, durch welche man den Rest dieser Thätigkeit auf ein der Lächerlichkeit preisgegebenes Minimum zurückgeführt sah, und in einer neuen Reduktion der dem Religionsunterricht eingeräumten Stundenzahl in der Volksschule. — Das vom Gemeinderat von Burgdorf ausgesprochene Verbot der Abhaltung von Sonntagsschulen, obwohl gegen separatistischen Erweckungseifer gerichtet, erschien vielen als ein weiterer Beweis von Religionsfeindlichkeit. Die Vermehrung der evangelischen Pfarrstellen für die zahlreichen reformierten Einwanderer im katholischen Jura wurde von der Regierung abgelehnt, weil es nicht Pflicht des Staates sein könne, für solche „Privatwünsche" zu sorgen.

Das Jahr 1868 brachte nun den Ruf nach Trennung von Kirche und Staat.

Das Verhältnis zu den Sekten verlangte gebieterisch eine der Gewissensfreiheit entsprechende Lösung; die Dissidenten forderten wieder einmal die Einführung nicht geistlicher Civilstandsbücher; im französisch-redenden Teile des Kantons unterstützten auch die Geistlichen das scheinbar so wohl begründete Begehren, und auch im deutschen Gebiete mehrte sich die Zahl derjenigen, welche, sei es mit Besorgnis, sei es mit geheimer Sehnsucht, gleicher Ansicht waren. Noch sichtbarer wuchs die Menge der von der Kirche Abgefallenen, welche die Bestreitung der Kultuskosten eine überflüssige Ausgabe nannten.

Die logische Konsequenz des Kirchenbegriffes, wie die Folgerichtigkeit der weltlichen Gesetzgebung, der Indifferentismus der Massen und der methodistische Religionseifer der Wenigen — alles schien gleichermassen auf dieses Ziel hinzuweisen und mit unwiderstehlicher Gewalt zu demselben hinzutreiben. „Kirche und Schule" — „Kirche und Staat" — „Glauben und Wissen", alle diese Gegensätze, welche die letzten Jahrzente in Unruhe versetzt hatten, vereinigten sich jetzt, um, unter einander gemengt, mit dreifacher Gewalt den Fortbestand der Reformationskirchen unmöglich zu machen.

Und zwar nicht in Bern allein.

Namentlich wurde jetzt auch die romanische Schweiz mit ergriffen. Renans „Vie de Jésus" von 1863 hatte hier eine ähnliche Wirkung, wie einst in deutschen Landen das parallele Werk von Strauss: es regte Zweifel und Nachdenken an, wo bis dahin nur gedankenlose Kirchlichkeit oder ebenso gedankenlose Negation geherrscht hatte.

Besonders heftig wurde die Bevölkerung von Genf erregt. Im Jahre 1857 war von hier berichtet worden, dass zwar wie immer ein starkes geistiges Leben pulsiere; aber: „der alte Rationalismus tritt in den Hintergrund, und der methodistisch-gefärbten Frömmigkeit gegenüber, mit ihren scharfen dogmatischen Spitzen und Ecken, macht sich in aller Stille ein neuer gesunderer Réveil geltend, der offenbar durch deutsche Einflüsse genährt ist.[1] Allein verschiedene Umstände begannen jetzt wieder die religiösen Gegensätze zu stacheln. Und gerade die deutsche Gemeinde gab das Zeichen dazu. Dieselbe erwählte 1857 den in Mollis wegen Atheismus abgesetzten Pfarrer Wagner zu ihrem Prediger und bekannte sich als „dogmenfreie Gemeinde". Ein gottesleugnerisches Blatt, „der Rationalist", wurde in Masse verbreitet und, wie gesagt wird, vorzugsweise an die Lehrer an öffentlichen Schulen gratis verteilt. Im September 1861 versammelte sich sodann in Genf von allen Ländern her die neu begründete „Evangelische Allianz", vor welcher Riggenbach von Basel seine „Geschichte des Rationalismus"[2] vortrug, bei welcher aber auch in einer völlig ungewohnten, aufsehenerregenden Weise hochgestellte Kirchenmänner und einfache Sektenhäupter aller Art als gleichberechtigt nebeneinander sassen.

Am 17. November 1862 starb in Genf Professor Jacques-Elisée Cellérier, geboren 1785, eine Zeitlang Präsident des Consistoire, aber seit 1854 zurückgezogen[3]); es folgte ihm am 5. Februar 1863 der 87 Jahre alte fromme Philhellene Jean-Gabriel Eynard, nicht Theologe, aber seiner Gesinnung und Thätigkeit nach auch für das kirchliche Leben bedeutsam.[4] Am 18. Juni 1863 schied auch Louis Gaussen, geboren 1790, einst einer der Führer des Réveil, aber ausgezeichnet durch liebenswürdigen Charakter, Professor der Theologie an der freien Schule[5]), und bald darauf, 8. Mai 1864, der ihm schon im Leben eng verbundene César Malan[6]); 1865 trat sodann des letztern einstiger Gegner, Professor Chenevière, in hohem Alter von seinen kirchlichen Aemtern zurück.

---

[1] Kirchenblatt 1857, S. 85 (von Finsler).
[2] Biedermann gab darauf die Antwort: „Die Zeitstimmen vor dem Richterstuhl der Ev. Allianz. Offenes Sendschreiben an Herrn Dr. Riggenbach in Basel". Zeitstimmen 1862, S. 40 u. ff.
[3] De Montet, Dict. Biogr., I, 135.
[4] Hartmann, Galerie berühmter Schweizer, Bd. 1, mit Bildnis.
[5] De Montet, Dict. Biogr., I, 339. — Haag, la France protest., V, 238.
[6] De Montet, Dict. Biogr., II, 93—99, mit einem Verzeichnis seiner zahlreichen Schriften.

Die Feier von Calvins Todestag, im Mai 1864, weckte zwar die zusammenhaltenden Erinnerungen an die grosse Vergangenheit des protestantischen Rom, aber bald auch Angriffe gegen den Reformator, wie sie früher nie hätten laut werden dürfen; wir meinen nicht die kritischen Forschungen von J. B. Galiffe, die von 1859 an das historische Bild Calvins stark modifizierten[1]), sondern die unhistorischen Popularisierungen derselben von Savoyarden und Franzosen, und ein in der Stadt Calvins aufgeführtes Tendenz-Schauspiel. Als 1866 die berühmte Glocke „Clémence" zersprang und gleichzeitig ein auffallendes Sinken der öffentlichen Moralität konstatiert werden musste, da konnte es wohl scheinen, als ob die ruhmvollen Zeiten der evangelischen Musterrepublik endgültig zu Grabe gehen.

Jetzt begann vollends auch hier die Agitation für Trennung von Kirche und Staat, nicht im Sinne Calvins, noch in demjenigen Vinets. Der sonst so einflussreiche Antoine Carteret wurde im Grossen Rate „niedergebrüllt", als er bei diesem Anlass den Mut hatte, sich zum Glauben an Gott zu bekennen.

Die Mehrheit des Volkes war allerdings noch anderer Ansicht; die Abstimmung vom 4. Juli 1868 rettete den Fortbestand der Genfer Landeskirche, indem sie den Trennungsantrag verwarf. Damit wurde für einige Zeit wieder Ruhe, bis die Vorträge des berühmten Redners Pater Hyacinthe Loyson das Interesse dem liberalen Katholizismus zuwandten und 1870 die Stellung des Religionsunterrichts in der Volksschule neuerdings zur Sprache kam.

Der schwer zerrütteten deutschen Gemeinde, deren Pfarrer Wagner 1868 sein Amt verliess, suchte man durch freiwillige Gastpredigten aus andern Städten aufzuhelfen; den alten Ruf als religiöse Metropole behauptete sich Genf überhaupt durch die häufigen apologetischen, oft auch polemischen Vorträge — Bungener, Munier, Barde —, welche hier wie nirgends sonst beliebt waren und durch den Bau des eigens dazu bestimmten „Reformationssaales" erst recht in Aufnahme kamen. Die Pfarrer John Cougnard und Chantre wurden die Häupter einer Reformbewegung, welche durch die „Alliance libérale" auf die Bevölkerung wirkte. Am 4. Mai 1869 fand zwischen Pfarrer Eduard Barde und dem aus Neuenburg herbeigekommenen Professor Buisson vor cirka 2500 Personen eine theologische Disputation statt, welche lebhaft an die Zeiten der Reformation erinnerte, aber freilich, wie da-

---

[1]) Vergl. darüber neben der zahlreichen bez. Litteratur den trefflichen Artikel von Krauss im Kirchenblatt 1864, S. 187 u. ff.

mals, den Streit nicht entschied, noch weniger beendete. Es entwickelte sich über die Grundfragen der Religion in kurzem eine allgemeine Auseinandersetzung mit Protesten und Gegenprotesten, Erklärungen und Aufrufen, wie sie in solcher Vehemenz nur in Genf möglich ist.

Der Kanton Waadt, der ohnehin neben seiner „église indépendante" noch einige eigentliche Sekten — Darbysten, Methodisten und Baptisten von verschiedener Farbe — kannte, hatte 1862 auch über die ungewohnte Erscheinung eines Strassenpredigers sich zu verwundern, des Engländers Radcliffe, der öffentliche gottesdienstliche Versammlungen im Freien veranstaltete. Dagegen fand der „Christianisme libéral" vorerst noch wenig Anhänger, da die gesamte Geistlichkeit unbedingt zu den Bekenntnissen hielt und die Laienwelt sich nicht regte.

Dass die Neuenburgische Regierung den Methodisten eine Kirche zu öffnen befahl, wurde nicht einer weitgehenden religiösen Duldsamkeit zugeschrieben, vielmehr dem Wunsche, die kirchliche Behörde zu ärgern, welche ihre Zustimmung dazu verweigert hatte. So wurden die Sekten bald als rechtlos betrachtet, wenn ein roher Pöbel ihre überspannte Frömmigkeit verhöhnte, bald wieder begünstigt, wenn man sie als Werkzeuge gegen die eigene Staatskirche brauchen konnte. Im übrigen erfreute sich die Neuenburger Kirche, nachdem sie die Uebergangszeiten von 1849 und von 1858 trotz des Verlustes ihrer frühern privilegierten Stellung glücklich überstanden hatte, einer Periode ruhiger und sicherer Entwicklung. Sie verdankte dies in erster Linie dem würdigen Dekan James Dupasquier, der mit treuer Anhänglichkeit an die hergebrachten Anschauungen doch eine kluge Versöhnlichkeit gegenüber den Thatsachen und deren Anforderungen verband und nach der Beseitigung der Compagnie des pasteurs die an ihre Stelle getretene Synode als ihr Präsident mit der nämlichen Hingebung leitete. Als er 1866 von seinem Amte zurücktrat und am 20. September 1869 starb, wurde sein Verdienst um die Kirche Neuenburgs mit demjenigen von Farel und Osterwald verglichen.[1]) Als Leiter der Synode ersetzte ihn Emile Perret, Pfarrer zu Coffrane; als geistiges Haupt der Kirche Professor Frédéric Godet, geboren den 28. Oktober 1812, der gewesene Erzieher des preussischen Kronprinzen Friedrich.

---

[1]) Henry, G., Notice nécrologique, im Journal religieux von Neuenburg vom 12. Februar 1870. — Monvert, Histoire de la fondation de l'église évangélique Neuchâteloise. Neuchâtel 1898.

Unterdessen hatte sich aber die allgemeine Lage und namentlich die religiöse Stimmung eines starken Bevölkerungsteiles sichtbar modifiziert. In den jurassischen Industriebezirken kam unvermutet bei gegebenem Anlass eine ausgesprochen kirchenfeindliche Strömung zum Vorschein. Der bisher so fest begründete Einfluss der ganz orthodoxen Geistlichkeit kam vollends in Gefahr, als der junge Pädagoge Professor Ferdinand Buisson anfing, die Grundsätze der Reform zu proklamieren. Am 5. Dezember 1868 hielt er einen ersten öffentlichen Vortrag gegen den Gebrauch des Alten Testaments in der Schule; am 3. Februar begründete er die „Union du christianisme libéral", am 7. März erschien die erste Nummer der von ihm herausgegebenen „Emancipation", und am 5. Dezember 1869, genau ein Jahr nach der Eröffnung des Feldzugs, konnte durch den für seine Ziele begeisterten und rasch auf 350 Mitglieder angewachsenen Verein der erste Prediger des freien Christentums, Pfarrer Felix Pécaut, in Chaux-de-Fonds in sein Amt eingeführt werden. Nicht nur Geist, Gewandtheit und gewinnende Rede wird an Buisson gerühmt, auch seine Offenheit und Ueberzeugungstreue wird von den Gegnern durchaus anerkannt, auch Pécaut als ein Mann von religiösem Ernste geschildert, der seine Anhänger erinnerte, dass „une société religieuse veut des hommes religieux. Que notre religion soit morale, mais que notre moralité soit religieuse".[1])

Die Bewegung sah sich begünstigt durch angesehene und vielvermögende Männer und besonders eifrig unterstützt durch den berühmten Naturforscher Eduard Desor. Die tüchtigsten seiner Gegner waren Fréd. Godet und — ein Gegenstück zu Desor — der naturwissenschaftliche Apologet Frédéric de Rougemont.

Das Vertrauen des neuenburgischen Volkes zu seinen Predigern, der Prediger zu ihrem Volke, war plötzlich so sehr erschüttert, dass jetzt alles auf Trennung von Kirche und Staat hinzutreiben schien. Nicht nur Buisson selbst und seine Freunde forderten sie, auch die Partei der Bekenntnistreuen sah keinen andern Ausweg.[2]) Eine Petition, welche Aufhebung der Staatsausgaben für den Kultus verlangte, brachte die Frage vor den Grossen Rat des Kantons. Zuerst am 24. Juni, und wieder am 17. November 1869, wurde auch in diesem Sinne entschieden; nur die Ausführung bot Schwierigkeiten dar mit Rücksicht auf den Pariser Vertrag von 1857, der die stiftungsgemässe Verwendung

---

[1]) Monvert, a. a. O., p. 102.
[2]) Jacottet, Question de la séparation de l'Eglise et de l'Etat, Rapport présenté au Synode le 28 septembre 1869. Neuchâtel 1869.

der Kirchengüter für alle Zeiten zugesichert hatte. Schon bereitete sich die Synode so sehr auf die kommende Selbstständigkeit, dass sie sich mutig entschloss, einen von der Regierung rücksichtslos unterdrückten Pfarrposten von sich aus weiter zu führen.

Allein ehe der Entscheid zum Gesetz werden konnte, gaben die grossen Ereignisse des Jahres 1870 der öffentlichen Meinung eine andere Richtung. Buisson verliess im September Neuenburg, um das Los der belagerten Pariser zu teilen; die Bewegung kam ins Stocken. Der Schwung der optimistischen Begeisterung wich auf beiden Seiten einer plötzlichen Angst vor der Zukunft, und statt der Trennung kam — später — der Erlass eines neuen Staatskirchengesetzes.

Von Neuenburg aus wurde auch ein Teil der evangelischen Freiburger Kirche in Unruhe versetzt, indem der Pfarrer Chavannes zu Môtiers am Murtensee zum Verdruss seiner Gemeinde den Anschluss an die Tendenzen der Emancipation erklärte. Er wurde später, trotz mancher Versuche, ihn zu halten, durch die — katholische — Kantonsregierung von seiner Stelle entsetzt.

In Basel gründeten am 6. Oktober 1866 der schon genannte Kandidat Hörler und der Philanthrop Theodor Hoffmann-Merian nach dem Muster der Berner einen Reformverein, der nun im Winter 1867 auf 1868, besonders durch Veranstaltung von Gastpredigten und Vorträgen bekannter Redner aus Zürich und Bern (Langhans, Bitzius, Vögelin) den neuen Ideen und Idealen Eingang zu schaffen begann. Die Kanzeln freilich blieben diesen Reformstimmen noch einige Jahre verschlossen; das Auftreten fremder Prediger in öffentlichen oder gemieteten Sälen erhielt nur um so mehr agitatorischen Anstrich und wurde, nicht vom eigentlichen orthodoxen Basler Pietismus allein, sehr ungern gesehen.

So ergriff jetzt die Bewegung eine kantonale Kirche nach der andern, und auf einmal war sie eine allgemein-schweizerische Angelegenheit geworden.

Zur Abwehr bildete sich der Evangelisch-theologische Verein, dessen bernischer Zweig am 23. Juni 1868 eine denkwürdige Sitzung abhielt. Die „Hirtenstimmen" erweiterten sich mit dem Jahre 1867 zu dem in Basel erscheinenden „Schweizerischen Kirchenfreund", der nun mit scharfen und nicht ungeschickt geführten Waffen die Polemik gegen „Zeitstimmen" und „Reformblätter" aufnahm, aber dem Erfolg seiner Sache dadurch schweren Schaden that, dass er, mehr aus strategischen als aus religiösen Gründen, theologische Sätze meinte behaupten zu müssen, die nun einmal nicht mehr haltbar waren und die „certa" wie die

„dubia" mit dem nämlichen Eifer als Grundsäulen des christlichen Glaubens verfocht. Mehr ruhig apologetisch wirkte in gleicher Richtung das anerkannt trefflich redigierte und stark verbreitete „Appenzeller Sonntagsblatt".

Ganz besonders war es jetzt die Wunderfrage, welche in der Mitte der theologischen und populären Erörterung stand und von Berufenen und Unberufenen, bald scharfsinnig und gelehrt, bald trivial und beschränkt, aber meistens mit Missverständnissen und irrigen Voraussetzungen, hin und her verhandelt wurde. Die imponierenden Fortschritte der Naturwissenschaften, die grossartigen modernen Schöpfungstheorien, die sich an den Namen Darwins knüpfen und nicht nur die alte anthropomorphistische Gottesvorstellung, sondern selbst den Zweckbegriff ausschlossen, machten die immanente Gesetzmässigkeit alles Geschehens so sehr zum Axiom und bald auch zum Gemeingut der Bildung, dass der Glaube an die Möglichkeit des Wunders als gleichbedeutend erschien mit dem Verzicht auf vernünftiges Denken. Am Wunder hing aber für die meisten auch der Glaube an eine Offenbarung, an eine Eingebung der heil. Schrift, an die göttliche Würde des Erlösers, und schliesslich der Gottesbegriff überhaupt. „Ein Gott, der keine Wunder thut, ist für mich kein Gott!" sagten die einen; „An einen Gott, der Wunder thut, kann ich nicht glauben!" entgegneten die andern mit gleicher Bestimmtheit.

Den Reformern wurde vorgehalten, dass sie sich ferner nicht mehr Christen nennen dürften: „Sie haben unter uns ein Recht, Christo und den Aposteln zu widersprechen; aber sie haben kein Recht zu behaupten, dass diese Verwerfung der christlichen Grundwahrheit christlich sei".[1]

Mit zunehmender oft leidenschaftlicher Erbitterung wurde gestritten. Mit einer gewissen Gier, um nicht zu sagen: Schadenfreude, stürzten sich die beiderseitigen Wortführer jeweilen gerade auf die extremsten Auswüchse — Thatsachen oder Aeusserungen — ihrer Gegner, um solche, gewissermassen auf die Pike gesteckt, ihren Freunden mit Entrüstung vorzuweisen: Seht, so sind diese Leute, so sind sie Alle! Seht, das sind die Konsequenzen ihrer Lehren; das ist ihre wirkliche Meinung! —

Und dabei hatten sie beiderseits nicht einmal unrecht; denn in der Hitze des Streites waren auch die die eigene Sache kompromittierenden Freunde willkommen, gleichwie im bald hernach

---

[1] Riggenbach, J., Wodurch gehört man zur christlichen Kirche? Vortrag. Basel 1868.

ausbrechenden grossen Kriege Zuaven und halbwilde Turkos aus Afrika herbeigezogen wurden, um das französische Heer zu verstärken. An die „Orthodoxen" hingen sich sentimentaler Aberglaube und verbissener Separationsgeist, an die Reformpartei dagegen religionslose Weltlichkeit und grimmige Religionsfeindschaft.

Immer wieder hielt Hebich seine Wanderversammlungen mit derben, kapuzinerhaften Ausfällen gegen die „tote, verweltlichte Kirche" und die „unbekehrten Pfarrer". In Männedorf am Zürichersee trieb die Jungfrau Dorothea Trudel — gestorben 1862 — ihre Gebetsheilungen, die wie die Gebetswochen als Unterstützung der guten Sache angepriesen wurden. Das Erscheinen des Leitfadens von Langhans wurde — und zwar noch vor dem unglücklichen Ausgang der bezüglichen Verhandlungen — durch einen Aufruf zur Unterstützung des „evangelischen" Privatseminars erwidert und damit eine tiefgehende Spaltung fast unheilbar fixiert.

Eine starke Zunahme verschiedener Separatistengemeinschaften und Sekten und eine gewisse demonstrative Siegeszuversicht, die sich in ihrem Verhalten zeigte, fiel allgemein auf. Die propagandistischen Umtriebe wurden so arg, dass man öffentlich davor warnte, aber dabei wurden im Namen der Rechtgläubigkeit und unter dem Schutz der Partei, die sie verteidigte, fortwährend Schlagworte gebraucht und Schreckbilder aufgestellt, welche unvermeidlich religiös-ängstliche Gemüter dazu bringen mussten, in einer Sekte Ruhe und Heilsgewissheit zu suchen. Die Uebergänge dazu waren auch manchmal unmerklich genug: Zwischen einem Stundenhalter der evangelischen Gesellschaft und einem Sektenprediger war der Unterschied schwer zu entdecken und oft sah es aus, als würde derselbe absichtlich verschleiert.

Auf der andern Seite aber bemerkte man eine so unbedingte Devotion — bei den respektlosen Leuten — vor dem „unverbrüchlichen Naturgesetz", dass der schlimmste Verdacht heidnischer Naturvergötterung nicht ungerechtfertigt erschien; — eine so ehrfurchtsvolle Berufung auf die Autorität der extravagantesten materialistischen Schriftsteller, dass der Gedanke an eine innere Uebereinstimmung kaum abzulehnen war. Als Lang „die moderne Weltanschauung" mit „herausfordernder Keckheit" in den „Zeitstimmen" darlegte[1], da „gerieten, wie uns einer von ihnen erzählt, selbst seine Freunde in Schrecken"[2]; aber die Worte blieben

---

[1] Zeitstimmen 1860, S. 365 u. ff.
[2] Schönholzer, Die religiöse Reformbewegung. Denkschrift. Zürich 1896, S. 22.

stehen. Zweimal wurde in diesen Tagen auf dem Gebiete der
Schweiz der sogenannte Internationale Friedenskongress abgehalten, 1867 in Genf und 1868 in Bern. Der reinste Atheismus
wurde hier von den fremden Weltverbesserern als Ziel proklamiert,
wer dem widersprach — wie die Langhans, Zyro und Kummer
— fast schmählich behandelt. Man konnte sich nur Glück dazu
wünschen, dass das Verlangen, für solche wilde Expektorationen
eine Kirche herzugeben, nicht bewilligt worden war; aber die
Genannten hatten sich eben doch in dieser Gesellschaft gezeigt.
Eine unverkennbar starke atheistische Stimmung liess sich heraus-
fühlen aus der allgemeinen Entrüstung, die sich — in den Zeitungen — kundgab, als 1865 die Regierung des Kantons Uri es
wagte, auf den Gotteslästerer Ryniker die Prügelstrafe anzuwenden. Für den ehrlichen Eifer eines frommen Volkes — und
wäre es auch ein katholisches Volk —, das sein Heiligtum so
oder anders gegen die Frechheit eines Unverschämten schützt,
zeigte man nicht den mindesten Sinn.

Es war ein Zeichen der verbissensten Parteiwut, als der Grosse
Rat von Zürich im November 1869 einen Alexander Schweizer
bei der Wahl des Kirchenrates überging und durch einen Politiker
von sehr vorübergehender Bedeutung ersetzte.

Weit entfernt, Garantien dafür zu bieten, dass mit der Reform
der Bekenntnisschriften in Wahrheit nur „Menschensatzungen"
beseitigt, aber kein Atom des wahren Christentums, weder des
sittlich-civilisatorischen, noch des religiös-evangelischen Christentums preisgegeben werde, erschien die kirchliche Fortschrittspartei immer aufs engste verbündet mit denen, welche jeden
Gottesglauben, selbst den abgeschwächten Glauben an eine moralische Weltordnung, mit grimmigem Hasse verfolgten. Und in
dieser Allianz vermochten weder „Der alte und der neue Glaube"
von Strauss, noch das Urteil Eduard von Hartmanns, noch
auch der gelegentliche Hohn ihrer politischen Freunde sie irre
zu machen.

Der scheinbare Erfolg, die momentane Genugthuung, dem
Gegner einen Hieb versetzen zu können, bot schwachen Ersatz
für den moralischen Schaden, der für die Personen und für ihre
Sache aus solcher Kampfweise nach beiden Seiten erwuchs.

Was Wunder, dass man sich gegenseitig nicht mehr verstand,
jeder seinen Gegner nur noch als Zerrbild kannte, an seinen guten
Willen, an die Wahrheit seiner schönen Worte nicht mehr glauben
wollte, und jeder dabei sich selbst verletzt fühlte, weil ihm vom
Gegner Unrecht angethan werde! So wurde die Kluft immer

weiter auseinander gezerrt, das verständige Urteil verwirrt, Zweifelhaftes beim Bundesgenossen beschönigt, Gutes beim Gegner bemängelt, und weder die Einen noch die Andern wollten einsehen, dass auf diese Weise nur **Eines** erreicht werden könne: eine fortschreitende Zersetzung des einfachen und unbeirrten gesund-gottesfürchtigen Sinnes, der mehr instinktiv- als bewusstreligiösen Basis, auf deren Echtheit und Stärke und Allgemeinheit allein die Möglichkeit und die Existenzberechtigung einer Volkskirche beruht. Und doch musste mancher erschrecken, als Thaluck in seiner oben erwähnten freundlichen Auseinandersetzung mit H. Hirzel diesem zurief: „Wer wird **Sieger bleiben**? — Ihre Theologie nicht; auch nicht die meinige, sondern die des Fleisches und eines erdgeborenen Materialismus!" — „Mit dem kirchlichen Leben stirbt im Volke notwendig auch der rechte Idealismus ab, und die Schützen-, Turn- und Gesangvereine, die Radfahrer und Stenographen oder gar das Apollotheater und dergleichen können den nicht schaffen. Ohne Idealismus aber auch kein Patriotismus; das Volksleben verödet und verflacht, der Götze Mammon und der König Genuss beherrschen alles!" So lesen wir heute in den Reformblättern.[1]) — Wenn man das vor dreissig Jahren gesagt oder auch nur eingesehen hätte! —

Allerdings trat jetzt auch die Vermittlungstheologie kräftiger auf den Plan. Hagenbach hatte ihre Berechtigung von 1845 an im Kirchenblatt mit anerkanntem Geschick und wohlthuender Unbefangenheit verfochten.[2]) Sein hauptsächlichster Mitarbeiter, seit 1860 Mitredaktor, war Georg Finsler, der dann im Oktober 1866 zum Antistes der Züricher Kirche ernannt ward. In Bern fand das Kirchenblatt tüchtige Unterstützung mit Nachrichten und grössern Abhandlungen von dem gelehrten Dekan Dr. Rudolf Rüetschi, dem langjährigen Präsidenten der kantonalen Synode, geboren 1820, früher Pfarrer in Trub und in Kirchberg bei Burgdorf. In verwandtem Sinne wirkte während einiger Zeit in der französischen Schweiz die von Professor Durand in Lausanne ins Leben gerufene Zeitschrift „Les deux Patries".

Hagenbach gründete seinen Glauben an die Möglichkeit einer wahren Vermittlung auf die Forderung einer zugleich freien und pietätsvollen, das heisst einer historischen Betrachtung der

---

[1]) Reformblätter 1898, Nr. 31 (S. 247).
[2]) Vergl. als theoretische Auseinandersetzung: „Ueber Vermittlungstheologie", im Kirchenblatt 1858, Nrn. 6—15, und die später auch separat erschienene Schrift: „Ueber Ziel und Richtpunkte der heutigen Theologie." Zürich 1867.

kirchlichen Lehrtradition: „Das Dogma nimmt für uns allerdings die Gestalt an des Postulates, des Gebotes, das dem Einzelnen imponiert, das Anerkennung und Zustimmung fordert. Das Dogma der Kirche ist älter als wir, die wir es nicht geschaffen und erfunden, es nicht ausgeklügelt haben von gestern auf heute. Es ist ein geschichtlich Gewordenes, und insofern ein allererst auf geschichtlichem Wege zu Begreifendes; aber es ist für uns nicht eine blosse Antiquität, die wir nach Belieben bei Seite schieben können, um unsere Meinung an seine Stelle zu setzen. Das Dogma hat Bedeutung auch noch für die Gegenwart, und diese Bedeutung zu erkennen ist die Aufgabe eben der Wissenschaft, die wir die kirchliche Glaubenslehre oder die Dogmatik nennen."

„Die Geschichte der Dogmen lehrt uns zur Genüge, dass die Ausdrucksweise, deren sich die Kirchenlehre der verschiedenen Zeiten zur Bezeichnung der christlichen Heilswahrheiten bediente, nicht immer dieselbe war; dass manche Behauptung, die einer Zeit als rechtgläubig genügte, später als ungenügend erfunden und das Verharren auf dem ungenügenden Ausdruck sogar als häretisch verworfen wurde, und so geschah es auch, dass umgekehrt wieder Behauptungen, von denen man ehemals Heil und Seligkeit abhängig machte, später aufgegeben wurden als unhaltbar, wenigstens in der Gestalt, in der sie geboten wurden. Es ist ja namentlich das Verdienst der Reformation, die überlieferte Kirchenlehre, so scharfsinnige Vertreter sie auch in der Scholastik gefunden hatte, wieder an der ursprünglichen Lehre der Bibel geprüft und sie auf das allein gültige Mass der Schrift und die ihr entsprechende Glaubensregel zurückgeführt zu haben. Aber auch die Reformation hat diesen Prozess nur eingeleitet, ohne ihn zur Vollendung gebracht zu haben. Es ist daher allerdings unwissenschaftlich genug, wenn manche sich einbilden, die protestantische Theologie habe sich lediglich an die Bestimmungen zu halten, wie sie das XVI. und XVII. Jahrhundert uns bieten, und dann alles als gefährliche Neuerung, als Neologie, verwerfen, was nicht mit dem Buchstaben der reformatorischen Bekenntnisse oder mit den Schulbegriffen der alten Dogmatiker übereinstimmt. — Allein das alles kann uns doch nicht abhalten, uns an das Bekenntnis der Kirche mit freiem Bewusstsein anzuschliessen und die Substanz des kirchlichen Dogmas, wie sie von Anfang an das Objekt der dogmatischen Forschung bildete, als das festzuhalten,

---

[1]) Ziel und Richtpunkte, S. 41.

was bei allem Wandel und Wechsel der Meinungen immer noch ein Recht hat, von der Wissenschaft beachtet zu werden".[1]

Das sind die Sätze, mit welchen der damalige Wortführer der theologischen Vermittlung zwischen die beiden streitenden Glaubensparteien hineintrat: „Wie manches" — gab er zu bedenken — „wird doch immer noch zur Religion gerechnet, was, genau besehen, alles andere ist, als Religion, und wie manches Gewissen wird dadurch beschwert, dass man Fragen in den Kreis des Religiösen zieht, die wohl mit demselben geschichtlich oder empirisch verflochten sind, aber einer andern Sphäre angehören, als der religiösen."

Ermutigung fanden die Anhänger dieser Richtung in der Jubelfeier des hochgeachteten Gottesgelehrten Immanuel Nitzsch in Berlin, an welcher zum 16. Juni 1860 ein Glückwunschschreiben seiner Schweizer Schüler abgegangen ist, und im November 1868 in der Erinnerung an den 100jährigen Geburtstag Schleiermachers. Am 13. Dezember 1869 wurde auch des Todestages von Gellert vielfach gedacht. Ein erhebendes Fest, ein Tag, an welchem wieder einmal, wenn auch nur auf kurze Zeit, die gesamte reformierte Schweiz sich als ein Ganzes fühlte und das Trennende vergass, war die feierliche Einweihung des Zwinglidenkmals in Zürich, am 10. Februar 1868. Unter dem Vorsitz des Landammanns Aepli von St. Gallen fand bei dieser Gelegenheit wieder eine Konferenz der Abgeordneten evangelischer Kirchen statt. Eine feste und klare Ausgestaltung, wissenschaftlich strenge Begründung und Rechtfertigung erhielt die von der theologisch-kirchlichen Vermittlung eingenommene Stellung von 1863—1869 in Alexander Schweizers Glaubenslehre, welche fast gleichzeitig mit Biedermanns weiter nach „links" stehender Dogmatik erschien.[2]

Als dieser Richtung angehörig haben wir noch eine Anzahl bedeutender und damals viel genannter Männer zu verzeichnen. In Zürich standen an der Seite Finslers zwei ehrwürdige Prediger älteren Schlages, der Dekan Friedrich Häfeli (1808—1878), Pfarrer zu Wädischwyl, Mitglied des Kirchenrates und des Kantonsrats[3], und der 1800 geborene Dekan Hans Kaspar Grob, Pfarrer zu Stäfa, ebenfalls Mitglied des Kirchenrates, der aber schon 1865 gestorben ist[4], sowie der noch jugendlich frische Paul

---

[1] Ziel und Richtpunkte, S. 41.

[2] Christliche Dogmatik. Zürich 1869.

[3] Nekrolog im Kirchl. Volksblatt 1878, S. 200, von Finsler. — Wirz, Zürch. Minist., S. 191.

[4] Zur Erinnerung an J. C. Grob, 1865.

Heinrich Burkhardt, geboren 1830, Pfarrer in Küsnach. Die kirchlichen Häupter von St. Gallen und von Schaffhausen zählen dahin: dort der Kirchenrat J. Scherrer, der eifrige Förderer der protestantisch-kirchlichen Hülfsvereine der Ostschweiz, hier Antistes Joh. Jak. Mezger, der gründliche Forscher über die deutschen Bibelübersetzungen in der Schweiz.

In Bern finden wir ausser einigen bereits Erwähnten: Professor K. A. Eduard Müller, geboren 1820, früher reformierter Prediger in Dresden, dann an der Kirche zum heil. Geist in Bern; Adolf Rütimeyer, geboren 1821, Pfarrer in Herzogenbuchsee und in Walkringen; den Dekan Joh. Walther in Wangen a./A., geboren 1811; den Dekan Jakob Ziegler in Messen, geboren 1809; den geist- und humorvollen Karl Dürr, Pfarrer in Burgdorf, geboren 1821; den vorzüglich auch als Schulmann geschätzten Joh. Ammann, Pfarrer in Lotzwyl, geboren 1828, und den noch jüngern, erst 1833 geborenen L. Edwin Nil, der durch sein Referat über die kirchlichen Parteien, mit seinen „Waffen nach rechts und nach links", wie als Mitredaktor des kirchlichen Volksblattes, sich als geschickter Kämpfer ausgewiesen hat.

Dazu sollten eigentlich noch andere gerechnet werden können, so der mehrfach erwähnte Pfarrer Ed. Güder und mit ihm Hieronymus Ringier, der 1810 geborene weit bekannte, ebenso schlichte als eindrucksvolle Prediger auf der Kanzel zu Kirchdorf[1]) und seit 1860 Dekan des Berner Bezirks, welche beide, obwohl vorwiegend rechtgläubig denkend, doch sich nicht schlechthin an die Bekenntnisschriften banden, aber zu sehr vom praktisch-kirchlichen religiös-konservativen Gesichtspunkt ausgingen, um nicht, angesichts der Reformbewegung, sich zu ihren entschiedenen Gegnern zu stellen. Mit ihnen wäre „eine Verständigung möglich gewesen".[2]) Das Gleiche gilt, vielleicht in noch höherem Grade, von J. P. Romang, dem wir im Zellerhandel begegnet sind, und der nun neuerdings sich hören liess, der aber den Bekenntnisformeln nie unbedingt und für alle Zeit verpflichtende Kraft zuerkannte. Ausschliesslich Kirchenmann, dem aller dogmatische Streit im Innersten widerstrebte, war Samuel Steck, Dekan zu Spiez, geboren 1802, von 1863—1867 Präsident der kantonalen Synode und gestorben am 30. Mai 1866.[3])

---

[1]) Eins ist Not! Ausgewählte Predigten von H. Ringier, aus seinem Nachlass. Bern 1881. 4. Aufl. 1898.

[2]) So Hirsbrunner, in der oben angeführten Schrift.

[3]) Nekrolog im Kirchenblatt 1866, S. 101.

Zu den Vielen, welche mehr durch den Widerwillen gegen tumultuarische Reform als durch innere theologische Unfreiheit bewogen wurden, in die orthodoxen Reihen zu stehen, gehörte wohl auch der Antistes von Basel, Immanuel Stockmeyer, der feine und gelehrte Exeget, der Mann von mildem und besonnenem Urteil.[1])

Als begeisterter Arbeiter für sittliche und sociale Hebung des Volkes ebenfalls zwischen den Parteien stehend, ragte der Glarner Pfarrer Bernhard Becker von Lintthal hervor (1819—1879)[2]), sowie der theologisch gebildete Staatsmann Martin Birmann von Liestal (1828—1890).[3]) Eine ganz eigene Stellung nahm in den Kämpfen der Zeit der Pfarrer zu Dietlikon im Kt. Zürich ein, der 1809 in Thüringen geborene Aug. Nathanael Böhner; er stellte seine Vertrautheit mit den Naturwissenschaften und ihrer Litteratur in den Dienst der christlichen Apologetik.[4])

Die Gruppe sah in ihren Reihen einen grossen Teil der deutsch-reformierten Prediger und verfügte über ausgezeichnete geistige Kräfte; sie durfte zudem mit einigem Grund überzeugt sein, dass die weit überwiegende Grosszahl des schlichten Kirchenvolkes, welches nichts anders als „in dieser Welt züchtig, gerecht und gottselig zu leben" begehrte, durchaus ihre Gesinnungen teile. Und doch hatte diese Partei einen äusserst schweren Stand. Sie blieb eine Theologen-Partei, zu der in Wirklichkeit nur wenige Laien als Ausnahmen sich hielten. Wer darauf angewiesen war, seine religiöse Ueberzeugung einer Autorität zu entlehnen, der stand entweder fest auf den Eindrücken der Jugend, dem Katechismus, in dem er unterrichtet worden war, — oder er hatte, wenn von irgend einer Seite aufgeklärt, mit diesen Traditionen gebrochen und ging dann in der Regel nicht nur über die Vermittlung, sondern noch über die Reformlehre hinaus. Die Versöhnung von Glauben und Wissen konnte da nur als Lauheit und Halbheit erscheinen; nur persönliche Achtung und Beliebtheit schützte den Bekenner vor dem Vorwurf der Charakterlosigkeit. Von beiden ungeduldigen Extremen aber wurde dieses begreifliche Vorurteil noch genährt,

---

[1]) Basler Taschenb. 1896, S. 107—181, mit Bildn.

[2]) Volksblatt für die ref. K., Jahrg. XI, 139.

[3]) Kirchenblatt, N. F., VIII. Jahrg. — Schw. Zeitschr. f. Gemeinnützigkeit, Jahrg. 29, S. 288. — Lebensbild und gesammelte Schriften. Basel 1894, mit Bild.

[4]) Naturforschung und Kulturleben in ihren neuesten Ergebnissen, 1858. Die frei forschende Bibeltheologie und ihre Gegner, 1859, und besonders bekannt: Kosmos, Bibel der Natur. Hannover 1864—1867, 2 Bde.

von beiden Seiten hiess es: Sie glauben eigentlich wie wir, nur dürfen sie es nicht sagen, nur halten sie damit hinter dem Berge!

Weit entfernt, die Gegensätze versöhnen und die Getrennten einigen zu können, wurden somit die „Vermittler" zu einer dritten Fraktion, die nun, von zwei Seiten mit der tiefen Verbitterung verratener Freunde behandelt, auch nach zwei Seiten aus allen Kräften sich zu verteidigen hatte und somit den widerwärtigen Anblick eines theologischen Krieges Aller gegen Alle nur noch vermehrte. Wir heben besonders Hagenbachs Antwort von 1863 hervor auf einen nicht eben feinen Ansturm der Zeitstimmen, und Finslers heftige Erörterung mit Lang im Jahre 1866.[1]) Mit Ende 1868 trat Hagenbach von der Leitung des Kirchenblattes zurück, und dieses selbst hörte auf zu erscheinen. Teilweise, doch mit Beschränkung auf den Kanton Bern, trat das „Kirchliche Volksblatt" in seine Aufgabe ein, herausgegeben von Ammann, Bähler und Nil. „Wir fühlen uns", sagt die erste Nummer vom 8. Mai 1869, „durchaus nicht berufen, alles aufrecht zu erhalten, was die Väter der reformierten Kirche in den Bekenntnisschriften niedergelegt haben. Keiner Macht der Welt könnte dies gelingen in der Zeit ungeheurer geistiger Gärung, in welcher wir leben." „Wir können uns aber dem Versuch, der seit einiger Zeit an verschiedenen Orten gemacht wird, sogenannte Resultate der neuen Wissenschaft in's Volk zu werfen, nicht anschliessen. Wir halten nach unsern Erfahrungen den eingeschlagenen Weg nicht für den richtigen, weil er die natürlich-stille Entwicklung der Wahrheit stört, viele unbefangene Gemüter tief verwundet und nur dazu dient, das entgegengesetzte Extrem recht hervorzuheben und zu schärfen."

Allerdings hatte gerade jetzt der Streit an Heftigkeit noch zugenommen, so wenigstens in Bern, während anderswo die Reform an Boden unaufhaltsam zu gewinnen schien. Es kam im Anfang 1869 eine Flugschrift von Romang heraus: „Die religiöse Frage unserer Zeit, einfache Erklärung für das reformierte Volk zunächst im Kanton Bern", mit der Sentenz von Toqueville über Nord Amerika als Motto eingeführt: „Der Despotismus kann des Glaubens entbehren, die Freiheit nicht". Wir können auf den Inhalt nicht näher eintreten; in 20 Abschnitten durchging sie die Lehre der Reform, überall die Unvereinbarkeit mit dem hervorhebend, was man bis dahin als Christentum verstanden habe. So kam sie zum Schlusse: „Bei dieser so beschaffenen, nun einmal

---

[1]) Kirchenblatt 1863, S. 171. u. 1866, S. 190 u. ff.

so ernstlich eingeleiteten Reformbewegung werdet ihr euch entscheiden müssen, ihr Leute vom eigentlichen Volke! entweder für diese Reformtheologie, oder — zwar nicht notwendig für alle Ausdrücke des Katechismus oder überhaupt der Schriften älterer Theologen, geschweige für die Art und Weise, welche bisweilen die Leute, die auf Stiftung von eigenen oft sehr eigentümlichen Gemeinschaften ausgehen, verschiedentlich als einzig wahrhaft christliche Frömmigkeit sich möchte geltend machen — wohl aber für die einfach biblische, besonders neutestamentliche Lehre."

Das schien deutlich, machte aber gerade in diesem letzten Satze wieder so viele dem Laienvolke unbegreifliche Zugeständnisse, dass trotz aller Schärfe der Beweisführung und Kritik auch angesichts dieser Alternative die Unsicherheit wuchs und die Klage immer häufiger wurde, man wisse nicht mehr, was man glauben solle.

Zum Höhepunkte steigerte sich die Aufregung, als Friedrich Langhans zum Seelsorger der Nydeck-Gemeinde in Bern erwählt werden sollte[1]) (25. April 1869). Unerhörte Anstrengungen wurden von beiden Seiten gemacht, um durch Anpreisung oder Verurteilung die Mehrheit in ihrem Sinne zu bestimmen. War bis dahin der Streit trotz allen Aufwandes an Agitationsmitteln im wesentlichen doch ein Streit der Zeitungen und Flugschriften gewesen um eine, wie es vielen vorkam, theoretische und im Grunde fernliegende Frage, so sollte jetzt erst jedes einzelne Gemeindeglied sich entscheiden, ob es einen Reformprediger hören will oder nicht. Langhans erlangte nicht die Mehrheit, aber die aufgereizte Leidenschaft blieb.

Jetzt glaubte auch die kantonale Kirchensynode nicht länger sich schweigend verhalten zu dürfen. Am 15. Juni 1869 trat dieselbe zusammen, eröffnet durch eine gehaltvolle, vom Ernst des Augenblicks durchdrungene Rede ihres Präsidenten Rüetschi. Es lag ihr der Antrag vor, im Namen der Landeskirche eine Proklamation an das Volk zu richten, um dasselbe über die entstandene religiöse Unruhe zu orientieren, wesentlich im Sinne einer Warnung vor den durch die „Reformblätter" hervorgerufenen Zweifeln und in der Absicht, das Vertrauen des Volkes zu befestigen zu seinen geistlichen Lehrern und Leitern. Zehn Redner sprachen für diesen Antrag, zehn gegen denselben; nach einer 13stündigen Debatte wurde er am 16. Juni mit 41 gegen 31 Stimmen zum Beschlusse erhoben.

---

[1]) Vergl. hierzu: Chronik oder Versuch einer Zusammenstellung der wichtigeren Begebenheiten aus der neuern Geschichte der bernischen Landeskirche von 1828—1874, von P. Güder, im Kirchl. Jahrb. 1895. S. 114—128.

Obwohl der Erlass durchaus im Geiste der Vermittlungstheologie gehalten war, hatte doch die Richtung des „Volksblatt" abzunahmen versucht; es zeigte sich bald, dass dieselbe, wenn nicht die Stellung und Aufgabe einer landeskirchlichen Repräsentation, so doch die Stimmung des Volkes richtig beurteilt hatte. Wenige Tage nach der Abstimmung schrieb das Blatt: „Man hat der Minorität zugerufen, wenn sie über das Thun und Lehren der Reformpartei zur Tagesordnung übergehe, so werde bald auch das Volk über unsere Kirche zur Tagesordnung schreiten. Das Gegenteil ist richtig: *„Wenn die Kirche eine freiere Bewegung nicht zu ertragen vermag, so wird der Staat eine solche Kirche ihres Dienstes entlassen.*[1])

Beinahe schien es dazu kommen zu wollen. Die beschlossene Erklärung, die man durch die Bezeichnung „Hirtenbrief" zum voraus diskreditiert hatte, fand, trotz ihres würdigen Tones und eines sachlich schwer anfechtbaren Inhaltes, keine günstige Aufnahme und verfehlte durchaus den Eindruck, den sie machen wollte und sollte.[2])

Einzelne Gemeinden weigerten sich, den „Hirtenbrief" entgegenzunehmen und auf der Kanzel verlesen zu lassen, und so schien die Kirche vollends, in Atome zersprengt, auseinander fallen zu müssen. Lyss, Twann, Oberbipp standen zu ihren der Reformrichtung angehörenden Pfarrern; andere zum Teil bedeutende Gemeinden folgten nach. Die Partei hob jetzt erst recht ihr Haupt. Die Kantonssynode hatte durch ihren Beschluss sich selbst und der Kirchenverfassung, auf der sie beruhte, das Grab gegraben. Der Ruf nach einer neuen Organisation wurde jetzt allgemein und konnte, wenn die Kirche überhaupt noch fortbestehen und in irgend einer Form zusammenhalten sollte, nicht mehr abgelehnt werden. Was man zu gewärtigen hatte, zeigte eine im Januar 1869 in einem öffentlichen Blatte im Namen einer Studentenverbindung erlassene Gelegenheits-Erklärung: „ . . . dass wir die aussernationale Despotie von jenseits der Berge verurteilen, dass wir uns aber ebenso wenig unter die nationale Despotie der Staatskirche beugen. — Ob nicht mancher dann verstummen wird, wenn es sich nicht in St. Gallen draussen um den Kampf

---

[1]) Volksblatt vom 26. Juni 1869.
[2]) Gedruckt in den Verhandlungen der Synode von 1869, und auch als Beilage zum Volksblatt vom 17. Juli. Letzteres nannte den Erlass: „Ein ruhiges mildes Wort, welches zu jeder Zeit am Platz gewesen wäre und das nur durch die Umstände, unter welchen es erscheint, einen bedeutsamen Hintergrund hat".

gegen das römische Pfaffenregiment, sondern bei uns um den Sturz des nicht minder lästigen Staatspfarrerregiments handelt, werden wir sehen".[1]) Man durfte nicht zögern, wenn es nicht zum plötzlichen Bruche kommen sollte. Die kantonale Predigergesellschaft, am 22. September 1869 in Thun versammelt, brachte diesen Gedanken zum Ausdruck, und am 26. Dezember fand, auf Einladung einiger Männer der Mitte, in Burgdorf eine grössere Versammlung statt, die den Weg zu finden suchte. Ein erster Schritt wurde gethan, als die Kirchenbehörde im Juli 1870 die Bittschrift einiger Kandidaten um Aufhebung des Konsekrations-Eides nach Immers Bericht und Empfehlung fast einstimmig guthiess.

Immerhin dauerte es noch längere Zeit, bis die auseinandergehenden Meinungen sich zu einigen, die verschiedenen Projekte eine bestimmte Gestalt zu gewinnen, das Gesetz die Zustimmung der Staatsmänner und zuletzt auch noch die Sanktion des allgemeinen Volkswillens zu erlangen vermochte. Das Jahr 1870 war noch ein äusserst stürmisches für die bernische Kirche. Auch abgesehen von dem grossen Kriege, der unvermutet hereinbrach, trat mit den Verhandlungen des Vatikanischen Konzils auf einmal wieder, erschreckend und provozierend zugleich, das Verhältnis zur katholischen Kirche als dringende Aufgabe an alle Staatsregierungen, auch an die bernische, heran. Die Notwendigkeit, beide Konfessionen in einem Gesetze unter annähernd gleiche Normen zusammenzufassen, ist vielfach störend geworden, hat aber doch den Fortgang insofern erleichtert, als jetzt jeder ernste Widerstand verstummen musste. Man stand nicht mehr vor der Frage: wie? sondern ob überhaupt die Kirche fernerhin als Landeskirche den Schutz eines staatlichen Gesetzes zu geniessen habe. Die Antwort ist erst im Jahre 1874 erfolgt.

Auch jetzt war die kirchliche Krisis gleichsam symbolisch begleitet von einer Anzahl von Todesfällen, welche die bernische Kirche treuer Diener beraubte: Am 5. Dezember 1869 ist Samuel Rudolf Fetscherin gestorben, geboren 1812, der wohlwollende und verständige Pfarrer zu Koppigen; am 13. Februar 1870 folgte ihm Gottlieb Kuhn, Pfarrer in Mett, der 1809 geborene Sohn des Dichterpfarrers in Burgdorf, ein Geistlicher von Gottesgnaden, wie es nur wenige gibt. Fast gleichzeitig mit der Kirchenverfassung von 1852 ist auch deren eigentlicher Vater dahingegangen, Professor Karl Wyss, 77 Jahre alt, zuletzt im Ruhestand in Gerzen-

---

[1]) Zeitungsausschnitte, mit Unterschrift.

see, ein Theologe, der, ohne ein hervorragender Gelehrter zu sein, durch praktisches Urteil das gesunde bernische Wesen in ausgezeichneter Weise repräsentiert und durch Ruhe, Treue und Hingebung vortrefflich gewirkt hat.[1]) Bald hernach schied Ludwig Ziegler, geboren 1819, der thatkräftige Pfarrer der grossen Gemeinde Gsteig bei Interlaken. Schon vorher, am 6. Juni 1866, war 88 Jahre alt der ehrwürdige Emanuel Stierlin gestorben, der letzte, der den Titel eines obersten Dekans geführt hatte; als historischer Schriftsteller hatte er sich um die bernische Kirchengeschichte Verdienste erworben. Zürich verlor 1870 den gewesenen Antistes Hans Jakob Brunner, früher Pfarrer zu Regensdorf, nachdem er 1868 das 50. Jahr seines Kirchendienstes gefeiert hatte. Er war 1800 geboren. Vorausgegangen war ihm schon 1865 der als religiöser Dichter und als lebendiger Prediger bekannte Pfarrer Rudolf Staub, der, geboren 1794, seit 1830 in Stammheim gewirkt und seit 1848 die Würde eines Dekans getragen hatte. Er galt als eifriger Pietist, aber allem Sektenwesen abgeneigt. Am 14. Dezember 1867 ist in Basel Christian Friedr. Spittler gestorben, nicht ein Theologe, aber ein „Reichsgottesmann".

Das Jahr 1870 sah endlich, wenn nicht den Sieg der Reform als einer in der Kirche anerkannten und berechtigten Richtung, so doch die Bedingung dazu, die Verbindung der kantonalen Vereine zu gemeinsamem Wirken. Heftiger als je waren die dogmatischen Gegensätze bei den Verhandlungen der Schweizerischen Predigergesellschaft in Genf im August 1869 (10. und 11. August), als schlechterdings unvereinbar und fast in persönlichen Hass ausartend, auf einander gestossen, so sehr, dass die völlig ungewohnte Schärfe sich selbst in den sonst so friedfertigen Tischreden verriet. Aber gerade bei dieser Gelegenheit war es auch Heinrich Hirzel gelungen, manche Vorurteile der französischsprechenden Geistlichkeit zu überwinden, sich und seiner Sache Freunde zu erwerben und einen Zusammenschluss aller Gleichgesinnten der Schweiz vorzubereiten.

Jetzt wurde es aber auch mit jedem Tage sichtbarer, dass die katholische Kirche ihrerseits einer Krisis entgegengehe, dass in Rom sich Dinge entwickeln, welche niemand für möglich gehalten hatte. Angesichts der Wendung, welche das vatikanische Konzil zu nehmen anfing, regte sich nun auch in den protestantischen Ländern in bisher nie empfundenem Grade ein mächtiges

---

[1]) Lebensbild von K. Wyss, im Kirchenfreund 1870, Nro. 16 u. 17, von Baggesen. — Samml. Bern. Biogr., I, 310—318, von Fr. Romang.

Gefühl der Solidarität der Bildung und der geistigen Interessen, regte sich die Sympathie mit den Männern, welche sich plötzlich unentrinnbar vor den schwersten Gewissenskonflikt hingestellt sahen. Im Oktober 1869 erliess Pater Hyacinthe Loyson seine Absage an die katholische Kirche. Die mit der päpstlichen Alleinherrschaft nicht einverstandenen Katholiken und die Freunde der protestantischen Reform glaubten jetzt verwandte Ziele zu haben und schienen sich gegenseitig unterstützen zu sollen. In St. Gallen fand am 24 März 1870 unter Teilnahme mehrerer Katholiken eine Versammlung statt, welche nun die Gründung eines „Religiösliberalen Vereins für den Kanton St. Gallen" beschloss und mit der Herausgabe des „Religiösen Volksblattes" dessen Thätigkeit eröffnete.

So weit konnte man zwar nicht überall gehen; um so näher lag jedoch der Gedanke, die verschiedenen Reformvereine unter sich zu verbinden. Dieser verwirklichte sich bei einer Zusammenkunft der Führer in Olten mitten in den denkwürdigsten Wochen des grossen Krieges, am 26. September 1870, worauf dann nach einigen Monaten in Biel die förmliche Konstituierung des „Schweizerischen Reformvereins" folgte.

Unter den Glaubenskämpfen und kirchenpolitischen Aufregungen der Periode litt das wissenschaftliche Leben ebenso sehr, wie das kirchliche. Unendlich viel geistige Kraft und Arbeit verzehrte sich in Reden und Schriften, die nur auf den Augenblick wirken konnten. Immerhin konnte bereits auf zwei grossartige Gedankenwerke, diejenigen von Schweizer und von Biedermann, hingewiesen werden. Die rechtgläubige Theologie, die bei der Dogmatik des XVII. Jahrhunderts stehen blieb, hat ihnen nichts Ebenbürtiges an die Seite zu stellen. Mehr Förderung als das umstrittene und im Flusse begriffene kirchliche Lehrsystem fand die in der reformierten Kirche stets bevorzugte Bibelforschung. Sie besass in dem Basler Exegeten Stockmeyer, dem Züricher Bibelkritiker Gustav Volkmar und dem Berner Immer, als Verfasser der „Hermeneutik" (Wittenberg 1873), und der „Theologie des Neuen Testaments" (Bern 1877), hervorragende Vertreter, und hier haben wir wohl auch Theodor Keim, Professor in Zürich, zu nennen, dessen „Geschichte Jesu von Nazara" (Zürich 1867—1873) in der bezüglichen Litteratur eine ehrenvolle Stelle einnimmt, wie denn auch der beliebte Bibelerklärer Frédéric Godet in Neuenburg, den wir bereits als Kirchenmann kennen lernten, hier nicht vergessen werden darf. Besondere Pflege erfuhr, wie früher, die kirchliche Geschichte. Abgesehen von den allgemeinen kirchenhistorischen Werken von Hagenbach, deren angenehme Schreibweise und praktische Brauchbarkeit den Produkten schweizerischen Gelehrtenfleisses auch in deutschen Landen Ruf und Verbreitung verschafften, sei erinnert an das vom nämlichen Basler Theologen angeregte Sammelwerk über das Leben der „Väter und Begründer der reformierten Kirche" (Elberfeld), mit den Biographien Zwinglis von Raget Christoffel in Wintersingen, Baselland[1]), Bullingers und Berchtr. Hallers von Karl Pestalozzi in Zürich[2]), Calvins von Ernst Stähelin in Basel, Oecolampads von Hagenbach selbst. An Gründlichkeit übertroffen wurden sie von den Arbeiten des Thurgauer Pfarrers Johann Kaspar Mörikofer (1799—1877).[3]) Seine „Bilder aus dem kirchlichen Leben der Schweiz" (1864), seine „Geschichte der evangelischen Flüchtlinge in der Schweiz" und seine zweibändige Lebensgeschichte Zwinglis dürfen nur mit hoher Achtung genannt werden. Und wie die kirchengeschichtlichen Studien bedeutenden Gewinn zogen aus den nicht den Theologen zu verdankenden „Urkunden zur bernischen Kirchenreform" (Bern 1861) und der grossen Sammlung der „Eidgenössischen Abschiede", welche jetzt Band um Band in die Hände der Forscher gelangte, so haben umgekehrt viele Mitglieder des geistlichen Standes sich verdient gemacht um die allgemeine Schweizergeschichte oder ihre engere Lokalgeschichte, wie die Joh. Adam Pupikofer, H. Gustav Sulzberger, L. Vulliemin, Ch. Monnard, G. Studer und andere.

Wenn das eigentliche kirchliche Leben wenig Befriedigung bieten konnte und trotz aller Bemühungen einer fortschreitenden Zersetzung anheimzufallen schien, so fehlte es dagegen keineswegs an Beweisen ungeschwächter religiöser Bedürfnisse, aber auch äusserer religiöser Bethätigung, wie sie auf dem Gemeinschaftsgefühle beruht und in der Arbeit und Aufopferung für fromme Zwecke sich kundgibt. Nur bewegte sich auch diese Thätigkeit mit Vorliebe entweder in den freiern Formen des Vereinslebens oder innerhalb der analog organisierten lokalen Pfarrgemeinden.

Ein höchst erfreulicher Wetteifer zeigte sich hier und dort in den Anstrengungen für Instandstellung und Ausschmückung der Kirchengebäude und Kirchtürme, für Beschaffung neuer Glocken und Orgeln. Wir können hier nicht ins Einzelne gehen,

---

[1]) Nekrolog im Volksblatt 1875 (von Tanner).
[2]) Geboren 1815, Religionslehrer am Gymnasium in Zürich, 1869 in der Limmat ertrunken.
[3]) Allg. D. Biogr., XX (v. G. Meyer v. Knonau).

nur wenige solcher Beispiele seien erwähnt: Am 29. Juni 1862 weihte die kleine Dorfgemeinde Rapperswyl bei Büren mit berechtigtem Stolze ihre neue schöne Kirche ein[1]), und am 30. Oktober 1868 freute sich die Stadt Burgdorf ihres aus dem grossen Brande durch Zusammenwirken öffentlicher und privater Mittel wiedererstandenen Gotteshauses. Im Kanton Zürich baute Dielsdorf 1864 eine neue Kirche, und 1862 gab sich Höngg auf Anregung ihres Dichter-Pfarrers Heinrich Weber (geboren 1821) ein neues Geläute.

Wenn die Partei der Bekenntnistreue die Entwicklung gehemmt hat, die man als kirchlichen Fortschritt bezeichnet, und namentlich einer weitern Ausbildung des Multitudinarismus durch Erweiterung des kirchlichen Stimmrechts Widerstand leistete, so war sie da, wo sie sich frei bewegen konnte, unermüdlich im Sammeln und Organisieren williger Kräfte, im Auffinden neuer Wege, im Anwenden neuer Mittel, im Begründen neuer Werke zur Förderung des Reiches Gottes, und dieser Begriff wurde bald enger, bald aber auch unendlich viel weiter gefasst, als es die Landeskirchen gethan hatten.

Nach Zweck und Mitteln am nächsten mit den letztern verwandt war die Thätigkeit der Protestantisch-kirchlichen Hülfsvereine, welche ohne jede Propaganda-Tendenz die gottesdienstliche Pflege und Bewahrung der zerstreuten Glaubensgenossen anstrebten. Ueber ihre Entstehung wie über ihr Wirken wurde früher berichtet, es erübrigt hier nur noch eine Art von Uebersicht. Solche Vereine bestanden 1870 fast in allen reformierten Kantonen. Zürich war besonders um die kleine Protestantengemeinde zu Baar im Kanton Zug bemüht und um diejenige in der schwyzerischen March. Zu Gersau am Vierwaldstättersee sorgte der Züricher Verein für monatlich einmalige Predigt. St. Gallen war thätig für die Evangelischen in den katholischen Teilen des eigenen Kantons, in Ragaz, in Wallenstadt und Gossau, wo die reformierte Schule von 80 Kindern besucht wurde. Der Aargauerverein wirkte ebenso in Bremgarten und Rheinfelden, Baselland in Birsfelden.

Das Hauptarbeitsfeld des bernischen Vereins war im Kanton Freiburg, in welchem damals zahlreiche Berner Familien sich angesiedelt hatten. Der Verein unterhielt im Jahre 1870 einen reformierten Seelsorger in der Stadt Freiburg und einen zweiten in St. Antoni, dazu zehn evangelische Schulen, meistens im Sense-

---

[1]) Die Kirche zu Rapperswyl, mit Ansicht. Bern 1862.

bezirk, mit zusammen 898 Kindern. Dabei leistete er namhafte Beiträge an den reformierten Gottesdienst im Wallis (Sitten, Martinach, Siders) und zu Alpnach in Unterwalden. Seine Einnahmen und Ausgaben beliefen sich auf Fr. 18,734 im Jahre 1869. Unterstützt wurde er durch einen eigenen Frauenverein und durch Filialvereine in Biel und in Burgdorf, von welchen der letztere — gegründet am 10. Oktober 1858 — wieder besonders für die reformierten Berner im Kanton Luzern zu sorgen bestrebt war. Einen eigenen kleinen aber rührigen Verein besass auch der freiburgische Bezirk Murten, der, von dem wackern Pfarrer W. Bähler begeistert, in angrenzender Gegend einen Seelsorger und eine Schule mit 75 Kindern unterhielt.[1]

Die Neuenburger nahmen sich der evangelischen Bewohner von Landeron an, aber auch derjenigen zu Stäffis und Romont im Kanton Freiburg. Ein Waadtländer Verein hatte seine nächste Aufgabe unter den zerstreuten Deutschen zu Morges, Aelen, Iferten und Peterlingen. Auch Echallens erhielt Ende 1865 eine protestantische Kirche. Genf folgte seinen alten Ueberlieferungen im Blicke auf Savoyen und Frankreich.

An der Spitze aller dieser Gesellschaften stand als „Vorverein" derjenige von Basel, welcher, unter der emsigen und umsichtigen Leitung von Professor Hagenbach stehend, den notwendigen Zusammenhang aller dieser vereinzelten Bestrebungen sicherte. Von hier aus wurden nicht nur speciell Kirche und Pfarrer in Olten unterstützt, sondern auch, bei einer Gesamteinnahme von 162,082. 13 Franken[2], die Gaben der Schweiz in das Ausland vermittelt. Da ist von Paris und Versailles, vom nahen Elsass, aber auch von Algier und Oran die Rede, von der Schwarzwald- und Bodensee-Gegend — Säckingen, Waldshut, Ueberlingen, Singen, Meersburg, Mösskirch, Bregenz, — aber auch von der theologischen Schule der Waldenser in Florenz, von den evangelischen Kirchen und Schulen in Mähren, Böhmen, Kärnthen, Ungarn, Galizien und den Bergwerksdistrikten im Banat, von den französisch-reformierten Gemeinden in Wien und Budapest (600 Seelen), aber nicht minder von Smyrna und Brasilien. Was in frühern Zeiten die offiziellen Tagsatzungsgesandten der evangelischen Konferenzen aus Staatsmitteln gethan, das thaten jetzt freiwillige Arbeiter im Dienste des Glaubens, die Abgeordneten der kantonalen Hülfsvereine, aus den von ihnen dazu gesammelten

---

[1] Bericht von 1839; er ist der elfte.
[2] Bericht VII vom 27. Juni 1870.

frommen Gaben. Das Zusammenleben mit den Katholiken hatte sich, dank der grundsätzlichen Zurückhaltung und der Vermeidung jeder Propaganda in dem Wirken dieser Gesellschaften, meistens recht erträglich, sogar freundlich gestaltet. Erst mit dem neuen Hervortreten jesuitischer Einflüsse und specifisch-römischer Unfehlbarkeits-Tendenz erlitt das Verhältnis hie und da wieder Störungen.

In viel weniger direkter Verbindung mit den staatlichen Kirchen war, nach den Zielen wie nach den führenden Personen, die grosse Basler Missionsgesellschaft, welche im Jahre 1868 mit einer Gesamtausgabe von 828,000 Franken eine Anzahl von 153 europäischen Arbeitern in ihren verschiedenen Stationen in Afrika, Indien und China in Thätigkeit hielt. Für uns kommt weniger ihr Erfolg in der Heidenbekehrung in Betracht, als vielmehr ihre innere Wirksamkeit im Lande selbst, in der Weckung des religiösen Interesses, in der Sammlung der dafür Empfänglichen und in der Hervorhebung der specifisch-christlichen Gedankenwelt. Missionsstunden von einzelnen Predigern, Vorträge von reisenden Missionären und regelmässige Missionsfeste unterhielten eine stille Begeisterung, welche die ruhig gleichgültige Kirchenfrömmigkeit bald wohlthuend ergänzte, bald aber auch zum Widerspruch reizte.

Einen fest organisierten Zusammenhalt besassen alle diese freiwillig kirchlichen Bestrebungen in den „Evangelischen Gesellschaften". Eine solche war 1864 auch für St. Gallen und Appenzell A.-Rh. gemeinsam begründet worden. Sie hatten ihre Stundenhalter zur Leitung von erbaulichen Versammlungen, vorzüglich in denjenigen Ortschaften, deren Prediger ihrer dogmatischen Ansichten wegen ihnen nicht genügendes Vertrauen einflössten. In Bern, wo vielleicht die Veranlassung dazu am grössten, jedenfalls die Gegenwirkung am stärksten war, bestand jetzt auch für Knaben eine Privatschule, die aus der kleinen Elementarschule des Herrn Theodor v. Lerber [1] allmählich zu einer grossartigen christlichen Bildungsanstalt bis zur Vorbereitung auf die Hochschule sich entwickelt hatte [2]; daneben gab es ein immer noch an Ausdehnung und Bedeutung gewinnendes Privat-Seminar, welches Jünglinge aus der Landbevölkerung in einem eigenen, seit September 1863 bezogenen Gebäude zum Lehrerberuf vorbereitete und dem staatlichen Seminar in Münchenbuchsee mit Erfolg an die Seite zu treten vermochte.

---

[1] Am 1. Nov. 1859 mit sechs Schülern begründet.
[2] Sie zählte 1869, jetzt mit einem Obergymnasium ausgebaut, 146 Schüler.

Daneben wirkte die Gesellschaft für Mission und Bibelverbreitung, besass eine eigene Buchhandlung, protegierte Magdalenenstifte und Gesellenherbergen und liess auf 60 oder mehr Stationen durch ihre Stundenhalter regelmässige Gottesdienste besorgen.

Haben wir diese Schöpfungen der Evangelischen Gesellschaft genannt, so sollten wir auch der grossen Menge anderer wohlthätiger Werke gedenken, welche in dieser Zeit gestiftet oder unterstützt und gepflegt worden sind. Bei den meisten sind die Motive eben doch religiöser Natur, aber auch wo diese sich nicht sichtbar hervorstellen, wo nur die allgemein menschlichen Empfindungen des Mitleids mit den Hülfsbedürftigen, die natürliche Freude am Wohlthun massgebend zu sein schien, haben wir darin unbedingt Früchte des christlichen Geistes, Früchte der religiösen Erziehung zu erkennen, welche unsere reformierten Kirchen seit drei Jahrhunderten unserm Volke angedeihen liessen. Das Wort Richard Rothes vom „latenten Christentum" ist keine blosse Redensart, es ist eine Wahrheit. —

Und die Zahl solcher Anstalten ist gross, die Summe der dafür aufgewendeten Mittel, — abgesehen von den nicht zu berechnenden Opfern an Mühe und Arbeit — ist eine sehr bedeutende. Die Neujahrsblätter der selbst in dieser Richtung hochverdienten Züricher Hülfsgesellschaft geben davon ein noch keineswegs erschöpfendes, aber doch relativ vollständiges Bild.[1]) Wenn wir uns hier mit diesem Hinweis begnügen, so geschieht es somit nicht deshalb, weil es an Material zum nähern Eingehen fehlte, sondern weil solche Bestrebungen, anders als in den ersten Zeiten nach der Reformation, jetzt doch nur noch indirekt zur Geschichte der Kirche gehören, vor allem aber weil alsdann mit gleichem, vielleicht noch grösserem Rechte auch die andern Seiten des sittlichen

---

[1]) Dieselben brachten, nach einer Reihe von Biographien hervorragend gemeinnütziger Männer, nach einander die Geschichte und Statistik der wohlthätigen Anstalten der verschiedenen Kantone; 1869 und 1870 diejenigen von Bern (worunter auch die erst in dieser Periode entstandenen: Der „Jenner Kinderspital" als Vermächtnis der Frl. Julia von Jenner 1860; die Anstalt für Schwachsinnige, von Pfr. Appenzeller, 1867; und der von G. E. L. Ziegler gestiftete „Zieglerspital" 1867); 1871 die Anstalten von Stadt und Kanton St. Gallen, 1872 Neuenburg, 1873—1875 Basel, 1877 Chur und die Bündner Thäler, 1878 Lausanne, 1879—1880 Schaffhausen, 1881 Glarus, 1882 Appenzell A.-Rh., 1883 Thurgau, 1884 Aargau, 1885 bis 1890 das an solchen Einrichtungen besonders reiche Genf, und 1896 noch Zürich. Für Bern ist noch zu vergleichen die Zusammenstellung von Fr. Jäggi von 1877, und die noch vollständigere Schrift von Schwab und Demme: Die Armenpflege der Stadt Bern. Bern 1889.

Lebens geschildert werden müssten und diese Konsequenz sich doch von selbst verbietet. Beim Versuche einer solchen Schilderung würde es sich wohl ergeben, dass es richtig ist, wenn der Staatsmann Jakob Dubs schon 1861 gesagt hat: „Das religiöse Leben als Privatsache habe in neuerer Zeit gewonnen, das öffentliche Leben der Kirche verloren".[1]

Damit sind wir am Schlusse unserer Aufgabe angelangt, — am Schlusse unserer Aufgabe, aber noch nicht einmal am Ende unseres Kapitels, das seine Ueberschrift nicht ganz mit Recht trägt. Kirchliche Neugestaltungen sind zwar im Werden, aber sie sind noch nicht zu stande gekommen; sie sind so wenig vollendet, dass man noch kaum einen Plan zu erkennen, kaum mit Sicherheit die Grundlinien zu sehen vermag. Noch beinahe drei Jahre vergingen, ehe Neuenburg ein neues Kirchengesetz erhielt, das nun zwar nicht die Trennung von Kirche und Staat, aber die Spaltung des Volkes in zwei evangelische Kirchen zur Folge hatte, ein Zustand, der weder als ein normaler, noch als ein definitiver betrachtet werden kann. Ein weiteres Jahr musste verfliessen, bis Bern, unter dem zwingenden aber wenig günstigen Druck der staatlichen Kampfstellung gegen Rom, seine kirchliche Gesetzgebung erhielt; allein dass auch diese an die Stelle der provisorischen Kirchenordnung von 1852 tretende Verfassung noch keine wirkliche Neugestaltung bedeutet, sondern wieder nur einen provisorischen Zustand, ein Uebergangsstadium, darüber kann selbst der verhältnismässig lange seitherige Bestand nicht hinwegtäuschen. Einen Abschluss bezeichnet das Gesetz vom 18. Januar 1874 nur insofern, als mit demselben die Anerkennung vollständiger Gleichberechtigung einer nicht mehr auf dem Boden der Glaubensbekenntnisse stehenden Denkweise in der Kirche, auf der Kanzel und in den kirchlichen Behörden zur Thatsache geworden ist. Auf ganz anderem Wege ist auch die Baseler Kirche zum gleichen Resultate gelangt, nämlich durch successive, aber in jedem einzelnen Falle heftig bestrittene Wahlen von bekenntnisfreien Predigern durch Gemeinde-Mehrheiten. Die reformierten Kirchen im Aargau und in der Ostschweiz hatten diesen Zustand schon längst und sind nicht darüber hinausgekommen. Eine eigentlich innere Einheit, Geistes- und Glaubensgemeinschaft, wie sie das kirchliche Leben im Grunde voraussetzt, besteht hier nur noch scheinbar; man könnte versucht sein, den letzten Abschnitt unserer Darstellung

---

[1] Kirchenblatt 1861, S. 115, Verhandlungen der Zürcher Synode vom 11. u. 12. Juni 1861.

nur als eine Fortsetzung des frühern zu betrachten, der „Auflösung des Staatskirchentums".

Ob diese Auflösung noch weiter fortschreiten, ob darin ein Stillstand eintreten oder eine Rückbildung erfolgen wird, — darauf zu antworten ist nicht mehr Sache der Geschichte. Was der vielfach auf die Seite gedrückten reformierten Kirche jetzt an wirksamer Kraft und an Einfluss abgeht, wird nach der einen Seite hin durch die allem Scheine zum Trotz auf christlichen Idealen wurzelnde sociale Humanität und durch den Rechtsstaat, nach der andern Seite durch die Thätigkeit der specifisch-christlichen freien Gesellschaften teilweise ersetzt; allerdings fehlt der erstern die Klarheit und Selbstgewissheit und deshalb die charaktervolle moralische Kraft, welche allein ein gemeinsamer Glaube zu geben vermag, und die christlichen Vereine haben ihrerseits viel zu sehr alle Fäden abgeschnitten, welche die Religion mit dem gemeinen öffentlichen und Kulturleben verbinden, als dass sie im stande wären, im grossen religiös-sittlich erziehend zu wirken und so die Aufgabe zu erfüllen, die in den früheren Jahrhunderten den Staatskirchen zufiel. Immerhin dürfte unser Endurteil heute, da nun dies geschrieben wird, wesentlich weniger pessimistisch lauten, als es für die Zeit vor beinahe dreissig Jahren, für das Jahr 1870, der Fall sein konnte.

Wie auch die Dinge sich nunmehr gestalten werden, die protestantische Kirche als solche wird immer ein „Provisorium" sein; aber wir werden uns auch dabei beruhigen dürfen, weil wir wissen, dass der Protestant nicht durch den Glauben seiner „Kirche", sondern nur durch seinen eigenen Glauben gerecht wird. Das Ziel der Geschichte ist nicht die Kirche, sondern das Reich Gottes im umfassenden, urchristlichen Sinne des Wortes, und um dieses Ziel darf uns nicht bange sein.